“十三五”国家重点出版物出版规划项目
经济科学译丛

国际贸易

（第三版）

罗伯特·C. 芬斯特拉（Robert C. Feenstra）
艾伦·M. 泰勒（Alan M. Taylor） 著
张友仁 侯锦慎 杨森林 等 译

International Trade

（Third Edition）

中国人民大学出版社
·北京·

《经济科学译丛》总序

中国是一个文明古国，有着几千年的辉煌历史。近百年来，中国由盛而衰，一度成为世界上最贫穷、落后的国家之一。1949 年中国共产党领导的革命，把中国从饥饿、贫困、被欺侮、被奴役的境地中解放出来。1978 年以来的改革开放，使中国真正走上了通向繁荣富强的道路。

中国改革开放的目标是建立一个有效的社会主义市场经济体制，加速发展经济，提高人民生活水平。但是，要完成这一历史使命绝非易事，我们不仅需要从自己的实践中总结教训，也要从别人的实践中获取经验，还要用理论来指导我们的改革。市场经济虽然对我们这个共和国来说是全新的，但市场经济的运行在发达国家已有几百年的历史，市场经济的理论亦在不断发展完善，并形成了一个现代经济学理论体系。虽然许多经济学名著出自西方学者之手，研究的是西方国家的经济问题，但他们归纳出来的许多经济学理论反映的是人类社会的普遍行为，这些理论是全人类的共同财富。要想迅速稳定地改革和发展我国的经济，我们必须学习和借鉴世界各国包括西方国家在内的先进经济学的理论与知识。

本着这一目的，我们组织翻译了这套经济学教科书系列。这套译丛的特点是：第一，全面系统。除了经济学、宏观经济学、微观经济学等基本原理之外，这套译丛还包括了产业组织理论、国际经济学、发展经济学、货币金融学、公共财政学、劳动经济学、计量经济学等重要领域。第二，简明通俗。与经济学的经典名著不同，这套丛书都是国外大学通用的经济学教科书，大部分都已发行了几版或十几版。作者尽可能地用简明通俗的语言来阐述深奥的经济学原理，并附有案例与习题，对于初学者来说，更容易理解与掌握。

经济学是一门社会科学，许多基本原理的应用受各种不同的社会、政治或经济体制的影响，许多经济学理论是建立在一定的假设条件上的，假设条件不同，结论也就不一定成立。因此，正确理解和掌握经济分析的方法而不是生搬硬套某些不同条件下产生的结论，才是我们学习当代经济学的正确方法。

本套译丛于 1995 年春由中国人民大学出版社发起筹备并成立了由许多经济学专家学者组织的编辑委员会。中国留美经济学会的许多学者参与了原著的推荐工作。中国人民大学出版社向所有原著的出版社购买了翻译版权。北京大学、中国人民大学、复旦大学以及中国社会科学院的许多专家教授参与了翻译工作。前任策划编辑梁晶女士为本套译丛的出版做出了重要贡献，在此表示衷心的感谢。在中国经济体制转轨的历史时期，我们把这套译丛献给读者，希望为中国经济的深入改革与发展做出贡献。

《经济科学译丛》编辑委员会

序　言

21 世纪是一个空前全球化的时代。在阅读现行教科书的过程中，我们发现最近几年巨大的经济发展居然未被写入新近出版的本科教材中，并认为把这些新颖的观点、最新的议题和现代的方法纳入国际经济学研究中的时机已经成熟。借助于这本书，我们拓宽了国际经济学的视野，并包含了当今世界最新的理论和事件。

在以往的几十年中，国际经济学不是这样教的。它有着过多地强调理论以及强烈地关注发达国家的倾向。政策分析反映的是那时的关切，要么是战略性贸易政策理论，要么是布雷顿森林体系。今天的关切已然不同。除了新的理论发展外，更注重经验性研究。近年来的应用性研究浪潮已经证明了（或驳斥了）既有理论，教给我们许多新的有关贸易决定因素、要素流动、汇率和危机的重要结论。贸易和资本流动实现了自由化和巨大增长，现在对新兴市场经济体和发展中国家给予了更多的关注，它们在全球经济中占据了举足轻重的地位。

涵盖新的和不断扩展的领域是我们在 21 世纪国际经济学教学中遇到的挑战和令人激动的一个部分。我们的目的是提供既足以严密地迎接挑战又足以亲切地培育激情的新内容。许多新的主题不同于传统的教科书处理方法，在过去的教学中它们要么被忽略，要么以补充阅读材料的形式予以讲授。我们认为，在今天的课程中它们应该被放在更为重要的位置。

我们已多次讲授过本书的这些章节，并从美国以及全世界高校的教师反馈的信息中受益匪浅。跟我们一样，他们也热衷于关注学生对我们新颖、易接近和最新的方法做出的回应，我们希望你也能喜欢这本书。

新特点

书中包含了能给学生带来鲜活材料的若干新特点，包括：

● **案例**。它们与正文融为一体，并运用新闻报道材料来阐明真实世界的政策、事件和证据。

● **新闻提要**。它们展示了正文中的主题是如何与全球经济新闻报道直接相关的。

● **专栏**。它们包括了那些虽非必需但饶有兴趣的主题。

● **网络练习**。它们与习题一起位于每章末尾，为学生提供在互联网上搜索各章概念的机会。

第三版的新内容

第三版彻底更新了内容，加入了新的数据和案例以及许多新的新闻提要，以反映最近三年国际贸易新闻中的新变化。本书以国际航运北方海上通道的新闻开篇，北冰洋冰雪融化使得北方海上通道成为可能。与现有的苏伊士运河线路相比，北方海上通道可以使亚欧贸易航线缩短大约 4 000 海里。北方海上通道如果每年大部分时间都可以通航，无疑将极大地改变现有国际航运格局。第 5 章包括另一则新闻，非洲难民向意大利兰佩杜萨的偷渡引发了人权危机。第 8 章讨论美国对中国轮胎征收高额关税的事件，在关税实施期间美国的经济福利将极大减少。中国的贸易政策引发了争论：中国对太阳能面板的出口补贴政策及其引发的美国反倾销关税（第 9 章），以及中国对稀土矿实施出口配额（第 10 章）。

主题和方法

教师和学生热情支持我们本书叙述的章节内容。本书涵盖的主题包括：产品与服务外包（第 7 章）；不完全竞争条件下的进口关税与配额（第 9 章）；国际协定：贸易、劳工与环境（第 11 章）。同时，本书还有核心章节：李嘉图模型（第 2 章）；特定要素模型（第 3 章）；赫克歇尔-俄林模型（第 4 章）；规模收益递增与不完全竞争（第 6 章）；完全竞争条件下的进口关税与配额（第 8 章）；出口补贴（第 10 章）。

在本书各章的写作过程中，作者尽量把各章内容的分析联系起来。譬如，移民和对外直接投资虽然有时在国际经济学教材中被视为补充内容，但是我们在本书第 5 章有关劳动力与资本流动的内容中把移民和对外直接投资纳入贸易模型加以讨论。具体而言，我们通过特定要素模型分析了国家间短期劳动力和资本流动，并且运用赫克歇尔-俄林模型探究其长期意义。第 5 章在第 3 章和第 4 章理论模型的基础之上，把理论应用于政策问题的前沿。

除了囊括当代理论和政策应用外，我们的目标还包括以最适宜教学的方式提供所有的材料（既有新的，也有旧的）。为了实现这个目的，我们确保所有材料都基于可靠和最新的实证。我们相信，这是经济学研究的正确方法。我们与广大教师分享的经验是，当学生不但能够看见美妙的理论推导，而且紧接着可以看见关于经济机制运行的有力证据时，教学便会更有效、更生动活泼。

主题安排

第 1 部分　国际贸易导论

开篇第 1 章为讨论以下问题搭建了平台：货物和服务的全球流动——国际贸易；人员的全球流动——移民；资本的全球流动——对外直接投资。该章包括了描绘这些流动的示意图，因此，学生可以对在各种情形中哪些国家流量最大有一个感性认识；该章还提供了贸易与贸易壁垒的历史例子。该章可作为一堂完整的导论课。

第 2 部分　国际贸易模式

这部分提供了国际贸易核心模型：李嘉图模型（第 2 章）、特定要素模型（第 3 章）和赫克歇尔-俄林模型（第 4 章）。某些通常包含在特定要素模型和赫克歇尔-俄林模型中的议题，比如改变劳动禀赋或资本禀赋所产生的影响，不在这几章中讨论，而是在论述国家间的劳动力与资本流动的第 5 章中加以讨论。例如，“要素价格不敏感性”这个结论推迟到第 5 章学习，雷布津斯基定理也是如此。通过把这两个结论放到第 5 章讨论，我们可以在第 4 章更好地讨论赫克歇尔-俄林模型，着重关注赫克歇尔-俄林定理、斯托尔珀-萨缪尔森定理和该模型的实证检验。总之，第 3、4、5 章的这些议题以及许多其他案例都进行了新的编排，这几章在教学方法上是紧密相连的。

第 3 部分　国际贸易新论

在这部分，我们涉及对国际贸易的两种新解释：规模收益递增（第 6 章）和外包（第 7 章）。

规模收益递增和垄断竞争条件下正式的贸易模型自 20 世纪 80 年代早期以来就已非常流行，但在本科生教科书中没有标准的方法来论述这个问题。在第 6

章，我们回到了爱德华·张伯伦原创的图示研究，张伯伦引入了 DD 曲线和 dd 曲线（在第6章中我们只标示为 D 和 d）。D 曲线代表每家企业占有的平均份额，如果所有企业都索要相同的价格，则它描绘了需求。相反，d 曲线是一家企业在其他企业价格保持不变时面对的需求。在分析贸易自由化的影响时，区别这两种需求是至关重要的：d 曲线清楚地表明单家企业在贸易自由化后降低其价格的动力，而更为陡峭的 D 曲线则表明当所有企业都降价时会发生亏损，有一些企业必须退出。

第7章致力于对外包的研究，我们发现学生乐于学习和了解这个新的内容。所用的模型演绎了学生欣赏的直观性，比如，一个学生从物理班流动到经济学班可以提高两个班的平均成绩。同样地，外包可以提高两个国家熟练工人的相对工资。这一章涉及保罗·萨缪尔森2004年提出的一个观点：对中国或印度外包或许会对美国有害。研究表明这个论断取决于外包对美国的贸易条件有何等的影响：如果贸易条件下降，则美国的境况恶化，尽管总的来说美国仍然从国际贸易中受益。事实上，我们认为近年来美国的贸易条件一直在提高，而不是在下降，因此，到目前为止，萨缪尔森的这个论断仍然是一种假设。

第4部分　国际贸易政策

本书的最后一部分是关于贸易政策：完全竞争条件下的进口关税与配额（第8章），不完全竞争条件下的进口关税与配额（第9章），出口补贴（第10章）以及关于贸易、劳工与环境的国际协定（第11章）。我们的目的是以比别处更系统的方式提供这些内容，并附有最新的案例。

第8章研究完全竞争条件下的进口关税与配额，这一章是贸易政策的“黄油面包”。我们采用局部均衡分析法，即用进口需求曲线和出口供给曲线以及消费者剩余和生产者剩余进行分析。我们的经验是，学生对这种从微观经济学训练中得来的方法的应用感到得心应手（所以他们通常能在图中标出名称之前就标出消费者剩余区域）。这一章用乔治·W. 布什（又称“小布什”）总统施行的美国钢铁进口关税作为启发性案例，我们分别从“小国”和“大国”的视角对之进行分析。

第9章和第10章介绍了一些从研究贸易政策的“战略性”作用的文献中得到的洞见，战略性贸易政策理论是在20世纪80年代后期和90年代发展起来的。这方面的文献主要关注企业间的寡占互动，而为了简化分析，我们在第9章集中关注垄断情形，要么母国垄断，要么外国垄断，把双头垄断情形推迟到第10章的出口补贴分析中进行讨论。对于这几章的理论内容，我们很熟悉，但是组织架构是新的，同时一些案例应用也是新添的。比如，第9章阐述幼稚产业保护理论，第10章详细分析高科技和资源行业的出口政策，包括中国稀土行业出口配额的相关内容。

第11章以学习完全竞争条件下的关税（见第8章）为始端，阐明大国具有利用关税使贸易条件向有利于它们的方向变化的天然动力。这就会产生WTO规则所要克服的囚徒困境。接着，这一章讨论了治理劳工和环境问题的国际规则。学生对环境案例尤其感兴趣。

使用本教材的可选路径

本书可供几种类型的课程使用，见如下所述及附表。

一个学期的国际贸易课程（比如15周）可以从第1章开始，但对于较短的一个学季的课程（比如10周），我们建议跳过第1章，直接学习李嘉图模型（第2章），这一章本身就有导论。第2章、第3章（特定要素模型）和第4章（赫克歇尔-俄林模型）构成贸易理论的核心。在理论上，劳动力与资本的国家间流动（第5章）是建立在这几章的基础之上的，它总结了移民与对外直接投资的经验性证据。

第6章（规模收益递增与不完全竞争）和第7章（外包）所涵盖的新国际贸易理论可以各自独立讲授。（一个学季的国际贸易课程可能没有时间同时讲授这两章。）国际贸易的最后四章研究贸易政策。不论课程时间长短，第8章（完全竞争条件下的进口关税与配额）在任何课程中都应讲授。第9章（不完全竞争条件下的进口关税与配额）对贸易政策效应进行了更深入的探讨，随之第10章对出口补贴进行了讨论。若时间允许，可以讲授最后一章中关于国际协定的某些问题或全部问题。具体课程建议请见下表。

课程建议概要

	国际贸易	
	10周	13～15周
1. 全球经济中的贸易		√
2. 贸易与技术：李嘉图模型	√	√
3. 特定要素模型中的贸易得失	√	√
4. 贸易与资源：赫克歇尔-俄林模型	√	√
5. 国家间的劳动力与资本流动	从第5、6、7章中选两章	√
6. 规模收益递增与不完全竞争		√
7. 产品与服务外包		√
8. 完全竞争条件下的进口关税与配额	√	√
9. 不完全竞争条件下的进口关税与配额	√	√
10. 资源与高科技产业的出口政策	√	√
11. 国际协定：贸易、劳工与环境	时间允许时讲授	√

目　录

第 1 部分　国际贸易导论

第 1 章　全球经济中的贸易 …… 3
1.1　国际贸易 …… 5
新闻提要　苹果手机零部件：贸易扭曲 …… 6
案例　今天的国际贸易与过去不同吗？ …… 7
新闻提要　50 年前的一次航运巨变 …… 17
1.2　移民和对外直接投资 …… 17
1.3　结论 …… 22
要点 …… 23
关键术语 …… 23
习题 …… 24

第 2 部分　国际贸易模式

第 2 章　贸易与技术：李嘉图模型 …… 29
2.1　贸易的原因 …… 31
专栏　比较优势能创造吗？以“冰酒”为例 …… 32
专栏　大卫·李嘉图与重商主义 …… 34
2.2　李嘉图模型 …… 35
案例　服装、纺织品和小麦的比较优势 …… 40

2.3 国际贸易模式的决定 …… 41
案例 劳动生产率与工资 …… 47
2.4 求解国际价格 …… 48
案例 初级产品的贸易条件 …… 53
2.5 结论 …… 55
要点 …… 55
关键术语 …… 56
习题 …… 56
第 3 章 特定要素模型中的贸易得失 …… 60
3.1 特定要素模型 …… 62
案例 贸易所得有多大? …… 66
3.2 劳动收益 …… 67
案例 美国的制造业和服务业:各个部门的就业与工资 …… 71
案例 贸易调整救济计划:为贸易调整成本融资 …… 74
新闻提要 服务业工人现在也可以获得贸易调整救济 …… 75
3.3 资本与土地收益 …… 75
案例 农产品价格 …… 80
新闻提要 咖啡价格上涨——农民欢喜合作社忧 …… 82
3.4 结论 …… 83
要点 …… 83
关键术语 …… 84
习题 …… 84
第 4 章 贸易与资源:赫克歇尔-俄林模型 …… 88
4.1 赫克歇尔-俄林模型 …… 90
案例 要素密集度在不同的国家一样吗? …… 92
4.2 检验赫克歇尔-俄林模型 …… 99
新闻提要 中国从美国吸引高科技研究 …… 104
4.3 贸易对要素价格的影响 …… 109
案例 对待自由贸易的种种主张 …… 116
4.4 结论 …… 117
要点 …… 118
关键术语 …… 119
习题 …… 119
第 5 章 国家间的劳动力与资本流动 …… 123
5.1 国家间的劳动力流动:移民 …… 125
案例 移民到新世界 …… 127
案例 今日之美国与欧洲的外来移民 …… 129
新闻提要 欧洲对边境控制的呼声 …… 129
新闻提要 移民改革对经济的意外影响 …… 130
案例 马列尔偷渡对迈阿密工业产量的影响 …… 139

案例 外来移民与美国的工资：1990—2006年 …… 141
5.2 国家间的资本流动：对外直接投资 …… 143
案例 FDI对新加坡租金和工资的影响 …… 147
新闻提要 亚洲奇迹的秘诀 …… 150
5.3 劳动和资本流动所得 …… 150
专栏 移民及其汇款 …… 153
案例 移民所得 …… 155
5.4 结论 …… 159
要点 …… 159
关键术语 …… 160
习题 …… 160
第3部分 国际贸易新论
第6章 规模收益递增与不完全竞争 …… 167
6.1 不完全竞争基本原理 …… 170
6.2 垄断竞争条件下的贸易 …… 173
6.3 《北美自由贸易协定》 …… 180
新闻提要 《加拿大—美国自由贸易协定》的优缺点 …… 181
新闻提要 为《北美自由贸易协定》15周年欢呼！ …… 182
新闻提要 墨西哥卡车首次进入美国境内 …… 183
6.4 产业内贸易和引力方程 …… 189
案例 引力方程在加拿大和美国的应用 …… 192
6.5 结论 …… 195
要点 …… 195
关键术语 …… 196
习题 …… 196
第7章 产品与服务外包 …… 199
专栏 外包与离岸 …… 201
7.1 一个外包模型 …… 202
案例 各国相对工资的变化 …… 207
7.2 外包所得 …… 213
案例 美国的贸易条件和服务输出 …… 221
7.3 外包的政治和未来 …… 223
新闻提要 如何毁掉美国的就业机会？ …… 224
新闻提要 卡特彼勒加入“回流的大潮” …… 226
7.4 结论 …… 228
要点 …… 229
关键术语 …… 229
习题 …… 229

第 4 部分 国际贸易政策

第 8 章 完全竞争条件下的进口关税与配额 …… 237
8.1 世界贸易组织简史 …… 239
专栏 GATT 的核心条款 …… 240
8.2 贸易所得 …… 241
8.3 小国的进口关税 …… 246
专栏 保障性关税 …… 250
案例 美国的钢铁和轮胎关税 …… 251
8.4 大国的进口关税 …… 258
案例 对美国征收钢铁关税案例的再讨论 …… 263
8.5 进口配额 …… 264
新闻提要 “香蕉战争” …… 266
新闻提要 美国和澳大利亚“甜蜜”的贸易谈判 …… 267
案例 中国与《多种纤维协定》 …… 270
8.6 结论 …… 274
要点 …… 275
关键术语 …… 275
习题 …… 276
第 9 章 不完全竞争条件下的进口关税与配额 …… 280
9.1 母国垄断条件下的关税与配额 …… 282
案例 美国从日本进口汽车 …… 289
9.2 外国垄断条件下的关税 …… 291
案例 对日本卡车的进口关税 …… 294
新闻提要 自食其果 …… 295
9.3 倾销 …… 296
9.4 对倾销的政策反应 …… 298
案例 美国对中国太阳能电池板征收进口关税 …… 299
案例 反倾销税与保障性关税 …… 302
9.5 幼稚产业保护 …… 304
案例 幼稚产业保护的例子 …… 307
新闻提要 “太阳火焰” …… 308
新闻提要 中国汽车业的里程碑 …… 314
新闻提要 上海合资公司提高通用汽车盈利 …… 315
9.6 结论 …… 317
要点 …… 318
关键术语 …… 319
习题 …… 319
第 10 章 资源与高科技产业的出口政策 …… 324
10.1 WTO 关于农产品出口补贴的目的 …… 326
10.2 母国为小国时的出口补贴 …… 328

10.3 母国为大国时的出口补贴 …… 331
案例 谁受益？谁受损？ …… 333
新闻提要 八国集团的援助重点从食品援助转向农业生产 …… 335
新闻提要 饥饿和食品保障问题重回政治议程 …… 336
10.4 生产补贴 …… 337
10.5 出口关税 …… 339
10.6 出口配额 …… 343
案例 中国矿产品出口政策 …… 344
10.7 高科技产品的出口补贴 …… 346
新闻提要 中国表态支持稀土产业发展 …… 346
案例 商用客机补贴 …… 353
新闻提要 针对波音补助，欧盟寻求向美国征收120亿美元惩罚性关税 …… 355
10.8 结论 …… 357
要点 …… 358
关键术语 …… 358
习题 …… 359
第11章 国际协定：贸易、劳工与环境 …… 363
11.1 国际贸易协定 …… 365
新闻提要 《中国—东盟自由贸易协定》威胁印度出口商 …… 371
案例 加拿大的贸易创造与贸易转移 …… 375
11.2 关于劳工问题的国际协定 …… 376
新闻提要 沃尔玛命令供应商提升标准 …… 379
新闻提要 美国的关税，孟加拉国工人的死亡 …… 380
新闻提要 美国暂停孟加拉国最惠国待遇 …… 382
11.3 关于环境问题的国际协定 …… 384
案例 《京都议定书》 …… 396
新闻提要 哥本哈根谈判的暗淡前景 …… 398
11.4 结论 …… 398
要点 …… 399
关键术语 …… 400
习题 …… 401
译后记 …… 405

学译丛 · 国际贸易（第三版） 经济科学译丛 · 国际贸易（第三版） 经济科学译丛 · 国际贸易（第三版）

第 1 部分

国际贸易导论

第 1 章　全球经济中的贸易

本章内容提要

1.1　国际贸易
1.2　移民和对外直接投资
1.3　结论

中国、印度等国家的兴起，意味着现在地球上有更多人口参与了全球经济，至少是潜在地参与了全球经济。这种发展是史无前例的。

——美国联邦储备委员会主席本·伯南克，2006 年

在当今仍极不平等的世界中，主要的失败者不是那些过度地暴露于全球化的国家，而是那些置身于全球化之外的国家。

——联合国前秘书长科菲·安南，2000 年

2009 年 8 月，“白鲸博爱号”（Beluga Fraternity）和“白鲸远景号”（Beluga Foresight）在俄罗斯核动力破冰船的引领下展开了一段历史性航行，穿越了北冰洋的北方海上通道。这两艘船从韩国装载发电厂零部件货物，绕过俄罗斯北部，

途经西伯利亚诺维（Novy）港停留卸货，之后继续西行，到达荷兰的鹿特丹港。这样的商业航行屈指可数。这次航行之所以能够成行，主要是因为最近几年北极冰川减少。人们相信，随着全球气候变暖导致北极圈冰川融化，新的航道将得以开辟。

从这次历史性事件中，我们可以看到全球气候变化对国际贸易的重要影响。在本书中，我们所说的**国际贸易**（international trade）是指产品（比如货物）和服务（比如船运）的跨国流动。一般而言，从韩国（或者亚洲的其他地方）运送货物到欧洲必须经过苏伊士运河（位于中东），船运成本很高。北冰洋航线比苏伊士运河航线缩短约 4 000 海里，因而船运成本也相对较少。如果北冰洋航线每年大部分时间都能够通航，我们可以预见，欧亚之间的国际贸易量将会增加。

本书研究产品和服务的国际贸易以及决定贸易模式的经济因素：贸易的标的是什么？贸易商品的价格和数量如何？贸易的成本和收益是多少？此外，我们还将学习形成各国贸易模式的政府政策。

我们为什么如此关心国际贸易？许多人士认为，国际贸易能够为国家创造经济增长和繁荣的机遇。譬如，中国工业产成品的出口为中国工人创造了大量的就业机会。同样，这也适用于美国和欧洲国家。不仅大国可以从国际贸易中受益，小国也可以。比如，由于冰川融化，格陵兰岛已经可以开采并出口稀土矿，比如镧和钕，它们可以被用于生产手机和其他高科技产品。通过国际贸易，格陵兰岛预期能从出口稀土矿以满足全球需求中获益。但是，国际贸易在带来这些好处的同时，也带来了社会变革和挑战。比如，格陵兰岛原来赖以生存的捕鱼业可能变得不再那么重要。在本书中，我们将探究国际贸易为不同人群带来的好处和挑战。

让我们首先看一看国际贸易概览。2012 年哪一个国家是世界上最大的出口国？如果你猜是中国，那就对了：自 2009 年以来，中国取代德国成为世界上最大的出口国。2012 年，中国的商品出口额大约为 2 万亿美元，美国屈居第二，出口额达到 1.6 万亿美元。排名第三的是德国，出口额达到 1.5 万亿美元。

这些数字只揭示了全球贸易的冰山一角，因为除了产品的出口之外，国家还出口服务。2012 年，美国出口服务（包括企业服务、留学生教育以及外国人旅游等）的金额达到 0.6 万亿美元。如果把服务出口贸易也计入，那么 2012 年世界最大的出口国是美国，出口额总计 2.2 万亿美元，接着是中国、德国、英国和日本。

国家之间开展贸易的原因错综复杂。最常见的一个原因便是：相比于本国的产品，进口品更加便宜，或者质量更好。比如，德国在 2009 年曾经是最大的出口国，这得益于德国制造业的高精尖技术，生产的产品质量更好，比如宝马汽车和奔驰汽车。另外，中国的出口主要得益于成本低廉。美国既拥有生产优质商品的技术，又能够以更低的成本生产农产品（得益于土地资源丰富和政府对农业的补助）。

本书的第 1 部分将介绍数个理论模型，以帮助我们理解产品和服务贸易发生的原因。除此之外，我们还将研究**移民**（migration），即人口的跨国流动，以及**对外直接投资**（foreign direct investment，FDI），即资本的跨国流动。国家之间的这三种流动（商品、人口和资本）非常普遍，我们已习以为常。当你进入商店购买物品时，你所购买的物品可能是另一个国家生产的，这家商店有可能为外国公司所拥有，接待你的服务员也有可能是移民。为什么国家之间的要素流动如此普遍？这对相关国家最终将造成什么样的影响？政府可以采取什么措施使国家更多开放或者更少开放贸易、移民和国外投资？这些都是我们将要回答的问题。

1.1 国际贸易

本节从界定一些重要术语和总结世界贸易总趋势开始我们对国际经济学的学习。

世界贸易的基本状况

如前所述，**出口**（export）是指一国向另一国出售产品，而**进口**（import）是指从另一国购买产品。我们通常认为货物可以在国与国之间输送，至于服务则不一定如此。例如，建筑服务是在进口国现场提供的，无须加以输送。旅游观光是服务输出的大项，也是就地发生的：一个参观埃菲尔铁塔的美国游客的花费是法国的服务输出，而一个游览大峡谷的中国游客会增加美国的服务输出。

一国的**贸易差额**（trade balance）是指该国的出口总额与其进口总额间的差额（通常包括产品和服务）。那些出口超过其进口的国家（如近年来的中国）持有**贸易顺差**（trade surplus），而那些进口超过出口的国家（比如美国）持有**贸易逆差**（trade deficit）。除了留意一国与世界其余国家间的总贸易差额外，我们经常可以看到报纸所报道的**双边贸易差额**（bilateral trade balance），它是指发生在两国之间的出口与进口间的差额。比如，从 2005 年到 2012 年，在中美之间的双边贸易中，美国对中国的贸易赤字每年都超过 2 000 亿美元。

在第 2 章到第 11 章所展现的模型中，我们并不关注一国是贸易顺差还是贸易逆差，仅仅假设每个国家的贸易都是平衡的，即出口等于进口。我们做出这一假设的理由有两个。第一，经济学家认为总贸易逆差或顺差产生于宏观经济条件，即一个经济体的支出和储蓄总水平——高支出低储蓄的国家会持有贸易逆差。

第二，当我们关注两国（比如美国和中国）间的双边贸易差额时，贸易逆差或顺差的解释就成问题。要明白是什么问题，考虑一下美国从中国进口一种特定产品，比如苹果手机（参见**新闻提要“苹果手机零部件：贸易扭曲”**）。

2010 年，苹果手机 iPhone 3GS 从中国运到美国之后成本是 179 美元，在美国的售价是大约 500 美元。但是在这 179 美元的成本中，只有 6.5 美元的组装成本属于中国。① 剩余的 172.5 美元实际上来自其他国家：闪存、显示模块和触屏来自日本的东芝，价值 60 美元；处理器芯片和内存卡来自韩国三星，价值 23 美元；摄像头、传送和接收装置来自德国的英飞凌公司，价值 29 美元；等等。然而，179 美元全部计入了美国从中国的进口额中。这个例子说明贸易赤字或盈余难以准确反映现实状况。官方统计方法把 179 美元全部计入中国向美国的出口额，不合逻辑，只有 6.5 美元是在中国的**增加值**（value added）。尽管我们在媒体中看到官方统计的贸易数字，但是鉴于上述例子中官方统计方法的缺陷，我们不能只看贸易盈余或赤字。

上述苹果手机的案例说明，最终产成品的生产过程通常发生在许多国家。由此，运输越来越频繁，通信和交通成本也在下降。在过去，贸易通常指的是标准化产品（比如原材料）的长距离运输，但是在制造过程中不会在国家之间运来运去。国际贸易还出现了新特点，比如我们所称的**外包**（outsourcing）。本书之后的章节将讨论外包的内容。在这里，我们通过贸易方式的演变引出外包的概念。

新闻提要

☞ 苹果手机零部件：贸易扭曲

虽然在美国出售的苹果手机在中国组装，但是其零部件成本大多来自其他国家。把苹果手机价值全部计入美国从中国的进口额，夸大了美国的贸易赤字。

对于如何应对美国现在的经济威胁，一个广为人知的解决方案是：创造更多受全世界欢迎的像苹果手机一样的高科技产品。但是，两个学术研究人员发现，苹果手机（对美国而言，最有讽刺意味的高科技产品）2009 年实际上增加了美国对中国的贸易赤字，达 190 亿美元。

……虽然苹果手机完全由美国公司设计和所有，但是零部件大部分由其他国

① 参阅：Yuqing Xing and Neal Detert, “How the iPhone Widens the United States Trade Deficit with the People's Republic of China,” Asian Development Bank Institute, Working Paper No. 257, December 2010 (revised May 2011)。这一部分的数据来自这个资料。也可参阅：A. Rassweiler, 2009, “iPhone 3GS Carries $ 178.96 BOM and Manufacturing Cost, iSuppli Teardown Reveals,” *iSuppli*, 24, June。

家制造，在中国组装。然而，中美两国的贸易统计数据都把苹果手机视为中国向美国的出口商品，增加了美国对中国的贸易赤字。“甚至是美国发明的科技产品也不会增加美国的出口额”……很明显，这不是高科技产品的问题，问题在于进出口的统计方法……

人们对于传统统计方法的争论很大。这样的统计方法在现实中造成了很大的不良影响。欧洲国家和美国对中国的货币政策和所谓的不公正行为进行政治批评，背后的批判依据就是传统的统计贸易数据。越来越多的人士认为，传统的进出口统计方法应该调整。世界贸易组织总干事帕斯卡·拉米（Pascal Lamy）表示：“所谓‘中国制造’只是在中国组装，产品的成本来自组装之前全球价值链中的许多国家，制成品来源国的概念已经过时了。”他还表示，如果调整统计数字，反映产品真实的商业价值，美国对中国的贸易赤字（美国的统计是 2 268.8 亿美元）将减小 50%；这意味着对于贸易赤字的政治争端将会减少。

资料来源：节选自 Andrew Batson，“Sum of iPhone Parts：Trade Distortion，” *The Wall Street Journal*，December 16，2010，p. 3。征得《华尔街日报》同意，copyright © 2010 Dow Jones & Company，Inc.。

案　例

今天的国际贸易与过去不同吗？

今天的贸易与过去不同吗？确实是这样。现在国际贸易比过去更加频繁，贸易类型也发生了变化。根据现在的经济用途，我们把贸易品分为四类：（1）食品饮料；（2）工业用品和材料（原材料，比如化学品和石油，以及初级产成品，比如钢铁、纸和纺织品）；（3）资本品（耐用品，比如飞机、汽车、计算机和机械设备等）；（4）终端消费品（所有的家居用品，不包括汽车和计算机，但是包括手机）。美国进出口品从 1925 年到 2010 年被分为以上四类，如图 1－1 所示，进口和出口分别见图 1－1（a）和图 1－1（b）。

在图 1－1（a）中，食品饮料、工业用品和材料的占比下降，即农产品和原材料在美国贸易中的份额下降，而工业制成品的占比极大上升。食品饮料、工业用品和材料这两类在 1925 年约占进口的 90%，但是 2010 年只有 40%。在图 1－1（b）中，这两类产品 1925 年在出口中的份额大约为 80%，2010 年下降到 40%。

从图 1－1（a）中同样可知，资本品和终端消费品 1925 年在进口中占 10%，2010 年增加到 60%。从图 1－1（b）中我们可以看到，资本品和终端消费品 1925 年在出口中占大约 20%，至 2010 年则增加到 60%。资本品和终端消费品（包括苹果手机）是最可能在生产过程中被外包的商品类别。资本品和终端消费品在贸易中的占比已经大幅上升，这也表明：现在的贸易结构已经发生了极大的变化。

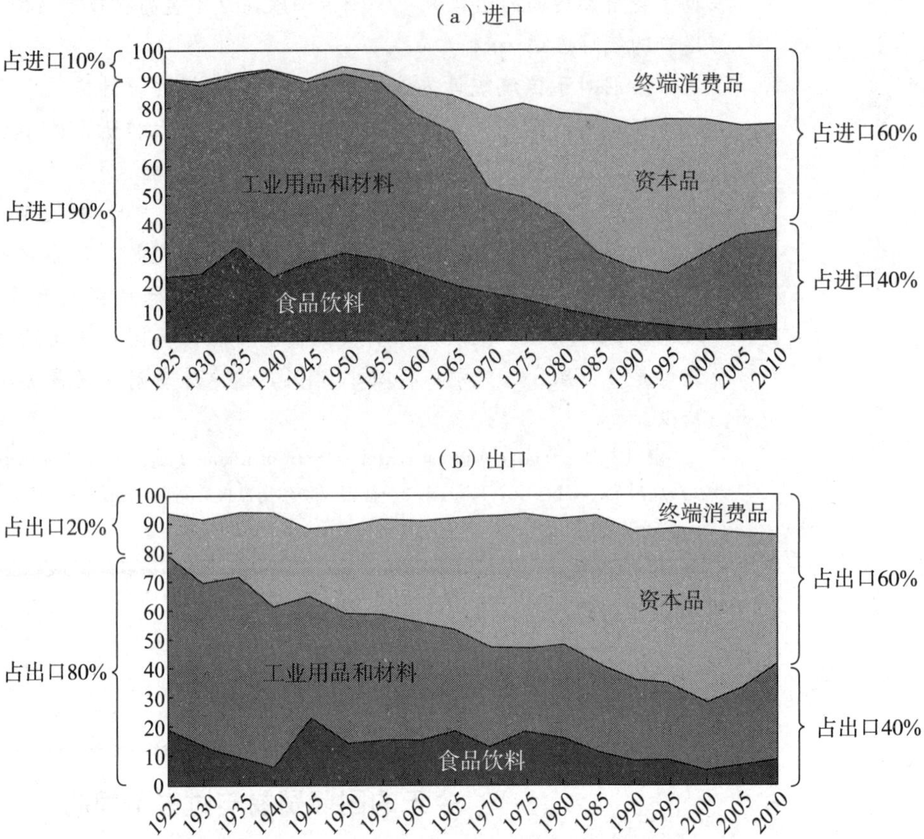

图1-1　1925—2010年美国进出口行业的变化（%）

美国进出口品的类别在过去近100年发生了翻天覆地的变化。1925年食品饮料以及工业用品和材料占进口的90%，而2010年的占比只有40%。出口品中，食品饮料以及工业用品和材料的占比也已经从1925年的80%下降到2010年的40%。进口品中，资本品和终端消费品的占比从1925年的10%上升到2010年的60%，这些产品类别在出口中的份额也从1925年的20%上升到2010年的60%。

资料来源：Bureau of Economic Analysis.

世界贸易图

欧洲与美国的贸易　最大的贸易额发生在欧洲国家之间，2010年达到3.9万亿美元，几乎占到世界的1/4（23%）。表1-1展示了欧洲内部贸易的实际情况。欧洲国家之所以相互间进行如此大量的贸易，是因为那里有那么多国家，还因为货物从一国输送到另一国非常容易。此外，贸易额之所以如此高，是因为**进口关税**（import tariffs）（针对国际贸易的税收）很低。欧盟是一个对相互进口征收零关税的欧洲国家群体。[①] 欧盟的成员国由 15 个扩展到了 2004 年的 25 个，2007 年又有两个国家入盟，因此，大多数欧洲国家都以零关税进行相互贸易。

表 1－1　　2010 年区域贸易占世界贸易的份额

本表展示了 2010 年各个地区内部贸易额或者各个地区对外的出口额占世界的比重。欧洲和美洲的出口约占世界的一半（51%），而亚洲也占了三分之一强（34%）。

	占世界贸易的份额（%）		占世界贸易的份额（%）
欧洲（内部贸易）	23	亚洲（出口）	34
欧洲（内部贸易）再加上与美国的贸易	27	中东和俄罗斯（出口）	12
美洲（内部贸易）	8	非洲（出口）	2
欧洲和美洲（出口）	51	澳大利亚和新西兰（出口）	1.6

注：占世界贸易的份额，依相关资料计算而得。美洲包括北美洲、中美洲、南美洲和加勒比地区。中东和俄罗斯的出口还包括向独联体的出口，独联体由阿塞拜疆、亚美尼亚、白俄罗斯、格鲁吉亚、哈萨克斯坦、吉尔吉斯斯坦、摩尔多瓦、俄罗斯、塔吉克斯坦、土库曼斯坦、乌兹别克斯坦和乌克兰组成。

资料来源：联合国贸易数据。

除了欧洲国家之间巨大的贸易流量以外，美国和欧洲之间的贸易额也非常大。2010 年，美国向欧洲出口 3 030 亿美元，进口 3 770 亿美元。如果再加上欧洲内部国家之间的贸易量，总计大约 4.6 万亿美元，占世界的 27%。表 1－1 记录了这一事实。该表还表明大量的世界贸易是发生在其工业化发达水平和富裕程度都相似的国家之间的。为什么这些国家会有这么多的相互贸易？

欧洲国家之间以及欧洲与美国之间的诸多差异性部分地解释了它们之间的贸易。在第 2 章中我们学习的第一个贸易模型，被称为李嘉图模型，最早用于解释英国与葡萄牙之间基于其气候差异的贸易。然而，尽管有这些差异性，像英国和美国这样的工业化国家仍然在消费模式以及生产货物和服务能力上有许

① 2004 年之前，欧盟由以下 15 个国家组成：比利时、法国、德国、意大利、卢森堡和荷兰（1952 年的创始国）；丹麦、爱尔兰和英国（1973 年加入）；希腊（1981 年加入）；葡萄牙和西班牙（1986 年加入）；奥地利、芬兰和瑞典（1995 年加入）。2004 年 5 月 1 日，又有以下 10 个国家加入：塞浦路斯、捷克、爱沙尼亚、匈牙利、立陶宛、拉脱维亚、马耳他、波兰、斯洛伐克和斯洛文尼亚。2007 年 1 月，保加利亚和罗马尼亚入盟。除了零关税，欧盟内部的国家有许多共同的经济法规，其中的一些国家共享一种货币（欧元）。

多相似之处。那么，为什么“相似”的国家会有这么多的相互贸易？直到第6章我们才试图回答这个问题，认为即使相似国家也会生产足够多品种的货物（比如不同型号的汽车或不同类型的奶酪），它们之间进行这些产品的相互贸易是自然而然的。

美洲的贸易 所记录的美洲内部贸易额也是巨大的，这是指北美洲、中美洲、南美洲和加勒比地区之间的贸易。2010年，美国向加拿大出口2 480亿美元，进口2 890亿美元。此外，美国向拉丁美洲国家（包括墨西哥、中美洲国家和南美洲国家以及加勒比地区）出口3 030亿美元，进口3 780亿美元。如果我们把这些贸易量相加，再加上加拿大和拉丁美洲之间的贸易量以及拉丁美洲内部的贸易量，得到2010年美洲内部总贸易量为1.4万亿美元，占世界贸易的8%。

因此，美洲内部贸易约相当于欧洲内部贸易的1/3，且绝大部分这种贸易发生在由加拿大、美国和墨西哥组成的北美自由贸易区内。有些人士建议进一步扩大美国的自由贸易区，把许多太平洋沿岸国家纳入《跨太平洋伙伴关系协定》（Trans-Pacific Partnership Agreement）。也有人士建议美国和欧盟形成自由贸易区，签订《跨大西洋贸易与投资伙伴关系协定》。我们将在之后的章节讨论自由贸易区对加入国家的影响，以及对没有加入自由贸易区的国家的影响。

如果我们把美洲内部贸易流量与欧洲内部贸易流量相加，再包括这两个地区对世界其余地方的所有其他出口，我们发现这些地区的出口额达8.5万亿美元，占世界总出口额16.8万亿美元的51%，如表1－1所示。

与亚洲的贸易 亚洲国家的贸易量也非常巨大。比如，2010年，欧洲对亚洲的出口达到5 750亿美元，从亚洲国家的进口达到9 470亿美元。美国向日本出口690亿美元，向其他亚洲国家出口3 010亿美元。从这些地区进口了两倍之多。

如果我们把亚洲对美国的出口加以分解，对美国出口最大的经济体是中国（2010年出口额达3 830亿美元），其次是日本（1 240亿美元），紧接着是韩国（510亿美元）和中国台湾（370亿美元）。印度、印度尼西亚、泰国、越南和其他亚洲国家向美国的出口相对较少。2010年，亚洲国家向美国出口总计7 920亿美元。

如果将所有来自亚洲的出口相加，我们得到约5.7万亿美元，大约相当于世界的三分之一（34%），见表1－1。请记住，这个总额只包括货物贸易，不包括越来越重要的服务贸易。例如，印度为美国和欧洲的厂商提供广泛的服务，诸如会计、客户支持、计算机编程和其他研发任务。由于这些服务是为在另一国的美国和欧洲厂商提供的，它们被视为服务提供国的服务输出。在本章开头的引语中，美国联邦储备委员会主席本·伯南克指出，中国、印度等国家加入世界经济已引致国际化水平的极大提高，这超越了我们以往所看到的任何东西。

为什么亚洲会进行这么多贸易？对该问题有许多答案。一个答案是，许多亚洲国家的工资比工业化国家低得多。中国的低工资使其能便宜地生产并出口货物。但是，为什么中国的工资这么低呢？一种解释是，中国工人的生产率低（第

2 章所展现的李嘉图模型即以这种方式解释工资)。然而，低工资并不能解释为什么日本出口那么多。由于日本工人的生产率非常高，所以其工资也非常高，但它依然向欧洲和美国大量出口，因为熟练劳动力和大量的资本（工厂和机器）使其能大量生产高质量的货物。相反，原材料的稀缺可以解释为什么日本从澳大利亚、加拿大和美国等资源丰富的国家进口这些货物。赫克歇尔-俄林贸易模型可以解释基于每个国家的劳动、资本和自然资源数量的贸易模式，这是第 5 章的议题。

其他地区 中东向许多国家出售石油，出口收入达 1.5 万亿美元，进口额达 1.1 万亿美元。如中东地区一样，俄罗斯也大量出口石油和天然气，欧洲国家对俄罗斯的油气资源非常依赖，油气出口是俄罗斯政府的主要收入来源。2010 年，俄罗斯的出口收入达 5 340 亿美元，进口额达 3 020 亿美元。中东地区和俄罗斯（再加上俄罗斯周边国家，比如阿塞拜疆、哈萨克斯坦、吉尔吉斯斯坦、乌兹别克斯坦、塔吉克斯坦和土库曼斯坦）的出口额总计 2 万亿美元，大约相当于世界的 12%。

然后是非洲。欧洲国家与非洲的贸易联系最为密切，既反映了它们的邻近性，又反映了一些非洲国家的前殖民地状况。2010 年，欧洲向非洲国家出口 990 亿美元，从非洲国家进口 1 050 亿美元，而美国和非洲之间的贸易额达到 900 亿美元，其中美国从非洲的进口大大超过出口。非洲内部国家之间的贸易额也非常小：2010 年只有 710 亿美元，再加上其他出口额，非洲大陆只占世界的 2%。考虑到非洲的土地面积和人口数量，这个占比非常小。相对于其广袤的土地和众多的人口，这是一个非常小的数字。

在本章开头的引语中，联合国前秘书长科菲·安南表达了其观点，即非洲要摆脱贫困实现增长，有赖于通过贸易与世界经济建立更多的联系。彻底解决非洲和其他最不发达国家所面临的困难超出了本书的范围，我们建议有兴趣的读者参考发展经济学教科书。但是，我们从考察国际贸易和贸易政策中所提炼出来的经验教训对非洲国家仍然有用。

一旦我们把世界贸易中最后部分的贸易计算进去，表 1 - 1 所示的出口百分比相加就等于 100%（当心不要把欧洲和美洲加两次）：澳大利亚和新西兰出口 2 700 亿美元（占世界出口的 1.6%），进口 2 420 亿美元。你不应期望知道表 1 - 1 中的所有百分比，但是，由于我们进行国际贸易的学习，了解这张表的大致构成（比如哪些地区的贸易最多）会有用。

贸易与 GDP 的比较

迄今为止，我们讨论了跨越国家边界的贸易值。但是，还有第二种常用的贸易报告方式，那就是贸易占一国**国内生产总值**（gross domestic product，GDP）的比率。国内生产总值是一年内所生产的所有最终产品的价值。对美国来说，2010 年商品和服务进出口的平均值占 GDP 的比率是 15%。大多数其他国家或地区的贸易占 GDP 的比率都更高，如表 1 - 2 所示。

位于该表顶端的是中国香港和新加坡，贸易额超过了其 GDP！它们是重要的运输和加工中心，所以，它们进口货物，进行加工，然后向其他国家或地区出口最终产品。正如前面讨论的苹果手机案例，出口品的增加值（每个苹果手机 6.5 美元）比出口品总值（179 美元）低得多。这解释了为何那些国家或地区的贸易总额会大于其 GDP 了。位于该表底部的是：美国和日本，它们的经济规模都非常大；巴基斯坦，它刚刚开始参与国际贸易；巴西和阿根廷，这两个国家都远离其他进口国。

表 1-2　　2010 年贸易占 GDP 的比率

本表展现了每个国家/地区的贸易总额占其 GDP 的比率，这里的贸易以（进口＋出口）/2 计算，包括商品和服务贸易。那些贸易占 GDP 比率最高的国家/地区，往往经济规模较小，通常是重要的货物运输中心，如中国香港和马来西亚。那些贸易占 GDP 比率最低的国家/地区，往往是经济规模很大的国家/地区（如日本和美国），或者是因贸易壁垒或与其他国家距离远的缘故而贸易开放度不高的国家/地区。

国家/地区	贸易占 GDP 的比率（%）	GDP（十亿美元）
中国香港	216	229
新加坡	193	213
马来西亚	85	247
匈牙利	83	129
泰国	68	319
奥地利	52	377
丹麦	48	313
瑞典	46	463
瑞士	46	552
德国	44	3 284
挪威	35	418
英国	32	2 256
墨西哥	31	1 035
加拿大	30	1 577
中国	29	5 931
西班牙	28	1 380
意大利	28	2 044
南非	27	364

续前表

国家/地区	贸易占 GDP 的比率（%）	GDP（十亿美元）
希腊	27	292
法国	27	2 549
俄罗斯	26	1 488
印度	25	1 684
土耳其	24	731
印度尼西亚	24	708
委内瑞拉	23	394
阿根廷	20	369
巴基斯坦	17	176
日本	15	5 488
美国	15	14 419
巴西	11	2 143

资料来源：World Development Indicators，The World Bank.

因此，虽然美国是世界上最大的进口国和出口国之一，但是在世界上，若以贸易占 GDP 的比率测算，美国则属于小国。这样的反比例关系背后的因素是什么？大国内部省份或者州之间的贸易量通常很大，但这部分贸易量不会算入国际贸易。其他没有美国这么大的国家却与贸易伙伴的关系更紧密，并且贸易占 GDP 的比率更可能出现在表 1－2 的中部，比如德国、英国、意大利、西班牙、加拿大和墨西哥。与邻国距离较近的国家或地区，如中国香港、新加坡、马来西亚和较小的欧洲国家，有更多溢出到境外的贸易，其贸易占 GDP 的比率也较高。

贸易壁垒

表 1－2 展示了国家之间贸易占 GDP 比率的差别，但该比率随着时间的推移而变化。除了国家规模以外，还有许多原因导致贸易额的变化。这些原因包括进口关税；从一国运抵另一国的运输成本；导致贸易减少的其他事件，如战争；等等。**贸易壁垒**（trade barriers）是指影响商品和服务跨国界流动数量的所有因素。为了了解这些贸易壁垒是如何随时间推移而变化的，图 1－2 描绘了一些可获得历史数据的国家的商品和服务贸易对 GDP 的比率：澳大利亚、加拿大、日本、英国、美国和欧洲大陆国家（丹麦、法国、德国、意大利、挪威和

瑞典）的平均值。①

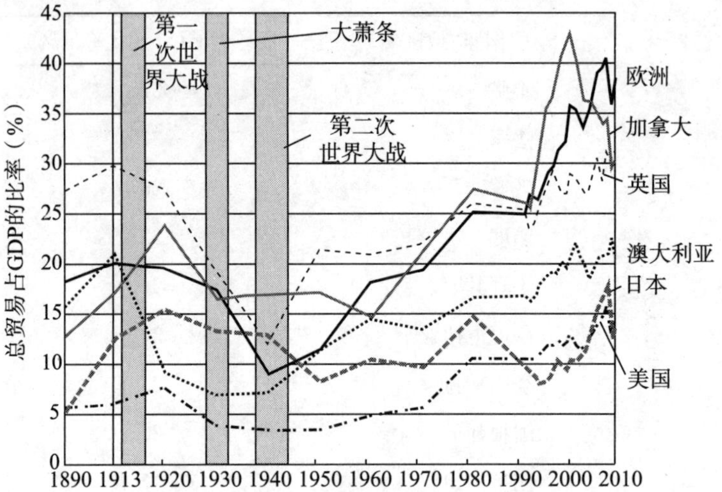

图 1-2　商品和服务贸易占 GDP 的比率

本图展示了每个国家商品和服务贸易总额（即进口和出口的均值）除以国内生产总值（GDP）的比值。1890—1913 年间，贸易占 GDP 的比率有了相当大的提高。这种趋势于第一次世界大战和大萧条时期终结，许多年后贸易才恢复到原有水平。图中的大多数工业国直到 20 世纪 70 年代才达到 1913 年时的贸易水平。有些国家——如澳大利亚和英国——直到 20 世纪末才达到其早先的水平。2008—2009 年的金融危机导致大多数国家贸易占 GDP 的比率下滑。

资料来源：Robert C. Feenstra，Fall 1998，"Integration of Trade and Disintegration of Production in the Global Economy，" *Journal of Economic Perspectives*，31-50.

第一个贸易"黄金时代"

1890 年至第一次世界大战（1914—1918 年）这个时期被称作国际贸易的一个"黄金时代"。在那些年，运输条件有了极大的改进，如蒸汽船和铁路的出现，这使得国际贸易数量大增。图 1-2 展示了 1890 年至第一次世界大战期间贸易占 GDP 比率的提高。英国达到了最高的贸易占 GDP 比率（30%），而澳大利亚、加拿大和欧洲国家的平均值在最高时都超过了 20%（见 1913 年或 1920 年）。日本的贸易占 GDP 的比率达到了 15%，而美国达到了 7.5%，这与其他国家相比是较低的（对一个大国的期望），但依据美国的历史标准仍然是高的。

两次世界大战期间　第一次世界大战结束后，所有国家的贸易占 GDP 的比率都降低了，1929 年爆发的大萧条和 1939 年在欧洲爆发的第二次世界大战造成了最严重的一次下降。在大萧条时期，美国采取了被称为《斯穆特-霍利关税法案》的高关税政策，《斯穆特-霍利关税法案》是以来自犹他州的参议员里德·斯

① 由于服务贸易的历史数据难以获得，在图 1-2 中我们只列入始于 1950 年的服务贸易。

穆特和来自俄勒冈州的众议员威利斯·C. 霍利的姓氏而命名的。《斯穆特-霍利关税法案》于 1930 年 6 月签署，该法案将许多类进口品的关税提高到 60%。

美国政府运用这些关税来保护农场主和其他产业，但适得其反，致使其他国家进行报复。加拿大以更高的关税报复美国；法国用进口配额限制从美国的进口。**进口配额**（import quotas）是对允许进入一国的进口品进行的一种数量限制；英国给予来自其前殖民地的货物以优先权；其他国家也做出了反应。正如一位经济史学家所报道的那样[①]：

> 一股愤恨浪潮传遍整个世界，并迅速导致报复。意大利抗议对带沿帽子和软草帽、羊毛毡帽和橄榄油征税；西班牙对提高软木和洋葱的关税做出激烈反应；加拿大对提高枫糖和糖浆、土豆、奶油、黄油、酸奶酪和脱脂奶的关税大为恼怒。瑞士因美国提高对手表、时钟、刺绣品、乳酪和鞋子的关税而鼓动抵制进口美国的打字机、自来水笔、汽车和胶卷……报复早在［斯穆特-霍利］议案于 1930 年 6 月成为法律之前就已开始。

这些国家的反应最初只是针对美国，而后就彼此拳脚相加，导致全球关税在两次世界大战期间急剧提高。图 1-3 展示了 1860—2010 年 35 个国家的全球平均关税。我们看到，1860—1914 年平均关税围绕 15%上下波动。然而，自第一

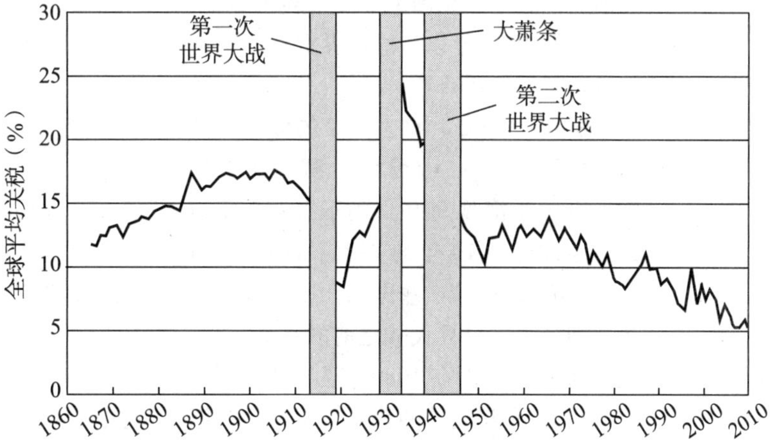

图 1-3　1860—2010 年全球平均关税

本图展示了 1860—2010 年间 35 个国家的全球平均关税。1860—1913 年间，平均关税围绕着 15%上下波动。然而，自第一次世界大战后，由于美国的《斯穆特-霍利关税法案》以及其他国家的反应，平均关税急剧上升，至 1933 年达到了 25%。自第二次世界大战结束以来，关税已下降。

资料来源：Michael A. Clemens and Jeffrey G. Williamson，2004，"Why Did the Tariff-Growth Correlation Change after 1950?" *Journal of Economic Growth*，9（1），5-46.

---

① Charles Kindleberger，1989，"Commercial Policy between the Wars，" in P. Mathias and S. Pollard，eds.，*The Cambridge Economic History of Europe*，Vol. Ⅷ，Cambridge，UK：Cambridge University Press，p. 170.

次世界大战后，平均关税由于《斯穆特-霍利关税法案》以及其他国家的反应而提高，至1933年达到了25%。高关税导致了两次世界大战期间的世界贸易急剧下降，美国和世界经济付出了巨大的成本。这些成本是同盟国在第二次世界大战后聚集在一起构建国际组织以保持低关税的一个原因，这些组织包括关税及贸易总协定，即现在众所周知的世界贸易组织。在第8章到第11章，我们会更细致地学习关税和其他贸易政策，以及治理贸易政策使用的国际机构。两次世界大战期间的教训是，高关税会减少贸易数量并增大相关国家的成本。

第二个贸易"黄金时代"

对世界经济而言，许多年以后全球一体化水平才恢复到第一次世界大战以前的同等水平。从图1-2我们可以看到，一些国家和地区（英国、欧洲和澳大利亚）在1945年第二次世界大战结束以后就立即开始增加贸易，所以，1950年它们的贸易占GDP的比率高于1940年的比率。有些国家直至1950年后贸易才有所增加，而其他国家直至1960年后才增长。除了第二次世界大战结束和在关税及贸易总协定作用下关税削减的原因以外，运输成本的降低也对贸易增长做出了贡献。1956年发明了运输集装箱，这使得货物通过轮船、火车和卡车的流动比以前更便宜（参见**新闻提要"50年前的一次航运巨变"**）。所有这些因素作用的结果是使1950年以后的世界贸易，无论是以美元衡量还是以贸易占GDP的比率衡量，都有了稳步增长。

图1-2显示，许多国家的贸易占GDP的比率已大大超过其第一次世界大战前后的最高水平。加拿大的贸易比率从1920年的24%增长至2000年的43%，2010年又下滑到30%（由于天然气出口下降）。欧洲国家的平均值从1913年的20%增加到2010年的39%。同样，美国的贸易比率从1920年的7.5%增加到2010年的15%。一些国家，比如澳大利亚和英国，直到最近贸易占GDP的比率才达到第一次世界大战之前的水平。就全球而言，贸易占GDP的比率在2010年大约为30%，而在1980年为20%，在1970年只有12%。

在2010年之前的几年，贸易占GDP的比率出现下滑，如图1-2所示。为什么贸易会出现下滑？2008年秋季，美国爆发金融危机，并迅速蔓延到其他国家。① 这次金融危机对国际贸易影响巨大，许多国家陷入经济萧条，导致进出口额下滑。

---

① 本书没有篇幅来详细介绍金融危机的来龙去脉。简单而言，这次金融危机主要是因为美国房地产泡沫的破灭。从1997年到2005年，美国房地产价格不断上扬，但是从2006年到2009年大幅下滑，从而导致许多房地产抵押贷款违约，银行接手作为抵押的房产。抵押贷款违约意味着，银行贷款的价值已经大幅减少，价值只相当于房地产的售价，但是金融危机期间房地产售价已经大幅低于当初的购买价格。因而，开展抵押贷款的银行损失惨重，这样的亏损之后蔓延到美国以及其他国家的整个金融系统。

新闻提要

50年前的一次航运巨变

以下这篇文章讨论了50年前运输集装箱的发明，这使得货物在国家间的运输成本大大下降了。

全球化正在经历第五十个年头。正是在50年前莫尔康·麦克莱恩（Malcom McLean）这位来自北卡罗来纳州的企业家，用一艘轮船装载了58只35英尺的集装箱从纽约纽瓦克驶往休斯敦。他不是认为用集装箱运输可以提高运输效率的唯一的人，但他是第一个设计了这种运输系统的人，即把货物包装在巨大的金属盒里并可以用起重机进行装卸的系统。

集装箱运输最终取代了传统的"散货运输方法"，即把货物分装成一箱箱、一桶桶和一袋袋，再把它们松散地装载到船舱里。这种散货运输系统自腓尼基人时代以来就一直在使用。用货物集装箱取代散货运输极大地降低了运输成本，使市场得以复兴，推动了世界经济的增长……

根据马特森（Matson）的研究，1959年，在该产业每个工时只能装卸0.627吨货物。到了1976年，随着集装箱运输的日益完善，每工时可以装卸4 234吨货物。一艘轮船滞留码头的时间由三个星期缩短到了18个小时。1950年，一艘时速为16节的商业货轮的平均装载量只有10 000吨。马特森说，用集装箱运输后，一艘时速为23节的商业货轮平均可以装载40 000吨货物。今天，这个数字更大。一艘时速达24.8节能装运6 600只20英尺集装箱的货船能运载77 000吨货物。

"集装箱化革新了全球制造品贸易，就如同喷气式飞机改变了我们的旅行方式以及互联网改变了我们的沟通方式。"被誉为运输业圣经的《商业杂志》（*Journal of Commerce*）的编辑约瑟夫·邦尼说道，"如果没有集装箱运输提供的高效率运输，过去二十年的亚洲经济奇迹就不可能发生。"

资料来源：George Raine，2006，"A Sea Change in Shipping：50 Years Ago，Container Ships Altered the World，" *San Francisco Chronicle*，February 5，electronic edition.

1.2 移民和对外直接投资

除了考察国际贸易（商品和服务在国家间的流动）的原因和效应以外，我们还要分析移民和对外直接投资（FDI，资本的跨境流动）。所有这三个流动都会影响一个开放其边境且与其他国家发生相互作用的国家的经济。

移民图

2005年，生活在经济合作与发展组织成员国中但不出生在该地区的人口数量达到6 200万，但是还不到世界国外出生人口总数1.95亿的三分之一。[①] 这些数据表明，不像贸易（大多数贸易发生在经济合作与发展组织成员国之间），大多数移民发生在经济合作与发展组织成员国以外的不富裕国家之间。比如，流入亚洲的移民为5 310万人，流入非洲的移民为1 710万人。拉丁美洲的移入人口数量达690万人。这些移民可能来自同一个大陆，从大陆内部一个国家迁移到另一个国家，背后的原因有就业、饥荒和战争等。[②]

在可以选择的情况下，这些移民可能愿意移居到高工资的工业国，但人们不可能像国际贸易中的货物和服务流动那样从一国流动到另一国。所有国家都有允许谁进入该国和在那里工作的种种限制。由于政策制定者担心来自低工资国家的入境移民会使得本国技术工人的工资降低，在许多OECD成员国中都存在这些限制。不论这种担忧是否得到证实，在许多国家，包括欧洲国家和美国，外来移民问题是一个争论激烈的争议性问题。结果，国家间的人员流动比货物流动不自由多了。

对低工资国家对外移民的限制在一定程度上被这些国家出口品的能力所抵消。国际贸易可以起到替代劳动或资本跨境流动的作用，就此而言，贸易可以以工人流向工资较高国家的相同方式提高其生活水准。自第二次世界大战以来，世界经济中的贸易开放度不断提高，这为那些在出口产业工作的工人提供了通过贸易获益的机会，即使是在种种移民限制阻止其直接到国外赚取更高收入的时候。

欧洲和美国的外来移民 我们刚才已经知道，种种移民限制，尤其是对进入较富裕国家的限制，限定了人员在国家之间的流动。让我们来看看这些限制在欧盟和美国这两个地区的最新政策行动中是如何表现的。[③]

2004年以前，欧盟由15个西欧国家组成，它们之间的劳动力流动是非常开放的。[④] 2004年5月1日，10个中欧国家加入欧盟，包括塞浦路斯、捷克、爱沙尼亚、匈牙利、拉脱维亚、立陶宛、马耳他、波兰、斯洛伐克和斯洛文尼亚。这些国家的人均收入只有原有欧盟成员国中西欧国家的四分之一。这样大的工资差距刺激工人移民。从理论上讲，新加入欧盟国家的公民可以移民到其他任何成员

---

① 主要地区移民总数的数据来自联合国，参见网址：http：//www.esa.un.org/migration。

② 联合国移民数据包括难民。2000年亚洲的5 030万名移民中，880万名是难民；非洲的1 650万名移民中，360万名是难民；拉丁美洲的630万名移民中，50万名是难民。

③ 在下面各段落中关于欧盟的信息均引自"Migration in European Union：The Coming Hordes," *The Economist*, January 15，2004。

④ 这15个国家是比利时、法国、德国、意大利、卢森堡和荷兰（1952年的创始国）；丹麦、爱尔兰和英国（1973年加入）；希腊（1981年加入）；葡萄牙和西班牙（1986年加入）；奥地利、芬兰和瑞典（1995年加入）。

国。2005 年欧洲有 2 400 万人没有在出生国家生活。而事实上，出于对劳动力急迫流入的担心，导致相关国家在政策上的分歧。

与一些新成员国相邻的德国和奥地利主张，如果东道国愿意，对来自新成员国的劳动力流动许可应有七年宽限期。另外，英国和爱尔兰曾经承诺对来自这些新成员国的工人开放。2007 年 1 月，又有两个国家入盟，它们是罗马尼亚和保加利亚。欧盟扩张后，欧盟成员国的合法移民，加上其他国家的移民（合法的和非法的），已经刺激了英国的政治神经。所有主要成员国都赞成限制欧盟之外的移民人口流入，移民问题是英国工党在 2010 年 5 月选举中失利的原因之一。

关于最新移民政策的第二个例子是来自美国的。2005 年有 1 600 万个来自拉丁美洲的人在美国和加拿大生活，其中最大的移民群体是在美国生活的墨西哥人。据估计，现在有 1 300 万个墨西哥人生活在美国，大约一半是非法移民。墨西哥有人口 1.15 亿，生活在美国的墨西哥人相当于墨西哥总人口的 10%还多。对外来移民会降低工资的这种担忧也适用于墨西哥向美国的移民，并且这种担忧被数量超大的非法入境移民所放大。那么，移民政策在美国成为日常的争论话题也就毫不奇怪了。

在美国的政策制定者中存在着这样一种普遍的认识，即现行的入境移民制度不管用，需要修改。2007 年，美国布什总统试图推行移民改革，但是没有得到国会的支持。在第一任期，奥巴马也曾承诺推行移民改革。但是，这个承诺不得不为其他主要议程让路，最为主要的是医疗改革法案和 2008—2009 年金融危机之后的金融体制改革。这两个议程推迟了移民改革。2013 年奥巴马开始了第二任期，再次承诺采取措施推行移民改革，得到美国民主党和共和党的支持。在本书写作时，至于总统奥巴马会推行什么样的移民法案，让我们拭目以待。

对外直接投资图

如本章前面所述，当某个国家的一家厂商在另一个国家拥有一家公司时，对外直接投资（FDI）就发生了。

2010 年，流入和流出经济合作与发展组织的 FDI 总计 17 万亿美元，相当于世界 FDI 19.9 万亿美元的 85%。与移民的分析不同，全球大多数 FDI 都来自经济合作与发展组织国家的企业。FDI 集中在富裕国家比国际贸易更加明显。流入非洲的 FDI（5 700 亿美元）只是拉丁美洲（1.45 万亿美元）的三分之一，而流入拉丁美洲的 FDI 不到亚洲（3.991 万亿美元）的一半。大多数 FDI 都来自发达国家，但是中国企业开始在非洲和拉丁美洲购置土地，发展农业和资源开采业，同时还购买发达国家的公司，本书下面的内容还将就此展开讨论。

FDI 分为两类：横向 FDI 和纵向 FDI。

横向 FDI 大多数对外直接投资发生在工业化国家之间，即一个工业国的某家厂商在另一个工业国拥有一家公司。我们把工业国之间的这些 FDI 流动称为**横向 FDI**（horizontal FDI）。其中这方面的一个例子发生在汽车行业，如 2009 年意大利菲亚特汽车购买克莱斯勒。

公司想在其他工业国收购企业的原因有很多。首先，拥有一家国外工厂可以使母公司规避向国外市场出口时所遇到的关税，因为它可以在市场所在地生产和销售产品。例如，早在 20 世纪 50 年代和 60 年代，美国汽车制造商就在欧洲生产和销售汽车以规避关税。20 世纪 80 年代和 90 年代，许多日本汽车公司在美国设立工厂以规避美国的进口配额（关于进口数量的限制）。今天，在美国制造的日本汽车在数量上已经超过了从日本进口的汽车。

其次，在国外拥有一家外国子公司还可以更好地进入其经济，因为当地厂商拥有更好的设施和销售产品的信息。例如，美国丰田汽车销售公司是一家日本丰田汽车公司的全资子公司，负责在美国销售轿车和卡车。许多在美国销售产品的其他外国公司都具有类似的当地零售企业。

最后，公司生产部门之间的联合可以使其共享专业技术。这方面的例子有通用汽车公司、福特汽车公司和克莱斯勒汽车公司在美国和加拿大所设的生产部门，几十年来它们在两个国家（在底特律、密歇根和安大略的温莎）经营专门生产不同汽车的工厂。企业开展横向 FDI 的原因有很多，横向 FDI 的确是一家公司扩展其国际业务的一种方式。

纵向 FDI 当某个国家的一家企业在一个发展中国家拥有一家工厂时，另一种形式的对外直接投资就发生了，我们称之为**纵向 FDI**（vertical FDI）。低工资是企业把生产转移到发展中国家的主要原因。根据传统的 FDI 观点，工业化国家的企业运用其专业技术，并与发展中国家的廉价劳动力相结合为世界市场生产产品。这种观点对于在中国的 FDI 是合理的，尽管我们已经知道，这种观点对多数世界 FDI 并不适用，因为它是发生在工业国之间的。

除了获取低工资优势以外，企业进入中国市场还为了规避关税和获得当地合作伙伴以便在那里销售产品。例如，在以前，中国曾经对汽车进口征收高关税，因此，许多来自美国、德国和日本的汽车厂商在那里设立了工厂（通常与中国合作伙伴一道），使它们便于在那个市场销售产品。中国于 2001 年加入了世界贸易组织，这意味着它已经降低了包括汽车在内的几乎所有进口品的关税。然而，外国汽车企业仍然计划留在那里，并且现在正开始从中国出口汽车。

欧洲和美国的 FDI 2010 年最大的 FDI 发生在欧洲，欧洲内部以及世界向欧洲流入的 FDI 总计达到 11.6 万亿美元，占世界 FDI 总量一半还多，其中 4.3 万亿美元来自其他欧洲国家。此外，从美国流入欧洲的横向 FDI（1.5 万亿美元）以及从欧洲流入美国的 FDI（2.0 万亿美元）非常大。欧洲到美国直接投资的一个例子是 1998 年戴姆勒-奔驰（生产梅赛德斯奔驰汽车）和克莱斯勒的合并，组成戴姆勒-克莱斯勒公司。然而，这次交易持续不到十年，2007 年 5 月，戴姆勒-克莱斯勒公司又把克莱斯勒卖给了瑟伯罗斯资产管理公司（Cerberus Capital

Management)，克莱斯勒又被美国持有。之后 2009 年，克莱斯勒又被卖给了欧洲意大利菲亚特公司。另一个美国直接投资欧洲的例子是福特公司并购英国捷豹汽车公司（1989 年）和瑞典沃尔沃公司（1999 年）。美国流入和流出 FDI（2010 年分别是 2.5 万亿美元和 4.3 万亿美元）都居于全球各国之首，接着是英国和法国。

欧洲内部以及欧洲和美国之间的 FDI 总计 7.9 万亿美元，占世界的三分之一强（39%）。这一比例比欧洲内部以及欧洲和美国之间贸易占世界的比例（大约 27%）还大（见表 1-1）。这表明，发达国家之间的横向 FDI 是最大的 FDI。

美洲的 FDI 此外，还有大量发生在美国、加拿大和拉丁美洲之间的 FDI 流动。2010 年美国对加拿大的直接投资是 2 900 亿美元，而加拿大对美国的投资是 2 110 亿美元。美国对拉丁美洲的投资，主要是墨西哥，达到 7 470 亿美元。巴西和墨西哥是全球发展中国家中仅次于中国的对外直接投资接受国。2010 年，墨西哥接受的对外直接投资是 2 650 亿美元，巴西为 5 140 亿美元，两者合计大约占拉丁美洲 FDI 流入 1.45 万亿美元的一半。这些都是纵向 FDI 的例子，这种投资是由用比工业国更低的工资生产产品的机会所推动的。

与亚洲的 FDI 美国与日本之间以及欧洲与日本之间的直接投资是横向 FDI。除了日本之外，还有数量较大的亚洲其他国家和地区的 FDI 流动。美国对亚洲其他国家，特别是中国，直接投资 2 980 亿美元，而欧洲对亚洲直接投资 2 700 亿美元。这些流动也是纵向 FDI 的例子，这是工业国为获取低工资优势而对发展中国家进行的对外直接投资。

中国已成为亚洲最大的 FDI 接受国，也是世界第二大 FDI 接受国（仅次于美国）。对中国内地和中国香港的 FDI 流入 2010 年总计 1.476 万亿美元，约占亚洲 FDI 流入（4 万亿美元）的 37%。由于中国香港本身在中国内地有直接投资，而部分资金来自内地企业，因此，中国内地和中国香港的这些数字可能存在一些“重复计算”。从中国内地流向中国香港随后又流回到内地的资金流动被称为“虚假流动”，据估计，有四分之一到一半流入中国的 FDI 属于这种流动。

注意，有一些是从亚洲其他国家和地区流向美国和欧洲的 FDI 流动，即我们所说的逆纵向 FDI（reverse-vertical FDI）。相比传统的 FDI 观点，这是发展中国家的公司购买工业国的企业。显然，这些公司不是为了追求工业国的低工资；相反，它们是为了获取这些企业的技术知识，这样就可以把技术知识与其国内的低工资相结合。一个广为宣传的例子是中国联想公司购买国际商用机器公司（IBM）的个人计算机部门。联想从这次收购中获得了什么专业技术？据报道，联想会获得 IBM 的管理和国际知识，甚至会雇用 IBM 高管去经营企业。与运用 FDI 来获得廉价劳动力相反，联想进行 FDI 是为了获取昂贵的高技能劳动力，这正是联想要想在计算机业取得成功所需要的。

另一个中国逆纵向 FDI 的例子是 2009 年吉利汽车从福特汽车公司收购沃尔沃汽车公司（以前是瑞典公司）。在之后的章节中，我们将探究美国、欧洲和日本汽车公司如何通过与中国汽车公司成立合资公司进入中国市场，中国汽车公司也借此向这些发达国家的汽车公司学习。中国企业学习技术的过程也发生在吉利购买沃尔沃的案例中，但这次是中国企业主动并购。

除了购买技术之外，中国企业还积极投资于产品有利于满足中国13亿消费者不断增长的需求的外国公司。最近的案例便是中国双汇国际收购美国史密斯菲尔德食品公司。中国消费者收入增加使得他们对猪肉的需求已经超过了猪肉的生产能力。这个案例也说明了中国公司在全世界投资自然资源和基础设施的大趋势。如《纽约时报》报道①：

[对史密斯菲尔德食品公司的收购] 契合中国政府宏大的目标。中国政府鼓励企业“走出去”，购买资产、自然资源和技术。在北美、非洲和澳大利亚，中国企业携带大量现金，购买可耕地和自然资源，以帮助水资源和可耕地短缺的中国，而房地产和基础设施繁荣助长了中国面临的困境。

伴随着中国的工业化进程，消费者收入增加，企业海外投资的能力与日俱增，中国政府和企业将继续着眼全球，以满足中国消费者不断增长的需求。

1.3 结　论

全球化意味着很多东西：商品和服务的跨界流动，人员和企业的流动，国家间的文化和思想传播，全世界金融市场的紧密一体化。虽然全球化看起来还是新兴事物，但国际贸易和金融市场一体化在第一次世界大战之前就已经十分强劲。战争和大萧条破坏了这些全球联系。自第二次世界大战以来，世界贸易再次快速增长，甚至快于世界GDP的增长，因此，贸易占世界GDP的比率稳步上升。第二次世界大战以后所建立的国际机构促进了贸易的增长：关税及贸易总协定（现在为世界贸易组织）、国际货币基金组织、联合国和世界银行都是在战后建立起来的，其目的是促进更自由的贸易和经济发展。

跨国移民不像国际贸易那样自由，由于担心外国工人流入会降低工资，所有国家都对入境移民进行了种种限制。这种担忧并不一定合理。在第4章中我们将发现，入境移民有时可以在不改变价格的情况下被一国所吸纳。对外直接投资在工业国基本不受限制，但在发展中国家经常面临一些限制。比如，中国要求所有外国投资都需经过审批，还往往要求外国企业有一个当地合作伙伴。企业到发展中国家投资通常是为了在这些国家获取低工资的优势。无论在发展中国家还是在工业化国家投资都是企业跨境扩展其业务和传播生产技艺知识的一种方式。今天全球化已十分广泛，移民和对外直接投资是全球化有待深化的方面。

---

① Michael J. de la Merced and David Barboza, 2013, “China, In Need of Pork, to Buy U. S. Supplier,” May 30, *The New York Times*, p. B6.

要　点

1. 一国的贸易差额是其出口值与进口值之差，它由一国的宏观经济条件决定。

2. 现在与第一次世界大战之前的记录相比，国际贸易产品的结构已经发生了巨大变化。第一次世界大战之前，标准化产品（原材料和初级产成品，比如钢铁）在国际贸易中占据主导地位。现在，大部分贸易是加工程度较高的终端消费品和资本品，这两类产品在制造过程中可能在数个国家之间运来运去。

3. 大部分国际贸易是在工业化国家之间进行的。欧洲内部以及欧洲与美国之间的贸易约占世界贸易的四分之一。

4. 当我们要学习的许多贸易模型强调国家之间的差异性的时候，相似国家之间的贸易也可能得到解释。相似国家会相互进行不同产品品种的贸易。

5. 较大的国家和地区往往具有较小的贸易相对于 GDP 的份额，因为许多贸易是在其内部进行的。2010 年，中国香港和新加坡贸易占 GDP 的比率超过 100%，而美国只有 15%。

6. 较富裕的工业国对入境采取种种限制，其结果是大多数世界移民都进入发展中国家。

7. 国际商品和服务贸易起到了替代移民的作用，并使得工人们即使在无法通过移民来赚取较高收入的时候也可以通过在出口产业工作而改善其生活水准。

8. 大多数世界对外直接投资的流动发生在工业化国家之间。2010 年，世界超过三分之一的 FDI 发生在欧洲内部以及欧洲和美国之间，流入和流出经济合作与发展组织的 FDI 占世界的 85%。

关键术语

国际贸易	贸易顺差	国内生产总值
移民	贸易逆差	贸易壁垒
对外直接投资	双边贸易差额	进口配额
出口	增加值	横向 FDI
进口	外包	纵向 FDI
贸易差额	进口关税	

习 题

1. 在写作本章时，更新的移民和对外直接投资数据还难以获得，但世界贸易数据可以获得。在这道习题中，要求你更新表 1-1 中的世界贸易数字（见第 1 题表）。

a. 进入世界贸易组织网站 http://www.wto.org，在“Documents and Resources”和“International Trade Statistics”中查询贸易数据。[1] 查找出版物《国际贸易统计》，进入“Trade By Region”，找到“Intra-and Inter-regional merchandise trade” Excel 数据表。打印该表。如果找不到这个网址或数据表，就使用下面的“2011 年地区内和地区间的商品贸易”表（见第 1 题表）。

b. 在这个表中，欧洲内部贸易总额是多少？它占世界总贸易的百分比是多少？

c. 欧洲和北美洲之间的贸易总额是多少（任何一个方向）？把它与欧洲内部总贸易额相加，计算其占世界贸易总额的百分比。

d. 美洲内部（也就是北美洲与中美洲、南美洲之间以及每个地区内部）的贸易总额是多少？它占世界贸易总额的百分比是多少？

e. 欧洲和美国的出口总额是多少？其占世界贸易总额的百分比是多少？

f. 亚洲的出口总额是多少？其占世界贸易总额的百分比是多少？

g. 中东和独联体[2]的出口总额是多少？其占世界贸易总额的百分比是多少？

h. 非洲的出口总额是多少？其占世界贸易总额的百分比是多少？

i. 将你的 b 到 h 的答案与表 1-1 中的占世界贸易总额的份额相比较，有何不同？

第 1 题表　　2011 年地区内和地区间的商品贸易　　单位：十亿美元

	目的地							
来源地	北美洲	南美洲和中美洲	欧洲	独联体	非洲	中东	亚洲	世界
世界	2 923	749	6 881	530	538	672	5 133	17 816
北美洲	1 103	201	382	15	37	63	476	2 282
南美洲和中美洲	181	200	138	8	21	18	169	750

① 2011 年贸易统计数据参阅：Table Ⅰ-4 at：http：//www.wto.org/english/res _ e/statis _ e/its2012 _ e/its12 _ world _ trade _ dev _ e.htm。

② 独联体由阿塞拜疆、亚美尼亚、白俄罗斯、格鲁吉亚、哈萨克斯坦、吉尔吉斯斯坦、摩尔多瓦、俄罗斯、塔吉克斯坦、土库曼斯坦、乌克兰和乌兹别克斯坦组成。

续前表

来源地	北美洲	南美洲和中美洲	欧洲	独联体	非洲	中东	亚洲	世界
欧洲	480	119	4 667	234	199	194	639	6 612
独联体	43	11	409	154	12	24	117	789
非洲	102	19	205	2	77	21	146	594
中东	107	10	158	6	38	110	660	1 251
亚洲	906	189	922	110	152	242	2 926	5 538

资料来源：WTO，International Trade Statistics，2012.

2. 本章开头美国联邦储备委员会主席本·伯南克的引语引自他于 2006 年 8 月 25 日在怀俄明州杰克逊霍尔的演讲，题为《全球经济一体化：何为新，何为旧?》。演讲的全文可从以下网址获得：http://www.federalreserve.gov/newsevents/speech/bernanke20060825a.htm。阅读这篇演讲并回答下列问题：

a. 列出今天的国际贸易与第一次世界大战前的贸易并没有多大区别的三个方面。

b. 列出今天的国际贸易确实不同于第一次世界大战前的贸易的三个方面。

网络练习

世界贸易组织是国际贸易统计数据的重要来源。进入网站：http://www.wto.org，在“Documents and Resources”中查询贸易数据，查找出版物《国际贸易统计》的最近版本，找出最近几年产品和服务的贸易数据。

第2部分

国际贸易模式

第 2 章　贸易与技术：李嘉图模型

本章内容提要

2.1　贸易的原因
2.2　李嘉图模型
2.3　国际贸易模式的决定
2.4　求解国际价格
2.5　结论

英格兰出口布以换取葡萄酒，这样做使其产业获得了更多的产出；它得到了比在这两种产品都由自己生产的情况下更多的布和葡萄酒；荷兰进口布和出口葡萄酒，因为对两国而言荷兰的产业可以被更有利地用于生产葡萄酒。

……因此，出口葡萄酒以换取布对荷兰是有利的。尽管荷兰可能能够使用比英格兰更少的劳动生产出其进口的商品，但这种贸易依然可以发生。

——大卫·李嘉图，《政治经济学及赋税原理》，1821 年

比较优势是这样一个最佳的例子，即一个经济学原理无疑是正确的，但对聪

明人而言却并非显而易见的。

——保罗·萨缪尔森,《一个经济学家的道路》,1969 年①

拿起任何一件制造品,你很可能会发现它是一件许多国家间的贸易品。让我们以滑雪板为例。2010 年,美国从 18 个不同国家**进口**(import)(即从其他国家购买)3 330 万美元的滑雪板。表 2-1 列出了对美国出口滑雪板金额最大的 12 个国家或地区。

表 2-1　2012 年美国进口的滑雪板

排名	国家/地区	进口额(千美元)	数量(千)	平均价格(美元/块)
1	中国	19 560	400.6	49
2	奥地利	10 479	93.6	112
3	中国台湾	2 108	46.5	45
4	加拿大	362	23.2	16
5	突尼斯	337	2.0	171
6	西班牙	285	1.9	151
7	瑞士	42	0.2	226
8	荷兰	42	0.3	159
9	斯洛文尼亚	27	0.2	121
10	意大利	24	0.2	140
11	波兰	16	0.1	155
12	法国	15	0.1	126
13～18	所有其他国家	46	1.2	40
	总计	33 343	570	58

资料来源:美国商务部和国际贸易委员会。

如表 2-1 所示,向美国出口滑雪板最多的国家是中国,它向美国**出口**(export)(即把本国商品卖给其他国家)价值超过 1 900 万美元的滑雪板。排名第二的国家是奥地利,2012 年向美国出口滑雪板金额超过 1 000 万美元。这两个国家的出口额远远大于排名第三的中国台湾(向美国的滑雪板出口额大约为 200 万美元)。向美国出口滑雪板排名第四的国家是加拿大,滑雪板出口额为 36.2 万美元。美国完全拥有制造所有滑雪板的能力,为什么还要从这些国家或地区进口而不是自己生产滑雪板呢?

排名接下来的主要是欧洲国家,比如西班牙、瑞士、荷兰、斯洛文尼亚、意

① Paul A. Samuelson, 1969. "The Way of an Economist." In *International Economic Relations: Proceedings of the Third Congress of the International Economic Association*, edited by Paul A. Samuelson (London: Macmillan), 1-11.

大利、波兰和法国，还有一个排名靠前的北非国家突尼斯（曾为法国的殖民地），这些国家向美国出口滑雪板的价值从 1.5 万美元到 33.7 万美元不等。另外六个国家或者地区（捷克、墨西哥、中国香港、澳大利亚、德国和日本）的出口额相对很小。

本书的前几章考察各国相互进行货物贸易的各种原因，包括：

- 各国所使用的**技术**（technology）差异（即各国制造产品的能力差异）。
- 各国所发现的**资源**（resources）总量不同（包括劳动、资本和土地）。
- **外包**（outsourcing）（即在不同国家生产某个产品的各种零部件然后在终点进行组装）成本不同。
- 国家之间的相互**邻接性**（proximity）（即它们彼此有多近）。

在本章，我们将着重考察这些原因中的第一个原因以解释贸易现象——各国间的技术差异。由于这种解说是由 19 世纪经济学家大卫·李嘉图提出的，因而通常被称为**李嘉图模型**（Ricardian model）。该模型解释了一国的技术水平是如何影响支付给劳动的工资的，由此，技术较好的国家有较高的工资。继而，该模型有助于解释一国的技术是如何影响其**贸易模式**（trade pattern）的。贸易模式就是一国所进口和出口的产品。

2.1 贸易的原因

除了国家间技术差异（这是李嘉图模型的焦点）以外，还有许多关于各国为什么要进行货物贸易的其他原因。在我们仔细考察李嘉图模型之前，让我们简要地探讨一下上面所列的其他贸易原因。

邻接性

国家的邻接性之所以是一个贸易的原因，主要是因为它会影响运输成本。那些相互邻接的国家往往有较低的运输成本，而这些成本又会追加到贸易品的成本中去。国家的彼此邻接有助于解释为什么加拿大会位居向美国出口滑雪板的前列，以及为什么加拿大会是美国最大的贸易伙伴国。还有更多关于国家的邻接性如何影响贸易伙伴的例子。许多欧洲国家的最大贸易伙伴是其他欧洲国家，许多亚洲国家的最大贸易伙伴是日本或中国。有时相邻国家通过加入一个**自由贸易区**（free-trade area）而获得邻接性优势。一个自由贸易区内的这些国家对彼此间的贸易不加任何限制。

资　源

邻接性只是对贸易模式的部分解释。如表 2-1 所示，奥地利向美国出口的滑雪板的金额大约是加拿大的 29 倍，尽管奥地利距离美国更远。墨西哥对美国的滑雪板出口更少，只有 1.2 万美元。在表 2-1 中，为什么奥地利和加拿大的排名比墨西哥更靠前？奥地利和加拿大气候寒冷，单板滑雪和双板滑雪比墨西哥更普及。一般情况下，一些地方之所以生产大量滑雪装备（或者当地滑雪技能高超），是因为当地滑雪运动非常普及，滑雪装备的需求相对较大，或者当地互补品（比如雪山）触手可及。这是一个地理（雪山和气候）影响出口的例子。不难看出，滑雪圣地也分布在表 2-1 中的一些国家，比如瑞士、斯洛文尼亚、意大利、波兰和法国。

地理包括一国所发现的**自然资源**（natural resources）（如土地和矿产）以及**劳动力资源**（labor resources）（不同受教育程度和技术水平的劳动力）和**资本**（capital）（机器和建筑物）。一国的资源通常总称为**生产要素**（factors of production），即用于生产商品和服务的土地、劳动和资本。在第 3 章和第 4 章中，我们会学习一国的资源是如何影响其贸易模式的，以及贸易是如何给不同的生产要素带来经济所得或所失的。

在一些情况下，一个国家虽然出口某一项商品，但是并没有生产这一商品的任何资源优势。其中一个例子就是“冰酒”，冰酒这一类酒最早由德国研发制造，但是如今也在加拿大尼亚加拉大瀑布地区和美国生产（见**专栏“比较优势能创造吗？以‘冰酒’为例”**）。中国台湾和墨西哥也没有滑雪胜地，为什么也能够出口滑雪板呢？有一点需要注意，这两个经济体的滑雪板出口单价非常便宜：中国台湾向美国的出口批发价是 45 美元/块，而墨西哥的只有 13 美元/块。相比之下，其他一些经济体的出口单价非常高，比如瑞士为 226 美元/块，突尼斯为 171 美元/块，荷兰为 159 美元/块，波兰为 155 美元/块。根据中国台湾和墨西哥的低价推理，这两个经济体出口的滑雪板要么质量较低，要么是半成品，进口到美国之后再完成加工。这样的半成品加工就是外包：一个企业将整个生产过程划分为不同环节，分布在数个国家，国家之间交易半成品。墨西哥（13 美元/块）和加拿大（16 美元/块）出口的滑雪板都可能是半成品。

专　栏

☞ 比较优势能创造吗？以“冰酒”为例

记得在李嘉图原创的葡萄牙与英国贸易的例子中，他假设了葡萄牙基于其适宜的气候在葡萄酒和布的生产上都具有绝对优势。英国会发现它很难种植酿酒用的葡萄，但生产布却不太困难，因此它在布的生产上具有比较优势。这就提出了一个问题：如果发现了新技术能使英国生产世界级的葡萄和葡萄酒，情形又会如何？有可能在葡萄酒生产上创造新的比较优势吗？

类似的事情发生在了加拿大尼亚加拉大瀑布地区，那里出售一种叫“冰酒”的产品。冰酒最早于 1794 年由德国开发（当时李嘉图 21 岁）。冰酒是通过让葡萄藤上的葡萄冰冻生产出来的。冰冻浓缩了葡萄的糖分和香味。经过冰冻的葡萄由人工采摘然后加工成甜美的葡萄酒。1983 年，加拿大尼亚加拉大瀑布地区的几家酿酒厂进行了冰酒的试生产，自此以后，它就成了当地的一种特产。由于葡萄采摘前的温度必须在−10℃到−13℃之间，尼亚加拉大瀑布地区寒冷的气候赋予了它生产冰酒的优势。这种工艺的产量是很低的——一整棵葡萄或许只能酿造一瓶酒——这就是冰酒以半瓶装销售的原因。但由于这种葡萄酒有独特的风味，需求很大，半瓶装的售价通常达 50 美元或更高。现在，冰酒也可以在加拿大英属哥伦比亚的奥卡诺根峡谷地区进行生产，那里的气候同样是夏季温润适合葡萄生长，冬季寒冷可以冰冻葡萄。英国将来能生产这种葡萄酒吗？如果能，李嘉图原创的模型中英国和葡萄牙之间的比较优势可能会逆转了。

绝对优势

我们现在已经解释了一些关于许多国家和地区向美国出口滑雪板的理由，但是我们还没有解释从中国的进口，2012 年中国是向美国出口滑雪板最多的国家，也没有解释从荷兰的进口，荷兰排名第八，批发价也相对较高，为 159 美元/块。荷兰没有雪山，因而自然资源并不是它能够出口滑雪板的原因。但是，荷兰因生产高质量产品而闻名，比如飞利浦公司就是荷兰的电子产品企业。这也可以解释为什么德国（包含在表 2 - 1“所有其他国家”之中）出口滑雪板。2012 年德国只向美国出口数量不多的滑雪板，但是售价高达 876 美元/块！这么高的价格表明，德国拥有世界上最好的滑雪板生产技艺，其生产的滑雪板一定质量最高。事实上，在生产许多产品（如化工产品、机器工具、汽车和钢材）的方法上，德国被认为是世界领先者。当一个国家拥有生产某种产品的最佳技术时，它在该产品的生产上就具有**绝对优势**（absolute advantage）。德国在许多行业都有绝对优势。但是，中国的生产技术水平比不上德国，如果德国在生产滑雪板方面拥有绝对优势，那么为什么中国出口的滑雪板数量超过德国如此之多？

况且，尽管德国在许多技术上是世界领先者，但美国也同样如此。所以，为什么美国非得从德国或中国进口滑雪板呢？为什么美国就不利用其技术和生产要素生产它需要的所有滑雪板呢？

比较优势

这些问题表明，绝对优势其实不是一个对贸易模式的良好解说。这是从本章得到的一个关键教训。相反，**比较优势**（comparative advantage）是对国家间贸易的一个主要解说。为了获得比较优势是什么的思想，让我们考虑一下大卫·李嘉图曾经描述过的葡萄牙与英国贸易这个例子（参见**专栏：大卫·李嘉图与重商主义**）。

为了简单起见，李嘉图考虑了两种商品：葡萄酒和布。李嘉图假设了葡萄牙在两种产品的生产上都具有绝对优势。例如，葡萄牙的绝对优势可能反映了其气候更适宜种植葡萄和养羊。尽管葡萄牙可以比英国更容易生产葡萄酒和布，英国仍然能够生产布和葡萄酒，但在英国生产葡萄酒比生产布更困难——正像所有到英国访问过的人所知道的那样，它缺乏生产好葡萄所需要的正常的阳光！基于这些假设，李嘉图认为英国具有生产布的比较优势，并会向葡萄牙出口布，而葡萄牙则具有生产葡萄酒的比较优势，并向英国出口葡萄酒。

从这个例子中我们可以看到，一个国家具有生产这样一些产品的比较优势，即与生产其他产品的效率相比较它生产这些产品的效率是最高的。也就是说，葡萄牙生产葡萄酒优于其生产布，英国生产布优于其生产葡萄酒，尽管葡萄牙在两种产品的生产上都优于英国。这就是本章开头引自李嘉图的引语所隐含的思想——由于英国具有生产布的比较优势，葡萄牙从英国进口布是有利的。在我们的滑雪板例子中，我们会预期中国与德国及美国相比较在许多制造品的生产上具有比较劣势，但它生产滑雪板仍然优于生产其他产品，因此，中国能够向美国出口滑雪板。

本章的大部分篇幅用于解释比较优势的概念，以及作为对贸易模式的一种解释它为何管用。正如本章开头引自诺贝尔奖获得者保罗·萨缪尔森的引语所表明的那样，这个概念还远未明了，已经掌握这个概念的学生在其学习国际贸易的过程中还有很长的路要走。

专　栏

大卫·李嘉图与重商主义

大卫·李嘉图（1772—1823年）是伟大的古典经济学家之一，我们要学习的本书第一个模型就是以他的名字命名的。在李嘉图著书立说的年代，有一个经济思想流派叫作重商主义。重商主义者认为出口（向其他国家出售产品）是好的，因为它可以给国库带来金银，而进口（从其他国家购买产品）则是不好的，因为它会使金银从国库流失。为了保障一国多出口和少进口，重商主义者主张对货物进口征收高关税，关税是进口一种货物入境时必须支付的税收。重商主义思想流派在李嘉图著作问世不久即遭质疑，但它的一些古老的思想至今仍然受到追捧。例如，美国有时坚持认为其他国家应该从美国购买更多的计算机，有时限制从其他国家进口；这些主张的倡导者有时被称为“重商主义者”。

李嘉图热衷于表明这样的思想，即各个国家可以得益于国际贸易而无须运用关税和要求出口高于进口。他考察了一个与重商主义者认为对一国最佳的情形截然相反的例子：在其有关贸易的著作中，李嘉图假设了出口额等于进口额（称为贸易平衡的情形），各国从事自由贸易，没有关税或其他限制措施限制货物的跨境流动。在这些假设条件下，国际贸易会有益于各个国家吗？李嘉图认为它会的。通过出口其具有比较优势的货物，所有国家都可以从贸易中获利。

李嘉图的思想如此重要，以致需要假以时日去解释它们是如何以及为何管用。毫不夸张地说，今天世界上许多重要的国际机构，包括联合国、世界银行和世界贸易组织，至少是部分地基于国家间的自由贸易会给所有贸易伙伴带来所得这种思想而创建起来的。这种思想来自大卫·李嘉图（和亚当·斯密，一位18世纪伟大的古典经济学家）的著作。

2.2 李嘉图模型

在详尽阐述李嘉图贸易模型的过程中，我们会运用一个与李嘉图曾经用过的例子类似的例子。然而，两种产品不再是葡萄酒和布，而是小麦和布。小麦和其他谷物（包括大麦、稻谷等）是美国和欧洲的主要出口品，而许多种类的布是这些国家的进口品。在我们的例子中，母国将以这种贸易模式而告终，即出口小麦和进口布。

母 国

为了简化我们的例子，我们将忽略土地和资本的作用，并假设两种产品都只用劳动进行生产。在母国，一个工人能生产4蒲式耳小麦或2码布。每种产品的生产可以用**边际劳动产出**（marginal product of labor，MPL）来表述。回顾一下你学过的微观经济学，边际劳动产出是指通过多使用一个单位的劳动所获得的额外产品。[①] 在母国，一个工人生产4蒲式耳小麦，所以，$MPL_W=4$，一个工人能生产2码布，所以，$MPL_C=2$。

母国的生产可能性边界　运用生产小麦和布的边际产出，我们可以画出母国的**生产可能性边界**（production possibilities frontier，PPF）。假设在母国有$\overline{L}=25$个工人（字母L上面的小横线表示我们假设母国的劳动数量保持不变）。如果所有这些工人都受雇于生产小麦，他们可以生产$Q_W=MPL_W\cdot\overline{L}=4\times25=100$蒲式耳。或者，如果他们都受雇于生产布，他们可以生产$Q_C=MPL_C\cdot\overline{L}=2\times25=50$码。如图2-1所示，生产可能性边界是一条介于这两点之间的直线。

这条直线型PPF是李嘉图模型的一个特殊特征，它来自边际劳动产出不变这个假设。就是说，不论已在生产的小麦或布有多少，额外的一小时劳动会生产出另外的4蒲式耳小麦或2码布。之所以在李嘉图模型中收益不是递减的，是因为它忽略了土地和资本的作用。

给定了这个特征，图2-1中PPF的斜率就可以计算为转角处布的产出数量与小麦的产出数量的比率，计算如下：

$$\text{PPF 的斜率}=-\frac{50}{100}=-\frac{MPL_C\cdot\overline{L}}{MPL_W\cdot\overline{L}}=-\frac{MPL_C}{MPL_W}=-\frac{1}{2}$$

① 李嘉图模型的一个特殊假设是，劳动的收益不是递减的，因此，边际劳动产出是不变的。在下一章中，当我们引入资本和土地并将其与劳动一道作为生产要素时，我们将不再做这个假设。

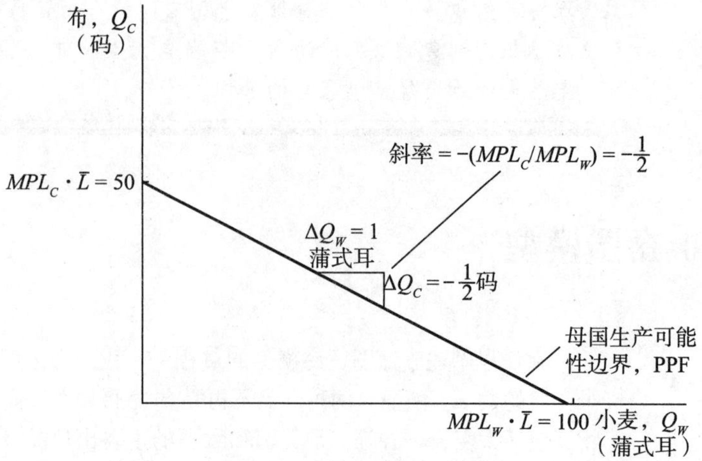

图 2-1　母国生产可能性边界

母国生产可能性边界是一条介于 50 码布和 100 蒲式耳小麦之间的直线。这条 PPF 的斜率等于小麦机会成本的负数，那就是为了多获取 1 蒲式耳小麦所必须放弃的布的数量（1/2 码）。相应地，斜率的值可以以这两种产品的边际劳动产出的比率来表示。

忽略符号，斜率等于这两种产品的边际产出比率。这个斜率也是小麦的**机会成本**（opportunity cost），即为多获取一个单位的小麦所必须放弃的布的数量。① 为了弄明白这一点，假设 Q_W 增加了 1 蒲式耳。生产 4 蒲式耳小麦需要一个工人，因此，Q_W 增加 1 蒲式耳意味着，要从布这个产业抽出一个工人的四分之一时间转入小麦生产。这种转移将减少 1/2 码布的产出，这是本来耗费一个工人的四分之一时间所能生产的布的数量。因而，1/2 码布是多获得 1 蒲式耳小麦的机会成本和 PPF 的斜率。

母国无差异曲线　有了这条生产可能性边界，在现实中母国会如何组合生产多少小麦和布呢？答案取决于该国对这两种产品的各种需求。有几种方式可以表示母国经济中的需求，但我们会从使用**无差异曲线**（indifference curve）开始。一条无差异曲线表示一个人或一个经济体能消费的并带来同等满足感的两种产品（如小麦和布）的各种数量组合。

例如，在图 2-2 中，消费者在 A 点和 B 点之间是无差异的。这两个点都位于与既定的满足程度或**效用**（utility）水平相关的无差异曲线 U_1 上。C 点位于一条更高的无差异曲线 U_2 上，表明它具有更高的效用水平，而 D 点位于一条较低的无差异曲线 U_0 上，表明它具有较低的效用水平。一般用无差异曲线来反映一个个人消费者从各个消费点获得的效用。然而，在图 2-2 中，我们更进一步，把这种思想运用于整个国家。那就是，图 2-2 中的无差异曲线表示整个国家的偏好。U_0 上的小麦和布的组合给予这个国家消费者的效用低于无差异曲线 U_1 上的组合，而 U_1 上的组合的效用又低于 U_2 上的小麦和布的组合。

① 请注意，PPF 的斜率是横轴上的产品——此处是小麦的机会成本。

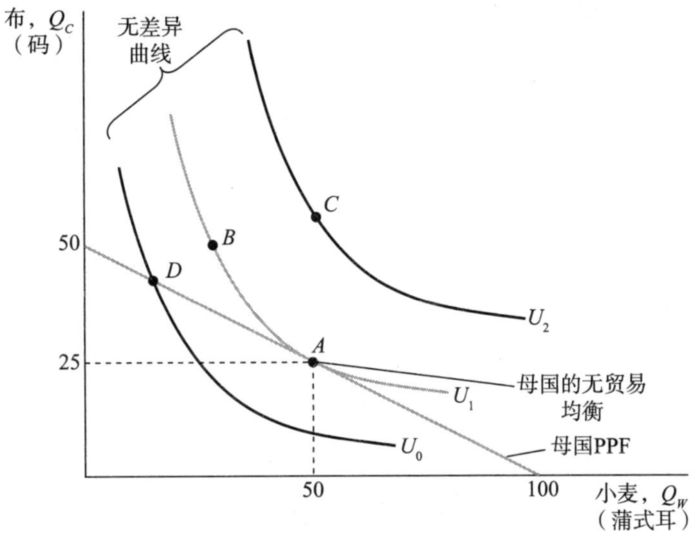

图 2－2　母国的无贸易均衡

A 点和 B 点处于同一条无差异曲线上，给予母国消费者 U_1 的效用水平。处于 PPF 上的母国最高效用水平是在 A 点获得的，A 点是无贸易均衡。D 点也在 PPF 上，但给予较低的效用。C 点代表更高的效用水平，但是在 PPF 之外，因此在没有贸易的情况下是难以达到的。

母国均衡　在没有国际贸易的情况下，生产可能性边界对这个国家起着预算约束的作用，在完全竞争市场中，该经济体在受其 PPF 约束的最高效用点进行生产。在图 2－2 中，这个最高效用点是 A 点，在这个点母国消费 25 码布和 50 蒲式耳小麦。这束产品带给母国在给定其 PPF 约束下所能达到的最高效用水平（无差异曲线 U_1）。请注意，母国可以在像 D 点这样的其他点进行生产，但这个点的效用水平会低于 A 点（即由于 U_0 低于 U_1，D 点提供较低的效用）。其他消费点，比如 C 点，会给予比 A 点更高的效用水平，但由于它们处于母国 PPF 之外，在没有国际贸易的情况下是难以达到的。

我们把 A 点称为母国“无贸易”或“贸易前”均衡。① 根据这个词，我们的真实意思是指“没有国际贸易”。通过让自己的企业生产小麦和布再把这些产品卖给自己的消费者，母国是能够达到 A 点的。我们假设在小麦和布两个产业中都有许多企业，因此企业处于完全竞争之下，并把小麦和布的市场价格看作是既定的。完全竞争给消费者带来了最高水平的福利——如在 A 点所表示的最高效用水平，这个思想是亚当·斯密（1723—1790 年）在其名著《国民财富的性质和原因的研究》中所写的“看不见的手”的一个例子。像一只“看不见的手”，竞争市场引导企业去生产能带给消费者最高福利水平的产品数量。

机会成本与价格　当 PPF 的斜率反映了多生产 1 蒲式耳小麦的机会成本时，在完全竞争下，小麦的机会成本应等于小麦的相对价格，因为根据经济学原理，价格反映一种产品的机会成本。现在我们可以验证一下在 A 点小麦的机会成本

① 我们也把 A 点称为“自给自足”均衡，因为“自给自足”是指一国不参与国际贸易的情形。

是否与其相对价格相等。

工资 我们可用间接的方法来求得小麦和布的价格，即通过首先观察工资是如何确定的。在竞争性劳动力市场中，企业会雇用工人直至多增加一小时劳动的成本（工资）等于多增加一小时生产的价值为止。继而，多增加一小时劳动的价值等于这一个小时所生产的产品数量（边际劳动产出）乘以该产品的价格（小麦的价格 P_W 和布的价格 P_C）。也就是说，在小麦产业，劳动一直会被雇用直至工资等于 $P_W \cdot MPL_W$ 为止，在布这个产业，劳动一直会被雇用直至工资等于 $P_C \cdot MPL_C$ 为止。

我们可以利用产业间工资相等这一点得到以下等式：

$$P_W \cdot MPL_W = P_C \cdot MPL_C$$

经重新整理，我们得到

$$P_W / P_C = MPL_C / MPL_W$$

等式的右边是生产可能性边界的斜率，也是多获得 1 蒲式耳小麦的机会成本；等式的左边是小麦的**相对价格**（relative price），我们会在下一个段落加以解释。这个等式说明了小麦的相对价格（左边）和小麦的机会成本（右边）在 A 点处于无贸易均衡时必须相等。

为了理解我们为什么用 P_W/P_C 比率来度量小麦的相对价格，我们假设，1 蒲式耳小麦的成本是 3 美元，1 码布的成本是 6 美元。那么，3 美元/6 美元＝1/2，这表明小麦的相对价格是 1/2，即为了多获得 1 蒲式耳小麦（其价格是 3 美元）就必须放弃 1/2 码布（或 6 美元的一半）。像 P_W/P_C 这样的价格比率总是指分子中的产品（此处是小麦）的相对价格，用必须放弃多少单位分母中的产品（布）来度量。在图 2－2 中，PPF 的斜率等于小麦（横轴上的产品）的相对价格。

外　国

现在我们把另一个国家——外国——引入模型中。我们假设外国的技术落后于母国，因而，它与母国相比较在小麦和布的生产上都具有绝对劣势。然而，一旦引入国际贸易，我们仍然会发现外国可以与母国开展贸易。

外国生产可能性边界 假设一个外国工人能生产 1 蒲式耳小麦（$MPL_W^* = 1$）或 1 码布（$MPL_C^* = 1$），而我们记得一个母国工人能生产 4 蒲式耳小麦或 2 码布。假设外国有 $\overline{L}^* = 100$ 个工人。如果所有这些工人都受雇于生产小麦，他们可以生产出 $MPL_W^* \cdot \overline{L}^* = 100$ 蒲式耳小麦；如果他们都受雇于生产布，他们可以生产出 $MPL_C^* \cdot \overline{L}^* = 100$ 码布。因此，外国的生产可能性边界（PPF）是一条在这两个点之间的直线，其斜率为－1，如图 2－3 所示。

你可能会发现把我们例子中的母国看成是美国或欧洲，把外国看成是“世界其余国家”是有帮助的。经验证据支持了这样一种理念，即美国和欧洲在许多产品的生产上都有领先技术，在小麦和布的生产上都有绝对优势。然而，它们从国外进口了大量的服装和纺织品，尤其是从亚洲和拉丁美洲。为什么美国或欧洲在其拥有领先技术时还要从国外进口这些产品呢？要回答这个问题，我们需要关注母国和外国在生产这两种产品上的比较优势。

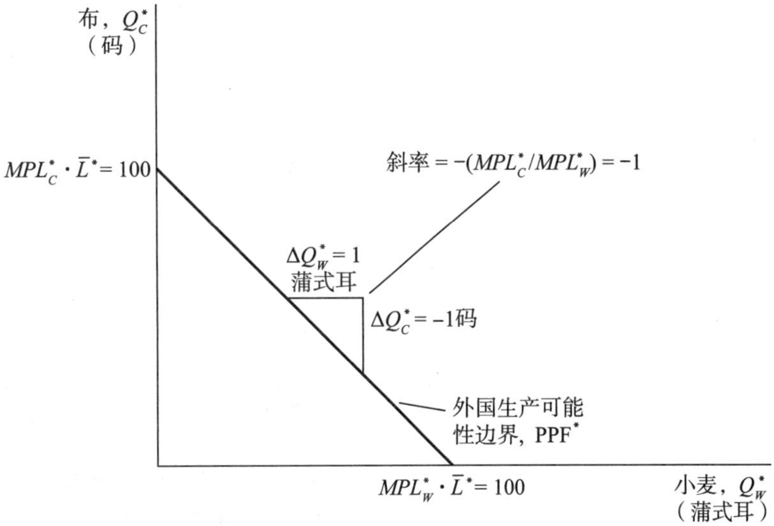

图 2－3　外国生产可能性边界

外国的 PPF 是一条在 100 码布和 100 蒲式耳小麦之间的直线。PPF 的斜率等于小麦的机会成本的负数，即为多获得 1 蒲式耳小麦所必须放弃的布的数量（1 码）。

比较优势　在外国，生产 1 蒲式耳小麦或 1 码布需要 1 个工人。因此，生产 1 码布的机会成本是 1 蒲式耳小麦。在母国，一个工人生产 2 码布或 4 蒲式耳小麦。因此，母国 1 蒲式耳小麦的机会成本是 1/2 码布，其 1 码布的机会成本是 2 蒲式耳小麦。根据以上比较，外国具有生产布的比较优势，因为其布的机会成本（1 蒲式耳小麦）低于母国布的机会成本（2 蒲式耳小麦）。同样地，母国具有生产小麦的比较优势，因为母国小麦的机会成本（1/2 码布）低于外国的（1 码布）。总之，当一个国家生产某种产品的机会成本低于其他国家时，这个国家就具有生产该产品的比较优势。注意，外国仍然具有生产布的比较优势，尽管它在两种产品的生产上都具有绝对劣势。

跟前面一样，我们可以用无差异曲线来表示外国对小麦或布的偏好，如图 2－4 所示。在竞争性市场中，该经济体会在对该国具有最高效用的 A^* 点进行生产，该点就是外国的无贸易均衡。PPF 的斜率等于小麦的机会成本，也等于小麦的相对价格。[①] 因此，在图 2－4 中，外国无贸易的小麦相对价格是 $P_W^*/P_C^*=1$。注意，这个相对价格超过了母国无贸易的小麦相对价格 $P_W/P_C=1/2$。相对价格的这种差别反映了母国在小麦生产上的比较优势。[②]

① 记得 PPF 的斜率（忽略负号）等于横轴上的产品的相对价格——图 2－4 中的小麦。外国的 PPF 比图 2－2 所示的母国的 PPF 陡峭，所以，外国的小麦相对价格高于母国。小麦相对价格的倒数就是布的相对价格，它在外国较低。

② 使用各国小麦相对价格的倒数，我们还发现外国无贸易的布的相对价格是 $P_C^*/P_W^*=1$，这低于母国无贸易的布的相对价格 $P_C/P_W=2$。因此，外国具有生产布的比较优势。

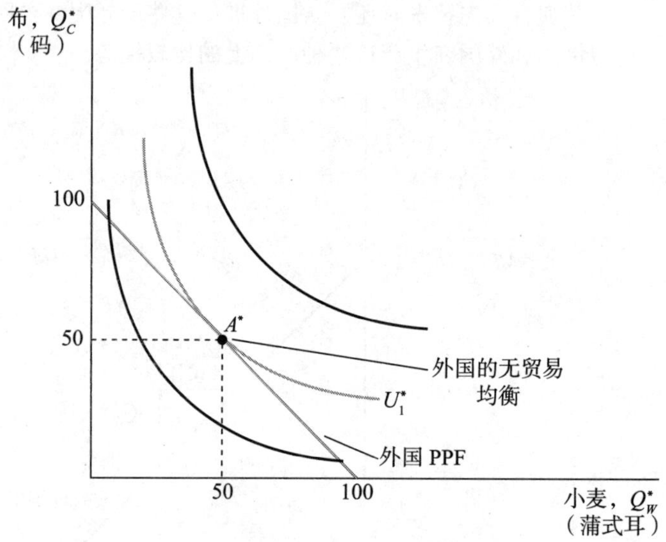

图 2-4　外国的无贸易均衡

在 A^* 点外国可以获得在 PPF 上最高的效用水平，该点就是无贸易均衡。

案　例

服装、纺织品和小麦的比较优势

美国纺织和服装业面临着严峻的进口竞争，特别是来自亚洲和拉丁美洲的竞争。美国这个产业的就业岗位下滑超过 80%，从 1990 年的大约 170 万人下降到 2011 年的大约 30 万人。这样的进口竞争体现在美国面料生产企业伯林顿工业公司这个案例上。1999 年 1 月，伯林顿工业公司宣布由于从亚洲进口的增加它将压缩 25%的产能。伯林顿关闭了 7 家工厂，裁减了 2 900 名工人，约占国内雇员数的 17%。裁员过后，伯林顿工业公司员工在美国只剩下 1.74 万名。尽管这个行业就业岗位大幅减少，但在某些城市仍很重要：2010 年，洛杉矶服装行业大约有 2 500 个商业机构，而纽约大约有 800 个。

2010 年，美国服装企业平均每个工人的销售额是 56 000 美元，如表 2-2 所示。同样在美国，为服装行业生产原料的纺织行业更加高效，平均每个工人的销售额是 165 000 美元。相比之下，中国服装行业只有 23 000 美元，纺织行业只有 27 000 美元。因而，在服装行业中，美国平均每个工人的产值是中国的 2.4 倍（56 000/23 000=2.4）；在纺织行业中，美国平均每个工人的产值是中国的 6.1 倍（165 000/27 000=6.1）。该比率可参见表 2-2 中的“绝对优势”这一栏。这说明这些产业的美国劳动生产率比中国要高出很多。美国显然在这两个产业上都具有绝对优势，那么，为什么它要从包括中国在内的亚洲进口那么多的纺织品和服装呢？

表 2-2　　美国与中国的服装、纺织品和小麦

本表列出了美国和中国每个服装、纺织品行业工人的平均销售额，以及在小麦生产中每个工人的蒲式耳数量。美国在这些产品上都有绝对优势（如本表右边的数据所示），但是在生产小麦上拥有比较优势（如本表最后一行数据所示）。

	美国	中国	绝对优势
	销售额/工人	销售额/工人	美国/中国比率
服装	56 000 美元	23 000 美元	2.4
纺织品	165 000 美元	27 000 美元	6.1
	蒲式耳/工人	蒲式耳/工人	美国/中国比率
小麦	12 260	300	41
	比较优势		
小麦/服装比率	0.22	0.01	
小麦/纺织品比率	0.07	0.01	

注：2010 年数据。

资料来源：美国服装和纺织品数据来自美国劳工统计局，小麦数据来自美国农业部 2010 年年鉴。所有中国数据来自《中国统计年鉴》(2010 年)。

答案也许要通过比较小麦产业生产率才能找到。美国普通农场每个工人生产 12 260 蒲式耳小麦（包括雇主和雇员）。相比之下，中国农场每个工人只能生产 300 蒲式耳，因而 12 260/300＝41，美国小麦生产率是中国的 41 倍！很明显，美国在服装、纺织品和小麦的生产上有绝对优势。

但是，中国在服装和纺织品上都具有比较优势，见“比较优势”这一行。服装的边际劳动产出除以小麦的边际劳动产出，得出服装的机会成本。以美国为例，12 260/56 000＝0.22 蒲式耳/美元，这一比率指的是：获得每一美元的服装，必须放弃 0.22 蒲式耳小麦。再看纺织品，12 260/165 000＝0.07 蒲式耳/美元，意味着要获得一美元的纺织品，必须放弃 0.07 蒲式耳小麦。中国的这两个比率小很多：300/23 000 或者 300/27 000 约等于 0.01 蒲式耳/美元。结果，中国纺织品和服装的机会成本就低于美国，这就解释了为什么中国出口这些产品，而美国出口小麦，与李嘉图模型所预言的完全一样。

2.3　国际贸易模式的决定

既然我们已经考察了每个国家无贸易的情形，我们就可以开始分析当货物在国家间进行贸易时会发生什么。我们会看到，一个国家的无贸易相对价格决定了它开放贸易以后出口什么产品以及进口什么产品。如我们在前面所显示的那样，每个国家的无贸易相对价格等于其生产该产品的机会成本。因此，出口和进口的模式将由每个国家的生产机会成本决定，或由每个国家的比较优势模式决定。这一节将考察为什么会如此，以及详细考察每个国家会选择的每一种产品的生产、消费和贸易数量。

国际贸易均衡

国家之间无贸易价格的差别为彼此间的国际贸易创造了机会。尤其是，外国布的相对价格是 $P_C^*/P_W^*=1$，那里的生产者想把布出口到相对价格较高的母国，其相对价格是 $P_C/P_W=2$。相反，母国的小麦相对价格为 $P_W/P_C=1/2$，小麦生产者想把小麦出口到相对价格较高的外国，其相对价格是 $P_W^*/P_C^*=1$。那么，我们期望产生的贸易模式是，母国将出口小麦，外国将出口布。注意，两个国家都出口其具有比较优势的产品，这恰是李嘉图模型所预言的。

为了巩固我们对该贸易模型的理解，让我们更仔细地解释在国际贸易的情况下两国会在其 PPF 上的哪里进行生产，以及它们会在哪里进行消费。由于母国出口小麦，在母国销售的小麦数量下降，这样就抬高了母国市场的小麦价格。由于出口的小麦进入了外国小麦市场，有更多的小麦在那里出售，外国市场的小麦价格下降。同样地，由于外国出口布，外国布的价格会抬高，母国布的价格会下降。当小麦的相对价格在这两国一样时，两国就处于**国际贸易均衡**（international trade equilibrium），或简称为**贸易均衡**（trade equilibrium）。这意味着布的相对价格在两国也是一样的。①

为了全面理解国际贸易均衡，我们对两个问题感兴趣：(1) 在贸易均衡中如何决定小麦（或布）的相对价格，以及 (2) 从无贸易均衡移动到贸易均衡是如何影响母国和外国的生产和消费的。讨论第一个问题还需要一些额外的图标，所以让我们暂时搁置对它的讨论，现在假设贸易均衡中的小麦相对价格是介于两国贸易前的价格水平之间的。这个假设是符合前面所讨论的出口抬高价格和进口压低价格的。既然母国的无贸易价格是 $P_W/P_C=1/2$，在外国是 $P_W^*/P_C^*=1$，让我们假设小麦的世界相对价格是介于这两个值之间的，比如说 2/3。给定了相对价格从贸易前的水平到国际贸易均衡水平的变化，对每个国家的生产和消费会产生什么影响呢?

生产和消费的变化　我们所假设的小麦的世界相对价格高于母国贸易前的价格$\left(\frac{2}{3}>\frac{1}{2}\right)$。贸易前相对价格与世界相对价格之间的这种关系意味着，母国的小麦生产者把小麦卖到外国可以赚取高于小麦的机会成本$\left(\frac{1}{2}\right)$的价格。出于这个原因，母国会把劳动资源向小麦的生产转移，生产出比处于贸易前均衡（图 2-5 中的 A 点）时更多的小麦。为了检验这种直觉是否正确，让我们来探讨劳动力在母国每个产业工作的动机。

① 注意，如果小麦的相对价格 P_W/P_C 在两国一样，那么布的相对价格也如此，它就是其倒数，等于 P_C/P_W。

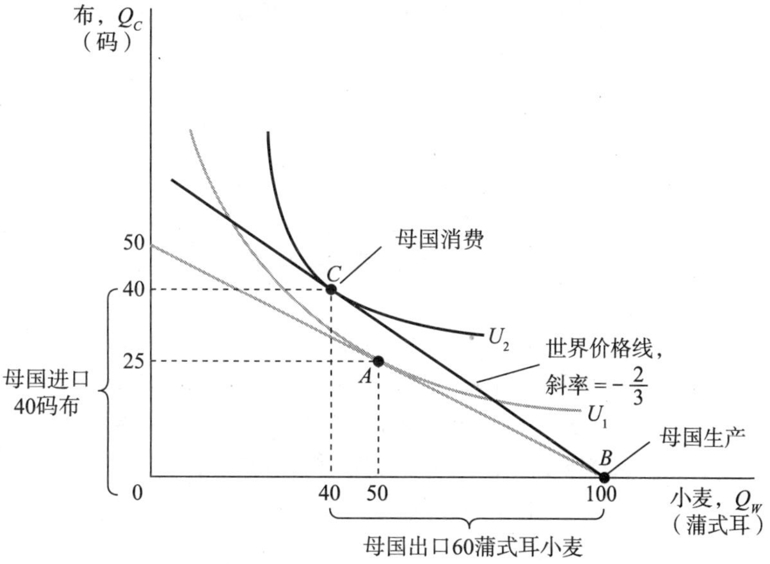

图 2－5　母国有贸易的均衡

小麦的世界价格假定是$\frac{2}{3}$，母国生产发生在 B 点。通过国际贸易，母国每出口 1 蒲式耳它生产的小麦就能换取$\frac{2}{3}$码布。由于出口小麦，母国沿着世界价格线 BC 往上移动。母国消费发生在 C 点，与无差异曲线 U_2 相切，因为这是在世界价格线上所能达到的最高效用曲线。给定了生产和消费水平，我们可以看到，全部出口为 60 蒲式耳小麦，换取 40 码布的进口；还可以看到，相对于贸易前的水平，母国少消费了 10 蒲式耳小麦，多消费了 15 码布。

记得在母国小麦产业所支付的工资等于 $P_W \cdot MPL_W$，在布这个产业所支付的工资是 $P_C \cdot MPL_C$。我们知道贸易均衡时小麦的相对价格是 $P_W/P_C=2/3$，母国小麦产业的边际劳动产出是 $MPL_W=4$，母国布业的边际劳动产出是 $MPL_C=2$。我们把这些数字代入计算工资的公式中计算出这两个产业的工资比率：

$$\frac{P_W \cdot MPL_W}{P_C \cdot MPL_C}=\left(\frac{2}{3}\right)\left(\frac{4}{2}\right)=\frac{8}{6}>1\text{，因此 } P_W \cdot MPL_W>P_C \cdot MPL_C$$

这个公式告诉我们，由于小麦的世界相对价格是 2/3，母国小麦产业所支付的工资（$P_W \cdot MPL_W$）高于布产业所支付的工资（$P_C \cdot MPL_C$）。相应地，所有母国工人都想在小麦产业工作，所以没有布的生产。有了贸易，母国经济完全专业化于小麦生产，如图 2－5 中的生产点 B 那样。①

国际贸易　从生产点 B 出发，母国可以以$\frac{2}{3}$的相对价格出口小麦。这意味着它向外国出口 1 蒲式耳小麦就能换回$\frac{2}{3}$码布。在图 2－5 中，从 B 点出发，以

① 由于直线型生产可能性边界，完全专业化的经济（只生产小麦）是李嘉图模型的一个特殊特征。

1 蒲式耳小麦交换$\frac{2}{3}$码布，然后再用 1 蒲式耳小麦交换$\frac{2}{3}$码布，如此这般，据此我们可以追溯国际贸易。从 B 点可以探究到指向 C 点的价格线，其斜率为$-\frac{2}{3}$。我们把这条从 B 点（生产点）出发、斜率为小麦的世界相对价格的负数的线称为**世界价格线**（world price line），如 BC 所示。世界价格线表示一个国家通过专业化生产一种产品（例子中母国的小麦）和参与国际贸易（出口小麦、进口布）所获得的消费可能性范围。我们可以把世界价格线看成是该国在国际贸易条件下新的预算约束线。

注意，这条预算约束线（BC 线）位于母国原来的 PPF 上方。参与国际贸易为母国创造了没有贸易时难以获得的消费可能性，而没有贸易时其消费点不得不在母国的 PPF 上。现在，母国可以选择在世界价格线上的任何一个点进行消费，在对应于与最高的无差异曲线相切的点——效用为 U_2 的 C 点，其效用达到了最大化。母国获得了比没有国际贸易时更高的有贸易的效用（U_2 高于 U_1）；母国的效用因贸易而提高这一发现是**贸易所得**（gains from trade，又称贸易利得）的第一个例证，据此，我们要说一个国家在自由贸易下为其公民获取更高效用的能力要高于没有贸易的时候。

贸易模式和贸易所得　比较生产点 B 和消费点 C，我们可以看到母国出口 100－40＝60 蒲式耳小麦，换回从外国进口的 40 码布。如果我们以国际价格$\frac{2}{3}$对小麦进行计价，那么出口小麦的价值是$\frac{2}{3}\times 60=40$码布，进口布的价值也是 40 码布。因为母国的出口等于其进口，所以，这个结果表明母国的贸易是平衡的。

在贸易发生时外国发生了什么变化呢？外国的生产和消费点如图 2-6 所示。小麦的世界相对价格$\left(\frac{2}{3}\right)$低于外国贸易前的小麦相对价格（1）。相对价格的这个变化使工人们离开小麦生产进入布这个产业。外国在 B^* 点专门从事布的生产，从 B^* 点出发沿着斜率为（－）$\frac{2}{3}$的世界价格线进行贸易，$\frac{2}{3}$是小麦的相对价格。也就是，随着外国沿着世界价格线 B^*C^* 向下移动，外国用$\frac{2}{3}$码布交换 1 蒲式耳小麦，再用$\frac{2}{3}$码布交换 1 蒲式耳小麦，如此这般。外国效用最大化的消费是在 C^* 点，在这一点消费了 60 单位的小麦和布，其效用是 U_2^*。外国的效用大于其没有国际贸易时的效用（U_2^* 是一条比 U_1^* 高的无差异曲线），母国的情形也是如此。因此，两个国家都从贸易中获益。

在 B^* 点外国生产 100 码布：它自己消费 60 码，出口 100－60＝40 码布，换取从母国进口的 60 蒲式耳小麦。这种贸易模式正好与母国的贸易模式相反，也必然是如此。在我们两个国家的世界中，离开一个国家的所有东西必然进入另一个国家。我们看到母国出口其具有比较优势的小麦（母国小麦的机会成本是$\frac{1}{2}$码布，相比较于外国的 1 码布）。此外，外国出口其具有比较优势的布（外国布的生产机会成本是 1 蒲式耳小麦，相比较于母国的 2 蒲式耳小麦）。这种结果验证了贸易模式是由比较优势决定的，这是李嘉图模型的第一个结论。我们也证实了两个国家都有贸易所得，这是第二个结论。

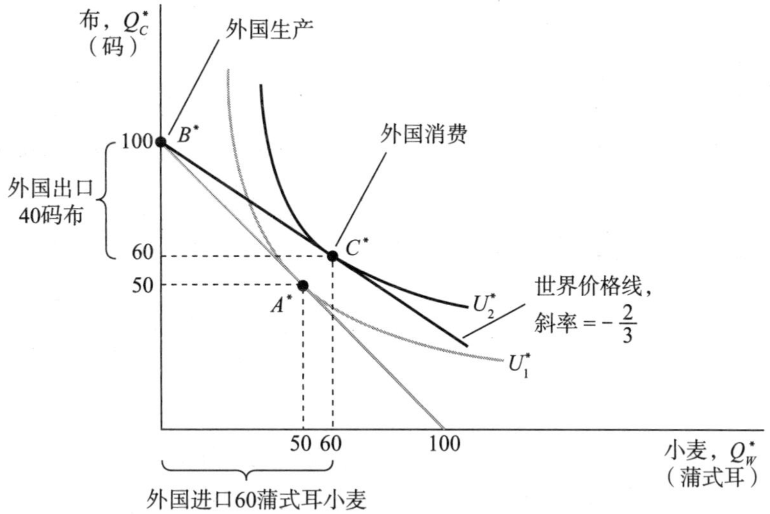

图 2-6　外国有贸易的均衡

小麦的世界相对价格为$\frac{2}{3}$，外国生产发生在 B^* 点。通过国际贸易，外国能出口$\frac{2}{3}$码布换取 1 蒲式耳小麦，沿着世界价格线 B^*C^* 向下移动。外国消费发生在 C^* 点，总的出口是 40 码布，换回 60 蒲式耳小麦的进口。相对于其贸易前的小麦和布的消费（A^* 点），外国多消费了 10 蒲式耳小麦，多消费了 10 码布。

这两个结论往往是李嘉图模型在分析国家间贸易中的终点，但故事还不完整，因为我们还未确定各国的工资水平。我们已经看到，有了贸易后，每种产品的价格在两个国家收敛于唯一的均衡价格。工资也会有同样的结局吗？按我们现在的情形是不会的。有了贸易以后，各国间的工资水平不一样，工资是由绝对优势而不是比较优势决定的。这是从李嘉图模型得出的不受重视的第三个结论，也是我们接下来要探讨的问题。

求解各国的工资

为了了解工资是如何决定的，我们回顾一下微观经济学。在竞争性的劳动力市场中，企业支付给工人边际产出价值。母国生产和出口小麦，所以我们可以假设用这种产品支付给母国工人：他们的实际工资为 $MPL_W=4$ 蒲式耳小麦。我们把这种支付称为“实际”工资，因为它是用工人消费的某种产品而不是货币进行度量的。然后工人们可以把他们赚取的小麦在世界市场上以 $P_W/P_C=2/3$ 的相对价格出售。这样，他们的以布衡量的实际工资为 $(P_W/P_C)\cdot MPL_W=\frac{2}{3}\times$

$4=\frac{8}{3}$码布。概而言之，母国的工资是[1]

$$\text{母国工资}=\begin{cases} MPL_W=4\ \text{蒲式耳小麦} \\ \text{或} \\ (P_W/P_C)\cdot MPL_W=\frac{8}{3}\text{码布} \end{cases}$$

外国工资有何变化呢？外国生产和出口布，实际工资为 $MPL_C^*=1$ 码布。因为生产布的工人可以在世界市场上以$\frac{3}{2}$的价格出售其所赚取的布换回小麦，以小麦衡量的实际工资为 $(P_C^*/P_W^*)\cdot MPL_C^*=\frac{3}{2}\times 1=\frac{3}{2}$蒲式耳小麦。这样，外国工资是[2]

$$\text{外国工资}=\begin{cases} (P_C^*/P_W^*)\cdot MPL_C^*=\frac{3}{2}\text{蒲式耳小麦} \\ \text{或} \\ MPL_C^*=1\ \text{码布} \end{cases}$$

用购买每种产品的能力来衡量的话，外国工人挣得比母国工人少。这个事实反映了母国在这两种产品生产上的绝对优势。

绝对优势 如我们的例子所显示的那样，工资是由绝对优势决定的：母国之所以支付较高的工资，是因为它在两种产品的生产上都具有更好的技术。相反，李嘉图模型中的贸易模式是由比较优势决定的。的确，这两个结论是并行不悖的——一个技术差的国家能以其他国家愿意支付的价格出口的唯一办法是采取低工资。

这种说法对发展中国家支付合理的工资而言似乎是一种悲观的评价，但它却包含着一线希望：随着一国技术的发展，其工资也会相应地提高。在李嘉图模型中，技术进步的一个逻辑结果是：工人们的境况会通过赚取更高的工资而得到改善。此外，由于国家参与国际贸易，李嘉图模型预言他们的实际工资会提高。[3]我们可以毫不费力地在世界上看到这样的例子。1978 年，中国刚刚对外开放时，人均收入大约只有 755 美元（所有数字均以 2005 年美元计算）。但是 32 年之后，即 2010 年，中国人均收入增长了近 10 倍，达到 7 437 美元。印度也是一样，人均收入从 1978 年的 1 040 美元上升到 2010 年的 3 477 美元。[4] 许多人认为参与国际贸易的机遇对这些国家提高其生活水准是至关重要的。随着我们学习国际贸易

---

① 记得在没有国际贸易时，母国的工资是 $MPL_W=4$ 蒲式耳小麦或 $MPL_C=2$ 码布。有了贸易后，母国工人的境况显然得到改善，因为他们买得起和以前同样数量的小麦（4 蒲式耳）但更多的布（$\frac{8}{3}$码而不是 2 码）。这是证实贸易所得的另一种方法。

② 在没有国际贸易时，外国工资是 $MPL_W^*=1$ 蒲式耳小麦或 $MPL_C^*=1$ 码布。有了贸易后，外国工人的境况也得到改善，因为他们买得起同样数量的布（1 码）但更多的小麦（$\frac{3}{2}$蒲式耳而不是 1 蒲式耳）。

③ 通过对各国贸易均衡条件下的实际工资与无贸易均衡条件下的实际工资的比较，就可以看到这个结果，参见上面两个注解。

④ 这些数据均以 2005 年美元换算，摘自：the Penn World Table version 7.1，http：//pwt. econ. upenn. edu，averaging Version 1 and Version 2 for China。

取得进展，我们将尝试去辨析使得中国、印度和许多其他发展中国家通过贸易而提高其生活水准的种种条件。

案　例

劳动生产率与工资

通过查看各国的数据可以发现，工资与劳动生产率之间的密切联系是很显然的。劳动生产率在制造业中可以用每小时增加值来衡量。增加值是一个产业的销售收入与中间投入品成本之差（例如，一辆汽车的价值与用于制造这辆汽车的所有零部件成本之差）。那么，增加值等于一个产业中对劳动和资本的支付。在李嘉图模型中，我们忽略了资本，因此，我们可以用增加值除以工作时数，即每小时增加值来衡量。

在图 2-7 中，我们展现了 2010 年几个不同国家和地区制造业的每小时增加值。在所列的国家和地区中，美国的劳动生产率水平最高，中国台湾最低。图 2-7 还展示了每个国家或地区所支付的每小时工资。它们略微低于每小时增加值，因为每小时增加值还要用于支付给资本，图中生产率最高的国家（美国和法国）比生产率最低的国家或地区（韩国和中国台湾）工资更高。但是，中间一些国家，尽管生产率比美国低，但是工资却与美国持平或者更高。这是因为这些国家的工资中包含福利，比如医疗保险和社会保障等。许多欧洲国家和日本工人的社会福利比美国高。尽管福利扭曲了工资和生产率的正向关系，但是我们仍然可以看到，高生产率国家一般而言工资更高，印证了李嘉图模型。如果我们观察各个国家和地区的长期情况，可以发现劳动生产率与工资的密切联系也是很显然的。从图 2-8 中我们可以看到总体上劳动生产率的上升与工资的上升是相吻合的，印证了李嘉图模型的预言。

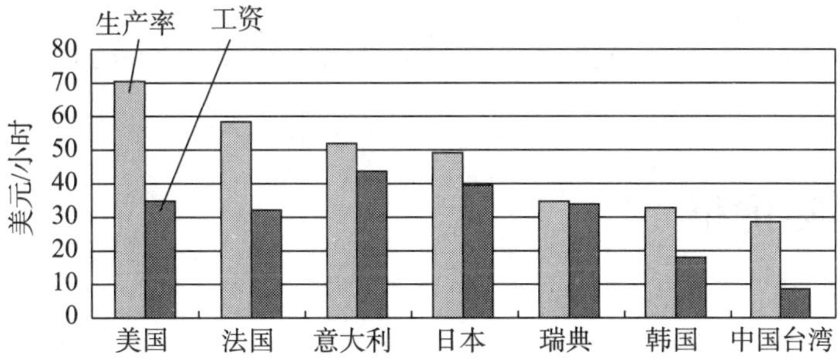

图 2-7　2010 年劳动生产率与工资

劳动生产率以每小时增加值进行衡量，可以与各经济体制造业所支付的工资做比较。国家和地区按劳动生产率进行的总排名——从高往低——与按工资排名的次序是一样的：劳动生产率较高的国家和地区支付较高的工资，印证了李嘉图模型的预言。

资料来源：美国劳工部、劳工统计局。

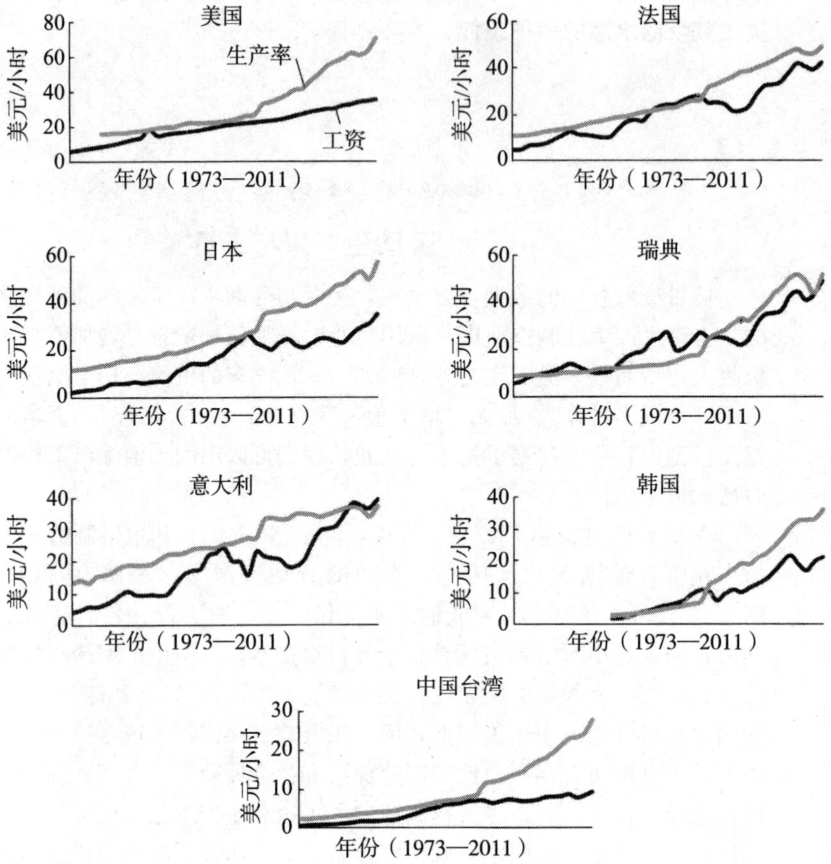

图 2-8　长期的劳动生产率与工资

我们也可以描绘出劳动生产率和工资的长期变化趋势。总体上劳动生产率的上升与工资的上升是相吻合的，印证了李嘉图模型的预言。

资料来源：美国劳工部、劳工统计局。

2.4　求解国际价格

在图 2-5 和图 2-6 中，我们假设了小麦的世界价格是$\frac{2}{3}$，在这个价格水平上母国出口的小麦正好等于外国的小麦进口（反之，对布也是如此）。现在我们要进一步考察世界价格是如何决定的。

为了决定小麦的世界相对价格，我们要运用供给曲线和需求曲线。母国出口小麦，所以我们可以推导出母国的**出口供给曲线**（export supply curve），它表示在各种相对价格下母国愿意出口的数量。外国进口小麦，所以我们可以推导出外国的**进口需求曲线**（import demand curve），它表示在各种相对价格下外国愿意进口的小麦数量。国际贸易均衡是母国的小麦出口等于外国的小麦进口时的数量和价格。这种相等发生在母国出口供给曲线与外国进口需求曲线的相交处。

母国出口供给曲线

在图 2－9 的（a）图中，我们重现了图 2－5，展示了母国在 B 点生产和在 C 点消费情况下的贸易均衡。在世界相对价格 $P_W/P_C=\frac{2}{3}$时，母国出口 60 蒲式耳小麦（生产 100 蒲式耳与消费 40 蒲式耳之差）。我们可以用这些数字来构建一幅新图——母国小麦出口供给曲线，见（b）图。（b）图中的纵轴衡量小麦的相对价格，横轴衡量小麦的出口数量。（a）图中的 B 点和 C 点，加上相对价格 $P_W/P_C=\frac{2}{3}$以及母国出口小麦 60 蒲式耳，现在表现为（b）图中的 C'点和纵轴上的 $P_W/P_C=\frac{2}{3}$以及横轴上的母国出口 60 蒲式耳小麦。这是母国出口供给曲线上的第一个点。

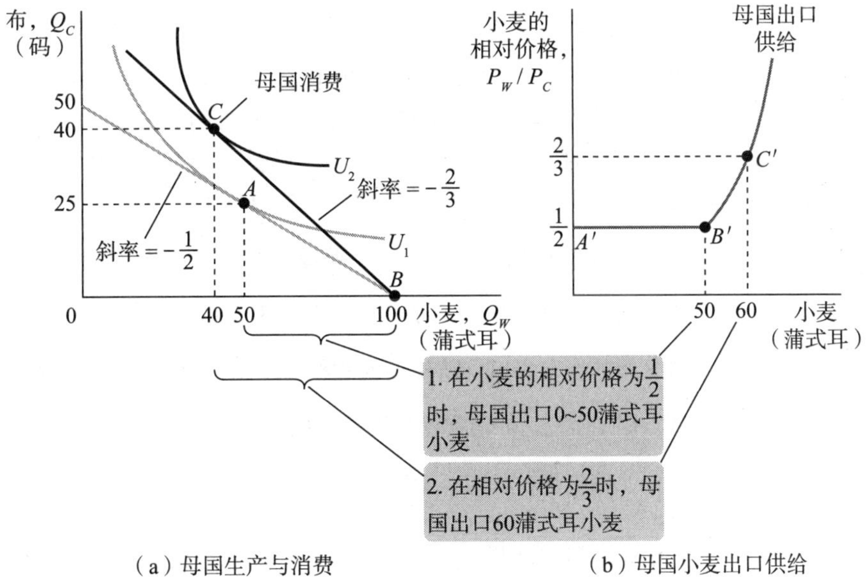

图 2－9　母国出口供给

（a）图重现了图 2－5，展示了母国在 B 点生产和 C 点消费情况下的贸易均衡。（b）图展示了母国的小麦出口供给。当小麦的相对价格为$\frac{1}{2}$时，母国愿意出口 0～50 蒲式耳小麦之间的任何数量，沿着母国出口供给曲线的 $A'B'$部分移动。在相对价格高于$\frac{1}{2}$时，母国的出口大于 50 蒲式耳，沿着 $B'C'$部分移动。例如，在相对价格为$\frac{2}{3}$时，母国出口 60 蒲式耳小麦。

为了推导出口供给曲线上的其他点，让我们考虑一下（a）图中的无贸易均衡，它由 A 点的生产和消费表示。小麦的无贸易相对价格为$\frac{1}{2}$（母国 PPF 的斜率），因为没有国际贸易，母国的小麦出口为零。所以，（a）图中的 A 点可以被绘制成（b）图中的 A'点，其相对价格为 $P_W/P_C=\frac{1}{2}$，母国小麦出口为零。这就给出了母国出口供给曲线上的第二个点。

为获得第三个点，让我们设定小麦的相对价格为 $P_W/P_C=\frac{1}{2}$，就像无贸易均衡时一样，但现在允许母国以这个价格出口小麦以换取布。母国消费仍然是（a）图中的 A 点，但生产从这个点转移了。生产移动到 PPF 上的另一个点的原因是，在相对价格为 $P_W/P_C=\frac{1}{2}$时，工人的工资在小麦和布产业是相等的。这个结果可参见我们前面的讨论。由于工资在这两个产业是相等的，工人愿意在两个产业之间转移，因此，PPF 上的任何一点都是可能的生产点。例如，假设生产是在（a）图的 B 点，所有工人转移到了小麦生产，没有布的生产。当相对价格为 $P_W/P_C=\frac{1}{2}$时，消费仍然是在 A 点，因此，A 点与 B 点之差是母国出口的小麦数量和母国进口的布的数量。即母国出口 50 蒲式耳小麦（生产 100 与消费 50 之差），进口 25 码布（生产 0 与消费 25 之差）。所以，相对价格 $P_W/P_C=\frac{1}{2}$以及 50 蒲式耳小麦出口是母国出口供给曲线上的又一个点，见（b）图中的 B'点。

连接 A'点、B'点和 C'点，我们得到母国出口供给曲线，它在 A'点和 B'点之间是平坦的，然后在 B'点和 C'点之间及 C'点以外上升。出口供给曲线的平坦部分是李嘉图模型的一个特殊特征，之所以如此，是因为 PPF 是一条直线。也就是，在相对价格为 $P_W/P_C=\frac{1}{2}$时，随着工人在产业之间转移，生产可以沿着这条 PPF 在任何一个点进行；同时，消费是在 A 点固定不变的，产生（b）图中 A'点和 B'点之间的所有出口。随着小麦的相对价格上升到高于$\frac{1}{2}$，生产仍然在（a）图中的 B 点固定不变，但消费点变化了，上升到高于 A 点。例如，当相对价格为 $P_W/P_C=\frac{2}{3}$时，消费是在 C 点。然后，可以计算出母国的小麦出口为在 B 点的生产与在 C 点的消费之间的差额。描绘出高于$\frac{1}{2}$的各个价格以及每个价格下的小麦出口数量，我们就得到了母国出口供给曲线，它在（b）图的 B'和 C'之间是向上倾斜的。

外国进口需求曲线

在外国我们将再次关注小麦市场，构建一条小麦进口需求曲线。在图 2－10

的（a）图中，我们重现了图 2－6，它展示了外国在 B^* 点生产和在 C^* 点消费情况下的贸易均衡。在世界相对价格为 $P_W/P_C=\frac{2}{3}$时，外国进口 60 蒲式耳小麦（消费 60 和生产 0 之间的差）。这些数字可以绘制成（b）图中的 $C^{*\prime}$点。（b）图中的纵轴衡量小麦的相对价格，横轴衡量外国的小麦进口数量。

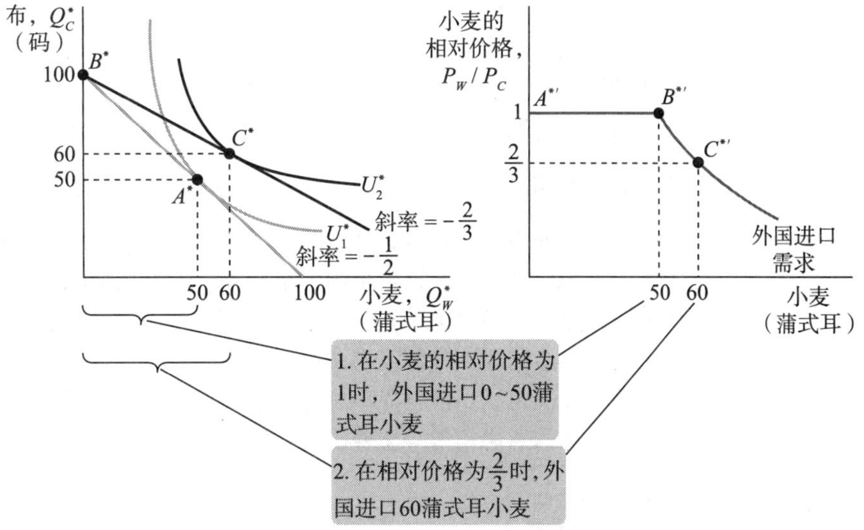

（a）外国生产与消费　　（b）外国对小麦的进口需求

图 2－10　外国进口需求

（a）图重现了图 2－6，展示了外国在 B^* 点生产和在 C^* 点消费时的贸易均衡。（b）图展现了外国对小麦的进口需求。当小麦的相对价格为 1 时，外国愿意进口 0～50 蒲式耳小麦之间的任何数量，沿着外国进口需求曲线的 $A^{*\prime}B^{*\prime}$部分移动。在相对价格低于 1 时，外国进口超过 50 蒲式耳小麦，沿着 $B^{*\prime}C^{*\prime}$部分移动。假如，在相对价格为$\frac{2}{3}$时，外国进口 60 蒲式耳小麦。

用与分析母国时相同的方法可以得到外国进口需求曲线上的其他点。例如，在（a）图中，A^* 点的生产和消费、小麦的相对价格 1（外国 PPF 的斜率）以及零进口（因为没有国际贸易）显示了外国无贸易均衡。这个无贸易均衡被绘制成（b）图中的 $A^{*\prime}$点。假设在外国小麦的相对价格固定为 1，生产会远离（a）图中的 A^*。之所以会这样，是因为如同我们分析母国情形时那样，相对价格为无贸易水平时，工资在外国的小麦和布产业是相同的，因此，工人愿意在两个产业之间进行转移。如果在（a）图中 A^* 点的外国消费保持不变，假设所有工人都转移到布产业，结果生产就在 B^* 点进行。这时，外国的小麦进口是 50 蒲式耳（外国消费 50 与生产 0 之间的差），见（b）图中的 $B^{*\prime}$点。

连接 $A^{*\prime}$点、$B^{*\prime}$点和 $C^{*\prime}$点，我们得到进口需求曲线，它在 $A^{*\prime}$点与 $B^{*\prime}$点之间是平坦的，在 $B^{*\prime}$点和 $C^{*\prime}$点之间以及 $C^{*\prime}$点以外是下降的。外国进口需求曲线的平坦部分也是李嘉图模型的特殊特征。之所以如此，是因为 PPF 是一条直线。如果像我们在后面几章要考察的其他贸易模型那样，生产可能性边界是弯曲的而不是直线型的，出口供给曲线和进口需求曲线就不会再有平坦部分。这些出口供给曲线和进口需求曲线的一般特征是，它们从每个国家的无贸易相对价格出发，然后向上（出口供给曲线）或向下（进口需求曲线）倾斜。

国际贸易均衡

既然我们已推导出母国出口供给曲线和外国进口需求曲线，我们就可以把它们放到同一幅图中，见图 2-11。这两条曲线的交点 C'点给出了国际贸易均衡，即母国出口的数量恰好等于外国进口的数量时的小麦相对价格。在图 2-11 中，小麦的均衡相对价格是 $P_W/P_C=\frac{2}{3}$。除了图 2-11 指的是小麦的世界市场而不是一个国家的市场外，这幅图看起来就跟你在其他经济学课堂上所看到的供给=需求的均衡一样。就是说，母国的小麦出口供给是母国的总供给超过母国消费者所需求的数量，而外国的进口需求是外国的总需求超过外国供应商所供给的数量。超额供给曲线和超额需求曲线（或图 2-11 中的出口供给曲线与进口需求曲线）的交点决定了出清世界市场的小麦相对价格。也就是说，在这个相对价格水平上，母国的意愿销售等于外国的意愿购买。

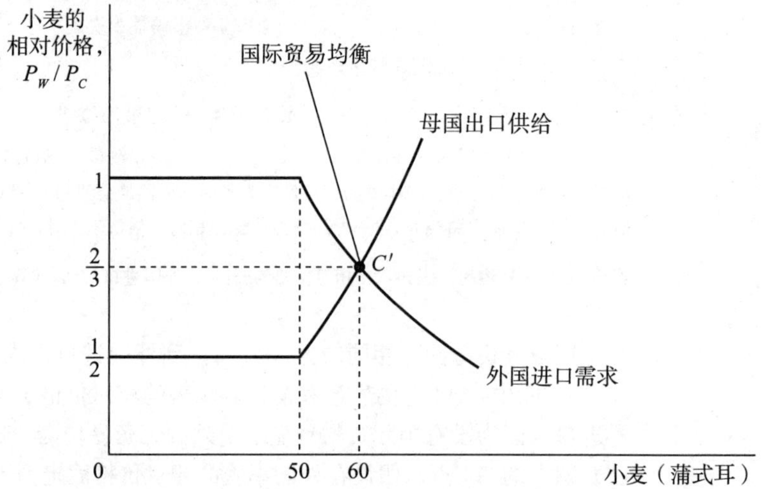

图 2-11　世界小麦市场

把小麦的母国出口供给曲线和外国进口需求曲线放到一起，世界均衡是在 C'点确立的，在这个点，小麦的相对价格是$\frac{2}{3}$。在这个价格水平上，母国 60 蒲式耳的出口恰好等于外国的小麦进口。

贸易条件　一国的出口品价格除以其进口品价格称为**贸易条件**（terms of trade）。由于母国出口小麦，（P_W/P_C）是其贸易条件。注意，小麦（母国的出口品）价格的提高或布（母国的进口品）价格的下降都会提高其贸易条件。一般而言，贸易条件的提高对一国是好事，因为它可以从出口赚取得更多或为进口支付得更少，由此改善其福利。外国出口布，所以（P_C/P_W）是其贸易条件。在这种情况下，布（外国的出口品）价格的提高或小麦（外国的进口品）价格的下降都会改善该国福利。

案　例

☞ 初级产品的贸易条件

随着时间的推移，贸易条件有何变化？在20世纪50年代的著作中，拉丁美洲经济学家劳尔·普雷维什（Raúl Prebisch）和英国经济学家汉斯·辛格（Hans Singer）各自提出了这样的假设，即初级产品（即农产品和矿产品）相对于制造品的价格会随着时间的推移而下降。由于初级产品通常是由发展中国家出口的，这就意味着发展中国家的贸易条件从长期来看会下降。

认为普雷维什-辛格假设可能是正确的理由有几个。首先，众所周知，随着人民或国家的富裕，他们花费在食物上的支出占收入的份额会越来越小。[①] 这意味着随着世界收入的增长，对食物的需求相对于对制造品的需求会下降。因此，人们预期农产品的价格相对于制造品会下降。其次，对于矿产品，工业化国家可能会不断地发现替代品以替代在生产中使用的矿产品。例如，由于汽车制造商倾向于在车身和车架制造中使用塑料和铝，今天在汽车中所使用的钢铁少多了。我们可以认为对矿产品的替代是一种技术进步，并且随着其进一步深化，会导致原生矿产品价格的下降。

然而，认为普雷维什-辛格假设可能是错的理由也有几个。首先，制造品的技术进步肯定会导致这些产品的价格下降，因为它们变得更容易生产了（例如，想一想MP3和DVD等许多电子产品的价格下降了）。这是工业化国家而不是发展中国家的贸易条件下降了。其次，至少在石油出口的例子中，石油输出国组织（OPEC）通过限制在世界市场的供给来设法维持高油价。这导致了石油输出国（包括发展中国家和工业化国家）贸易条件的提高。

有关初级产品相对价格的数据可参见图2-12。[②] 这个研究考察了1900—1998年间的24种初级产品，测度了其相对于制造品总体价格的世界价格。在这24种商品中，一半商品的相对价格在这个时期下降了50%，包括铝、棉花、兽皮、棕榈油、稻米、食用糖、橡胶、小麦和羊毛。这个证据为普雷维什-辛格假设提供了支持。几种相对价格下降商品的例子可见图2-12中的（a）图。

然而，也有一些初级产品，其价格在大部分时期是上升的，或在一个世纪中没有一贯的变化趋势。相对价格在这个时期上涨了50%及以上的商品有牛肉、羊肉、木材、锡和烟草。其中几种商品的例子可参见图2-12中的（b）图。最后，从这个世纪初到结束都没有一贯的相对价格变化的商品有香蕉、咖啡、铜和锌。其中几种商品的例子可参见图2-12中的（c）图。从这些不同商品的结果

---

① 这种关系就是众所周知的以19世纪德国统计学家厄恩斯特·恩格尔（Ernst Engel）命名的恩格尔法则。该法则对于购买食物在家享用是肯定正确的，但对于外出就餐来说就未必如此。随着你的收入增加，你或许会花费预算的固定份额甚或不断提高的份额去饭店就餐。

② 这些结果来自Neil Kellard and Mark E. Wohar，2006，“Trends and Persistence in Primary Commodity Prices，” *Journal of Development Economics*，79，February，146-167。

来看，我们应该得出这样的结论，即有些商品符合普雷维什和辛格所预言的模型，其价格相对于制造品下降了。然而，这不是一个普遍规律，其他初级产品的价格或是提高了，或是没有一贯的变化趋势。

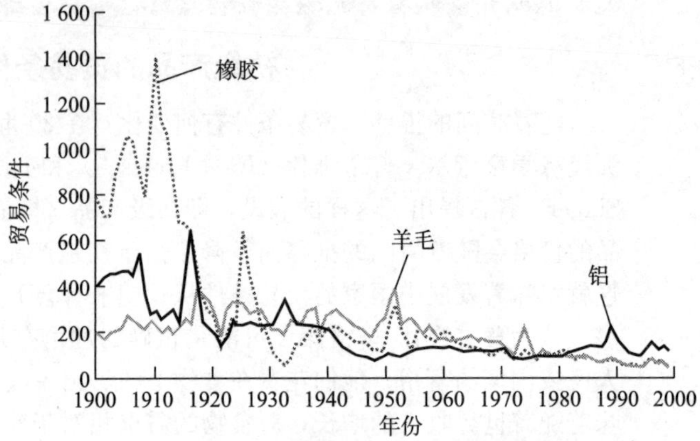

（a）初级产品的相对价格（随着时间的推移而下降）

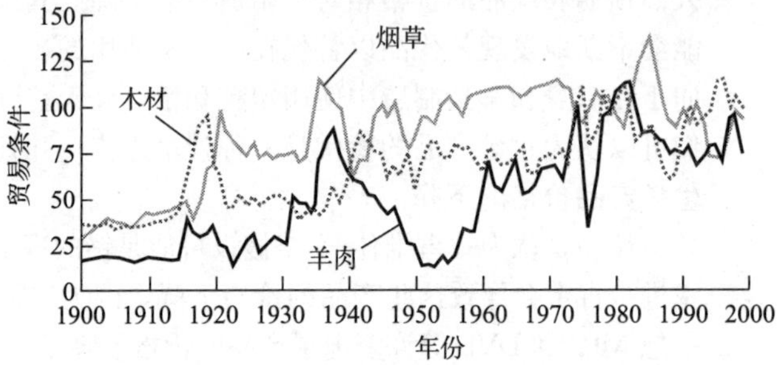

（b）初级产品的相对价格（随着时间的推移而提高）

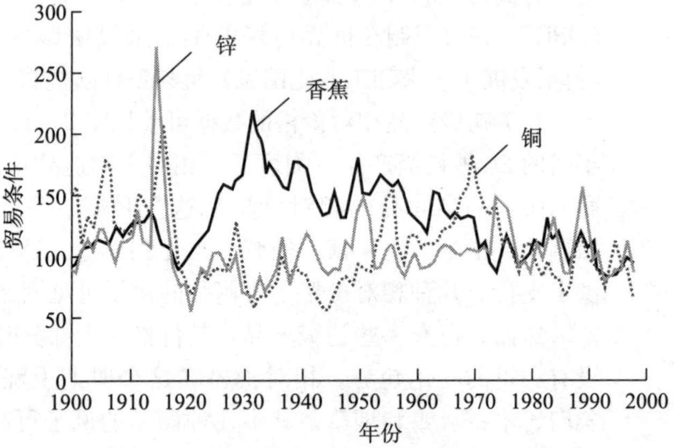

（c）初级产品的相对价格（随着时间的推移而没有变化趋势）

图 2－12　初级产品的相对价格

许多发展中国家出口初级产品（也就是农产品和矿产品），而工业国出口制造品。这里显示的是1900—1998 年各种初级产品相对于总的制造品的价格。一些初级产品的相对价格随着时间的推移而下降（a 图），而另一些产品具有上升的相对价格（b 图），还有一些产品的价格并没有随时间的推移而呈现一致的趋势（c 图）。

2.5 结　论

李嘉图模型是针对出口是好事而进口是坏事这种重商主义思想而设计的。李嘉图认为这不对。为了证明其观点，他考察了这样一个例子：两个国家（英国和葡萄牙）之间的贸易是平衡的，即每个国家的进口值等于其出口值。在李嘉图的例子中，英国和葡萄牙相互贸易的原因是它们生产葡萄酒和布的技术是不同的。葡萄牙在两种产品的生产上都具有绝对优势，但英国在布的生产上具有比较优势。就是说，英国生产布的机会成本（以必须放弃多少葡萄酒来衡量）比葡萄牙低。根据比较优势，在英国布的无贸易相对价格也比葡萄牙低。在开放贸易的时候，英国的布商向葡萄牙出口布，在葡萄牙它们可以获得更高的价格；葡萄牙的葡萄酒商向英国出口葡萄酒。因此，贸易模式是由比较优势决定的，两个国家都从贸易中获利。

为简单起见，李嘉图只提出了一种生产要素——劳动。我们运用了一个微观经济学原理来求解工资，即工资等于边际劳动产出乘以每种产品的价格。根据这种关系，国家间的工资比率是由所生产产品的边际劳动产出和这些产品的价格决定的。由于工资取决于每个国家的边际劳动产出，我们得出这样的结论，即工资是由绝对优势决定的——技术较好的国家能支付较高的工资。此外，工资取决于每个国家的出口品在世界市场的现行价格。我们把贸易条件界定为一国出口品的价格除以其进口品的价格。一般而论，较高的贸易条件（由于出口品价格高或进口品价格低）会导致较高的实际工资，从而对工人有利。

李嘉图模型中只有劳动要素这个事实使之比较特殊。由于这个假设，李嘉图模型的 PPF 是一条直线，出口供给曲线和进口需求曲线都有一段是平坦的。这种特殊特征在下面各章中要考察的其他模型中不会发生。在那些模型中，除了劳动外，各个产业还会使用资本和土地。一旦我们考虑更切合实际的有几种生产要素的假设，贸易所得就会变得更复杂。即使一个国家在总体上是受益的，但有些生产要素可能因开放贸易而受益，其他生产要素因此而可能受损。这是我们在下一章要讨论的主题。

要　点

1. 当一个国家生产某个产品的机会成本低于另一个国家生产该产品的机会成本时，这个国家就在生产该产品上具有比较优势。

2. 国家之间贸易的模式是由比较优势决定的。这意味着即使是技术落后的国家也能够出口其具有比较优势的产品。

3. 所有国家都感受到了贸易所得。就是说，一个进口国或出口国的效用至少与其没有国际贸易时是一样高的。

4. 每个国家的工资水平都是由其绝对优势决定的，即由该国使用劳动所能生产的数量决定的。这个结论解释了为什么技术落后国家仍然能够出口：低工资使其克服了低生产率。

5. 世界市场上一种产品的均衡价格是由一国的出口供给等于另一国的进口需求这一点决定的。

6. 一国的贸易条件等于其出口品的价格除以其进口品的价格。一国贸易条件的提高使其境况变得更好，因为它可以以较高的价格出口或以较低的价格进口。

关键术语

进口	自然资源	无差异曲线
出口	劳动力资源	效用
技术	资本	相对价格
资源	生产要素	国际贸易均衡
外包	绝对优势	世界价格线
邻接性	比较优势	贸易所得
李嘉图模型	边际劳动产出	出口供给曲线
贸易模式	生产可能性边界	进口需求曲线
自由贸易区	机会成本	贸易条件

习 题

1. 在本章开头，有一段引自李嘉图的引语；下面是一段更长的李嘉图所写的文章：

> 英国可能处于这样的状况，生产布可能需要 100 个人劳动一年；如果它想酿酒，它可能需要 120 个人劳动同样的时间……在葡萄牙，生产葡萄酒可能只需要 80 个人劳动一年，在这个国家生产布可能需要 90 个人劳动同样的时间。因此，出口葡萄酒以换取布对葡萄牙是有利的。尽管葡萄牙可以用比英国更少的劳动自己生产所进口的产品，但这种交换甚至还会发生。

假设他所说的劳动力数量能在任何一个国家生产 1 000 码布或 1 000 瓶葡萄酒。然后回答下列问题：

a. 英国在布和葡萄酒产业的边际劳动产出是多少？葡萄牙在布和葡萄酒产业的边际劳动产出是多少？哪个国家在布和葡萄酒的生产上有绝对优势？为什么？

b. 用公式 $P_W/P_C=MPL_C/MPL_W$ 计算每个国家的葡萄酒无贸易相对价格。哪个国家在葡萄酒的生产上有比较优势？为什么？

2. 假设在母国每个工人能生产 3 辆汽车或 2 台电视机。假设母国有 4 个工人。

a. 画出母国的生产可能性边界。

b. 在母国汽车的无贸易相对价格是多少？

3. 假设在外国每个工人能生产 2 辆汽车或 3 台电视机。假设外国有 4 个工人。

a. 画出外国的生产可能性边界。

b. 在外国汽车的无贸易相对价格是多少？

c. 用第 2 题中有关母国的信息，判断外国在哪种产品的生产上有比较优势。为什么？

4. 假设在没有贸易的情况下，母国消费 9 辆汽车和 2 台电视机，而外国消费 2 辆汽车和 9 台电视机。把每个国家的无差异曲线添加到第 2 题和第 3 题的图中。标出每个国家的生产可能性边界（PPF）、无差异曲线（U_1）以及无贸易均衡消费和生产。

5. 现在假设汽车的世界相对价格为 $P_C/P_{TV}=1$。

a. 每个国家会专门生产什么产品？简要说明理由。

b. 在第 4 题的图中给每个国家画出新的世界价格线，然后给每个国家添加一条处于贸易均衡时新的无差异曲线（U_2）。

c. 标出每个国家的进口和出口。与外国进口相比较，母国的出口数量如何？

d. 每个国家都从贸易中受益吗？简要说明理由。

6. 用第 6 题表给出的信息回答下列问题。

第 6 题表

	母国	外国	绝对优势
每小时所生产的自行车数量	4	2	?
每小时所生产的滑雪板数量	6	8	?
比较优势	?	?	

a. 用与表 2－2 同样的方式完成本表。

b. 哪个国家在自行车的生产上有绝对优势？哪个国家在滑雪板的生产上有绝对优势？

c. 在母国用滑雪板衡量的自行车机会成本是多少？在外国用滑雪板衡量的自行车机会成本是多少？

d. 母国会出口什么产品？外国会出口什么产品？简要说明理由。

7. 假设母国和外国生产电视机和汽车两种产品，用第 7 题表中的信息回答以下问题。*

* 下标 TV 指电视机，下标 C 指汽车。——译者注

第 7 题表　　无贸易均衡的情形

母国		外国	
工资$_{TV}$=12	工资$_{C}$=?	工资$^*_{TV}$=?	工资$^*_{C}$=6
$MPL_{TV}=2$	$MPL_{C}=?$	$MPL^*_{TV}=?$	$MPL^*_{C}=1$
价格$_{TV}$=?	价格$_{C}$=4	价格$^*_{TV}$=3	价格$^*_{C}$=?

a. 在母国电视机和汽车的边际劳动产出是多少？电视机的无贸易相对价格是多少？

b. 在外国电视机和汽车的边际劳动产出是多少？电视机的无贸易相对价格是多少？

c. 假设处于贸易均衡时电视机的世界相对价格为 $P_{TV}/P_{C}=1$，每个国家会出口什么产品？简要说明理由。

d. 当处于贸易均衡时，在母国以电视机和汽车衡量的实际工资各是多少？相比较于无贸易均衡时以任何一种产品衡量的实际工资，这些数字有何变化？

e. 当处于贸易均衡时，在外国以电视机和汽车衡量的实际工资各是多少？相比较于无贸易均衡时以任何一种产品衡量的实际工资，这些数字有何变化？

f. 当处于贸易均衡时，用工人购买产品的能力来衡量，外国工人比母国工人挣得多还是少？说明理由。

8. 为什么有些低工资国家会对工业国的制造商构成威胁，而另一些低工资国家却不会？

利用本章正文中有关母国和外国的信息解答第 9～11 题。

9. a. 假设母国的工人数量翻了一番。母国 PPF 会有什么变化？小麦的无贸易相对均衡价格会有什么变化？

b. 假设小麦产业发生了技术进步使母国用同样数量的劳动能生产更多的小麦。母国 PPF 会发生什么变化？小麦的相对价格会有什么变化？如果在布产业也发生了类似的变化，描述一下会发生什么变化。

10. a. 用图 2－5 说明，小麦的相对价格从世界相对价格 2/3 往上涨会提高母国的效用。

b. 用图 2－6 说明，小麦的相对价格从世界相对价格 2/3 往上涨会降低外国的效用。当世界相对价格为 1 时，外国的效用是多少？当小麦的世界相对价格高于 1 时，外国的效用会有什么变化？

11. （这是道较难的题目。）假设母国比外国大得多。例如，如果我们让母国的工人数量从 25 翻一番至 50，那么，当无贸易价格为 $P_W/P_C=1/2$ 时，母国愿意出口 100 蒲式耳小麦而不是图 2－11 中的 50 蒲式耳。下面我们画了一个图 2－11 的新版本，这幅图中的母国是一个更大的国家（见第 11 题图）。

a. 从这幅图来看，新的小麦世界相对价格是多少（在 D 点）？

b. 用这个新的世界均衡价格，画一个母国和外国贸易均衡的新版本，并表示出每个国家的生产点和消费点。

c. 两个国家都有贸易所得吗？说明原因。

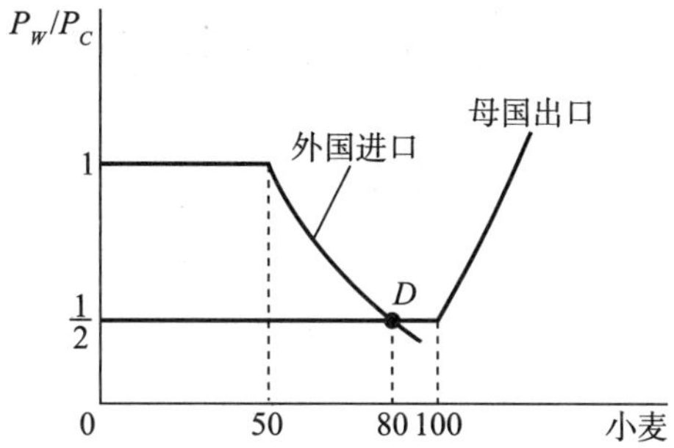

第 11 题图

12. 用第 11 题的结果解释为什么李嘉图模型预言签署了《北美自由贸易协定》并建立了两国间的自由贸易后墨西哥会比美国受益更多。

第 3 章 特定要素模型中的贸易得失

本章内容提要

3.1 特定要素模型
3.2 劳动收益
3.3 资本与土地收益
3.4 结论

时机终于来临，这是期待已久的一天，是历史性的一天，今天玻利维亚终于夺回了自己对自然资源的绝对控制权。

——玻利维亚总统埃沃·莫拉莱斯，2006 年①

如果我们不采取措施，那些对当前经济增长不满意的人将会采取“目光短浅”的行动：阻碍工业自动化进程；把每周工作时间减少到 35 小时，甚至更少；关闭进口商品的国门；提高价格，在产能不足的情况下获得产能满负荷的利润。但是，这些行动终将自毁前程，非但不能促进经济发展，反而阻止经济增长。

——美国总统约翰·F. 肯尼迪，纽约经济俱乐部，1962 年

① 引自在巴西国家石油公司经营的圣阿尔贝托油田的演讲，“Bolivia Nationalizes Natural Gas Industry,” *USA Today*, May 1，2006。

在2003—2005年的三年时间内，玻利维亚有过三位总统。政府最高层的快速更替源自公众对天然气出口收入分配的不满。包括阿依马拉印第安人在内的许多人都认为，这些收入的大部分流入了跨国石油公司的腰包，只有小部分被分配给了天然气矿床和炼油厂所在国的公民。

2003年9月，猛烈的抗议迫使孔塞洛·桑切斯·洛塞塔总统辞职，由作家和电视记者出身的卡洛斯·梅萨接替。他承诺尊重玻利维亚原住民的意见，并于2004年7月就国家是否应该出口天然气举行全民公决。全民公决的内容包括确保有更多来自天然气出口的利润归玻利维亚政府所有而不是流入外国公司的条款。有了这些保证，全民公决得以通过，2005年5月对外国石油公司的征税急剧增加。但许多抗议者希望有更高的税收，迫使卡洛斯·梅萨总统于年内辞职。选举于2005年12月举行，埃沃·莫拉莱斯获得了决定性胜利，成为180年来玻利维亚历史上第一位当选为总统的阿依马拉印第安人。2006年5月，他对天然气行业实现了国有化，这意味着所有天然气资源都置于国有能源公司的掌控之中。由于这种政策变化，外国投资者失去了对他们创建的天然气田、管道和炼油厂的多数股索偿权，也损失了来自玻利维亚天然气销售的大部分利润。这个招致外国政府强烈批评的重大举措却得到了民众的支持。由于这个以及其他受到民众欢迎的政策，埃沃·莫拉莱斯于2009年再次当选玻利维亚总统，任期5年。到2013年，玻利维亚的天然气行业大部分仍旧由国家所有。

玻利维亚的经历表明，确保一国内部所有人共享贸易所得是困难的。尽管天然气、白银、锡和锂（用于制造汽车电池的原料）等矿藏资源丰富，但是当地民众生活仍旧非常贫困。原住民难以享受这些资源带来的好处成为一个备受诟病的问题。虽然天然气的出口为外资和国有企业带来了巨大收益，但是原住民却一直分享不到这些收益。

2009年新宪法赋予原住民对自由土地上天然气的控制权。日本和欧洲的企业与政府达成开采矿藏的交易，政府确保这些收益能够通过扶贫计划流入当地群众手中。自2009年以来，玻利维亚经济增速加快，过去五年平均增速达到4.7%。大量原住民从农村迁移到城市，比如埃尔阿尔托（El Alto）。埃尔阿尔托这个曾经爆发暴力抗议的城市，已经成为小企业主繁衍生息的地方。①

本章的一个主要结论是，在大多数情况下，一国开放贸易会产生赢者和输者。一般而言，贸易受益者的所得超过贸易受损者的所失，就此而言，具有“整体”贸易所得。这就是在上一章中李嘉图模型的一个结论。但我们在上一章中的说法，即贸易对所有工人都带来收益的说法，过于简单了，因为在李嘉图模型中，劳动是唯一的生产要素。一旦我们做出更切合实际的假设，即资本和土地也是生产要素，那么，贸易就会对某些生产要素带来收益，对另一些生产要素造成损失。本章的目的是要确定谁会从贸易中受益，谁又会从贸易中受损，以及在什么情况下会受益或受损。

我们用于分析国际贸易在决定劳动、土地和资本收益中的作用的模型做了这

① 你可以参阅："In Bolivia, Untapped Bounty Meets Nationalism," *The New York Times*, February 3, 2009, and Sara Shahriari, "The Booming World: Bolivia," *The Guardian*, December 20, 2012。本段内容来自以上参阅资料。

样的假设：一个产业（农业）使用劳动和土地，另一个产业（制造业）使用劳动和资本。该模型有时也被称为**特定要素模型**（specific-factors model），因为土地是农业部门所特有的，资本是制造业所特有的，劳动在两个部门使用，所以它不是任何一个部门所特有的。土地是农业部门所特有的，资本是制造业所特有的，这个思想在短期内可能是正确的，但在长期内实际上不能成立。在以后几章中，我们会构建一个长期模型，在该模型中资本和其他资源可以从一个部门转移到另一个部门使用，现在我们集中关注短期特定要素模型，它会给我们提供李嘉图模型所不能提供的有关贸易所得的许多新见解。

3.1 特定要素模型

我们在特定要素模型中讨论以下问题：贸易是如何影响劳动、土地和资本收益的？从李嘉图模型的学习中我们已经看到，当一个国家开放自由贸易时，出口品的相对价格上升，而进口品的相对价格下降。因此，贸易如何影响要素收益问题实际上是一个相对价格变化如何影响劳动、土地和资本收益的问题。我们在这一节要创立的思想是，特定或固定要素（比如资本和土地）的收益会因相对价格的变化而上升或下降（也就是说，它们对相对价格变化是最敏感的），因为在短期内它们是“黏”在某个部门不能被其他部门使用的。相反，流动要素（如劳动）通过在其他部门寻求就业可以稍稍抵消其损失。

如同我们在第2章学习国际贸易时一样，我们有被称为母国和外国的两个国家。我们先讨论母国的情形。

母　国

让我们把特定要素模型中的两个产业叫作“制造业”和“农业”。制造业使用劳动和资本，而农业使用劳动和土地。在每个产业中，所使用的劳动量的增加服从于**收益递减**（diminishing returns），即边际劳动产出是随产业中所使用的劳动量的增加而下降的。图3-1（a）描述了产出相对于生产中所用的劳动量的关系，显示出制造业的收益是递减的。随着所使用的劳动量的增加，制造业中的产出增加，但是以一个递减的速率增加。图3-1（a）中曲线的斜率衡量了边际劳动产出，这一产出随着劳动的增加而下降。

图3-1（b）描绘了制造业的边际劳动产出 MPL_M 对制造业所使用的劳动 L_M 的关系。由于收益递减，这条曲线是向下倾斜的。同样，在农业部门（没有画出），边际劳动产出 MPL_A 也是随农业中所使用的劳动 L_A 的增加而递减的。

生产可能性边界　把制造业和农业这两个产业组合在一起，我们得到图3-2中该经济体的生产可能性边界（PPF）。由于劳动收益在两个部门都是递减的，所以PPF是外凸的或是凹向该图的原点的。（你可能认识这个在经济学导论课上就熟悉的形状。）

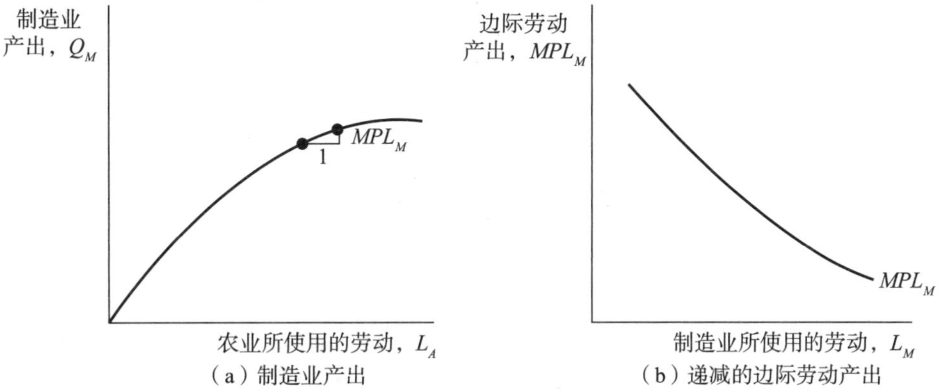

图 3-1　制造业产出与递减的边际劳动产出

在（a）图中，随着使用的劳动增加，制造业的产出增加，但是以一个递减的速率增加。图 3-1（a）曲线的斜率衡量了边际劳动产出，这一产出随着劳动的增加而下降。在（b）图中，制造业中劳动的增加降低了边际劳动产出。

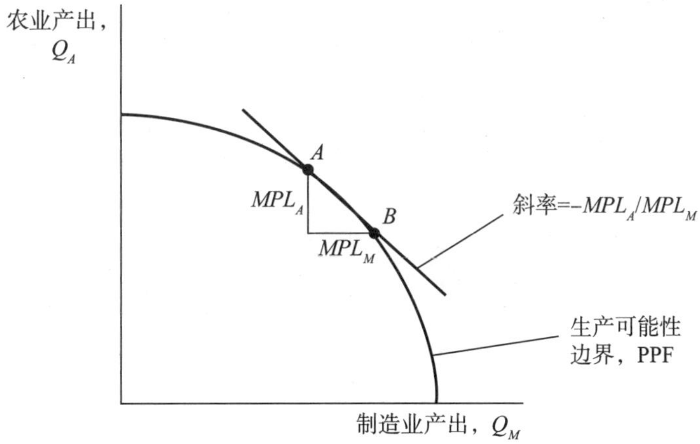

图 3-2　生产可能性边界

生产可能性边界表示该经济体所能生产的农业产出和制造业产出的总量。其斜率为$-MPL_A/MPL_M$，即等于这两个产业的边际劳动产出比率。该 PPF 的斜率可以解释为制造业产出的机会成本——为多获得额外一单位制造业产出所要放弃的农产品数量。

通过运用每个部门的边际劳动产出，我们可以确定 PPF 的斜率。从图 3-2 的A点出发，假设一单位劳动从农业流入制造业，所以，该经济体新的产出是在B点。农业产出下降了MPL_A，制造业产出上升了MPL_M。PPF 在A点和B点之间的斜率是负的边际产出比率，即$-MPL_A/MPL_M$。这个比率可以被看作是生产一单位制造品的机会成本，即以生产一单位制造品所需要放弃的食品（农产品）数量来衡量的成本。

机会成本与价格　如同在李嘉图模型中那样，PPF 的斜率（即制造品的机会成本）也等于制造品的相对价格。为了理解为什么是这样，我们回忆一下，在竞争性市场中，企业会一直雇用劳动直到一小时额外劳动的成本（工资）等于一小时额外劳动在生产中产出的价值为止。相应地，一小时额外劳动的价值等于这一小时中所生产的产品数量（边际劳动产出）乘以该产品的价格。因此，在制造业，劳动会一直受雇用直到工资等于制造品价格 P_M 乘以制造业的边际劳动产出 MPL_M 为止，即：

$$W = P_M \cdot MPL_M$$

类似地，在农业，劳动会一直受雇用直到工资等于农产品价格 P_A 乘以农业的边际劳动产出 MPL_A 为止，即：

$$W = P_A \cdot MPL_A$$

由于我们假设劳动在两个部门之间是自由流动的，因此，这两个等式中的工资必然相等。如果工资在两个部门不相等，劳动就会流向工资较高的部门。高工资部门劳动力的增加使其工资降低，低工资部门劳动力的减少使其工资提高，因此，这种流动会一直持续到两个部门的工资相等。设定两个工资等式是相等的，我们得到 $P_M \cdot MPL_M = P_A \cdot MPL_A$，经重新整理，我们得到

$$P_M / P_A = MPL_A / MPL_M$$

这个等式告诉我们，制造品的相对价格（P_M/P_A）等于制造品的机会成本 MPL_A/MPL_M（生产可能性边界的斜率）。这些相对价格也反映了母国消费者所估计的制造品相对于食品的价值。在没有国际贸易的情况下，母国经济的均衡是在图 3-3 中的 A 点，在该点，制造品的相对价格（P_M/P_A）等于 PPF 的斜率，即一个效用为 U_1 的代表性消费者的无差异曲线的斜率。对无贸易均衡的这种直觉与第 2 章中对李嘉图模型的直觉完全一样：均衡就在 PPF 与消费者无差异曲线的切点。PPF 上的这一点与可能达到的最高消费者效用水平相对应。

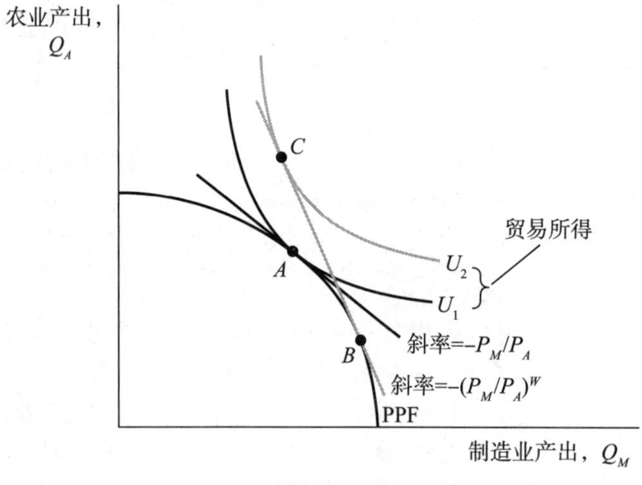

图 3-3 制造品相对价格提高

在没有国际贸易的情况下，该经济体在 A 点生产和消费。制造品的相对价格 P_M/P_A 是在 A 点与 PPF 及无差异曲线 U_1 相切的这条线的斜率。在有国际贸易的情况下，该经济体能够在 B 点生产和在 C 点消费。制造品的世界相对价格 $(P_M/P_A)^W$ 是 BC 线的斜率。效用从 U_1 提高到 U_2 是对该经济体贸易所得的度量。

外　国

在本章，我们不详细讨论外国。相反，我们仅仅假设外国制造品的无贸易相对价格（P_M^*/P_A^*）不同于母国的无贸易相对价格（P_M/P_A）。价格不同的原因有几个。在前一章中，我们展示了国家间的生产率差异是如何导致国家间的无贸易相对价格差异的。这是李嘉图模型的一个关键假设或出发点。相对价格差异的另一个原因我们还没考察过，那就是两个国家拥有的劳动、资本和土地数量是不同的。（这将是赫克歇尔-俄林模型的关键假设，我们将在下一章讨论这个模型。）

现在，我们先不解释为什么无贸易相对价格在国家之间是不同的，但我们理所当然地认为这并非异乎寻常的。为了集中研究一个问题，让我们假设母国制造品的无贸易相对价格低于外国相对价格，即（P_M/P_A）<（P_M^*/P_A^*）。这个假设意味着母国能比外国更便宜地生产制造品，或者说，母国在制造业有比较优势。

总贸易所得

从图 3－4 中的无贸易均衡点 A 出发，假设母国开放与外国的国际贸易。贸易一旦开放，我们预期世界均衡相对价格（即在所有国家的相对价格）$(P_M/P_A)^W$ 会处于两国无贸易相对价格之间，因此

$$(P_M/P_A) < (P_M/P_A)^W < (P_M^*/P_A^*)$$

这个不等式告诉我们，当母国开放贸易的时候，制造品的相对价格会从（P_M/P_A）上升到 $(P_M/P_A)^W$；相反，对于外国，制造品的相对价格会从（P_M^*/P_A^*）下降到 $(P_M/P_A)^W$。在有贸易的情况下，世界相对价格 $(P_M/P_A)^W$ 是由以此为斜率并与母国 PPF 相切的线表示的，见图 3－3 中的 BC 线。母国制造品相对价格的提高是由比母国无贸易相对价格线（通过 A 点）更为陡峭的世界相对价格线表示的。

P_M/P_A 提高对母国有何影响呢？母国较高的制造品相对价格会吸引更多工人进入这个部门，现在，母国是在 B 点生产而不是 A 点。正如前面所述，生产会在母国 PPF 与相对价格线的切点进行，不同国家的工资在这一点相等。嗣后，这个国家沿着国际价格线 BC 出口制造品并进口农产品，在 C 点达到最高效用水平 U_2。U_2 与 U_1 之间的效用之差是对该国整体贸易所得的度量。（如果有贸易相对价格等于无贸易相对价格，整体所得即为零，但绝不会是负的——一个国家永远不会因开放贸易而变贫困。）

注意，相对价格提高的产品（对母国来说是制造品）是出口品，相对价格下降的产品（对母国来说是农产品）是进口品。通过以更高的价格出口制造品和以

更低的价格进口食品，母国比没有贸易时更富裕了。为了度量贸易所得，经济学家们依据出口品价格提高和进口品价格降低来确定一国能负担得起多少额外的消费。下面这个案例考察了几个历史案例中的整体贸易所得数值，这几个案例中的贸易所得均已得到测度。

案　例

贸易所得有多大?

整体贸易所得有多大？这里有某些国家的几个历史案例。这些国家充分快地从**自给自足**（autarky）（即无贸易）转变为自由贸易或者相反，我们可以用其转变前后的年份来估计贸易所得。

其中一个事例发生在1807年12月到1809年3月间的美国，当时美国国会应托马斯·杰斐逊总统的要求实施了几乎使国际贸易完全终止的措施。完全终止所有贸易被称为**贸易禁运**（embargo）。美国实施贸易禁运是因为当时英国正与拿破仑开战，英国想阻止可能装有给养或军火的船只抵达法国。结果，英国在美国东部海岸巡逻，扣押了驶往大西洋彼岸的美国船只。为了保护自己的船只以及避免可能给英国造成的经济损失，美国宣布从1807年至1809年实行为期14个月的贸易禁运。然而，这次贸易禁运是不完全的；美国仍然与一些不一定非得通过船运才能抵达的国家开展贸易，如加拿大和墨西哥。

正如你可能预期的那样，美国贸易在这个时期急剧下降。出口（如棉花、面粉、烟草和大米）从1807年的4 900万美元下降到1809年的900万美元。出口额的下降既反映了出口数量的下降，也反映了出口价格的下降。记得在第2章中我们把一国的贸易条件定义为出口价格除以其进口价格。因此，美国出口价格的下降就是其贸易条件的下降，这是美国的损失。根据一项研究，贸易禁运对美国造成的损失约为国内生产总值（GDP）的5%。也就是说，美国的GDP比假设不实施贸易禁运时降低了5%。由于贸易没有被完全取消以及一些美国生产者转向生产以前进口的产品（如布和玻璃），贸易禁运的损失部分地被抵消了。因此，我们可以把GDP的5%作为美国相对于其无贸易情形的较低的贸易所得估计值。

GDP的5%是一个大数目还是一个小数目？如果把一场在一年内使GDP减少5%的经济衰退视为深度经济萧条，我们认为这就是个大数目。[①] 从另一个角度来看，我们不把贸易禁运损失与整体GDP相比较，而是把它与美国出口规模相比较，贸易禁运前出口占GDP的13%。取这些数字的比率，我们推断贸易禁运损失超过了出口额的三分之一。

另一个历史案例是日本在经历了长达200年的闭关锁国后于1854年迅速对

① 美国最严重的经济萧条是20世纪30年代的大萧条。在1929—1933年间，美国实际GDP平均每年下降了9%，然后才开始回升。直到1939年美国的实际GDP才恢复到1929年的水平。

世界经济开放。在这个案例中，美国的马修·佩里准将迫使日本打开其国门以便美国与其建立商业联系。贸易开放后，日本对美国的出口品（如丝绸和茶叶）价格上涨，从美国进口的产品（如毛制品）价格下降。这样的价格变动对日本而言是一种贸易条件所得，很像图 3-3 中从无贸易的 A 点向贸易均衡的 B 点和 C 点移动。根据一项估算，日本开放贸易后的贸易所得为 GDP 的 4%～5%。[1] 然而，这种收益不是单向的；日本的贸易伙伴国——比如美国——也能从与这个新开放的市场进行贸易中获益。

3.2 劳动收益

由于存在整体贸易所得，至少这个经济体中的某人的境况肯定是变好了，但这并不意味着每个人的境况都变好了。本章的目的是探讨如图 3-3 所示的相对价格变化是如何反作用于工人、土地所有者和资本所有者的收益的。我们对特定要素模型的学习将从考察制造品相对价格变化对工人的工资会产生什么影响开始。

工资的确定

为了确定工资，简便的方法是选取图 3-1（b）所示的制造业的边际劳动产出（MPL_M）和农业边际劳动产出（MPL_A），并把它们放到同一幅图中。

首先，我们把制造业所使用的劳动量 L_M 和农业所使用的劳动量 L_A 相加，得到该经济体的劳动总量 $\overline{L}$：

$$L_M+L_A=\overline{L}$$

图 3-4 的横轴表示劳动总量 $\overline{L}$。制造业所使用的劳动量 L_M 是从左（0_M）向右衡量的，农业所使用的劳动量是从右（0_A）向左衡量的。横轴上的每一个点都表示有多少劳动是用于制造业的（从左向右衡量），又有多少劳动是用于农业的（从右向左衡量）。例如，L 点表示有 0_ML 单位劳动用于制造业，有 0_AL 单位劳动用于农业，两者相加等于总的劳动单位数 $\overline{L}$。

确定工资的第二步是每个部门的边际劳动产出乘以该部门的产品价格（P_M 或 P_A）。如前所述，在竞争性市场中，企业会一直雇用劳动直到一小时额外劳动的成本（工资）等于一小时额外劳动的生产价值，即边际劳动产出乘以该产品的价格。那么，在每一个产业，雇用劳动直到 $W=P_M \cdot MPL_M$（在制造业中）和

① Daniel M. Bernhofen and John C. Brown, March 2005, "Estimating the Comparative Advantage Gains from Trade." *American Economic Review*, 95 (1), 208-225.

$W=P_A \cdot MPL_A$（在农业中）。

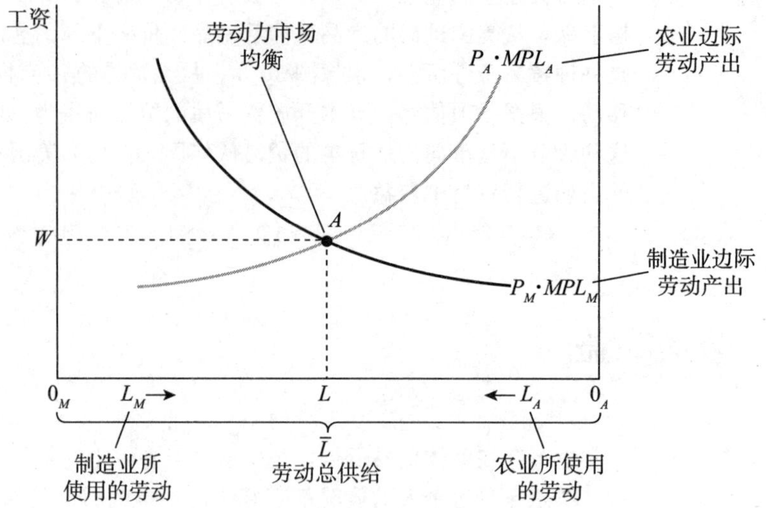

图 3-4　劳动在制造业和农业之间的配置

制造业所使用的劳动量是沿着横轴从左往右衡量的，农业所使用的劳动量是从右往左衡量的。劳动力市场均衡是在 A 点，劳动工资为 W，有 $0_M L$ 单位劳动用于制造业，有 $0_A L$ 单位劳动用于农业。

在图 3-4 中，我们画了向下倾斜的 $P_M \cdot MPL_M$ 图形。这条曲线与图 3-1 中的边际劳动产出 MPL_M 曲线基本相同，除了它现在乘以制造品价格以外。然而，当我们在画农业的 $P_A \cdot MPL_A$ 图形时，它却是向上倾斜的。这是因为我们是从该图的右向左衡量农业所使用的劳动 L_A 的：农业边际劳动产出随劳动量的增加（从右往左移动）而下降。

均衡工资　我们可以在 A 点，即 $P_M \cdot MPL_M$ 曲线与 $P_A \cdot MPL_A$ 曲线的交点找到均衡工资。在该点，有 $0_M L$ 单位劳动用于制造业，这个产业的企业愿意支付工资 $W=P_M \cdot MPL_M$。此外，有 $0_A L$ 单位劳动用于农业，农场主愿意支付工资 $W=P_A \cdot MPL_A$。既然这两个部门的工资是相等的，劳动就没有理由流动，因此，劳动力市场处于均衡中。

制造品相对价格的变动

既然我们已经展示了在特定要素模型中工资是如何确定的，我们就想问工资是如何针对制造品相对价格的提高而变动的。也就是说，随着制造品相对价格的提高（参见图 3-3），该经济体从无贸易均衡 A 点移动到了在 B 点生产和在 C 点消费的贸易均衡，这对每种生产要素的收益有何影响？尤其是，工资、制造业中资本所有者的收益和农业中土地所有者的收益有何变化？

对工资的影响　制造品相对价格 P_M/P_A 的提高要么是由于 P_M 提高了，要么是由于 P_A 降低了。价格的这两种运动对**实际工资**（real wage）具有同样的影响，即对一个工人所买得起的制造品和食品数量有同样的影响。为方便起见，让我们假设制造品的价格 P_M 上升，而农产品的价格 P_A 不变。

当 P_M 上升时，$P_M \cdot MPL_M$ 曲线上移到 $P'_M \cdot MPL_M$，如图 3－5 所示。这条曲线的纵向移动幅度恰好为 $\Delta P_M \cdot MPL_M$，如图所示。（我们用 Δ 表示一个变量的变化。）两条曲线相交于 B 点，这时，工资为 W'，这两个部门之间的劳动配置以 L'相区分。均衡工资从 W 上升到了 W'，制造业所使用的劳动量从 0_ML 增加到了 $0_ML'$，农业所使用的劳动量从 0_AL 下降到了 $0_AL'$。

对实际工资的影响 工资提高了这个事实实际上无法告诉我们，以工人所能购买的食品和制造品数量来衡量，他们是变富了还是变穷了。为了回答这个问题，我们还必须考虑这些产品的价格变动。例如，一个工人用他或她的每小时工资所买得起的食品数量是 W/P_A。[①] 由于 W 从 W 增加到 W'以及我们假设了 P_A 不变，工人们能买得起更多的食品。换言之，以食品衡量的实际工资提高了。

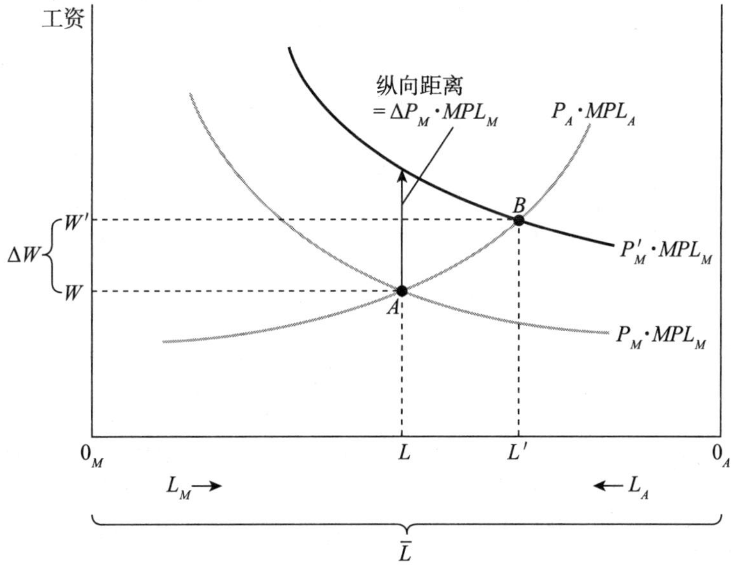

图 3－5　制造品相对价格提高

随着制造品价格的提高，$P_M \cdot MPL_M$ 曲线上移到了 $P'_M \cdot MPL_M$，均衡从 A 点移动到了 B 点。制造业所使用的劳动量从 0_ML 增加到了 $0_ML'$，农业所使用的劳动量从 0_AL 下降到了 $0_AL'$。工资从 W 提高到了 W'，但其提高的幅度小于 $P_M \cdot MPL_M$ 曲线的上移幅度 $\Delta P_M \cdot MPL_M$。

一个工人能够购买的制造品数量是由 W/P_M 衡量的。由于 W 提高了，P_M 也提高了，所以，乍一看我们不知道 W/P_M 究竟是提高了还是降低了。可是，图 3－5 可以帮助我们弄明白这个问题。注意，在我们所画的图 3－5 中，工资从 W 提高到 W'的幅度小于 $P_M \cdot MPL_M$ 曲线纵向移动的幅度 $\Delta P_M \cdot MPL_M$。我们可以把这个条件记作

① 例如，假设你每小时赚 8 美元，你最喜爱的快餐价格是 2 美元。那么，工作一小时你能买得起 8 美元/2 美元＝4 份这种快餐。

$$\Delta W < \Delta P_M \cdot MPL_M$$

为了看清楚 W/P_M 发生了什么变化，在这个不等式的两边同除以初始工资 W（它等于 $P_M \cdot MPL_M$），得到

$$\frac{\Delta W}{W} < \frac{\Delta P_M \cdot MPL_M}{P_M \cdot MPL_M} = \frac{\Delta P_M}{P_M}$$

其中，最后一个比率的获得是因为我们在中间比率的分子和分母中约去了 MPL_M。该不等式中的 $\Delta W/W$ 这一项可解释为工资变动百分数。例如，假设初始工资是每小时 8 美元，现在提高到了每小时 10 美元。那么，$\Delta W/W$=2 美元/8 美元=0.25，即工资上涨了 25%。同样地，$\Delta P_M/P_M$ 这一项是指制造品价格变动百分数。当 $\Delta W/W < \Delta P_M/P_M$ 时，工资提高的百分比就小于制造品价格提高的百分比。这种不相等意味着用这个工资所能买到的制造品数量下降了，所以，以制造品衡量的实际工资 W/P_M 下降了。[①]

对工资的整体影响 现在我们已经确定，假设了提高制造品相对价格的结果是，以食品衡量的实际工资提高了，而以制造品衡量的实际工资下降了。在这个例子中，我们假设了相对价格上涨是由制造品价格上涨而农产品价格不变所导致的。注意，即使我们假设了制造品价格不变而农产品价格下降（总的来说，制造品相对价格还是上涨的），那么，我们也可以得出这对以两种产品衡量的实际工资有同样的影响。

价格上涨后劳工变富了还是变穷了？我们无法确定。如果一个人把其大部分收入花费在购买制造品上，他就变穷了，因为他只能买到更少的制造品；但如果一个人把其大部分收入花费在购买食品上，他就变富了，因为他买得起更多的食品了。其结果是，在特定要素模型中，制造品价格的提高对实际工资的影响是不确定的，从而对工人福利的影响也是不确定的。

我们的结论是，我们无法确定在特定模型中工人们究竟是从贸易开放中变富了还是变穷了。这个结论对你似乎是索然无味的，但它因以下原因而显得重要。首先，这个结果不同于我们在第 2 章李嘉图模型中的发现，在那个模型中，实际工资因贸易的开放而提高，因此，工人们总是并且肯定比没有贸易时富裕。[②] 在特定要素模型中不再是这样；贸易的开放和相对价格的变动，提高了以某种产品衡量的实际工资，但降低了以另一种产品衡量的实际工资。其次，特定要素模型的结果对就贸易对工人的影响发表不当言论起到了警示作用，比如“贸易对工人是坏事”或者“贸易对工人是好事”。在特定要素模型中，尽管它简化了假设，只考虑了两个产业以及不允许资本或土地在两个部门之间进行流动，但我们仍然

---

① 例如，假设制造品是光盘（CD），它最初的价格是 16 美元，后来上涨到 24 美元。光盘的价格上涨了 8 美元，所以光盘价格上涨的百分比是 $\Delta P_M/P_M$=8 美元/16 美元=0.50=50%。再假设工资从每小时 8 美元提高到 10 美元，提高了 25%。用最初的价格计算，工作一小时你能买得起 W/P_M=8 美元/16 美元=0.5，即半张光盘。用新的价格计算，工作一小时你能买得起 W/P_M=10 美元/24 美元=0.42，即大约十分之四张光盘。因此，以光盘衡量你的实际工资下降了。

② 在李嘉图模型中，工人们没有从贸易中获益的唯一情形是，如果母国非常大，如第 2 章习题 11 所讨论的那样，结果是国际相对价格等于无贸易相对价格。在这种情况下，母国工人不会从国际贸易中变富，但也不会变穷。

发现开放贸易对实际工资的影响是复杂的。

特定要素模型中的失业 我们忽略了特定要素模型中的一个重要且现实的特征：失业。你经常会在报纸上看到工人因进口竞争而被炒鱿鱼或面临长期失业。尽管有这种后果，但大多数经济学家并不认为贸易必定会在总体上损害工人。我们的确忽略了特定要素模型中的失业问题：制造业所雇用的劳动 L_M 与农业所雇用的劳动 L_A 之和等于劳动总供给 $\overline{L}$，这意味着不存在失业。在该模型中我们忽略了失业问题的一个原因是，失业通常被看作一种宏观经济现象，它是由经济周期导致的，很难把经济周期模型与国际贸易模型结合起来孤立地分析贸易对工人的影响。而另一个更为简单的理由是，即使人们因进口竞争而被炒鱿鱼，他们中的许多人也能在合理的时间内找到新的工作，有时还能找到工资更高的工作，请参见下一个案例。因此，即使我们考虑了断断续续的失业，一旦我们认识到工人们可以找到新的工作——可能就在处于发展中的出口产业——那么，我们仍然无法得出结论说贸易对工人必定是好事或是坏事。

在以下两个案例中，我们将研究来自美国的关于需要多长时间才能找到新的工作以及挣多少工资的证据，还将研究政府试图补偿那些因进口竞争而失去工作的工人的计划。这种补偿在美国被称为**贸易调整救济**（Trade Adjustment Assistance，TAA）。

案 例

☞ 美国的制造业和服务业：各个部门的就业与工资

尽管特定要素模型强调制造业和农业，在大多数工业化国家中用于农业的劳动却非常少。工业化国家的一个大部门是**服务**（services）业，它包括批发与零售贸易、金融、法律、教育、信息技术、软件工程、咨询以及医疗和政府服务。在美国和大多数工业国，服务业部门大于制造业部门，且远大于农业部门。

在图 3－6 中，我们展示了美国制造业的就业状况，以制造业雇用的工人数及其占该经济体总就业数的百分比表示。无论用哪一种方法来衡量，制造业就业都是随时间的推移而下降的；假设农业部门的就业是零增长或负增长的，这表明服务业部门的就业是增长的。在图 3－7 中，我们展示了在制造业、所有私人服务业和信息服务业（私人服务业的一个子行业）的生产性工人或蓝领工人所赚的实际工资。[①] 自 1974 年到 2007 年，制造业的工资稍高于私人服务业整体平均工资，但是自 2008 年之后，私人服务业的工资反超了制造业。这样的变化有一部分原因是因为信息服务业的影响，信息服务业的平均工资远远大于制造业。比如，2012 年，私人服务业的整体平均工资为每小时 19.9 美元，制造业工资稍低，为每小时 19.6 美元。然而，信息服务业的平均工资明显很高，每小时达到 28 美元。

① 图 3－7 所显示的实际工资是用相对于 2012 年的消费者价格来衡量的，表示生产性工人的平均小时收入，他们从事服务或产品组装。生产性工人有时也被称为“蓝领”工人，往往赚取计时工资。其他类型的工人，即非生产性工人，包括管理人员和所有办公室人员。他们有时被称为“白领”工人，往往赚取年薪而不是计时工资。

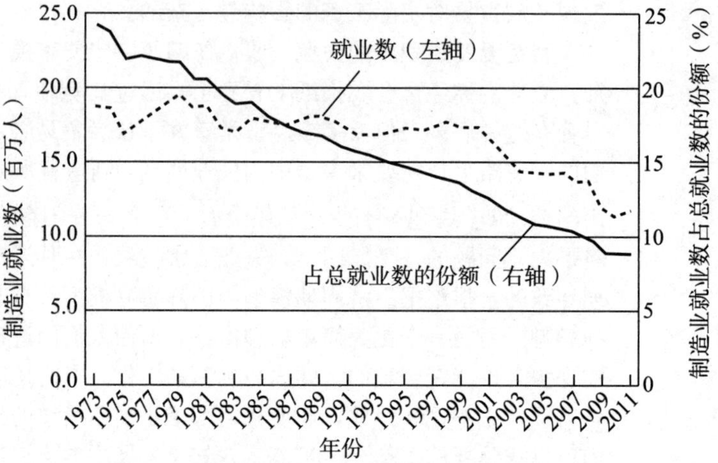

图 3-6　1973—2011 年美国制造业部门就业状况

左轴表示美国制造业部门的就业状况，右轴表示制造业就业占美国总就业的份额。制造业就业及其占总就业的份额都是随时间推移下降的，表明服务业的就业是增长的。

资料来源：Economic Report of the President，2012，Table B46.

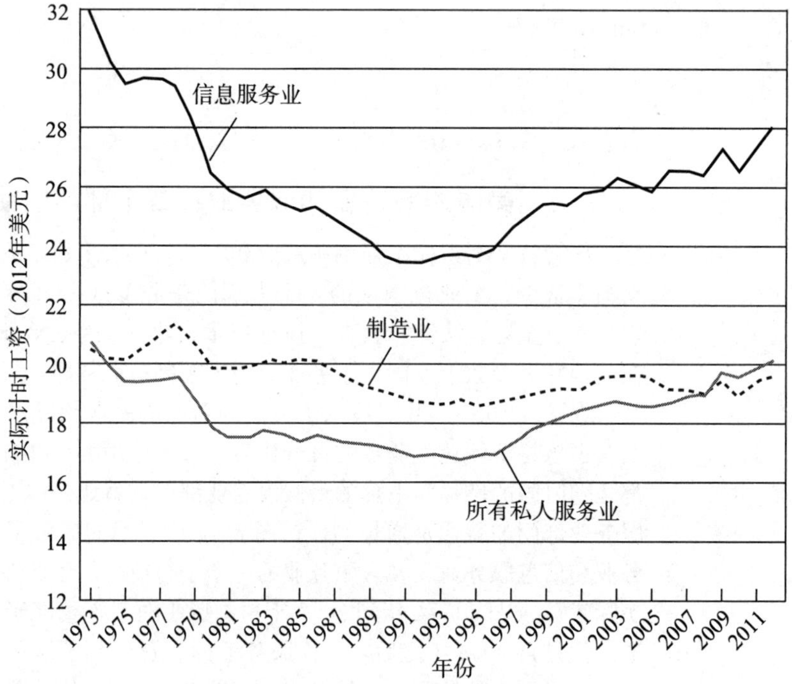

图 3-7　生产性工人的实际计时收入

本统计图展示了美国制造业、所有私人服务业和信息服务业（私人服务业的一个子行业）的生产性工人赚取的实际工资（以 2012 年不变美元计算）。1974—2007 年，制造业的工资稍高于私人服务业的整体平均工资，但 2008 年之后，私人服务业的工资反超了制造业，这是因为信息服务业的影响，信息服务业的平均工资远远大于制造业。1979—1995 年，制造业工人的实际工资不断下降。自 1995 年以来，制造业工人的工资虽有所增长，但是增速落后于服务业。

资料来源：http://www.bls.gov，Historical Data for the “B” Tables of the Employment Situation Release.

制造业和服务业每年都有许多工人失业，需要重新找工作。比如，从2009年1月到2011年12月的三年时间中，制造业约有120万人失业，服务业约有260万人失业，如表3-1所示。

在制造业的失业人群中，到2012年1月，56%的人再次找到工作，其中65%的人工资变低，剩下的约1/3的人工资不变或者变多。在服务业的失业人群中，到2012年1月，再次找到工作的比例和制造业相近，约57%，其中约51%的人工资不变或者变多。因此，服务业的失业者比制造业的失业者境况更好。

我们从对制造业与服务业的就业和工资比较中可以得到四个结论。第一，在该经济体中，不同部门的工资是有差别的，因此，我们的理论假设——两个部门的工资是一样的——是一种简化。第二，每年有许多工人被解雇并必须在别处找到工作。其中有些工人可能因进口品的竞争而遭解雇，但也有其他原因——例如，曾经为人们喜爱的产品过时了，企业因计算机和其他技术进步而重组了，以及企业变更了地址。第三，一半以上的失业工人在两到三年内可以再次找到工作，但是工资水平可能改变。一般而言，年纪大的工人（45～64岁年龄段的工人）换工作之后，工资减少，而年轻工人（25～44岁年龄段）通常可以找到一份工资不变或者更高的工作。第四，如果使用通胀调整后的实际工资计算，1979—1995年，制造业实际工资不断下降（在之后的章节中再解释背后的因素），1995年之后稍有增长，但是增速落后于服务业实际工资（特别是信息服务业实际工资）。

表3-1　　2009—2011年制造业和服务业失业情况

本表列示了2009—2011年制造业和服务业失业人数。从2009年到2011年，在制造业的失业人群中，56%的人再次找到工作，其中65%的人工资变低，剩下的约1/3的人工资不变或者变多。在服务业的失业人群中，约57%的人再次找到工作的比例和制造业相近，但是其中约51%的人工资不变或者变多。

产业	2009年1月—2011年12月失业总人数（千）	比例（%）		
		到2012年1月再就业工人	再就业工人中	
			工资变少	工资不变或更多
总计	6 121	56	54	46
制造业	1 183	56	65	35
服务业	2 613	57	49	51

资料来源：美国劳工统计局。

案　例

贸易调整救济计划：为贸易调整成本融资

政府应该介入补偿那些正在寻找工作或在合理期限内未能找到工作的工人吗？不论因何失业，美国的失业保险计划都可以提供某种补偿。此外，贸易调整救济（TAA）计划为那些因进口竞争而失业的工人以及加入再就业培训计划的工人提供额外的失业保险。本章开篇肯尼迪的引语摘自其 1962 年致力于展开贸易调整救济计划的演讲。肯尼迪总统认为，贸易调整救济计划应该为那些因为国际贸易而失业的工人提供救助。自 1993 年以来，《北美自由贸易协定》下的贸易调整救济计划也为那些因为墨西哥或加拿大进口竞争而失业的工人提供帮助。[①] 根据 2009 年 2 月 17 日奥巴马签署的刺激就业法案，由于国家贸易失去工作的服务业工人（还有农民）也可以申请贸易调整救济补贴。更加详细的内容见**新闻提要“服务业工人现在也可以获得贸易调整救济”**。

其他国家也有类似于 TAA 的计划为那些受贸易损害的人提供补偿。一个特别有意思的例子与 1990 年 6 月 30 日民主德国、联邦德国统一有关。那一天，两个地区间的所有贸易壁垒、所有劳动和资本流动壁垒都被取消了。工会要求在民主德国、联邦德国获得同等（相等）工资的压力，意味着民主德国公司要面对高于其支付能力的工资。根据一项估计，只有 8%的民主德国公司还能在支付像联邦德国所付的高工资后盈利。在没有政府干预的情况下，可以预见到，这会导致严重的破产和失业，造成民主德国工人向联邦德国的大规模移民。

研究这个情况的经济学家建议，民主德国应给予大幅度的工资补贴或“弹性就业补贴”，从而使工厂雇用工人而只需支付其部分工资。而且，他们认为工资补贴主要是为它们自己买单的，因为没有它们，政府就得向那些没有工作的人提供大笔的失业保险。[②] 正如结果所显示的那样，这种工资补贴没被采用，民主德国地区的失业以及向联邦德国地区的移民一直是统一后的德国重要的政策问题。根据 2011 年的统计数据和研究，民主德国和联邦德国的差距仍然存在，民主德国的失业率更高，工资更低。[③]

---

① 我们将在之后的章节中探讨《北美自由贸易协定》，更加详细地介绍有多少工人申请了 NAFTA-TAA 计划的补贴。

② George Akerlof, Andrew Rose, Janet Yellen, and Helga Hessenius, 1991, “East Germany in from the Cold: The Economic Aftermath of Currency Union,” *Brookings Papers on Economic Activity*, Vol. 1, 1-87.

③ Jeevan Vasagar, “Germany Still Split East-West,” *Los Angeles Times*, June 1, 2013.

新闻提要

服务业工人现在也可以获得贸易调整救济

1962年，肯尼迪总统首先在美国引入贸易调整救济计划，为制造业工人提供救助。本专栏介绍该项救助计划在2009年如何扩展以把服务业工人纳入其中。国会2011年将贸易调整救济计划延展到2013年末。我们预计未来该项计划仍将继续推行，帮助因为国际贸易失业的工人。

在今天全球供应链、互联网快速连接和集装箱运输的时代，肯尼迪总统当年的担忧仍然存在：科技和贸易促进经济增长、创新和生活水平的提高，但是也伴随着挑战和不稳定性。（最近的研究数据表明，大约2%的失业是因为国际贸易。）问题一直存在，但是政策和计划如果不适应时代的发展，必将黯淡无光。尽管变化日新月异，但是到这一周之前，贸易调整救济计划仍然是旧时代的产物，其中最主要的原因是其不包含服务业工人这个深受互联网影响的产业群体……

在这种背景下，昨天签署的法案对贸易调整救济计划半个世纪以来第一次做出了根本性变革。在民主党参议员麦克斯·鲍克斯（Max Baucus）与共和党参议员查尔斯·格拉斯利连续三年的编制和监督下，新的面向21世纪的贸易调整救济计划浮出水面。新贸易调整救济计划法律文本共184页，包含三项根本变化：

- 更多的人可以获得贸易调整救济计划：服务业雇员都可以申请这一救助，以适应高科技经济发展的需要。该计划仍旧包含因国际贸易失业的工人，同时，还放宽了农业和渔业工人申请的标准。
- 工人可以获得更多的帮助：把培训救助资金从2.2亿美元提高到5.75亿美元，医疗保险保单救助从65%提高到80%，每年给予各州政府8 600万美元以帮助相关工人，设置2.3亿美元项目来应对工厂关闭和突如其来的贸易竞争。
- 工人有更多机会了解自己的合法权益：该法案还在劳工部设置了一个专门针对贸易调整救济计划的办公室，确保工人知晓自己的这一合法权益。

因而，肯尼迪总统的创举也适应了21世纪的需要，确保现在的工人可以像他们的祖父母一样获得救助。这就是今年不多的一个好消息。

资料来源：Progressive Policy Institute trade fact of the week, "Services Workers Are Now Eligible for Trade Adjustment Assistance," February 18, 2009.

3.3 资本与土地收益

现在让我们回到特定要素模型。我们已经发现，随着贸易的开放和制造品相对价格的提高，该国就有了“整体”所得，但劳动并不一定有所得。其他生产要素的所得又如何呢？在制造业中使用的资本或在农业中使用的土地的所得如何呢？资本和土地是不能在两个产业之间转移的特定生产要素；现在让我们来看一看制造品相对价格提高对这些特定要素收益的影响。

确定资本和土地报酬

在每一个产业中，资本和土地赚取销售收入中支付了劳动报酬后的剩余部分。劳动（L_M 和 L_A）赚取工资 W，因此，制造业中给劳动的总支付是 $W \cdot L_M$，农业中给劳动的总支付是 $W \cdot L_A$。每一个产业的销售收入减去给劳动的支付，我们最终得到给资本和土地的支付。如果 Q_M 是制造业的产出，Q_A 是农业的产出，则每个产业的销售收入为 $P_M \cdot Q_M$ 和 $P_A \cdot Q_A$，给资本和土地的支付是

$$\text{给资本的支付} = P_M \cdot Q_M - W \cdot L_M$$

$$\text{给土地的支付} = P_A \cdot Q_A - W \cdot L_A$$

更进一步地把这些支付分解为每单位资本和土地的收益是有用的。为了做到这一点，我们需要知道资本和土地的数量。我们把农业中使用的土地数量记为 T 英亩，制造业中使用的资本数量（机器的数量）记为 K。这样，一单位资本（比如，一台机器）的收益（我们称之为 R_K）和一英亩土地的收益（我们称之为 R_T）可以计算为

$$R_K = \frac{\text{给资本的支付}}{K} = \frac{P_M \cdot Q_M - W \cdot L_M}{K}$$

$$R_T = \frac{\text{给土地的支付}}{T} = \frac{P_A \cdot Q_A - W \cdot L_A}{T}$$

经济学家把 R_K 称为**资本租金**（rental on capital），把 R_T 称为**地租**（rental on land）。用“租金”这个术语并不意味着工厂主或农场主从其他人那里租赁机器或土地，尽管他们可以这样做。相反，机器或土地的租金反映了这些生产要素在其用于制造业和农业期间所赚取的收益。同样地，租金也是在同一个期间把这些生产要素租赁给其他人所能赚取的数量。

还有第二种方法来计算租金，这种方法看起来与我们用于计算工资的公式很相像。在每一个产业，工资反映了边际劳动产出乘以该产品的价格，$W = P_M \cdot MPL_M = P_A \cdot MPL_A$。同样地，资本和土地租金可以计算为

$$R_K = P_M \cdot MPK_M, \quad R_T = P_A \cdot MPT_A$$

其中，MPK_M 是制造业的边际资本产出，MPT_A 是农业的边际土地产出。这些边际产出公式给出的租金值与我们刚才计算的值是一样的，即与先计算出给资本和土地的支付，再除以资本和土地数量得到的租金值是一样的。我们将运用这两种方法来计算租金值，看哪种方法更简单。

实际资本租金的变化 既然我们已经了解了资本和土地的租金是如何决定

的，我们就可以研究制造品价格 P_M 上涨而农产品价格 P_A 不变时资本和土地的租金会有什么变化。从图 3-5 可知，整个经济体的工资提高了，劳动从农业流入制造业。随着更多的劳动在制造业得到利用，边际资本产出将提高，因为每台机器有更多的劳动去使用它。一般的结论是：一个产业所使用的劳动量增加会提高该产业特定要素的边际产出，劳动量的减少会降低特定要素的边际产出。这个结论与收益递减规律并不矛盾，该规律认为劳动增加会降低边际劳动产出，但我们现在讨论的是劳动的变化是如何影响另一个要素的边际产出的。

运用前面计算租金的公式，我们可以把以上结论概括为

$$P_M\uparrow \Rightarrow \left\{\begin{array}{l} L_M\uparrow\text{，因此 } MPK_M = R_K/P_M\uparrow \\ L_A\downarrow\text{，因此 } MPT_A = R_T/P_A\downarrow \end{array}\right\}$$

也就是说，制造业边际资本产出的提高意味着 R_K/P_M 也提高了。由于 R_K 是资本租金，因而 R_K/P_M 是用该租金所能买到的制造品的数量。因此，R_K/P_M 提高这一事实意味着以制造品衡量的实际资本租金提高了。即使制造品的价格也提高了，但 R_K 提高的百分数一定比 P_M 提高的百分数大，实际资本租金也会提高。[①]

资本所有者所能购买的食品数量是 R_K/P_A。由于 R_K 提高了，P_A 是固定不变的，因此，R_K/P_A 也必然提高了；换句话说，以食品衡量的实际资本租金也提高了。由于资本所有者买得起更多数量的两种产品，所以，制造品价格上涨时，他们的境况显然改善了。不像劳动，以一种产品衡量的实际工资是提高的，但以另一种产品衡量的实际工资却是下降的，资本所有者显然从制造品相对价格上涨中受益了。

实际地租的变化　现在让我们来考察一下对土地所有者的影响。随着劳动离开农业，每英亩土地的边际产出下降了，所以，R_T/P_A 也下降了。由于 R_T 是地租，因此，R_T/P_A 是用这笔租金所能买到的食品数量。R_T/P_A 下降这一事实意味着以食品衡量的实际地租也下降了，因此，土地所有者买不起那么多食品了。由于食品价格是不变的，而制造品价格上涨了，土地所有者将没有能力购买那么多的制造品。因此，土地所有者的境况显然因制造品价格上涨而恶化了，因为他们只买得起更少的两种产品了。

小结　资本所有者和土地所有者的实际收入按相反的方向变化，阐明了一个一般结论：一个产业的产品相对价格提高会提高该产业的特定要素所赚取的实际租金，但会降低其他产业的特定要素的实际租金。这个结论意味着出口产业使用的特定要素一般会因贸易开放和出口品相对价格上涨而受益，但进口产业所使用的特定要素一般会因贸易开放和进口品相对价格下降而受损。

一个数字例子

我们已经在特定要素模型的学习上经过了长途跋涉，并通过呈现许多关于制

① 例如，如果制造品价格上升了 6%，资本租金上升了 10%，则资本所有者有能力多购买 4%的制造品。

造品相对价格提高是如何影响劳动、资本和土地收益的例子得出了结论。现在这个例子运用真实数字来评论我们迄今所得到的结论。假设制造业有下列给劳动和资本的支付：

制造业：销售收入$=P_M \cdot Q_M=100$ 美元
给劳动的支付$=W \cdot L_M=60$ 美元
给资本的支付$=R_K \cdot K=40$ 美元

注意，在制造业中60%的销售收入归劳动，40%归资本。

在农业中，假设给劳动和土地的支付如下：

农业：销售收入$=P_A \cdot Q_A=100$ 美元
给劳动的支付$=W \cdot L_A=50$ 美元
给土地的支付$=R_T \cdot T=50$ 美元

在农业中，我们假设土地和劳动各获得销售收入的50%。

制造品相对价格 P_M/P_A 的提高可以由 P_M 提高或 P_A 下降导致。为了更明确，我们假设制造品价格 P_M 上涨了10%，而农产品价格 P_A 完全不变。在前面的讨论中我们已经知道，工资变化的百分数 $\Delta W/W$ 介于这两大产业价格变化的百分数之间。因此，让我们假定工资变化的百分数 $\Delta W/W$ 为5%。我们把这些产出和要素价格变化概括如下：

制造业：价格变化百分数$=\Delta P_M/P_M=10\%$
农业：价格变化百分数$=\Delta P_A/P_A=0$
两个产业：工资变化百分数$=\Delta W/W=5\%$

注意，工资的提高适用于两个产业，因为工资在不同部门之间总是相等的。

资本租金的变化 我们的目标是运用上面这些制造业和农业的数据计算资本租金的变化以及地租的变化。让我们从资本租金方程开始，即销售收入减去工资支付再除以资本数量：

$$R_K=\frac{\text{给资本的支付}}{K}=\frac{P_M \cdot Q_M-W \cdot L_M}{K}$$

如果制造品价格上涨了 $\Delta P_M>0$，农产品价格不变，则租金的变化量为

$$\Delta R_K=\frac{\Delta P_M \cdot Q_M-\Delta W \cdot L_M}{K}$$

我们想用百分数变化量 $\Delta P_M/P_M$、$\Delta W/W$ 和 $\Delta R_K/R_K$ 改写这个方程。为了做到这一点，等式两边同除以 R_K，上面的方程改写为

$$\frac{\Delta R_K}{R_K}=\frac{(\Delta P_M/P_M) \cdot P_M \cdot Q_M-(\Delta W/W) \cdot W \cdot L_M}{R_K \cdot K}$$

你可以消除该方程中的一些项以验证它与上一个方程是一样的。

该方程中的 $\Delta P_M/P_M$ 是制造品价格变化的百分数，而 $\Delta W/W$ 是工资变化的百分数。给定这个信息，连同前面给劳动、资本的支付和销售收入数据，我们计

算出资本租金变化的百分数：

$$\frac{\Delta R_K}{R_K}=\frac{10\%\times100-5\%\times60}{40}=17.5\%$$

我们看到，资本租金提高的百分数为17.5%，超过了制造品相对价格变化的百分数10%（因此，$\Delta R_K/R_K>\Delta P_M/P_M>0$）。不论在前面这个公式中使用什么数字，只要工资提高的百分数小于制造品价格提高的百分数，这个结果就是成立的（如图3-5所示）。

地租的变化 我们可以使用相同的方法来考察地租的变化。继续假设制造品价格上涨，而农产品价格保持不变（$\Delta P_A=0$），地租的变化量为

$$\Delta R_T=\frac{0\cdot Q_A-\Delta W\cdot L_A}{T}$$

由于工资是上升的，所以$\Delta W>0$，随之可以看到地租是下降的，即$\Delta R_T<0$。改写上面的方程可以计算出地租下降的百分数为

$$\frac{\Delta R_T}{R_T}=-\frac{\Delta W}{W}\left(\frac{W\cdot L_A}{R_T\cdot T}\right)$$

将前面的农业数字代入这个公式，我们得到

$$\frac{\Delta R_T}{R_T}=-5\%\times\frac{50}{50}=-5\%$$

在这种情况下，地租下降的百分数与工资提高的百分数一样。它之所以相等，是因为我们假设了在农业中劳动和土地获得了相同的销售收入份额（各50%）。如果劳动获得的销售收入份额比土地高，则地租会下降得更多；如果劳动获得的份额比土地低，则地租不会下降得这么多。

要素价格变化的一般方程 如果把我们的结论综合到一个方程中，我们可以看到要素价格和产业价格的所有变化是如何相互关联的。在制造品价格提高而农产品价格不变的假设条件下，我们已经展现了以下不等式：

$$\text{对于 } P_M \text{ 提高，}\underbrace{\Delta R_T/R_T<0}_{\substack{\text{实际地租}\\ \text{下降}}}<\underbrace{\Delta W/W<\Delta P_M/P_M}_{\substack{\text{实际工资}\\ \text{变化不明确}}}<\underbrace{\Delta R_K/R_K}_{\substack{\text{实际资本租金}\\ \text{提高}}}$$

换句话说，工资提高了，但提高的百分数没有制造品价格那么大；资本（这是制造业部门特有的）租金的提高幅度大于制造品价格，因此，资本所有者的境况改善了；土地（这是其他部门的特定要素）租金下降了，因此，土地所有者的境况恶化了。

如果制造品价格下降了会发生什么变化呢？这时，不等号要反过来，这个不等式变为

$$\text{对于 } P_M \text{ 下降，} \underbrace{\Delta R_K/R_K}_{\substack{\text{实际资本租金}\\ \text{下降}}} < \Delta P_M/P_M < \underbrace{\Delta W/W}_{\substack{\text{实际工资}\\ \text{变化不明确}}} < 0 < \underbrace{\Delta R_T/R_T}_{\substack{\text{实际地租}\\ \text{提高}}}$$

在这种情况下，工资下降了，但下降的百分数小于制造品价格；资本（这是制造业部门特有的）租金下降的幅度大于制造品价格，因此，资本所有者的境况恶化了；土地（这是其他部门的特定要素）租金提高了，因此，土地所有者的境况改善了。

如果农产品价格上涨了会发生什么变化呢？根据上一个例子，你大概能猜到这种变化会使资本受损。综合这三个要素收益的变化，这个不等式变为

$$\text{对于 } P_A \text{ 提高，} \underbrace{\Delta R_K/R_K}_{\substack{\text{实际资本}\\ \text{租金下降}}} < 0 < \underbrace{\Delta W/W}_{\substack{\text{实际工资}\\ \text{变化不明确}}} < \Delta P_A/P_A < \underbrace{\Delta R_T/R_T}_{\substack{\text{实际地租}\\ \text{提高}}}$$

注意，农业部门的特定要素受益了，而制造业的特定要素受损了。这些概括性不等式的一般结论是：相对价格提高的部门的特定要素受益，其他部门的特定要素受损，劳动“夹在两者中间”，以一种产品衡量的实际工资提高，而以另一种产品衡量的实际工资下降。这些不等式概括了所有这三种要素价格在短期的反应，短期就是指当资本和土地是各个部门的特定要素而劳动是流动的时候。

这一切意味着什么

我们从特定要素模型得到的结论表明，特定要素收益的变化最主要是来自因国际贸易而引起的相对价格变化。不论是哪种产品的价格发生变化，资本和土地的收益均表现出其租金的最极端变化，而支付给劳动的工资变化处于两者之间。直观地看，要素价格之所以会发生极端变化，是因为特定要素不能脱离其所在部门在其他产业发挥作用。劳动得益于它具有在部门间流动并在各个部门赚取相同工资的机会，但资本和土地的利益是彼此相反的：一个受益，则另一个受损。这表明，我们应该能够在现实世界中找到这样的例子，即国际价格的变化导致了资本家或土地所有者受损。这样的例子有很多，我们在下一个案例中就会讨论一个这样的例子。

案　例

农产品价格

在上一章的结尾，我们讨论了普雷维什-辛格假设，它认为初级产品的价格

日趋下降。而我们则认为，这个假设并非对所有初级产品都能成立，它只是对某些农产品是成立的：棉花、棕榈油、大米、食糖、橡胶、小麦和羊毛的相对价格在1900—1998年间下降了一半多。一般而言，农产品价格下降是由于各国提高了种植农作物的效率并开始出口农产品。从我们所学的特定要素模型可知，一方面，土地所有者（即农场主）会由于农产品相对价格的下降而损失其实际收益。另一方面，资本所有者会增加实际收益，实际工资的变化是不明确的。面对农业部门实际收益的下降，政府通常会采取行动防止农场主收入的下降。

咖啡价格 农产品价格剧烈波动，我们以咖啡为例。咖啡价格每年之间价格波动剧烈，这是因为天气的因素，同时也因为巴西和越南等新供应国家的加入。图3-8描绘了咖啡实际批发价格的波动情况（以2012年美元换算）。1986年咖啡批发价达到3.58美元/磅的高价，1992年降到0.87美元/磅，1994—1995年又涨到2.08美元/磅，2001年又跌到0.59美元/磅。自2001年以来咖啡供应量和价格都在上升，表明进口需求发生了变化，到2011年涨到2.15美元/磅。价格的剧烈波动导致了农民实际收入同样大幅度的变化，使其难以维持生计。2001年的极低价格在中美洲咖啡种植区造成了一场危机，致使农民及其家庭需要人道主义援助。中美洲和亚洲咖啡种植区的政府无法像工业国那样通过支撑价格来保护其咖啡农。根据特定要素模型，咖啡价格的巨大波动是对出口咖啡的发展中国家的土地所有者实际收入的极度破坏，他们中的许多人是小农场主和小家庭。能采取什么措施来避免咖啡市场中经常发生的此类繁荣与萧条交替循环吗？

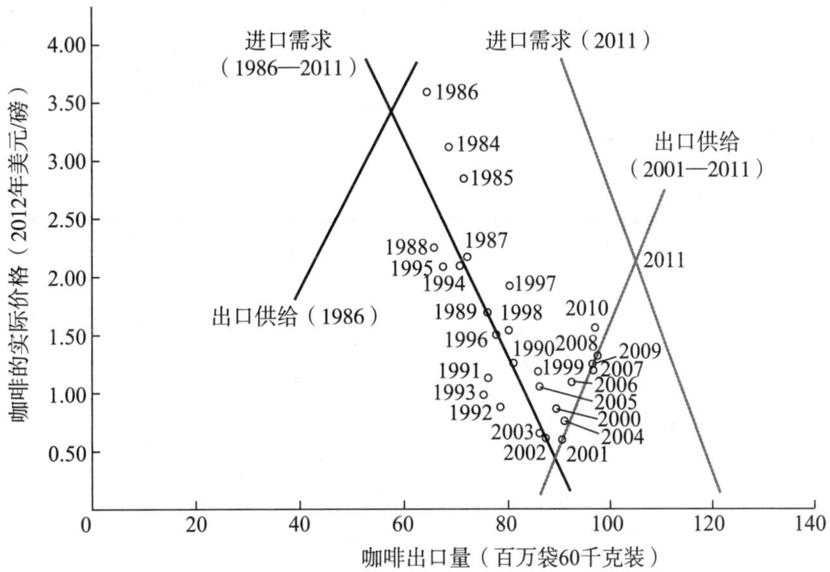

图3-8 世界咖啡市场（1984—2011）

世界市场上咖啡的实际批发价经历了剧烈的波动。以2012年美元换算，1986年咖啡批发价达到3.58美元/磅的高价，1992年降到0.87美元/磅的低点，1994—1995年又涨到2.08美元/磅，2001年又跌到0.59美元/磅。自2001年以来咖啡供应量和价格持续增长，表明进口需求发生变化，到2011年涨到2.15美元/磅。随着巴西和越南的供应加入，世界咖啡供应量从1986年的低点（6 500万袋）上升到2011年的高点（1.05亿袋）。

资料来源：国际咖啡组织，http：//www.ico.org。

公平贸易咖啡 一种呼声日益强烈的想法是直接把咖啡从发展中国家卖给工业国的消费者，这样可以绕过中间商（如当地买主、磨坊主、出口商、发货人和进口商）并确保农民以最低代价提供商品。你可能在你喜欢的咖啡馆看到过这种“公平贸易”咖啡。这种咖啡首先于1999年在美国出现，由一个被称为美国公平贸易组织（Trans Fair USA）的组织进口，该组织承诺把更多的利润返回给种植者。美国公平贸易组织是一个非政府组织的典型，它旨在帮助农民提高价格。这类似于通过保护来提高价格的政府政策，所不同的是在公平贸易咖啡情形中，消费者可以选择是否购买这种高价产品。除了咖啡外，美国公平贸易组织已把公平贸易标签应用到了可可、茶叶、大米、食糖、香蕉、芒果、菠萝和葡萄进口中。

世界咖啡价格于2005年有了回升，这意味着像美国公平贸易组织这样的组织面临着困境：它们向农民保证的公平贸易价格事实上已低于咖啡的世界价格。**新闻提要“咖啡价格上涨——农民欢喜合作社忧”**描述了一些农民是如何经不住诱惑，违反了与当地合作社签署的合同（以固定的公平贸易价格供货），以现行世界价格把咖啡销售给当地中间商的情形。美国公平贸易组织及类似的组织在市场价格低时（如2001年）以高于市场价买进咖啡，但在其他年份（如2005年），公平贸易价格低于市场价格。实质上，美国公平贸易组织给农民提供了某种形式的保险，据此，咖啡的公平贸易价格不会过度波动，以此保证他们长期的较稳定的收入来源。因此，当你考虑在你喜欢的咖啡馆买一杯公平贸易咖啡时，你是在支持咖啡农，他们依靠像美国公平贸易组织这样的组织的努力而不是依靠政府保护来提高价格，同时你也是在运用特定要素模型的逻辑！

新闻提要

咖啡价格上涨——农民欢喜合作社忧

美国公平贸易组织（Trans Fair USA）为咖啡种植者提供最低收购价，如保险一样对冲价格下跌的风险，但是在咖啡价格飞涨期间，很难保证咖啡种植者能够交付咖啡。

在丰收的2005年冬季和春季，一个两难困境摆在了中美洲和墨西哥的农村地区。公平贸易合作社的经理们发现越来越难让社员们把咖啡以公平贸易价格卖给自己的合作社。合作社的经理们手中握着几个月前签订的合同，合同的公平贸易固定价格为每磅1.26美元，但现在的世界咖啡价格更高。种植者眼看着五年来支付给他们的最高价，巨大的诱惑使他们把咖啡卖给了当地竞争者，而不是像他们所承诺的那样卖给合作社。

在大多数情况下，合作社的领导人能说服农民交付咖啡，但往往是建立在忠诚论的基础之上，因为现在的公平贸易固定价格低于当地中间商所报的高价。这种情形不是公平贸易咖啡定价的创立者在创建该计划时所预见得到的。

“值得注意的是，我们很乐意看到2004年下半年价格上涨，”美国公平贸易组织认证与财务部主任克里斯托弗·海姆斯说道，“价格上涨与公平贸易已有的影响一道提高了全世界咖啡农的收入和生活水准。此时对美国公平贸易组织的最大挑战是印度尼西亚的（公平贸易价格与世界价格之间）差价快速上升。差价直线上升到（每磅）80美分甚至更高，使得农民的咖啡市场价值高于公平贸易合同的市场价值。”

资料来源：David Griswold，http：//www. FreshCup. com，June 2005.

3.4 结 论

在第2章的李嘉图模型中，我们曾表示自由贸易永远不会使一国境况恶化，在绝大多数情况下，自由贸易会使一国境况改善。除了劳动以外，当我们把土地和资本也追加为生产要素时，这个结论仍然是正确的。假设有国际贸易情形下的相对价格不同于无贸易相对价格，则一国可以从国际贸易中获益。然而，这个结论并不意味着每一个生产要素都能受益。相反，我们在本章中已表明，因贸易开放而引起的相对价格变化造就了赢者和输者。有些生产要素以实际收入衡量是受益的，另一些生产要素是受损的。为了显示这个结论，我们运用了一个短期模型，在该模型中，劳动是可以在两个产业间流动的，土地和资本是这两个部门中各部门所特有的。

古典经济学家认为，在短期内，不能在产业间流动的生产要素会从贸易中受损最大。我们发现对于进口竞争性产业所特有的要素来说这是正确的。这种产业由于国际贸易而遭受相对价格下降，这导致这个产业的特定要素的实际租金下降。另外，出口产业的特定要素——其相对价格随贸易开放而上涨——享有实际租金提高。劳动是可以在两个产业之间流动的，这使其避免了工资的极端变化——以一种产品衡量的实际工资提高，以另一种产品衡量的实际工资下降，因此，我们不能确定一国开放贸易后工人的境况是改善了还是恶化了。

经济学家们已经在理论上细心地证明了个人因开放贸易而享有的收益超过由此遭受的损失。原则上，这个结论意味着政府应该能够对受益者征税，给受损者以补偿，这样，每个人的境况都可以因贸易而改善。实际上，要设计各种计划来达到这种补偿水平是很困难的。在本章，我们考察了一个补偿计划——贸易调整救济计划，这种计划是美国和其他国家用于补偿那些因进口竞争而遭解雇的人员的。还有许多其他政策（比如进口关税和配额）旨在保护个人免受因国际贸易引起的价格变动的影响，我们将在本书后面讨论这些政策。

要 点

1. 一国开放贸易会导致整体受益，但在一个有几种生产要素的模型中，有些生产要素会受损。

2. 有些人因贸易而受损，这个事实有时会造成社会紧张并足以使政府倒台。一个最新的例子是玻利维亚，那里的民众未能就如何分享天然气出口收益达成一致意见。

3. 在特定要素模型中，那些不能在产业间流动的要素会从一国开放贸易中受益或受损。由于进口品相对价格下降，进口竞争性产业所特有的生产要素以实际收入衡量会受损。由于出口品相对价格上涨，出口产业所特有的生产要素以实际收入衡量会受益。

4. 在特定要素模型中，劳动可以在产业间流动，在每个产业赚取相同的工资。当任何一种产品的相对价格发生变化时，以某种产品衡量的实际工资会提高，但以另一种产品衡量的实际工资会下降。如果不知道工人们偏好于消费多少数量的各种产品，我们就不能确定工人们的境况究竟是因贸易而改善了还是恶化了。

5. 经济学家们通常不把失业成本计入贸易损失，因为人们往往能找到新的工作。比如，在美国，服务业和制造业的失业工人中，大约 2/3 能够在两到三年的时间中重新找到工作，但是工资可能更低。

6. 贸易调整救济政策旨在通过提供失业期间的额外收入来补偿那些因贸易而受损的人。最近，贸易调整救济计划把服务业工人纳入其中。

7. 即使当许多人受雇于出口活动时，比如那些在某些发展中国家从事咖啡出口的人员，世界市场价格波动也会引起种植者及其工人的收入发生巨大的变化。

关键术语

特定要素模型	贸易禁运	服务
收益递减	实际工资	资本租金
自给自足	贸易调整救济	地租

习　题

1. 为什么说特定要素模型是一个短期模型？

2. 图 3-7 提供了 1973—2012 年间制造业和服务业的工资。部门间的工资差别与第 2 章所学的李嘉图模型或特定要素模型相吻合吗？解释原因。

3. 在图 3-3 的贸易所得图形中，假设不是制造品相对价格上涨，而是其相对价格下降。

a. 从图 3-3 的无贸易点 A 出发，表示出生产和消费有何变化。

b. 哪种产品会出口？哪种产品会进口？

c. 解释为什么整体贸易所得仍然是正的。

4. 从特定要素模型的均衡出发，假设制造品价格下降，因而工资从图 3－5 中的 W' 下降到 W。

a. 表示出工资下降的百分数小于制造品价格下降的百分数，因而以制造品衡量的实际劳动工资上涨了。

b. 以农产品衡量的实际劳动工资有何变化？

c. 工人的境况是改善了、恶化了还是结果不明确？

5. 用以下给定的信息回答下列问题：

制造业：销售收入 $= P_M \cdot Q_M = 150$

给劳动的支付 $= W \cdot L_M = 100$

给资本的支付 $= R_K \cdot K = 50$

农业：销售收入 $= P_A \cdot Q_A = 150$

给劳动的支付 $= W \cdot L_A = 50$

给土地的支付 $= R_T \cdot T = 100$

在制造品价格不变的情况下，假设农产品价格上涨 10%，工资提高 5%。

a. 确定农产品价格上涨对地租和资本租金的影响。

b. 解释实际地租和实际资本租金的变化。

6. 假设与第 5 题的情形相反，制造品价格下降了 10%，土地所有者或资本所有者的境况会改善吗？说明理由。制造品价格下降对劳动有何影响？说明理由。

7. 阅读 Lori G. Kletzer 和 Robert E. Litan 的文章 "A Prescription to Relieve Worker Anxiety," Policy Brief 01－2（Washington, D. C.: Peterson Institute for International Economics），网址 http://www.iie.com/publications/pb/pb.cfm?researchid=70，关于 2000—2011 年的经济萧条，然后回答下列问题：

a. 在最新版的美国贸易调整救济计划中，工人有资格获得失业保险金的时间增加了几个星期？工人必须满足哪两个标准才能有资格获得额外的失业保险金？

b. 考虑一下 Kletzer 和 Litan 在其文章中提出的"工资保险"建议。工人需要符合什么条件才有资格获得这种保险金？他们将从保险中获得多少额外收入？

c. 如果 Kletzer 和 Litan 的"工资保险"新计划被美国政府采用，1999 年的预算支出会是多少（当年的失业率为 4.2%）？与现在的失业保险支出数相比如何？

8. 在特定要素模型中，假设农产品价格下跌而制造品价格不变（$\Delta P_A/P_A < 0$ 及 $\Delta P_M/P_M = 0$）。以升序排列下列各项：

$$\Delta R_T/R_T \quad \Delta R_K/R_K \quad \Delta P_A/P_A \quad \Delta P_M/P_M \quad \Delta W/W$$

提示：尝试从类似图 3－5 这样的图形出发，但要改变农产品价格。

9. 假设有加拿大和墨西哥两个国家，生产木材和电视机两种产品。假定土地是木材所特有的，资本是电视机所特有的，劳动可以在两个产业间自由流动。当加拿大和墨西哥从事自由贸易时，在加拿大电视机相对价格下降，在墨西哥木材相对价格下降。

a. 在一个类似图 3-5 的图形中，表示出在加拿大工资如何因电视机相对价格下降和木材相对价格不变而变化。我们能预见实际工资的变化吗?

b. 开放贸易对加拿大的资本和土地租金有何影响? 我们能预见实际资本和土地租金的变化吗?

c. 开放贸易对墨西哥的资本和土地租金有何影响? 我们能预见实际资本和土地租金的变化吗?

d. 在每一个国家，出口产业的特定要素是受益了还是受损了? 进口产业的特定要素是受益了还是受损了?

10. 母国生产计算机和小麦两种产品，资本是计算机所特有的，土地是小麦所特有的，劳动是可以在两个产业之间流动的。母国有 100 个工人和 100 单位资本，但只有 10 单位土地。

a. 画出类似图 3-1 的图形，用纵轴表示小麦的产出，用横轴表示小麦中的劳动。当有更多的劳动用于小麦生产时，小麦产出与小麦产业的边际劳动产出之间的关系如何?

b. 画出母国的生产可能性边界（PPF），用横轴表示小麦，用纵轴表示计算机。

c. 解释在没有贸易的情况下，小麦相对于计算机的价格是如何决定的。

d. 重新制作图 3-4，用于生产小麦的劳动量沿着横轴从左往右衡量，用于生产计算机的劳动量以反方向运动。

e. 假设由于国际贸易，小麦价格上涨了。分析小麦价格上涨对劳动在两个部门间的配置的影响。

11. 与第 10 题中的母国类似，外国也用计算机特有的资本、小麦特有的土地和可以在两个部门间流动的劳动生产计算机和小麦。外国有 100 个工人，100 单位土地，但只有 10 单位资本。它有与母国一样的生产函数。

a. 小麦的无贸易相对价格在母国高还是外国高? 试解释你为什么会预期到这种结果。

b. 贸易开放时，外国的小麦相对价格有何变化? 母国的小麦相对价格有何变化?

c. 基于对 b 的答案，试预计开放贸易对每个国家的地租的影响，其中土地是小麦所特有的。对资本租金有何影响，其中资本是计算机所特有的?

12. 在正文中，我们知道为进口竞争所替代的工人有资格通过贸易调整救济（TAA）计划获得补偿。企业也有资格通过企业贸易调整救济计划获得支持，这是一项为遭受进口竞争影响的制造商提供金融资助的联邦计划。访问 http://www.taacenters.org 并阅读该计划，回答下列问题:

a. 企业必须满足什么标准才有资格获得好处?

b. 向企业提供了多少钱以及出于何种目的?

c. 提供一种赞成该联邦计划和一种反对该联邦计划的连续资助行为的观点。

网络练习

美国劳工统计局定期发布就业、工资和失业人数等信息，网址：http://www.bls.gov。到官网查找一篇公告，汲取信息，并与本书案例“美国的制造业和服务业：各个部门的就业与工资”中的信息进行比较。

第 4 章　贸易与资源：赫克歇尔-俄林模型

本章内容提要

4.1　赫克歇尔-俄林模型
4.2　检验赫克歇尔-俄林模型
4.3　贸易对要素价格的影响
4.4　结论

上帝没有把所有产品赐予世界所有地方，而是把他的馈赠播撒在不同地区，最终人类或许会培育社会关系，因为一个人可能需要另一个人的帮助。因此，他缔造了商业，以致所有人或许都能共享这个世界的果实，不论它们产自何处。

——里巴尼乌斯（公元 314—393），《演说集》（Ⅲ）

造物主赋予不同的国家以不同的才能、气候和土壤，从而为各国的交流通商提供了稳固的基础……这样固然刺激了出口国的产业，而进口国本身的产业，也由于出售商品进行交换而得到发展。

——大卫·休谟，《道德、政治与文学论文集》，1752 年，第Ⅵ卷，第Ⅱ部分，“论贸易的猜忌”

在第 2 章中，我们考察了美国滑雪板进口。那时，我们认为一国所拥有的资源会影响其国际贸易模式。加拿大对美国出口滑雪板反映了其多山及气候寒冷的特征。奥地利、西班牙、瑞士、斯洛文尼亚、意大利、波兰和法国对美国出口滑雪板也是如此。由于各国资源不同，且资源在全世界的分布是不均匀的，各国就有理由对用这些资源制造的产品进行贸易。这是一种古老的观念，恰如本章开头的引语所表明的那样；第一则引语引自公元 4 世纪希腊学者里巴尼乌斯，第二则引语引自 18 世纪哲学家大卫·休谟。

在本章，我们将简述**赫克歇尔-俄林模型**（Heckscher-Ohlin model），它假设贸易是因各国具有不同的资源而发生的。该模型与李嘉图模型形成了鲜明的对照，李嘉图模型假设贸易是由于各国使用不同的技术比较优势从事不同产品的专业化生产而产生的。赫克歇尔-俄林模型是以瑞典经济学家伊莱·赫克歇尔和他的学生伯蒂尔·俄林的名字命名的，前者在 1919 年写的一篇论文中表达了其国际贸易观点，后者在其 1924 年写的博士论文中进一步发展了这些观点。

赫克歇尔-俄林模型形成于一个国际贸易“黄金时代”的末期（参见第 1 章），即从大约 1890 年至第一次世界大战爆发的 1914 年。那个时期的运输条件得到了巨大的改进：汽船和铁路使国际贸易量得以大幅增长。由于这些原因，在 1890—1914 年间贸易对 GDP 的比率有了大幅度提高。那么，赫克歇尔和俄林想要解释他们在那个年代所见证的大幅贸易增长就毫不奇怪了。具有跨境运输机器的能力意味着他们不再像李嘉图那样把不同国家的技术差异作为贸易的理由。相反，他们假设各国的技术是一样的，他们运用资源在各个国家的不均匀分布来解释贸易模式。

即使是今天，仍然有许多例子表明国际贸易是由各国所拥有的土地、劳动和资本资源驱动的。例如，加拿大有广袤的土地，因而出口农林产品和石油；美国、西欧国家、日本有许多熟练工人和资本，因而出口精致的制造品和服务；一些亚洲国家有大量的工人和中等数量的资本，因而出口不太精致的制造品；如此等等。我们会在本章学习这些例子以及其他一些国际贸易例子。

我们的第一个目标是论述赫克歇尔-俄林贸易模型。我们在前一章所学的特定要素模型是一个短期模型，因为资本和土地是不能在产业间流动的。相反，赫克歇尔-俄林模型是一个长期模型，因为所有生产要素都是可以在产业间流动的。在两个产业都有三种生产要素（劳动、资本、土地）的情形较难处理，因此，我们假设只有两种生产要素（劳动和资本）。

在运用赫克歇尔-俄林模型对国家间的长期贸易模式做出预期后，我们的第二个目标是探究赫克歇尔-俄林模型的实证检验。虽然我们可能理所当然地认为一个国家的出口商品一定依赖本国丰富的资源，但是在现实中并不一定如此。为了更好地理解赫克歇尔-俄林模型，我们把它延展到多个方向，首先扩大到多个生产要素，再假设国家之间技术水平不同，如分析李嘉图模型一样。赫克歇尔-俄林模型在这两个方向的延展，有助于赫克歇尔-俄林模型更接近我们现实的世界。

本章的第三个目标是考察国家之间开展贸易如何影响劳动力工资和资本收益。我们还运用赫克歇尔-俄林模型分析哪些要素受益、哪些要素受损。

4.1 赫克歇尔-俄林模型

在建立赫克歇尔-俄林模型的过程中，我们假设有母国和外国两个国家，每个国家都运用劳动和资本两种生产要素生产计算机和鞋子两种产品。用符号 K 和 L 分别表示资本和劳动，我们可以把各产业所使用的资源相加得到该经济体的资源总量。例如，母国用于生产鞋子的资本量 K_S，加上用于生产计算机的资本量 K_C，等于该经济体的可用资本总量 $\overline{K}$，因此，$K_C+K_S=\overline{K}$。同样的方法也适用于外国：$K_C^*+K_S^*=\overline{K}^*$。类似地，母国用于生产鞋子的劳动 L_S 和用于生产计算机的劳动 L_C 相加，等于该经济体的劳动总量 $\overline{L}$，因此，$L_C+L_S=\overline{L}$。同样的方法适用于外国：$L_C^*+L_S^*=\overline{L}^*$。

赫克歇尔-俄林模型的假设条件

既然赫克歇尔-俄林模型阐述的是长期的经济，所用的假设条件就不同于第 3 章短期的特定要素模型。

假设 1：两种要素都可以在产业间自由流动。

这个假设隐含着，如果两个产业都真正进行生产，则每个产业的资本必须获得相同的租金 R。其理由是，如果一个产业的资本比另一个产业的资本获得更高的租金，那么，所有资本都会流向租金较高的产业，另一个产业将倒闭。这个结果不同于特定要素模型，在那里制造业中的资本和农业中的土地在各自产业中赚取的租金是不同的。但是，如同特定要素模型一样，如果两个产业都进行生产，那么所有劳动在每个产业都赚取一样的工资 W。

我们的第二个假设条件是关于如何进行生产要素组合来生产鞋子和计算机的。

假设 2：鞋子的生产是劳动密集的；也就是说，生产鞋子比生产计算机要求有更多的每单位资本劳动量，因此，$L_S/K_S>L_C/K_C$。

这个假设的另一种说法是计算机生产是资本密集的；也就是说，生产计算机所用的每个工人资本量高于生产鞋子，因此，$K_C/L_C>K_S/L_S$。鞋子用更高的每单位资本劳动量，计算机用更高的每个工人资本量，这个思想与我们大多数人所想象的这两个产业所使用的技术相吻合。

在图 4-1 中，我们画出了每个产业中劳动相对于资本的需求（L_C/K_C 和 L_S/K_S）对工资相对于资本租金 W/R（或工资—租金比率）的关系。这两条曲线就像正常的需求曲线一样向下倾斜：随着 W/R 的提高，劳动需求量相对于资本需求量下降。在我们构建赫克歇尔-俄林模型时，请记住这些都是相对劳动需求曲线；横轴上的“数量”是生产中所使用的劳动与资本的比率，“价格”是劳动工资对资本租金的比率。假设 2 意味着，鞋业的相对需求曲线，即图 4－1 中的 L_S/K_S，位于计算机业的相对需求曲线 L_C/K_C 右侧，因为鞋子的生产是劳动密集的。

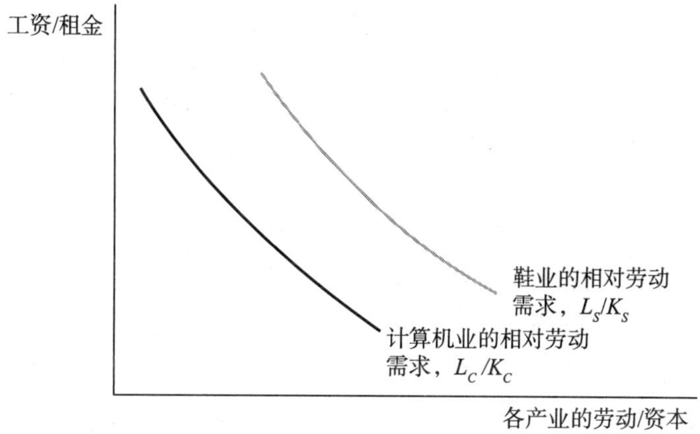

图 4－1　各产业的劳动密集度

假设劳动相对于资本的需求在鞋业高于计算机业，$L_S/K_S>L_C/K_C$。这两条曲线恰似正常的需求曲线那样是向下倾斜的，但在这里，它们是相对劳动需求曲线（也就是劳动需求除以资本需求）。

前面的假设主要关注两个国家内部的生产过程，而赫克歇尔-俄林模型也要求有适用于不同国家的假设。我们的下一个假设是母国和外国所拥有的劳动量和资本量是不同的。

假设 3：外国是劳动丰裕的，也就是说，外国的劳动—资本比率超过母国，$\overline{L}^*/\overline{K}^*>\overline{L}/\overline{K}$。同理，母国是资本丰裕的，因此 $\overline{K}/\overline{L}>\overline{K}^*/\overline{L}^*$。

有很多原因可以导致各国间在劳动、资本和其他资源上的差异：各国在地理规模和人口上有差异，以前的入境移民或出境移民浪潮可能改变了一国的人口，各国处于不同的发展阶段从而有不同数量的资本，等等。如果我们现在考虑赫克歇尔-俄林模型中的土地，母国和外国可能因国土面积的大小以及地形和气候上的差异而拥有不同数量的可用土地。在建立赫克歇尔-俄林模型的过程中，我们不考虑为什么各国在劳动、资本或土地上会不一样，仅仅把这些差异视为各国为何从事国际贸易的重要决定因素。

假设 3 关注的是一种特定情形，即外国是劳动丰裕的而母国是资本丰裕的。例如，假设外国有一支比母国大的劳动力大军（$\overline{L}^*>\overline{L}$），并且外国与母国拥有等量的资本，$\overline{K}^*=\overline{K}$。在这种情形下，$\overline{L}^*/\overline{K}^*>\overline{L}/\overline{K}$，因此，外国是劳动丰裕的。相反，母国的资本—劳动比率超过外国，$\overline{K}/\overline{L}>\overline{K}^*/\overline{L}^*$，因此，母国是资本丰裕的。

假设 4：最终产品——鞋子和计算机——可以在国家之间进行自由贸易（即无任何限制），但劳动和资本不可以在国家之间流动。

在本章，我们不允许劳动和资本在国家之间进行流动。我们会在下一章放松这个假设，在下一章我们不仅研究劳动以移民方式在国家之间的流动，而且研究资本以对外直接投资方式在国家之间的流动。

我们的最后两个假设涉及不同国家的企业技术和消费者口味。

假设5：不同国家用于生产这两种产品的技术是相同的。

这个假设与李嘉图模型的假设（见第2章）相反，李嘉图模型假设不同国家的技术差异是贸易产生的原因。不同国家的技术相同这个假设不太切合实际，因为富裕国家所使用的技术与贫穷国家所使用的技术往往有较大的差异（参见下面的案例）。尽管假设5不太切合实际，但它可以使我们集中关注贸易产生的单一原因：各国拥有不同数量的劳动和资本。在本章稍后，我们用数据检验赫克歇尔-俄林模型的有效性，并会发现不用假设5会使该模型表现得更好。

我们的最后一个假设如下。

假设6：不同国家的消费者口味是相同的，对计算机和鞋子的偏好不因一国收入水平的变化而变化。

这就是说，一个较贫穷的国家会购买较少的鞋子和计算机，但两种产品的购买比率与一个面对相同价格的较富裕国家是一样的。同样，这个假设也是不太切合实际的：较贫穷国家的消费者花费在鞋子、服装和其他基本品上的收入比重确实比花费在计算机上的高，而在较富裕国家，花费在计算机和其他电子产品上的收入比重比花费在鞋子和衣服上的高。假设6又是一个简化的假设，它使我们主要关注资源差异这个唯一的贸易产生原因。

案 例

要素密集度在不同的国家一样吗？

作为对各个产业要素密集度假设的一部分，我们假设同一种产品（鞋子）在两个国家都是劳动密集的。具体而言，我们假设在两个国家中，鞋子生产的劳动—资本比率高于计算机生产。这个假设对鞋子和计算机而言是成立的，这一点似乎是显而易见的，但在比较其他产品（如鞋子与呼叫中心）时，就没那么显著了。

原则上，所有国家都可以获得相同的制鞋技术。但实际上，美国所使用的机器不同于亚洲和其他地方所使用的机器。尽管世界上大部分鞋子是由发展中国家生产的，但美国仍然保留有少量的制鞋厂。制鞋企业新百伦（New Balance）在美国东北部有数家工厂，该企业在北美的销售量中25%在这几个工厂里生产。其中一家工厂位于缅因州诺里奇沃克（Norridgewock），计算机化的设备让一个工人可以干六个人的活儿。[①] 这家工厂与耐克、锐步和其他美国制造业在亚洲的

① 关于新百伦工厂的描述摘自 Aaron Bernstein，2001，“Low-Skilled Jobs：Do They Have to Move?” *Business Week*，February 26，94－95.

工厂大相径庭。因为亚洲制鞋工厂使用的技术（比如人工缝纫机）陈旧，所以它们使用较多的工人来操作生产率较低的机器。

另外，呼叫中心的技术和要素密集度在不同国家都差不多。每个雇员操作一台电话和一台个人计算机，因此，美国和印度的呼叫中心就其所需要的每个工人资本量而言是差不多的。一台电话和一台个人计算机充其量只花费数千美元，比美国新百伦工厂的自动化制鞋机便宜多了，后者要花费数万美元甚至数十万美元。因此，与美国的呼叫中心相比，新百伦工厂的鞋子制造是资本密集的。与之相反，在印度，用于生产鞋子的缝纫机比呼叫中心使用的计算机便宜。因此，在印度，鞋子的生产是劳动密集的，这恰恰与美国的情形相反。这个例子说明了两个国家间的**要素密集度逆转**（reversal of factor intensities）。

当我们比较不同国家的农业部门时，我们同样可以看到要素密集度逆转现象。在美国，农业是资本密集的。每个农民操作着价值数万美元的机械化和计算机化的设备，一个农场只需要少量的工人。然而，在许多发展中国家，农业是劳动密集的。许多工人用机械化程度很低的甚至非机械化的设备耕作农场。发展中国家的农业使用这种劳动密集型技术的原因是资本设备相对于工资是昂贵的。

在假设 2 和图 4-1 中，我们假设不论工资—租金比率（W/R）如何，一个产业的劳动—资本比率都高于另一个产业。也就是说，无论劳动是廉价的（比如在发展中国家）还是昂贵的（比如在美国），我们假设同一个产业（在我们的例子中是鞋业）在两个国家都是劳动密集的。正如我们刚才看到的，这个假设对于鞋业或农业不一定正确。在我们处理赫克歇尔-俄林模型时，我们会忽略要素密集度逆转的可能性。忽略它的原因是为了从该模型中得到一个关于国家间贸易模式的确定的预见，以便我们明了各国进行相互贸易时产品价格及要素收益会有何变化。

无贸易均衡

在假设 3 中，我们概括了母国和外国所拥有的劳动和资本的数量差异。我们的目的是运用这些资源差异来预测贸易模式。为此，我们从研究每个国家在无贸易情形下的均衡开始。

生产可能性边界　为了确定母国和外国的无贸易均衡，我们从绘制图 4-2 中的各国生产可能性边界开始。在母国是资本丰裕的以及计算机生产是资本密集的这两个假设条件下，母国能够生产较多的计算机和较少的鞋子。(a) 图中的母国 PPF 向计算机方向偏斜，反映了母国具有较大的计算机生产能力。与之相似，由于外国是劳动丰裕的且鞋子生产是劳动密集的，(b) 图所示的外国 PPF 向鞋子方向偏斜，反映了外国具有较大的鞋子生产能力。给定我们所做的假设，这些特定形状的 PPF 都是合理的。当我们在第 5 章继续学习赫克歇尔-俄林模型时，我们会证明这些 PPF 必须是这种形状的。[1] 现在，我们暂且接受这种形状的 PPF 并用它们作为我们学习赫克歇尔-俄林模型的起点。

无差异曲线 赫克歇尔-俄林模型的另一个假设（假设 6）是不同国家的消费者口味是一样的。如我们在李嘉图模型中所做的那样，我们用无差异曲线来描绘消费者口味。两条曲线如图 4-2 所示（U 和 U^* 分别指母国和外国）；其中一条与母国 PPF 相切，另一条与外国 PPF 相切。注意，如假设 6 所要求的，这两个国家的两条无差异曲线的形状是相同的。由于刚才描述的两条 PPF 的独特形状，两条无差异曲线与两条 PPF 相切于不同的点。

一条无差异曲线的斜率等于消费者愿意为计算机支付的鞋子数量而非美元数量。一条 PPF 的斜率等于以所放弃的鞋子衡量的多生产一台计算机的机会成本。当一条无差异曲线的斜率等于一条 PPF 的斜率时，消费者愿意为计算机支付的相对价格就等于生产它们的机会成本，因此，这个点就是无贸易均衡。[2] 无差异曲线和 PPF 的切点的共同斜率就等于计算机相对价格 P_C/P_S。一条陡峭的价格线意味着较高的计算机相对价格，而一条平坦的价格线意味着较低的计算机相对价格。

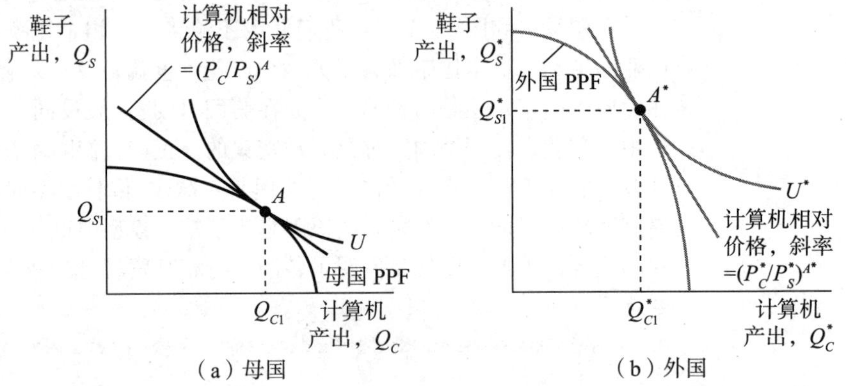

图 4-2 母国和外国的无贸易均衡

（a）图展现的是母国 PPF，（b）图展现的是外国 PPF。由于母国是资本丰裕的，计算机是资本密集的，母国 PPF 向计算机偏斜。母国的偏好可由无差异曲线 U 加以概括，母国无贸易（或自给自足）均衡是在 A 点，计算机相对价格较低，如 $(P_C/P_S)^A$ 的平斜率所示。外国是劳动丰裕的，鞋子是劳动密集的，所以，外国 PPF 是向鞋子偏斜的。外国的偏好可由无差异曲线 U^* 加以概括，外国无贸易均衡在 A^* 点，计算机相对价格较高，如 $(P_C^*/P_S^*)^{A^*}$ 的陡斜率所示。

无贸易均衡价格 给定不同形状的 PPF，各国无差异曲线与其 PPF 相切于不同的生产点，与各国不同的相对价格线相对应。在母国，无贸易或自给自足均衡如 A 点所示，在该点母国以相对价格 $(P_C/P_S)^A$ 生产 Q_{C1} 台计算机和 Q_{S1} 双鞋子。由于母国 PPF 是向计算机偏斜的，母国价格线 $(P_C/P_S)^A$ 的斜率比较平坦，表示计算机相对价格较低。在外国，无贸易或自给自足均衡如 A^* 点所示，在该点外国以相对价格 $(P_C^*/P_S^*)^{A^*}$ 生产 Q_{C1}^* 台计算机和 Q_{S1}^* 双鞋子。由于外国 PPF

① 参见第 5 章习题 7。

② 记得一条无差异曲线或 PPF 的斜率反映了横轴上的产品的相对价格，在图 4-2 中，这种产品就是计算机。

是向鞋子偏斜的，外国价格线$(P_C^*/P_S^*)^{A^*}$的斜率比较陡峭，表示计算机相对价格较高。因此，通过比较图 4－2 中的无贸易均衡得到的结论是，母国的计算机无贸易相对价格低于外国。（同样，我们也可以说母国的鞋子无贸易相对价格高于外国。）

对无贸易价格的上述分析反映了这两个国家拥有不同数量的劳动：外国有丰裕的劳动，鞋子生产是劳动密集的，所以，外国的鞋子无贸易相对价格低于母国。外国人愿意为一台计算机放弃较多的鞋子，这反映了这样一个事实，即外国资源适合于制造更多的鞋子。同样的逻辑适用于资本相对丰裕的母国。由于计算机生产是资本密集的，母国的计算机无贸易相对价格低于外国。因此，母国居民为获得一台计算机只需要放弃较少的鞋子，这反映了这样一个事实，即其资源适合于生产更多的计算机。

自由贸易均衡

现在我们来确定国家之间的贸易模式。为此，我们从几个步骤着手。首先，我们考虑计算机的世界相对价格高于母国的计算机无贸易相对价格时会发生什么变化，并推导出母国的计算机出口供给。其次，我们考虑世界相对价格低于外国的计算机无贸易相对价格时会发生什么变化，并推导出外国的计算机进口需求。最后，我们把母国出口供给和外国进口需求放到一起来确定国际贸易条件下的计算机均衡相对价格。

自由贸易条件下的母国均衡 第一步见图 4－3。在图 4－2 中我们已经看到，母国的计算机无贸易相对价格低于外国。在自由贸易条件下，我们预期计算机的均衡相对价格处于各国无贸易相对价格之间（如我们在第 2 章的李嘉图模型中所发现的那样）。由于母国的计算机无贸易相对价格较低，自由贸易均衡价格会高于母国的无贸易价格。因此，图 4－3（a）展现了自由贸易或世界相对价格为$(P_C/P_S)^W$时的母国 PPF，该价格高于图 4－2（a）所示的无贸易母国相对价格$(P_C/P_S)^A$。

当母国处于无贸易均衡 A 点时，它生产计算机和鞋子的数量为（Q_{C1}，Q_{S1}），如图 4－2 所示。当计算机相对价格提高到世界相对价格时，母国生产从 A 点（Q_{C1}，Q_{S1}）移动到图 4－3 中的 B 点（Q_{C2}，Q_{S2}），它生产更多的计算机和较少的鞋子。因此，在自由贸易条件下，母国进一步专业化生产计算机以获取较高的计算机世界相对价格优势并生产较少的鞋子。由于母国现在能以世界相对价格进行贸易，所以母国的消费能处于穿过 B 点、斜率为$(P_C/P_S)^W$的世界价格线上的任何一点。在 C 点，母国获得了最高的效用。C 点与世界价格线$(P_C/P_S)^W$相切，并有消费量（Q_{C3}，Q_{S3}）。

现在我们可以来定义母国的“贸易三角形”，它是一个连接 B 点和 C 点的三角形，如图 4－3（a）所示。B 点是母国的生产点，C 点是母国的消费点，因此，连接这两个点的这条线表示在世界相对价格时的贸易量。该三角形的底是母国的计算机出口量（在开展贸易条件下为生产量与消费量之差，即 $Q_{C2}-Q_{C3}$）。该三角形的高是母国的鞋子进口量（在开展贸易条件下为消费量与生产量之差，即 $Q_{S3}-Q_{S2}$）。

在图 4-3（b）中，我们画出了与相对价格相对应的母国计算机的出口量。在无贸易均衡时，母国的计算机相对价格为$(P_C/P_S)^A$，计算机的出口量为零。该无贸易均衡由（b）图中的 A 点表示。在自由贸易条件下，计算机相对价格为$(P_C/P_S)^W$，计算机出口量为开展贸易条件下的生产量与消费量之差，即（$Q_{C2}-Q_{C3}$）。这个自由贸易均衡由（b）图中的 D 点表示。连接 A 点和 D 点，我们得到母国计算机出口供给曲线。它是向上倾斜的，因为与无贸易价格相比，现在的相对价格提高了，母国愿意进一步专业化生产计算机以便更多地出口计算机。

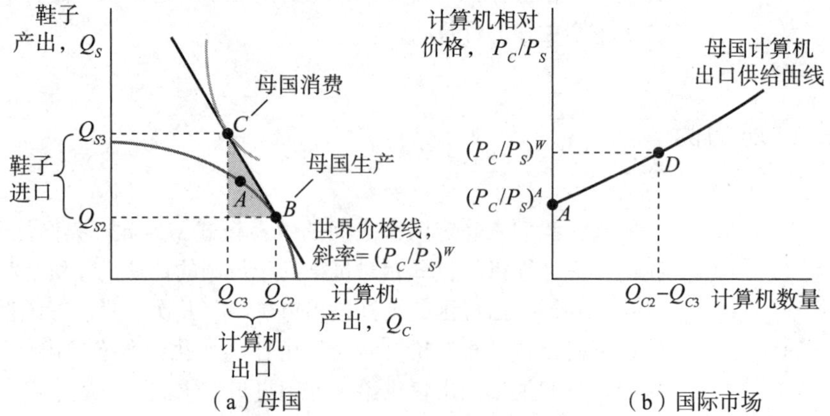

图 4-3 母国的国际自由贸易均衡

在计算机的自由贸易世界相对价格为$(P_C/P_S)^W$时，母国在（a）图的 B 点生产，在 C 点消费，出口计算机并进口鞋子。（A 点是无贸易均衡。）"贸易三角形"的底等于母国的计算机出口量（在开展贸易条件下为生产量与消费量之差，即 $Q_{C2}-Q_{C3}$）。三角形的高是母国的鞋子进口量（在开展贸易条件下为消费量与生产量之差，即 $Q_{S3}-Q_{S2}$）。在（b）图中，我们表示，在无贸易相对价格$(P_C/P_S)^A$下，母国的计算机出口量为零，在自由贸易相对价格$(P_C/P_S)^W$下，其出口量为（$Q_{C2}-Q_{C3}$）。

自由贸易条件下的外国均衡 我们用同样的方法来分析外国的情形，见图 4-4（a）。外国无贸易均衡是在 A^* 点，其计算机均衡相对价格较高，为$(P_C^*/P_S^*)^{A^*}$。由于外国无贸易相对价格高于母国，我们预期自由贸易相对价格介于这两者之间，因此，计算机的自由贸易或世界均衡价格$(P_C/P_S)^W$低于无贸易外国价格$(P_C^*/P_S^*)^{A^*}$。

在世界相对价格下，外国生产从 A^* 点（Q_{C1}^*，Q_{S1}^*）移动到 B^* 点（Q_{C2}^*，Q_{S2}^*），它生产更多的鞋子和较少的计算机。因此，在自由贸易条件下，外国进一步专业化生产鞋子并生产较少的计算机。由于现在外国能以世界相对价格进行贸易，外国的消费能处于穿过 B^* 点、斜率为$(P_C/P_S)^W$的世界价格线上的任何一点。在 C^* 点，外国获得了最高的效用。C^* 点与世界价格线$(P_C/P_S)^W$相切，并有消费量（Q_{C3}^*，Q_{S3}^*）。我们可以再次连接 B^* 点和 C^* 点来构建一个"贸易三角形"。该三角形的底为外国的计算机进口量（在开展贸易条件下为计算机的消费量与生产量之差，即 $Q_{C3}^*-Q_{C2}^*$），三角形的高为外国的鞋子出口量（在开展贸易条件下为鞋子的生产量与消费量之差，即 $Q^*_{S2}-Q^*_{S3}$）。

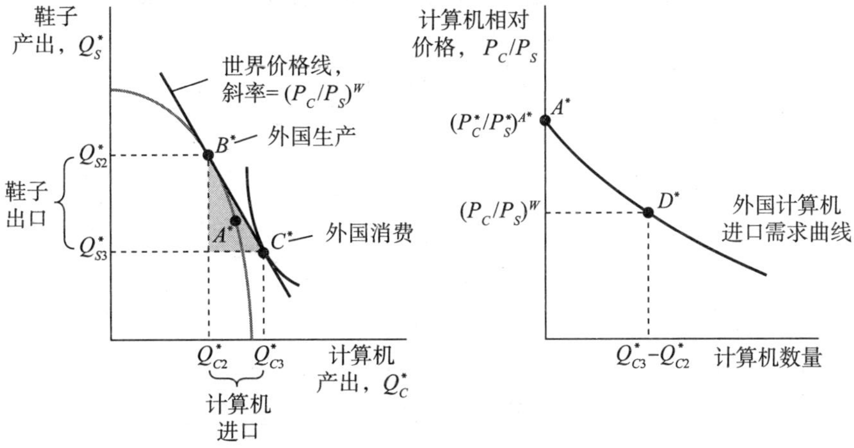

图 4－4　外国的国际自由贸易均衡

在计算机的自由贸易世界相对价格为$(P_C/P_S)^W$时，外国在（a）图的 B^* 点生产，在 C^* 点消费，出口鞋子并进口计算机。（A^* 点是无贸易均衡。）"贸易三角形"的底等于外国的计算机进口量（在开展贸易条件下为消费量与生产量之差，即 $Q^*_{C3}-Q^*_{C2}$）。三角形的高是外国的鞋子出口量（在开展贸易条件下为生产量与消费量之差，即 $Q^*_{S2}-Q^*_{S3}$）。在（b）图中，我们表示，在无贸易相对价格$(P^*_C/P^*_S)^{A^*}$下，外国的计算机进口量为零，在自由贸易相对价格$(P_C/P_S)^W$下，其进口量为$(Q^*_{C3}-Q^*_{C2})$。

在图 4－4（b）中，我们画出了与相对价格相对应的外国计算机进口量。在无贸易均衡时，外国的计算机相对价格为$(P^*_C/P^*_S)^{A^*}$，计算机进口量为零。该无贸易均衡由（b）图中的 A^* 点表示。在自由贸易条件下，计算机相对价格为$(P_C/P_S)^W$，计算机进口量为开展贸易条件下的消费量与生产量之差，即$(Q^*_{C3}-Q^*_{C2})$。这个自由贸易均衡由（b）图中的 D^* 点表示。连接 A^* 点和 D^* 点，我们得到外国计算机进口需求曲线。它是向下倾斜的，因为与无贸易相对价格相比，现在的相对价格提高了，外国进一步专业化生产鞋子，出口鞋子来换取计算机。

自由贸易条件下的均衡价格　如图 4－5 所示，自由贸易条件下的计算机均衡相对价格是由母国出口供给曲线和外国进口需求曲线的交点决定的，该点为 D 点（与图 4－3 中的 D 点或图 4－4 中的 D^* 点相同）。在这个相对价格上，母国愿意出口的计算机数量等于外国愿意进口的计算机数量；也就是说，$(Q_{C2}-Q_{C3})=(Q^*_{C3}-Q^*_{C2})$。由于出口量等于进口量，相对价格没有理由变动，因此，这是**自由贸易均衡**（free-trade equilibrium）。在图上观察均衡的另一种方法是要注意到，在图 4－3 和图 4－4 中，这两个国家的贸易三角形是一样大的——一国愿意出售的与另一国愿意购买的相同。

贸易模式　运用自由贸易均衡，我们已经确定了两国间的贸易模式。母国出口计算机，这是一种密集地使用该国丰裕的生产要素（资本）所生产的产品。外国出口鞋子，这是一种密集地使用该国丰裕的生产要素（劳动）所生产的产品。这个重要结论被称为**赫克歇尔-俄林定理**（Heckscher-Ohlin theorem）。

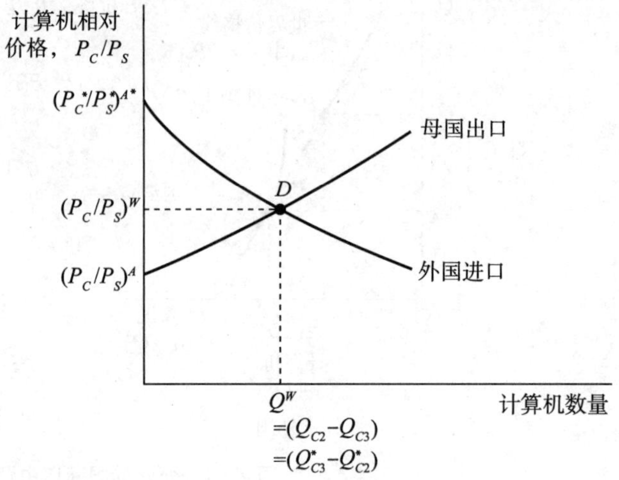

图 4-5　自由贸易世界均衡价格的决定

自由贸易均衡中的计算机世界相对价格是由母国出口供给曲线和外国进口需求曲线的交点决定的，即 D 点。在这个相对价格上，母国愿意出口的计算机数量（$Q_{C2}-Q_{C3}$）刚好等于外国愿意进口的计算机数量（$Q_{C3}^*-Q_{C2}^*$）。

赫克歇尔-俄林定理：在两种产品和两种要素的情况下，每个国家都出口密集地使用其丰裕生产要素所生产的产品，进口另一种产品。

回顾一下本章开头我们所做的假设条件，对于我们理解它们如何导出赫克歇尔-俄林定理是非常有用的。

假设 1：劳动和资本可以在产业间自由流动。

假设 2：鞋子的生产与计算机的生产相比是劳动密集的，后者是资本密集的。

假设 3：两国所拥有的劳动和资本数量是不同的，外国是劳动丰裕的，母国是资本丰裕的。

假设 4：国际货物贸易是自由的。

假设 5：各国用于生产鞋子和计算机的技术是相同的。

假设 6：各国的口味是相同的。

假设 1～3 使我们能画出如图 4-2 所示的两国 PPF，连同假设 5 和 6，它们使我们能确定母国的计算机无贸易相对价格低于外国的计算机无贸易相对价格，即$(P_C/P_S)^A$小于$(P_C^*/P_S^*)^{A*}$。这个关键的结论能使我们确定母国计算机出口供给曲线的出发点（A 点）和外国计算机进口需求曲线的出发点（A^* 点），参见图 4-3 和图 4-4（b）。运用这两个出发点，我们把向上倾斜的母国出口供给曲线和向下倾斜的外国进口需求曲线结合在一起。从图 4-5 中我们可以看到，自由贸易均衡中的计算机相对价格必然处于无贸易相对价格之间（这证实了我们在绘制图 4-3 和图 4-4 时做出的预期）。

因此，当母国开放贸易时，其计算机相对价格从无贸易均衡相对价格 $(P_C/P_S)^A$ 提高到自由贸易均衡价格 $(P_C/P_S)^W$，这给予了母国企业出口计算机的动力。也就是说，较高的价格激发了母国生产比它愿意消费的数量更多的计算机，并出口其差额。同样地，当外国开放贸易时，其计算机价格从无贸易均衡价格 $(P_C^*/P_S^*)^{A^*}$ 下降到贸易均衡价格 $(P_C/P_S)^W$，这鼓励了外国消费者从母国进口计算机。也就是说，较低的价格激发了外国消费比它愿意生产的数量更多的计算机，并进口其差额。

你或许认为赫克歇尔-俄林定理在一定程度上是显而易见的。各国出口因要素丰裕而易于生产的产品，这是言之有理的。然而，结果却是这个预见在实践中并不总是成立的，就像我们在下一节所讨论的那样。

4.2 检验赫克歇尔-俄林模型

经济学家瓦西里·里昂惕夫1953年首次运用美国1947年贸易数据对赫克歇尔-俄林定理进行验证。我们将在下面探讨他的实证检验以及所得到的令人吃惊的结论：里昂惕夫悖论。之后，我们将利用许多国家的新数据，对赫克歇尔-俄林定理进行验证。

里昂惕夫悖论

为了检验赫克歇尔-俄林定理，里昂惕夫测算了美国所有产业中生产100万美元出口品和100万美元进口品所需要的劳动和资本投入，其结果如表4-1所示。

表4-1　里昂惕夫检验

里昂惕夫运用本表中的数据对赫克歇尔-俄林定理进行了检验。表中各列表示的是1947年美国生产价值100万美元的出口品和进口品所需要的劳动量和资本量。如表中最后一行所示，出口品的资本—劳动比率低于进口品的资本—劳动比率，这是一个矛盾的发现。

	出口品	进口品
资本（百万美元）	2.55	3.1
劳动（人/年）	182	170
资本/劳动（美元/人）	14 000	18 200

资料来源：Wassily Leontief，1953，"Domestic Production and Foreign Trade：The American Capital Position Re-examined，" Proceedings of the American Philosophical Society，97，September，332－349. Reprinted in Richard Caves and Harry G. Johnson，eds.，1968，*Readings in International Economics*，Homewood，IL：Irwin.

里昂惕夫首先测算了美国生产价值 100 万美元出口品所需要的资本量和劳动量。为了得到这些数字，里昂惕夫测算了各个产业中直接用于生产最终出口品所使用的劳动和资本。他还测算了那些生产用于制造出口品的中间投入品的产业所间接使用的劳动和资本。从表 4-1 的第一行我们可以看到，有价值 255 万美元的资本用于生产 100 万美元的出口品。这么多的资本看起来似乎太高了，在我们认识到所测算的是资本总存量之后就不会这么认为了。资本总存量超过了那一年实际用于生产出口品的那部分资本存量：那一年所用的资本是按这个存量的折旧测算的。至于劳动，有 182 人一年用于生产这些出口品。如果用资本—劳动比率来衡量，我们发现每个（直接或间接地）受雇于生产出口品的人使用价值 14 000 美元的资本。

转向进口方面的计算时，里昂惕夫马上遇到一个问题——他难以测算用于生产进口品的劳动量和资本量，因为他没有外国的技术数据。为了规避这个困难，里昂惕夫像后来的许多研究人员那样进行了处理——他简单地用美国的技术数据来计算用于生产进口品的劳动和资本的估算量。这种方法会使里昂惕夫对赫克歇尔-俄林模型的检验失效吗？事实上不会，因为赫克歇尔-俄林模型假设不同国家的技术是一样的，所以，里昂惕夫把这个假设纳入检验这个定理所需要的计算中去。

通过用美国的技术数据来测算直接或间接地用于生产进口品的劳动和资本，里昂惕夫得出了表 4-1 中最后一列估算值：有 310 万美元资本和 170 人一年用于生产价值 100 万美元的美国进口品，因此，进口品的资本—劳动比率为每个工人 18 200 美元。注意，这个数量超过了出口品的资本—劳动比率即每个工人 14 000 美元。

里昂惕夫恰当地认为 1947 年美国相对于世界其他国家和地区是资本丰裕的。因此，根据赫克歇尔-俄林定理，里昂惕夫预期美国出口资本密集型产品，进口劳动密集型产品。然而，里昂惕夫实际上发现的却恰好相反：美国进口品的资本—劳动比率高于美国出口品的资本—劳动比率！这个发现与赫克歇尔-俄林定理相矛盾，从而被称为**里昂惕夫悖论**（Leontief's paradox）。

对里昂惕夫悖论有许多不同的解说，包括以下各种：

- 与赫克歇尔-俄林定理和里昂惕夫假设相反，美国和外国的技术是不同的。
- 里昂惕夫只关注劳动和资本，忽略了美国是土地丰裕的。
- 里昂惕夫应该区分熟练工人和非熟练工人（因为人们可以毫不惊奇地发现美国出口品是熟练劳动密集型的）。
- 1947 年的数据是不正常的，因为第二次世界大战两年前刚结束。
- 美国并没有像赫克歇尔-俄林定理所假设的那样实行完全自由的贸易。

对里昂惕夫悖论还有几种可能的解说依赖于多种生产要素的假设。例如，美国是土地丰裕的，这或许可以解释为什么 1947 年美国出口劳动密集型产品：这些产品可能是农产品，它们是密集地使用土地生产的，在 1947 年，或许还是密集地使用劳动生产的。由于忽略了土地，所以，里昂惕夫没有对赫克歇尔-俄林定理进行精确检验。还有人认为，有可能美国主要出口使用熟练劳动生产的产品。在今天这无疑是正确的，因为美国是高科技产品的主要出口国，在 1947 年这可能也是正确的。由于没有区分熟练劳动和非熟练劳动，里昂惕夫再次错误地描绘了一幅关于美国贸易中所使用的生产要素的画面。

后来的研究旨在重做里昂惕夫做过的检验，但考虑了土地、熟练劳动和非熟练劳动，核查了赫克歇尔-俄林定理在其他年份是否成立，等等。我们现在利用最近的 2010 年数据检验赫克歇尔-俄林定理。

2010 年要素禀赋

从图 4－6 我们可以看到 2010 年部分国家（美国、中国、日本、印度、德国、英国、法国和加拿大）6 种要素以及 GDP 占全球的比例。通过比较要素占比和 GDP 占比，我们判断要素禀赋是否丰裕。如果一国要素占全球的比例大于该国 GDP 占全球 GDP 的比例，我们就称这个国家**该要素禀赋丰裕**（abundant in that factor），否则，**该要素禀赋稀缺**（scarce in that factor）。通过这种判定方法，我们可以轻易判定一个国家的要素是否充裕。

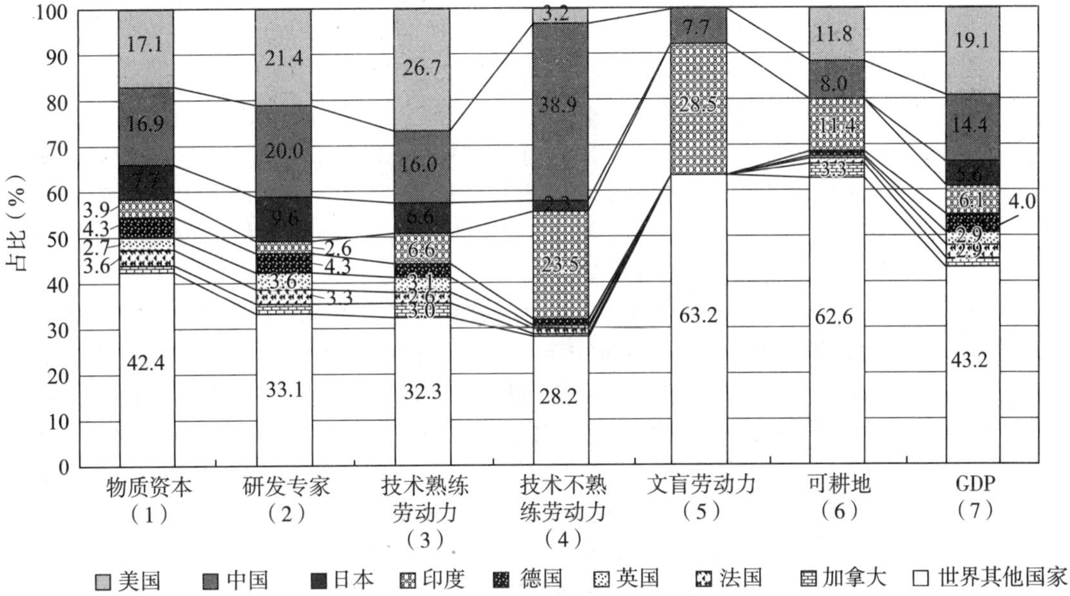

图 4－6　2010 年部分国家要素禀赋

图中列示了 8 个国家 6 种要素在全球中的比重。从图中第一个柱我们可以看到，2010 年美国资本占全球的 17.1%，中国占 16.9%，日本占 7.7%，印度占 3.9%，德国占 4.3%，等等。从图中最后一个柱我们可以看到各国 GDP 占全球 GDP 总和的比例，美国占 19.1%，中国占 14.4%，日本占 5.6%，印度占 6.1%，德国占 4.0%，等等。如果一国某要素占全球的比重大于该国 GDP 占全球 GDP 的比重，这个国家该要素禀赋丰裕，否则，该要素禀赋稀缺。

注：(1) PWT (Penn World Trade) version 8.0 (University of Groningen and University of California, Davis)；(2) 每百万人口的研发专家数 (World Bank, World Development Indicators)；(3) 受过高等教育的劳动力 (World Bank, World Development Indicators)；(4) 受过初等和高等教育的劳动力 (World Bank, World Development Indicators)；(5) (1－成人识字率) 与成人人口的乘积 (World Bank, World Development Indicators)；(6) 可耕地公顷数 (World Bank, World Development Indicators)；(7) 依购买力平价折算为 2010 年美元的 GDP (PWT version 8.0, University of Groningen and University of California, Davis)。

资本禀赋　比如，从图 4－6 的第一个柱我们可以看到，2010 年美国资本占全球的 17.1%，中国占 16.9%，日本占 7.7%，印度占 3.9%，德国占 4.3%，等等。从图 4-6 的最后一个柱我们可以看到各国 GDP 占全球 GDP 总和的比例，美国占 19.1%，中国占 14.4%，日本占 5.6%，印度占 6.1%，德国占 4.0%，等等。由于美国资本占比 17.1%，GDP 占比 19.1%，我们可以判定，2010 年美国资本要素禀赋稀缺。但是，中国资本要素禀赋丰裕：中国资本占比 16.9%，GDP 占比 14.4%，资本占比大于 GDP 占比。中国在过去十年中确实资本增长迅速，使得美国相比之下显得资本要素禀赋稀缺（由于中国积累了更多资本，美国资本占全球资本的比例下降）。[①] 日本资本占全球资本的比重是 7.7%，GDP 占比是 5.6%，日本的资本要素禀赋丰裕，德国也是一样（德国资本占比 4.3%，GDP 占比 4.0%）。印度则不然。其他国家总体而言资本要素禀赋稀缺：其他国家资本占比小于 GDP 占比，因而资本稀缺。

劳动力和土地资源禀赋 我们也可以用上述方法判定各技术类型劳动力资源、土地等要素是否丰裕。比如，2010 年美国研发专家资源丰裕（研发专家占比 21.4%，大于 GDP 占比 19.1%），技术熟练劳动力（高中以上学历的劳动力）也丰裕，但是技术非熟练（高中以下学历的劳动力）以及文盲劳动力资源稀缺。印度研发专家资源短缺（研发专家占比 2.6%，小于 GDP 比重 6.1%），但是技术熟练、技术半熟练以及文盲劳动力资源丰裕。众所周知，加拿大可耕地资源丰裕（可耕地资源占世界的比重为 3.3%，大于 GDP 比重 1.7%）。但是，美国可耕地资源稀缺（可耕地资源占世界的比重为 11.8%，小于 GDP 比重 19.1%）。这个结果出乎意料，因为美国是重要的农产品出口国，按照赫克歇尔-俄林定理，美国的可耕地资源应该丰裕。

另一个出人意料的结果是中国研发专家资源丰裕：2010 年中国的研发专家比重为 20.0%，大于 GDP 比重 14.4%。这个发现似乎与赫克歇尔-俄林定理相悖，中国一直是基础工业品的主要出口国，而不是技术密集型产品的主要出口国。对于研发专家资源（中国和美国研发专家资源都丰裕）和可耕地资源（美国可耕地资源稀缺）的这两个发现不免令我们质疑研发专家和可耕地的生产率在各个国家是否不同。如果国家间的生产率不同，那么我们对要素禀赋衡量的方法可能令人误入歧途：如果美国的研发专家比中国的更有效率，那么上述判定研发专家资源是否丰裕的比较方法不合逻辑；同样，如果不同国家的可耕地生产率不一样，那么可耕地数量比重与 GDP 比重的比较也没有意义。事实上，我们需要做出一项调整，把生产率考虑在内。换言之，我们需要摈弃赫克歇尔-俄林定理中国家间技术水平相同的假设。

国家间生产率不同

里昂惕夫本人也曾表示，如李嘉图模型一样，我们应该摈弃国家间技术水平

① 2000 年中国资本占全球资本的比重相比于 2010 年的 16.9%小得多，仅有 8.7%，中国资本占比几近翻倍，而美国资本的比重从 2000 年的 24.0%下降到 17.1%。

相同的假设，顾及国家间技术水平参差不齐的事实。我们需要注意，里昂惕夫在当时发现，美国资本丰裕，但是仍然出口劳动密集型产品。一种观点认为是因为美国劳动力生产率比世界其他国家更高。如果是这样，美国的**有效劳动力**（effective labor force）（劳动力数量乘以劳动力生产率）要比单独计算劳动力数量时显得更多。再加上美国高技术水平劳动力资源（比如研发专家）丰裕，美国出口劳动密集型产品的现象也就不足为奇了。

我们现在探究如何把生产率引入赫克歇尔-俄林模型的分析之中。除了国家间劳动生产率不同之外，国家间资本、土地和其他要素的生产率也可能不同。

再次计量要素禀赋　鉴于国家间要素生产率不同，我们引入**有效要素禀赋**（effective factor endowment）的概念，以要素数量乘以生产率可得：

有效要素禀赋＝实际要素禀赋数量×要素生产率

判断一个国家某一要素是否丰裕，我们比较该国有效要素占全球的比重与 GDP 占全球的比重。如果有效要素比重大于 GDP 比重，我们判断该国**该有效要素充裕**（abundant in that effective factor），否则，**该有效要素稀缺**（scarce in that effective factor）。我们将在下面举两个例子详细说明：有效研发专家和有效耕地。

有效研发专家资源　研发专家的生产率取决于实验室设备、计算机等资源。由于这些资源在各个国家之间不尽相同，因而各个国家研发专家的效率也不相同。其中一个计量研发效率的指标是每个研发专家的支出。一个国家平均每个研发专家的支出越高，该国研发专家的生产率就越高。为了计量有效研发专家资源，我们可以用研发专家实际数量乘以每个专家研发支出：

有效研发专家资源＝研发专家实际数量×每个专家研发支出

在这里，我们以每个专家研发支出作为研发专家的生产率，实际上研发专家生产率的计量指标还有很多（比如一个国家科技刊物数量或者理工科大学的数量）。我们之所以以每个专家研发支出作为研发专家的生产率，是因为大部分国家都统计本国的研发支出，数据可得性强。[①] 图 4－7 就是利用这个方法编制的。

图 4－7 的第一个柱与图 4－6 研发专家的柱相同，没有顾及生产率。第二个柱表示各国有效研发专家资源占全球的比重。2010 年，美国研发专家占全球的比重是 21.4%（第一个柱），而有效研发专家资源的比重是 24.8%（第二个柱）。因而，美国 2010 年研发专家资源更加丰裕。同样，德国的有效研发专家资源也更加丰裕，有效研发专家比重为 5.3%，而研发专家比重只有 4.3%。但是，与研发专家比重 20.0% 相比，中国有效研发专家比重下降了一半还多，只有 9.9%。由于 2010 年中国 GDP 占全球的比重是 14.4%，因而中国有效研发专家资源稀缺。

中国最近几年加大研发支出，研发支出水平现在已经超过了日本。同时，中国还对高等院校投入大量资金，其中包括许多理工院校。甚至与美国相比，中国在一些研发领域也毫不逊色。其中一个案例是“绿地”投资，即风能和太阳能等

① 注意，这个计算的结果实际上得出的是国家研发总支出：研发专家实际数量×每个专家研发支出＝研发总支出。因而，一个国家有效专家资源占世界的比重等于该国研发支出占全球研发支出总量的比重。

领域。在之后的章节中，我们还将探讨中国政府对太阳能面板的补贴。如**新闻提要“中国从美国吸引高科技研究”**，硅谷企业应用材料公司（Applied Materials）已经在中国建立研究实验室，在中国有很多销售合同。应用材料公司之所以搬到中国，是因为中国土地资源廉价，技术熟练工人充裕。因而，我们可以预见，在未来几年中，中国有效研发专家资源占世界的比重将不断攀升。

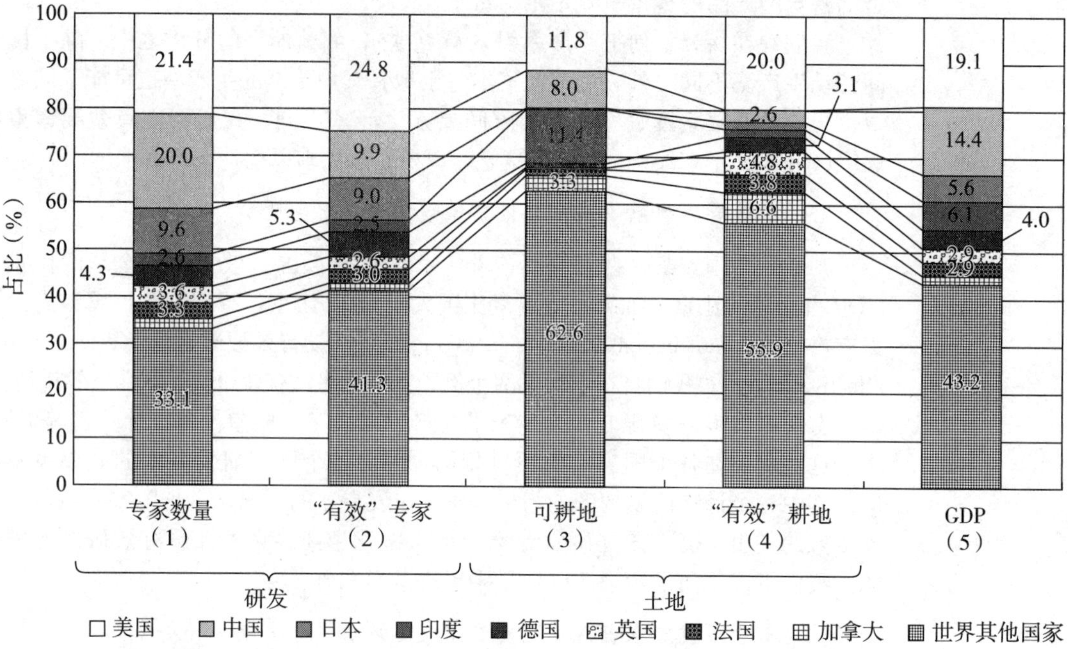

图 4－7 2010 年“有效”要素禀赋

图中列示了图 4－6 中的研发专家和可耕地资源的比重，同时还列示了经过生产率调整之后的比重。2010 年中国研发专家资源禀赋丰裕（研发专家比重为 20.0%，而 GDP 比重为 14.4%），但是有效研发专家资源稀缺（有效研发专家比重只有 9.9%）。美国可耕地资源稀缺（可耕地资源占比 11.8%，GDP 占比 19.1%），但是有效耕地资源丰裕（有效耕地资源占比达 20.0%，比 GDP 比重 19.1%还高）。

注：(1) 每百万人口的研发专家数（World Bank, World Development Indicators)；(2) 依购买力平价衡量的研发支出 (World Bank, World Development Indicators, and PWT version 8.0, University of Groningen)；(3) 可耕地公顷数（World Bank, World Development Indicators)；(4) 基于全要素生产率估计的生产率调整（total factor productivity)；(5) 依购买力平价折算为 2010 年美元的 GDP (PWT version 8.0, University of Groningen)。

新闻提要

☞ 中国从美国吸引高科技研究

应用材料公司是一家著名的硅谷企业，近来宣布计划在中国陕西省西安市建立大型实验室。

中国西安——数年来，个别中国最顶尖、最聪明的科技人才离开中国到美国去，美国高科技行业更加先进。马克·R. 平托（Mark R. Pinto）先生则反其道而行之，成为美国第一个重要科技公司搬到中国的首席技术官。应用材料公司是一家久负盛名的硅谷企业，曾经为计算机芯片提供生产设备，现在是半导体、太阳能面板和平板显示屏等生产设备的最大提供商。

除了首席技术官平托先生把家搬到中国外，应用材料公司还在中国建造最新、最大的实验室。上周，应用材料公司甚至在西安市举办了年度股东大会。这家公司不是个例。随着中国高科技经济快速发展，与美国的竞争与日俱增，很多公司（以及工程师）被吸引到中国来……

吸引企业来到中国的不仅仅是其巨大的市场，还有各种廉价的资源、技术高度熟练的工程师以及中国省市地方的补贴，特别是对绿色能源公司的补助。平托先生表示，如果希望做太阳能制造业最先进的研究，美国和欧洲的研究员不得不准备着搬到中国，因为只有中国的实验室才能和整个太阳能面板生产链搭配。他说："如果想真正地在这个行业整出动静，中国这儿有巨大的实验室。"……

当地总经理邹钢（Gang Zou）表示，西安市政府以很大的折扣把75年租约的土地提供给应用材料公司，同时实验室主体建筑大约1/4的费用由政府补贴。应用材料公司在中国建设两座实验室，每个都比橄榄球场大，也是世界上仅有的。应用材料公司仍旧在美国和欧洲研究设备的电子零部件，但是组装和总成都将在西安市完成。这两座实验室设备安装完成之后，年末将开始运营……

资料来源：Keith Bradsher，"China Drawing High-Tech Research from U.S." From *The New York Times*，March 18，2010

有效耕地资源 如上述分析研发专家资源一样，我们在分析可耕地资源时也应该顾及其生产率。我们在此以各国农业生产率表示可耕地资源的生产率。有效耕地资源如下：

有效耕地资源＝实际耕地数量×农业生产率

在此，我们不对农业生产率的计算方法进行深入探讨。农业生产率从产出和投入的角度得出：如果投入不变，产出越多，生产率就越高，反之，产出越低，生产率就越低。美国农业生产率很高，而一些国家农业生产率很低。

图4-7的第三个柱与图4-6关于可耕地资源的数据相同，没有计入生产率的影响。第四个柱显示计入生产率之后有效耕地资源占全球的比例。如第三个柱的数据所示，美国可耕地资源占全球的比重是11.8%，而GDP的比重是19.1%，因而可耕地资源稀缺。但是按照有效耕地资源衡量，2010年占全球的比重达到20.0%，比GDP的比重19.1%更高。这两个比例几乎相等，我们可以得出这样的结论：美国的有效耕地资源既不稀缺，也不丰裕。

这个结论是否与美国农业贸易数据契合？我们一般视美国为农产品主要生产国，但是这样的贸易模式正在改变。从表4-2中我们可以看到美国食品以及所有农产品的进出口数据。自2000年以来，美国食品净出口量正负值不断变化，与前面美国可耕地资源既不稀缺也不丰裕的结论契合。但是，农产品总贸易（包括非食品农产品，比如棉花）一直处于贸易盈余状态。

表 4-2　　2000—2012 年美国食品贸易和农产品总贸易

本表显示，自 2000 年以来，美国食品净出口量正负值不断变化，证明了前面美国可耕地资源既不稀缺也不丰裕的结论。但是，农产品总贸易（包括非食品农产品，比如棉花）一直处于贸易盈余状态。

	2000	2002	2004	2006	2008	2010	2012
美国食品贸易（十亿美元）							
出口	41.4	43.2	50.0	57.8	97.4	92.3	132.9
进口	41.4	44.7	55.7	68.9	81.3	86.6	101.2
净出口	0.0	−1.5	−5.7	−11.1	16.1	5.7	31.7
美国农业贸易（十亿美元）							
出口	51.3	53.1	61.4	70.9	115.3	115.8	141.3
进口	39.2	42.0	54.2	65.5	80.7	81.9	102.9
净出口	12.1	11.1	7.2	5.5	34.6	33.9	38.4

资料来源：Total agricultural trade compiled by USDA using data from Census Bureau，U. S. Department of Commerce. U. S. food trade data provided by the USDA，Foreign Agricultural Service.

里昂惕夫悖论的再次检验

上述对于 2010 年要素禀赋的内容表明，一个国家可以同时多个要素禀赋丰裕：美国和日本研发专家和资本要素禀赋丰裕，美国的技术熟练劳动力要素禀赋也丰裕（见图 4-6）。此外，我们还发现，把生产率纳入理论分析框架、得出有效要素禀赋的概念也十分重要。现在，我们以上述分析方法利用美国 1947 年的数据，再次核验里昂惕夫悖论。

从可获的 1947 年 30 多个经济体的数据我们得出：美国 GDP 占比是 37%，如图 4-8 最后一个柱所示。判断资本和劳动力资源禀赋是否丰裕，我们还需要计算美国要素占全球的比重。

资本禀赋　计算第二次世界大战后美国资本占全球资本的比重十分困难。鉴于第二次世界大战中欧洲和日本损失惨重，我们不难估算，美国资本占比高于 37%。根据这个估算的数据，美国资本占比超过 GDP 占比，美国 1947 年资本禀赋丰裕。

劳动力禀赋 美国的劳动力资源禀赋怎么样呢？如果不考虑各国的劳动生产率，各国的人口可以作为劳动力衡量的指标。美国 1947 年劳动力占比非常小，大约为 8%，如图 4-8 所示。这一比例远小于美国 GDP 占世界的比重 37%，因而依此判断，美国劳动力资源稀缺。

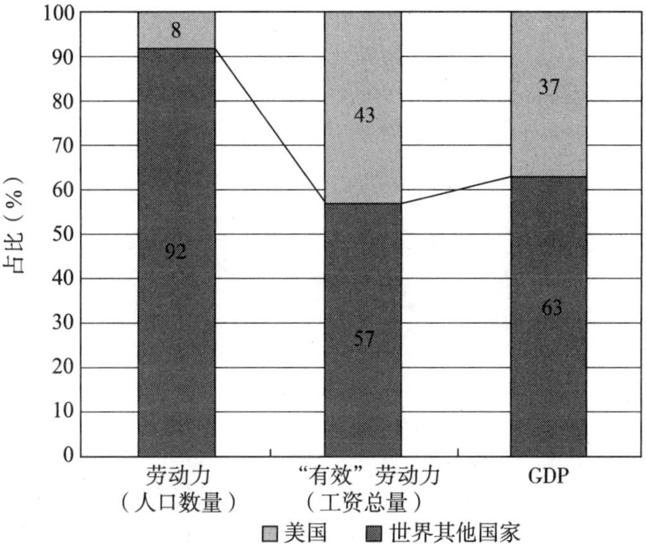

图 4-8 1947 年美国和世界其他国家劳动力禀赋与 GDP

图中显示了 1947 年美国劳动力、"有效"劳动力和 GDP 占全球的比重（以当时 30 个经济体的可得数据为样本）。美国劳动力占比大约为 8%，美国 GDP 占世界 GDP 的比重达 37%，因而美国劳动力资源非常稀缺。但是以有效劳动力资源分析，美国占比 43%，大于 GDP 占比 37%，因而得出美国有效劳动力资源丰裕的结论。

资料来源：本书作者的推算。

劳动生产率 然而，以美国的人口数量衡量美国的劳动力资源禀赋并不恰当，因为没有考虑到美国的劳动生产率。我们在此以工资代表劳动生产率。为了解释为什么以工资作为劳动生产率，我们可以观察图 4-9 中 1990 年部分经济体的相关数据。图 4-9 的纵轴表示 33 个样本值的工资与美国工资的比值。只有一个经济体比美国高，那就是加拿大（可能是因为当地工会实力比较强）。其他经济体的工资都比美国少，奥地利和瑞士等经济体的工资相当于美国的 95%，爱尔兰、法国和芬兰等经济体的工资大约相当于美国的 50%，而斯里兰卡和孟加拉国等的工资只有美国的 5%。

图 4-9 的横坐标表示各经济体劳动生产率与美国劳动生产率的比值。比如，加拿大劳动生产率相当于美国的 80%，奥地利和新西兰相当于美国的 60%，印度尼西亚、泰国、巴基斯坦、斯里兰卡和孟加拉国相当于美国的 5%。注意，劳动生产率和工资水平高度相关：图中曲线大约呈 45°角。既然 1990 年劳动生产率和工资水平呈高度正相关，那么我们也认为，1947 年也是如此。因而，我们以工资作为劳动生产率的计量指标。

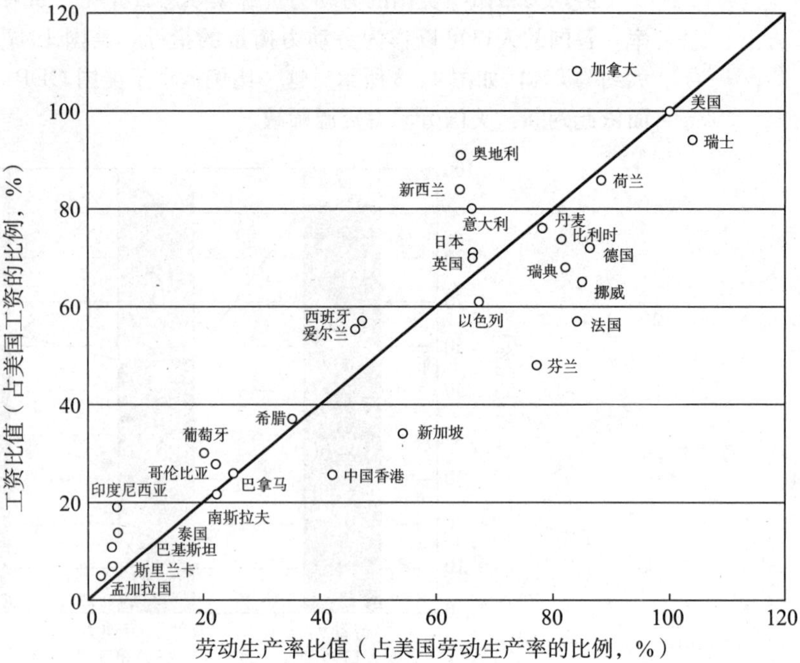

图 4-9　劳动生产率和工资

图中显示 1990 年各经济体工资、劳动生产率相对于美国的比值。注意，劳动生产率和工资水平高度相关：图中曲线大约呈 45°角。既然 1990 年劳动生产率和工资水平呈高度正相关，1947 年也是如此。因而，我们以工资作为劳动生产率的计量指标，来解释里昂惕夫悖论。

资料来源：Daniel Trefler，1993，"International Factor Price Differences：Leontief Was Right!" *Journal of Political Economy*，101 (6)，December，961-987.

有效劳动力禀赋　如图 4-9 所示，各经济体的工资和劳动生产率高度正相关。回顾里昂惕夫利用的 1947 年贸易数据，我们把工资作为劳动生产率指标，有效劳动力资源等于劳动力数量乘以工资。实际上，劳动力数量乘以平均工资，就是支付给劳动力的总工资，即各经济体有效劳动力资源等于该经济体的工资总量。1947 年 30 个经济体的数据也可得。如图 4-8 最后一个柱所示，我们已经得出美国 GDP 占世界 GDP 的比重为 37%。加总这 30 个经济体的工资总量，并将之与美国相比较，我们可以计算出美国有效劳动力资源占全球的比重为 43%。与美国 GDP 的占比 37%相比，我们可以得出结论：1947 年美国有效劳动力资源丰裕。这个结论与我们分析 2010 年劳动力数据所得的结论相同。

小结　在对赫克歇尔-俄林定理的检验中，里昂惕夫发现，美国 1947 年出口品资本—劳动比率小于进口品资本—劳动比率。如果我们把美国视为一个资本充裕的国家，里昂惕夫的发现似乎与赫克歇尔-俄林定理相悖：美国应该出口资本密集型产品（即资本—劳动高比率产品）。但是现在，我们发现，如果把劳动生产率计算在内，美国 1947 年资本和劳动力都非常充裕。虽然人口和劳动力数量相对较低，但是美国非常高的工资水平，即非常高的劳动生产率，使得美国工资总量占比高于 GDP 占比，美国有效劳动力资源禀赋变得相对丰裕。

根据上面这个结论，里昂惕夫的发现也就不足为奇了：美国当时的贸易模式只是反映出美国劳动生产率非常高、有效劳动力资源丰裕的事实。如里昂惕夫本人所述，如果把劳动生产率考虑在内，根本不存在“悖论”，至少 1947 年的数据是这样。近些年，检验赫克歇尔-俄林定理时考量生产率的做法也非常重要。

4.3 贸易对要素价格的影响

在前一节所建立的赫克歇尔-俄林模型中，母国出口计算机，外国出口鞋子。此外，母国的计算机相对价格从无贸易均衡提高到了贸易均衡水平（这个较高的有贸易相对价格是母国为何出口计算机的原因）。相反，外国的计算机相对价格从无贸易均衡下降到了贸易均衡水平（这个较低的有贸易相对价格是外国为何进口计算机的原因）。我们现在的问题是，产品相对价格变化是如何影响各国支付给工人的工资和资本所赚取的租金的。我们从展现工资和租金是如何决定的开始，主要分析母国的情形。

贸易对母国工资和租金的影响

为了决定工资和租金，我们回到图 4－1。该图表明，在母国的各个产业中，劳动需求量相对于资本需求量取决于母国的相对工资 W/R。我们可以用各个产业对劳动的相对需求来推导出整个经济体的相对劳动需求，然后可以与整个经济体的相对劳动供给 $\overline{L}/\overline{K}$ 相比较。通过比较整个经济体的相对需求和供给，就像我们在所有供给和需求背景中所做的那样，我们可以决定母国的相对工资。此外，我们还可以评估，在母国开始贸易后其计算机相对价格提高时，相对工资有何变化。

整个经济体的相对劳动需求　为了推导出整个经济体的相对劳动需求，我们运用以下条件，即各个产业所使用的劳动量和资本量相加等于总的可用劳动和资本：$L_C + L_S = \overline{L}$ 以及 $K_C + K_S = \overline{K}$。我们可以用总劳动除以总资本，得到

$$\underbrace{\frac{\overline{L}}{\overline{K}}}_{\text{相对供给}} = \underbrace{\frac{L_C + L_S}{\overline{K}} = \frac{L_C}{K_C} \cdot \frac{K_C}{\overline{K}} + \frac{L_S}{K_S} \cdot \frac{K_S}{\overline{K}}}_{\text{相对需求}}$$

等式左边是整个经济体劳动相对于资本的供给，或相对供给。等式右边是整个经济体劳动相对于资本的需求，或相对需求。相对需求是各个产业的劳动—资本比率的加权平均。这个加权平均可以通过对各个产业的劳动—资本比率 L_C/K_C 和 L_S/K_S 乘以各个产业所使用的资本占总资本的份额 $K_C/\overline{K}$ 和 $K_S/\overline{K}$ 获得。后两项相加必然等于 1，即 $K_C/\overline{K} + K_S/\overline{K} = 1$，因为资本必然为某个产业或其他产业所利用。

如图 4－10 所示，母国的相对工资是由相对供给曲线和相对需求曲线的交点决定的。劳动供给相对于资本供给，即相对供给（$\overline{L}/\overline{K}$），是一条垂直线，因为劳动和资本总量并不依赖于相对工资；它们是由各国的要素资源总量固定的。既然相对需求（图中的 RD 曲线）是图 4－1 中的 L_C/K_C 和 L_S/K_S 的平均，那么，工资相对于租金的比率为 W/R（从纵轴上看）。A 点描述了劳动力市场和资本市场的一个均衡，并通过展现相对供给等于相对需求把这两个市场组合到同一幅图中。

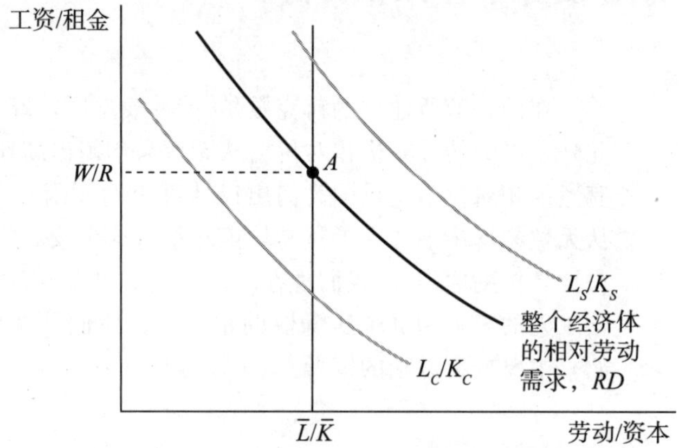

图 4－10　母国工资/租金的确定

整个经济体的相对劳动需求 RD 是 L_C/K_C 和 L_S/K_S 曲线的加权平均，它位于两条曲线之间。相对供给 $\overline{L}/\overline{K}$ 由一条垂直线表示，因为母国的资源总量是固定的。相对需求 RD 与相对供给 $\overline{L}/\overline{K}$ 的交点 A 决定了工资相对于租金的比率 W/R。

提高计算机的相对价格　当母国开放贸易时，它面对一个较高的计算机相对价格；即母国的 P_C/P_S 提高了。我们用图 4－11 中的母国生产可能性边界来说明这个较高的相对价格。在无贸易或自给自足均衡 A 点上，计算机相对价格为 $(P_C/P_S)^A$，计算机业生产 Q_{C1}，鞋业生产 Q_{S1}。随着计算机相对价格上涨到 $(P_C/P_S)^W$，计算机业的产出增加到 Q_{C2}，鞋业的产出减少到 Q_{S2}。随着生产的这个变动，劳动和资本都从鞋子的生产转移到了计算机的生产。这些资源流动会对劳动的相对供给和相对需求产生什么影响呢？

其影响如图 4－12 所示。相对供给 $\overline{L}/\overline{K}$ 跟以前一样，因为母国可用的劳动和资本总量不变。然而，相对劳动需求却变了，因为资本转移到了计算机业。这种转移影响了加权平均中的两项：$(K_C/\overline{K})$ 提高而 $(K_S/\overline{K})$ 降低。现在，该经济体的相对劳动需求更偏重于计算机业，降低了鞋业的权重。在图 4－12 中，权重的变化使相对需求曲线从 RD_1 移动到了 RD_2。该曲线往计算机相对需求曲线方向移动，均衡也从 A 点移到了 B 点。

对所有这些变量的影响如下。首先，相对工资 W/R 从 $(W/R)_1$ 下降到 $(W/R)_2$，这表明，由于两个生产要素都从鞋子的生产流向计算机的生产，相对劳动需求下降了。其次，较低的相对工资引致两个产业都雇用更多的每单位资本工人数（沿着其相对需求曲线移动）。例如，在鞋业，新的较低的相对工资 $(W/R)_2$ 与相对劳动需求曲线 L_S/K_S 相交于某个点，在该点，其相应的 L/K 水平高于初

始相对工资 $(W/R)_1$ 时的 L/K 水平。也就是说，$(L_S/K_S)_2>(L_S/K_S)_1$。同样的观点对计算机业也成立。结果，鞋业和计算机业的劳动—资本比率都提高了。

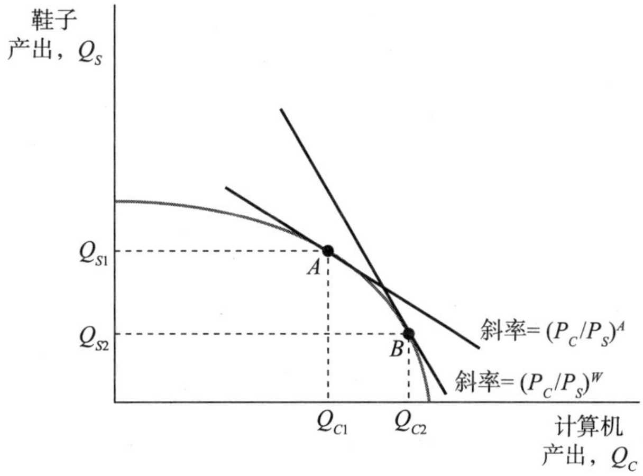

图 4-11　提高计算机价格

一开始，母国处于无贸易均衡 A 点，计算机相对价格为 $(P_C/P_S)^A$。计算机相对价格提高到世界价格水平，如较陡峭的世界价格线 $(P_C/P_S)^W$ 所示，生产从 A 点移动到了 B 点。在 B 点，计算机的产出增加，鞋子的产出减少，即 $Q_{C2}>Q_{C1}$，$Q_{S2}<Q_{S1}$。

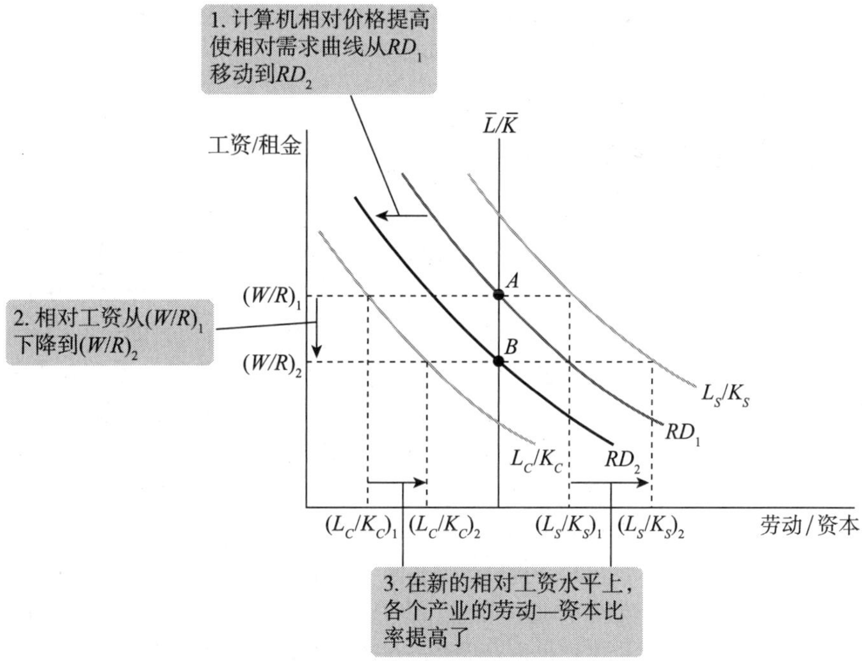

图 4-12　提高计算机相对价格对工资/租金的影响

计算机相对价格提高使整个经济体的相对劳动需求 RD_1 向计算机业的相对劳动需求 L_C/K_C 移动。新的相对需求曲线 RD_2 与相对劳动供给曲线相交于较低的相对工资 $(W/R)_2$。结果，工资相对于租金的比率从 $(W/R)_1$ 下降到 $(W/R)_2$。较低的相对工资使两个产业都提高了其劳动—资本比率，这由 L_C/K_C 和 L_S/K_S 在新的相对工资时都提高来表示。

当劳动和资本总量都固定时，两个产业的劳动—资本比率是怎么可能提高的呢？答案是，从鞋子生产中释放出来的每单位资本劳动量高于计算机生产中使用这些资本所需要的每单位资本劳动量（因为计算机生产只需要较少的每台机器工人数）。由于计算机相对价格上涨，计算机产出提高，鞋子产出下降，劳动“游离”出来并更多地被两大产业所用。用前面的相对供给和相对需求等式来表示，与计算机相对价格 P_C/P_S 提高相对应的变化为

$$\underbrace{\frac{\overline{L}}{\overline{K}}}_{\substack{\text{相对供给}\\ \text{无变化}}}=\underbrace{\underset{\uparrow}{\frac{L_C}{K_C}}\cdot\underset{\uparrow}{\frac{K_C}{\overline{K}}}+\underset{\uparrow}{\frac{L_S}{K_S}}\cdot\underset{\downarrow}{\frac{K_S}{\overline{K}}}}_{\substack{\text{相对需求}\\ \text{总量无变化}}}$$

相对劳动供给没变，因此，相对劳动需求在总量上也不变。由于相对需求的一些独立部分提高了，其他部分必定下降以保持总的相对需求不变。计算机价格提高后，由于计算机产出增加和鞋子产出减少，甚至有更多的资本用于计算机业（$K_C/\overline{K}$ 提高而 $K_S/\overline{K}$ 降低）。等式右边的权重变化减少了总的相对劳动需求（因为根据假设条件 $L_C/K_C<L_S/K_S$，必然如此）。但由于等式左边的相对劳动供给不变，另一个特征必然增加相对劳动需求：这个特征就是两国产业的劳动—资本比率都提高了。这样，相对需求仍然等于相对供给（在 B 点），同时，两国产业的劳动—资本比率都提高了。

实际工资和实际租金的确定

概而言之，我们已经发现计算机——它是资本密集型的——相对价格提高导致相对工资（W/R）降低。接着，相对工资下降导致各个产业所使用的劳动—资本比率（L_C/K_C 和 L_S/K_S）提高。本节的目的是要确定谁从这些变化中受益，谁又从这些变化中受损。基于这个目的，仅仅知道相对工资如何变化是不够的；相反，我们需要确定实际工资和实际租金的变化，即每个生产要素所能购买的鞋子和计算机数量的变化。运用我们已获得的结论，我们将较容易地确定实际工资和实际租金的变化。

实际租金的变化 由于两个产业的劳动—资本比率提高了，两个产业的边际资本产出也会提高。这是因为有更多的人与每一个资本一起工作。这个结论是从我们早先的观点中得出的。当一台机器有更多的劳动使用时，它的生产率更高，边际资本产出也会提高。在两个产业中，资本租金是由其边际产出和产品的价格决定的：

$$R=P_C\cdot MPK_C,\ R=P_S\cdot MPK_S$$

从长期来看，由于资本可以在产业间自由流动，因此产业间的资本租金是相等的。运用两个部门的边际资本产出增加这个结论，并对上面的等式进行整理

后，我们看到

$$MPK_C = R/P_C \uparrow, MPK_S = R/P_S \uparrow$$

记住，R/P_C 衡量的是用租金所能买到的计算机数量，而 R/P_S 衡量的是用租金所能买到的鞋子数量。当这两者都提高时，资本的实际租金（以任何一种产品表示）就提高了。注意，计算机是资本密集型的产业，所以，更一般的结论是：一种产品的相对价格提高有利于密集地被用于生产该产品的生产要素。

实际工资的变化 为了了解计算机价格提高时实际工资有何变化，我们再次使用两个产业的劳动—资本比率都提高这个结论。收益递减规律告诉我们，两个产业的边际劳动产出必定下降（因为每台机器上有更多的工人）。在两个产业中，工资是由边际劳动产出和产品价格决定的：

$$W = P_C \cdot MPL_C, W = P_S \cdot MPL_S$$

运用两个产业的边际劳动产出都下降这个结论，我们看到

$$MPL_C = W/P_C \downarrow, MPL_S = W/P_S \downarrow$$

因此，用工资所能买到的计算机数量（W/P_C）和用工资所能买到的鞋子数量（W/P_S）都下降了。它们的下降意味着实际工资（以任何一种产品表示）减少了，很显然，劳工的境况因计算机相对价格提高而恶化了。

我们可以用由经济学家沃尔夫冈·斯托尔珀和保罗·萨缪尔森首先推导出来的以下定理来概括我们的结论。

斯托尔珀-萨缪尔森定理（Stolper-Samuelson theorem）：从长期来看，当所有要素都可以流动时，一种产品的相对价格提高会提高密集地被用于生产该产品的要素的实际收入，降低其他要素的实际收入。

在我们的例子中，斯托尔珀-萨缪尔森定理预言，当母国开放贸易并面对较高的计算机相对价格时，母国的资本实际租金提高，而母国的实际工资下降。在外国，实际要素价格的变化恰好相反。当外国开放贸易并面对较低的计算机相对价格时，实际租金下降，实际工资提高。请记住，外国是劳动丰裕的，所以，我们的发现是，那里的劳工境况改善了，母国的劳工境况恶化了，这意味着劳动丰裕国家的工人从贸易中受益，但资本丰裕国家的工人受损。此外，资本丰裕国家（母国）的资本受益，劳动丰裕国家的资本受损。这些结论有时用赫克歇尔-俄林模型中的说法加以概括：丰裕要素从贸易中受益，稀缺要素从贸易中受损。①

实际工资和租金的变化：一个数字例子

为了解析斯托尔珀-萨缪尔森定理，我们用一个数字例子来说明针对价格变化实际工资和租金会有多大变化。假设计算机业和鞋业的数据如下：

① 这个结论是从赫克歇尔-俄林定理和斯托尔珀-萨缪尔森定理相结合中合乎逻辑地得出的。

$$\text{计算机：销售收入}=P_C\cdot Q_C=100$$
$$\text{劳动收入}=W\cdot L_C=50$$
$$\text{资本收入}=R\cdot K_C=50$$
$$\text{鞋子：销售收入}=P_S\cdot Q_S=100$$
$$\text{劳动收入}=W\cdot L_S=60$$
$$\text{资本收入}=R\cdot K_S=40$$

注意，鞋子比计算机更具有劳动密集性：鞋业中支付给劳动的总收入份额$\left(\frac{60}{100}=60\%\right)$高于计算机业的份额$\left(\frac{50}{100}=50\%\right)$。

当母国和外国开展贸易时，计算机相对价格上涨。为简便起见，我们假设这是由于计算机价格 P_C 上涨而鞋子价格 P_S 不变造成的：

$$\text{计算机：价格上涨百分数}=\Delta P_C/P_C=10\%$$
$$\text{鞋子：价格上涨百分数}=\Delta P_S/P_S=0$$

我们的目的是为了搞清楚计算机相对价格提高是如何转化为支付给劳动的工资 W 和资本租金 R 的长期变化的。记得资本租金可以由各产业的总销售收入减去给劳动的支付再除以资本量计算出来。这就给出了计算各产业租金的以下公式①：

$$\text{对计算机业，}R=\frac{P_C\cdot Q_C-W\cdot L_C}{K_C}$$
$$\text{对鞋业，}R=\frac{P_S\cdot Q_S-W\cdot L_S}{K_S}$$

计算机价格上涨了，因此，$\Delta P_C>0$，鞋子的价格不变，$\Delta P_S=0$。我们可以探索一下前面两个等式中 P_C 和 W 变化是如何影响租金的：

$$\text{对计算机业，}\Delta R=\frac{\Delta P_C\cdot Q_C-\Delta W\cdot L_C}{K_C}$$
$$\text{对鞋业，}\Delta R=\frac{0\cdot Q_S-\Delta W\cdot L_S}{K_S}$$

用这些变量变化的百分数进行计算十分便利。对于计算机业，$\Delta P_C/P_C$ 是价格变动百分数。同样地，$\Delta W/W$ 是工资变动百分数，$\Delta R/R$ 是资本租金变动百分数。我们可以把这几项引入上面的公式中，改写为：

$$\text{对计算机业，}\frac{\Delta R}{R}=\left(\frac{\Delta P_C}{P_C}\right)\left(\frac{P_C\cdot Q_C}{R\cdot K_C}\right)-\left(\frac{\Delta W}{W}\right)\left(\frac{W\cdot L_C}{R\cdot K_C}\right)$$
$$\text{对鞋业，}\frac{\Delta R}{R}=-\left(\frac{\Delta W}{W}\right)\left(\frac{W\cdot L_S}{R\cdot K_S}\right)$$

（你应该消除等式中的各项以检查它们是否与以前一样。）

现在我们把上面的鞋业和计算机业数据代入这些公式中：

① 记得由于要素的流动性，租金在各个产业是一样的，但在这里推导出计算各产业租金变化百分数的两个独立方程是有用的。

$$对计算机业，\frac{\Delta R}{R}=10\%\times\left(\frac{100}{50}\right)-\left(\frac{\Delta W}{W}\right)\left(\frac{50}{50}\right)$$

$$对鞋业，\frac{\Delta R}{R}=-\left(\frac{\Delta W}{W}\right)\left(\frac{60}{40}\right)$$

我们的目的是在给定最终产品相对价格变化的情况下找出租金和工资有多大变化，因此，我们要求解这两个方程中的两个未知数（$\Delta R/R$ 和 $\Delta W/W$）。一个好办法是把有两个未知数的两个方程变为只有一个未知数的一个方程。用一个方程减去另一个方程就可以做到，计算如下：

$$对计算机业，\frac{\Delta R}{R}=10\%\times\left(\frac{100}{50}\right)-\left(\frac{\Delta W}{W}\right)\left(\frac{50}{50}\right)$$

$$减：对鞋业，\frac{\Delta R}{R}=0-\left(\frac{\Delta W}{W}\right)\left(\frac{60}{40}\right)$$

$$等于：0=10\%\times\left(\frac{100}{50}\right)+\left(\frac{\Delta W}{W}\right)\left(\frac{20}{40}\right)$$

简化最后一行，我们得到 $0=20\%+\left(\frac{\Delta W}{W}\right)\left(\frac{1}{2}\right)$，因此，工资变动为

$$\left(\frac{\Delta W}{W}\right)=\frac{-20\%}{\frac{1}{2}}=-40\%$$

因此，当计算机价格上涨 10%时，工资下降 40%。由于工资下降，劳工再也买不起那么多台计算机（因为 W 降低和 P_C 提高，所以 W/P_C 下降）或那么多双鞋子（因为 W 下降和 P_S 不变，所以 W/P_S 下降）。换句话说，以任何一种产品衡量的实际工资都下降了，因此，劳工的境况显然是恶化了。

为了计算支付给资本的租金变化（$\Delta R/R$），我们可以把 $\Delta W/W=-40\%$代入计算制鞋部门租金变化的方程中①，租金变动为

$$\frac{\Delta R}{R}=-\left(\frac{\Delta W}{W}\right)\left(\frac{60}{40}\right)=40\%\times\left(\frac{60}{40}\right)=60\%$$

当计算机价格上涨 10%时，资本租金提高 60%，因此，租金提高得甚至比价格更多（以百分数表示）。由于租金提高的百分数比计算机价格大，于是（R/P_C）提高了：资本所有者买得起更多的计算机，即使其价格上涨了。此外，他们也买得起更多的鞋子（由于 R 提高，P_S 不变，因此 R/P_S 也提高了）。因此，以任何一种产品衡量的实际租金都提高了，资本所有者的境况显然是改善了。

要素价格长期变化的一般方程 要素价格变化的长期结果可以用以下方程概括：

$$对于 P_C 提高，\underbrace{\Delta W/W<0}_{\text{实际工资下降}}<\underbrace{\Delta P_C/P_C<\Delta R/R}_{\text{实际租金提高}}$$

① 应该检查一下，如果你把工资变化代入计算计算机部门租金变化的公式中，你能否得到相同的答案。

这就是说，计算机价格提高（10%）导致资本租金更大的提高（60%）和工资的下降（−40%）。相反，如果计算机价格下跌，则这些不等号相反，我们得到

$$\text{对于 } P_C \text{ 下降，} \underbrace{\Delta R/R<\Delta P_C/P_C}_{\text{实际租金下降}}\underbrace{<0<\Delta W/W}_{\text{实际工资提高}}$$

如果鞋子的相对价格提高了又会如何呢？从斯托尔珀-萨缪尔森定理我们知道，这个变动会有利于密集地被用于生产鞋子的劳动，有损于资本。概括鞋子价格提高时要素收入变化的方程为：

$$\text{对于 } P_S \text{ 提高，} \underbrace{\Delta R/R<0}_{\text{实际租金下降}}\underbrace{<\Delta P_S/P_S<\Delta W/W}_{\text{实际工资提高}}$$

把产品价格变化与要素价格变化联系起来的这些方程有时被称为“放大效应”，因为它们表明无论产品价格如何变化都会对要素收入产生放大效应：即使世界市场上产品相对价格只有轻微的变化也会导致两种要素的长期收入过度变化。这个结论告诉我们，有些群体——那些密集地受雇于出口产业的群体——有望支持开放一个经济体的贸易，因为出口品价格提高会增加其实际收入。但另一些群体——那些密集地受雇于进口产业的群体——有望反对自由贸易，因为进口品价格的下降会导致其实际收入下降。下面这个案例考察了不同生产要素对待自由贸易的种种态度。

案　例

对待自由贸易的种种主张

各国不时就民众对待自由贸易的态度进行民意调查。一项由全国选举研究会（NES）于1992年在美国所做的调查包括了以下问题：

> 有人建议对来自国外的进口设置限制以保护美国就业。另有人说这些限制会提高消费者价格和伤害美国出口。您是赞成或反对设置进口限制还是还没有好好考虑过这个问题？

受访者要么回答他们“赞成”设置进口限制，这意味着他们不支持自由贸易，要么回答他们“反对”限制进口，这意味着他们支持自由贸易。这些答案与受访者的特征（诸如工资、技能和所在行业）相比较如何呢？

根据特定要素模型，从短期来看我们不知道劳动从贸易中受益还是受损，但我们确实知道出口部门的特定要素受益，进口部门的特定要素受损。想一想该模型的扩展式，在该模型中，除了工资以外，劳动还赚取了所在产业的部分特定要素租金。例如，这个假设对这些农民而言是正确的，他们在农业工作并可能拥有土地；对在制造业工作的工人来说也可能是正确的，如果其薪水包括了以资本赚取的利润为基

础的奖金。在这些情况下，我们会期望出口产业的工人支持自由贸易（因为该产业的特定要素受益），但进口竞争性产业的工人会反对自由贸易（因为该产业的特定要素受损）。由此，从短期来看，工人所在行业会影响其对待自由贸易的态度。

然而，在长期的赫克歇尔-俄林模型中，工人所在产业不会受影响。根据斯托尔珀-萨缪尔森定理，出口品相对价格提高有利于密集地被用于生产出口品的生产要素，有损于其他要素，不论这些生产要素实际上在哪个产业发挥作用（记住，从长期来看，每个生产要素在不同产业赚取相同的工资或租金）。在美国，出口产业往往密集地使用熟练劳动从事研发和其他科研工作。从长期来看，出口品相对价格提高有利于熟练劳动，不论这些工人是受雇于出口导向产业还是进口竞争性产业。相反，出口品价格提高会损害非熟练劳动，不论他们受雇于什么产业。由此，从长期来看，工人的技能水平会决定其对待自由贸易的态度。

在 1992 年的全国选举研究会民意调查中，工人所在行业在解释受访者对待自由贸易的态度中是有点重要的，但他们的技能水平更为重要。① 就是说，出口导向产业的工人赞成自由贸易的可能性稍大一点，而进口竞争性产业的工人赞成限制进口的可能性稍大一点，但这种统计关系并不很强。一个更重要的决定对待自由贸易态度的因素是工人的技能水平，一般用工资或受教育年限来衡量。工资较低或受教育年限较短的工人更可能赞成限制进口，而工资较高和受教育年限较长的工人更可能赞成自由贸易。这个发现表明，像赫克歇尔-俄林模型所预言的那样，这项调查的受访者是根据其长期收益来回答问题的，而不像特定要素模型所预言的那样，是根据短期的所在行业来回答的。

然而，对于这些发现还有一个有趣的扩展。该项调查还询问了受访者是否拥有房产。结果表明，那些拥有房产并且其房产所在地的当地产业面临大量进口竞争的受访者更有可能反对自由贸易。与之相应的例子是东北部各州的城镇中受雇于纺织工厂的人们，或者是中西部各州在汽车、钢铁以及其他重工业中工作的人们。但是，那些拥有房产并且其房产所在地的产业从出口机会中获益（比如波士顿、硅谷或者加利福尼亚的高科技产业区）的人们更有可能支持自由贸易。我们可以把房产看成是一种特定要素，因为房产不能移动。这样，从全国选举研究会（NES）进行的这部分调查中所得出的观点就与短期特定模型相一致：人们十分在意其房产的资产价值，这正如我们在模型中所描述的特定要素的所有者们会在意其凭借拥有生产要素所赚取的租金。

4.4 结　论

赫克歇尔-俄林模型是在解释贸易模式中使用最广泛的模型之一。它把不同

① See Kenneth F. Scheve and Matthew J. Slaughter, 2001, "What Determines Individual Trade-Policy Preferences?" *Journal of International Economics*, 54, 267 - 292.

国家要素禀赋差异的影响独立出来，并确定了这些差异性对贸易模式、相对价格和要素报酬的影响。很显然，这种方法是对我们在李嘉图模型中看到的技术差异决定贸易模式观点的一个重要背离，也是对我们在第3章中所学习的短期特定要素模型的一个背离。

本章考察赫克歇尔-俄林定理的实证检验，即检验国家是否真正出口密集使用其丰裕要素的产品。经济学家里昂惕夫首先提出对赫克歇尔-俄林定理的质疑：第二次世界大战之后的1947年，美国出口相对较多的劳动密集型产品。虽然这似乎与赫克歇尔-俄林定理相悖，但是考量劳动力和资本等要素的生产率之后，以有效要素禀赋来衡量，我们发现，美国有效劳动力资源非常丰裕，同时美国的资本也很丰裕。1947年美国的劳动力密集型产品和资本密集型产品都有优势，因而非但没有"悖论"，反而契合赫克歇尔-俄林定理。

通过产品的要素密集度（比如资本和劳动力相对投入量），赫克歇尔-俄林定理可以清晰地指明开展贸易之后哪一方受益、哪一方受损。在特定要素模型中，一种产品价格提高将导致其密集投入的生产要素受益，其他要素受损，劳动力的实际工资变化不明确。相比之下，在赫克歇尔-俄林模型中，贸易之后相对价格上升的出口品密集使用的生产要素受益，其他要素受损。在只有两种要素且要素在国家之间完全流动的假设下，可以清晰判断长期而言哪一方受益、哪一方受损。

要　点

1. 在赫克歇尔-俄林模型中，我们假设不同国家的技术是一样的，各国之所以进行贸易，是因为各国可获得资源（劳动、资本和土地）有差别。

2. 赫克歇尔-俄林模型是一个长期分析框架，因此，劳动、资本和其他要素可以在产业间自由流动。

3. 在两种产品、两种要素和两个国家的情况下，赫克歇尔-俄林模型预言一国会出口密集地使用其丰裕要素生产的产品，进口其他产品。

4. 对赫克歇尔-俄林模型的首次检验是由里昂惕夫利用1947年数据所做的，该检验发现美国出口品与其进口品相比不是资本密集的而是劳动密集的。这是一个悖论性的发现，因为美国是资本丰裕的。

5. 赫克歇尔-俄林模型中各国间技术水平相同的假设不符合现实。现行的研究放宽了赫克歇尔-俄林定理的假设条件：多种要素、多个国家；生产要素不同。1947年的数据在纳入生产率之后，我们发现，美国有效劳动力资源丰富，所以没有所谓的"里昂惕夫悖论"。

6. 根据斯托尔珀-萨缪尔森定理，一种产品的相对价格提高会使劳动和资本的实际收入以反方向运动：密集地被用于其相对价格提高的产业的要素的实际收入提高了，而其他要素的实际收入会下降。

7. 把赫克歇尔-俄林定理和斯托尔珀-萨缪尔森定理放在一起，我们可以推断一国丰裕要素从开放贸易中受益（因为出口品相对价格提高了），而其稀缺要素从开放贸易中受损。

关键术语

赫克歇尔-俄林模型	该要素稀缺
要素密集度逆转	有效劳动力
自由贸易均衡	有效要素禀赋
赫克歇尔-俄林定理	该有效要素丰裕
里昂惕夫悖论	该有效要素稀缺
该要素丰裕	斯托尔珀-萨缪尔森定理

习　题

1. 本题运用赫克歇尔-俄林模型来预测贸易方向。考虑加拿大和印度的手工地毯和装配线机器人生产。

a. 你预计哪国是相对劳动丰裕的？哪国是相对资本丰裕的？为什么？

b. 你预计哪个产业是相对劳动密集的？哪个产业是资本密集的？为什么？

c. 给定你对 a 和 b 的答案，画出每个国家的生产可能性边界。假设两国的消费者偏好是一样的，把它们的无差异曲线和相对价格线（无贸易）添加到你的 PPF 图中。关于贸易方向，这两条价格线的斜率告诉了你什么？

d. 考虑国家间的贸易，重新画出上面的图形，并包括每个国家的“贸易三角形”。识别并标出表示进口或出口的三角形的高和底。

2. 里昂惕夫悖论是一个用实际数据资料检验贸易模式的例子。如果里昂惕夫观察到每 100 万美元美国出口所需要的劳动量是 100 人一年而不是 182 人一年，他会得出相同的结论吗？解释理由。

3. 假设在母国的鞋子生产中发生了巨大的技术改进，以致鞋厂几乎完全可以用计算机辅助机器进行运作。考虑母国的下列数据：

计算机：销售收入 $=P_C \cdot Q_C=100$

给劳动的支付 $=W \cdot L_C=50$

给资本的支付 $=R \cdot K_C=50$

价格上涨百分数 $=\Delta P_C/P_C=0$

鞋子：销售收入 $=P_S \cdot Q_S=100$

给劳动的支付 $=W \cdot L_S=5$

给资本的支付 $=R \cdot K_S=95$

价格上涨百分数 $=\Delta P_S/P_S=50\%$

a. 哪个产业是资本密集的？假若某些产业在某些国家是资本密集的，而在另一些国家是劳动密集的，这是一个理性的质疑吗？

b. 给定所提供数据中的产出价格变化百分数，计算资本租金变化的百分数。

c. 与劳动工资相比较，上述变化的程度如何？

d. 以实际收入衡量，哪种要素受益了？哪种要素受损了？这些结果与斯托尔珀-萨缪尔森定理相一致吗？

4. 运用本章的信息，假定母国的规模翻了一番而外国保持不变，表示出母国资本和劳动的等比例增长会改变计算机相对价格、工资、资本租金和贸易量，但不会改变贸易模式。

5. 用类似图 4-12 的图形表示出外国的计算机相对价格下降效应。工资相对于租金的比率有何变化？各个产业的劳动—资本比率都提高了吗？请说明理由。

6. 假设当俄罗斯开放贸易时，它进口汽车，这是一种资本密集型产品。

a. 根据赫克歇尔-俄林定理，俄罗斯是资本丰裕的还是劳动丰裕的？简要说明理由。

b. 开放贸易对俄罗斯的实际工资有何影响？

c. 开放贸易对实际资本租金有何影响？

d. 哪个群体（资本所有者或劳工）会支持自由贸易政策？简要说明理由。

7. 在图 4-3 中，我们展现了从无贸易均衡 *A* 点移动到计算机相对价格较高的贸易均衡是如何形成一条向上倾斜的出口供给曲线的，见（b）图中的 *A* 点到 *D* 点。

a. 假设在（a）图中计算机相对价格继续上涨，标出在几个较高价格上的生产点和消费点。

b. 在（b）图中，延伸出口供给曲线以表示出在较高的计算机相对价格上的出口数量。

c. 当计算机价格足够高时，出口供给曲线有何变化？你能解释为何会这样吗？提示：一国的出口品相对价格提高意味着该国变富了，因为其贸易条件改善了。试解释这如何会随着其价格上涨而导致出口的减少。

8. 2013 年 3 月 2 日，塔吉克斯坦成功加入世界贸易组织。之后，西欧一些国家转而开始与塔吉克斯坦开展贸易。根据斯托尔珀-萨缪尔森定理，这种转变对于西欧国家技术不熟练的劳动工人将产生什么影响？对塔吉克斯坦呢？

9. 第 9 题表中是根据两位数的美国海关商品编码（HTS）分类统计的进口品和出口品数据。哪些商品与赫克歇尔-俄林定理契合？哪些相悖？

第 9 题表

HTS 编码	产品	出口额（十亿美元）	进口额（十亿美元）
22	饮料	6.4	19.2
30	医药	38.0	64.1
52	棉花	8.2	1.1
61	服装	1.4	41.1
64	鞋类	0.8	23.7

续前表

HTS 编码	产品	出口额（十亿美元）	进口额（十亿美元）
72	钢铁	22.0	29.0
74	铜	9.3	10.2
85	电气设备	105.0	289.0
87	汽车	122.3	240.0
88	飞机	95.8	24.2
94	家具	8.7	44.3
95	玩具	4.4	27.0

资料来源：美国商务部和国际贸易委员会。

10. 第 10 题表是 2010—2011 年大豆产量、生产率和贸易的数据。

第 10 题表

国家	生产率（公吨/公顷）	产量（十万公吨）	出口（十万公吨）	进口（十万公吨）
澳大利亚	1.71	0.29	0.025 0	0.007
巴西	3.12	748.20	258.000 0	1.180
加拿大	2.75	42.50	27.800 0	2.420
中国	1.89	144.00	1.640 0	570.000
法国	2.95	1.23	0.240 0	5.420
日本	1.60	2.19	0.000 6	34.600
墨西哥	1.32	2.05	0.001 0	37.700
俄罗斯	1.48	17.60	0.008 0	10.700
美国	2.79	831.00	423.000 0	4.450

资料来源：联合国粮农组织。

a. 哪些国家的土地得益于大豆自由贸易？请说明理由。

b. 哪些国家的土地从大豆自由贸易中受损？请说明理由。

c. 哪些国家的大豆自由贸易行动对地租的影响很小或没有？请说明理由。

11. 根据赫克歇尔-俄林模型，两国可以通过国际货物贸易或允许熟练和非熟练劳动在两国间自由流动使工资差距均等化。讨论这是否正确，并说明理由。

12. 根据有两种要素（资本和劳动）和两种产品的标准赫克歇尔-俄林模型，土耳其向德国移民会减少在德国生产的资本密集型产品数量。讨论这是否正确，并说明理由。

网络练习

登录网站 http：//www.youtube.com/watch?v=ittvWwCS5QI，查看新百伦位于缅因州斯科希甘（Skowhegan）的制鞋工厂，这个工厂制造什么样的鞋？什么是“Super Team 33”系列？

第 5 章 国家间的劳动力与资本流动

本章内容提要

5.1 国家间的劳动力流动：移民
5.2 国家间的资本流动：对外直接投资
5.3 劳动和资本流动所得
5.4 结论

面对日益增强的不同政见、住房和工作短缺以及急剧衰退的经济，古巴总理菲德尔·卡斯特罗于1980年4月4日从在哈瓦那的秘鲁大使馆撤走了卫队……在卫队被撤走后不到48个小时，大群的古巴人涌入了郁郁葱葱的秘鲁大使馆庭院，要求避难…… 4月中旬，卡特总统签发了一份总统备忘录允许最多3 500名难民在美国避难……但当4月21日难民开始抵达佛罗里达海滩时，卡特政府被惊呆了——难民数量最终达到了125 000人。

——朱迪·希尔弗斯坦，《马列尔的回忆，20年后》①

如果你是一名留学生，希望在美国从事科技事业，或者你是一名外国企业家，希望在美国开办一家企业，我们希望在此为您提供帮助。因为如果你成功了，你就为美国创造了一家企业，为美国创造了就业岗位，同时还促进了美国经济的增长，壮大了美国的中产阶级。

——美国总统贝拉克·奥巴马，拉斯韦加斯德儿索尔高中，2013年1月29日

① Judy L. Silverstein, "Memories of Mariel, 20 Years Later," *U. S. Coast Guard Reservist*, 47 (3), April/May 2000, electronic edition.

从1980年5月到9月，一船船从古巴来的难民抵达佛罗里达迈阿密。出于政治原因，菲德尔·卡斯特罗允许他们在那个简短的时期内自由地离开古巴马列尔港口。在著名的马列尔偷渡事件中，有125 000名左右难民涌入迈阿密，使这座城市的古巴人口增加了20%，总人口增加了7%。1980年夏，众多难民普遍失业使许多人预期，马列尔移民会压低迈阿密其他工人的工资。

毫不奇怪，这些难民比迈阿密其他工人的技术水平低，看看他们的工资就可以证实这一点：这些移民最初比迈阿密的其他古巴人少挣了三分之一。然而，令人惊奇的是，这些低技能难民的涌入似乎并没有压低迈阿密其他非熟练工人的工资。[①] 在这个时期，尽管来自古巴的工人大量涌入，但迈阿密非熟练工人的工资基本随全国水平变化。这个发现似乎与供求基本理论的预言相矛盾——较多的工人供给应该压低其工资，限制移民将提高当地工人的工资。迈阿密的工资没有对马列尔难民涌入做出反应，这个事实需要做出解释，这是本章的一个目的。

类似的结果也发生在一个更新的突发性移民例子中，1989年后苏联放松了离境限制，俄罗斯犹太人向以色列移民。从1989年末到1996年，大约670 000名俄罗斯犹太人移居到以色列，使以色列人口增加了11%，劳动力增加了14%。由于俄罗斯移民比既有的以色列人口技能水平高，因此，这个移民潮格外引人注目。但是，尽管移民蜂拥而入，20世纪90年代以色列熟练工人的相对工资实际上都提高了。仔细研究这个事件可以发现，俄罗斯移民对其他熟练工人工资的影响甚微或没有任何负面影响。[②]

这些移民是不同类型的工人——古巴工人是低技能的，而俄罗斯移民是高技能的——但他们有一个共同的结果，即工人的大量涌入不一定压低他们定居的地区的工资。在其他大规模移民的例子中——比如在19世纪到20世纪期间发生的欧洲向美洲的移民——工资确实因移民流入而降低了。因此，马列尔偷渡和俄罗斯向以色列的移民应该被视为特例：它们是供求经济原理没有像我们所预期的那样发挥作用的例子。

在本章，我们从解释入境移民导致工资降低（像我们通常预期的那样）的例子着手学习国家间的劳动流动。我们所用的模型是**特定要素模型**（specific-factors model），这是在第3章中介绍过的短期模型。该模型允许劳动在产业间流动，但保持资本和土地特定于每个产业。为了研究移民问题，我们允许劳动在国家间和产业间流动，同时仍然保持资本和土地特定于每个产业。

接着，我们运用第4章的长期赫克歇尔-俄林模型，在该模型中资本和土地也可以在产业间流动。从长期来看，劳动增加不会降低工资，如古巴难民从马列尔偷渡到迈阿密和俄罗斯向以色列移民的例子所示。我们之所以得到这个结论，是因为各个产业有更多的时间通过调整产量来对工人的流入做出反应。结果，通过对产业产量的充分调整，该经济体能在不改变既有工人工资的情况下吸收新的工人。

① See David Card, 1990, "The Impact of the Mariel Boatlift on the Miami Labor Market," *Industrial Labor Relations Review*, 43 (2), January, 245-257.

② See Neil Gandal, Gordon Hanson, and Matthew Slaughter, 2004, "Technology, Trade, and Adjustment to Immigration in Israel," *European Economic Review*, 48 (2), 403-428.

对这个令人惊奇的结果的这种解释依赖于各个产业能在国际市场上出售其产出这个假设条件。

为了给出这个长期性解释如何起作用的简要思想，考虑一下熟练科学家和工程师从俄罗斯移民到以色列的例子。以现行工资雇用这些数量众多的工人的唯一办法是增加以色列公司从事的科研和工程项目。但这些新项目的需求从何而来呢？光靠以色列自己是不可能产生这个需求的，需求可能还需要来自以色列向世界其他国家的出口。那么我们看到，以色列使用熟练移民出口品的能力对我们的解释是必要的：有了国际需求，以色列有可能在不降低工资的情况下雇用全部俄罗斯移民从事出口活动。同样地，在低技能的古巴移民涌入迈阿密的情况下，他们中的许多人可以在纺织服装业或农业工作，是佛罗里达出口这些产品的能力使得这些工人能以现行工资得以雇用。

移民对于工资的长期影响和短期影响不同。本章将介绍这一内容，并且探讨政府的移民政策。放宽或收紧移民政策是每个国家管制政策的重要组成部分。奥巴马总统 2013 年开始第二任期之后，他的一个目标便是移民政策改革。本章将详述为什么美国需要改革移民政策、移民政策改革的目标又是什么。

在学习了当劳动在国家间流动时短期内会发生什么变化和长期内会发生什么变化后，我们再学习国家间的资本流动（称为对外直接投资）效应。当一国的某家公司在另一国拥有一家公司时对外直接投资就发生了。在讨论了劳动力或资本在国家间的流动对东道国和目标国以及全世界的利得后，我们对本章做了总结。

5.1 国家间的劳动力流动：移民

我们从描述马列尔偷渡和俄罗斯犹太人向以色列移民的劳动力迁徙例子开始。在这两个例子中，考虑的都是劳动力从外国向母国流动这样一种迁徙。这种劳动力流动对母国支付的工资有何影响？为了回答这个问题，我们将运用第 3 章的结论，在那里我们考察了支付给劳动的工资和支付给资本和土地的租金是如何由所生产的产品价格决定的。产品价格本身是由世界市场的供给和需求决定的。在下面的分析中，我们把产品的价格视为固定的，并研究母国工资和支付给资本和土地的租金是如何随着劳动力在国家间的流动而变化的。

短期的移民效应：特定要素模型

我们从分析短期效应开始考察国际要素流动效应。短期即只有劳动力可以在母国产业间流动而土地和资本是固定的；如第 3 章所述，这被称为特定要素模型。嗣后，我们考察当所有要素都可以在母国产业间流动时的长期效应。

工资的决定 特定要素模型运用我们在第 3 章所用的图形来决定支付给劳动的均衡工资。图 5－1 中的横轴度量的是该经济体的劳动总量 $\overline{L}$，它由制造业使用的劳动量 L_M 和农业使用的劳动量 L_A 构成：

$$L_M+L_A=\overline{L}$$

在图 5-1 中，制造业使用的劳动量 L_M 是从左（0_M）往右度量的，农业使用的劳动量 L_A 是从右（0_A）往左度量的。

图 5-1 中的两条曲线表示各个部门的边际劳动产出乘以该部门的价格（P_M 或 P_A）。$P_M \cdot MPL_M$ 的形状是向下倾斜的，因为随着制造业使用的劳动增加，该产业的边际劳动产出下降，其工资下降；农业的 $P_A \cdot MPL_A$ 的形状是向上倾斜的，因为我们在该图中是从右往左度量农业使用的劳动量 L_A 的：随着农业使用的劳动增加（从右往左移动），农业的边际劳动产出下降，其工资下降。

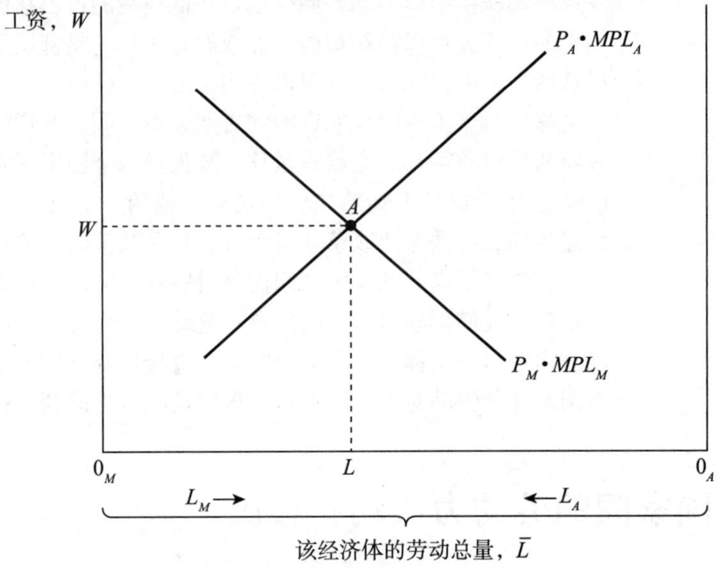

图 5-1　母国劳动力市场

母国工资是由 A 点决定的，制造业和农业的边际劳动产出曲线 $P_M \cdot MPL_M$ 和 $P_A \cdot MPL_A$ 相交于该点。制造业使用的劳动量是从原点 0_M 出发由左往右度量的，农业使用的劳动量是从原点 0_A 出发从右往左度量的。在 A 点，0_ML 单位劳动被用于制造业，0_AL 单位劳动被用于农业。

均衡工资位于 A 点，在图 5-1 中，这是边际产出曲线 $P_M \cdot MPL_M$ 和 $P_A \cdot MPL_A$ 的交点。在该点有 0_ML 单位劳动被用于制造业，该产业的厂商愿意支付工资 $W=P_M \cdot MPL_M$。此外，有 0_AL 单位劳动被用于农业，农场主愿意支付工资 $W=P_A \cdot MPL_A$。由于工资在这两个部门是相等的，因此，劳动力不会在它们之间流动，母国劳动力市场处于均衡之中。

在外国，类似的图形也一样适用。我们没有画出该图，但假设外国的均衡工资为 W^*，它低于母国的 W。例如，该假设适用于为赚取更高工资和享有更多自由而流动到迈阿密的古巴难民以及迁徙到以色列的俄罗斯移民。这种工资差异的结果是，外国工人想移民到母国，母国劳动力会增加 ΔL，它反映了移民的数量。

移民对母国工资的影响　移民效应如图 5-2 所示。由于母国的工人数量增加了 ΔL，我们把横轴的长度从 $\overline{L}$ 增加到 $\overline{L}'=\overline{L}+\Delta L$。横轴上最右边的点，即农业部门的原点 0_A，往右移动了 ΔL。由于这个原点往右移动，农业的边际产出曲线 $P_A \cdot MPL_A$ 也随之右移（因为边际劳动产出曲线是相对于原点画出的）。因此，该曲线也往右恰好移动了 ΔL，ΔL 是母国劳动力的增加量。制造业的边际劳动产出曲线 $P_M \cdot MPL_M$ 没有移动，因为制造业的原点 0_M 没有变化。①

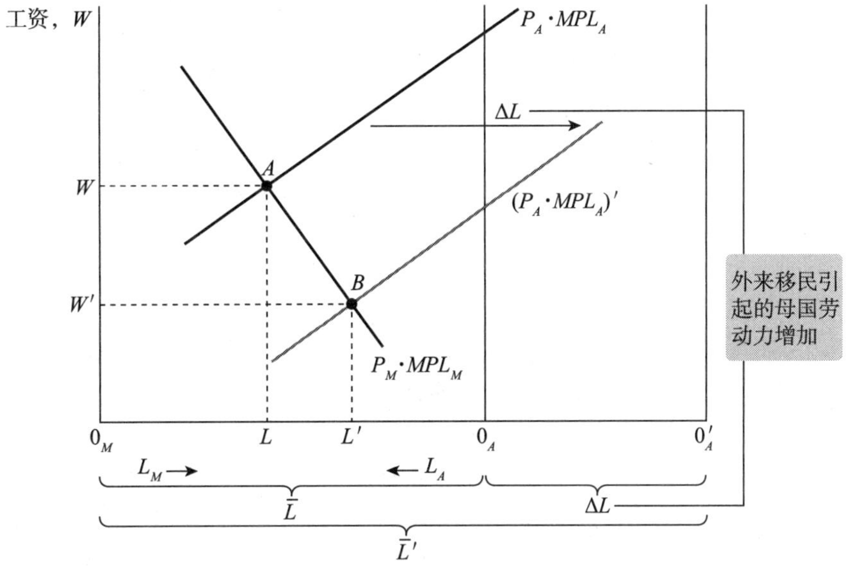

图 5-2　母国劳动力增加

当母国的劳动量增加 ΔL 时，农业的原点往右移动了同样的数量，从 0_A 移动到 $0_A{}'$。农业的边际劳动产出曲线也往右移动了 ΔL。现在，母国劳动力市场在 B 点处于均衡：工资下降到 W'，制造业使用的劳动量增加（至 $0_ML'$），农业使用的劳动量增加（至 $0_A{}'L'$）。

新的母国均衡工资是在 B 点，这是两条边际产出曲线的交点。在这个新的均衡中，工资降低了。请注意，抵达母国的新增工人数 ΔL 是在农业和制造业间分担的：制造业雇用的工人数现在是 $0_ML'$，多于 0_ML，农业雇用的工人数是 $0_A{}'L'$，也高于 0_AL。② 由于两个部门都雇用了更多的工人，而资本和土地的数量固定不变，两个产业的工资因边际劳动产出递减而下降。

现在我们明白了，特定要素模型预言，劳动力流入会降低工人抵达国的工资。这个预言已为许多大规模外来移民的例子所证实，正如以下这个案例所描述的那样。

案　例

移民到新世界

在 1870—1913 年间，大约 3 000 万欧洲人离开位于“旧世界”的家园迁徙到

① 相反，如果我们把劳动加到图形的左边，则制造业的原点和边际产出曲线会发生移动，农业的原点和边际产出曲线保持不变，产生与图 5-2 一样的最终结果——工资下降，两个产业都使用更多的劳动。

② 我们知道农业雇用的工人数增加了，因为制造业雇用的工人数从 0_ML 增加到 $0_ML'$，其增加量少于总的劳动增加量 ΔL。

北美、南美及澳大利亚的"新世界"。由于外来移民，阿根廷的人口增加了60%，澳大利亚和加拿大的人口增加了30%多。外来移民使美国的人口增加了17%（美国吸收的移民最多，超过1 500万）。移民离开旧世界是为了到新世界寻求机遇，最主要的是为了获取更高的实际工资。在图5-3中，我们展现了欧洲国家的平均实际工资指数和新世界的平均实际工资指数（美国、加拿大和澳大利亚的平均数）。① 1870年，新世界的实际工资几乎是欧洲的3倍——120对40。

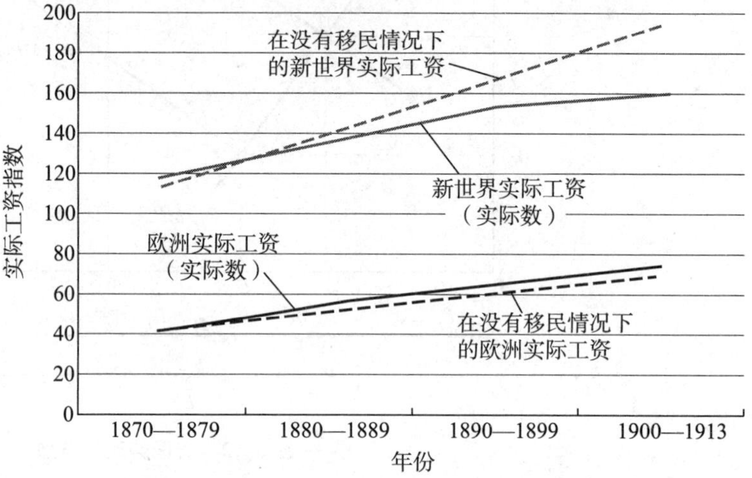

图5-3 欧洲和新世界的工资

从欧洲向美洲和澳大利亚新世界的大规模移民缩小了两地间的工资差距。1870年，新世界的工资几乎是欧洲的3倍。而到了1910年，大约为2倍。相对于没有移民的情况，移民还减缓了新世界的工资增长，使得欧洲工资增长略有加快。

资料来源：Alan M. Taylor and Jeffrey G. Williamson，1997，"Convergence in the Age of Mass Migration," *European Review of Economic History*，1，April，27-63.

从长期来看，两地的实际工资都因资本积累导致边际劳动产出的提高而增长。但由于向新世界的大规模移民，那里的工资增长较慢。到1913年第一次世界大战爆发前夕，新世界的工资指数为160，因此，在43年中实际工资增长了(160－120)/120＝33%。然而，在欧洲，1913年的工资指数达到了75，在43年中增长了（75－40)/40＝88%。1870年，新世界的实际工资是欧洲的3倍，但到了1913年，工资差距大大缩小了，新世界的工资仅为欧洲的2倍。因此，大规模移民导致了大陆间的实际工资趋于"收敛"。

在图5-3中，我们还展示了如果没有发生移民情况下的实际工资估算值。这些估算值是通过计算有资本积累而无移民条件下的边际劳动产出增长而得到的。把真实的实际工资与没有移民情况下的估算值相比较，我们发现新世界的工资增长因外来移民（工人抵达）而减缓了，而欧洲的工资增长则由于移民外迁（工人离开）而略有加快。

① Alan M. Taylor and Jeffrey G. Williamson，1997，"Convergence in the Age of Mass Migration," *European Review of Economic History*，1，April，27-63.

案　例

☞ 今日之美国与欧洲的外来移民

数量最大的移民不再是从欧洲向新世界的移民。取而代之的是，一旦有可能，发展中国家的工人向欧盟和北美洲较富裕的国家移民。① 在许多情形中，外来移民包括了非熟练工人和熟练工人的组合。在 20 世纪 60 年代和 70 年代，一些欧洲国家主动录用外来工人，在联邦德国称为“外籍劳工”，以填补非熟练岗位的劳动短缺。这些外国工人中的许多人在德国滞留了许多年，甚至滞留了几代。因此，他们不再是“外籍劳工”，而是长期居民。1994 年年底，大约有 210 万名外国人被西方国家雇用，其中土耳其、南斯拉夫、希腊和意大利人最多。

通过扩张，欧盟已经囊括欧洲大部分国家。从理论上而言，欧盟内部国家之间可以自由移民。但是，欧盟一些国家难以吸收大量外来移民，无论这些移民是来自欧盟内部，还是来自欧盟外部。以最近的北非移民为例，2011 年到 2012 年，大约 5.8 万名难民为躲避非洲战乱，乘坐小船，到达意大利兰佩杜萨岛。这些难民的涌入并不像本章开篇提到的马列尔难民在美国的情形。北非难民的涌入促使欧盟国家收紧免签旅行政策。如**新闻提要“欧洲对边境控制的呼声”**中的描述，虽然难民中的一些家庭或朋友住在法国，但是法国政府并不欢迎这些难民从意大利移到法国投亲靠友。

美国官员普遍有一种观点：现行的移民制度已经不起作用了，需要改革。2013 年，美国国会对新的移民法案展开辩论。如**新闻提要“移民改革对经济的意外影响”**中的描述，新法案面临着几个问题，既有涉及合法移民的问题，也有涉及非法移民的问题。

新闻提要

☞ 欧洲对边境控制的呼声

2011 年，时任法国总统萨科齐以及意大利总理贝卢斯科尼呼吁限制欧盟国家之间的免签证旅行，以应对大量北非难民涌入意大利兰佩杜萨岛的问题。

萨科齐和贝卢斯科尼周二将推行部分边境管控。这一举措将阻止欧洲融合过程，同时有碍 25 个国家之间每年 4 亿人的免护照自由旅行。

关系紧张数周之后，法国总统和意大利总理在罗马举行会议，商讨如何应对 2.5 万多名北非移民因躲避战乱涌入欧洲的问题。这些移民，大部分是突尼斯

① 如在第 1 章中所讨论的那样，当移民不得进入高工资国家时，也会有大量的亚洲、拉丁美洲和非洲内部移民。

人，虽然停留在兰佩杜萨岛等意大利岛屿，但是大部分希望到法国投亲靠友，寻找工作。

本月初，贝卢斯科尼政府发放临时居留签证给难民，根据《申根协议》允许他们进入其他欧盟国家。意大利的做法激怒了包括法国在内的数个欧盟国家。意大利副首相表示，政府周日已经发放了大约 8 000 个居留证，预计这个数字将上升到 1.1 万个。

《申根协议》于 1995 年生效，允许到欧盟大部分国家、瑞士、挪威和冰岛等国家免护照旅行。但是，意大利发放的临时签证只有在当事人能够养活自己的情况下才合法，法国警察这几天已经拒绝了一批难民入境。

4 月 17 日，法国政府甚至拒绝文蒂米利亚边境火车的进入，抗议意大利政府的行为。法国《世界报》的一篇文章指出：意大利和法国之间的关系从没有这样紧张过。

然而，两国领导人最终在极右政治势力的压力之下达成一致，同意修正《申根协议》，重启部分边境检查站，以应对"特殊情况"。

资料来源：John Hooper and Ian Traynor, "Sarkozy and Berlusconi to call for return of border controls in Europe," *The Guardian*, April 25, 2011, electronic edition, Copyright Gardian News & Media Ltd. 2011.

新闻提要

☞ 移民改革对经济的意外影响

2013 年，美国正在就移民改革展开辩论。乔瓦尼·佩里（Giovanni Peri）教授介绍了移民改革应该遵循的三个基本原则。他认为，允许企业竞拍临时工作签证，美国可以从高科技移民人数的增加中受益。

几个月唇枪舌剑的争论之后，移民改革已经触手可及。尽管大部分争论围绕政策变动之后的直接短期影响，但是长期目标应该是促进未来美国 40 年经济持续发展。

移民改革争论的核心包括：在补交税费款项的前提下，给予没有登记在册的移民合法身份。从经济角度看，这个问题可能只产生较小的影响，特别是在短期内。但是，如果我们不恰当地处理新移民，非法移民问题将会挥之不去。重新整顿移民体系，遵循以下三个基本原则，将会获得巨大的经济利益：

第一，简化。现有移民体系冗杂，积重难返。过去的一些规定（比如每年每个国家到美国的移民不能超过美国移民总数的 7%）有些武断，没有效率，推延移民流入……政府为临时和永久工作签证设置总的目标和简单规定，平衡"技术熟练"工人和"技术非熟练"工人的数量，则更为合理。但是，政府不应该管制具体职业的签证、规定和限制。雇主竞争雇用移民，最能够筛选出其最需要的雇员。

第二，临时工作签证应该根据劳动力市场需求进行调整。现在，临时签证数量的限制没有顾及经济的具体状况，应该更改。在市场需求较高的时候，在经济利益的刺激下，雇主可能绕过限制政策，雇用的非法移民数量很大……我们建议，企业之间可以交易临时签证，由政府通过拍卖把名额发放给企业。这样一种"上限和交易"的体系可以确保效率。拍卖价格的高低反映市场需求状况，政府可以据此做出调整。

第三，科学家、工程师和创新人才是经济发展和经济效益提高的主要推动力……根据 1 月发布的一份研究，1990—2010 年，美国每年生产率增加中，10%～20%来自持 H-1B 签证的高技术人才移民。美国高技术人才移民提高人均 GDP 4 个百分点，2010 年提高总产出达 6 150 亿美元。

资料来源：Giovanni Peri，"The Economic Windfall of Immigration Reform，" *The Wall Street Journal*，February 13th 2013，p. A15. Reprinted with permission of The Wall Street Journal，Copyright © (2013) Dow Jones & Company，Inc. All Rights Reserved Worldwide.

据估计，美国生活着大约 1 200 万名非法移民，大部分来自墨西哥。加强边境管控是移民政策的一个目标，但是仅仅强调这个目标就会忽视大部分移民都是合法的事实。

希望移民到美国的申请者有时候需要等待很长时间，这是因为根据美国法律，每年每个国家到美国的移民不能超过美国移民总数的 7%。**新闻提要"移民改革对经济的意外影响"**的作者乔瓦尼·佩里指出，企业应该被允许通过竞争雇用移民。比如，企业可以竞拍临时工作签证，获得签证之后，还可以转手卖给其他企业。[①] 依此方式，工作签证将会落到最需要的企业手中，从而提高移民流动的效率。

这样的工作签证拍卖方式可以被应用到季节性农业工人的移入中，其中一些拿到 H-2A 签证进入美国。签证拍卖也可以被应用到针对工程师、科学家等高科技行业从业人员的 H-1B 签证发放中。H-1B 签证计划由克林顿政府开始推行，旨在吸引科技人才移民美国，现在仍在实施。根据上面提到的新闻提要，美国每年生产率增长中，10%～20%来自持 H-1B 签证的高技术人才移民。那些高中学历以下教育水平的移民中，大部分是非法移民，但是我们难以确定具体人数。我们知道，美国本土出生工人中，高中辍学人数很少：美国本土出生工人中，只有 8%学历水平低于高中，如图 5－4 第一个柱所示。尽管非法移民问题吸引眼球，但是这部分移民只影响到很少一部分美国人。

当我们看到接下来的柱时，情况就大不一样了。大部分美国本土出生工人（82%，如图 5－4 所示）学历水平位于高中至大学本科学历之间。但是，这样学历水平的移民占同等学历总劳动力人数的比例很小，为 10%～15%（剩下的是美国本土出生的工人）。因而，在这段学历水平中，移民对美国本土出生的工人的影响不是很大。

---

① 更详细的内容，参阅：Giovanni Peri，"Rationalizing U. S. Immigration Policy：Reforms for Simplicity，Fairness，and Economic Growth，" Discussion Paper 2012－01，The Hamilton Project，Washington D. C. May 2012。相关视频参阅网址：http：//www. hamiltonproject. org/multimedia/video/u. s. _ immigration _ policy _ － _ roundtable _ a _ market-based _ approach _ to _ immigr/。

如最右边三个柱所示，美国本土出生工人中，10%获得研究生以上学历。在这个高学历群体中，国外出生研究生学历移民占了美国同等学历工人数量的16%，国外出生博士移民接近30%，理工科博士的比重更高，接近40%（只有约60%在美国本土出生）。总之，从图5-4中我们可以看到，在最低学历和最高学历中，来自国外移民的竞争更加激烈，中间学历则面临较少的竞争。我们从图5-4应该得到的结论是，进入美国的非法移民主要与受教育最少的工人竞争，而合法移民主要与受教育最高的工人进行竞争。

如果我们把特定要素模型加以扩展，假设把劳动力按受教育水平分为几种类型，但仍然把资本和土地视为固定不变的，则外来移民对受教育最少和受教育最多的美国工人的工资所产生的负面影响是最大的。这个结论与外来移民对美国工资的影响数据相吻合：1990—2006年，外来移民导致高中学历之下的工人的工资下降了7.8%，导致研究生以上学历工人的工资下降了4.7%。但是，外来移民对绝大多数美国工人（中间学历水平）的影响小得多，只下降了2.2%。受过少于四年大学教育的人的工资下降不足1%。因此，如本章后面所述，外来移民对工资的负面影响对大多数工人是非常轻微的，当资本在产业间流动时，这种影响可以被抵消。

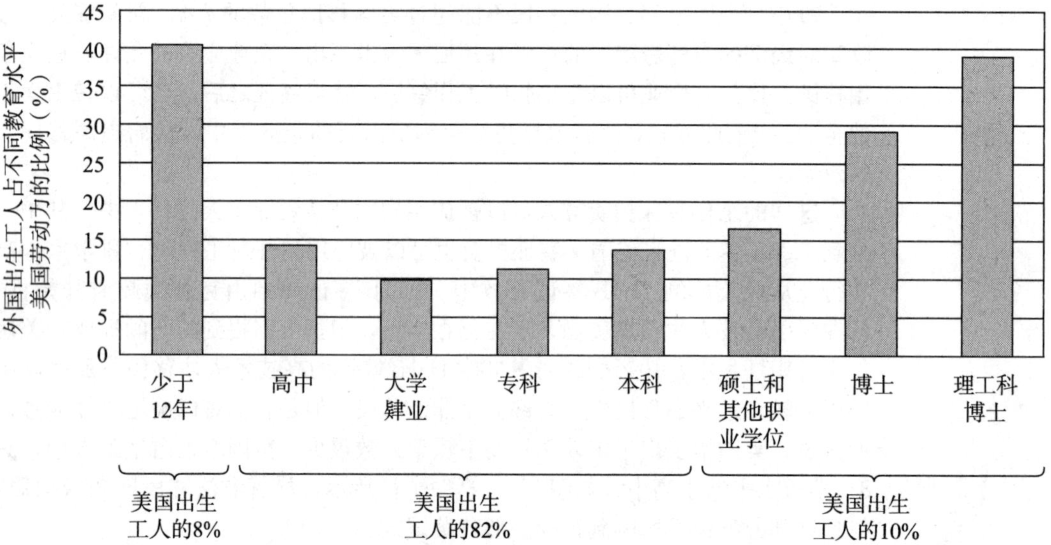

图5-4　2010年国外出生工人占美国劳动力的比例

本图显示国外出生工人占美国劳动力的比例，以受教育水平进行分类。比如，在受教育年限为0～11年的劳动力中，外来移民占约40%；在图的另一端，硕士和其他职业学位，外来移民约占16%，博士接近30%，理工科博士接近40%；中间教育水平（高中和大学本科学历）中，外来移民占比较小，为10%～15%。从横坐标中我们还可以看出美国出生的各个受教育水平群体的占比；低受教育水平和高受教育水平（研究生以上学历）的占比为8%～10%，大部分美国出生的工人接受的是高中至本科教育水平。

资料来源：2010 American Community Survey，U. S. Census Bureau.

移民的其他短期效应

美国和欧洲都欢迎外国工人进入特定产业，如农业和高科技产业，尽管这些工人和这些产业的本国工人进行竞争。该观察表明这肯定是对相关产业有益的。我们可以用资本报酬和土地报酬，即我们所说的“租金”，来测度这些潜在利益。在第 3 章中我们知道有两种方法计算租金：要么是产业中支付给劳动后剩余的收益，要么是各个产业中资本和土地的边际产出乘以所生产产品的价格。在任何一种方法中，资本和土地所有者都得益于移民导致的工资降低。

资本和土地租金 在计算租金的第一种方法中，我们用在制造业或农业中所赚的收入减去对劳动的支付。如果工资降低，则作为资本和土地收益的剩余就越多，因此，这些租金就越高。在第二种计算租金的方法中，资本和土地赚取的收益为它们在各个产业中的边际产出乘以该产业所生产产品的价格。由于在各产业中雇用了更多的劳动（因为工资降低了），资本和土地的边际产出都增加了。边际产出之所以增加是因为每台机器或每英亩土地配备了更多的工人，因此这台机器或这块土地有了更高的生产率。因此，在第二种方法中，资本和土地的边际产出提高了，其租金也是如此。

从这个推论可知，我们不应对资本和土地所有者通常支持边境更加开放这一点感到吃惊，开放可以为他们提供能为其产业所雇用的外国工人。因此，一国对外来移民的限制应被视为以下利益集团之间的妥协：可能欢迎外国劳工的企业家和地主；把移民视为会导致工资降低的潜在竞争源的当地工会和工人；移民群体自身，如果他们的规模足够大（比如在迈阿密的古巴人），他们或许有能力影响移民政策的政治结果。

移民对产业产出的影响 劳动力迁入的最后一个效应是对产业产出的影响。在图 5 - 2 中，因外来移民而带来的劳动力增加导致了每个产业雇用了更多的工人：制造业雇用的工人从 0_ML 增加为 $0_ML'$，农业雇用的工人从 0_AL 增加到 $0_A'L'$。由于工人增加和资本或土地数量不变，两个产业的产出都增加了。这个结果如图 5 - 5 所示——移民导致生产可能性边界（PPF）外移。在产品价格不变的情况下（如我们前面所假设的那样，因为价格是由世界供给和需求决定的），这些产业的产出从 A 点提高到了 B 点。

一个经济体有了更多的劳动会增加两个产业的产出，这似乎是很显然的，但结果却是该结论取决于特定要素模型的短期性质，即各个产业的资本和土地都是固定不变的。相反，如果这些资源也可以在产业间流动，即像在长期内所发生的那样，则一个产业的产出会增加而另一个产业的产出会下降，正如我们在下一节所阐述的那样。

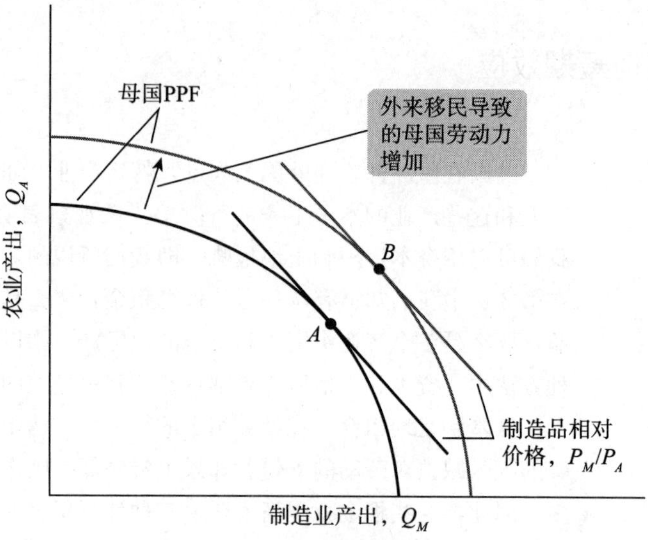

图 5-5　母国生产可能性边界移动

由于外来移民导致母国劳动力的增加，生产可能性边界外移，两个产业的产出都增加，从 A 点移到了 B 点。两个产业的产出增加是由于特定要素模型的短期性质；在短期内，土地和资本在产业内流动，该经济体额外增加的劳动力在两个产业之间进行分享。

长期的移民效应

现在我们转而讨论长期效应，即所有要素都可以在产业间自由流动的情形。由于分析三种生产要素——资本、土地和劳动——并且所有要素都可以在产业间完全流动的模型比较复杂，因此我们将忽略土地要素，假设只有劳动和资本用于生产计算机和鞋子两种产品。除了我们允许劳动在国家间流动以外，长期模型就像前一章所学的赫克歇尔-俄林模型一样。（我们会在本章后面允许资本在国家间流动。）

用于生产计算机的资本量为 K_C，用于生产鞋子的资本量为 K_S。这些资本数量相加等于该经济体可获得的总资本：$K_C+K_S=\overline{K}$。由于在长期内资本是可以在两个经济部门之间完全流动的，各个部门的资本必然赚到相同的租金 R。用于制造计算机的劳动量为 L_C，用于生产鞋子的劳动量为 L_S，两者相加等于经济体的劳动总量：$L_C+L_S=\overline{L}$，在两个部门的所有劳动赚取相同的工资 W。

在我们的分析中，我们做出一个切合实际的假设，即鞋子生产中所用的每台机器的劳动量多于计算机生产中所用的每台机器的劳动量。该假设意味着与计算机生产相比较，鞋子的生产是劳动密集的，因此，鞋子生产中的劳动—资本比率高于计算机生产中的该比率：$L_S/K_S>L_C/K_C$。那么，与鞋子生产相比较，计算机的生产是资本密集的，计算机的资本—劳动比率较高：$K_C/L_C>K_S/L_S$。

一个生产计算机和鞋子的经济体，其生产可能性边界（PPF）如图 5-6 所示。给定两种产品的价格（由世界市场上的供给和需求决定），均衡产出如 A 点所示，即 PPF 和世界相对价格线的切点。本节的目的是搞清楚均衡是如何受到作为移民结果的劳动力流入母国的影响的。

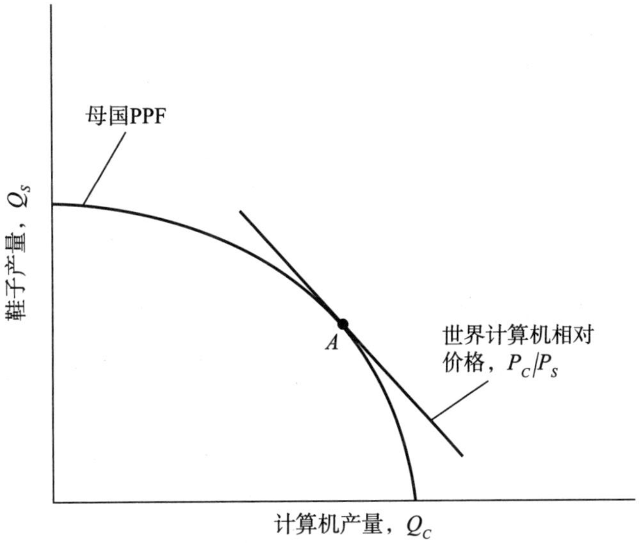

图 5－6　生产可能性边界

本图显示的是计算机和鞋子两种制造品之间的生产可能性边界，其初始均衡为 A 点。国内生产处于 A 点，即世界价格线与 PPF 间的切点。

盒形图　为了分析移民效应，建立一个新的图形以探求各个产业所使用的劳动量和资本量是有用的。在如图 5－7 所示的“盒形图”中，横轴上从头到尾的长度为母国的劳动总量，左纵轴和右纵轴的长度为母国的资本总量。图中的 A 点表明 0_SL 单位劳动和 0_SK 单位资本被用于生产鞋子，而 0_CL 单位劳动和 0_CK 单位资本被用于生产计算机。另一种表示法是，0_SA 线表示被用于生产鞋子的劳动量和资本量，0_CA 线表示被用于生产计算机的劳动量和资本量。

请注意，鞋子的 0_SA 线比计算机的 0_CA 线更平坦。将纵向距离除以横向距离（即高除以底），我们可以计算出这两条线的斜率。0_SA 的斜率是 $0_SK/0_SL$，即鞋业所用的资本—劳动比率。同样，0_CA 的斜率是 $0_CK/0_CL$，即计算机业的资本—劳动比率。0_SA 线比 0_CA 线更平坦，因此，鞋子生产的资本—劳动比率小于计算机业，也就是说，在鞋业，每个工人的资本单位数较少。这恰恰是我们先前做出的假设。这是一个切合实际的假设。在现实中像半导体这样的计算机部件的制造要求有高精确度的昂贵的设备，这种设备只需由少量工人操作。另外，鞋子生产要求有更多的工人和较少量的资本。

实际工资和实际租金的确定　除了确定各个产业长期所使用的劳动量和资本量之外，我们还需要确定该经济体的工资和租金。为此，我们运用第 3 章介绍过的逻辑：工资和租金是由劳动和资本的边际产出确定的，而它们又是由各个产业的资本—劳动比率确定的。如果资本—劳动比率较高（即每个工人的机器较多），则根据收益递减法则，边际资本产出和实际租金必然较低。每个工人的机器较多意味着边际劳动产出（从而是实际工资）较高，因为每个工人的生产率较高。另外，如果劳动—资本比率较高（每台机器的工人较多），则由于收益递减，边际劳动产出必然较低，从而实际工资也较低。此外，每台机器的工人较多意味着边际资本产出和实际租金都较高。

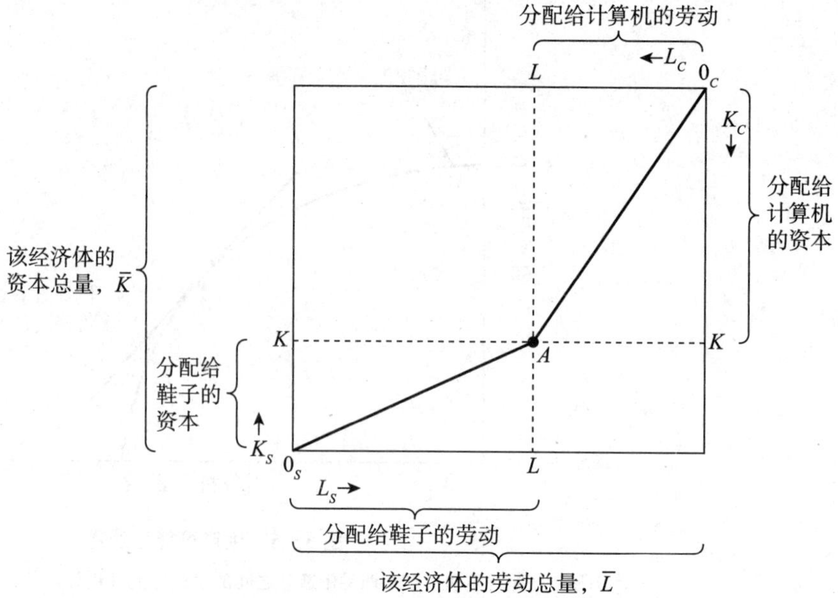

图 5－7　盒形图中劳动和资本的配置

盒形图横轴上从头到尾衡量的是该经济体的劳动总量 $\overline{L}$，两边纵轴衡量的是其资本总量 $\overline{K}$。在 A 点，0_SL 单位劳动和 0_SK 单位资本被用于鞋子生产，0_CL 单位劳动和 0_CK 单位资本被用于计算机生产。两个产业的 K/L 比率分别由 0_SA 和 0_CA 的斜率衡量。

要记住的重点是，图 5－7 中沿着 0_SA 线所使用的每一个劳动量和资本量都是对应于鞋子生产中特定的资本—劳动比率的，从而也是对应于特定的实际工资和实际租金的。现在我们来考察在母国各个产业所用的劳动和资本是如何会因外来移民而发生变化的。当各个产业所用的劳动和资本总量发生变化时，我们将表明资本—劳动比率是不受移民影响的。这意味着移民可以在实际工资和实际租金完全不变的情况下被吸收。

母国劳动量增加　假设由于移民迁入，母国劳动量从 $\overline{L}$ 增加到 $\overline{L}'$，$\overline{L}'=\overline{L}+\Delta L$。这种劳动量的增加拉长了盒形图中的劳动数量轴，如图 5－8 所示。不再是把 $\overline{L}$ 和 $\overline{K}$ 在这两个产业间进行分配，现在我们必须分配 $\overline{L}'$ 劳动和 $\overline{K}$ 资本。问题是各个产业会使用多少劳动和资本以使两种生产要素的总量得到完全利用？

你可能认为雇用这些额外劳动的唯一方法是给两个产业分配更多的劳动（如在短期的特定要素模型中所发生的情形那样）。这个结果会使两个产业的边际劳动产出趋于降低，因而使工资降低。但其结论是，这样的结果在长期模型中不会发生，因为当资本也可以在产业间完全流动时，产业产量会做出调整以保持每个产业的资本—劳动比率不变。不是把额外的劳动分配给两个产业，而是把所有额外的劳动（ΔL）分配给鞋子这个劳动密集型产业。此外，除了这些额外劳动，还有一些资本被从计算机业转移出来并被分配给鞋业。为了保持计算机业的资本—劳动比率，一些劳动也会离开计算机业，与这些资本一道转移到鞋业。由于鞋业的所有新工人（移民加上原计算机工人）拥有与移民进入前制鞋工人操作的相同资本量，由此，鞋业的资本—劳动比率保持不变。这样，各个产业的资本—劳动比率不变，该经济体的新增劳动全部得以雇用。

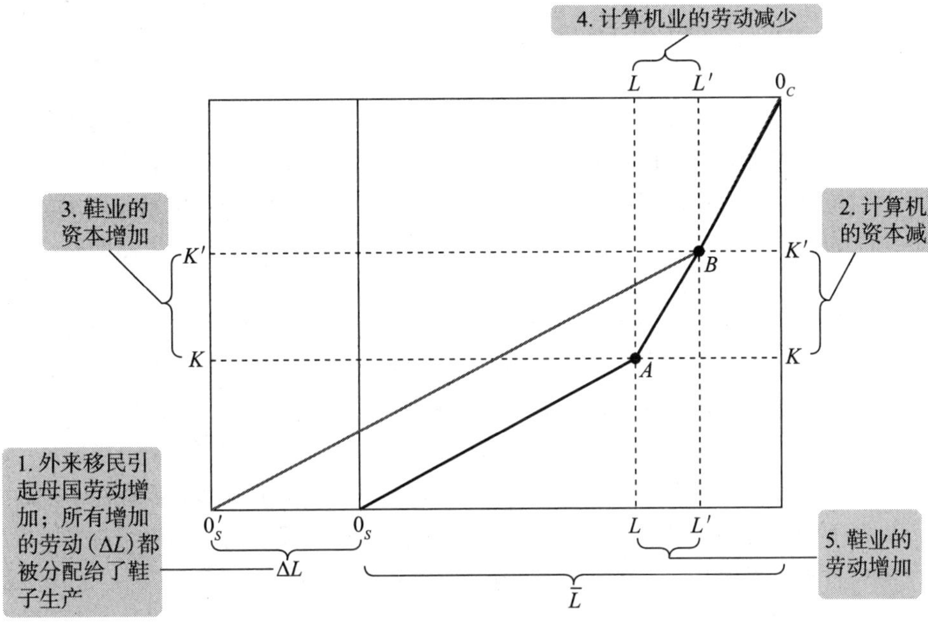

图 5-8　母国劳动增加

随着母国劳动从 $\overline{L}$ 增加到 $\overline{L}+\Delta L$，鞋业的原点从 0_S 移动到 $0_S'$。在 B 点，$0_S'L'$ 单位劳动和 $0_S'K'$ 单位资本被用于鞋子生产，而 $0_CL'$ 单位劳动和 $0_CK'$ 单位资本被用于计算机生产。从长期来看，由于各个产业产量做出调整，因此，在 B 点各产业的资本—劳动比率（$0_S'B$ 线和 0_CB 线的斜率）与在初始均衡 A 点的比率（0_SA 线和 0_CA 线的斜率）完全一样。为证明这个结果，外来移民带来的所有新劳动被分配给了鞋业，资本和增量劳动从计算机业转移到了鞋业，两个产业的资本—劳动比率保持不变。

这个结果如图 5-8 所示，在该图中，初始均衡是在 A 点。随着移民引起的劳动流入，劳动数量轴从 $\overline{L}$ 扩展到 $\overline{L}+\Delta L$，鞋业的原点从 0_S 移到了 $0_S'$。考虑一下 B 点这个可能的新均衡。在该点，$0_S'L'$ 单位劳动和 $0_S'K'$ 单位资本被用于鞋子生产，而 $0_CL'$ 单位劳动和 $0_CK'$ 单位资本被用于计算机生产。请注意，0_SA 线和 $0_S'B$ 线是平行的，有相同的斜率；同样，0_CA 线和 0_CB 线也有相同的斜率。额外的劳动通过扩大用于制鞋的劳动和资本量（$0_S'B$ 线比 0_SA 线长）和缩减用于计算机生产的劳动和资本量（0_CB 线比 0_CA 线短）而得以雇用。这些线有相同的斜率，意味着各个产业的资本—劳动比率在劳动流入前后完全一样。

那么，该经济体的工资和租金有何变化呢？由于两个产业的资本—劳动比率保持不变，因此，边际劳动产出和边际资本产出也不变。因而，工资和租金没有因劳动力迁入而发生变化！这个结果与在短期特定要素模型中所发生的结果截然不同，那个模型表明外来移民压低了工资，提高了资本和土地的租金。在这个长期模型中，当资本可以在产业间流动时，劳动流入对工资和租金没有影响。相反，额外劳动由鞋业雇用，其方式是将之与资本及从计算机业转移出来的增量劳动相结合。这样，两个产业的资本—劳动比率保持不变，工资和租金也是如此。

外来移民对各产业产量的影响　外来移民对各产业产量有何影响？从图 5-8 中我们已经看到，更多的劳动和资本被用于劳动密集型产业（鞋业），而更少的劳动和资本被用于资本密集型产业（计算机业）。由于两种生产要素都增加或减少，其结果是鞋子的产出扩大，计算机的产出缩减。

这个结果如图 5-9 所示，该图显示母国因劳动禀赋增加而引起 PPF 外移。在计算机和鞋子价格既定的情况下，初始均衡为 *A* 点。在该点，PPF 的斜率的绝对值等于计算机的相对价格，该价格由与 PPF 相切的这条线的斜率表示。在产品价格不变以及该经济体劳动增加的情况下，均衡移动到了 *B* 点，这时鞋子的产量增加，计算机的产量减少。请注意，由于计算机相对价格不变，两条 PPF 的斜率在 *A* 点和 *B* 点是一样的。如图所示，劳动量增加导致 PPF 的不平衡外移——向鞋子（劳动密集型产业）方向的外移大于计算机方向。这种不对称移动表示，新的劳动为鞋业所雇用。从长期来看，这个增量劳动促使资本和更多劳动离开计算机业，并在 *B* 点达到新的均衡。劳动增加会扩大一个产业的产量，但会缩减另一个产业的产量，这个发现只有在长期是成立的；从短期来看，如我们在图 5—5 中所见，两个产业的产量都会扩大。这个发现表明了长期模型与短期模型有多大区别。这个长期结论是以经济学家雷布津斯基的名字命名的，他首先发现了这个结论。

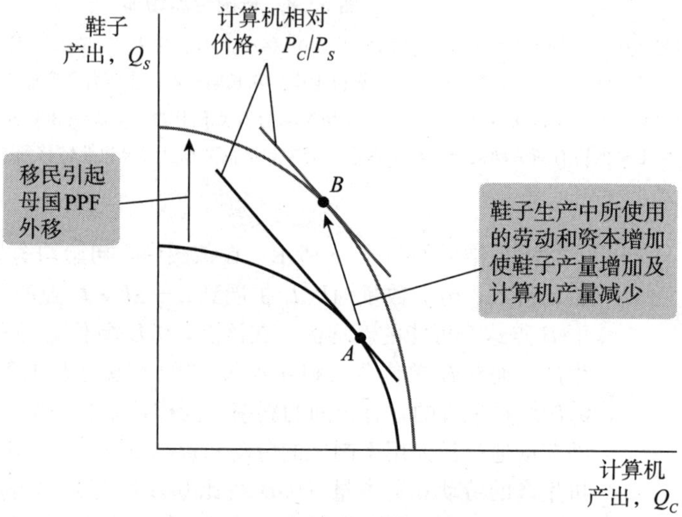

图 5-9　母国劳动增加对产业产量的长期效应

由于母国劳动增加，PPF 外移。随着均衡从 *A* 点移动到 *B* 点，鞋子的产量增加，而计算机的产量减少。因产品价格不变，因此，两条 PPF 的斜率（即计算机相对价格）在 *A* 点和 *B* 点是相等的。

雷布津斯基定理

在两种产品和两种要素的赫克歇尔-俄林模型中，一个经济体的某种要素数量增加会增加密集地使用该要素的产业的产量，减少另一个产业的产量。

我们已经证明了移民入境使该经济体劳动增长情形下的雷布津斯基定理。正如我们在本章后面所认为的那样，该定理在该经济体资本增长的情形下也同样成立：此时，密集地使用资本的产业扩大，另一个产业缩减。①

移民对要素价格的影响　雷布津斯基定理（Rybczynski theorem）适用于两种产品和两种生产要素的长期赫克歇尔-俄林模型。请注意，在雷布津斯基定理中，产量的变化是与前面的这一发现共生的，即工资和租金不会因劳动（资本）增加而变化。要素价格无须变化的原因是，该经济体可以通过增加密集地使用该要素的产业的产量和减少另一个产业的产量来吸纳某种要素的增加量。要素价格不变这一观点有时又被称为**要素价格不敏感性**（factor price insensitivity）。

要素价格不敏感性

在两种产品和两种要素的赫克歇尔-俄林模型中，一个经济体某种要素的增加可以通过改变产业产量而不改变要素价格来吸收。

下面这个案例提供了以下证据，即吸纳新增劳动力导致产量变化（如雷布津斯基定理所言），而不要求要素价格的大幅变化（如要素价格不敏感性结论所言）。

案　例

☞ 马列尔偷渡对迈阿密工业产量的影响

既然我们已经对由要素禀赋变化引起的长期调整有了更好的理解，让我们回到1980年从马列尔向迈阿密偷渡的例子。我们知道古巴难民的劳动力熟练度低于迈阿密普通劳动力。根据雷布津斯基定理，我们预期一些非熟练劳动密集型产业（诸如鞋业或服装业）会扩张。此外，我们预期一些技术密集型产业（诸如高科技产业）会萎缩。图5-10表明了这个预言与来自迈阿密以及一些对照城市的

① 不仅如此，雷布津斯基定理还可以用于比较两国同一产业的产量，假设两国像在赫克歇尔-俄林模型中那样具有相同的技术但有不同的要素禀赋。参见本章结尾中的习题7。

证据的吻合程度。①

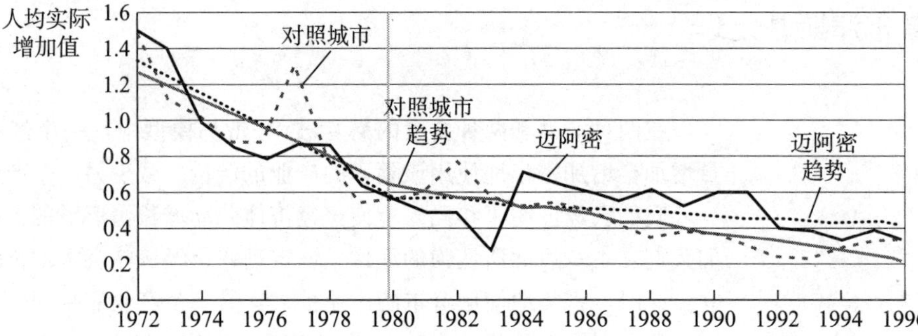

（a）服装业

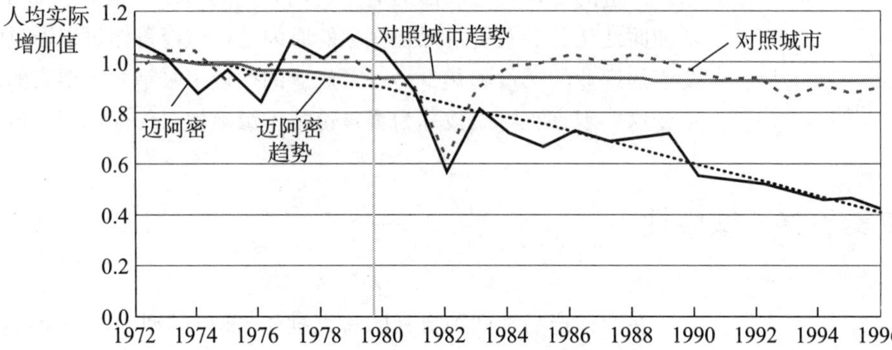

（b）高技能产业

图 5－10　迈阿密的工业增加值

此处所显示的是迈阿密服装业和一些高技能产业的实际增加值（相对于城市人口进行测量）以及对照城市的增加值。在（a）图中，由于 1980 年难民从古巴涌入，1983—1984 年迈阿密服装业的实际增加值提高了，自 1980 年后迈阿密服装业趋势曲线下降得比对照城市要慢（即增加值下降得不那么快了）。在（b）图中，自 1980 年后，迈阿密高技能产业的实际增加值下降得比对照城市快。这两个发现都与雷布津斯基定理吻合。

资料来源：Ethan Lewis，2004，“How Did the Miami Labor Market Absorb the Mariel Immigrants?” Federal Reserve Bank of Philadelphia Working Paper No. 04－3.

图 5－10（a）显示了迈阿密服装业的实际增加值以及对照城市的平均值。**实际增加值**（real value-added）衡量了在剔除通货膨胀的影响后一个产业支付给劳动和资本的报酬。因此，实际增加值是一种衡量产业产量的方法。我们将产出除以一个城市的人数得到人均实际增加值，这可以衡量对城市规模进行调整后的产业产量。

（a）图表明，1980 年以前服装业在迈阿密和对照城市一直处于衰退中。在偷渡事件发生以后，该产业在迈阿密仍然继续调整，但衰退速率却降低了；自

① 图 5－10 和本案例的资料均来自 Ethan Lewis，2004，“How Did the Miami Labor Market Absorb the Mariel Immigrants?” Federal Reserve Bank of Philadelphia Working Paper No. 04－3。

1980年以后，迈阿密的人均产量趋势曲线的斜率比对照城市的趋势曲线要小（因而产出下降速率较小）。请注意，从1983年到1984年，迈阿密服装业的产量有了增加（这或许是由于那一年收集到新数据的原因），但即使像趋势曲线那样对它进行平均，1980年以后迈阿密服装业衰退的速度也比对照城市稍慢一些。该图提供了雷布津斯基定理起作用的一些证据：迈阿密服装业的衰退比没有移民流入情况下要慢。

雷布津斯基定理的第二个预言又如何呢？即迈阿密所有其他产业的产量因移民流入而下降了吗？图5-10（b）表明，自1980年以后迈阿密的一些技术密集型产业（包括汽车、电子设备和飞机）的产量下降得更快了。这些数据或许提供了支持雷布津斯基定理的证据。然而，也可能发生这种情形，即随着移民大量涌入，一些业主离开了迈阿密，而他们中有些人可能是技术熟练工人。因此，这些技术密集型产业的衰退［如（b）图所示］也可能是由人口下降引起的。

迈阿密工业产量的变化提供了一些支持雷布津斯基定理的证据。迈阿密工业产量的这些变化也为解释为何非熟练工人的工资没有下降提供了充分的理由吗？或者说，是否有其他解释呢？对于工资没有变化这一观点的另一种解释来自将迈阿密的计算机使用情况与全国趋势相比较。20世纪80年代初，计算机在工厂的运用日益广泛。计算机的采用被称为“技能偏向型技术变迁”。也就是说，计算机导致对熟练工人的需求增加，并减少了对非熟练工人的雇用。这种趋势席卷美国及其他国家。

然而，在迈阿密，计算机的采用比与之具有相似产业组合和种族群体的城市都要稍慢一些。对这个发现的一种解释是许多产业的工厂（不仅仅是服装业的）雇用了马列尔难民以及其他一些非熟练工人而不是转而使用计算机技术。支持这一观点的证据是实际上有许多产业都雇用了马列尔难民。只有大约20%的难民从事制造业（5%在服装业），其余难民都从事服务业。然而，工厂可能延缓采用新技术以雇用马列尔难民的观点很难得到确切的证明。我们认为，在解释难民何以会被许多产业而不仅被使用非熟练劳动的产业（比如服装业）所吸纳这个问题上，这个观点是对雷布津斯基定理的一个补充。

案　例

☞ 外来移民与美国的工资：1990—2006年

1980年，即发生古巴难民偷渡事件的这一年，国外出生人口占美国总人口的百分比为6.2%。1990年这一比例上升到9.1%，2005年又上升到13.0%，因而在25年中，外来人口的占比翻了一倍还多。① 这段时间，美国外来移民人口

① 关于外来人口的信息来自联合国，参见网址 http://www.esa.un.org/migration。

大幅增加。到 2010 年，外来移民占比只是微增，达到 13.5%。2006 年之前的移民大浪潮如何影响美国工资？

表 5-1 的第一部分报告了 1990—2006 年间外来移民对不同受教育程度的各类工人工资的估计性影响。第一部分的第一行数字概括了从特定要素模型得到的估计值，即当资本和土地都固定在所有产业内部时的估计值。正如我们在前面的案例中所讨论的那样，外来移民对那些受教育年限少于 12 年的工人的工资产生的负面影响最大，其次是对大学毕业生（受教育超过 16 年的那些人），再次是对高中毕业生和那些受过部分高等教育的人。总体而言，1990—2006 年外来移民对美国的平均影响是－3.0%，即工资下降了 3%，与特定要素模型吻合。

表 5-1　　美国外来移民和工资

本表显示，按照受教育水平分类，1990—2006 年外来移民对工资可能产生的影响。在判断短期影响时，假定资本和土地资源固定不变；在判断长期影响时，允许资本调整，假定资本—劳动比率以及资本实际租金固定不变。第一部分假设美国出生工人和外来移民能够完全替代，最低和最高学历工人受影响最大，中间学历工人受影响很小。第二部分显示长期影响，考虑两者不能完全替代的现实，外来移民之间相互影响最大，工资下降，并且与美国本地工人形成互补。

各受教育水平工人的工资变化百分比（%）

	少于12年	高中毕业	大学肄业	大学	平均
第一部分：对所有美国工人的影响					
方法					
短期	－7.8	－2.2	－0.9	－4.7	－3.0
长期	－4.7	0.9	2.2	－1.7	0.1
第二部分：外来移民的长期影响					
工人类别					
美国本地出生	0.3	0.4	0.9	0.5	0.6
国外出生移民	－4.9	－7.0	－4.0	－8.1	－6.4

资料来源：Gianmarco I. P. Ottaviano and Giovanni Peri，2012，“Rethinking the Effect of Immigration on Wages，” *Journal of the European Economic Association*，European Economic Association，Vol. 10（1），152-197；and Gianmarco I. P. Ottaviano and Giovanni Peri，2008，“Immigration and National Wages：Clarifying the Theory and the Empirics，” National Bureau of Economic Research working paper No. 14188，Tables 7-8.

然而，如果我们不再保持资本固定不变而是保持实际资本租金不变，就会出现不同的情形。在这种方法下，我们允许各产业的资本增长以保持与移民流入相适应，从而实际租金不变。除了有按受教育程度划分的若干种劳动，以及在整个研究期内产品和劳动的价格不变这两点之外，这种方法与我们讨论过的长期模型类似。从第一部分的第二行数字中，我们看到总体上美国移民对受教育最少和最多的工人产生了负面影响，而对其他工人产生了正面影响（因为资本增长了）。在新的假设条件下，我们看到，外来移民对美国工资的影响是使工资上升 0.1%（结合资本的增长），而不是下降 3.0%。

长期来看移民对工资基本没有影响（仅增长 0.1%）的发现与长期模型中工资不会因移民发生改变的结论吻合。但是，一些工人受益（中间学历工人的工资增加）、一些工人受损（最低和最高受教育水平工人的工资下降）的发现与长期模型不吻合。这主要是因为两方面的原因。第一，表 5－1 按照受教育水平对工人进行分类。即使资本—劳动比率、资本实际租金保持不变，某一学历水平工人的工资也可能发生改变。第二，回顾图 5－4 中的 U 形图，外来移民占最低和最高学历工人的比例最高，所以这两个群体受损也就不足为奇了。

为了更好地了解表 5－1 第一部分长期工资的变化，我们还可以进行更加深入的研究。在第一部分中，我们假设美国本土出生工人和国外出生工人同等受教育水平可以完全替代，也就是说，在同一受教育水平上，美国出生工人和外来移民能够从事相同类别的工作，并且拥有相同的工作能力。但事实上，证据显示，即使受教育水平相同，美国工人和外来移民从事的工作种类也不一样。换言之，在现实中，两者不能完全替代。表 5－1 将此现实情况考虑在内，假设条件的改变最终导致结果发生很大的变化。

从表 5－1 第二部分我们发现，移民长期来看提高了所有工人的工资水平，大约平均提高 0.6%。这是因为美国出生工人和外来移民从事的工作类别不同，相互补充。比如，在建筑工地上，移民工人受制于语言水平，主要从事体力劳动，而美国出生的工人主要负责人际交流的任务。第二部分显示了一个有趣的结果：1990—2006 年移民浪潮实际上对移民工人的工资水平影响最大，使他们的长期工资平均下降了 6.4%。鉴于美国出生工人和外来移民无法完全替代，移民工人之间的竞争变得更加激烈，也更可能与美国出生工人形成互补的关系。与大众的认知不同，移民并不一定降低同等学历工人的工资，相反，如果移民和本地出生工人形成互补性，还会提高本地工人的工资。

5.2 国家间的资本流动：对外直接投资

为了继续考察当要素可以跨境流动时工资和租金会有什么变化，现在我们转而探究资本是如何通过**对外直接投资**（foreign direct investment，FDI）从一国流向另一国的。当某国的某公司在另一国拥有一家公司时，对外直接投资就发生了。这家公司必须拥有多少资本才会发生对外直接投资呢？定义有很多，但美国商务部运用的是 10%：如果一家外国公司购得一家美国公司 10%或以上的资本，则被记为美国的 FDI 流入；如果一家美国公司购得一家外国公司 10%或以上的资本，则被记为美国的 FDI 流出。

当一家公司在外国建造了一家工厂时，我们有时把它称为绿地型 FDI（因为我们想象该工厂的地址时总是先想到长在那里的绿草）。当一家公司购买了一家已有的外国工厂时，我们则称之为收购型 FDI（或有时也称之为褐地型 FDI）。资本从高工资国家流向低工资国家以获取更高的租金，这是一种传统的 FDI 理念，在本章我们将秉承这种观点。[①]

绿地型投资

本节重点关注绿地型投资，即在国外建立新的工厂。我们对资本在国家间的流动建立 FDI 模型，就像我们对劳动在国家间的流动建立模型那样。我们遇到的关键问题是：资本流入一个国家对其劳动和资本的收益有何影响？该问题与我们对入境移民提出的问题类似，因此，我们在前面所描绘的图形经修正后可以用于阐述 FDI。

短期 FDI：特定要素模型

我们从运用特定要素模型来建立短期 FDI 模型开始。在那个模型中，制造业使用资本和劳动，农业使用土地和劳动，因而当资本流入一个经济体时，它会在制造业中得到使用。所增加的资本会提高制造业的边际劳动产出，因为那里的工人有更多的机器与其一道工作。因此，当资本流入一个经济体时，会使得制造业的 $P_M \cdot MPL_M$ 曲线外移，如图 5-11（a）所示。

FDI 对工资的影响　该曲线外移的结果是，均衡工资从 W 提高到 W'。更多的工人被吸纳到制造业，制造业使用的劳动从 0_ML 增加到 $0_ML'$。由于这些工人是从农业中游离出来的，因此，农业使用的劳动从 0_AL 减少到了 $0_AL'$（从右往左衡量）。

FDI 对产业产量的影响　确定 FDI 流入对产业产量的影响是比较容易的。由于工人从农业中游离出来，而农业所使用的土地数量不变，因此，农业的产量必然下降。由于制造业所使用的工人和资本都增加，制造业的产量必然提高。这些产量变化由图 5-11（b）中的生产可能性边界外移表示。在产品价格不变（即相对价格线在资本增加前后具有相同的斜率）的情况下，均衡产量从 A 点移动到了 B 点，制造业的产量增加而农业的产量减少。

FDI 对租金的影响　最后，我们可以确定资本流入对资本以及土地所赚取的租金的影响。从农业开始分析最为容易。由于农业所雇用的工人减少了，所以，每英亩土地不能再像以前那样进行密集的种植了，从而边际土地产出必然下降。一种度量土地 T 的租金的方法是使用边际劳动产值，$R_T = P_A \cdot MPT_A$。由于边际土地产出 MPT_A 下降了，而农产品价格不变，因此土地的租金下降了。

---

① 如在第 1 章中所述，许多 FDI 例子并不符合这种传统的观点。

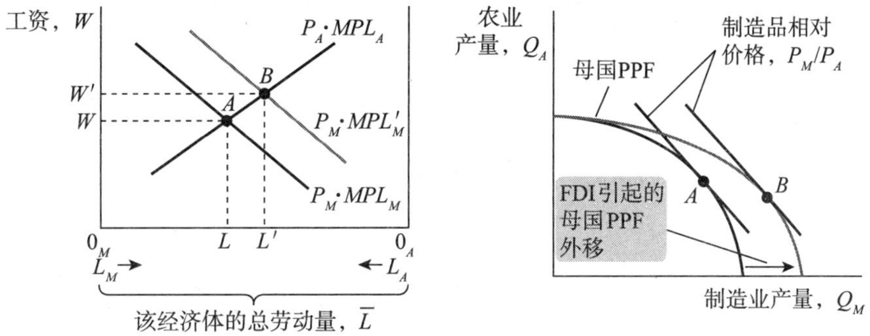

（a）对劳动力配置和工资的影响　　（b）对产业产量的影响

图 5-11　短期资本存量增加

在（a）图中，资本流入制造业部门使该部门的边际劳动产出曲线外移。劳动力市场的均衡从 A 点移动到了 B 点，工资从 W 提高到了 W′。制造业所使用的劳动从 0_ML 增加到 $0_ML'$。这些工人是从农业中游离出来的，因此，农业所使用的劳动从 0_AL 减少到了 $0_AL'$。在（b）图中，由于资本流入制造业以及该部门所使用的劳动力增加，制造业产量增加了。由于劳动从农业中游离出来，该部门的产量下降了。这些产量变化是由 PPF 的外移（由于资本增加）以及从 A 点移动到 B 点表示的。

现在让我们来考虑制造业，该产业使用了比以前更多的资本和劳动。一种度量资本租金的方法是使用边际资本产值，$R_K = P_M \cdot MPK_M$。然而，使用这种方法难以确定资本租金会有何变化。由于资本流入制造业，边际资本产出因收益递减而下降。该效应减少了资本租金。但由于制造业吸纳了劳动，边际资本产出趋于提高。因此，乍看之下，我们不知道资本租金会有什么总的变化。

幸运的是，我们可以使用另一种度量资本租金的方法来解决这个难题。我们用制造业所赚取的收入减去对劳动的支付。如果工资提高，而其他都不变，则作为资本收益的剩余资金量必然会减少，因而租金降低。

让我们把该推理方法更谨慎地用于分析 FDI 流入对资本租金的影响。在图 5-12 中，我们先从 A 点开始，然后再假设资本存量因 FDI 而增加。假设我们保持工资不变，并让制造业所使用的劳动增加到 C 点。由于工资在 A 点和 C 点是一样的，因而制造业的边际劳动产出也必然是一样的（因为工资为 $W = P_M \cdot MPL_M$）。对每个工人而言，边际劳动产出不变的唯一途径是使与其一道工作的资本数量保持在资本流入前的相同水平。换言之，制造业的资本—劳动比率，K_M/L_M，在 A 点和 C 点必须是一样的：制造业增加的资本恰好与流入制造业的等比例增加的劳动相匹配。但是，如果制造业的资本—劳动比率在 A 点和 C 点完全一样，则边际资本产出在这两点也必然相等（因为每台机器由相同数量的人员操作）。因此，资本租金 $R_K = P_M \cdot MPK_M$ 在 A 点和 C 点也是相等的。

现在让我们来看一看当制造业的工资提高而制造业所使用的资本量不变时会发生什么变化。提高工资会使我们从 $P_M \cdot MPL_M'$ 曲线上的 C 点上移到 B 点。由于工资提高了，制造业所使用的劳动会减少。由于制造业中每台机器所使用的劳动减少了，因此边际资本产出和资本租金必然下降。这个结论证实了我们先前的推论：当工资提高而制造业所使用的资本量不变时，资本收益（即其租金）必然降低。由于资本租金在 A 点和 C 点是相同的，而在 B 点比在 C 点低，因此，

FDI 流入的总效应是降低了资本租金。我们早就知道 FDI 流入降低了土地的租金，因此，两个租金都下降了。

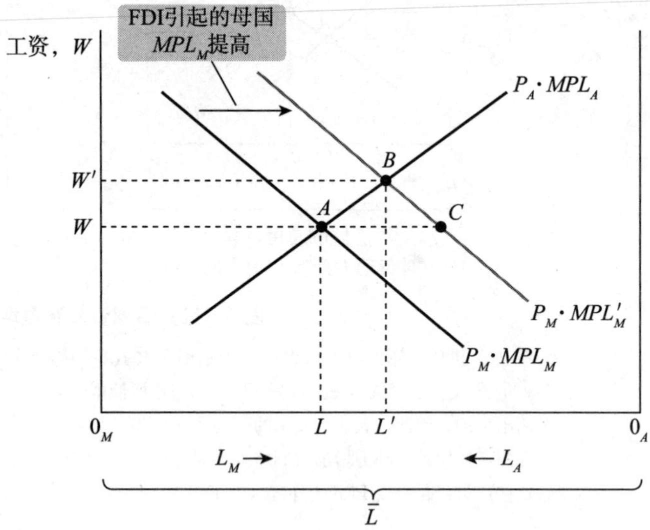

图 5-12　资本存量增加对资本租金的影响

通过仔细地探究从 A 点移动到 C 点（此时工资从而资本—劳动比率不变）、再从 C 点移动到 B 点（此时工资从而资本—劳动比率都提高了）是如何影响制造业的资本—劳动比率的，我们得出了 B 点的资本租金要低于 A 点的结论。因此，当资本存量通过 FDI 而增加时，资本的租金下降了。

长期 FDI

长期（即当资本和劳动可以在产业间流动时）FDI 的结果不同于我们在特定要素模型中所看到的结果。为了建立长期的 FDI 模型，我们在此假设有两个产业——计算机和鞋子，两个产业都使用两种生产要素——劳动和资本。与鞋子相比较，计算机是资本密集型的。这意味着 $K_C/L_C>K_S/L_S$。

在图 5-13（a）中，我们展示了在 A 点时劳动和工资在两个产业间的初始配置。鞋业所用的劳动和资本为 0_SL 和 0_SK，因此，该组合由 0_SA 线度量。计算机业所用的劳动和资本为 0_CL 和 0_CK，因此，这个组合由 0_CA 线度量。各个产业所使用的这些劳动和资本生产出了（b）图 PPF 线上 A 点所示的鞋子和计算机产量。

FDI 对产量和要素价格的影响　FDI 流入使该经济体的资本数量增加。这种增加拉长了图 5-13 中盒形图的左边和右边，并使原点上移到了 $0'_C$。要素在两个产业间的新配置如 B 点所示。现在，鞋业所使用的劳动和资本由 0_SB 线度量，它比 0_SA 线短。因此，鞋子生产中使用的劳动和资本减少了，鞋子的产量下降了。计算机所使用的劳动和资本由 $0'_CB$ 度量，它比 0_CA 线长。因此，计算机所使用的劳动和资本增加了，该产业的产量提高了。

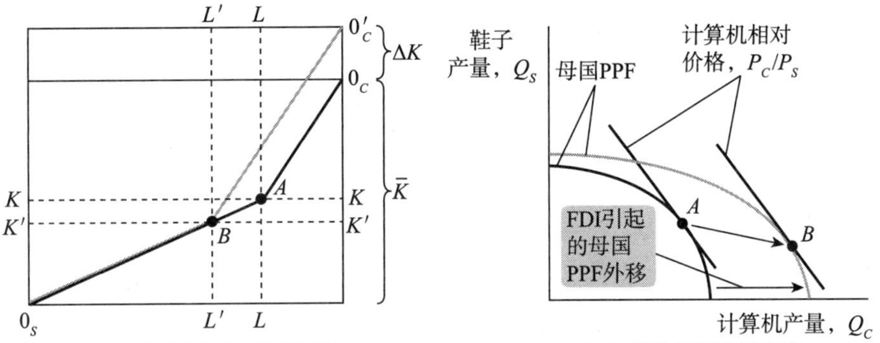

（a）对劳动和资本配置的影响　　（b）对产业产量的影响

图 5-13　资本存量长期增加

在（a）图中，盒形图的上轴和下轴衡量的是该经济体的劳动量，右轴和左轴测量的是资本的数量。初始均衡位于 A 点。当有资本流入时，均衡移动到了 B 点。与入境移民的盒形图（图 5-8）类似，通过对计算机配置新的资本以及从鞋业转移出来的额外资本和劳动，资本—劳动比率保持不变。在（b）图中，随着母国的资本数量由于 FDI 的增加而增加，PPF 因此而外移。随着均衡从 A 点移动到 B 点，计算机的产量增加而鞋子的产量下降。由于产品的价格不变，PPF 在 A 点和 B 点的斜率相同。

鞋子和计算机的产量变化是由图 5-13（b）中从 A 点移动到 B 点来表示的。按照雷布津斯基定理，通过 FDI 引起的资本增加扩大了资本密集型产业（计算机业）的产量，减少了劳动密集型产业（鞋业）的产量。况且，产量的这种变化是在每个产业的资本—劳动比率不变的情况下取得的：$0'_CB$ 线和 0_SB 线的斜率分别与 0_CA 线与 0_SA 线的斜率相同。

由于这些行业的资本—劳动比率不变，因此，工资和资本租金也不变。在其所在的产业中，每个人都有同等数量的资本可供使用，每台机器都有同等数量的工人进行操作。在这两大产业中，边际劳动产出和边际资本产出都不变，正如要素价格不变一样。这个结果与长期的入境移民的结果基本相同：在长期模型中，任何一种生产要素的流入都会使要素价格保持不变。

在讨论入境移民时，我们发现在有些情形中工资会下降（短期预言情形），而在另一些情形中工资保持不变（长期预言情形）。对外直接投资的影响又如何呢？它会降低租金还是会保持租金不变？对该问题的研究还不多见，但接下来我们会考虑其在新加坡的案例。

案　例

FDI 对新加坡租金和工资的影响

多年来，新加坡一直鼓励外国厂商在其境内设立子公司，尤其是电子产业。例如，许多硬盘驱动器是由在新加坡的外国公司制造的。新加坡是继中国、墨西哥、巴西之后世界上第四大 FDI 国（以外资存量衡量），尽管它比其他三个经济体要小得多。① 随着新加坡资本的增加，其工资和租金会如何变化呢？

回答该问题的一种方法是运用一个适用于分析整体经济的生产函数来估算新加坡的边际资本产出。1970—1990年，新加坡总的资本—劳动比率大约每年提高5%，由于收益递减，其结果是边际资本产出（等于实际租金）下降，每年平均下降了3.4%，见表5-2中的第一部分。同时，由于每个工人有更多的资本可供使用，因此，边际劳动产出（等于实际工资）每年平均增长了1.6%，见表5-2的第一部分。这些租金下降和工资提高的估算值与短期的特定要素模型是一致的。

表5-2　　新加坡的实际租金和工资

本表展示了新加坡的实际租金和实际工资增长率，取决于用于构成这些要素价格的方法。在第一部分中，运用了一种生产函数法来构建要素价格，由于资本增长，实际租金在长期内是下降的。其结果是隐含生产率增长是负的。在第二部分中，租金和工资是根据新加坡的资本和劳动报酬的数据建立的，实际工资在长期内增长了，而实际租金要么增长了，要么稍稍下降了。其结果是，隐含生产率增长是正的。

年增长率（%）			
	实际租金	实际工资	隐含生产率
第一部分：用生产函数和边际产出			
时期：			
1970—1980年	−5.0	2.6	−1.5
1980—1990年	−1.9	0.5	−0.7
1970—1990年	−3.4	1.6	−1.1
第二部分：用租金计算值和实际工资			
所用利率和时期：			
银行贷款利率（1968—1990）	1.6	2.7	2.2
股权回报率（1971—1990）	−0.2	3.2	1.5
收益—价格比（1973—1990）	−0.5	3.6	1.6

资料来源：第一部分来自Alwyn Young，1995，“The Tyranny of Numbers：Confronting the Statistical Realities of the East Asian Growth Experience，” *Quarterly Journal of Economics*，110（3），August，641-680。

第二部分来自Chang-Tai Hsieh，2002，“What Explains the Industrial Revolution in East Asia? Evidence from the Factor Markets，” *American Economic Review*，92（3），502-526。

但是，还有除了运用边际产出以外的第二种方法来计算资本租金。在第二种方法中，我们从某一资本设备的价格 P_K 开始。如果这个设备是租的而不是购置

① 2005年中国拥有3 180亿美元外资，此外还有5 330亿美元港资；墨西哥有2 100亿美元；巴西有2 020亿美元；新加坡有1 890亿美元，占发展中国家外资总额的7%。

的，其租金会有何变化呢？让我们假设租赁代理商需要从出租该资本设备中获得与将金钱投资于诸如银行储蓄存款或股票市场这样一些金融资产一样高的回报率。如果它投资 P_K，该资本的利率为 i，则它预期从该资产赚取 $P_K \cdot i$。另外，如果它出租该设备，则该机器会有磨损，租赁机构还需补偿这个成本。如果 d 为该机器设备的折旧率（该机器设备每年损耗的部分），则为了从该资产投资中赚取与出租该设备所获得的相同的回报率，该租赁机构必须获得 $P_K \cdot (i+d)$。这个公式是资本租金 R 的估算值。除以价格总指数 P，实际租金为

$$R/P=(P_K/P)\cdot(i+d)$$

在表 5－2 的第二部分中，我们展示了用这个方程计算出来的实际租金增长率，它取决于所用的利率高低。在第一行中，我们用银行贷款利率代表 i，所计算出来的实际租金每年提高 1.6%。在第二行和第三行中，我们分别用股票市场的两个利率：股权回报率（你从股票投资中可能赚取的收益）和收益—价格比（每个厂商所赚的利润除以其流通在外股票的价值）。在这两种情形中，实际租金计算值在长期内稍有下降，每年下降 0.2%和 0.5%，比第一部分中的下降幅度要小得多。根据第二部分中的实际租金计算值，缺乏足够的证据说明在长期内租金是下降的。

在表 5－2 的第二部分中，我们还展示了实际工资，这是从在新加坡所支付的真实工资中计算出来的。实际工资在长期内有较大增长——在每年 2.7%和 3.6%之间，取决于用什么利率和时期。这与我们从长期模型中得出的预言不一样，在那里要素价格不会因资本流入而改变，因为资本—劳动比率是不变的（从而边际劳动产出不变）。在新加坡的实际租金几乎不变的情况下，其实际工资不断增长，这表明在该经济体生产率有了提高，它导致边际劳动产出和实际工资的提高。

我们不讨论生产率提高实际上是如何度量的①，而仅仅报告从表 5－2 的研究中所得出的一些发现：在第二部分中，生产率提高介于每年 1.5%和 2.2%之间，因时期而异，但在第一部分中，生产率的提高是负的！在第二部分中，生产率增长高出这么多的原因是实际工资和实际租金增长的平均值是不断上升的，这表明发生了生产率增长。相反，在第一部分中，实际工资和实际租金增长的平均值是零或负，表明没有发生生产率增长。

新加坡可能只有零生产率这种观点与许多人对新加坡以及其他快速增长的亚洲国家经济的认识是相矛盾的，他们认为这些国家在这个时期展现了“奇迹般的”增长。如果生产率增长为零或负，则所有增长都只归因于资本积累，FDI 对当地经济就没有外溢好处。正的生产率增长，如表 5－2 第二部分所示，表明新加坡所追逐的自由市场政策刺激了制造业的创新，而这又导致了生产率的提高和成本的降低。许多经济学家和政策制定者认为在新加坡所发生的情形正是如此，但这种观点遭到了表 5－2 第一部分中的生产率计算结果的挑战。哪种情形是正确的——新加坡的增长率为零还是为正——是引起经济学上一直争论不休的一个原因。请阅读**新闻提要“亚洲奇迹的秘诀”**，这是对新加坡和亚洲其他地区经济

① 生产率增长的计算将在习题 10 中讨论。

增长的一种解释。

新闻提要

亚洲奇迹的秘诀

一则警示性寓言：曾经一度，西方舆论主导者认为他们既对一群东方经济体所取得的超常增长率留下印象又为之所惊吓。尽管这些经济体与西方经济体相比仍然相当贫穷和弱小，但它们以惊人的速度把自己从农耕社会转变为工业发电站，并具有比先进国家增长率高数倍的持续能力，且在某些领域具有不断提升的挑战甚至超越美国和欧洲技术的能力，这一切似乎不仅在对西方强权的霸主地位提出质疑，而且在对西方意识形态的主体地位提出质疑。这些国家的领导人不认同西方对自由市场或无条件的公民自由的信念。他们具有日益增强的自信心，坚信其制度是无比优越的：接受强大的政府，为了共同利益而愿意适度限制个人自由，对经济进行一定管制，为了长期的经济增长而牺牲某些短期的消费者利益，这样的社会将最终超越日益混乱的西方社会。少数西方知识分子赞同这种观点，并且这支队伍正在壮大。

东西方经济表现的差距最终转化为政治问题。民主党曾在一位年轻而富有活力的新总统的领导下重新入主白宫，这位总统誓言“让这个国家再度前进”——对总统本人及其最密切的顾问们而言，这意味着加速美国经济增长以应对东方的挑战。

这个时间当然是 20 世纪 60 年代初。这位朝气蓬勃的年轻总统就是约翰·F. 肯尼迪。使西方世界如此惊恐的技术奇迹就是人造卫星升空和苏联在太空的初步领先地位。这些快速增长的东方经济体就是苏联及其卫星国。

你被这个寓言捉弄了吗？你认为克鲁格曼在本文开头所说的“东方经济体”是亚洲经济体吗？克鲁格曼正是运用这个夸张的戏法暗示，这些亚洲经济体的高速增长与 20 世纪 50 年代和 60 年代苏联的增长无多大区别，这种增长应归因于资本积累而非生产率增长。其他经济学人对此持有异议，认为亚洲的增长除了可归因于资本积累外，在很大程度上要归因于生产率的提高。

资料来源：节选自 Paul Krugman，1994，“The Myth of Asia's Miracle，” *Foreign Affairs*，November/December，63－79。Reprinted by permission of FOREIGN AFFAIRS，November/December. Copyright 1994 by the Council on Foreign Relations，Inc. www. Foreign Affairs. com.

5.3 劳动和资本流动所得

对外投资和移民都是有争议的政策议题。大多数国家都在其发展的某一阶段对 FDI 加以限制，然后才开放对外投资。几乎所有国家都对人员流入施加各种限制。在美国，对移民的控制肇始于 1921 年《配额法》，该法对每年来自各来源国的人数加以限制。1965 年《移民与国籍修正法》修正了对特定国家的移民流量限制，实行先来先签证、控制年度总量、对家庭成员和某些职业的人员予以特殊许可的移民政策。随后的美国移民法修正规定了对故意雇用非法移民的雇主的处罚，允许一些非法移民获得公民身份，或者加紧了对边境的控制和遣返其他非法移民。

为何移民问题如此备受争议？浏览一下报纸或互联网上的文章就可以发现，有些集团反对把资金花费在移民身上，如办学、医疗或福利。另有集团害怕外国工人流入会造成工作岗位的竞争。我们知道移民会对不同集团带来收益或损失，通常会降低从事类似工作的工人的工资，但会给雇用这些工人的企业带来利益。这个发现引发了一个重要问题：移民除了给自身带来所得外还会给东道国带来总所得吗？我们预先假设移民由于在其迁入国家获得更高工资而福利得以改善。①但东道国的其他工人和资本与土地所有者又如何呢？我们知道，在短期内东道国工人面临来自移民的竞争和获得较低的工资，而资本和土地所有者得益于移民。当我们将各种各样的所得和所失相加时，会像我们发现总贸易所得那样发现目的国有“总所得”吗？幸运的是，这个结果被证明是正确的。

在特定要素模型中，移民除了给自身带来收入外，还有利于东道国。如果我们把移民的收益计算到外国的收入中，则我们发现，对外移民也有利于外国。对 FDI 也可以得出同样的结论。资本流入除了给外国资本带来额外收益外，也有利于东道国。若把这些外国资本的额外收益计入外国的收入中，则 FDI 也有利于资本来源国。在阐明了这些理论结果后，我们来讨论来自移民或 FDI 流动的总所得在实际中会有多少。

移民所得

为了度量移民所得，我们将运用特定要素模型。在图 5－14 中，我们以横轴衡量世界劳动总量，它等于 $\overline{L}+\overline{L}^*$。母国的工人数 $\overline{L}$ 是从左（原点 0）往右度量的。在外国的工人数 $\overline{L}^*$ 是从右（0^*）往左度量的。横轴上的每一个点均表示在这两个国家有多少工人。例如，L 点表示在母国有 $0L$ 工人，在外国有 0^*L 工人。

母国和外国的工资　从本章的上述讨论中我们已经知道，由于移民进入母国，其工资降低。在图 5－14 中，我们把这种关系描绘为标有“母国工资”的向下倾斜的线。移民前母国有工人数 $0L$，其工资为 A 点的 W。如果外国工人进入，母国劳动力增长至 $0L'$，则母国工资降低为 B 点的 W'。向下倾斜的“母国工资”线说明了母国工人数与其工资间的这种逆向关系。你可以将这条线称为这个经济体整体的而非单个产业的劳动需求曲线。

① 这里忽略了这样一种情形，即移民因路途艰辛或抵达以后遭受歧视而后悔。

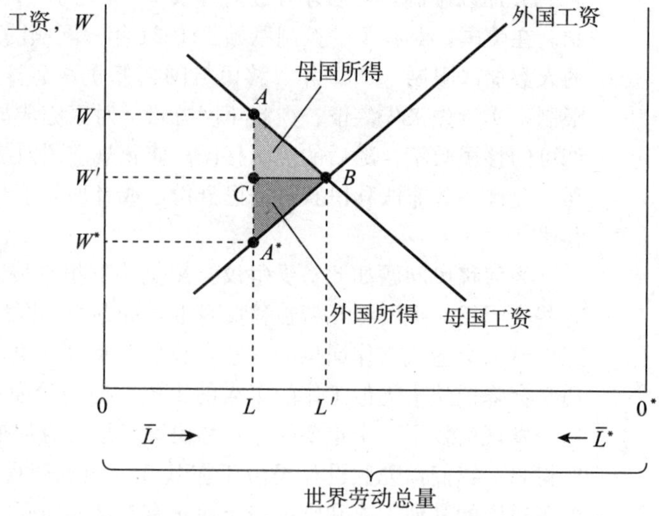

图 5-14　世界劳动力市场

初始时，母国有 0L 工人，外国有 0^*L 工人。母国工资如 A 点所示是 W，高于 A^* 点的外国工资 W^*。工人会从外国流动到母国以获取更高的工资。充分移民条件下的均衡位于 C 点，这时工资均等于 W'。母国的移民所得由三角形 ABC 度量，三角形 A^*BC 代表外国所得。

同样，在外国也存在工人数量与其工资间的逆向关系。在移民以前，外国的劳动力是 0^*L，我们看到其工资为 A^* 点的 W^*。它低于母国的工资 W，因此，一些工人想从外国移民到母国。还记得我们是从右（0^*）往左度量外国工人的，当国外劳动力从 0^*L 缩减到 $0^*L'$时，外国的工资从 W^* 提高到了 B 点的 W'。我们看到由于部分外国工人离开，它使得留下来的那些工人因工资提高而受益。

我们把 B 点称为**充分移民条件下的均衡**（equilibrium with full migration）。在该点，在母国和外国所挣的工资均等于 W'。当然，通过移民达到各个国家工资完全相等是一个漫长的过程。在我们关于从旧世界向新世界移民的讨论中，我们从图 5-3 中已经知道，即使在大规模移民 40 年后，新世界的实际工资仍然是欧洲的 2 倍。因此，充分移民条件下的均衡只有在非常长的时期内才能实现。我们要回答的问题是这种移民是否有利于母国的工人（不包括外来移民）、劳动和资本。此外，我们还想知道移民是否有利于外国，包括移民。

母国所得　为了确定母国是否有总所得，我们需要度量每个外国工人对该国某种产品或其他产品产量的贡献。这种度量简单易行。任一产业的边际劳动产出（乘以鞋子或计算机的价格）等于母国的工资。因此，第一个移民来的外国工人的边际产出等于母国的工资，即 A 点的 W。随着更多外国工人移民而来，母国两个产业的边际劳动产出由于收益递减而下降。我们可以用母国所支付的工资来度量移民的边际产出，随着我们沿着母国工资曲线从 A 点下降到 B 点，它从 W 下降到 W'。

在充分移民条件下的均衡点 B 上，所有外国移民都获得了母国工资 W'。但是，除了最后一个进入母国的外国工人以外，所有其他外国工人的边际劳动产出都高于 W'：第一个外国工人的边际产出为 W，后来的外国移民的边际产出较低，

从 W 到 W'不等。因此，他们对母国各种产品产量的贡献超过了其所获得的工资。第一个外国工人的边际产出为 W，但是得到的工资为 W'，所以，母国经济体来自拥有该工人的所得为（$W-W'$）。同样，每个后来的移民的边际产出都在 W 与 W'之间，但仍然只得到 W'的工资，所以，其边际产出与其工资之差就是母国经济体的所得。

将外国工人对母国经济体的所得相加，我们最终得到了三角形 ABC，它代表充分移民条件下的母国所得。产生这些所得的原因是收益递减法则：随着更多的外国移民加入母国劳动力，其边际产出下降，以及由于工资等于最后一个工人的边际产出，它必然低于较早移民的边际产出。这个经济逻辑确保了母国来自移民的所得。

外国所得 现在来考察外国的情形。为了评价移民总所得，我们把离开的移民所获得的工资计入外国的收入中。这些工资通常流入其家庭（见**专栏“移民及其汇款”**），但即使它们没有流入其家庭，我们仍然把这些移民所挣的工资纳入我们对外国收入的计量中，因为那是移民的最初来源地。

在没有任何移民的情况下，外国工资为 W^*，它等于国外任一产业的边际劳动产出（乘以外国该产品的价格）。随着外国工人的外迁，留在外国的工人的边际劳动产出提高，外国的工资从 W^* 提高到 W'（或从图 5-14 的 A^* 点移动到 B 点）。每一个较高的边际产出或工资——介于 W^* 与 W'之间——都等于因工人离开而导致的外国产出的下降数量。

在充分移民的情况下，所有外国工人在母国获得工资 W'。请注意，这个工资高于其外国的边际劳动产出，它介于 W^* 与 W'之间。移民所挣的工资与其外国的边际产出之差等于外国所得。将所有外国移民的所得相加，我们得到三角形 A^*BC。该所得表示移民的所得超过移民离开外国时所发生的产出减少。

移民的世界所得 将母国和外国的所得相加，我们得到了三角形 ABA^*，即移民的世界所得。在实践中，其大小不难度量。翻转该三角形，它的底等于（$W-W^*$），即在没有任何移民的情况下母国工资与外国工资的差额。该三角形的高为（$L'-L$），即处于充分移民条件下的均衡时愿意移居国外的外国工人数。为了求解其面积，我们需要知道在没有任何移民前的工资差额和愿意对外移民的人数。

专　栏

移民及其汇款

通常移民把其大部分收入汇回家，我们称之为汇款。据世界银行估计，2012 年发展中国家收到的汇款达到 4 060 亿美元，而 2011 年为 3 720 亿美元。2011 年，外国政府官方援助是 1 560 亿美元，还不到汇款数额的一半。收到汇款最多的国家是印度（640 亿美元），接下来是中国（620 亿美元）、墨西哥（240 亿美元）和菲律宾（230 亿美元）。但是，按照汇款占 GDP 的比例排名，低收入的小国家排名最高，比如塔吉克斯坦（31%）、莱索托（29%）、萨摩亚（23%）、吉尔吉斯斯坦

(21%)、尼泊尔（20%）和汤加（20%）。2011 年，全球大约有 2.15 亿名移民工人，汇款总额为 3 720 亿美元，因而每个移民大约向母国汇款 1 800 美元。

表 5-3 显示了部分发展中国家收到的汇款以及外国政府援助。除了苏丹之外，表中各国移民汇款均大于外国政府援助。2010 年，苏丹经历人道主义危机，收到的外国政府援助比较大。移民汇款和外国政府援助也是其他非洲国家的重要收入来源。

表 5-3　　2010 年工人汇款和外国政府援助净额

本表显示移民向母国的汇款情况。各国收到的汇款大于收到的外国政府援助。苏丹除外，2010 年它经历人权危机，因而收到的国外援助资金更多。

国家	汇款（百万美元）	援助净额（百万美元）
阿尔巴尼亚	924	305
孟加拉国	10 836	1 415
巴西	2 076	661
哥伦比亚	4 023	901
克罗地亚	342	151
多米尼克共和国	2 998	175
印度	53 043	2 806
墨西哥	21 303	471
摩洛哥	6 423	993
苏丹	1 291	2 076
越南	8 000	2 940

资料来源：World Development Indicators，The World Bank.

移民将其部分收入汇往本国这一事实可能不足以补偿其本国因劳动力流失而遭受的损失。为计算对外移民对本国的所得，我们需要把移民的所有收入都计入其本国的收入中。然而，事实上，移民并非把其所有收入汇往本国，因此，他们所离开的国家可能因其外流而受损。例如，考虑一下受教育程度高的移民移居国外的情形。2000 年，有 100 万个受过大学教育的印度人在 30 个 OECD 富裕国家生活，它占到印度数量巨大的大学毕业生总数的 4.3%。2008 年，印度出生、生活在 OECD 的移民中，53%接受过高等教育。亚洲出生、生活在 OECD 的移民中，38%接受过高等教育。但对于较小的国家而言，外流程度要大得多。几乎 47%的加纳大学毕业生劳动力在 OECD 国家生活。而圭亚那的这个比例则是 89%。* 除非这些移民把其大部分收入汇往本国，否则，这些国家会因其受教育程度高的工人外流而受损。

为表达这种关切，J. 巴格瓦蒂（一位出生于印度、现任职于纽约哥伦比亚大学的经济学家）主张各国对知识工人的外流征收“人才外流税”。这一主张旨在对在出生地以外国家居住的人获得的收入进行征税，并通过诸如联合国等国际组织将这种税收所得返还给那些工人流失最多的国家。这样，知识工人外流的国家将至少部分地获得人才外流的补偿。人才外流税已引起了广泛争议，但至今还未在实践中得以正式应用。

※ 这些百分数来自 "Fruit That Fall Far from the Tree," *The Economist*, November 3, 2005, which draws on a world bank study, and from the 2008 OECD Migration Outlook。

一种计算世界移民所得的方法是，它们等于因移民引起的世界 GDP 增加量。为了理解为什么如此，考虑一下第一个从外国移民到母国的人。这个人在外国赚取工资 W^*，它等于他或她的边际产出乘以他或她所工作的产业的价格。当这个人离开外国时，该国的 GDP 下降了 W^*，一旦他或她移居到母国，他或她赚取了 W，再次表明它等于边际产出乘以产品价格。因此，W 等于移民开始工作时母国 GDP 的增加量。因而，母国与外国工资间的差距等于因移民引起的世界 GDP 净增加量。把所有移民的这个数字相加，我们得到三角形 ABA^*，即因移民引起的世界 GDP 增加量和世界所得。

然而，在实践中，存在由母国移民承担的其他成本，这些成本会使得来自移民的所得少于世界 GDP 的增量。移民往往面临高昂的流动成本，这包括非法移民支付给"蛇头"(非法移民活动的组织者。——编辑注) 的钱。这些成本需要从 GDP 的增量中减去以获得净所得。然而，由于所有这些流动成本很难定量，所以，在下面的案例中，我们用母国或世界 GDP 的增加量来度量移民所得。

案　例

移民所得

移民所得有多大? 对美国而言，经济学家乔治·博加斯所做的一项研究得到的净移民所得约为 GDP 的 0.1% (1%GDP 的十分之一)。该数值是通过运用相当于 10%美国劳动力的移民存量并假设移民与美国工人对相同工作进行竞争的情况下得到的。相反，如果我们假设移民的平均技术水平低于美国人，则非熟练移民就能对熟练美国人起到补充作用，美国的移民所得就要高一些，达到 GDP 的 0.4%。这些估算值详见表 5-4 的第一行。在这种情况下，美国的净所得等于美国 GDP 的增量。

博加斯对美国因接纳移民所获得的利益进行了估算，但是这个估算值似乎较小，因为隐藏在这些数字背后的是劳动向资本和土地所有者的更大数额的收入转移。劳动因移民而受损，而资本和土地所有者受益，所有这些实际收入变化的净效应就是博加斯估算的 GDP 所得。对于因移民引起的相当于美国 GDP 的 0.1%这个净所得，博加斯估计，资本可能获得 GDP 的 2%，国内劳动可能损失 GDP 的 1.9%。这些数字使他得出这样的结论："这个较小的移民盈余 (即 GDP 所得) ——尤其是与由移民导致的巨大财富转移 (即收入由劳动向资本转移) 相比较时——可能能够解释为何关于移民政策的争论往往是聚焦于遭受潜在损害的劳动力市场冲击而不是聚焦于本国人民收入的总体增加。"

表 5-4　　移民所得

本表显示了几项关于移民研究的结果。第二列显示的是移民总数（作为母国劳动力的百分比），第三列显示了母国的 GDP 增长或该地区的 GDP 增长。

	移民总额（占母国劳动力的百分比,%）	GDP 增长（%）
第一部分：母国所得计算		
运用的研究：		
博加斯（1995，1999），美国所得	10	0.1～0.4
克莱默和瓦特（2006），家政工人	7	1.2～1.4
佩里、施和斯帕博（2013）	24※	4.0
第二部分：地区所得计算		
运用的研究：		
沃尔姆斯利和温特斯（2005），从发达国家到发展中国家	3	0.6
克莱恩和文图拉（2009），		
欧盟扩大※※		
10 年后	0.8～1.8	0.2～0.7
25 年后	2.5～5.0	0.6～1.8
50 年后	4.8～8.8	1.7～4.5
在 NAFTA 共同劳动力市场※※		
10 年后	1.0～2.4	0.1～0.4
25 年后	2.8～5.5	0.4～1.0
50 年后	4.4～9.1	1.3～3.0

※为占高技术人才的比例。

※※所有数字均为估计范围。

资料来源：George Borjas，1995，“The Economic Benefits from Immigration，” *Journal of Economic Perspectives*，9（2），3-22.

George Borjas，1999，“The Economic Analysis of Immigration，” in Orley Ashenfelter and David Card，eds.，*Handbook of Labor Economics*，Vol. 3A（Amsterdam：North Holland），1697-1760.

Paul Klein and Gustavo Ventura，2009，“Productivity Differences and the Dynamic Effects of Labor Movements，” *Journal of Monetary Economics*，56（8），November，1059-1073.

Michael Kremer and Stanley Watt，2006，“The Globalization of Household Production，” Harvard University.

Giovanni Peri，Kevin Shih，and Chad Sparber，2013，“STEM Workers，H-1B Visa and Productivity in U. S. Cities，” University of California，Davis.

Terrie Louise Walmsley and L. Alan Winters，2005，“Relaxing the Restrictions on the Temporary Movement of Natural Persons：A Simulation Analysis，” *Journal of Economic Integration*，20（4），December，688-726.

其他的计算表明，总的移民所得可能稍大于博加斯的估计。在表 5-4 的第二行中，我们报告了来自克莱默和瓦特所做的一项研究的数字，该研究集中关注一类移民：家政工人。外来的家政工人，主要是女性，在巴林、科威特和沙特阿拉伯占劳动力的10%以上，在中国香港和新加坡占劳动力的7%。这些家政工人的出现往往可以使该家庭的另一成员——往往是受过良好教育的妇女——在其母国寻找工作。这样，低技能家政工人的移民导致母国高技能工人供给的增加，结果带来了更多的母国GDP。据估计，如果这类移民像在某些国家/地区那样占劳动力的7%，则它会使母国的GDP提高1.2%～1.4%。

根据新闻提要**"移民改革对经济的意外影响"**的作者乔瓦尼·佩里的研究，移民带来的好处更大。佩里及其合作者计算了外国科学家、技术专家、工程师和数学家流入美国的数量。自1991年以来，H-1B签证每年准许5万到15万名高技术人才进入美国，其中许多成为美国永久居民。到2010年，国外出生的高技术人才移民已经占到美国重要城市人口总数的1.1%，占到这些城市高技术人才总数的24%。佩里及其合作者衡量了这些移民对于美国生产率提高的作用。他们发现，这些技术人才移民为美国带来了巨大好处：美国每年生产率增加中，10%～20%来自持H-1B签证的高技术人才移民。生产率的贡献主要包括新创科技企业、新发明专利等。由此，高技术人才移民2010年使得美国GDP提高了4个百分点。

在表5-4的第二部分中，我们报告了世界上几个地区移民所得的估计结果。由沃尔姆斯利和温特斯所做的第一项研究发现，来自发展中国家的移民导致发达国家劳动供给增加了3%，还创造出相当于世界GDP 0.6%的世界所得。这项计算与图5-14所示的三角形ABA^*所得类似。由克莱恩和文图拉所做的第二项研究，通过对不同国家的技术差异进行建模获得了更大的世界所得估计值。在这种方法下，较富裕的国家具有更高的生产率，因而流入这里的移民具有比在母国更高的生产率。这种生产率的提高在一定程度上为移民的技能损失所抵消（因为移民可能没有找到他或她最适合的工作，至少在开始时是如此）。然而，这种假设的技能损失会小于国家间的生产率差异，因此，移民在其迁入国总是有较高的生产率。

在其研究中，克莱恩和文图拉考虑了欧盟最近由15国增加为25国的扩大行为。[①] 原则上，来自刚入盟的东欧国家的工人允许在欧盟的任何一地工作，尽管在实践上这会产生一些新的政策问题。克莱恩和文图拉假设原来的欧盟15国的生产率是新入盟国家的2倍。在最初的10年间，他们发现那15国的人口提高了0.8%～1.8%，GDP总额提高了0.2%～0.7%。这些估计值来自对移民流动时所产生的技能损失的不同假设，还来自他们的流动心理成本，这会减缓移民的步伐。然而，随着时间的推移，更多的人从东欧流向西欧，GDP比重持续提高。25年后，他们估计欧盟的GDP总额将提高0.6%～1.8%，50年后，GDP增长将达到1.7%～4.5%。

① 2004年以前，欧盟由15国组成：比利时、法国、德国、意大利、卢森堡、荷兰（1952年时的创始成员国）；丹麦、爱尔兰、英国（1973年加入）；希腊（1981年加入）；葡萄牙、西班牙（1986年加入）；奥地利、芬兰、瑞典（1995年加入）。2004年5月1日，又有10国加入：塞浦路斯、捷克、爱沙尼亚、匈牙利、立陶宛、拉脱维亚、马耳他、波兰、斯洛伐克和斯洛文尼亚。

嗣后，克莱恩和文图拉考察了由加拿大、墨西哥和美国组成的北美自由贸易区（NAFTA）内部的共同劳动力市场。虽然 NAFTA 许可在这些国家间进行自由国际贸易，但不允许劳动力自由流动。因此，克莱恩和文图拉所做的实验假设墨西哥工人向美国和加拿大自由移民，并假设美国和加拿大的生产率是墨西哥的 1.7 倍。他们发现，在最初 10 年间，美国和加拿大的人口由于来自墨西哥的移民而增加 1.0%～2.4%，NAFTA 地区的 GDP 总值增长 0.1%～0.4%。25 年后，他们估计该地区的 GDP 总值增长 0.4%～1.0%；50 年后，其 GDP 增长 1.3%～3.0%。这些数据是通过假设推理而得，因为前提是 NAFTA 成员国内部劳动力自由流动，这个假设不符合现实。在下一章，我们将探讨 NAFTA 带来的其他好处，结合参与国际贸易的具体事实，且不假设劳动力自由流动。

对外直接投资所得

一个与图 5－14 非常类似的图形可用于衡量 FDI 所得。在图 5－15 中，我们用横轴表示世界资本总量，即等于 $\overline{K}+\overline{K}^*$。各国所赚取的租金用纵轴表示。母国雇用了 0$K$ 单位资本（从左向右衡量），母国的租金为 R，它由 A 点决定。剩余的 0^*K 单位资本（从右向左衡量）由外国所用，外国的租金为 R^*，它由 A^* 点决定。

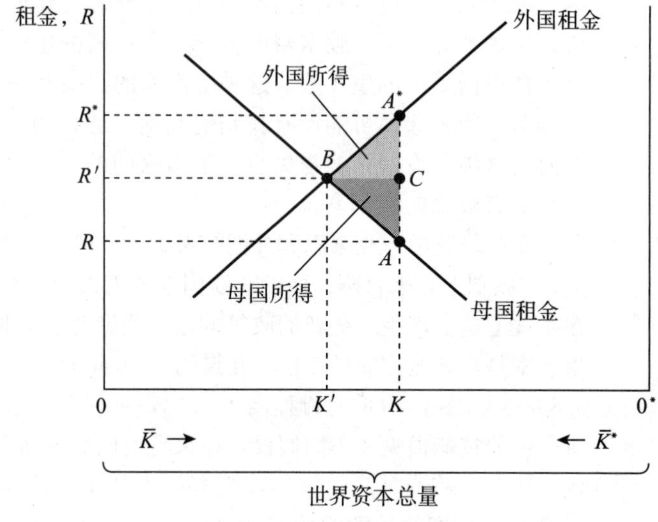

图 5－15　世界资本市场

母国拥有 0K 单位资本，母国租金为 R，见 A 点；剩余的 0^*K 单位资本由外国使用，外国租金为 R^*，见 A^* 点。资本将从母国流向外国以获取更高的租金。在充分资本流动条件下的均衡位于 B 点，在这一点租金均等于 R'。三角形 ABC 衡量的是母国来自资本外流的所得，三角形 A^*BC 衡量的是外国所得。

由于外国租金比母国高，所以资本会从母国流向外国。随着它进入外国，这些额外的资本降低了边际资本产出，压低了租金。同样地，随着资本离开母国，边际资本产出会提高，母国的租金会提高。在充分资本流动条件下的均衡是在 B 点，在这一点租金等于 R'。与我们在考察移民中所发现的情形类似，母国来自资本流出的所得是三角形 ABC，而外国所得为三角形 A^*BC，世界所得为 A^*BA。

5.4 结 论

移民，即工人在国家间的流动，潜在地影响了工人抵达的东道国的工资。在短期的特定要素模型中，因移民而增加的工人供给会降低工资。来到美国的大多数移民要么受教育程度很低，要么受教育程度很高。结果，劳动力从其他国家流入后，这两个工人群体的工资在短期内下降。大多数美国工人接受过中等程度的教育，受移民的影响没那么大。此外，在特定要素模型中，移民的到来有利于资本和土地所有者。随着在短期内工资的降低，资本和土地租金将升高。这个结论有助于解释为何土地所有者要为至少暂时允许农业工人移居入境的计划进行游说，以及为何其他产业支持增加入境移民，比如高科技产业和其他专业化产业工人的 H-1B 签证。

在一个长期框架中，当资本可以在产业间流动时，工资降低的现象不会发生。相反，密集地使用劳动的产业会扩张，其他产业会萎缩，因而，外来移民可以在不降低工资的情况下被雇用。产业产量的这种变化是雷布津斯基定理的主要发现。来自 1980 年马列尔偷渡事件的证据表明，在古巴移民抵达后，迈阿密发生了沿着上述路线进行的产业产量调整：服装业的产出下降得比其他城市所预计的要少，而一些技术密集型产业的产出下降得比预计的要多。

资本在国家间的流动被称为对外直接投资（FDI），具有与移民类似的效应。在短期内，外国资本进入一国会降低资本租金，提高工资，并降低土地租金。但在长期内，当资本和土地可以在产业间流动时，工资和租金的这些变化不会发生。相反，产业产量会根据雷布津斯基定理进行调整，因而额外的资本会在不发生任何工资或租金变动的情况下得以完全利用。来自新加坡的证据表明，外国资本可以在不发生租金或边际资本产出大幅下降的情况下被吸收，尽管这是一个经济学上不断争论的领域。

随着劳动力和资本从低边际产出国家流向高边际产出国家，移民和 FDI 都创造了世界所得。移民之所以为东道国创造了所得，是因为流入的劳动和资本得到的报酬少于其对东道国 GDP 所做的全部贡献。同时，假如外流移民或资本所赚取的收入被计入该国所得，则还有对它们所离开国家的劳动和资本所得。

要 点

1. 如果像在特定要素模型中那样保持两个产业的资本和土地总量不变，外来移民会导致工资降低，例如，19 世纪大批移民涌入新世界就是一例。

2. 由于工资因外来移民而下降，特定要素（资本和土地）的边际产出提高，因而其租金也提高。

3. 一国的资本和土地总量保持不变在短期内是一个合理的假设，但在更长时期内，厂商会改变资本在不同国家产业间的配置，这会改变移民对工资和租金的影响。

4. 在一个有两种产品和两种要素的长期模型中，产品和要素都可以在产业间完全流动，来自移民的额外劳动会被劳动密集型产业完全吸收。并且，劳动密集型产业还会吸收来自资本密集型产业的额外资本和劳动，因此，其资本—劳动比率在长期内保持不变。由于各个产业的资本—劳动比率不变，工资和租金也保持不变。这导致了所谓的要素价格不敏感性。

5. 根据雷布津斯基定理，移民会导致劳动密集型产业的产量增加和资本密集型产业的产量减少。这个结果不同于短期的特定要素模型，在该模型中移民会导致两个产业的产量都增加。

6. 除了产品贸易和劳动力流动以外，国家间相互作用的另一种途径是通过投资。当一家公司在另一个国家拥有资产、工厂或设备时，就被认为从事了对外直接投资，或称 FDI。

7. 在短期内，FDI 会降低资本和土地的租金，提高工资。在长期内，额外的资本可以在不改变工资和租金的情况下被资本密集型产业吸收。

8. 根据雷布津斯基定理，FDI 会使资本密集型产业的产量增加和劳动密集型产业的产量减少。

9. 假如移民的收入被计入来源国的福利中，则资本和劳动流动会对来源国和东道国都产生利得。因此，具有全球的移民与 FDI 所得。

关键术语

特定要素模型	实际增加值
雷布津斯基定理	对外直接投资
要素价格不敏感性	充分移民条件下的均衡

习 题

1. 在短期的特定要素模型中，考察对一个遭受自然灾害后出现人口下降的小国的影响。假设土地是农业的特定要素，资本是制造业的特定要素，而劳动是在两个部门间自由流动的。

a. 在一个类似图 5-2 的图形中，确定劳动减少对每个产业的产量及均衡工资的影响。

b. 对资本和土地的租金产生了何等影响？

2. 如果我们转而运用长期模型，用劳动和资本生产鞋子和计算机，第 1 题的答案会有何变化?

3. 考虑由于移民增加了劳动力供给，并运用长期模型。图 5－8 显示了盒形图以及鞋业原点的左移。重画该图，但是计算机业的原点向右移动。也就是说，劳动力数轴扩大 ΔL 的数量，但向右移动而不是向左移动。用这个新的图形表示出在要素价格不变的情况下，鞋业和计算机业使用的劳动量和资本量是如何确定的。详细解释各个产业中所使用的劳动量和资本量有何变化以及各个产业的产量有何变化。

4. 在短期的特定要素模型中，考虑土地存量减少。例如，假设自然灾害减少了被用于种植植物的可耕地数量。

a. 从 A 点的初始均衡开始，重画图 5－11 (a)。

b. 土地的这一变化对每个产业的劳动数量以及均衡工资的影响如何?

c. 对土地租金以及资本租金的影响如何?

d. 现在假设国际社会出资帮助这个遭受自然灾害的国家，并决定提高对它的 FDI 水平来帮助它。因此，世界其他国家增加在该受灾国的实物资本投资。图解该政策对均衡工资和租金的影响。

5. 根据表 5－1 的第一部分，什么受教育水平的工人因外来移民移居到美国而受损最大（即工资下降最多）? 这个结果取决于资本租金保持不变吗? 试给出原因。

6. 假设每个计算机业的工人使用 2 单位资本，因此 $K_C=2\cdot L_C$，而每个鞋业的工人使用 0.5 单位资本，因此 $K_S=0.5\cdot L_S$。该经济体有 100 个工人和 100 单位资本。

a. 求解每个产业所使用的劳动和资本量。

提示：图 5－7 所示的盒形图意味着每个产业所使用的劳动量和资本量相加必须等于该经济体的总量，因此 $K_C+K_S=100$ 以及 $L_C+L_S=100$，用 $K_C=2\cdot L_C$ 和 $K_S=0.5\cdot L_S$ 将这些等式改写为 $2\cdot L_C+0.5\cdot L_S=100$ 和 $L_C+L_S=100$，运用这两个等式求解 L_C 和 L_S，然后用 $K_C=2\cdot L_C$ 和 $K_S=0.5\cdot L_S$ 计算出每个产业所用的资本数量。

b. 如果工人数量因移民而增加至 125，资本总量仍固定为 100，再次求解各个产业所用的劳动量和资本量。提示：重新进行 a 中的计算，但用 $L_C+L_S=125$。

c. 假设资本总量因 FDI 而增加至 125，工人总数仍固定为 100，再次求解各个产业所用的劳动量和资本量。提示：重新进行 a 中的计算，$K_C+K_S=125$。

d. 试解释你在 b 和 c 中的结果与雷布津斯基定理有何关联。

以下两个问题探究雷布津斯基定理的含义以及第 4 章中的赫克歇尔-俄林模型的要素价格不敏感性结论。

7. 在这道习题中，我们运用雷布津斯基定理来复习赫克歇尔-俄林定理的推导。

a. 从图 4－2 (a) 中母国 PPF 上的均衡点 A 点开始。假设通过移民，母国的劳动数量增加了。画出新的 PPF，标出在相同产品价格条件下进行生产的 B

点。提示：你可以参考图 5－9 以了解移民对 PPF 的影响。

b. 假设外国与母国之间唯一的差别是外国拥有更多的劳动。此外，各国用于生产各种产品的技术是相同的。那么，外国 PPF 与你在（a）图中所画的新的母国 PPF（含移民）相比较有何不同？B 点是外国的无贸易均衡吗？试给出原因。

c. 图示说明一个新的点 A^*，它是外国的无贸易均衡。母国和外国的无贸易计算机相对价格有何不同？从而，两国间的贸易模式如何？为什么？

8. 紧接第 7 题的问题，现在我们用要素价格不敏感性结论来比较赫克歇尔-俄林模型中不同国家间的要素价格。

a. 图示说明母国和外国生产可能性边界上的国际贸易均衡。提示：你可以参考图 4－3 以了解国际贸易均衡。

b. 假设外国与母国间唯一的差别是外国拥有更多的劳动。此外，各国用于生产各种产品的技术是相同的。则根据要素价格不敏感性结论，两国的工资和租金有何不同？

c. 在 b 题中所得的结果被称为"要素价格均等化"。这是一个现实的结果吗？提示：你可参考图 4－9 以了解不同国家的工资。

d. 基于我们在第 4 章结尾对赫克歇尔-俄林模型的扩展，"要素价格均等化"结论在现实中难以成立的一个原因是什么？

9. 回忆一下"FDI 对新加坡租金和工资的影响"这个案例中的公式。对这个租金率公式给出一个直观的解释。提示：把等式一边视为边际收益，另一边视为边际成本。

10. 在表 5－2 中，我们展示了新加坡的实际租金和实际工资及其隐含生产率增长。计算生产率增长的一种方法是取实际租金和实际工资增长的平均数。该思想是这样的：如果有生产率增长，厂商就有能力给劳动和资本支付更高的报酬，因此，在这种情形下，实际要素价格应该是不断上涨的。但是，如果没有生产率增长，则实际租金和实际工资增长的平均数应该接近零。

为了计算实际要素价格增长的平均数，我们运用工资和劳动占 GDP 的份额。具体而言，我们将实际租金增长乘以 GDP 中的资本份额，加上实际工资增长与 GDP 中的劳动份额的乘积。下面请回答下列问题：

a. 对于像新加坡这样资本丰裕的国家，GDP 中的资本份额约为一半，劳动份额也为一半。用这些份额计算表 5－2 中各行所示的实际租金增长和实际工资增长的平均数。你的答案与表 5－2 最后一列隐含生产率增长率相比较有何不同？

b. 对于像美国这样的工业化国家，GDP 中的资本份额约为三分之一，劳动力份额约为三分之二。用这些份额计算表 5－2 中各行所示的实际租金和实际工资增长的平均数。你的答案与最后一列所示的隐含生产率增长率相比较有何不同？

11. 图 5－14 是一个关于世界劳动力市场的供给和需求图形。从 A 点和 A^* 点出发，考虑以下情形，即一些外国工人移居到母国但不足以达到充分移民条件下的均衡（B 点）。移民的结果是，母国工资从 W 下降到 $W'' > W'$，外国工资从 W^* 提高到 $W^{**} < W'$。

a. 有属于母国的所得吗？如果有，重画该图并确定各国所得有多少。如果没有，说明为何没有。

b. 有属于外国的所得吗？若有，则再次在图中表示出这些所得的多少，以及世界所得的多少。

12. 一个菲律宾女佣正在考虑移民到新加坡以寻求更高的工资。假设该女佣在本国每年挣大约 2 000 美元，期望在新加坡找到一份为期三年年收入约为 5 000 美元的工作。此外，假设在新加坡的生活成本比在本国每年高 500 美元。

a. 我们如何看待该女佣在新加坡相对于在菲律宾的生产率？试解释之。

b. 该女佣总的移民所得是多少？

c. 新加坡的雇主有相应的所得吗？试解释之。

网络练习

移民一直是美国和其他国家经常备受争论的议题，找到最近一个关于美国移民政策的新闻，概括其中讨论的问题。

第3部分

国际贸易新论

第 6 章 规模收益递增与不完全竞争

本章内容提要

6.1 不完全竞争基本原理
6.2 垄断竞争条件下的贸易
6.3 《北美自由贸易协定》
6.4 产业内贸易和引力方程
6.5 结论

那么，对外贸易……对一国是极为有利的，因为它增加了物品的数量和种类，并因此可能增加了收入。

——大卫·李嘉图，《政治经济学及赋税原理》，第 7 章

一个简单的政府政策（加拿大与美国之间的自由贸易）会如此大幅度地提升生产率，在我看来，这个思想的确是非凡的。

——多伦多大学丹尼尔·特里夫勒教授，2005 年

在第 2 章中，我们看到了美国滑雪板进口的数据并考察了美国为何从许多不同国家进口该产品的原因。现在，我们来看看美国大批量进口和出口的另一种体育用品，以此来阐明一个国家是如何可以既购买一种产品又向其他国家出售该产品的。2012 年，美国从 30 个国家进口高尔夫球棒又向 74 个国家出口该产品。在表 6-1 中，我们列举了对美国销售高尔夫球棒最多的 12 个国家/地区以及美国对其销售高尔夫球棒最多的 12 个国家/地区。该表还列出了进出口数量及其平均批发价格。

表 6-1　　2012 年美国高尔夫球棒进出口状况

本表显示美国高尔夫球棒进出口金额、数量和均价，表中的多个国家/地区既向美国出口高尔夫球棒，又从美国进口高尔夫球棒，这就是我们所称的“产业内贸易”。

(a) 进口

排名	国家/地区	进口额（千美元）	高尔夫球棒数（千根）	平均价格（美元/根）
1	中国	385 276	14 482	27
2	墨西哥	44 725	132	70
3	越南	25 579	504	51
4	日本	9 180	47	197
5	中国台湾	7 830	69	114
6	泰国	1 705	12	143
7	中国香港	1 043	40	26
8	加拿大	376	16	23
9	德国	96	5	18
10	英国	71	12	6
11	韩国	28	3	9
12	比利时	24	1	19
13～25	多个国家/地区	31	11	3
	所有 25 个国家/地区	475 966	18 083	26

(b) 出口

排名	国家/地区	出口额（千美元）	高尔夫球棒数（千根）	平均价格（美元/根）
1	日本	37 943	326	117
2	加拿大	18 916	275	69
3	韩国	18 047	149	121
4	澳大利亚	10 563	132	80
5	中国香港	9 996	78	128
6	英国	8 079	97	84
7	新加坡	4 427	39	115
8	荷兰	1 977	14	142
9	南非	1 513	20	75
10	墨西哥	1 403	15	91
11	阿根廷	1 070	12	88
12	新西兰	1 068	14	77
13～74	多个国家/地区	6 525	83	79
	所有 74 个国家/地区	121 575	1 253	97

资料来源：U. S. International Trade Commission Interactive Tariff and Trade DataWeb at http://dataweb. usitc. gov/.

在（a）表中，我们看到中国对美国销售高尔夫球棒最多，总价值 3.85 亿美元，平均每根 27 美元。接着是墨西哥，向美国销售约 4 500 万美元，平均每根 70 美元。[①] 接下来是越南，出口美国球棒金额约 2 600 万美元，平均每根 51 美元。接着是日本、中国台湾和泰国，这三个区域向美国出口的球棒平均每根超过 100 美元。如此之高的单价表明，这三个区域的球棒质量比中国和越南的更好。除了这几个排名靠前的国家和地区之外，其他国家/地区出口到美国的球棒平均每根价格不到 30 美元。2012 年，美国共进口高尔夫球棒 4.76 亿美元。

就出口方面而言，如（b）表所示，美国球棒出口的第一目的地是日本，接着是加拿大和韩国。请注意，这三个国家实际上也位列向美国出口高尔夫球棒的前 12 个国家/地区。美国出口高尔夫球棒的平均价格从 69 美元到 142 美元不等，比进口的平均单价更高，除了墨西哥、日本、中国台湾和泰国这几个国家或地区外。这也表明美国出口的是高质量高尔夫球棒。

多个国家或地区向美国出口高尔夫球棒，同时也从美国进口高尔夫球棒：2012 年，向美国出口高尔夫球棒的前 12 个国家/地区中，有 6 个也位列从美国进口高尔夫球棒的前 12。25 个向美国出口高尔夫球棒的国家/地区中，24 个也从美国进口（仅有孟加拉国没有从美国进口）。为何美国向同一些国家或地区出口并从同一些国家或地区进口高尔夫球棒？这个问题的答案是我们在本章和下一章要学习的诸多贸易解说中的一种“新的”解说。李嘉图模型（第 2 章）和赫克歇尔-俄林模型（第 4 章）解释了各国为何要进口或出口一种产品，但这些模型没有解释一种产品的同时进口和出口，就像我们所观察到的高尔夫球棒和许多其他产品那样。

为了解释各国为何与其他国家既购买又销售一种产品，我们需要改变在李嘉图和赫克歇尔-俄林模型中所做的一些假设。在这些模型中，我们假定市场是完全竞争的，这意味着有众多的小生产商，每个厂商都生产一种同质的（即完全一样的）产品，因而没有任何厂商能影响该产品的市场价格。正如我们行走在一家食品店或百货商店的通道上所看到的，大多数产品是**差异化产品**（differentiated goods），也就是说，它们不是完全一样的。基于表 6-1 中的价格差异，我们可以发现所贸易的高尔夫球棒属于不同的类型和质量。因而，在本章我们舍去了产品是同质的（像在完全竞争中那样）这一假设，反之，我们假定产品是有差别的，并假定**不完全竞争**（imperfect competition），在这种情形下，厂商就能影响其要价。

本章所探讨的对贸易的新解释涉及一种被称为**垄断竞争**（monopolistic competition）的不完全竞争，它有两个主要特征。第一个特征刚才已说过，是不同厂商所生产的产品是有差别的，通过提供不同产品，厂商就能对其特定产品索要的价格进行一定程度的控制。由于厂商经营所处的市场不是一个完全竞争的市

① 实际上，如果把表 6-1 中墨西哥出口到美国的高尔夫球棒总额除以数量，平均单价达到 338 美元，这个数字对于一个高尔夫球棒而言太高了（表明 2012 年统计的墨西哥高尔夫球棒出口额或者出口数量数据有误），因而我们采用了 2011 年的数据，即 70 美元。

场，厂商并非一定得接受市场价格，提高价格不会使它们把所有业务都拱手让给竞争对手。另外，由于这些厂商不是垄断者（即它们不是生产这类产品的唯一厂商），它们不能像垄断者那样收取那么高的价格。当厂商生产有差别的产品时，它们保留了对其产品制定价格的部分能力，但没有像一个垄断者所拥有的那么多。

垄断竞争的第二个特征是**规模收益递增**（increasing returns to scale）[也称为**规模经济**（economies of scale）]，它是指一个厂商的平均成本随着所生产的产量增加而下降。由于这个原因，厂商倾向于专业化生产其最为成功的产品线——通过出售更多的这些产品，这些成功产品的平均生产成本就下降了。厂商可以通过在其母国市场出售更多产品来降低其平均成本，但通过出口在外国市场销售更多产品可能会实现更低的成本。因此，规模收益递增创造了一个即使贸易国在技术和要素禀赋上相似贸易仍然会发生的理由。规模收益递增将垄断竞争贸易模型的分析方法与李嘉图模型、赫克歇尔-俄林模型的分析方法区别开来。

在本章，我们阐述了一个具有产品差异性和规模收益递增这些特征的垄断竞争条件下的贸易模型。在描述了垄断竞争模型后，本章的下一个目标是讨论模型如何有助于我们解释今天所观察到的贸易模式。在我们的高尔夫球棒例子中，各国专业化生产同一种产品的不同品种并对其进行贸易；这种贸易因其涉及同一个产业中的进出口而被称为**产业内贸易**（intra-industry trade）。垄断竞争模型解释了这种贸易模式，还预言较大的国家会有更多的相互贸易。正如两个大的物体之间的引力最大，垄断竞争模型意味着大国（以其 GDP 衡量）应该从事最多的贸易。[①] 有大量的经验证据支持了这些预言，这就是所谓的**引力方程**（gravity equation）。垄断竞争模型还有助于我们理解**区域贸易协定**（regional trade agreements）的影响，一群国家根据协定进行相互自由贸易。在本章，我们运用《北美自由贸易协定》（NAFTA）来说明垄断竞争模型的这些预言。

6.1 不完全竞争基本原理

垄断竞争涵盖垄断的某些方面（厂商控制其要价）和完全竞争的某些方面（众多厂商出售产品）。在提出垄断竞争模型之前，回顾一下垄断的情形是有用的。垄断是只有一家厂商出售某产品。垄断厂商面对产业需求曲线。然后，我们简要讨论**双头垄断**（duopoly）的情形，即有两家厂商出售某产品。我们将重点关注两家厂商中的任一家所面对的需求。理解双头垄断中的需求变化有助于我们理解当有众多厂商销售差异化产品（像垄断竞争情形那样）时需求是如何决定的。

---

① 如果你已读过第 1 章，你就会知道大国确实进行最多的贸易。

垄断均衡

在图 6－1 中，产业需求曲线以 D 表示。垄断者要卖出更多的产品，价格必须降低，因此，需求曲线向下倾斜。降低价格意味着垄断者从多销售一单位产品中获得的额外收入少于该单位产品的价格——赚取的额外收入等于该单位产品所收取的价格减去降低的价格与所有以前售出的产品数量的乘积。多销售一单位产品所赚取的额外收入叫作**边际收入**（marginal revenue），在图 6－1 中以 MR 曲线表示。边际收入曲线位于产业需求曲线 D 的下方，因为销售一单位产品所赚的额外收入低于价格。

为了最大化其利润，垄断者会一直销售产品直至多销售一单位产品所赚取的额外收入 MR 等于多生产一单位产品的**边际成本**（marginal cost）这一点为止。在图 6－1 中，边际成本曲线以 MC 表示。为了简便起见，我们假设边际成本是不变的，因此 MC 曲线是水平的，尽管不一定非得这样。为了使边际收入等于边际成本，垄断者销售 Q^M 数量的产品。为了找到垄断者索要的利润最大化价格，我们从 Q^M 往上追踪到需求曲线上的 A 点，然后追踪到价格轴。垄断者索要的价格 P^M 就是使得垄断者赚取最大利润的价格，从而 A 点是垄断均衡。

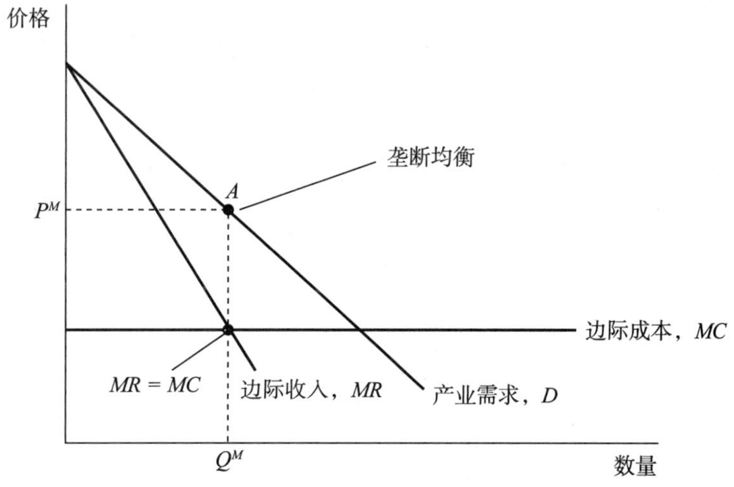

图 6－1　垄断均衡

垄断者选择利润最大化的数量 Q^M，在这个数量上，边际收入等于边际成本。从该数量出发，向上追踪到需求曲线，再到价格轴，发现垄断者收取价格 P^M。垄断均衡位于 A 点。

双头垄断下的需求

让我们比较一下垄断和双头垄断。双头垄断是一种两家厂商销售某种产品的市场结构。我们不想求解双头垄断均衡，而仅仅学习引入第二家厂商会如何影响其中任何一家厂商所面对的需求。了解需求如何受引入第二家厂商的影响有助于我们说明有众多厂商（像在垄断竞争情形下那样）时需求是如何确定的。

在图 6-2 中，该产业面对需求曲线 D。如果该产业有两家厂商，它们索要相同的价格，则每家厂商所面对的需求曲线是 $D/2$。例如，如果两家厂商都索要价格 P_1，则产业需求处于 A 点，每家厂商的需求都处于曲线 $D/2$ 上的 B 点。这两家厂商平分市场，每家都刚好销售总市场需求的一半，$Q_2=Q_1/2$。

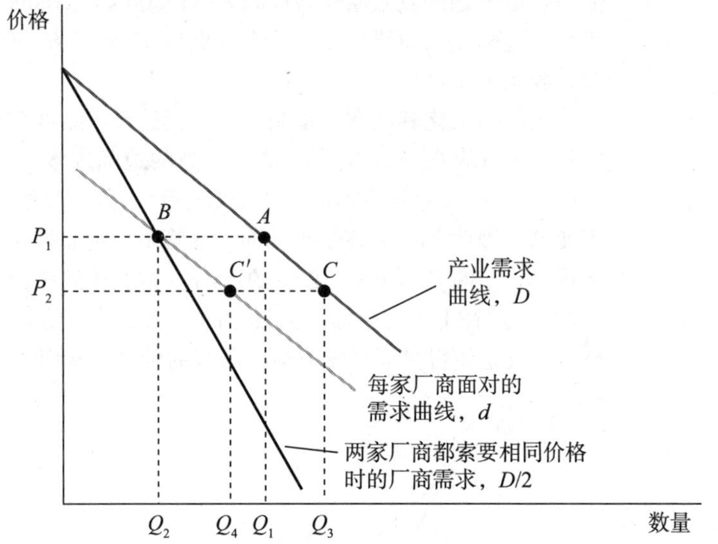

图 6-2 双头垄断下的需求曲线

当市场上有两家厂商且它们都索要相同价格时，每家厂商都面对需求曲线 $D/2$。在价格 P_1 处，该产业在 A 点生产 Q_1，每家厂商都在 B 点生产 $Q_2=Q_1/2$。如果两家厂商都生产相同的产品且一家厂商把价格降至 P_2，所有消费者都会从这家厂商购买；降价的这家厂商将面对需求曲线 D，并在 C 点销售 Q_3。另一种情形是，如果产品是有差别的，降价的这家厂商会从另一家厂商处夺走部分而非全部销售；它将面对需求曲线 d，并在 C' 点以 P_2 销售 Q_4。

然而，如果一家厂商索要不同于另一家厂商的价格，两家厂商面对的需求都会变化。假定一家厂商索要较低的价格 P_2，而另一家厂商维持价格 P_1。如果要求厂商销售一样的均质产品，则索要低价的厂商会获得全部需求（以 C 点表示），那就是以价格 P_2 销售 Q_3。现在假定产品不是同质的而是有差异的。在这种情况下，索要较低价格 P_2 的厂商会获得比索要较高价格 P_1 的另一家厂商更多的市场，但不会获得全部市场。由于产品不是完全相同的（例如，在我们的高尔夫球棒例子中，高价球棒的质量比便宜的球棒好），即便其价格较高，一些消费者仍然会购买另一家厂商的产品。例如，以较低价格 P_2 销售的厂商现在在 C' 点销售数量 Q_4。

需求曲线 d 是当另一家厂商保持价格 P_1 时把其价格从 P_1 降到 P_2 的厂商所面对的需求曲线。如我们所图示的那样，需求曲线 d 比需求曲线 $D/2$ 更平坦：

当只有一家厂商降低价格时，它增加的销售量大于所有厂商都降低价格的时候。不仅该产业的需求量增加了，而且除此之外，降价的厂商从另一家厂商处夺走了部分需求量。总之，在双头垄断中每家厂商面对的需求曲线 d 比需求曲线 $D/2$ 更富有弹性，后者是所有厂商索要相同价格时所面对的需求曲线。

6.2 垄断竞争条件下的贸易

我们从细致地陈述该模型的假设条件开始学习垄断竞争。其假设条件如下。

假设 1： 每家厂商都生产一种与该产业中其他厂商所生产的类似但又有差别的产品。

由于每家厂商的产品都与其他厂商的产品有几分不同，所以，一家厂商可以提高其价格而不会丧失全部消费者。因而，每家厂商面对一条向下倾斜的产品需求曲线，拥有对其要价的一定控制权。这一点不同于完全竞争，在完全竞争市场中所有厂商都生产完全相同的产品，从而必须以完全相同的市场均衡价格出售。

假设 2： 该产业有众多的厂商。

上一节关于双头垄断需求的讨论有助于我们考察在垄断竞争条件下（当该产业存在众多厂商时）一家厂商所面对的需求曲线。如果厂商的数量为 N，则 D/N 是所有厂商都索要相同价格时每家厂商所面对的需求份额。然而，当只有一家厂商降价时，它会面对一条更为平坦的需求曲线 d。我们先从关注需求曲线 d 开始阐述该模型，而后再回到需求曲线 D/N。

前两个假设条件告诉了我们每家厂商所面对的需求，而第三个假设条件是每家厂商的成本结构。

假设 3： 所有厂商都使用一种边际收益递增的技术进行生产。

该假设作为垄断竞争的基础，不同于我们通常关于厂商成本的假设，考虑了边际收益递增，即一种平均生产成本随着生产数量的增加而下降的生产技术。这种关系如图 6－3 所示，平均成本用 AC 表示。平均成本随着数量增加而降低这一假设意味着以 MC 表示的边际成本必然在平均成本下方。为何如此？考虑一下一位新生进入新的班级是会提高还是降低班级平均成绩。如果这位新生的平均成绩低于现有的班级平均成绩，则他或她进入班级后，班级平均成绩会下降。同样的道理，当 MC 小于 AC 时，则 AC 必然下降。[①]

数字例子 作为图 6－3 中成本曲线的一个例子，我们假设该厂商有以下成本数据：

---

① 为简便起见，我们现在假设边际成本不变，但并非一定要如此。

固定成本=100 美元

边际成本=10 美元/单位

给定这些成本，这家厂商在各种数量下的平均成本如表 6-2 所示。

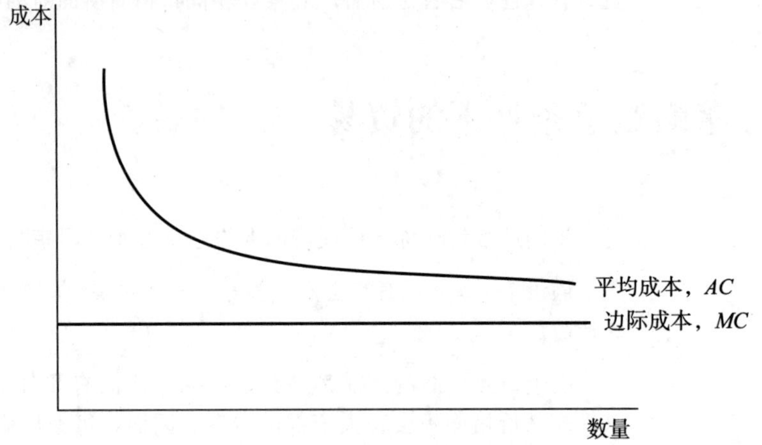

图 6-3　边际收益递增

本图展示了一家厂商的平均成本（AC）和边际成本（MC）。规模经济使平均成本随着生产数量的增加而降低。边际成本低于平均成本，并且为简便起见设为常数。

表 6-2　厂商的成本信息

本表说明了规模收益递增，即平均成本随着数量增加而下降。

数量，Q	可变成本=$Q \cdot MC$（MC=10 美元/单位）（美元）	总成本= 可变成本+固定成本（FC=100 美元）（美元）	平均成本=总成本/数量（美元）
10	100	200	20
20	200	300	15
30	300	400	13.3
40	400	500	12.5
50	500	600	12
100	1 000	1 100	11
大 Q	$10 \cdot Q$	$10 \cdot Q+100$	接近 10

请注意，随着生产数量的增加，平均成本下降并最终接近每单位 10 美元的边际成本，如图 6-3 所示。

假设 3 意味着平均成本高于边际成本。假设 1 意味着厂商对其索要的价格有一定控制权，正如我们将要看到的，厂商最终会索要一个高于边际成本的价格。一旦索要的价格高于平均成本，则一家厂商就是赚取了**垄断利润**（monopoly profits）。我们的最后一个假设条件描述了在一个垄断竞争性产业中厂商长期利润的变化情况。

假设 4：厂商可以自由进入和退出该产业，因此，从长期来看，垄断利润为零。

回忆一下，在完全竞争条件下，我们假设一个产业有众多厂商存在，在长期均衡中每家厂商的利润必然为零。在垄断竞争中，对长期均衡有同样的要求。我们假设厂商可以自由进入和退出该产业，这意味着只要有可能产生垄断利润，厂商就会进入，厂商进入得越多，每家厂商的利润就越低。我们会看到，这个条件会引致这样一个长期均衡，即每家厂商的利润为零，正如在完全竞争中一样！

无贸易均衡

短期均衡　在垄断竞争条件下，如图 6-4 所示，一家厂商的短期均衡与垄断均衡相似。每家厂商面对的需求曲线用 d_0 表示，边际收入曲线用 mr_0 表示，每家厂商的边际成本曲线用 MC 表示。每家厂商通过生产 Q_0 以最大化利润，在 Q_0 这个数量上边际收入等于边际成本。从这个数量往上追踪到需求曲线，显示厂商所收取的价格为 P_0。由于价格超过数量为 Q_0 时的平均成本，该厂商获得了垄断利润。

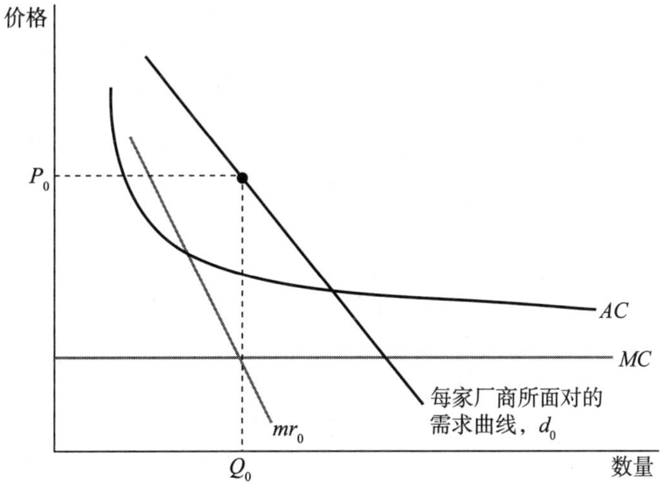

图 6-4　无贸易条件下的短期垄断竞争均衡

垄断竞争条件下的短期均衡与垄断均衡相同。厂商选择生产数量 Q_0，在该数量上厂商的边际收入 mr_0 等于其边际成本 MC。收取的价格为 P_0。由于价格高于平均成本，厂商获得了垄断利润。

长期均衡　在一个垄断竞争市场中，从长期来看，只要能够获得垄断利润，新的厂商就会进入该产业。新厂商的进入会从既有厂商处攫取需求，因此需求曲线 d_0 会向左移动一直到该产业中没有厂商获得正的垄断利润为止（见图 6-5）。而且，当新的厂商进入并有更多的产品品种可供消费者选择时，每家厂商所面对的 d_0 曲线变得更有弹性或更平坦。我们预期，随着更多的厂商进入，d_0 曲线会变得更有弹性，因为每个产品都是与其他现有产品相似的；因此，随着相近替代品数量的增加，消费者对价格越来越敏感。

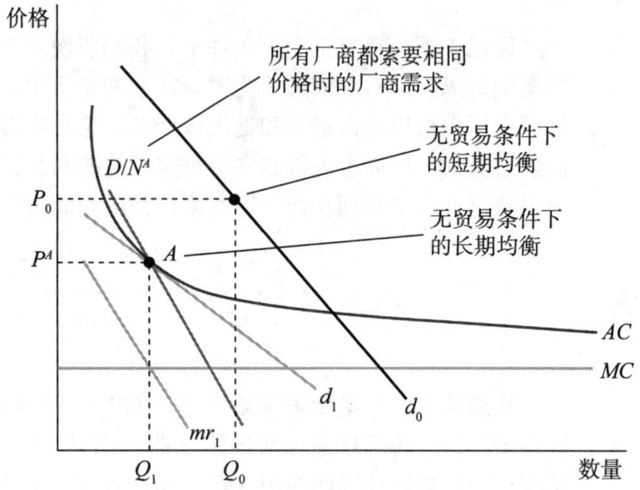

图 6-5　无贸易条件下的长期垄断竞争均衡

在短期均衡可能获利的吸引之下，新的厂商进入该产业，该厂商的需求曲线 d_0 向左移动并变得更有弹性（即更平坦），用 d_1 表示。在数量 Q_1 处边际收入曲线 mr_1（与需求曲线 d_1 相对应）等于边际成本，发生了垄断竞争条件下的长期均衡。在这个数量上，无贸易价格 P^A 等于 A 点的平均成本。在长期均衡中，厂商赚取零垄断利润，没有厂商进入或退出。每家厂商生产的数量少于短期均衡（见图 6-4）。Q_1 少于 Q_0，因为新的厂商已经进入了该产业。随着厂商数量的增加以及可供消费者选择的品种的增加，对每个品种的需求 d_1 少于 d_0。需求曲线 D/N^A 表示所有厂商索要相同价格时的无贸易需求。

新的厂商继续进入该产业直到每家厂商索要的价格处于平均成本曲线上以及垄断利润为零为止。在这一点上，产业处于长期均衡，不再有任何进入或退出的理由。无贸易条件下的长期均衡如图 6-5 所示。同样地，该厂商的需求曲线以 d 表示，短期需求曲线以 d_0 表示，长期需求曲线以 d_1 表示（与边际收入曲线 mr_1 相对应）。在数量 Q_1 处，边际收入等于边际成本。在这个数量上，该产业的所有厂商都收取价格 P^A。价格 P^A 等于 A 点的平均成本，在 A 点需求曲线 d_1 与平均成本曲线相切。由于价格等于平均成本，厂商获取零垄断利润，不存在厂商进入或退出该产业的动力。因而，A 点是厂商的（以及产业的）无贸易长期均衡。请注意，长期均衡曲线 d_1 在短期曲线 d_0 的左边，且比 d_0 更富有弹性（更平坦）。

在我们考虑国际贸易之前，我们需要在图 6-5 中引入另外一条曲线。厂商的需求曲线 d_1 表明需求数量取决于在所有其他厂商索要的价格固定不变时该厂商所索要的价格。相比之下，还有另一条需求曲线，它表明当该产业的所有厂商都收取相同价格时每家厂商的需求数量。这另一条需求曲线就是无贸易时的总市场需求 D 除以厂商数量 N^A。在图 6-5 中，我们用 D/N^A 表示这第二条需求曲线。我们省略了总的产业需求 D 本身以使该图不至于太凌乱。

相比需求曲线 D/N_A，需求曲线 d_1 更加平坦，或者说更有弹性。至于为什么是这样，我们在双头垄断模型中已经讨论过了，现在我们可以再复习一下。假设从 A 点开始，只有一家厂商降低价格，这样做的结果是，这家厂商的需求量

会沿着需求曲线 d_1增加。需求曲线 d_1更富有弹性，这意味着降低价格会导致购买量大幅增加，因为众多的消费者被从其他厂商那里吸引过来了。但是，如果所有厂商都以相同幅度降价，那么沿着需求曲线 D/N_A，每家厂商从其他厂商那里吸引到的消费者数量与单独降价厂商所能吸引到的消费者数量会有所不同。进一步说，当所有厂商以同等幅度降价时，沿着需求曲线 D/N_A，每家厂商所面对的需求增量要小于沿着单独降价厂商的需求曲线 d_1所显示的需求增量。也就是说，沿着需求曲线 D/N_A，需求更缺乏弹性，这也就是为什么需求曲线 D/N_A要比需求曲线 d_1更加陡峭。由于我们要继续对垄断竞争条件下的开放贸易进行分析，所以把这两条需求曲线都弄清楚会很有帮助。

自由贸易均衡

现在让我们考虑母国与外国之间在该产业进行的自由贸易。为简单起见，我们会假设母国和外国是完全一样的，在无贸易均衡下有相同数量的消费者，相同的技术和成本曲线，相同数量的厂商。如果没有规模经济，就完全没理由发生国际贸易。例如，在李嘉图模型中，拥有相同技术的国家就不会有贸易，因为它们的无贸易相对价格是相同的。同样，在赫克歇尔-俄林模型中，拥有相同要素禀赋的国家也不会发生贸易，因为它们的无贸易相对价格是一样的。可是，在垄断竞争条件下，两个相同的国家仍然会进行国际贸易。

有贸易的短期均衡　我们将各国在无贸易均衡中的厂商数量 N^A 当作是给定的，并用这个厂商数量来确定有贸易条件下的短期均衡。我们的出发点是无贸易条件下的长期均衡，如图 6-5 中的 A 点所示，并将之复制到图 6-6 中。当我们允许母国和外国间进行自由贸易时，每家厂商可获得的消费者数量翻了一番（因为各国有相同的消费者数量）。由于我们也翻倍了厂商的数量（因为各国有相同的厂商数量），因此，需求曲线 D/N^A 完全跟以前一样——有两倍的消费者，但也有两倍的厂商，所以 $2D/2N^A=D/N^A$。换言之，A 点仍然在需求曲线 D/N^A 上，如图 6-6 所示。厂商数量翻倍也使消费者可获得的产品品种翻倍。

自由贸易条件下发生了什么变化？由于消费者可得的产品品种数量增加，其对每个品种的需求会更有弹性。也就是说，如果一家厂商把价格降到无贸易价格 P^A 之下，则它可以期望从其他厂商那里吸引甚至更多数量的消费者。在贸易发生以前，该厂商只会吸引更多的母国消费者；但在贸易发生以后，它会吸引更多的母国和外国消费者。这种消费者反应由图 6-6 中厂商新的需求曲线 d_2 来表示，它比无贸易需求曲线 d_1 更有弹性。结果是，需求曲线 d_2不再与平均成本曲线相切于 A 点，对于需求曲线 d_2上价格低于 P^A 的那些点，它们的位置都要高于平均成本曲线。这条新的需求曲线 d_2 有一相对应的边际收入曲线 mr_2，如图 6-6 所示。

在新的需求曲线 d_2 和新的边际收入曲线 mr_2 条件下，该厂商需要再次选择其利润最大化的生产水平。通常，这个生产水平在边际收入等于边际成本处，即在 Q_2 处。当我们从 Q_2 往上追踪到处于该厂商的需求曲线 d_2 上的 B 点，再到价格轴时，我们看到该厂商会索要价格 P_2。由于 P_2 高于处于 B 点时的平均成本，该厂商获得了正的垄断利润。我们可以清楚地看到该厂商降价的动力：在 A 点它赚取零垄断利润，在 B 点它赚取正的垄断利润，生产 Q_2 并以价格 P_2 出售是厂商的利润最大化之处。

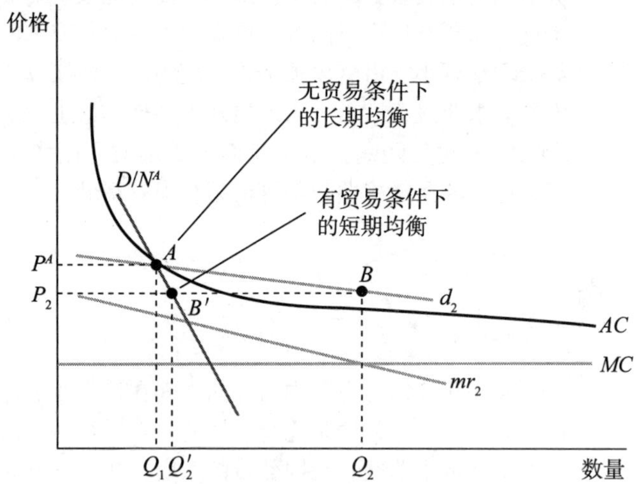

图 6-6　有贸易条件下的短期垄断竞争均衡

在贸易开放时，更大的市场使厂商的需求曲线更有弹性，如 d_2 所示（与边际收入曲线 mr_2 相对应）。该厂商选择生产 Q_2 的数量，在这个数量上边际收入等于边际成本；这个数量对应于价格 P_2。拥有价格 P_2 和销售量 Q_2，该厂商获得了垄断利润，因为价格高于 AC。然而，当所有厂商都把价格降到 P_2 时，对应的需求曲线为 D/N^A，它表明这些厂商在价格为 P_2 时只能销售 Q'_2。在这个短期均衡点（B'点），价格低于平均成本，所有厂商都亏损。其结果是，一些厂商被迫退出该产业。

然而，该厂商的这种幸福情景不是本故事的结局。（在母国和外国）该产业中的每家厂商都具有同样的降价动力，期望从所有其他厂商那里吸引消费者并赚取垄断利润。可是，当所有厂商都同时降价时，对每家厂商的需求量沿着需求曲线 D/N^A 而非沿着 d_2 增加。记得 D/N^A 曲线表示当该产业所有厂商索要相同的价格时每家厂商所面对的需求。由于所有厂商都把价格降至 P_2，它们每一家都销售 B'点的 Q'_2 而非其所期望的 B 点的 Q_2。在 B'点，要价低于平均成本，因此每家厂商都亏损。在有贸易的短期均衡中，厂商会降价，期望在 B 点获利，但以 B'点的亏损而告终。

B'点不是长期均衡，因为亏损会使一些厂商破产，使其退出该产业。退出会增加幸存企业的需求（d 和 D/N^A 都会增加），减少消费者可得的产品品种数量。为了阐明新的长期均衡在何处出现，我们翻到一个新的图形。

有贸易的长期均衡　由于一些厂商的退出，在发生贸易后各国幸存下来的厂商数量比贸易前减少了。让我们把贸易开放后各国的厂商数量标为 N^T，$N^T < N^A$。厂商数量的减少增加了对各厂商的需求份额，因而，$D/N^T > D/N^A$。在图 6-7 中，各厂商所面对的需求 D/N^T 位于前面那些图中需求曲线 D/N^A 的右方。我们展示了在 C 点有贸易条件下的长期均衡。在 C 点，单个厂商所面对的需求曲线 d_3 与平均成本曲线 AC 相切。而且，边际收入曲线 mr_3 与边际成本曲线 MC 相交。

与无贸易条件下的长期均衡相比较这个长期均衡有何不同？首先，尽管在各国都有一些厂商退出，但我们仍然预期世界产品品种数 $2N^T$（每个国家所生产的品种数 N^T 乘以两个国家）会超过贸易前在各国可得的产品品种数 N^A，$2N^T>N^A$。随之而来，各厂商所面对的需求曲线 d_3 必然比无贸易时的需求曲线 d_1 更有弹性：进口品的可获得性使得消费者对价格比贸易前更敏感，因而需求曲线 d_3 比图 6-5 中的需求曲线 d_1 更有弹性。在自由贸易均衡处（C 点），仍在运营的每家厂商都索要低于无贸易时的价格，即 $P^W<P^A$，并生产更高的产量，即$Q_3>Q_1$。价格的降低和数量的增加对每家企业而言是并行发生的：随着各幸存厂商所生产的数量的提高，平均生产成本因规模收益递增而下降，各厂商的要价也同样如此。

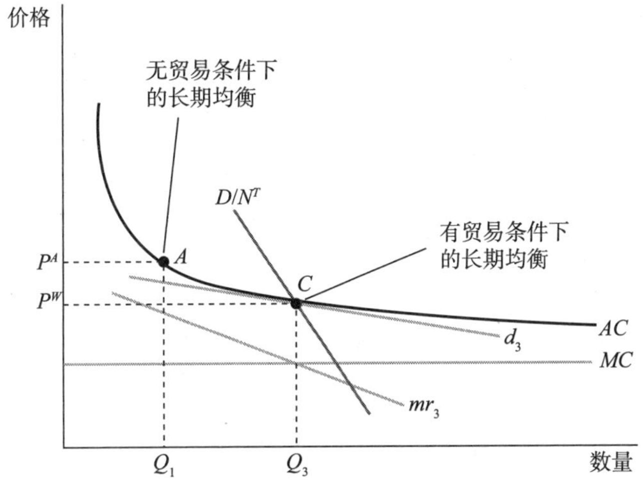

图 6-7　有贸易条件下的长期垄断竞争均衡

有贸易条件下的长期均衡发生在 C 点。在该点，生产 Q_3（它满足 $mr_3=MC$）并索要价格 P^W（它等于 AC）的各厂商，达到了利润最大化。既然价格等于平均成本时的垄断利润为零，没有厂商会进入或退出该产业。与无贸易长期均衡（图 6-5）相比较，d_3（与 mr_3 一道）随着国内一些厂商退出该产业而外移，由于有贸易条件下的品种数量增加，即 $2N^T>N^A$，d_3 变得更有弹性。与 A 点的无贸易长期均衡相比较，C 点的贸易均衡对所有幸存厂商来说都有了一个较低的价格和较高的销售量。

贸易所得　C 点的长期均衡对消费者而言有两个贸易所得来源。首先，与 A 点相比较价格降低了，消费者因此而受益。理解这种降价的一个好办法是降价反映了规模收益递增，即平均成本随厂商产量的提高而下降。平均成本降低对这些幸存厂商来说是一种生产率的提高，因为它们可以更便宜地生产出这些产量。因此，消费者从降价中得益，这是生产率提高的结果。

对消费者而言还有第二个贸易所得来源。我们假设当有更多产品品种可供消费者购买时，消费者获得了更多的剩余，由此，品种的增加对消费者来说是收益的一个来源。在各国内部，有些厂商在贸易开始后退出了市场，所以由国内幸存厂商所生产的产品品种减少了。然而，由于消费者从母国和外国企业都可以购买产品，在贸易开放条件下可供购买的品种总数大于在贸易开放前在任一国家所能买到的品种数量，即 $2N^T>N^A$。因此，除了降价，还有来源于产品种类增加的新增消费者所得。

贸易调整成本 针对这些长期贸易所得，存在因各国的一些厂商倒闭而退出产业所引起的短期调整成本。这些倒闭企业的工人因要寻找新的工作而经受一段时间的失业。然而，从长期来看，我们预期这些人会找到新的工作，因而我们把这些成本看作是暂时的。我们没有把这些调整成本纳入本模型，因为它们是短期的，但我们仍然对这些成本实际上会有多大这个问题感兴趣。为了将短期调整成本与长期贸易所得相比较，我们下一步要考察来自《北美自由贸易协定》成员国加拿大、墨西哥和美国的证据。我们将发现，垄断竞争模型的种种预言在各种情况下都比较站得住脚。

6.3 《北美自由贸易协定》

自由贸易会扩大消费者可获得的产品范围，这个思想并不新颖——甚至在本章开头的引语中大卫·李嘉图就论述过这个思想。但是，把垄断竞争条件下的贸易效应细致地加以模型化的这种能力却是新颖的，这种能力于 20 世纪 80 年代在埃尔赫南·赫尔普曼、保罗·克鲁格曼和已故的凯尔文·兰开斯特所做的研究中得以发展。这方面的研究不仅仅是理论上的，而且被用于阐述**自由贸易协定**(free-trade agreements)，这些协定确保了在一群国家间的自由贸易。例如，1989 年加拿大和美国签署了一项自由贸易协定，1994 年墨西哥和这两国共同签署了《北美自由贸易协定》(NAFTA)。加拿大企业通过在美国和墨西哥销售产品以扩大其产量（并分享较低的平均成本）的潜力是当时加拿大在决定加入这些自由贸易协定时考虑的一个关键因素。在本章开头所引用的加拿大经济学家丹尼尔·特里夫勒的引语表明，加拿大的生产率确实因自由贸易协定而提高了。我们用 NAFTA 来解析垄断竞争模型所预言的所得和成本。

NAFTA 下加拿大的所得与调整成本

早在 20 世纪 60 年代，加拿大的一些研究就预言加拿大会极大地得益于与美国的自由贸易，因为加拿大企业可以扩大其经营规模以服务于更大的市场和降低成本。由加拿大经济学家理查德·哈里斯于 20 世纪 80 年代中期所做的一系列基于垄断竞争模型的模拟研究，影响了加拿大政策制定者继续推进 1989 年与美国的自由贸易协定。自那时以来已过了足够长的时间，我们可以来回顾和考察一下在与美国和墨西哥的自由贸易协定之下加拿大有何得失。

新闻提要“《加拿大—美国自由贸易协定》的优缺点”描述了在加拿大发生的变化。运用 1988—1996 年的数据，多伦多大学教授丹尼尔·特里夫勒发现，短期调整成本是 100 000 人丢了饭碗，占制造业雇员的 5%。一些关税削减幅度特别大的产业眼睁睁地看着就业减少了 15%之多。这是非常大的就业下降。然而，随着时间的推移，在制造业其他行业创造的新的工作岗位除了弥补这些丢失的工作岗位外还绰绰有余，因此，缔结自由贸易协定并没有导致工作丢失的结果。

长期所得如何呢？特里夫勒教授发现对厂商的生产率有巨大的正面效应，在那些受关税削减影响最大的产业中，八年间生产率上升了18%，年均复合增长率为2.1%。就整个制造业而言，生产率上升了6%，年均增长率达到0.7%。这两个数字的差额是1.4%，是加拿大从和美国的自由贸易中获得的净收益。在这八年中，此生产率的增长可以使加拿大生产工人的实际收入增加2.4%，即年均增长0.3%。我们的结论是，垄断竞争模型关于幸存厂商会提高其生产率的预言得到了加拿大制造业的证实。这些生产率所得使消费者价格降低和工人实际收入提高，这一点证明了贸易所得的第一个来源。贸易所得的第二个来源——给加拿大消费者增加了产品品种——在特里夫勒教授的这项研究中未加测度，但对美国进行了估算，详见本章后面的讨论。

新闻提要

☞ 《加拿大—美国自由贸易协定》的优缺点

多伦多大学教授丹尼尔·特里夫勒研究了《加拿大—美国自由贸易协定》对美国就业的短期影响以及对生产率和工资的长期影响。

《加拿大—美国自由贸易协定》既有好消息，又有坏消息。好消息是，这个在加拿大备受争议的自由贸易协定自1989年1月1日实行之后提高了加拿大的生产率，使加拿大高效率的消费者和股东受益。坏消息是，由于进口竞争，或者美国生产成本更低的缘故，加拿大有些工人或者股东不得不承受短期调整成本。特里夫勒教授在《〈加拿大—美国自由贸易协定〉的优缺点》（NBER Working Paper No. 8293）中表示，“人们在讨论更开放的贸易时”，不理解其带来的成本和收益。他的文章着重描述自由贸易协定从1989年到1996年对加拿大制造业的影响。加拿大三分之一的行业大幅减少关税壁垒，关税削减幅度从5%到33%不等，平均10%；在这些行业中，就业岗位减少15%，产出下降11%，工厂数量下降8%。这些行业包括服装鞋帽、软体家具、棺材、皮毛制品和黏合剂等。对于整个制造业而言，就业岗位减少5%，产出下降3%，工厂数量下降4%。特里夫勒教授指出：“这些数据反映了资源流出效率低下的受保护的低端制造业所引发的调整成本。”

自1996年以来，加拿大制造业开始反弹回升。这表明，减少的就业岗位和产出已经被重新配置进了高端制造业。乐观地说，关税削减提升了劳动生产率（每小时工作时间的产出量），最受影响的行业年均提升2.1%，整个制造业年均提升0.6%……令人惊奇的是，特里夫勒教授写到，关税削减微幅提升工资收入。在受影响最大的行业中，生产工人工资年均提升0.8%，整个制造业工资年均提升0.3%。关税削减并没有影响非生产性高薪资工人，也没有影响生产性工人的每周工作小时数。

资料来源：David R. Francis, “Canada Free Trade Agreement,” NBER Digest, September 1, 2001, http: //www.nber.org/digest/sep01/w8293.html. This paper by Daniel Trefler was published in the *American Economic Review*, 2004, 94 (4), 870 - 895.

NAFTA 下墨西哥的所得与调整成本

在 20 世纪 80 年代中期，墨西哥总统米格尔·德拉马德里开始实施一个经济自由化计划，包括土地改革和加大对外来投资的开放。一些美国产品的关税当时高达 100%，对外国厂商的经营也有诸多限制。德拉马德里相信，需要进行经济改革以提升墨西哥的增长和收入。1994 年与美国和加拿大一道加入 NAFTA 是确保业已开展的这些改革取得成效的路径。在 NAFTA 下，墨西哥对美国产品征收的关税从 1990 年的平均 14%下降到 2001 年的 1%。[①] 此外，美国对墨西哥进口品的关税也下降了，尽管大多数产业是从低得多的关税水平开始的。

NAFTA 下的关税削减如何影响墨西哥经济？本书下面以生产率和工资等方面的数据来说明，但是让我们首先阅读**新闻提要“为《北美自由贸易协定》15 周年欢呼！”**。这篇文章发表在主要介绍拉丁美洲企业的美国刊物上，写于 2009 年，这一年 NAFTA 正好实施 15 周年。这篇文章介绍了几个赞扬 NAFTA 的观点，比如规模收益递增和消费者选择多样化等，但是，也指出了该协定存在的不足，比如禁止墨西哥卡车进入美国的规定以及环境和劳工补充协议。即使在该协定实施 15 年之后，墨西哥卡车仍旧被禁止进入美国，致使墨西哥实施关税报复。两年之后，即 2011 年，美国最终同意墨西哥卡车进入美国腹地、运输货物。[②] **新闻提要“墨西哥卡车首次进入美国境内”**描述了美国和墨西哥之间经济关系的这一历史性时刻。

新闻提要

☞ 为《北美自由贸易协定》15 周年欢呼！

本篇报道讨论《北美自由贸易协定》对于美国和墨西哥经济的影响，发表在主要介绍拉丁美洲企业的美国刊物上。

昨日，美国人和墨西哥人欢度新年。他们还应该庆祝另一历史性事件：《北美自由贸易协定》实施 15 周年。尽管美国和墨西哥经济发展放缓，但是两国贸易额创出新高。2008 年上半年，美墨贸易增长 9.6%，达到 1 837 亿美元，而 2007 年全年贸易额为 3 470 亿美元。与之相比，《北美自由贸易协定》生效的前一年 1993 年，双边贸易只有 815 亿美元。

无疑，《北美自由贸易协定》是两国贸易发展如此成功的主要原因。该协定

---

① 在 2001 年，贸易还不是完全自由的，因为 NAFTA 下的关税减让是在长达 15 年的时期内逐步进行的。墨西哥农业部门的关税削减具有最长的过渡期。

② 2009 年，奥巴马总统签署的支出法案取消了允许墨西哥卡车长距离在美国运输的试运行规定。墨西哥展开关税报复，对美国货物征收 24 亿美元的关税。参阅：Elisabeth Malkin, “Nafta's Promise, Unfulfilled,” *The New York Times*, March 24, 2009, electronic edition。

极大地向美国商品和投资开放了墨西哥市场，提高了许多美国企业的收入。同时，墨西哥企业免关税地进入美国这一世界上最大的市场，不但提升了收入，还增加了就业。贸易的增长使边境两侧国家消费者和企业受益。

尽管中国的商品在美国琳琅满目，中国是美国最大的进口国，但是墨西哥也不可小觑，是仅次于中国和加拿大的第三大进口国。另外，墨西哥从美国的进口额比中国大很多。2008 年前 10 个月，墨西哥从美国的进口金额为 1 294 亿美元，是中国 610 亿美元的两倍还多……

《北美自由贸易协定》使美国的消费者受益，消费者对产品的质量和数量选择因此更多……《北美自由贸易协定》允许通用电气和通用汽车等美国大企业充分利用规模收益。通用汽车的首席经济学家穆斯塔法·莫哈泰仁（Mustafa Mohatarem）表示：在《北美自由贸易协定》订立之前，通用汽车位于墨西哥的生产线生产小批量产品，成本更高，质量也差；现在，通用汽车墨西哥工厂大批量生产，既降低了成本，又提升了质量，最终使美国和墨西哥消费者受益。

尽管如此，确切地讲，《北美自由贸易协定》也不是完美的，甚至不触碰墨西哥敏感的石油行业。石油行业本应该是《北美自由贸易协定》的一部分。此外，该协定无法针对违反协定的行为实施有效惩罚。比如，美国曾经不顾《北美自由贸易协定》的规定，禁止墨西哥卡车进入美国境内。直到 2008 年 9 月，布什政府才开始实行试运行规定，允许墨西哥卡车在美国长距离运输，在此之前八年，由于美国工会和国会议员的反对，墨西哥卡车一直被禁止进入美国……此外，许多经济学家还批评环境和劳工附件协议，克林顿总统协商了这个协议。

但是，总之，《北美自由贸易协定》为美国和墨西哥带来了巨大的好处。美国总统奥巴马 2008 年修改该协定的承诺不免会伤害到美国和墨西哥的经济，况且现在两国正处于经济萧条阶段。协定再次协商也伤害了美国和墨西哥这一拉丁美洲最大国家的关系。希望奥巴马总统在挽救经济的时候，实用主义终占上风，不对《北美自由贸易协定》进行任何改变。

同时，我们庆贺《北美自由贸易协定》实施 15 周年，《北美自由贸易协定》，生日快乐！

资料来源：Editors，*Latin Business Chronicle*，January 2，2009，electronic edition.

新闻提要

☞ 墨西哥卡车首次进入美国境内

2011 年 10 月 21 日，根据《北美自由贸易协定》的一个卡车协议，第一辆墨西哥大卡车穿过得克萨斯州拉雷多市边境，这是经过 17 年的努力才换来的成功。

《北美自由贸易协定》实施近 20 年之后，第一辆墨西哥卡车，根据美国备受争议的协议，进入美国境内。一辆挂有墨西哥牌照的卡车周六下午缓缓进入阿特拉斯科普柯公司位于得克萨斯州加兰的工厂，卸下墨西哥生产的钻井金属架构。

这是根据实行了17年的《北美自由贸易协定》进入美国境内的第一辆墨西哥卡车。该协议本应该让美国和墨西哥两国卡车能够使用双方境内的高速公路。奥巴马总统和墨西哥签署协议，结束了两国长期的贸易争端，墨西哥政府7月取消了对美国征收的2亿美元关税。奥林匹克运输公司是仅有的获取授权进入美国的卡车运输公司，该公司的一位经理表示："我们为此准备了很长时间，我们满足了要求，遵守跨境运输规定，赢得了美国企业的信任。"周五举行了仪式，标志着卡车跨境运输经过得克萨斯州拉雷多边境的开始。美国从墨西哥进口品的40%都要通过这个边境城市运入。

资料来源：The Huffington Post，http://www.huffingtonpost.com/2011/10/24/nearly-20-years-after-nafta-first-mesxican-arrives-in-us-interior_n_1028630.html，Fist Posted：10/24/11 06：08 PM ET Updated：12/24/11 05：12 AM ET.

墨西哥的生产率 像我们分析加拿大那样，让我们来研究NAFTA对墨西哥生产率的影响。在图6-8（a）中，我们展示了两类制造企业的劳动生产率增长率：在墨西哥的马奎拉多拉工厂（它们靠近边境并几乎专门为向美国出口而生产）和所有其他非马奎拉多拉工厂。① 马奎拉多拉工厂所受NAFTA的影响应该是最大的。在（b）图中，我们还展示了NAFTA对实际工资和实际收入的影响。

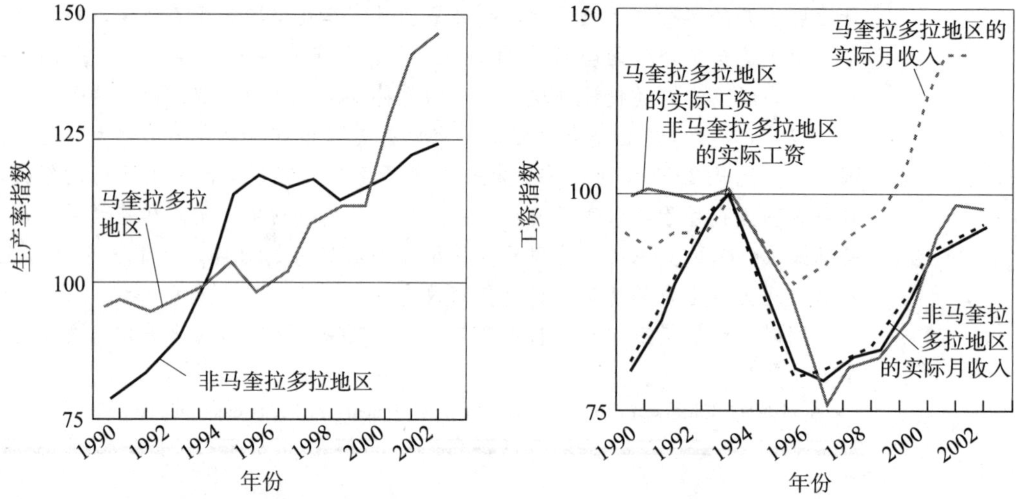

（a）墨西哥工厂的劳动生产率

（b）墨西哥工厂的实际工资和实际收入

图6-8 墨西哥的劳动生产率与工资

（a）图展示了墨西哥马奎拉多拉工厂工人的劳动生产率和墨西哥其他地区非马奎拉多拉工厂工人的劳动生产率。

（b）图展示了马奎拉多拉与非马奎拉多拉工厂工人的工资和月收入。由于与美国的贸易增长了，马奎拉多拉工厂的生产率和实际月收入增长较快。

资料来源：Gary C. Hufbauer and Jeffrey J. Schott，2005，*NAFTA Revisited：Achievements and Challenges*（Washington，D.C.：Peterson Institute for International Economics），45.

① 马奎拉多拉地区的劳动生产率是每个工人的实际增加值，非马奎拉多拉地区的劳动生产率是每个工人的实际产出。两者都来自Gary C. Hufbauer and Jeffrey J. Schott，2005，*NAFTA Revisited：Achievements and Challenges*（Washington，D.C.：Peterson Institute for International Economics），Table 1-9，45。

对于（a）图中的马奎拉多拉工厂，从1994年（墨西哥加入NAFTA的那一年）到2003年生产率提高了45%，在9年中，每年的复合增长率为4.1%。对于非马奎拉多拉工厂，从1994年到2003年生产率提高了25%，每年2.5%。这两个数字之间的差额为每年1.6%，这是NAFTA对马奎拉多拉工厂生产率的影响超过对墨西哥其他地区生产率增长的一个估算值。

实际工资与收入 马奎拉多拉工厂和非马奎拉多拉工厂的实际工资如图6-8（b）所示。从1994年到1997年，尽管非马奎拉多拉地区的生产率有了提高，但两个地区的实际工资都下降了20%多。实际工资的下降并非我们从垄断竞争模型中所预期的，为何会如此呢？

墨西哥加入NAFTA后不久，就遭遇了一场使比索大幅贬值的金融危机。把比索危机归因于墨西哥加入NAFTA是不对的，即使这两个事件都发生在同一年。在1994年以前，墨西哥采取固定汇率政策，但在1994年下半年，它转而采取弹性汇率制度，比索贬值，大大低于先前的固定汇率。关于汇率制度的细节和从固定汇率转向弹性汇率的原因属于国际宏观经济学讨论的问题。目前，主要的观点是：当比索的价值下降时，由于进口品的比索价格提高了，所以，墨西哥从美国进口的产品就变得昂贵了。墨西哥的消费者价格指数也上升了，结果，墨西哥工人的实际收入下降了。

靠近美国边境的马奎拉多拉地区对汇率变化更为敏感，在这个时期，由于从美国进口的投入品的成本提高了，它没有获得生产率的多大提高。马奎拉多拉地区和非马奎拉多拉地区的工人不得不对进口品支付更高的价格，这体现在墨西哥消费者价格的提高上。因此，两个地区工人的实际工资下降是相似的。然而，实际工资下降是短暂的，1998年两个地区的实际工资开始上涨了。到2003年，两个地区的实际工资已经涨到几乎与1994年相等的水平。这意味着，平均而言，墨西哥工人没有因NAFTA而受益或受损：生产率提高没有为工人们所分享，这是一个令人失望的发现，但实际工资至少从比索危机的影响中恢复过来了。

如果不看实际工资，而是看实际月收入，画面就会好看些。实际月收入包括了赚取薪水而不是工资的高收入雇员。① 在图6-8（b）中，对于非马奎拉多拉地区，实际工资和实际月收入数据紧密同步变动。但在马奎拉多拉地区，2003年的实际月收入确实比1994年高，表明制造厂工人的部分所得深受NAFTA的影响。来自墨西哥的证据强化了整个结论，这些证据表明，在马奎拉多拉地区，高收入工人的境况比非熟练工人的境况要好，比墨西哥其他地区工人的境况也要好。② 从这个证据可见，从长期来看，马奎拉多拉地区的高收入工人从NAFTA中获得的好处最多。

墨西哥的调整成本 墨西哥加入NAFTA的时候，人们预期墨西哥农业部门（比如玉米产业）的短期调整成本会下降得特别厉害，因为它将面临来自美国出

---

① 工资数据是指生产性工人的数据，他们从事装配线工作和类似的活动。收入数据是指所有雇员的数据，包括生产性工人与非生产性工人。每月收入包括企业利润分成以及圣诞节奖金，这在墨西哥非常普遍。

② Gordon H. Hanson, 2007, "Globalization, Labor Income and Poverty in Mexico," in Ann Harrison, ed., *Globalization and Poverty* (Chicago: University of Chicago Press; Washington, D. C.: National Bureau of Economic Research), 417-452.

口的激烈竞争。由于这个原因，农业的关税减让在 15 年内分步实施。迄今的证据表明，在墨西哥种植玉米的农民并没有遭受那么多担惊受怕。[①] 有几个原因造成了这个结果。首先，最贫穷的农民并不出售他们种植的玉米，而是供自己消费，并另外购买他们需要的玉米。这些农民得益于从美国进口更廉价的玉米。其次，墨西哥政府有能力使用补贴来抵消其他玉米种植者的收入下降。令人惊奇的是，墨西哥的玉米总产量在加入 NAFTA 后提高了而不是下降了。

在转而考虑制造部门时，我们应再次区分马奎拉多拉工厂和非马奎拉多拉工厂。就马奎拉多拉工厂而言，加入 NAFTA 后就业快速增长，从 1994 年的 58.4 万人到 2000 年达到峰值 129 万人。然而，在那之后，马奎拉多拉地区由于几个原因而进入了一个低迷时期：美国进入衰退，减少了对墨西哥出口的需求；中国出口与墨西哥产品相似的产品以角逐美国市场；墨西哥比索被高估，使得对外出口更为困难。由于这些原因，自 2000 年以后，马奎拉多拉地区的就业下降了，2003 年降到了 110 万人。我们既不清楚是否该把这种就业下降算作是 NAFTA 引起的短期调整成本，也不清楚马奎拉多拉地区的复苏需要多久。清楚的是马奎拉多拉地区面临日益激烈的国际竞争（并非全都是因为 NAFTA），可以预期，这会加剧其产量和就业的波动，这种波动对于那些被裁减掉的工人来说可以算作是国际贸易成本。

NAFTA 下美国的所得与调整成本

有关 NAFTA 对美国的影响的各项研究没有估计其对美国企业生产率的影响，可能是因为加拿大和墨西哥只是美国众多出口市场中的两个市场，难以确定其关税减让的影响。相反，为了衡量 NAFTA 和其他贸易协定的长期所得，研究人员估计了贸易所得的第二个来源：消费者可得的进口品种增加。对于美国，我们将对来自增加产品品种的长期消费者所得与来自现存企业和失业的短期调整成本进行比较。

对美国的品种增加 为了了解 NAFTA 如何影响美国消费者可得的产品范围，表 6-3 展示了 1990 年和 2001 年墨西哥出口到美国的产品品种。为了解读这些数字，我们从 1990 年 42%的农业出口品种开始。这个数字是指美国在 1990 年进口的全部农产品中有 42%的品种是来自墨西哥（这些农产品品种也从其他国家进口）。比如鳄梨、香蕉、黄瓜以及番茄这些产品，美国既从各中南美洲国家进口，也从墨西哥进口。测度墨西哥出口到美国的产品品种并不考虑各种产品的墨西哥销售量，而是计算墨西哥销往美国的不同种类的产品数量与美国从所有国家进口的产品种类总数之比。

从 1990 年到 2001 年，墨西哥出口到美国的农产品品种从 42%增加到 51%。

---

① See Margaret McMillan, Alix Peterson Zwane and Nava Ashraf, 2007, "My Policies or Yours: Does OECD Support for Agriculture Increase Poverty in Developing Countries?" in Ann Harrison, ed., *Globalization and Poverty* (Chicago: University of Chicago Press; Washington, D. C.: NBER), 183-232.

每年 1.9%这个复合增长率接近表 6-3 最后一列所列的全部产业的出口品种年均增长率，即每年 2.2%。林木与纸张产业（每年 2.6%的复合增长率）、石油与塑料产业（2.5%）和电子产业（4.6%）的出口品种以更快的速度增长。那些美国与墨西哥之间一直有大量贸易的产业——比如机械与运输设备（含汽车）以及纺织品与服装——出口品种增长较慢，因为在墨西哥加入 NAFTA 之前就已向美国出口范围广泛的这些产业的产品。

表 6-3　　1990 年和 2001 年墨西哥对美国的出口品种（%）

本表展示了墨西哥对美国出口的品种范围，按产业计算。从 1990 年到 2001 年，由于美国关税因 NAFTA 而降低，每个产业的出口品种都增加了。

	农业	纺织品与服装	林木与纸张	石油与塑料	矿业与金属	机械与运输设备	电子	平均
1990 年	42	71	47	55	47	66	40	52
2001 年	51	83	63	73	56	76	66	67
年增长率	1.9	1.4	2.6	2.5	1.7	1.3	4.6	2.2

资料来源：Robert Feenstra and Hiau Looi Kee，2007，"Trade Liberalization and Export Variety：A Comparison of Mexico and China，" *The World Economy*，30（1），5-21.

在 NAFTA 下墨西哥出口到美国的产品品种增加对美国消费者而言是一个贸易所得来源。随着时间的推移，美国也从众多其他国家进口了更多的产品品种，尤其是从发展中国家。根据一项估计，从 1972 年到 2001 年美国进口的产品品种总数增加了 4 倍。此外，进口品种增加给消费者带来了相当于进口价格每年下降 1.2%的有利影响。[①] 这种同等的降价是对由所有国家出口到美国的品种增加所引起的贸易所得的一种衡量。

遗憾的是，我们没有单独的估计值来反映只从墨西哥进口的品种增加所产生的利得。从表 6-3 可见，只从墨西哥进口的品种增长率为平均每年 2.2%。假定我们把所发现的针对所有国家的 1.2%这个降价估计值用于墨西哥。也就是说，我们假设来自墨西哥的出口品种增加给美国消费者带来了相当于墨西哥进口品价格每年下降 1.2%（即大约出口品种增长率本身的一半）的有利影响。1994 年，即 NAFTA 实施的第一年，墨西哥向美国出口 500 亿美元的产品，2001 年这个数额增长到 1 310 亿美元。用 900 亿美元作为这两个数值的平均数，从墨西哥进口的产品价格下降 1.2%就会为美国消费者每年节约 900 亿美元×1.2%＝11 亿美元。我们假设所有这些节省都归于 NAFTA，尽管即使没有 NAFTA，来自墨西哥的出口品种可能也会有一定程度的增加。

这些消费者节余是永久的，并且由于来自墨西哥的出口品种的继续增加，节

① Christian Broda and David E. Weinstein，2006，"Globalization and the Gains from Variety，" *Quarterly Journal of Economics*，121（2），May，541-585.

余会随着时间的推移而增加，认识到这一点是至关重要的。因而，在 NAFTA 实施的第一年，我们估计美国消费者的所得为 11 亿美元；在第二年所得为 22 亿美元，相当于价格完全下降 2.4%；在第三年所得为 33 亿美元；等等。加总 NAFTA 前 9 年的这些所得，消费者的总利得为 495 亿美元，或每年平均 55 亿美元。2003 年，即 NAFTA 实施的第十年，与 1999 年相比消费者会获利 110 亿美元。由于墨西哥会进一步扩大向美国出口的品种范围，所以，这种所得会继续增长。

美国的调整成本 随着美国企业因进口竞争而退出市场以及这些企业所雇用的工人暂时性失业，美国的调整成本就会发生。衡量暂时性失业的一种方法是查看美国**贸易调整救济**（Trade Adjustment Assistance，TAA）条款中的要求。TAA 计划对因进口竞争而失去工作的制造业工人提供救济。如我们在第 3 章所述，《北美自由贸易协定》特地把 TAA 扩大到因 NAFTA 引起进口竞争而失业的工人。

通过查看该计划中的要求，我们可以得到由 NAFTA 导致的失业这样一个概念，它是该协定的短期成本之一。从 1994 年到 2002 年，大约有 525 000 名（每年约 58 000 名）工人失去工作，经证实，他们受到 NAFTA-TAA 计划下与加拿大或墨西哥贸易或投资的不利影响。[①] 其结果是，这些工人获得额外的补偿。这个数字可能是迄今我们得到的最精确的 NAFTA 导致暂时性失业的估计值。

每年因 NAFTA 而失业的 58 000 名工人占多大的比例呢？我们可以把这个数字与美国总的裁员数相比较。从 1999 年 1 月到 2001 年 12 月的三年多时间中，有 400 万名工人被裁减，其中约三分之一在制造业。因此每年在制造业被裁减的工人是每年 4 000 000×(1/3)×(1/3)＝444 000 名。因而，58 000 名工人的 NAFTA 裁员约为制造业总裁员数的 13%，这是一个相当大的数目。

然而，也可以不把 NAFTA 引起的裁员与制造业的总裁员数相比较，我们也可以计算被裁减工人的工资损失，并把它与消费者所得相比较。在第 3 章中（见**案例：美国的制造业和服务业：各个部门的就业与工资**），我们知道，2009—2011 年，大约 56%的制造业失业工人在三年内（到 2012 年 1 月）重新找到工作，在此前的经济萧条期间这一比例达到 66%。一些工人三年不到就找到了工作，但是有一些工人找到工作所需的时间更长。为了简化这个问题，假设被裁减工人的平均失业时间为 3 年。[②] 2000 年制造业生产性工人的年收入为 31 000 美元，因此每个被裁减工人损失 93 000 美元工资（3 乘以平均年收入）。[③] 裁员引起的总工资损失为每年被裁减的 58 000 名工人乘以93 000美元，即在 NAFTA 的前 9 年中每年损失 54 亿美元。

这 54 亿美元的私人成本约等于从 1994 年到 2002 年由来自墨西哥的进口品品种增加带来的平均每年 55 亿美元的福利所得。但由于新的进口品成为美国消费者的可获得品，来自产品品种增加的所得随时间的推移会继续增长。回忆一下前面的计算，在 NAFTA 实施的第 10 年（2003 年），由来自墨西哥的产品品种

① 这一段的信息引自 Gary Clyde Hufbauer and Jeffrey J. Schott，2006，*NAFTA Revisited：Achievements and Challenges*（Washington，D.C.：Peterson Institute for International Economics），38－42。

② 在本章末的习题 8 中我们表明这个假设是正确的。

③ 我们没有考虑新的工作赚到的工资比以前低时的额外损失。

增加所带来的所得是 110 亿美元，是调整成本 54 亿美元的两倍。由于消费者所得继续增长，由工作岗位减少所引起的调整成本降低了。因而，这些年来的品种增加所得之总和大大超过了裁员引起的私人损失。这个结果保证会出现，因为进口品是可获得的，由进口品品种增加所带来的所得每年都会出现，而劳工裁减只是一种暂时现象。

我们所做的计算表明，近年来美国消费者从来自墨西哥的进口品品种增加中获得的总所得高于私人调整成本。实际上，工人获得的实际补偿低于其调整成本。2002 年美国将 NAFTA-TAA 计划合并为总的 TAA 计划，因此，没有进一步记录 NAFTA 造成的裁员。在 2002 年《贸易法》下，对 TAA 提供的资金由每年 4 亿美元增加到了 12 亿美元，并且该计划在某些方面得到了改善，诸如为失业工人提供的保健补贴。此外，根据奥巴马总统 2009 年 2 月 17 日签署的就业刺激法案，因为国际贸易失去工作的服务业工人（或者农民）可以申请贸易调整救济福利，如第 3 章所述。我们可以想象，未来可能会有更多因国际竞争失去工作的群体被纳入贸易调整救济覆盖范围之内。

NAFTA 小结　在本节中，我们至少能部分地测度加拿大、墨西哥和美国由 NAFTA 引起的长期所得和短期成本。垄断竞争模型指出了贸易所得的两个来源：由幸存企业扩大产量而带来的生产率提高，它导致价格的降低，以及由贸易带来的消费者可获得产品品种总数的增加，尽管各国都有一些企业退出产业。对于墨西哥和加拿大，我们测度了当出口商与其他制造企业相比较时其生产率改善所带来的长期所得。对于美国，我们用来自墨西哥的品种增加和美国消费者面对的价格等量降低测度了长期所得。显然，对于加拿大和美国，长期所得大大超过了短期成本。墨西哥的景象没有那么乐观，因为所得没有体现为生产性工人实际工资的增长（部分原因是比索危机）。然而，马奎拉多拉地区高收入工人的实际收入提高了，因此，他们是迄今为止 NAFTA 的主要受益者。

6.4　产业内贸易和引力方程

在垄断竞争模型中，众多国家既进口又出口不同品种的差异化产品。这个结果不同于我们在第 2 章中所学的李嘉图模型和在第 4 章中所学的赫克歇尔-俄林模型：在这些模型中，众多国家只出口或进口一种产品，但不会同时进口和出口同一种产品。在垄断竞争条件下，众多国家会专门生产一种差异化产品的不同品种，反复交易这些品种。如我们在本章开头的高尔夫球棒例子中所看到的，这是一种我们称为产业内贸易的普遍贸易模式。

产业内贸易指数　为了阐述产业内贸易的概念，我们看一下表 6 - 4 中的数据。2012 年，美国进口疫苗 17.31 亿美元，出口疫苗 25.14 亿美元。当某种产品的进出口数量差不多时，就像这个例子中那样，表明该产品几乎所有交易都是产业内贸易。**产业内贸易指数**（index of intra-industry）告诉我们每种产品有多大比例涉及进口和出口：高指数（最高达 100%）表示进口和出口该产品的数量相等，而低指数（0）表示只进口或出口该产品，但没有同时进出口。

表 6-4　　2012 年美国产业内贸易指数

本表显示了多种产品的进口额、出口额和产业内贸易指数。当进口额和出口额相近时，比如疫苗、威士忌和冰冻橙汁，产业内贸易指数最高；当单纯是出口商品或者进口商品时，该商品的产业内贸易指数很低。

产品	进口额（百万美元）	出口额（百万美元）	产业内贸易指数（%）
疫苗	1 731	2 514	82
威士忌	1 457	1 008	82
冰冻橙汁	24	16	81
天然气	8 292	4 346	69
床垫	195	59	46
高尔夫球棒	476	122	41
小汽车	77 086	19 478	40
苹果	169	826	34
太阳镜	1 287	248	32
高尔夫球车	12	137	16
电话	615	38	12
大型客机	4 588	84 171	10
男士短裤	768	7	2

资料来源：U. S. International Trade Commission，Interactive Tariff and Trade DataWeb，at http：//dataweb. usitc. gov.

计算产业内贸易指数的公式是

$$产业内贸易指数=\frac{进出口的最小值}{\frac{1}{2}\times(进口+出口)}$$

对于表 6-4 中的疫苗而言，进出口中的较小值是 17.31 亿美元，进出口平均值是 1/2×(17.31+25.14)=21.23 亿美元。由此，17.31/21.23=82%就是美国贸易中疫苗的产业内贸易指数，也就是说美国既进口疫苗，又出口疫苗。

在表 6-4 中，我们展示了更多的美国在其他产品上的产业内贸易例子。除了疫苗之外，威士忌和冰冻橙汁等产品也有很高的产业内贸易指数。这些产品都是差异化程度很高的商品：就疫苗和威士忌而言，每个出口国销售的这些产品都有别于其他出口国，美国也不例外。甚至冰冻橙汁也是差异化产品，因为进口和出口具有季节性差异。因而，美国进口和出口这些产品，也就不足为奇了。另外，男士短裤、大型客机、电话和高尔夫球车等产品的产业内贸易指数很低。这些产品要么是美国主要进口而少出口的贸易品（比如男士短裤和电话），要么是美国主要出口而少进口的贸易品（比如大型客机和高尔夫球车）。虽然这些产品也呈现出差异化的特征，但是我们视它们符合李嘉图或者赫克歇尔-俄林模型，这些产品的国际贸易主要由比较优势决定，即一国因为技术或者资源丰裕的比较优势，比较成本较低。为了获得高产业内贸易指数，产品的差异性和国内外成本的相似性是必要的，这会导致既进口又出口。

引力方程

产业内贸易指数衡量的是一种产品的产业内贸易程度，并没有告诉我们贸易总额的任何信息。为了解释贸易额，我们需要一个不同的方程，称之为引力方程。该方程是由荷兰经济学家、诺贝尔奖获得者丁伯根命名的。丁伯根接受过物理学教育，因此，他把国家间的贸易看作类似于物体间的引力：牛顿的万有引力定律认为，具有更大质量的物体或彼此相距更近的物体具有更大的相互吸引力。丁伯根的贸易引力方程认为，那些具有更大 GDP 的国家或者彼此相距更近的国家，具有更多的相互贸易。这两个方程都可以得到简单的解释——即使你没有学过物理学，你也可以掌握其含义。其意思是就像两个大的物体之间的吸引力是最强的一样，垄断竞争模型预言大国（以 GDP 衡量）应该进行最多的相互贸易。正如我们将要显示的那样，有许多证据支持这种预言。

牛顿万有引力定律 假设有两个质量分别为 M_1 和 M_2 的物体，相距距离为 d。根据牛顿的万有引力定律，这两个物体间的万有引力 F_g 为

$$F_g = G \times \frac{M_1 \cdot M_2}{d^2}$$

其中，G 是一个告诉我们这种关系强弱的常数。每个物体越大，或它们相距越近，它们间的引力就越大。

贸易中的引力方程 丁伯根提出的用于解释国家间贸易的方程类似牛顿的万有引力定律，除了我们不用两个物体的质量而是用两国的 GDP，以及我们不是预言引力，而是预言它们间的贸易量以外。贸易引力方程为：

$$\text{贸易} = B \times \frac{\mathrm{GDP}_1 \cdot \mathrm{GDP}_2}{dist^n}$$

其中，贸易是指两国间的贸易额（以进口额、出口额或其平均数衡量），GDP_1 和 GDP_2 是其国内生产总值，$dist$ 是它们间的距离。请注意，我们对距离用指数 n 表示，即 $dist^n$，而不像在牛顿万有引力定律中那样用 $dist^2$，因为我们不能肯定距离与贸易之间的确切关系。引力方程前面的 B 项是一个表示“引力项”（即 $\mathrm{GDP}_1 \cdot \mathrm{GDP}_2/dist^n$）与贸易之间关系的常数。也可以把它解释为汇总了所有影响两国贸易量的因素（除了规模和距离）的效应；这样的因素包括关税、共用同一种语言等等。

根据引力方程，国家越大（用 GDP 衡量），或者国家间距离越近，则国家间的贸易量越大。经济规模、距离和贸易间的这种联系，是我们在本章所学的垄断竞争模型的含义。垄断竞争模型指出，大国之间的交易量最大是由于如下两个原

因：大国出口更多，因为生产的产品种类更多；大国进口更多，因为它们的需求更大。因此，大国的出口量和进口量都更大。

推导出引力方程 为了更细致地解释引力方程为何在垄断竞争模型中会成立，我们用各国 GDP 并借助于代数来推导。从国家 1 的 GDP（即 GDP_1）开始。国家 1 所生产的每一种产品都是差异化产品，因此，它们不同于其他国家所生产的品种。所有其他国家都会对该国的产品有需求（因为它们不同于其本国所生产的产品），其需求量将取决于两个因素：（1）进口国的相对规模，因为国家越大，需求越大；（2）两个国家间的距离，因为距离越远，运输成本越高，从而贸易越少。

为了衡量各进口国的相对规模，我们运用其世界 GDP 的份额。具体而言，令 $Share_2 = GDP_2/GDP_W$ 为国家 2 的世界 GDP 份额。为了衡量与贸易有关的运输成本，我们运用距离的幂，即 $dist^n$。则国家 1 向国家 2 的出口等于国家 1 可获得的产品（GDP_1）乘以国家 2 的相对规模（$Share_2$），除以它们间的运输成本（$dist^n$），因此

$$贸易=\frac{GDP_1 \cdot Share_2}{dist^n}=(1/GDP_W)\cdot\frac{GDP_1 \cdot GDP_2}{dist^n}$$

这个国家 1 与国家 2 间的贸易方程看起来与引力方程相似，尤其是如果我们把（$1/GDP_W$）项看作是常数项 B 的话。从该方程中我们得知，两国间的贸易将与其相对规模（以 GDP_S 的产品衡量）成正比，并与它们间的距离成反比。现在让我们通过一个案例来看看该引力方程在实践中的表现。

案　例

引力方程在加拿大和美国的应用

我们可以把引力方程应用到任何两个国家间的贸易，甚至应用到一国的两个省或州之间的贸易。图 6－9（a）展示了 1993 年加拿大各省与美国各州间的贸易额数据。在横轴上我们展示了引力项：

$$引力项=\frac{GDP_1 \cdot GDP_2}{dist^{1.25}}$$

其中，GDP_1 是美国一个州的国内生产总值（以十亿美元为单位），GDP_2 是加拿大一个省的国内生产总值（以十亿美元为单位），*dist* 是它们间的距离（以英里为单位）。我们在距离项上用指数 1.25，因为在其他研究中显示它较好地描述了距离与贸易额之间的关系。横轴用对数尺度描绘，其数值为 0.001～100。沿着横轴的数值越大，表示该贸易省和州的 GDP 越大或者它们间的距离越近。

图 6－9 中的纵轴表示 1993 年加拿大一个省与美国一个州之间或者美国一个州与加拿大一个省之间的出口额（以百万美元为单位）；这是一对省—州的贸易额。该轴也用对数尺度描绘，数值为从 0.001 百万美元（即 1 000 美元）到100 000百万美元（或 1 000 亿美元）贸易额。本项研究涵盖了 30 个州和 10 个省，因此，它们

之间可能的贸易流量共有 600 个（尽管其中有些流量为零，表示无贸易发生）。(a) 图中的每一个点表示一个州与一个省之间的贸易流量和引力项。

从 (a) 图的点集中我们可以发现，那些彼此间的引力项较大的州和省（从横轴上衡量）也倾向于有更多的贸易（从纵轴上衡量）。(a) 图中的点集所表现出来的这种很强的正相关关系表明引力方程在实证上能很好地成立。(a) 图还显示了穿过点集的“最优拟合线”，它有以下方程：

$$\text{贸易} = 93 \times \frac{\text{GDP}_1 \cdot \text{GDP}_2}{dist^{1.25}}$$

常数项 $B=93$，它对加拿大各省和美国各州的引力方程给出了最优拟合。当引力项等于 1 时，如 (a) 图所示，则所预测的该省与该州间的贸易额为 9 300 万美元。最接近这一点的例子是艾伯塔省和新泽西州。1993 年艾伯塔向新泽西的出口额为 9 400 万美元，它们有约等于 1 的引力项。

加拿大国内贸易 既然引力方程在预测不同国家各省与各州之间的国际贸易上有良好的表现，它在预测一个国家内部交易时也应该有良好的表现。为了探索这种理念，图 6-9 (b) 勾画出了加拿大任意两个省之间的出口额（以百万美元为单位），以及这些省的引力项。(b) 图中的两个轴的计量尺度与 (a) 图中的完全一样。从 (b) 图我们再次发现两者间的引力项（在横轴上衡量）与其贸易额（在纵轴上衡量）之间存在很强的正相关性。穿过点集的“最优拟合线”有以下方程：

$$\text{贸易} = 1\,300 \times \frac{\text{GDP}_1 \cdot \text{GDP}_2}{dist^{1.25}}$$

也就是说，常数项 $B=1\,300$，它对加拿大各省的引力方程给出了最优拟合。当引力项等于 1 时，如 (b) 图所示，则所预测的两者间的贸易额为 13 亿美元。最接近这个组合点的例子是在英属哥伦比亚省和艾伯塔省之间：1993 年其引力项约为 1.3，英属哥伦比亚省向艾伯塔省出口了价值 14 亿美元的商品。

将加拿大与美国间的国际贸易引力方程与加拿大国内贸易引力方程相比较，发现加拿大贸易的常数项大得多——1 300 比 93。通过计算这两个常数项的比率 (1 300/93 = 14)，我们发现平均而言，加拿大国内贸易比跨境贸易高出 13 倍！如果我们考虑更早的年份——1988 年，这正是 1989 年加拿大和美国签署《加拿大—美国自由贸易协定》的前一年，这个数字甚至更高。1988 年加拿大国内贸易比加拿大与美国间的贸易高出 21 倍。①尽管从 1988 年到 1993 年该比率由于《加拿大—美国自由贸易协定》而下降了，但加拿大国内贸易高出跨境贸易这么多，或者更通俗地说，国内贸易高出国际贸易这么多，这仍然是值得注意的。

跨境贸易远比国内贸易少，这个发现反映了国家间存在的所有贸易壁垒。使国家间的产品贸易变得更容易或更困难的因素通常被称为**边界效应** (border effects)，它们包括：

① 该结论来自 John McCallum，1995，“National Borders Matter,” *American Economic Review*，615-623。图 6-9 中所用的数据来自 James A. Anderson and Eric van Wincoop，2003，“Gravity with Gravitas：A Solution to the Border Puzzle,” *American Economic Review*，170-192。

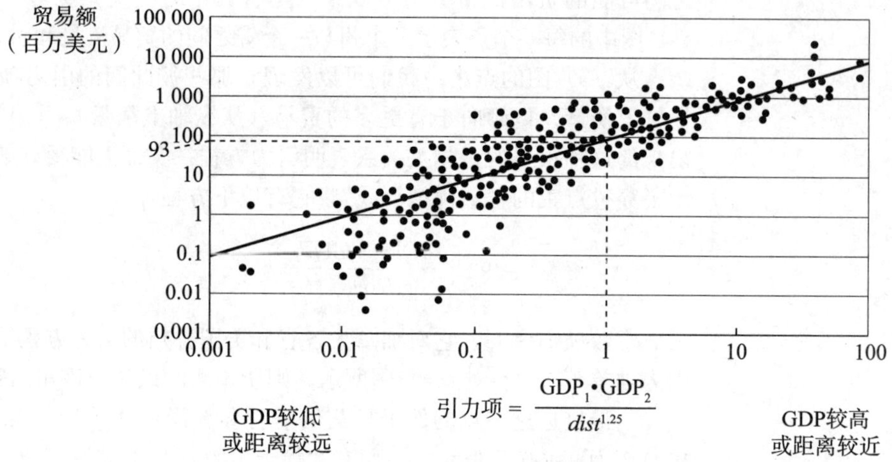

（a）美国各州与加拿大各省间的贸易

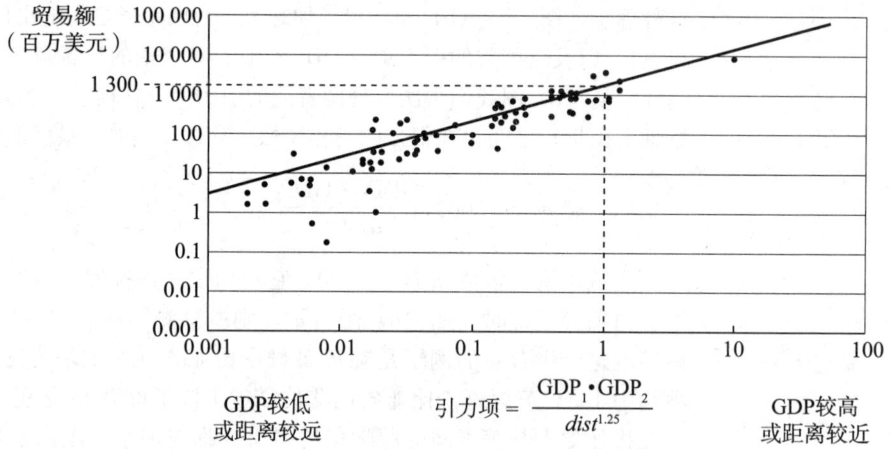

（b）加拿大各省间的贸易

图 6－9　1993 年引力方程在美国和加拿大的应用

在这些图中所描绘的是 1993 年以美元计量的出口额和引力项（以对数尺度描绘）。(a) 图展示了 10 个加拿大省与 30 个美国州之间的贸易变量。例如，当引力项为 1 时，一个州与一个省之间的贸易额为 9 300 万美元。(b) 图展示了 10 个加拿大省之间的贸易变量。当引力项为 1 时，各省间的贸易额为 13 亿美元，比一个省与一个州之间的贸易额高出 13 倍。这些图揭示了两个要点：国家规模与贸易额之间有一种正相关关系，以及加拿大国内的贸易远大于加拿大与美国间的贸易。

资料来源：作者根据下文的数据计算，James A. Anderson and Eric van Wincoop，2003，"Gravity with Gravitas：A Solution to the Border Puzzle，" *American Economic Review*，170－192。

- **关税**（tariffs）：进口品进入一国时所征的税收。
- **配额**（quotas）：允许物品跨越边界的数量限制。
- 影响贸易的其他行政性规则与规定，包括清关所需的时间。
- 地理因素，比如几个国家是否拥有共同的边界。
- 文化因素，比如几个国家是否拥有可能会使贸易更方便的共同语言。

在引力方程中，所有这些影响贸易量的因素都在常数 B 中得到体现。如我们所知，这个常数的值对于一国内部贸易与国家间贸易是不同的。在第 8 章到第 11 章中，我们要具体探索关税、配额和其他贸易壁垒的结果。从引力方程得出的结论是，这些贸易壁垒会使国际贸易额与国内贸易额相比潜在地受到更大的影响。

6.5 结　论

当企业拥有差异化产品和规模收益递增时，就具有获得超过我们在前面几章中学习过的完全竞争条件下的贸易所得的潜在可能。我们用垄断竞争模型展示了这些额外所得。在该模型中贸易甚至会发生在一模一样的国家之间，因为在一个更大的市场销售产品的潜在可能会诱使企业把价格降到低于无贸易条件下的要价。然而，当所有企业都降价时，有些企业就无利可图，从而退出市场。幸存企业会扩大其产量，通过规模经济降低其平均成本。平均成本的降低使企业的要价降低，为进口国消费者创造了利得。此外，由于各企业都生产差异化产品，国家间的贸易使得各国进口不同于本国所生产的产品品种，从而创造了消费者所得的第二个来源。

当一些企业不得不退出市场的时候，由于工人遭解雇，在该模型中就出现了短期调整成本。运用加拿大、墨西哥和美国的例子，我们认为短期调整成本低于长期所得。像《北美自由贸易协定》这样的区域贸易协定是垄断竞争模型的一个很好的例子。另一个例子是引力方程，它认为那些比较大的或者彼此距离较近的国家会有更大的贸易。该预言得到了有关各国间贸易数据的支持。研究还表明，国家内部贸易甚至比国家间贸易还要大。

要　点

1. 垄断竞争模型假设了差异化产品、众多企业和规模收益递增。只要有利润可赚，企业就会进入，因此从长期来看利润为零。

2. 当两国间开放贸易时，由于消费者有了更多的选择以及对价格更为敏感，各企业所面对的需求曲线变得更富有弹性。企业降低价格以试图从竞争对手那里俘获消费者并获利。然而，当所有企业都这样做时，有些企业亏损而被迫离开市场。

3. 引入垄断竞争条件下的国际贸易产生额外的贸易所得，其原因有两个：(1) 因企业产量的扩大和平均成本的降低而导致价格的降低；(2) 消费者可获得的进口品品种增加。但也有短期调整成本，比如因一些企业退出市场而引起的失业。

4. 差异化产品的假设有助于我们理解各国为何经常进口和出口同一种产品

的各种品种。这个结果只有在垄断竞争模型下才会发生。

5. 引力方程说明，GDP 较高或距离较近的那些国家有更多的贸易。此外，研究表明，国家内部的贸易大于国家间的贸易。

关键术语

差异化产品	引力方程	贸易调整救济
不完全竞争	自由贸易协定	产业内贸易指数
垄断竞争	双头垄断	边界效应
规模收益递增	边际收入	关税
规模经济	边际成本	配额
产业内贸易	垄断利润	

习　题

1. 试解释生产中的规模收益递增如何能成为一个贸易基础。

2. 一国内部的贸易为何大于国家间的贸易？

3. 从垄断竞争模型中的无贸易长期均衡出发，如图 6－5 所示，考察当母国开始与其他两个相同的国家贸易时会发生什么变化。由于这些国家都是完全一样的，因此这个世界的消费者数量是单个国家的三倍，这个世界的企业数量也是单个国家的三倍。

a. 与无贸易均衡相比较，产业需求 D 增加了多少？企业的数量（或产品品种数量）增加了多少？从而需求曲线 D/N^A 在贸易开放后还适用吗？试给出原因。

b. d_1 曲线会因贸易开放而移动或转动吗？试给出原因。

c. 将你对 b 的答案与母国只与另一个相同的国家贸易的情形相比较。具体而言，试比较在这两种情形中需求曲线 d_1 的弹性。

d. 图示有贸易条件下的长期均衡，并与母国只与另一个相同国家进行贸易时的长期均衡相比较。

4. 从垄断竞争模型中的长期贸易均衡出发，如图 6－7 所示，考虑当产业需求 D 增加时会发生什么变化。例如，假定这是一个小汽车市场，降低汽油价格会产生更高的需求 D。

a. 针对母国市场重新画出图 6－7 并显示 D/N^T 曲线的移动和新的短期均衡。

b. 从新的短期均衡来看，有企业退出或进入吗？为什么？

c. 试描绘新的长期均衡在哪里，并解释企业的数量和它们的要价有何变化。

5. 我们运用以下逻辑从垄断竞争模型中推导出了引力方程：

(1) 各国生产多种产品；

（2）各国对别国生产的所有产品有需求；

（3）因而，大国对从他国进口的产品有更多的需求。

这种引力方程关系在赫克歇尔-俄林模型中并不成立。试解释引力方程的这种逻辑为何在赫克歇尔-俄林模型中不成立；也就是说，上述哪个说法在赫克歇尔-俄林模型中是假的。

6. 美国、法国和意大利都为世界上最大的生产国之一。为了回答下列问题，假设它们的市场都是垄断竞争性的，引力方程中 $B=93$ 和 $n=1.25$。见第 6 题表。

第 6 题表

	2012 年 GDP（十亿美元）	与美国的距离（英里）
法国	2 776	5 544
意大利	2 196	6 229
美国	14 991	—

a. 运用引力方程，比较美国与法国以及美国与意大利之间的预期贸易水平。

b. 巴黎与罗马之间的距离为 694 英里。你预期法国与意大利的贸易多还是与美国的贸易多？试解释是什么变量（即国家规模或距离）使你得出你的结论。

7. 有何证据能表明在与美国的自由贸易协定下加拿大变富裕了？

8. 在有关 NAFTA 下美国的所得与调整成本这一节中，我们计算了由于 NAFTA 而遭到解雇的工人所损失的工资。制造部门的先前经验表明，这些工人中约三分之二在三年内获得了新的工作。考察这个再就业过程的一种方法是，三分之一的工人在第一年找到了工作，在随后的每年中，各有三分之一其余失业工人找到工作。运用这种方法，在第 8 题表中，我们列出了三分之一工人在第一年找到了工作（第 2 列），三分之二工人仍然失业（第 4 列）。在第二年，又有 $(1/3)\times(2/3)=2/9$ 的工人找到了工作（第 2 列），这样就有 $1/3+2/9=5/9$ 的工人就业了（第 3 列）。到第二年年底还剩下 $4/9$ 的工人失业（第 4 列）。

第 8 题表

年	找到工作的工人比例	已就业的总比例	未就业的总比例
1	$1/3$	$1/3$	$1-(1/3)=2/3$
2	$(1/3)\times(2/3)=2/9$	$(1/3)+(2/9)=5/9$	$1-(5/9)=4/9$
3	$(1/3)\times(4/9)=4/27$		
4			
5			
6	$(1/3)\times(2/3)^{年-1}$		

a. 用与前两行同样的方法再填写两行。

b. 请注意，每年找到工作的工人比例（第 2 列）有如下公式：

$$找到工作的工人比例=(1/3)\times(2/3)^{年-1}$$

用这个公式再填写六个找到工作的工人比例（第 2 列），直至 10 年。

c. 为了计算平均失业年数，我们用找到工作的工人比例（第 2 列）乘以失业的年数（第 1 列），并把各行的结果相加。通过加总 10 行的结果，计算平均失业年数是多少。把 20 行的结果加总时你预计会得到什么结果？

d. 把你对 c 的答案与正文案例中所使用的平均失业年数相比较，正文中的那个数字准确吗？

9. a. 大米和油画这两种商品中，哪一个产业内贸易指数更高？为什么？

b. 登录美国贸易统计快览（U. S. TradeStats Express）网站：http：//tse. export. gov/。点击"National Trade Data"，之后再点击"Global Patterns of U. S. Merchandise Trade"。在"Product"下面，输入大米（HS 1006），获得其进出口数据，以同样的方式搜查油画（HS 9701）。然后计算 2012 年大米和油画的产业内贸易指数。计算得到的数据与上面你对 a 的回答相符吗？如果你的答案和数据不相符，给出解释。

网络练习

除了本章所包含的**新闻提要"为《北美自由贸易协定》15 周年欢呼！"**之外，还有很多相似的旨在纪念《北美自由贸易协定》实施 15 周年的文章。从网上找出一篇，总结支持和反对的观点。

第 7 章　产品与服务外包

本章内容提要

7.1　一个外包模型
7.2　外包所得
7.3　外包的政治和未来
7.4　结论

不断增长的服务贸易一方面是离岸外包业务量的上升。通过外包，企业能够将劳动密集型服务产业的功能转移到其他国家……当一种产品或服务在国外生产成本更低时，进口该种产品或服务比在国内生产更为明智和有利。

——2004 年《总统经济报告》，第 229 页

越来越多的美国人，即使在自己的岗位上工作……仍旧视外包……为其就业和薪资的实际或潜在威胁。

——贾格迪什·巴格沃蒂和艾伦·布林德，2007 年，《美国工作外包》

美国应该有一部税法……减少把就业机会移往海外的现象，对为美国增加就业的企业或者制造商减税。这就是税收改革要达到的目的。

——美国总统贝拉克·奥巴马，国情咨文，2013 年 2 月 12 日

当你卸下手机电池以便了解自己手机的产地时，你很可能会发现里面列着好几个国家的名字。比如说摩托罗拉（Motorola），它是一家美国公司，在新加坡生产一部分手机，使用的电池和充电器却是在中国制造的。芬兰的诺基亚（Nokia）公司也是如此，它在美国市场上出售的部分手机是在美国本土制造的，手机电池却由日本厂商生产，手机软件则由印度公司开发。苹果公司在中国、中国台湾、泰国、马来西亚、新加坡、韩国、捷克、菲律宾和美国等地的工厂制造苹果手机。

在我们的生活当中有相当一部分产品，从简单的芭比娃娃到复杂的飞机、个人计算机，其生产过程中所使用的原材料、零部件、相关服务都是由一系列不同的国家生产和提供的。下面这段摘自《纽约时报》的文章详细地描述了这一现象[①]：

> 美国通用电气公司与法国斯奈克玛公司共同为波音737和空客A320飞机制造喷气式引擎。通用电气公司负责在其辛辛那提的工厂制造引擎的“高温部件”，而斯奈克玛公司在法国制造引擎的巨型风扇，然后双方相互运送各自部件并完成引擎的最后装配，最后将其提供给客户。除此之外，通用电气公司还为加拿大庞巴迪公司和巴西航空工业公司制造的短程飞机提供小型喷气式引擎。这些小型喷气式引擎在美国完成制造后出口到这些国家，但是引擎24%的价值却是由从日本进口的零部件组成。

一项服务由一个国家提供并由另一国家使用，或者一件商品的各个部件在不同国家生产然后在另一国家完成装配的现象被称为**境外外包**（foreign outsourcing），又称**离岸**（offshoring）。[②]

外包是一种有别于李嘉图和赫克歇尔-俄林模型所描述的国际贸易模式。在李嘉图和赫克歇尔-俄林模型下，各国交易的是最终产品；而在外包模型下，各国交易的是中间投入品。这些中间投入品在被装配成最终产品并在国内外出售之前，往往会在不同国家之间被贸易数次。对于世界贸易而言，外包是一个相对新颖的现象。在本书第1章中我们已经注意到，即使是在19世纪末20世纪初，世界贸易总量相对于世界GDP总额而言也是非常高的。由于当时交通运输成本与通信成本比较高，这一巨大的世界贸易总量不可能是由于商品在不同生产阶段被贸易多次所造成的。然而，在现今条件下，运输成本和通信成本都已经得到了大幅削减，因此综合利用各国的劳动力资源和资本优势来生产同种商品或服务变得更为有利可图。事实上，如果你曾经呼叫过戴尔计算机的客服热线，你会发现电话另一头的声音很可能是从印度的客服中心传来的，这也从另一方面表明了现代通信技术的低成本。

可是，外包与李嘉图和赫克歇尔-俄林模型所分析的贸易模式有差别吗？从

---

① Louis Uchitelle, “Why Hasn't a Weak Dollar Slowed Imports?” *The New York Times*, April 8, 2005, online edition.

② 这里存在另一个概念“境内外包”，指一家公司将其一部分生产工作从一地转移至另一地但并不离开这个国家的情况。但在本书中，我们所使用外包一词指的是“境外外包”。

某种角度来讲，答案是否定的。外包能使企业从国外进口更便宜的商品和服务，这正如李嘉图和赫克歇尔-俄林模型所描述的：国际贸易使得消费者能够购买到国外更加便宜的商品。本章开头摘自2004年《总统经济报告》的引语也表达了同样的思想：通过外包，我们能够进口那些在国外生产更为便宜的商品与服务。但从另一个角度来讲，外包与传统贸易模式又存在不同之处。通过外包，企业有机会将自己的一部分生产活动转移到国外，但是与此相关的工作机会也会随之转移。由于支付给国外劳动者的工资更低，国内企业生产成本便会下降，进而产品价格也将下降，最终使消费者获益。外包降低了商品价格，也改变了国内就业形势：国内高技术工人（比如市场营销专员、研究人员）与国外低技术工人（装配工人）相结合。因此，从某种意义来讲，外包与移民有些类似，国内企业能够雇用到国外工人，即使他们不用离开自己的国家。

本章的首要目标就是详细论述外包现象，以及它与传统最终产品贸易模型的不同之处。我们将讨论外包是如何影响对熟练工人与非熟练工人的需求，以及他们的工资变化的。自20世纪80年代早期以来，美国和其他一些国家的工资支付模式已经发生了巨大变化——熟练工人相对于非熟练工人而言其工资水平获得了大幅提高。我们将分析这一相对工资的变化是否由外包所致，还是存在其他合理的解释。

本章的第二个目标是讨论外包所得，其中的一个论点是：外包创造了贸易所得。这与我们在李嘉图和赫克歇尔-俄林的最终产品贸易模型下所得到的结论相似。但是，对一个国家整体而言的贸易所得并不必然表明该国所有个人都将获益。我们关注的焦点在于外包是如何影响熟练工人与非熟练工人的相对工资的。

本章的第三个目标是考察美国对于外包的态度。本章开篇的最后一个引语，即奥巴马总统2013年国情咨文的一句话，表明：奥巴马总统提出限制对外包企业实行的减税优惠政策。但是，许多经济学家可能对此不赞成，认为外包整体而言大有裨益。我们将探讨这些观点，同时也介绍最新美国企业移回到美国本土的“回流”。

专　栏

外包与离岸

在讨论外包的过程中，我们经常会听到另一个词，**“离岸”**（offshoring）。本章开始时引自《总统经济报告》的引语把这两个词结合在了一起，称为“离岸外包”。然而，“外包”和“离岸”之间有什么区别吗？

“离岸”一词常常用于表示一家企业将其某些经营业务转移到国外，但仍对这些业务拥有所有权的情况。换句话说，企业将一些业务移至境外，但商品的生产仍在该企业内部进行。比如说英特尔公司，它利用外商直接投资在中国和哥斯达黎加设立了子公司，并利用这些子公司来完成微型芯片的生产。因此，英特尔的芯片生产就属于离岸的情况。

相反，美国美泰玩具公司将其芭比娃娃的生产活动安排在了几个不同的国家进行。与英特尔不同的是，美泰公司实际上并不对这些海外公司拥有所有权。但是，美泰公司会要求这些海外公司所购买的投入品（比如芭比娃娃的头发、衣服等）必须是最为经济的。通过订立契约的方式，美泰将其一些业务外包给了这些海外公司，但它并没有进行任何形式的对外直接投资。

戴尔应该算是一个介于英特尔和美泰之间的例子，它通过国外企业完成其个人计算机的装配工作，但并不拥有这些国外的装配企业。因此，应该说戴尔将其装配工作外包给了国外企业，而不是离岸。然而，戴尔对这些装配企业的投入品（比如计算机零部件）进行了严格的控制，以确保计算机的高质量。

但在本章的分析中，我们所关心的并不是“外包”与“离岸”之间的区别。因此，我们将使用“外包”一词来表示一件商品的各个部件或者一项服务由不同国家生产和提供的情况，而无论谁拥有这些生产零部件和提供服务的工厂。

7.1 一个外包模型

为了建立一个外包模型，我们有必要对产品或服务生产与营销过程中的所有活动进行有效划分。这些活动如图 7-1 所示。其中（a）图将产品的各个生产环节按所发生的时间先后顺序进行排列（从最初的研究与开发到最后的商品营销与售后服务）。我们以电视机的生产过程为例，首先进行的是电视机的设计与开发，再是线路、机箱、显像管等零部件的生产，然后是零部件的装配，最后将电视机成品售予消费者。

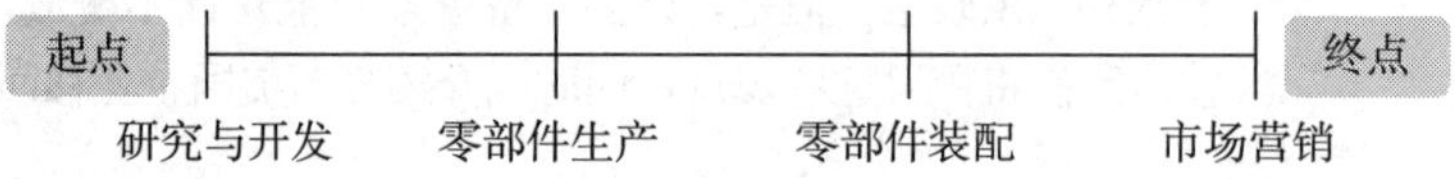

（a）生产活动按时间先后顺序排列

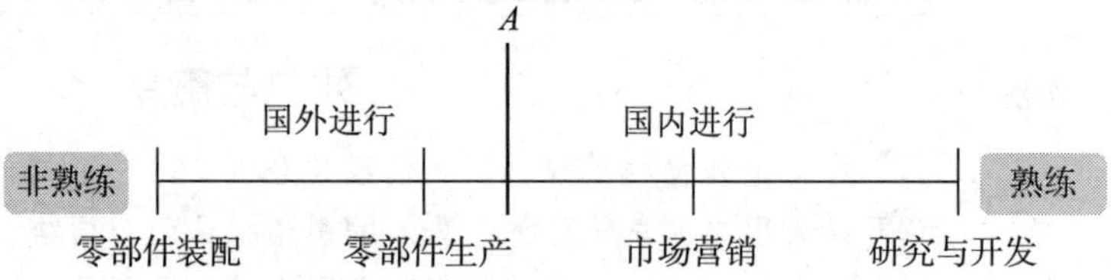

（b）生产活动按熟练工人与非熟练工人相对使用量排列

图 7-1　产品的价值链

每件产品的生产过程都包含了一系列不同的生产环节，（a）图将这些生产环节按其所发生的时间先后顺序进行了排列。在（b）图的价值链中，我们将同样的这些生产环节重新按其所要求的熟练工人相对使用量进行排列，最左边的零部件装配所要求的熟练工人最少，最右边的研究与开发所要求的熟练工人则最多。因为我们假设国内熟练工人的相对工资较高，而且资本成本与贸易成本在每一环节都一样，因此我们可以在价值链中找到一点，如 A 点，所有在 A 点左边的活动都将被外包给国外企业，而所有在 A 点右边的活动都将被留在国内进行。

然而，出于建立外包模型的目的，将产品的各个生产活动按其所使用的熟练工人/非熟练工人比率进行排列更为有用，如（b）图所示。我们从熟练工人使用量最少的活动开始排列，比如简单的零部件（电视机机箱与电线等）生产与装配，再到相对复杂的零部件（如显像管）生产与装配。接下来是生产过程中的辅助性服务活动，如会计服务、订单处理、产品服务（有时被称为“后台服务”活动，因为消费者并不能真正看见这些服务的生产）。最后是使用熟练工人最多的活动，比如市场营销（所谓的“前台活动”），以及使用技术水平最高的工人的生产活动，如研究与开发。

各种活动的价值链

图 7-1 所描述的整套生产环节被称为产品的**价值链**（value chain），这是因为每一个生产环节都使该组合产品价值增值。这些生产活动并不需要在同一个国家内部完成——企业可以将某些生产活动通过外包的形式转移到国外，如果这样做更为经济的话。通过将各个生产活动按其要求的熟练工人相对使用量的高低进行排列，我们可以预测哪些活动最有可能被转移到国外。但是，这一预测取决于以下假设条件。

熟练工人的相对工资　我们用 W_L 来表示母国非熟练工人的工资，用 W_H 表示母国熟练工人的工资。同样地，我们分别以 W_L^* 和 W_H^* 表示外国非熟练工人的工资与外国熟练工人的工资。我们的第一个假设是，外国工资水平低于母国工资水平，即$W_L^* < W_L$，$W_H^* < W_H$。同时我们还假设，外国非熟练工人的相对工资低于母国非熟练工人的相对工资，即 $W_L^* / W_H^* < W_L/W_H$。在现实社会中，由于发展中国家的非熟练工人获得格外低的工资，因此我们的第一个假设符合现实。

资本成本与贸易成本　当母国企业考虑将一些生产活动转移到国外时，它知道这可以降低劳动成本，因为外国的工资较低。然而，母国企业必须考虑到在外国开展业务的额外成本。在通常情况下，由于下列几点原因企业往往需要花费更多的资本成本：一是在外国建设厂房成本更高，或是外国电、油等公用设施的价格更高；二是额外的运输和通信成本，如果外国正在进行基础设施建设（如道路、码头、电话网络等），这部分成本支出可能会更高；三是额外的关税支出，如果外国对其进口商品（如零部件）征收关税，母国企业就需要支付额外的关税。我们把后两类成本支出统一归类为“贸易成本”。

高额的资本成本与贸易成本使得母国企业不能够将所有业务都转移至海外。因此，在决定该将哪些业务外包出去时，母国企业就会权衡低工资带来的节约与额外的资本成本和贸易成本。

我们的第二个假设是，这些额外成本统一适用于产品价值链中的所有活动，即在外国的每个运作活动与母国相比其成本支出都要高一个固定的比例，比如说10%。与前面我们关于母国和外国相对工资的假设不同，第二个假设显得有些不合实际。举例来说，在不同国家，如印度，额外的运输成本相对于通信成本而言存在很大的差异。这类国家的公路设施建设比较缓慢，然而通信技术发展迅速。

结果是这类国家的电话通信技术相当发达，手机价格甚至比在美国和欧洲还要低。在这种情况下，相对高昂的基础设施成本将严重影响那些与交通运输业相关的活动，而对那些与通信技术业相关的活动的影响则相对较小。

价值链的分割 现在我们假设一家拥有如图 7-1（b）所示产品价值链的企业正在考虑将其某些活动从母国转移到外国。然而，究竟应该将哪些活动转移到外国呢？根据我们前面的两个假设条件，即 $W_L^* / W_H^* < W_L / W_H$ 以及额外的资本成本和贸易成本统一适用于价值链的每一活动，企业将那些非熟练劳动密集度最高的产业转移到外国而保留熟练劳动密集度最高的产业是合理的选择。比如说，将图 7-1（b）中所有在垂线 A 左边的活动转移到外国，而保留那些在垂线 A 右边的活动。我们将这一活动转移称为价值链的分割。①

之所以将垂线 A 左边的生产活动转移到外国，是因为将这部分非熟练劳动密集型产业转移到外国，并通过支付较低的工资能节约最多的成本。由于额外的资本成本与贸易成本在所有活动中都是统一的，工资成本的节约便成为决定将哪些活动转移到外国和将哪些活动保留在母国的最为关键的因素。

熟练工人的相对需求 既然已经知道了母国与外国之间的活动分工，我们就能画出两国各自的劳动需求曲线，如图 7-2 所示。对于母国，我们将图 7-2（b）中在垂线 A 右边的所有活动对熟练工人 S 的需求与对非熟练工人 L 的需求加总。取它们的比值，我们画出了图 7-2（a）中母国针对相对工资 W_H/W_L 的熟练工人相对需求曲线 H/L。相对需求曲线是向右下方倾斜的，这是因为一旦熟练工人的相对工资上升，母国企业就有可能在某些活动中雇用更多的非熟练工人来代替熟练工人。比如，当熟练工人的相对工资上升时，母国企业会更愿意雇用高中生而不是大学生加入它们的销售队伍，然后在工作过程当中对他们进行培训。

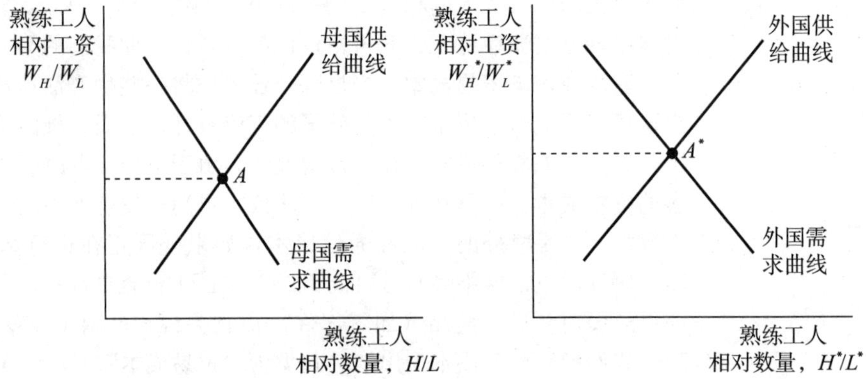

（a）母国　　（b）外国

图 7-2　熟练工人的相对需求与相对供给

(a) 图表示的是母国熟练工人的相对需求与相对供给（H/L），取决于母国熟练工人的相对工资（W_H/W_L），均衡点为 A 点。(b) 图表示的是外国熟练工人的相对需求与相对供给（H^*/L^*），取决于外国熟练工人的相对工资（W_H^*/W_L^*），均衡点位于 A^* 点。

① 这一术语引用自 Paul Krugman，1995，“Growing World Trade: Causes and Consequences，” *Brookings Papers on Economic Activity*，1。

同样地，对于外国而言，我们将所有在垂线 A 左边的活动对熟练工人 H^* 与非熟练工人 L^* 的需求加总。图 7－2（b）画出了外国针对相对工资 W_H^*/W_L^* 的熟练工人相对需求 H^*/L^*。外国熟练工人的相对需求曲线也是向右下方倾斜的，这是因为一旦熟练工人的相对工资上升，外国企业就有可能在某些活动中雇用更多的非熟练工人来代替熟练工人。另外，我们可以在每个国家的图中加入一条向右上方倾斜的相对供给曲线。相对供给曲线之所以向右上方倾斜，是因为当熟练工人的相对工资上升时，更多拥有熟练技能的工人会进入该行业。例如当一国的熟练工人工资相对于非熟练工人工资上升时，人们将会在个人教育方面进行更多的投资，使自己掌握更多必要的技能以获得较高的相对工资。

相对需求曲线与相对供给曲线的交点，即 A 点和 A^* 点，给出了各国在该产业的均衡相对工资和熟练工人/非熟练工人的均衡相对就业量。从初始均衡点 A 和 A^* 开始，我们接着学习当母国将更多的业务活动外包给外国时，均衡将会发生怎样的变动。

贸易成本的改变

现在我们假设，外国的资本成本或贸易成本下降了。例如，《北美自由贸易协定》（NAFTA）降低了美国与墨西哥之间贸易品的关税。贸易成本的降低使美国企业能够更容易地将其业务外包给墨西哥。事实上在《北美自由贸易协定》签订之前，墨西哥就已经放宽了某些关于外资所有权的规定，从而为美国企业降低了资本成本。另一个例子是印度，它于 1991 年废除了一些原本阻碍其商业和通信技术业发展的规章制度，同时允许更多的外商投资进入。在 1991 年之前，要想在印度开展一项新业务，甚至是为了装一部电话或者一条传真线路都是十分困难的；在 1991 年之后，印度简化了关于本国企业和外资企业商业活动的规制，并在通信技术（例如手机与光纤电缆等）方面取得了飞速进步。印度的这一政策调整吸引了更多的国外投资者与外包企业到印度进行投资和开展业务。

母国劳动需求与相对工资的变化　当外国的资本成本或贸易成本下降时，对母国企业而言，将产品价值链当中更多的业务转移到外国会变得更具有吸引力。图 7－3 描述了这一变化，即分割线从 A 移动到了 B。A 与 B 之间的活动原本在母国进行，现在在外国进行了。比如，我们不妨考虑电视机生产从美国转移到墨西哥的例子。随着美国企业首先把电视机制造转移到墨西哥，电视机机箱就在墨西哥制造了。后来，电子线路板也在墨西哥制造，最后显像管也在墨西哥生产。①

外包的增长是如何影响各国对熟练工人的相对需求的呢？首先考虑母国的情形。我们注意到，仍然留在本国进行的业务（图 7－3 中 B 右边的部分）与那些

---

① Martin Kenney and Richard Florida, 1994, "Japanese Maquiladoras: Production Organization and Global Commodity Chains," *World Development*, 22 (1), 27－44.

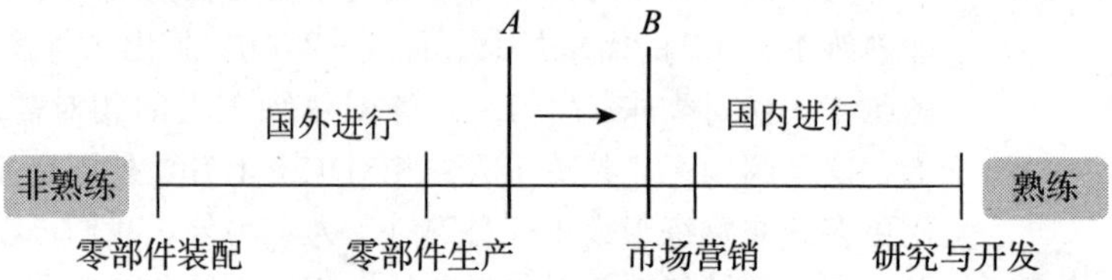

图 7-3　价值链中的外包

当外国的资本成本或贸易成本下降时，母国企业会发现将更多的业务转移到外国是有利可图的。外包改变了两国产业的分割线，从 A 移到了 B。A 与 B 之间的活动原本在母国进行，现在被转移到了外国。我们注意到，这部分业务与最初在外国开展的业务（A 左边的活动）相比是技术密集度较高的活动，而与目前在母国开展的业务（B 右边的活动）相比则是技术密集度较低的活动。

新被转移到国外的业务（A 与 B 之间的部分）相比更为技术密集。这就表明，此时在母国开展的这部分业务平均而言比之前在母国开展的一系列业务更加技术密集。因此，母国对于技术工人，即熟练工人的相对需求就会上升，相对需求曲线右移，如图 7-4（a）所示。我们需要注意的是，这一图示并不表明任何关于劳动需求绝对数量的变化（由于外包的增加，留在母国开展的业务数量减少，因此我们预测母国熟练工人需求与非熟练工人需求的绝对数量都将下降），而只表明熟练工人与非熟练工人相对需求的变化。与外国资本成本和贸易成本降低之前相比，现在留在母国开展的是更加技术密集型产业，因此本国熟练工人的相对需求将会上升，相对需求曲线右移，均衡点从 A 点移动到了 B 点［如图 7-4（a）所示］。因此我们知道，外包的增加导致了本国熟练工人相对工资的上升。

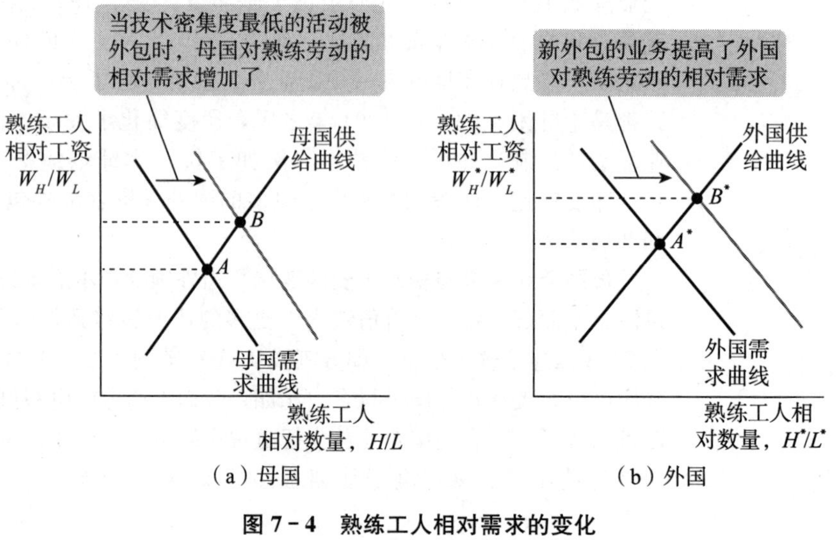

图 7-4　熟练工人相对需求的变化

随着母国不断将生产业务外包到外国，一些原本在母国开展且技术要求相对较少的业务被转移到了外国。结果是母国对熟练工人的相对需求增加了，相对工资随着从 A 点移到了 B 点而上升了。对于外国而言，由于新转移进来的业务与之前的业务相比技术密集度更高，因此外国对熟练工人的相对需求也增加了。结果是外国熟练工人的相对工资也随着从 A^* 点移到了 B^* 点而上升了。

外国劳动需求与相对工资的变化

现在我们考虑外国的情形，当母国将更多的生产活动外包出去时，外国的情况又会发生怎样的变化？我们需要了解的是，外包如何影响外国劳动的相对需求和相对工资的变化。由图 7－3 可知，转移到外国的新业务（A 与 B 之间的部分）与原先在外国开展的业务（A 左边部分）相比技术密集度更高。这就意味着，此时在外国开展的业务平均而言比之前的业务熟练劳动密集度更高。因此，外国对其熟练工人的相对需求也将上升，需求曲线右移，如图 7－4（b）所示。随着熟练工人相对需求的上升，均衡从 A^* 点移到了 B^* 点，因此，当母国将更多的业务外包到外国时，外国熟练工人的相对工资也上升了。我们从这一模型中所得出的结论是：外包的增加使得两国熟练工人的相对工资都上升了。

生产活动从一国转移到另一国竟然会使得两国的熟练工人的相对需求都上升，这似乎令人吃惊。举一个你们班里所发生的例子将有助于你理解这一现象。假设你有一个学物理学的朋友，但他并不擅长学物理学：他的成绩低于班级平均水平。因此你会邀请他加入你所在的经济学班，结果发现他在经济学上很有天分：他的成绩高于班级平均水平。你的朋友从物理学班转到经济学班如何影响两个班级各自的平均成绩呢？由于你的朋友在物理学班时的成绩低于平均水平，他的离开将提高物理学班的平均成绩（按所剩的同学计算，不包括你的朋友）。同时，由于你的朋友在经济学班时的成绩高于班级平均水平，因此他的到来也将提高经济学班的平均成绩（按所有人计算，包括你的朋友在内）。因此，一位同学在两个班级之间的转移同时提高了这两个班级的平均成绩。

这个例子的结论与我们的外包模型结论在逻辑上是一致的：随着处于价值链中部的活动由母国转移至外国，两国熟练工人的相对需求都提高了，这是因为这些原本在母国进行的活动对母国而言是属于技术密集度最低的，而在外国则是属于技术密集度最高的。这就是为什么两国对熟练工人的相对需求都增加进而熟练工人的相对工资也上升的原因。这一结论是我们的外包模型最为重要的预测之一，在传统的贸易模型比如赫克歇尔-俄林模型中并不会出现这一现象。[①] 接下来，我们将运用来自美国与墨西哥的证据来检验这一预测是否正确。

案　例

☞ 各国相对工资的变化

20 世纪 80 年代早期以来，在许多国家和地区熟练工人工资相对于非熟练工

① 赫克歇尔-俄林模型告诉我们，在开放贸易的条件下，两国的要素价格最终会趋同。因此，由于贸易的开放，两国的工资相对于资本租金来说会向相反的方向运动，而不是向相同的方向运动。

人工资都提高了。除美国之外，在其他一些工业化国家，如澳大利亚、加拿大、日本、瑞典、英国，以及一些发展中国家和地区，如中国香港、智利、墨西哥，它们的熟练工人相对工资也都有不同幅度的提高。我们的模型预测，外包业务的输出国或地区与承接国或地区的熟练工人相对工资都将上升。因此，乍看起来，该预测看起来与实际所发生的情况相吻合。那么，就让我们用来自美国和墨西哥的证据做更深入的分析，看一看两国的工资发生了什么变化以及这一变化是否由外包所致。

美国的相对工资变化

为了有效衡量熟练工人与非熟练工人的工资水平，我们可以使用制造部门“生产性工人”和“非生产性工人”的数据。如其名称所言，生产性工人从事的是产品生产与装配工作，而非生产性工人从事的是相关支持性服务工作。美国的公司都被要求定期公布这两类工人的工资水平。我们也可以分别称这两类工人为“蓝领”和“白领”。在通常情况下，非生产性工人具有更高的教育水平，因此我们视其为“熟练工人”，而生产性工人被视为“非熟练工人”。[①]

非生产性工人的相对工资 图 7-5 展示的是 1958—2010 年间美国制造业非生产性工人相对于生产性工人的年均收入水平（类似熟练工人的相对工资，即 W_H/W_L）。我们注意到，非生产性工人的相对收入在 1958—1967 年间呈不规则变动，而在 1968—1982 年间呈下降趋势。一个被普遍接受的解释是该时期相对工资下降，是由于大学毕业生供给的增加，大量熟练工人进入了非生产性岗位（熟练工人供给的增加导致非生产性工人工资的下降，进而导致熟练工人相对工资的下降）。然而，从 1983 年开始，这一趋势得以逆转，非生产性工人的相对工资开始上升并一直持续到 2000 年。自此之后到 2004 年，相对工资不规则地下降，而后至 2010 年都处于上升过程。

非生产性工人的相对就业量 从图 7-6 中我们可以看到，美国制造业雇用的非生产性工人相对于生产性工人的比值稳步上升并一直持续到了大约 1992 年。这一趋势表明，美国企业雇用较多的非生产性工人或熟练工人，雇用较少的生产性工人或非熟练工人。而后直到 1998 年，非生产性工人就业量对生产性工人就业量的比值有所下降，1998 年之后非生产性工人的相对就业量上升。

从 1968 年到 1982 年，大学毕业生相对供给增加，这与该时期非生产性工人的相对工资下降相吻合，如图 7-5 所示，也与该时期非生产性工人的相对就业量上升相一致，如图 7-6 所示。但自 1982 年之后，情况就变了。我们通常会认为，非生产性工人相对工资的上升将导致企业不愿意雇用非生产性工人，但事实并非如此。从图 7-6 中我们看到，1980—1992 年间非生产性工人的相对就业量持续上升（从 1992 年后开始下降直到 1998 年）。非生产性工人相对工资的上升怎么会与非生产性工人相对就业量的上升同时发生呢？唯一能与这一事实相一致的解释是，在整个 20 世纪 80 年代，非生产性工人（熟练工人）的相对需求曲线发生了外移，从而导致相对就业量与相对工资的同时上升。

① 然而，这样的区分并不是完美的。比如说，非生产性工人包括文秘人员和监管人员，有时这些人的技术要求并不像某些生产性工人所要求的那么高。

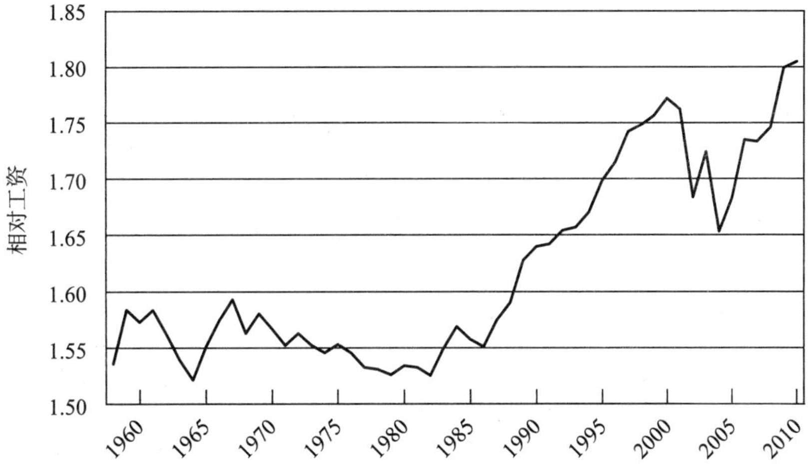

图 7-5　美国制造业非生产性工人的相对工资

本图描述的是美国制造业非生产性工人的平均工资与生产性工人的平均工资的比值。这一比值在 20 世纪 60 年代和 70 年代呈不规则运动态势，尽管呈现轻微的下降趋势。在 20 世纪 80 年代和 90 年代，这一态势发生了逆转，非生产性工人的相对工资上升了，这一趋势一直持续到 2000 年。这表明在 20 世纪 80 年代和 90 年代期间，生产性工人（或者非熟练工人）的相对工资下降了。最近几年，相对工资数据波动相对剧烈，急剧下降到 2004 年，之后又一直上升到 2010 年。

资料来源：Annual Survey of Manufactures and National Bureau of Economic Research (NBER) productivity database, updated from U. S. Bureau of the Census.

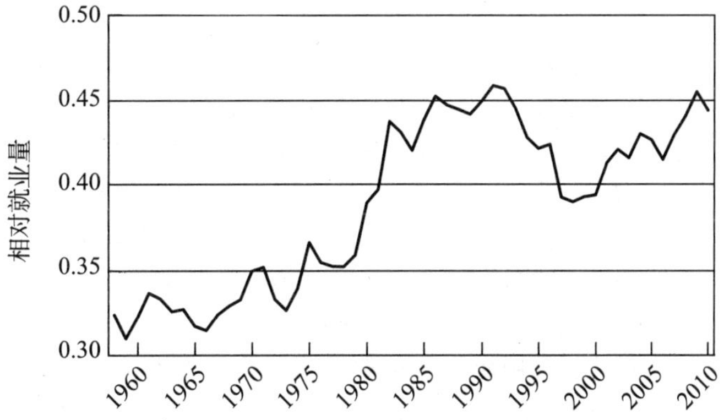

图 7-6　美国制造业非生产性工人就业量/生产性工人就业量

本图描述的是美国制造业中非生产性工人就业量与生产性工人就业量的比值。直到 20 世纪 90 年代早期，美国制造业所雇用的非生产性工人与生产性工人的比值一直稳步上升。这表明企业在该时期雇用了较多的非生产性工人，而雇用了较少的生产性工人。在 20 世纪 90 年代，非生产性工人就业量对生产性工人就业量的比值有所下降，一直持续到 1998 年，之后又开始上升。

资料来源：Annual Survey of Manufactures and NBER productivity database, updated from U. S. Bureau of the Census.

这个结果如图 7-7 所示，我们画出了 1979—1990 年间美国制造业非生产性工人的相对工资与相对就业量情况。正如我们已经知道的，在整个 20 世纪 80 年代美国非生产性工人的相对工资与相对就业量同时上升了。对于这种格局与需求—供给图形相吻合的唯一可能解释是熟练工人的相对需求曲线发生了外移，如图所示。这会导致熟练工人的相对工资与相对就业量的同时上升，这种情形我们可以在美国的数据中看到。

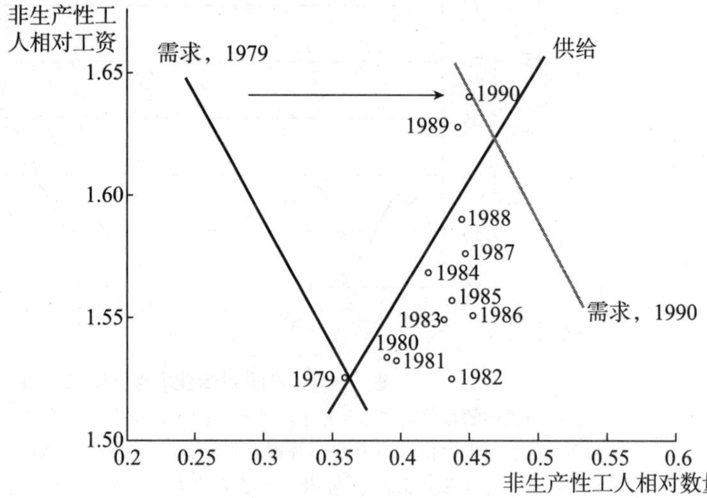

图 7-7　20 世纪 80 年代美国非生产性工人/生产性工人的供给与需求

本图纵轴表示的是非生产性工人平均工资与生产性工人平均工资的比值，横轴表示的是非生产性工人就业量与生产性工人就业量的比值。在整个 20 世纪 80 年代，美国制造业的非生产性工人（或熟练工人）相对工资和相对就业量同时上升了，表明非生产性工人的相对需求曲线肯定发生了右移。

资料来源：NBER productivity database.

各种解释　是什么原因导致了熟练工人相对需求的上升？一种解释是外包。外包增加了对熟练工人的需求，减少了对非熟练工人的需求，如图 7-4（a）所示，熟练工人相对需求曲线右移了。来自美国制造业部门的数据与我们的外包模型高度吻合。

但是，对于美国熟练工人相对需求的上升还存在着第二种可能的解释。20 世纪 80 年代，个人计算机开始在工作领域得到广泛应用。计算机在工作场所的增加会增加对计算机操作人员这一类熟练工人的需求。由于计算机和其他高科技设备的广泛使用而导致相对需求向熟练工人的移动称为**技能偏向型技术变迁**（skill-biased technological change）。面对对同一个观察到的现象所做出的这两种可能解释，我们如何才能断定到底谁才是造成工资发生实际变化的最主要原因呢？

回答该问题已经成为经济学中许多研究项目的主题。大多数学者所采用的方法是通过一些潜在变量来测度外包和技能偏向型技术变迁。比如，可以用制造业所使用的计算机或其他高科技设备的数量来衡量技能偏向型技术变迁，可以用制造业使用的中间投入进口品来衡量外包。通过对高科技设备与中间投入进口品使用增长情况的研究，并通过将之与各产业的工资变化相比较，我们就能确定两者各自在解释工资变化过程中所起的作用。

一项类似的研究结果如表 7-1 所示。这一研究的目的在于解释两种现象。首先，它试图解释 1979—1990 年间美国制造业工人**工资总额**（total wage payments）

中非生产性工人工资所占份额增加的原因（见表 7－1 中第一部分）。由于工资总额等于工资乘以所雇用的工人数量，因此这一统计指标既能够反映熟练工人相对工资的上涨，也能反映熟练工人相对就业量的上升。其次，这一研究着重分析了在同一时期美国非生产性工人相对工资增加的原因（见表 7－1 中第二部分）。①

该研究考虑了对于这两种现象的两种可能解释：外包和高科技设备的使用（如计算机）。外包由各产业所进口的中间投入品来衡量。例如，美国汽车产业在墨西哥生产汽车座椅、仪表盘、挡泥板以及其他零部件，然后进口这些产品，最终在国内完成装配。此外，对于高科技设备可以用两种不同的方式加以衡量：或者由各产业所装配的总资本设备的一部分来衡量，或者由专用于计算机和其他高科技设备购买的新增资本投资的一部分来衡量。在第一种情况下，高科技设备是作为资本存量的一部分加以衡量的，在第二种情况下，高科技设备是作为每年新增投资流量的一部分加以衡量的。20 世纪 80 年代早期，美国一些产业新增投资流量的很大一部分是用于购买计算机和其他高科技设备的，但在资本存量中这些设备所占的比例就要小得多。在表 7－1 中，我们同时列出了这两种衡量方式的不同结果，因为结果因采用的衡量方式而异。

表 7－1　　1979—1990 年美国制造业非生产性工人相对工资的上升

本表显示的是外包与高科技设备的使用对非生产性工人（熟练工人）工资的影响估计。第一部分主要表明这两个变量对非生产性工人工资份额的影响，第二部分表明这两个变量对非生产性工人相对工资的影响。

	每种因素所能解释的百分比（%）	
	外包	高科技设备
第一部分：非生产性工人工资份额		
高科技设备的衡量方式：		
作为资本存量的一部分	20～23	8～12
作为资本流量的一部分（例如新增投资）	13	37
第二部分：非生产性工人/生产性工人的相对工资		
高科技设备的衡量方式：		
作为资本存量的一部分	21～27	29～32
作为资本流量的一部分（例如新增投资）	12	99

资料来源：Robert C. Feenstra and Gordon H. Hanson，1999，“The Impact of Outsourcing and High-Technology Capital on Wages：Estimates for the United States，1979—1990，” *Quarterly Journal of Economics*，114（3），August，907－940.

① 为了说明第一部分与第二部分之间的区别，我们考虑下面这一例子。假设非生产性工人的工资为每小时 25 美元，有 5 名非生产性工人被雇用，而生产性工人的工资为每小时 10 美元，有 20 名工人被雇用，则工人的工资支付总额为 25×5＋10×20＝325美元，非生产性工人的相对工资为 25/10＝2.5。相反，非生产性工人的工资占总工资支付的份额为 125/325＝38%，这一比例与 1979—1990 年间美国非生产性工人工资的实际平均份额相等。

高科技设备采用第一种方式衡量时（作为资本存量的一部分），分析结果如第一部分第一行所示，外包解释了非生产性工人工资份额增长的20%～23%，高科技设备的使用解释了非生产性工人工资份额增长的8%～12%，剩余部分这两个变量则不能做出解释。因此，当高科技设备由第一种方式衡量时，外包在解释熟练工人相对需求变化方面比高科技设备更为重要。

然而，如果我们使用外包和第二种衡量高科技设备方式（作为新增投资的一部分），情况就不同了。分析结果如第一部分第二行所示。此时外包只能解释非生产性工人工资份额增长的13%，而高科技设备解释了37%。因此，我们从这些结果中发现，外包和高科技设备在解释美国熟练工人相对工资增长方面都很重要，但要弄清楚哪一个因素更重要时，结果则取决于高科技设备所采用的衡量方式。

在第二部分中，我们重复这些结果，但现在试图解释美国非生产性工人相对工资的增长。当高科技设备采用第一种方式衡量时（作为资本存量的一部分），结果如第二部分第一行所示，外包解释了非生产性工人相对工资增长的21%～27%，高科技资本品的使用解释了非生产性工人相对工资增长的29%～32%；当高科技设备采用第二种衡量方式时（作为新增投资的一部分），结果如第二部分第二行所示。此时外包只能够解释非生产性工人相对工资增长的很小一部分（只有12%），而大量花费在高科技设备中的新增投资则几乎解释了非生产性工人相对工资增长的全部（高达99%）。我们注意到，当高科技设备以第二种方式衡量时，所得到的结果不平稳，使我们有理由对该衡量方法的合理性提出怀疑，从而偏向于第一部分和第二部分第一行的结果，即采用高科技设备作为资本存量的一部分时的结果。

墨西哥的相对工资变化

由前文可知，我们这一外包模型所预测的结论是：外包将同时提高两国熟练工人的相对工资。在图7-5中，我们已经知道美国非生产性工人（熟练工人）的相对工资上升了。而墨西哥又如何呢？

图7-8描述了1964—2000年间墨西哥非生产性工人/生产性工人的相对工资变化情况。数据来源于墨西哥工业普查资料，由于这些数据是非连续登记的，因此在图中只有少数几个拐点。我们看到，1964—1984年间墨西哥非生产性工人的相对工资呈下降态势，1985年之后开始上升并一直持续到1996年。1964—1984年间相对工资的下降很可能是由于该时期熟练工人供给的增加所致，这与美国所发生的情况相似。更为重要的是，1984—1996年间墨西哥非生产性工人的相对工资上升了，这同样与美国所发生的情况相似，从而也证实了我们外包模型所做的预测：两国的相对工资同方向变动。

墨西哥非生产性工人相对工资变化平稳的现象发生于1996年，即《北美自由贸易协定》实施两年之后。墨西哥关税削减开始于1994年，接下来十年继续这种趋势。但是实际上，墨西哥关税很早以前就已经开始削减，大约开始于1984年，如图7-8所示。下面一段内容摘自一个研究①：

① Gerardo Esquivel and José Antonio Rodriguez-López, 2003, "Technology, Trade, and Wage Inequality in Mexico Before and After NAFTA," *Journal of Development Economics*, 72, 546-547.

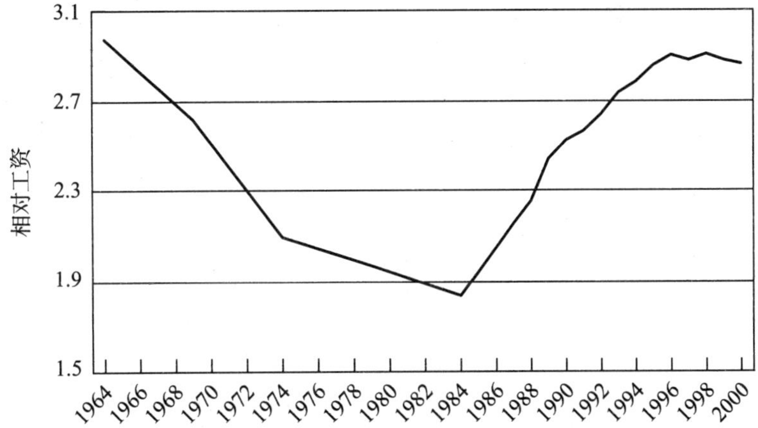

图 7-8　墨西哥制造业非生产性工人/生产性工人的相对工资

本图描述的是墨西哥制造业非生产性工人工资与生产性工人工资的比值。在经历了 20 世纪 60—70 年代的下降后，80 年代中期，非生产性工人相对工资开始上升，与此同时，美国非生产性工人的相对工资也上升了（见图 7-5）。墨西哥的相对工资持续增长到 1996 年，即 NAFTA 实施两年后。

资料来源：Robert C. Feenstra and Gordon H. Hanson，1997，"Foreign Direct Investment and Relative Wages：Evidence from Mexico's Maquiladoras，" *Journal of International Economics*，4，May，371-393；and Gerardo Esquivel and José Antonio Rodriguez-López，2003，"Technology，Trade，and Wage Inequality in Mexico Before and After NAFTA，" *Journal of Development Economics*，72，543-565.

> 1985 年，深陷债务危机和油价崩塌的困境，墨西哥开始实施一系列贸易自由化措施。在那一年，墨西哥单方面大幅削减贸易壁垒，宣布希望加入关税及贸易总协定。

墨西哥 1985 年平均关税税率是 23.5%，1988 年下降到 11.0%；征缴关税的商品种类也减少了。1985 年之后，墨西哥还开放本国市场，欢迎外国（尤其是美国）企业建厂。

总之，美国和墨西哥相对价格从 1964 年到 1984 年变化吻合（相对工资下降），从 1984 年到 1996 年变化趋势也相同（相对工资上升）。美国向墨西哥的外包从 1984 年到 1996 年上升，因而相对工资的上升契合外包模型的预测结果。

7.2　外包所得

前面我们讲到，外包增加了两国熟练工人的相对需求，因此两国熟练工人的相对工资都将上升。非熟练工人的相对工资只是熟练工人相对工资的倒数，因此两国非熟练工人的相对工资都将下降。从相对意义来讲，熟练工人获得收益，而非熟练工人遭受损失。另外，企业将部分生产活动转移至海外的能力意味着降低其生产成本。在一个竞争性市场中，低成本就意味着低价格，因此外包有利于消费者。在这一节中，我们的目的是设法将某些群体（非熟练工人）的潜在损失与另一些群体（熟练工人）的所得进行比较。从前几章的论述中我们得到的结论是：国际贸易——在李嘉图与赫克歇尔-俄林模型中——产生的所得大于损失。现在的问题是：这一结论在外包模型中是否依然成立？

对这个问题的一种回答来自一个出乎意料的人。诺贝尔奖获得者保罗·萨缪尔森一直站在倡导全球自由贸易的最前列，但最近对外包所得做了如下阐述[①]：

> 多数非经济学家存在这样的担心：正在兴起的中国或印度，在其依然较低的实际工资、外包和奇迹般的出口导向型发展的推动下，会使一些美国人丢掉好饭碗。现在这是一个热点问题，而且在将来的一段时期对它的讨论也不会减弱。一些杰出的主流经济学家也参与了这个问题的讨论，试图教育和纠正反对全球化的狂热者。下面是对近来被广泛采用的论调的一个不失偏颇的解释……
>
> 是的，就短期而言美国国内可能会失去一些好工作，但是根据比较优势法则，美国总的国民生产净值在长时期来看必然是上升的（中国亦是如此）。赢者获得的自由贸易所得，如果准确衡量的话，肯定会超过输者的损失……正确的经济学法则认为一些美国集团会因动态的自由贸易而受损。但正确的经济学法则用“创造性毁灭”一词进行了辩护，证明美国赢者的所得足以补偿受损者的损失而绰绰有余。

萨缪尔森的这番解释听起来熟悉吗？你可以在本章和前面的章节中找到类似的内容，认为贸易所得大于贸易所失。但是，让我们听一听萨缪尔森接下来所说的：

> 最后一段所表述的仅仅是一种表象。因为外包所得必定超过所失是完全错误的。

因此，萨缪尔森似乎是在说那些从贸易中受益者所获得的收益并不必然会超过受损者所失去的损失。这是怎么回事呢？他最后的陈述似乎与我们从这本书中所学到的大部分理论相矛盾。但是，果真如此吗？

简化的外包模型

为了理解萨缪尔森的评论，我们可以使用本章中所构建的外包模型的简化版本。我们假设，在一件产品的生产过程中只有两种活动，而不是有许多活动：零部件生产和研发（R&D）。这两种活动中的任何一种都需要使用熟练工人和非熟练工人，但是我们假设零部件生产是密集地使用非熟练工人的，而研发是密集地

---

① Paul Samuelson, 2004, “Where Ricardo and Mill Rebut and Confirm Arguments of Mainstream Economists Supporting Globalization,” *Journal of Economic Perspectives*, 18 (3), Summer, 135 - 146.

使用熟练工人的。与之前的模型一样，我们假设在这两种活动中资本成本是相等的，故不考虑这个因素。我们的任务是比较无贸易均衡与外包条件下的有贸易均衡以确定是否存在总的贸易所得。

假设企业拥有一定数量的熟练工人（H）和非熟练工人（L）用于零部件生产和研发，并且这些工人可在这两种活动之间自由流动。例如，科学家既可以在实验室搞研发，也可以研究生产零部件的最佳方式；同样地，组装零部件的工人也可以在实验室协助大规模机械设备的生产。在熟练工人和非熟练工人总量给定的前提下，我们可以画出一条关于企业在零部件生产和研发活动之间的生产可能性边界（PPF），如图 7-9 所示。这条生产可能性边界看起来就像一个国家的生产可能性边界，只是现在我们把它运用到一个单独的企业上面。生产可能性边界上的点，比如 A 点，表示从事零部件生产和研发活动所使用的不同数量的熟练工人与非熟练工人的组合。例如，当从 A 点沿着生产可能性边界向左移动到另一点时，表示一些熟练工人和非熟练工人从零部件生产转移到了研发部门。

没有外包时的生产

既然我们有了企业的生产可能性边界，我们就可以分析企业的均衡，就像前面我们分析整个经济的情况时一样。首先我们假设该企业不能外包其业务活动。这就意味着企业在母国进行的零部件生产和研发活动将在母国国内用于制造最终产品：企业不能在外国组装任何零部件，同样也不能把研发成果运送到外国工厂使用。

这两种活动都用于生产一种最终产品。为了知道企业生产的最终产品数量，我们可以运用**等产量线**（isoquants）的概念。等产量线与消费者无差异曲线相似，只是无差异曲线表示的是效用，而等产量线描述的是企业的生产状况：一条等产量线上的各点表示在企业的产量不变的条件下所使用的投入品的各种不同组合。图 7-9 中有两条等产量线，Y_0 和 Y_1。若要生产 Y_0 单位的最终产品，可以使用 Q_C 单位零部件与 Q_R 单位研发的投入组合，如 A 点所示。注意，等产量线 Y_0 与生产可能性边界相切于 A 点，表明 Y_0 是企业利用生产可能性边界上任意零部件与研发组合所能生产的最高产量。在没有外包的情况下，企业的产量不可能达到 Y_1 水平，因为它位于企业生产可能性边界的外面。因此，A 点就是企业在没有外包时所选择的零部件与研发的组合，我们将其简称为“无贸易”或“封闭”均衡。

在图 7-9 中，经过无贸易均衡点 A，我们画出一条直线，其斜率等于等产量线上 A 点的斜率。等产量线的斜率衡量的是零部件相对于研发的价值或价格。我们可以把这些价格看成是企业内部的，反映了这两种活动的边际成本。例如，一家汽车公司能够准确地计算出生产某些汽车零部件所需的额外劳动力和其他投入品的数量，这就是零部件的内部价格 P_C。同样地，该企业也能够计算出开发一款新车型的边际成本，也就是研发的内部价格 P_R。在没有外包的条件下，这条通过

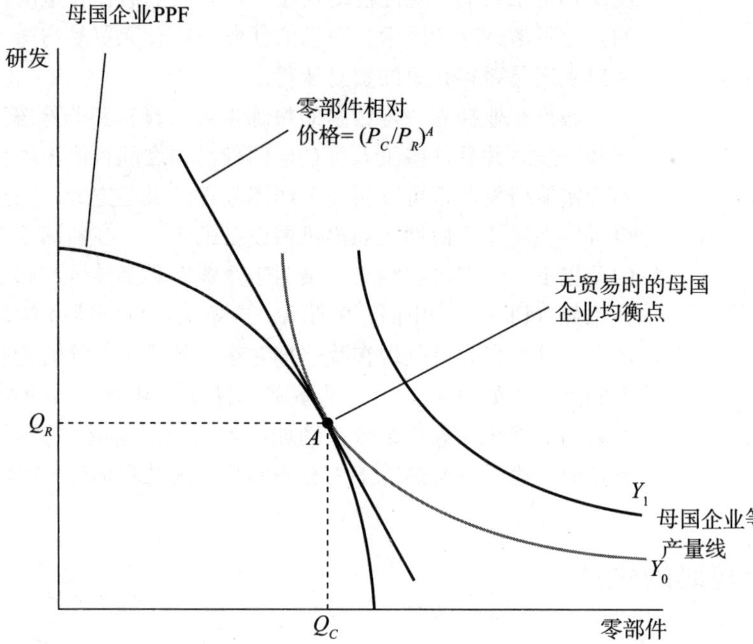

图 7-9　母国企业无贸易均衡

生产可能性边界表示企业在既定的劳动和资本数量下所能生产的零部件和研发数量的各种组合。在没有外包的情况下，企业在 A 点进行生产，使用 Q_C 单位的零部件和 Q_R 单位的研发生产出 Y_0 单位的最终产品。过点 A 并且与等产量线相切的直线衡量的是该企业生产的零部件与研发的相对价值，也就是它们的相对价格 $(P_C/P_R)^A$。在没有外包的情况下，企业的产量不可能达到 Y_1 的水平，因为它位于企业生产可能性边界的外面。

A 点的直线的斜率就是零部件价格相对于研发价格的相对价格，即 $(P_C/P_R)^A$。①

有外包时的均衡　现在我们假设，企业能够通过外包进口和出口其生产活动。例如，有的零部件可以由外国工厂生产，然后由母国企业进口。或者可以把一些在母国进行的研发活动出口到外国，在那里加以运用。在上述任意一种情形下，最终产品的产量都不再受国内生产可能性边界的制约。正如在李嘉图和赫克歇尔-俄林模型中所描述的，如果各个国家能够进行专业化生产并进行相互贸易，所有国家都会达到一个更高的效用水平（无差异曲线）；在这里，通过中间生产活动的贸易，能够达到更高的生产水平（等产量线）。

我们把母国企业通过外包所能达到的这两种活动的相对价格称为世界相对价格，以 $(P_C/P_R)^{W1}$ 表示。我们假设，零部件的世界相对价格低于母国的无贸易均衡价格，即 $(P_C/P_R)^{W1}<(P_C/P_R)^A$，这一假设意味着母国企业能以低于自身生产的价格从国外进口零部件。$(P_C/P_R)^{W1}<(P_C/P_R)^A$ 的假设与前面我们关于两国相对工资的假设条件类似，即外国非熟练工人的相对工资比母国非熟练工人的相对工资低，$W_L^*/W_H^*<W_L/W_H$。由于外国非熟练工人的相对工资较低，因

① 回忆一下，价格线的斜率是指横轴上的产品的相对价格，在图 7-9 中就是零部件的相对价格。

此在外国组装零部件的成本也相对较低。结果，母国企业就会乐意将零部件的生产外包出去，因为在外国比较便宜，而母国会出口研发成果，因为在母国比较便宜。

图 7－10 描述了在外包条件下的母国均衡。零部件的世界相对价格线与生产可能性边界相切于 B 点。注意，世界相对价格线比母国的无贸易相对价格线更平缓。价格线变平坦表明零部件的世界相对价格比母国无贸易相对价格还要低。由于零部件相对价格降低，母国企业将会减少零部件的生产而开展更多的研发活动，在图中表现为沿着生产可能性边界从 A 点移动到 B 点。

从 PPF 上的 B 点出发，现在母国企业出口研发并进口零部件，也就是沿着相对价格线移动到了 C 点。因此，通过外包，母国企业能达到生产可能性边界之外的 C 点。在这一点上，等产量线 Y_1 与世界相对价格线相切，表明企业此时的最大最终产品产量将是 Y_1。注意，这个最终产品产量超过了母国在无外包时生产的产量 Y_0。

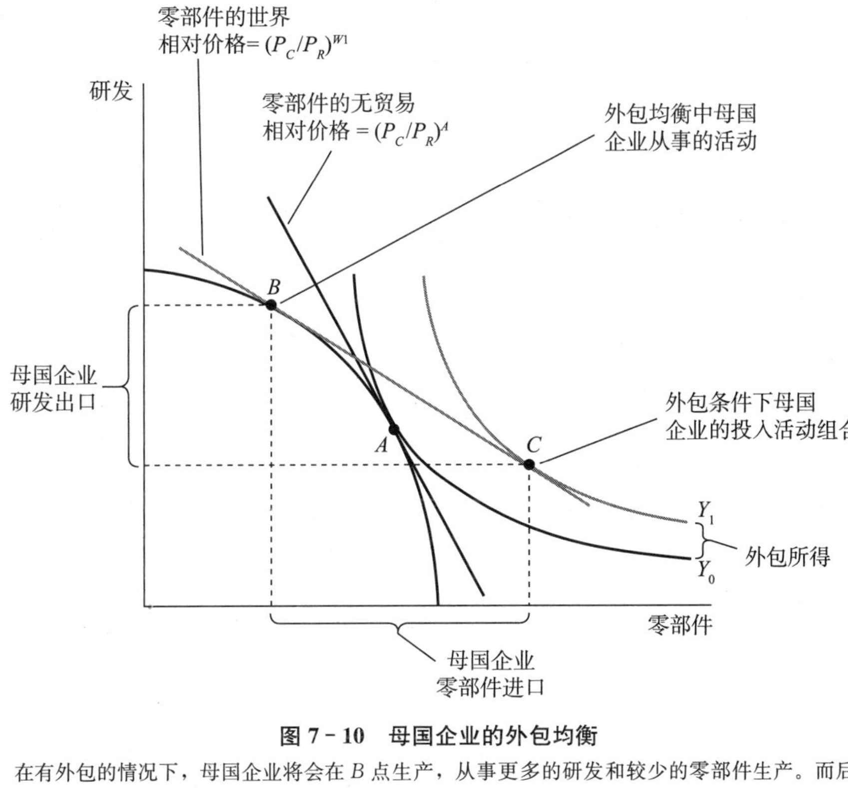

图 7－10　母国企业的外包均衡

在有外包的情况下，母国企业将会在 B 点生产，从事更多的研发和较少的零部件生产。而后母国企业以零部件的世界相对价格出口研发活动，进口零部件，使企业生产 Y_1 数量的最终产品。Y_0 和 Y_1 之间的差额表示母国企业的外包所得。

企业外包所得　最终产品产量的增加——从 Y_0 到 Y_1——是衡量母国企业通过外包获取的贸易所得的一种方式。在母国使用与以前相同数量的熟练工人和非熟练工人的情况下，通过外包，母国企业现在能够生产出更多数量的最终产品。由于母国用相同数量的熟练劳动和非熟练劳动生产出了更多的最终产品，说明企业的生产率较之前提高了。企业生产成本降低了，我们预期其最终产品的价格也将降低。该企业所获得的利益也因此会扩散到消费者。

由于这些原因，我们同意本章一开始时引用的关于外包的引语："当一种产品或服务在国外生产成本更低时，进口该种产品或服务比在国内生产更为明智和有利。"在我们的例子中，零部件在外国生产要比在母国生产更为便宜，因此母国企业将从外国进口零部件，这样就产生了外包所得。这是我们得出的第一个结论：当比较无贸易均衡与外包条件下的均衡且假设世界相对价格与母国相对价格不同时，总是存在外包所得。

为了理解这个结论与之前萨缪尔森引文中的观点是如何相关的，我们需要在上述讨论中加入另一个重要的特征。我们不仅要比较无贸易均衡与外包均衡，而且要考虑外包对一国贸易条件的影响。

贸易条件

如第 2 章和第 3 章所述，一国的贸易条件等于该国出口商品的价格除以进口商品的价格。在我们的例子中，母国出口研发而进口零部件，因此母国的贸易条件就是 $(P_R/P_C)^{W1}$。贸易条件的提高意味着一个国家出口商品价格的上升，或者进口商品价格的下降，这两种情形对本国都是有益的。相反，贸易条件的恶化会使国家受损，因为母国要为进口商品支付更高的价格，而出口商品则以较低的价格销售。

在萨缪尔森的论文中，他比较了两种不同的情况。在第一种情况中，外国提高了出口部门（零部件生产部门）的生产率，从而降低了零部件的价格；在第二种情况中，外国提高了母国出口品（研发服务）的生产率，因而降低了研发的价格。这两种情况对贸易条件和母国的贸易所得将产生截然不同的影响。下面我们将依次介绍这两种情况。

零部件价格降低　让我们转向图 7－11，让母国从 B 点和 C 点表示的外包条件下的均衡出发。在这种情形下，我们假设零部件生产的相对价格降低了。比如，这可能是由于外国企业零部件生产率的提高所导致，由此降低了母国进口这种服务的价格。由于母国进口零部件，因此，其价格的下降就是母国贸易条件的提高，从 $(P_R/P_C)^{W1}$ 上升到了 $(P_R/P_C)^{W2}$。让我们探讨一下贸易条件的这一变化会如何影响母国的均衡。

由于零部件相对价格降低，图 7－11 中的世界价格线变得更为平缓。母国的生产将从 B 点移动到 B' 点，沿着世界价格线，本国出口研发，进口零部件，企业最终达到 C' 点。此时企业最终产品的产量为 Y_2，超过了最初外包条件下的均衡产量 Y_1。[①] 因此，当零部件价格降低时，母国企业获得了更多的外包所得。这就是萨缪尔森所考虑的第一种情况，它也进一步巩固了我们的结论，即外包创造

① 注意，零部件相对价格降低导致本国进口的零部件数量增加，但研发的出口数量并不一定增加。在本章后面的习题 9 中，你要对此问题进行更深入的探究。

了总贸易所得。

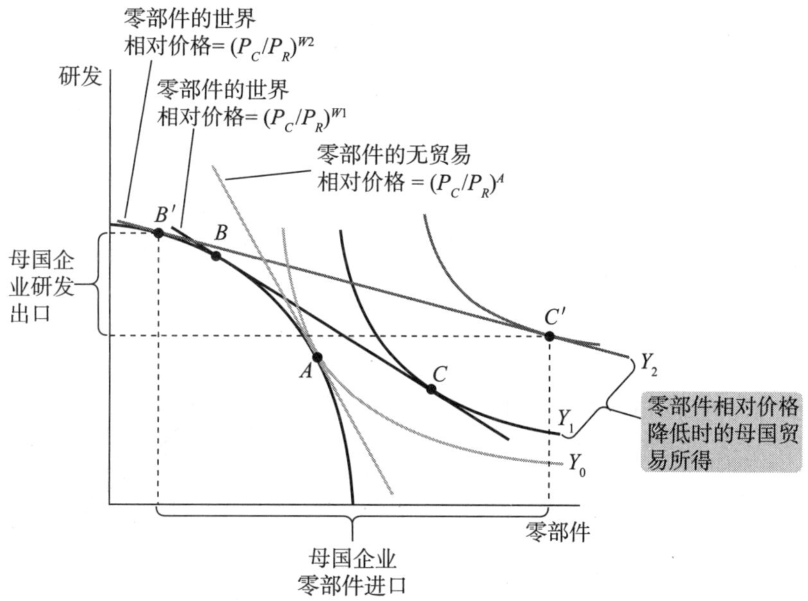

图 7－11　零部件价格降低

当零部件的相对价格从 $(P_C/P_R)^{W1}$ 降低到了 $(P_C/P_R)^{W2}$ 时，母国企业会从事更多的研发活动，而减少零部件的生产活动，均衡点在 B' 点而不是 B 点。贸易条件的改善使得母国企业的产量能够达到 C' 点时的 Y_2，贸易所得也比一开始的外包均衡点（B 点和 C 点）时要高。

研发价格降低　但我们也需要考察萨缪尔森提出的第二种情况，也就是当研发价格降低而不是零部件价格降低时的情况。这是萨缪尔森心中所想的情形，他认为外包可能使得一些发展中国家，如印度，在原本美国具有比较优势的领域获得比较优势。随着印度的一些公司，如 Wipro（总部设在班加罗尔的一家信息技术服务公司）越来越多地开展研发活动，它们直接与出口相同服务的美国公司展开竞争。这种竞争会降低研发服务的世界价格。

我们在图 7－12 中复制了图 7－10 的情形，其中包含 A 点的母国无贸易均衡，以及在外包条件下的生产均衡 B 点。从 B 点出发，当世界研发相对价格降低时，价格线将变得更为陡峭（因为价格线的斜率为零部件的世界相对价格，当研发价格 P_R 下降时价格线斜率变大）。在新的价格 $(P_C/P_R)^{W3}$ 条件下，母国企业的生产点移动到了 B''点，母国企业的实际投入（研发和零部件）组合移动到了 C''点。我们注意到，此时最终产量从 Y_1 下降到了 Y_3。因此，研发服务价格下降将使母国企业受损。

为了解释损失来自何处，请注意，在最初的外包均衡点（B 点和 C 点）上，本国企业出口研发和进口零部件，因此企业的贸易条件为研发价格除以零部件价格，即 P_R/P_C。研发价格下降使母国贸易条件恶化，与最初的外包均衡点相比，母国情况有所恶化。这正是萨缪尔森的观点，认为如果中国或是印度在美国出口品（比如研发服务）上变得更具有竞争力，或者拉低了美国出口产品的价格，美国的情况就可能会变糟。这个观点在理论上是正确的，但是如果认为美国正处于这种状况则会有些让人吃惊。一个国家由于贸易条件的恶化而将遭受损失的观点与之前我们所举的发展中国家的例子（比如普雷维什-辛格假设）相类似。

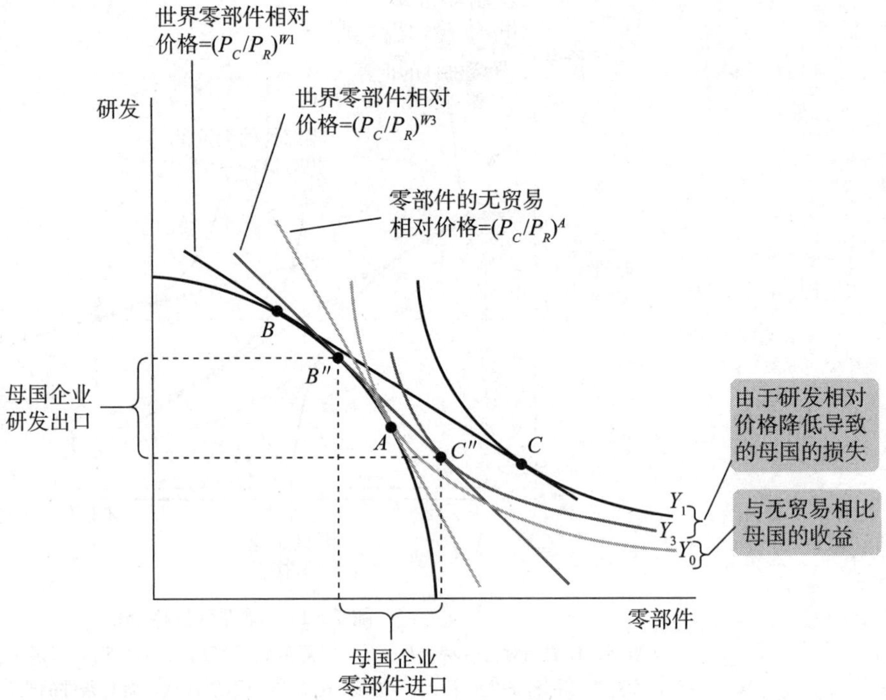

图 7-12　研发价格降低

研发相对价格降低使得世界价格线变得更为陡峭，即 $(P_C/P_R)^{W3}$。结果，母国企业将减少研发活动，而加大零部件生产，在图中沿着生产可能性边界从 B 点移动到 B''点。在新的世界相对价格下，母国企业面临贸易条件损失，此时出售一单位的研发再也换不到最初外包均衡时所能换回的零部件数量了。最终产品的产量也从 Y_1 减少到了 C''点时的 Y_3。但是，Y_3 的最终产品产量仍高于无贸易时的产量 Y_0。在研发相对价格降低之后，与无贸易均衡点（A 点）相比企业仍能获得贸易所得，但与最初的外包均衡点（B 点和 C 点）相比企业则有所损失。

与此同时，我们还注意到，最终产出 Y_3 仍比无外包时的产出 Y_0 大。因此，与无贸易均衡 A 点相比，母国在 C''点时仍能获得外包所得。这表示，与封闭时的情况相比，贸易本身并不会使母国的情况恶化。萨缪尔森的观点是，当一个国家的贸易条件恶化时，虽然其经济状况仍比无贸易时有所改善，但是与贸易条件未恶化时相比，其经济状况是恶化的。由于贸易条件降低，一些生产要素将受损，同时另一些生产要素将获益，但是在这种情形下获益者的所得并不足以弥补受损者的损失。我们的这一简化的外包模型阐明了萨缪尔森的观点。

美国发生在 20 世纪 80 年代和 90 年代的外包是制造业活动。但是，现在，外包最新的发展形式是**商业服务**（business service），商业服务包括会计、审计、人力资源、订单处理、电话营销和售后服务（比如个人计算机售后服务）等活动。美国企业正越来越多地将这些服务活动转移到印度，当地技术熟练工人的工资比美国低得多。这就是萨缪尔森提及中国和印度提高生产率和比较优势时所说的竞争。接下来的案例介绍服务出口的重要性以及服务价格的变化。

案　例

美国的贸易条件和服务输出

由于萨缪尔森的论断是一个理论观点，我们下一步的任务将是寻找美国的证据。如果美国已经在其出口的研发或其他技术密集型活动方面面临竞争，那么我们预期美国的贸易条件将会恶化。相反，如果美国在制造业方面开展了大量外包业务，那么从国外进口低价格的中间投入品应该使美国的贸易条件得到改善。

商品价格 为了评价上述这些观点，我们采用美国的贸易条件数据。在图 7－13 中，我们首先用粗线条描绘了美国商品（除石油之外）的贸易条件。[①]商品的贸易条件从 1990 年开始下降直到 1994 年，之后一直上升到 2008 年，2009 年触底之后微幅上升。近几年商品贸易条件的改善表明从长期来看我们能够以较低的价格进口一些中间投入品（同时也包括进口最终产品）。贸易条件的改善意味着美国通过商品贸易增加了贸易所得。

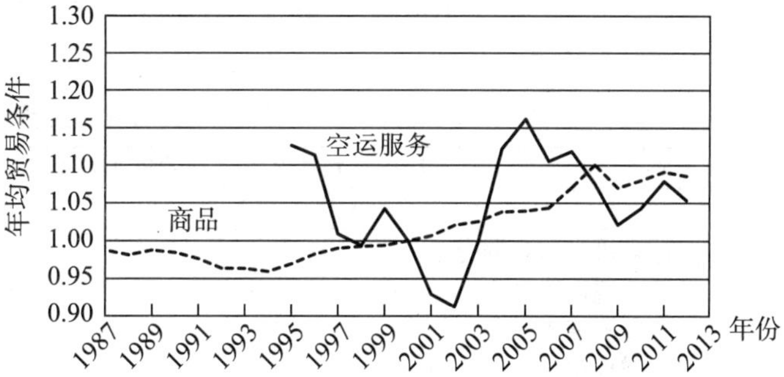

图 7－13　美国的贸易条件

图中所示的是美国商品（除石油）和空运服务的贸易条件。商品的贸易条件在 1987—1994 年间呈下降趋势，之后一直上升到 2008 年，2009 年触底之后微幅上升。美国航空服务贸易条件波动更加剧烈，从 1995 年一直下降到 2002 年，之后一直上升到 2005 年，再次下降到 2009 年，之后又再次上升。总之，这些行业贸易条件没有下降。

资料来源：美国劳工统计局。

服务价格 至于服务贸易，诸如金融、保险和研发，在国际贸易中是很难测度其价格的。这些服务的价格因买者而异，因而很难有标准的价格。也正是由于这个原因，我们没有一个总体的标准来衡量服务的贸易条件。但是有一类服务，它相对而言能较容易地获取国际价格——空运服务。空运服务的贸易条件等于外国人对美国航运服务所支付的价格（美国服务出口）除以美国人对国外航运服务所支付的价格（美国服务进口）。在图 7－13 中，我们同样描述了自 1995 年以来美国空运服务的贸易条件数据。空运服务贸易条件的变化较不平稳，1995—2002 年间是下降的，之后一直上升到 2005 年，再次下降到 2009 年，之后又再次上

① 这里的商品包括农产品、矿产品和制造品。之所以把石油排除，是因为它的世界价格决定与其他商品不同，它受控于很多外部条件，如资源短缺或者战争。

升。对于这类服务而言，贸易条件从2002年到2005年一直在改善。表明美国从这一贸易中不断获益，这与前面商品贸易条件改善的结论相同。总而言之，现有数据表明美国并没有发生萨缪尔森所提到的贸易条件的下降。

服务贸易 其他服务贸易的情况又是怎样的呢？尽管无法得到一个标准的服务价格，美国服务贸易的进出口总额是每年都有统计的，表7-2显示了2011年美国的服务贸易数据。美国服务贸易保持大幅盈余，出口5 870亿美元，进口3 930亿美元。其中出口额超过进口额的服务种类有商业、专业和技术（但在计算机和信息服务方面，美国现在是赤字）；教育（外国学生在美国学习视为美国教育的出口）；金融服务；旅游；专利费和特许权使用费（指国外公司使用美国专利和注册商标时所收取的费用，或是我们为使用国外专利所支付的费用）。表7-2中很大一部分服务贸易的出口额都大于进口额，表明美国在这些服务贸易方面拥有比较优势。实际上，美国的商业服务贸易盈余在世界上也是最高的，与英国相似，高于中国香港和印度。伦敦是可以与纽约和其他美国城市相媲美的世界金融中心，这也是英国之所以拥有巨额贸易盈余的原因，而中国香港是中国内地的运输和外包枢纽，也拥有比较大的贸易盈余。图7-14画出了自1970年以来美国、英国和印度在“其他商业服务”方面的盈余。

表7-2　2011年美国服务贸易　单位：百万美元

本表显示2011年美国主要服务类别的进出口数据。

	出口	进口
计算机和信息服务	15 501	24 538
管理咨询服务	32 169	24 823
研发测试服务	23 364	22 360
经营性租赁	7 142	1 922
其他商业、专业和技术服务	56 240	31 130
商业、专业和技术服务总和	134 416	104 773
教育	22 726	5 888
金融服务	74 055	16 207
保险服务	15 477	56 619
通信	12 650	7 690
其他私人服务总额	270 193	191 973
旅游	116 115	78 651
客运费用	36 631	31 109
其他交通运输	43 064	54 711
专利许可费	120 836	36 620
其他服务	62 633	11 917
私人服务总和	586 839	393 065

资料来源：U. S. Bureau of Economic Analysis.

自 1985 年以来，美国在其他商业服务方面的贸易盈余，虽偶尔跌落，但稳步增长，到大约 2000 年，超过主要的竞争对手英国。自那时起，美国和英国的盈余数据基本相同。印度的盈余 2000 年后不久开始攀升，基本完全来自计算机和信息服务出口。2010 年，美国计算机、保险和金融服务贸易盈余（1 220 亿美元）是印度（370 亿美元）的三倍多，英国（1 080 亿美元）大致与美国相当。

十年或者二十年之后，这些盈余数据将会如何变化？我们难以预计。但是，注意图 7-14 中大约 2000 年的走势，印度的盈余开始上升，美国的盈余下滑，大致与英国趋同。印度的贸易盈余完全取决于计算机和信息服务，美国计算机和信息服务也保持大幅净出口。印度尽管盈余比美国和英国低得多，但是未来完全有可能对美国构成威胁。至少十年或者二十年之后，印度的服务贸易盈余有可能超过美国。这还有待时间检验。

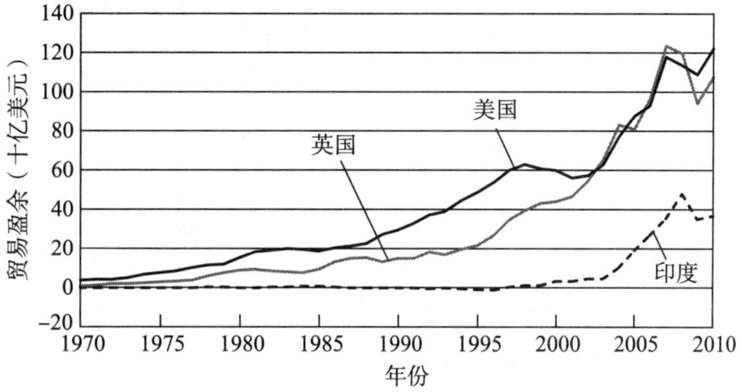

图 7-14　美国商业服务贸易盈余

本图显示了 1970—2010 年美国、英国和印度计算机和信息、保险与金融服务贸易盈余，自大约 1985 年起，美国这些类别服务的贸易盈余虽偶有跌落，但稳步增长，到大约 2000 年，超过主要的竞争对手英国。自那时起，美国和英国的盈余数据基本相同。约 2000 年，印度的盈余开始上升，基本完全来自计算机和信息服务出口。

资料来源：World Bank World Development Indicators.

7.3　外包的政治和未来

外包一直备受争议，经常成为政治辩论的议题。本章开篇第一个引语摘自 2004 年 2 月《总统经济报告》。这个引语的作者是经济顾问委员会主席哈佛大学经济学家格里高利·曼昆（N. Gregory Mankiw）。他曾表示："外包只不过是国际贸易的一种新形式。与过去相比，现在更多的东西可以用来贸易，这是一件好事。"这个评论招致民主党人和共和党人一致的批评。曼昆教授后来在一封给国会的信中对此做出反思，写道："由于我表述得不够清楚，使大家错误地认为我是在赞颂美国的工作机会流失。"

2007年民主党人初选和2008年总统竞选中，这个外包话题又出现了。参议员贝拉克·奥巴马和希拉里·克林顿都曾承诺，如果他们当选，他们将终止赚取海外利润企业的免税政策[①]：

奥巴马，2007年11月3日：如果我就任总统，我将终结对把工作机会移到国外的企业免税政策，把钱留在美国劳动阶层的口袋里，留在老年人的口袋里，留在美国房主的口袋里。这样，这些人群才能减税。

希拉里·克林顿，2007年11月19日：我们最后将堵上税收漏洞，终结对把工作机会移到国外的企业实施的免税政策。它们拿着纳税人的钱，把美国工作机会移到国外，够了！

奥巴马总统和希拉里·克林顿所称的税收减免指的是什么？美国企业所得税税率达35%，与其他国家相比，美国的企业所得税税率相当高。但是，如果海外子公司不把利润汇回美国，不反映在美国跨国公司的账本上，美国跨国公司的这部分利润将被免予征税。这样的税收条款激励跨国公司留在国外投资，但是并不一定让美国的就业机会流失到海外。最终，当海外子公司把利润汇回到美国本土，才能按照正常税率缴税。

奥巴马总统最近表示，他将遵守竞选时的承诺，终止对海外子公司利润免税。就如本章开篇的引语："美国应该有一部税法……减少把就业机会移往海外的现象，对为美国增加就业的企业或者制造商减税。这就是税收改革要达到的目的。"但是，这样的税收改革并不会得到大多数经济学家的赞成。达特茅斯大学教授马修·史劳特（Matthew Slaughter）言辞激烈，在**新闻提要"如何毁掉美国的就业机会?"**中引述证据指出：美国跨国公司在美国增加的就业机会，和在国外增加的就业机会一样多，美国这些增加的就业机会本就来自外包业务。

新闻提要

☞ 如何毁掉美国的就业机会?

本篇文章认为，跨国公司的外包有助于这些企业增加美国本土的就业岗位，如果政策严格限制跨国公司外包，这些就业机会将会消失。

周一（2010年2月1日）发布的总统预算报告有一系列题为"改革美国国际税收体系"的提议。如果这些提议得以实施，美国跨国公司的税收在接下来的十年中将增加1 222亿美元。这也是奥巴马总统去年（2009年）5月宣布的全面计划"创造公平竞争环境：抑制避税和取消就业机会流失海外的税收激励"的一部分。

这些提议的基本假设是美国跨国公司海外扩张只可能"出口"美国的就业机会。因而，在假设前提下，对这些企业的海外业务增税将增加美国的财政收入，

① 这些引语和下面的一些材料摘自：http://www.factcheck.org/2008/02/oil-and-gas-company-tax-breaks/（accessed August 23，2013）。

并且增加美国急需的就业机会。但是，前提假设本身就是错的。对企业海外业务增税不但不能增加美国的就业机会，反而会减少美国的就业机会。

学术研究，包括哈佛大学米歇尔·迪采和弗里茨·弗利以及密歇根大学詹姆斯·海恩斯最近所做的研究都发现：美国跨国公司的海外业务的扩张有助于增加美国本土的就业岗位。海外公司投资和工人增加得越多，美国母公司投资和就业增加得就越多。

美国母公司增加的工人实际上与海外子公司增加的工人是互补的，不是相互替代的。海外雇员越多刺激美国本土雇员增加。比如，沃尔玛在海外增加店铺，同时也为美国国内创造数百个就业岗位，协调全球商品分配。这些海外子公司的扩张（无论是为了服务国外消费者，还是为了节省成本）实际上也扩大了美国跨国公司的总规模。

海外扩张还可以改善公司的经营。比如，外包传统生产业务意味着，美国雇员更加集中于研发、市场营销和企业管理等高附加值活动。这比把所有业务都留在美国更加高效。最后的证据来自实证检验。

以美国 1988—2007 年就业数据（最近年份的数据来自美国经济分析局）为例，在这段时间内，海外子公司雇员增加了 530 万，从 640 万人增加到 1 170 万人。同样在这段时间内，美国母公司雇员增加的数量差不多，增加了 430 万人，从 1 770 万增加到 2 200 万。的确，研究不断显示国外子公司的扩张通常扩大了美国母公司的经营活动……

美国现在的政策面对的主要挑战不仅仅是创造就业，还要创造与贸易和投资相关的私营部门高薪资就业岗位。哪些企业能够创造这样的就业机会？当然是美国的跨国公司。它们（及其海外子公司）一直是美国经济中最为强劲的主体。

生产率提升是生活水平提高的基础，1995 年之后美国生产率的快速提升主要归功于跨国公司及其海外子公司。这些公司一般还会创造高薪资就业岗位，2007 年创造了2 750 万个这样的就业岗位……这些企业的研发支出为 2 402 亿美元，占所有私营公司研发支出的 89.2%。

为了走出经济萧条的困境，美国亟须创造美国跨国公司提供的就业岗位。各方面经济政策应该鼓励这些跨国公司创造更多的就业岗位。但是，国际税收改革恰恰背道而驰。

资料来源：Matthew J. Slaughter，"How to Destroy American Jobs，" *The Wall Street Journal*，February 3，2010，147.

除了引述就业统计数据，史劳特教授还表示，美国跨国公司的研发支出是民营公司研发总支出的近 90%，美国生产率的提高也主要归功于这些公司。

证明外包提高生产率的另一个证据来自 2005 年针对 20 世纪 90 年代制造企业原材料投入和服务外包的一项研究。① 该研究发现，从 1992 年到 2000 年这八

① Mary Amiti and Shang-Jin Wei，2005，"Service Offshoring，Productivity，and Employment：Evidence from the United States，" International Monetary Fund，IMF Working Paper 05/238；and 2006，"Service Offshoring and Productivity：Evidence from the United States，" National Bureau of Economic Research (NBER) Working Paper No. 11926.

年中，美国制造业生产率提升中的11%～13%归功于服务外包，3%～6%归功于原材料投入外包，加总起来，美国制造业生产率提升的15%～20%来自外包。鉴于这样的证据，经济学家不支持对涉及外包的公司加税，因为加税可能事与愿违，损害美国的生产率。

另外，经济环境的改变也使一些美国公司把原在海外的业务移回到美国，就是我们所称的“回潮”。这样的经济活动被大部分经济学家看好。一些证据显示经济环境已经朝这个方向改变，如**新闻提要“卡特彼勒加入‘回流的大潮’”**中的描述。2010年，通用电气加入这个潮流，把热水器生产从中国搬回到肯塔基州路易斯维尔市。2012年末，苹果公司把一些Macintosh计算机的制造实现美国本土化生产。[①] 中国工资不断提高、石油价格攀升导致运输成本提高，美国工会更愿意与管理层妥协，这些因素使得美国企业越来越多地把一些外包业务移回到美国。除此之外，美国公司也发现，与海外供应商的沟通迟缓，成本昂贵。

新闻提要

卡特彼勒加入“回流的大潮”

一些企业发现把海外活动移回到美国本土更有竞争优势，这样的经营趋势的改变就是我们所称的“回潮”。

卡特彼勒公司正在考虑将一部分重型机械制造业务移回到美国的新工厂。卡特彼勒公司只是众多将一部分营业活动移回美国本土的公司中的一员。这一趋势将激起各州竞争，争取获得新的制造业就业岗位。“回潮”强劲背后的原因包括：美元走弱，从国外进口更加昂贵；美国政府推出就业刺激计划，为企业发展提供优惠条件；由于美国经济不景气，美国供应商的价格通过协商更易于下调。

经济学家表示，全球化迅速发展十年之后，企业越来越看到外包的缺陷，比如运输成本高、物流体系复杂以及质量低劣问题。政治动荡以及知识产权保护问题也增加了企业经营的风险。“如果希望有效掌握供应链，考虑到从俄亥俄州飞到上海16个小时的旅程，我们很难做到。”任职于弗吉尼亚州一个公共政策和经济研究机构美国制造商联盟的经济学家克里夫·瓦尔德曼这样说道。

通用电气2009年6月表示，该公司将把在中国的一部分热水器生产业务搬回到2011年开建的肯塔基州路易斯维尔市工厂。通用电气的发言人表示，根据2005年的劳动合同，新雇员工资为每小时13美元而不是近20美元，“这使得我们公司更有竞争力”。

资料来源：Kris Maher and Bob Tita, “Caterpillar Joins ‘Onshoring’ Trend,” *The Wall Street Journal*, March 11, 2010, p. A17. Reprinted with permission of The Wall Street Journal, Copyright © (2010) Dow Jones & Company, Inc. All Rights Reserved Worldwide.

① Charles Fishman, “The Insourcing Boom,” *Atlantic Magazine*, December 2012, and Catherine Rampell and Nick Wingfield, “In Shift of Jobs, Apple Will Make Some Macs in U. S.,” *The New York Times*, December 6, 2012.

美国比较优势的前景

如本章模型所述，尽管出现了美国公司“回流”的趋势，但是它们不会把所有外包业务都移回到美国：需要平衡沟通和贸易成本以及国外劳动成本优势。企业通常发现，把一部分业务留在美国（比如需要使用高技术工人或者需要靠近消费者）、另一部分业务移到海外（比如使用廉价劳动力或者更传统的经营活动）更有优势。新闻报道夸大了外包对美国本土就业或工资构成的威胁。只有把一部分生产活动外包，企业才能够把其他业务保留在美国。

阐明这个观点的一个很好例子是医疗服务外包。医生的诊疗记录从口述形式到书面文字记录是第一项被外包到印度的医疗服务。之后，许多其他医疗服务也开始被外包到国外。《纽约时报》2003 年的一篇文章称，X 光（或放射医学）将会是下一个被外包的领域：“结果是，美国那些受过数年培训且年薪达到 25 万美元甚至更多的放射科医师，也开始担心他们的工作将会被转移到那些低工资国家，就像服装工人、热风炉操作工和数据录入员那样……放射医学的外包可能只是医疗护理领域业务外包的一个开始。”①

但事实上，能够开展外包的放射科业务种类是非常有限的。② 准确地说，放射医学是一个高报酬的行业，因为解读 X 光片是一件非常困难的事情，需要经过多年的培训和实践才能得心应手。在通常情况下，X 光片的解读就在病人接受治疗的医院里进行。对于某些特殊的病例，例如乳腺癌的乳腺 X 光检查有可能会被外包到国内或国外的其他医院。一些被称为“夜鹰”（Nighthawks）的公司已经在向医院提供一些外包服务，主要是在夜间。“夜鹰”公司总部设在美国，但在海外拥有许多放射科医师，包括澳大利亚、以色列、西班牙和印度。这些夜间服务使得那些负担不起夜间全职放射医生的校医院能够在夜间获得解读服务，同时由于多个医院的需求，“夜鹰”公司能够雇用全职夜间放射科医生。

对“夜鹰”公司的服务外包是人们对医院全天候服务需求的天然反应，同时它又不需要放射科医师全天候在场。通常，这种夜间服务只是用于对 X 光片的初步解读，为急诊病人提供服务；第二天 X 光片将会被送给医院的放射科医师进行再次审阅。因此，在很多情况下，外包的服务不是对美国白天工作的一种竞争，而是一种补充。

放射医学并没有受到来自外包的步步紧逼，因为这个职业不能根据书面规则生搬硬套来做出一个正确的决定。放射科医师的绝大部分知识是通过阅读无数复杂影像的 X 光片积累起来的，而这种认知模式并不能简简单单地被传授给其他人或企业。因而，这种工作是不能外包的，除了“夜鹰”公司提供的一些夜间服务外，而后者实际上是对大型医院白天服务的一种补充。

---

① Andrew Pollack, “Who's Reading Your X-Ray?” *The New York Times*, November 16, 2003, Section 3, 1, 9.

② 下面几段材料摘自 Frank Levy and Ari Goelman: “Offshoring and Radiology,” presented at the Brookings Institute Trade Forum, May 12 - 13, 2005。

任意一个行业总要有人员必须在现场执行。对于表 7-2 列示的许多服务业领域，尽管面临其他国家的激烈竞争，美国仍旧保持着比较优势。对于一些制造业领域，尽管生产业务被外包出去了，美国仍旧将一部分经营业务留在了美国，比如研发和市场营销。最后，我们应该意识到，将经营活动外包到墨西哥或者印度的能力使美国企业盈利能力增强，进而更能够抵挡国外的竞争。

7.4 结论

在这一章中，我们学习了一种日益重要的贸易类型：外包。它是指把某些生产活动转移到海外，将其余的生产活动保留在国内。与最终产品贸易模型相比，如第 2 章李嘉图模型中的小麦与布匹贸易、第 4 章赫克歇尔-俄林模型中的计算机与鞋子贸易，外包是将一种商品的各个生产阶段分散在不同国家，产品最后在某个国家完成装配。

在我们所提出的外包模型中，假若国外非熟练工人的相对工资较低，母国就会倾向于将部分技术密集度低的活动外包给外国，而把技术密集度高的活动保留在母国。价值链的这种“分割”方式与比较优势理论是一致的，因为每个国家都将从事自身劳动力成本相对低廉的活动。无论是从母国还是从外国来看，价值链活动中的熟练工人/非熟练工人比率都是在提高的。因此，本章的一个重要发现是：外包的增加会提高两国对熟练工人的相对需求（从而相对工资也将上升）。

在一个只有两种活动的简化外包模型中，我们发现，当非熟练劳动密集型投入品的世界价格降低时，母国企业将从外包中获利。相反，当熟练劳动密集型投入品的世界价格降低时，与之前的贸易均衡状态相比，母国企业将受损。这一类型的价格变化是母国的贸易条件损失，即因出口商品相对价格降低而导致的损失。因此，在母国总体上获得外包所得（产量至少不会比无外包时少）的同时，也存在因母国出口的投入品面临竞争而使其境况恶化的情形。

在本章的最后部分我们探讨了服务领域的外包，这也是近来大众媒体所关注的焦点。美国对墨西哥的外包主要是非技术性工作，而美国对印度的外包则包括高技术性工作，由受过高等教育的印度人来完成。信息和通信技术（例如网络和光纤）的发展使这种新型的服务外包成为可能，这种外包的发展也使得一些城市，例如印度的班加罗尔，能够成为美国企业的服务中心。这些服务机构不仅能解决来自世界各地顾客的疑问，同时也从事会计、金融、软件编写、研发以及其他技术性商业服务。

现在，美国不仅能够向印度转移这些活动，而且这样做更为经济，这一现实表明了新技术是如何使外包这一国际贸易模式成为可能的，而在 10 年之前这是无法想象的。这些变化恰好说明“全球化”在起作用。服务外包给美国白领造成了威胁吗？这是很难回答的。一方面，我们已经证实服务外包提高了美国的生产率，从而创造了贸易所得。但往往是，国家整体的贸易所得并不意味着每个人都将从中获益：有人获利，有人受损。服务外包可能会使一些熟练工人面临潜在的工资降低，正如20世纪80年代外包对非熟练工人所造成的影响。尽管如此，美国、英国和其他一些欧洲国家仍然在商业服务出口方面保持着比较优势。虽然印度在这个领域取得了飞速发展，但是仍有许多类型的服务必须在当地生产而不可能被外包。一种可能的预测是：美国在那些无法被编为书面规则和特定程序的活动，以及那些适合于面对面接触或适合于与其他产业高技术人员近距离接触的活动上会继续保持其比较优势。

要　点

1. 一项服务由一个国家提供并由另一个国家使用，或者一件商品的各个部件在不同国家生产但在另一个国家装配成一件最终产品的现象被称为境外外包。

2. 我们可以把国家间关于最终产品贸易的理论运用到中间产品外包活动的贸易中来。例如，当外国非熟练工人的工资相对便宜时，母国就会把技术密集度最低的活动外包到国外，而母国就从事技术密集度较高的活动。

3. 我们可以预测当贸易成本改变并且发生更多外包时，熟练工人的相对工资将会发生怎样的变化。我们的模型所做的预测是：外包使得双方国家对熟练工人的相对需求都提高了。这个结论有助于解释美国和其他国家的相对工资同时提高的现象。

4. 从整体上看，外包所得总是存在的，因为各国专门从事不同生产环节上的活动使得两国企业都能生产出更多的最终产品。这种产出的增加表明了生产率的提高，也就是贸易所得。

5. 通过服务外包，像印度这样的国家有可能会在美国具有比较优势的行业，如R&D，不断提高生产率。印度生产率的不断提高会导致R&D相对价格的下降，这对美国而言是贸易条件损失。由于这一原因，美国很可能会因为服务外包而受损，尽管与没有外包时相比美国仍有所得。

关键术语

境外外包	技能偏向型技术变迁	商业服务
离岸	工资总额	
价值链	等产量线	

习　题

1. 考虑下面的外包模型，美国和墨西哥用于四种生产活动的劳动时间如第1题表1所示：

第1题表1　　　　各生产活动所需的劳动时间（单位产出）

	组装	零部件生产	办公服务	研发
非熟练工人	墨西哥：20	墨西哥：12	墨西哥：8	墨西哥：4
	美国：5	美国：3	美国：2	美国：1
熟练工人	墨西哥：4	墨西哥：4	墨西哥：8	墨西哥：40
	美国：1	美国：1	美国：2	美国：10
熟练工人/非熟练工人比率	1/5	1/3	1/1	10/1

注意，墨西哥的劳动时间是美国的两倍，反映了墨西哥较低的生产率。此外，随着向右移动，每个活动所使用的熟练工人与非熟练工人的比率在提高，从组装活动的1/5到研发活动的10/1。

假设美国非熟练工人的工资为每小时10美元，熟练工人的工资为每小时25美元；墨西哥非熟练工人的工资为每小时1美元，熟练工人的工资为每小时5美元（这些数字只是为了计算方便而假设的，并不是真实的数据）。同时假设贸易成本为25％、30％或50％，也就是说，将生产活动外包到墨西哥需要额外支付25％、30％或50％的成本。

a. 计算每个国家每一生产活动的成本并填入第1题表2的空白处：

第1题表2　　　　单位：美元

	组装	零部件生产	办公服务	研发
墨西哥	40			
美国				
美国从墨西哥进口，贸易成本＝25％				
美国从墨西哥进口，贸易成本＝30％	52			
美国从墨西哥进口，贸易成本＝50％				

b. 当贸易成本为50％时，价值链会在哪里进行分割？也就是说，哪些生产活动从墨西哥进口更便宜？哪些在美国生产更便宜？

c. 当贸易成本为30％时，价值链又如何分割？为25％时呢？

2. 考虑这样的外包模型，母国熟练工人的相对工资要比外国熟练工人的相对工资高，同时生产活动的资本成本和贸易成本相同。

a. 对于一个给定的产品而言，母国外包的生产活动是在价值链的上部还是在价值链的下部？也就是说，母国是将熟练劳动密集型活动还是将非熟练劳动密集型活动外包？为什么？

b. 假设母国统一提高了关税税率，从而有效地提高了所有进口商品和服务的成本。这将如何影响价值链的分割？

c. 分别画出本国和外国的劳动相对供给和需求的图形，以说明上述这一变化的影响。两国的相对工资有何变化？

3. 考虑一家美国企业的汽车生产过程，包括研发和零部件生产。

a. 从一个 PPF 图中的无贸易均衡出发，图示说明美国在零部件生产方面拥有比较优势时的外包所得。

b. 假设外国在设计方面取得了进步从而降低了研发的相对价格，用图形表示这一变化，说明这对美国生产的影响。

c. 当外国研发取得进步时，美国企业从中获得收益了吗？为什么？

4. 考虑以下模型，一家企业使用研发和零部件作为投入品来生产最终产品，其成本如下：

零部件：生产总成本 $=P_C \cdot Q_C=100$

熟练工人收入 $=W_H \cdot H_C=10$

非熟练工人收入 $=W_L \cdot L_C=40$

资本收益 $=R \cdot K_C=50$

熟练工人收入占总成本的比例 $=10/100=10\%$

非熟练工人收入占总成本的比例 $=40/100=40\%$

研发：总成本 $=P_R \cdot Q_R=100$

熟练工人收入 $=W_H \cdot H_R=40$

非熟练工人收入 $=W_L \cdot L_R=10$

资本收益 $=R \cdot K_R=50$

熟练工人收入占研发成本的比例 $=40/100=40\%$

非熟练工人收入占研发成本的比例 $=10/100=10\%$

a. 零部件生产是哪一种要素密集的？R&D 是哪一种要素密集的？

b. 我们假设，由于开放国际贸易，零部件价格的下降幅度为 $\frac{\Delta P_C}{P_C}=-10\%$，研发价格保持不变，$\frac{\Delta P_R}{P_R}=0$。根据下面的提示，计算熟练工人工资和非熟练工人工资的变化。

提示：我们的计算步骤与第 4 章赫克歇尔-俄林模型中计算要素价格变化时相似。首先，以劳动所得和资本所得的构成形式，写出每一类生产活动的总成本：

零部件：$P_C \cdot Q_C=R \cdot K_C+W_H \cdot H_C+W_L \cdot L_C$

研发：$P_R \cdot Q_R=R \cdot K_R+W_H \cdot H_R+W_L \cdot L_R$

由于我们假设零部件生产和研发成本的 50%都是用于资本支付，则 $R \cdot K_C=0.5(P_C \cdot Q_C)$ 和 $R \cdot K_R=0.5(P_R \cdot Q_R)$，因此上面两个等式就变成：

零部件：$0.5(P_C \cdot Q_C)=W_H \cdot H_C+W_L \cdot L_C$

研发：$0.5(P_R \cdot Q_R)=W_H \cdot H_R+W_L \cdot L_R$

将变量的变化代入等式：

$$零部件：0.5(\Delta P_C \cdot Q_C)=\Delta W_H \cdot H_C+\Delta W_L \cdot L_C$$
$$研发：0.5(\Delta P_R \cdot Q_R)=\Delta W_H \cdot H_R+\Delta W_L \cdot L_R$$

分别用（$\Delta P_C \cdot Q_C$）和（$\Delta P_R \cdot Q_R$）除等式，得到新的等式为：

$$零部件：0.5\left(\frac{\Delta P_C}{P_C}\right)=\left(\frac{\Delta W_H}{W_H}\right)\left(\frac{W_H \cdot H_C}{P_C \cdot Q_C}\right)+\left(\frac{\Delta W_L}{W_L}\right)\left(\frac{W_L \cdot L_C}{P_C \cdot Q_C}\right)$$

$$研发：0.5\left(\frac{\Delta P_R}{P_R}\right)=\left(\frac{\Delta W_H}{W_H}\right)\left(\frac{W_H \cdot H_R}{P_R \cdot Q_R}\right)+\left(\frac{\Delta W_L}{W_L}\right)\left(\frac{W_L \cdot L_R}{P_R \cdot Q_R}\right)$$

将各类工人收入占成本总额比例的数据和价格变化的数据代入公式，我们得到：

$$零部件：-5\%=\left(\frac{\Delta W_H}{W_H}\right)\left(\frac{10}{100}\right)+\left(\frac{\Delta W_L}{W_L}\right)\left(\frac{40}{100}\right)$$

$$研发：0=\left(\frac{\Delta W_H}{W_H}\right)\left(\frac{40}{100}\right)+\left(\frac{\Delta W_L}{W_L}\right)\left(\frac{10}{100}\right)$$

求解这两个等式，求出熟练工人工资的变化率$\frac{\Delta W_H}{W_H}$和非熟练工人工资的变化率$\frac{\Delta W_L}{W_L}$。

c. 熟练工人/非熟练工人的相对工资有何变化？与本章中外包模型的预测相符吗？

5. 考虑以下模型，一个企业以研发和零部件作为投入品生产最终产品，成本数据如下：

零部件：生产总成本$=P_C \cdot Q_C=100$

熟练工人收入$=W_H \cdot H_C=25$

非熟练工人收入$=W_L \cdot L_C=25$

资本收益 $=R \cdot K_C=50$

熟练工人收入占生产总成本的比例=25/100=25%

非熟练工人收入占生产总成本的比例=25/100=25%

研发：研发总成本$=P_R \cdot Q_R=100$

熟练工人收入$=W_H \cdot H_R=30$

非熟练工人收入$=W_L \cdot L_R=20$

资本收益 $=R \cdot K_R=50$

熟练工人收入占研发总成本的比例=30/100=30%

非熟练工人收入占研发总成本的比例=20/100=20%

a. 零部件是哪一种要素密集的？研发是哪一种要素密集的？

b. 假设由于开放国际贸易，研发的相对价格上升了，$\frac{\Delta P_R}{P_R}=10\%$，而零部件的相对价格保持不变，即$\frac{\Delta P_C}{P_C}=0$。计算熟练工人和非熟练工人相对工资的变化。

c. 熟练工人和非熟练工人的相对工资发生了怎样的变化？与第 4 题的结果相比，为什么会存在不同或者相似？

6. 下图描绘了美国 20 世纪 90 年代制造部门熟练工人相对工资和相对需求所发生的变化。图中的点是根据图 7-5 和图 7-6 中的数据标出的。

a. 假设从事呼叫中心等外包服务活动的非生产性美国工人赚取的工资比其他非生产性工人更低，随着外包服务活动越来越多，美国的这部分非生产性工人平均工资如何变化？非生产性/生产性工人相对工资如何变化？结果和图示一致吗？

b. 随着服务活动被外包，美国非生产性就业如何变化？非生产性工人/生产性工人相对就业状况如何变化？结果与图示一致吗？

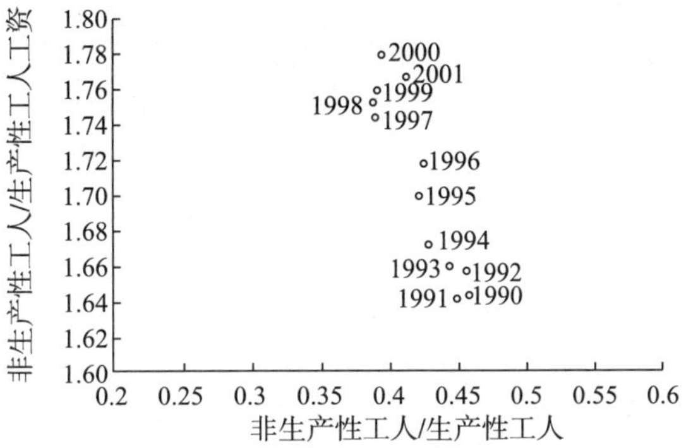

第 6 题图

7. 阅读下面的这段文摘，运用本章所学知识，论述外包是如何为相关国家创造了机会的。

位于雷斯顿的信息管理咨询公司（IMC）首席执行官苏德哈卡·谢诺伊在“离岸外包”目的地的选取上做得非常成功。

几年前，IMC 看到了一个很有发展潜力的软件市场，该软件能使生物技术公司更好、更快地开展新的人类染色体研究。若是在美国开发这一软件，谢诺伊估计其成本将高达数百万美元，而产品价格也将高得令大多数顾客难以接受。但是，若让 IMC 印度子公司的一群工程师去做大部分编程工作，他只需花 50 万美元就能完成这项工程。结果是：现在 IMC 在生物信息技术方面拥有一条不断壮大的业务线，在那里有其主要客户以及薪资达六位数且还在不断上升的博士。同时，公司目前所拥有的工程师比以往任何时候都要多——印度每六个员工中就有一个是工程师。

但这只是好事的一部分。在浦那（Pune）——IMC 印度业务的所在地——一个正在建设中的机场需要更多来自美国的工程技术、设计和电子产品。与此同时，IMC 的印度工程师十年前年薪为 3 500 美元，现在已经达到了 12 000 美元——足以购买任何种类的进口消费产品。

资料来源：Steven Pearlstein, “Still Short of the Offshoring Ideal,” *Washington Post*, March 12, 2004.

8. 本章开头时摘自 2004 年《总统经济报告》的引语在当年引起了很大的争论。《总统经济报告》是由经济顾问委员会编写的，该委员会成员是一群由总统任命的经济学家，主要为制定国家经济政策提供建议。2004 年的经济报告是在该年 2 月发布的，当时正是乔治・W. 布什与约翰・克里之间的总统竞选的白热化时期。经济顾问委员会主席格里高利・曼昆在一次发布报告的演讲中做了如下补充："外包只不过是国际贸易的一种新形式。与过去相比，现在更多的东西可以用来贸易，这是一件好事。"

国会民主党和共和党议员对此评论迅速做出了回应。民主党议员、参议院少数党领袖汤姆・达施勒说道："如果这是政府的立场，那么他们应该向每一位美国工人道歉。"共和党议员、白宫发言人丹尼斯・哈斯泰特说："外包对于美国工人和美国经济可能是一个问题。"民主党总统候选人约翰・克里称外包的企业是"……贝内迪克特・阿诺德公司"。作为回应，曼昆对之前的评论进行了澄清："由于我表述得不够清楚，使大家错误地认为我是在赞颂美国的工作机会流失。"

你可能会认为，这些评论只是政客们在总统竞选期间为了获得选票而做的一场争论而已，但这仍然值得我们去探究到底谁从外包中获益，而谁遭受损失。

a. 为什么曼昆说"外包是一件好事"？在美国，谁获益？美国获得总贸易所得了吗？试画图说明。

b. 在本章后面部分，我们引用了保罗・萨缪尔森对外包的评论，他认为外包带给受益者的所得并不必然超过受损者的所失。用图 7－12 详细解释萨缪尔森这样认为的原因。

9. 在图 7－11 中，我们看到，当零部件的相对价格下降时，母国进口的零部件数量会增加，但出口的研发数量却不一定增加。为了进一步探究这个问题，完成如下习题：

a. 假设图 7－11 中零部件的相对价格继续下降，画图表示出最终产品等产量线上的均衡点会有何变化。

b. 以零部件相对价格为纵轴、以零部件进口数量为横轴画一幅图。从零部件的无贸易相对价格出发，即从零部件进口数量为零出发。在纵轴上标出各个水平的世界零部件相对价格，在横轴上画出各个价格下的零部件进口数量。我们能够确定进口需求曲线是向右下方倾斜的吗？

c. 以研发相对价格为纵轴、以研发出口数量为横轴画一幅图。从研发的无贸易相对价格出发，即从研发出口数量为零出发。在纵轴上标出各个水平的世界研发相对价格，在横轴上画出各个价格下的研发出口数量。当研发的相对价格足够高时，你注意到出口供给曲线会有何特点？

10. 为什么发展中国家如印度能够相对容易地通过外包出口服务活动而不易通过生产零部件参与全球经济？

11. 人们普遍认为中国是制造业外包的首选目的地，但是它在服务业外包上却远远落后于印度，到底是两国间的哪些差别造成了这一现象？

第4部分

国际贸易政策

第 8 章 完全竞争条件下的进口关税与配额

本章内容提要

8.1 世界贸易组织简史
8.2 贸易所得
8.3 小国的进口关税
8.4 大国的进口关税
8.5 进口配额
8.6 结论

由于我们遏制中国轮胎进口剧增，现在 1 000 多人又得以就业。

——奥巴马总统，国情咨文，2012 年 1 月 24 日

我之所以采取这一行动，是为了给国内钢铁产业在面对外国进口品激增时有个适应机会，认清 50 年来世界钢铁市场在外国政府干预下给我们带来的伤害，这种情况已导致美国钢铁产业濒临破产、生产严重失调以及失业等问题丛生。

——乔治·W. 布什总统，在记者吹风会上宣布对进口钢铁征收新的“保障性”关税，2002 年 3 月 5 日

2012 年 9 月 27 日，美国对中国轮胎 35%的关税到期，这意味着美国将停止对中国轮胎征收关税。关税到期这件事基本算不上新闻，特别是与当初开征时相

比。2009 年 9 月 11 日，奥巴马总统开始宣布对中国轮胎征收高关税，这件事当时登上了新闻头条，被视为美国钢铁工人工会的胜利。美国钢铁工人工会代表美国轮胎行业工人。但是，征收轮胎关税遭到了许多经济学家和一些美国轮胎企业的反对。据称，奥巴马总统之所以赞成征收轮胎关税，是为了征得工会对医疗法案的支持。

奥巴马并不是唯一当选后不久就开征进口关税的总统，共和党总统小布什也曾这样做。2000 年美国总统大选期间，小布什承诺对进口钢铁征税，也就是说，外国钢铁产品进入美国国境时，将被课征税收。小布什的承诺具有明显的政治目的：确保他能在钢铁产量占有重要地位的宾夕法尼亚、西弗吉尼亚、俄亥俄等州拉到足够多的选票。然而，当小布什当选总统后，才发现他并不能随心所欲地对进口钢铁征收关税。他必须遵守美国和许多其他国家业已同意遵守的治理关税使用的规则。根据这些规则，各国可以临时提高关税以保护母国某一产业免受进口品的竞争压力。2002 年 3 月美国就以“保护”为由，对进口钢铁提高关税，虽然后来不到两年就取消了这些高关税。本章将会讨论这个问题。

钢铁关税便是**贸易政策**（trade policy）的一个例子。贸易政策是旨在影响贸易数量的一种政府行为。通过前几章的学习，我们已经了解对外开放贸易通常既会产生受益者，也会产生受损者。由于贸易所得的分配是不平衡的，因此进口国厂商、产业部门以及工会组织总认为政府应该有所作为以便减少国际贸易给它们带来的损失（或使它们的收益最大化）。这里所讲的“有所作为”就是贸易政策，它包括运用**进口关税**（import tariffs）（对进口品课征税收）、**进口配额**（import quota）（限制进口品数量）、**出口补贴**（export subsidies）（意味着出售者得到的价格比消费者的价格更高）以及对母国出口品给予补贴。本章我们着重探讨关税和配额在一个完全竞争产业中所产生的影响。下一章我们将进一步探讨当产业不完全竞争时的进口关税和配额的作用。

奥巴马总统和小布什总统不能随随便便对中国轮胎和国外钢铁开征关税。他们必须遵守美国与其他国家共同协商的国际规则。按照规则，国家可以暂时提高关税，保护本国产业，抵挡进口品竞争。此“保障性”规则便是对中国轮胎和外国钢铁征收关税的依据。世界贸易组织是管理这些规则的国际组织，其前身为关税及贸易总协定。本章将首先介绍世界贸易组织和关税及贸易总协定的发展历程。

制定贸易政策的国际体制得以建立之后，本章将要详细分析最常用的贸易政策——关税。我们要解释各国征收关税的原因，以及征收关税对进口国和出口国的生产商和消费者产生的后果。我们发现进口关税一般会导致“小”进口国福利损失。所谓“小”进口国是指那些进口数量太少而不能影响世界价格的国家。然后我们再分析“大”进口国的情形。所谓“大”进口国是指那些进口数量大到足以使它征收关税后能对世界价格产生影响的国家。在“大”国情形下，进口国完全可能从征收关税中受益，不过它是以牺牲出口国利益为代价的。

本章的第三个目的是研究对进口的外国产品实施数量限制的进口配额的作用。美国曾有过采用进口配额限制农产品、汽车及钢铁进口数量的例子。就在不久前，美国和欧洲还对来自中国的进口纺织品和服装产品实施配额。我们注意到像关税一样，进口配额通常也会给进口国带来损失，并且，我们认为配额带来的损失有时甚至会超过关税。鉴于这个原因，在 WTO 的监管下，尽管在某些情况下配额仍在使用，但已大幅度减少。

在全章我们都假设厂商是完全竞争的，即每个厂商生产同类产品，它与由众多厂商构成的市场相比，显得微不足道。在完全竞争市场条件下，单个厂商只是市场价格的接受者。在下一章我们将引进不完全竞争，不完全竞争使人们对关税和配额的评价有了区别。

8.1 世界贸易组织简史

如第 1 章所述，在第一次世界大战与第二次世界大战期间，各国之间关税奇高，减少了世界贸易量。随着第二次世界大战后的和平重建，同盟国代表在数个场合讨论欧洲重建、关税壁垒和汇率波动等问题。1944 年 7 月新罕布什尔州布雷顿森林的会议成立了国际货币基金组织以及国际复兴开发银行，后者就是后来的世界银行。1947 年又有一次国际会议在瑞士日内瓦万国宫举行，这次会议成立了关税及贸易总协定（GATT）。GATT 旨在降低国际贸易的关税壁垒。①

在 GATT 的主持下，为了减少各国之间的贸易限制，缔约国定期举行被称为“回合”的谈判。每个回合以会议举办国命名。在 1986 年一直到 1994 年的乌拉圭回合谈判中建立了世界贸易组织（WTO），并于 1995 年 1 月 1 日正式运行。WTO 大大扩展了其前身 GATT 的职能，除保留原先的大部分规则外，还增加了旨在通过具有约束力的各项协议对全球关系的新领域（包括服务贸易、知识产权保护等）进行治理的规则。WTO 最新一轮谈判——多哈回合，于 2001 年 11 月在卡塔尔的多哈举行。

虽然 WTO 的目标是促成低关税，但它允许其成员方在某些情况下对特定的进口品征收较高关税。在**专栏“GATT 的核心条款”**中，我们发现 GATT 的某些条款仍适用于 WTO 对贸易的治理。一些主要条款如下：

（1）一缔约方必须将相同的关税待遇给予 WTO 缔约方的所有贸易伙伴。GATT 第一条最惠国待遇条款规定，WTO 所有缔约方必须受到相同待遇：如果一缔约方对其某一贸易伙伴实施低关税，那么，该低关税必须给予 WTO 缔约方的每个贸易伙伴。②

（2）为了制止诸如**倾销**（dumping）这类不公平的贸易行为，可允许实施关税。从下一章可知，“倾销”的定义是，厂商以低于母国市场的价格，或以低于生产和运输成本的价格向他国销售其出口品。GATT 第六条规定，进口国可对外国出口商向该国倾销的商品征收关税。

---

① GATT 的历史参照：Douglas A. Irwin，Petros C. Mavroidis，and Alan O. Sykes，2008，The Genesis of the GATT（New York：Cambridge University Press）。

② 在美国，给予一国以最惠国贸易待遇被称为“正常贸易关系”，因为现在大多数国家都已加入 WTO 并享受这种待遇。

(3) 各缔约方不应对进口货物和服务的数量实施限制。GATT 第十一条规定，缔约各方不得对进口品实施配额。在本章后面的内容中，我们将讨论这条规则的例外。

(4) 各缔约方应公开其向特定企业、经济部门或产业给予出口补贴（export subsidies）的情况。GATT 第十六条尤其对生产出口品的企业给予如税额减免或其他鼓励措施的出口补贴做出了说明。该条款规定，缔约各方应相互通报补贴的范围，并探讨消除它们的可能性。在 WTO 多哈回合谈判中，最近已在讨论消除农业补贴问题。

(5) 缔约各方可以临时提高对某种产品的关税。GATT 第十九条被称为**保障条款**（safeguard provision）或**免责条款**（escape clause），它是我们本章的重点。GATT 第十九条列举了一缔约方可临时对特定产品提高关税的各种条件。它规定，当进口的“某种产品……数量大为增加，以及对国内生产商造成重大损害或产生重大威胁”时，缔约方可实施关税。换句话说，国内生产商因进口品造成重大损害时，进口方可临时提高关税。

2002—2004 年，美国实施的钢铁关税是一个遵从 GATT 第十九条规定的例子。(2009—2012 年轮胎关税针对中国进口轮胎，依据相关条款实施，本章之后将进一步阐述。) 然而，钢铁关税遭到了欧洲政府的强烈反对，它们向 WTO 提起对美国的诉讼。专家小组做出了有利于欧洲国家的裁决。该裁决使它们有权对价值 22 亿美元的美国产品实施关税报复。由于受到来自欧洲及美国国内那些依赖购买较便宜进口钢铁的公司的压力，2003 年 12 月，小布什总统宣布取消钢铁关税。在本章后面，我们将更详细地讨论钢铁关税问题，并会发现 GATT 第十九条是如何体现在美国贸易法中的。

(6) GATT 第二十四条允许缔结**区域贸易协定**（regional trade agreements）。GATT 承认国家集团可以组成两种形式的区域贸易协定：一是**自由贸易区**（free-trade areas）。区内的国家集团可自愿消除它们之间的贸易壁垒。二是**关税同盟**（customs unions）。它也是一种自由贸易区，不过，在关税同盟内国家之间则对世界其他国家实施统一关税。我们将在第 11 章讨论区域贸易协定。

专 栏

GATT 的核心条款

第一条 一般最惠国待遇

1. 有关输出或输入……的关税……以及有关输出或输入……的规章手续……一缔约方对原产于或销往任何其他国家的产品所给予的利益、优惠、特权或豁免，应当立即无条件地给予原产于或销往所有其他缔约方领地的相同产品。

第六条 反倾销税和反补贴税

1. 各缔约方认为，用倾销的手段将一国产品以低于正常价值的办法挤入另一国的商业领域，如因此对该国的某一已有产业造成重大损害或产生重大威胁……这种倾销应受到谴责……（一种）产品可以被认定为……低于正常价值，如果该

产品从一国出口到另一国的价格

a. 低于相同产品在出口国用于国内消费时……的可比价格；或

b. 如果没有这种国内价格，低于任何一种：

ⅰ. 相同产品在正常贸易情况下向任何第三国出口的最高可比价格；或

ⅱ. 产品在原产国的生产成本加合理的推销费用和利润……

第十一条　普遍取消数量限制

1. 任何缔约方除征收税捐或其他费用以外，不得设立或维持配额、进出口许可证或其他措施以限制或禁止其他缔约方领土的产品的输入，或向其他缔约方领土输出或销售出口品。

第十六条　补贴

1. 任何缔约方如果给予或维持任何补贴，包括任何形式的收入支持或价格支持在内，由此直接或间接增加从它的领土输出某种产品或减少向它的领土输入某种产品，它应将这项补贴的性质和范围、这项补贴对受影响产品或输出输入其领土的产品的数量预计可能产生的影响以及这项补贴的必要性，书面通知缔约方全体。如这项补贴经判定对任何其他缔约方的利益造成损害或产生威胁，给予补贴的缔约方，应在接到要求后与其他缔约方讨论限制这项补贴的可能性。

第十九条　对特定产品进口的紧急措施

1. a. 如因不可预见的发展或因某一缔约方承担本协定义务（包括关税减让在内）而产生的影响，使某一产品输入到这一缔约方领土的数量大为增加，对这一领土内的相同产品或与它直接竞争产品的国内生产商造成重大损害或产生重大威胁时，该缔约方在防止或纠正这种损害所必需的程度和时间内，可以自由地对上述产品全部或部分地暂停实施其所承担的义务，或者撤销或修改减让……

第二十四条　适用的领土范围、边境贸易、关税同盟和自由贸易区

4. 缔约各方认同通过发展和自愿签订协定以提升贸易自由度的意愿，以及依据这些协定促进各缔约方经济之间的进一步一体化的意愿。缔约各方还认为，成立关税同盟或自由贸易区的目的，应是便利组成同盟或自由贸易区的各构成区域之间的贸易，不是提高其他缔约方与这些领土之间的贸易壁垒。

5. 因此，本协定的条款不会阻止［建立关税同盟或自由贸易区，只要］

a. ……［对非成员］所实施的关税总体上不高于或严于……建立前的关税水平。

8.2　贸易所得

我们在前几章已运用生产可能性边界和无差异曲线论述了贸易利得（又称贸易所得）。现在我们再改用母国需求曲线、供给曲线以及**消费者剩余**（consumer surplus）与**生产者剩余**（producer surplus）等概念论述贸易利得。也许你们从以前学过的经济学课程中已熟悉了上述概念，不过，在这里我们还是简要地复习一下。

消费者剩余与生产者剩余

如图 8-1（a）所示，假定母国消费者的需求曲线为 D，面临的价格为 P_1，那么，总需求为 D_1 单位。对于所购买的最后一单位产品，购买它的消费者对该单位产品的估计价值接近于购买它的价格 P_1，所以，该消费者几乎没有或完全没有多于购买价格的剩余。但对于以前购买的所有单位（从 0 到 D_1 单位）产品，消费者对该产品的估计价值都高于其所购买的价格。消费者对该产品所愿意支付的价格等于需求曲线的高度。例如，某人购买 D_2 单位产品愿意支付的价格为 P_2，这个价格便是购买该数量产品时需求曲线的高度。因此，按 P_1 价格购买该产品的个人便获得了（$P_2 - P_1$）的消费者剩余。

对于在 D_1 以前购买的每一单位产品，消费者对该产品的估计价值超过了购买价格 P_1。将从 0 到 D_1 所购买的每一单位产品获得的剩余加在一起便是消费者剩余（CS），我们可用位于需求曲线下方与价格 P_1 上方之间的阴影区域来测度它。这一区域衡量了消费者从购买 D_1 单位产品中获得的超过 $P_1 \cdot D_1$ 的满意度。

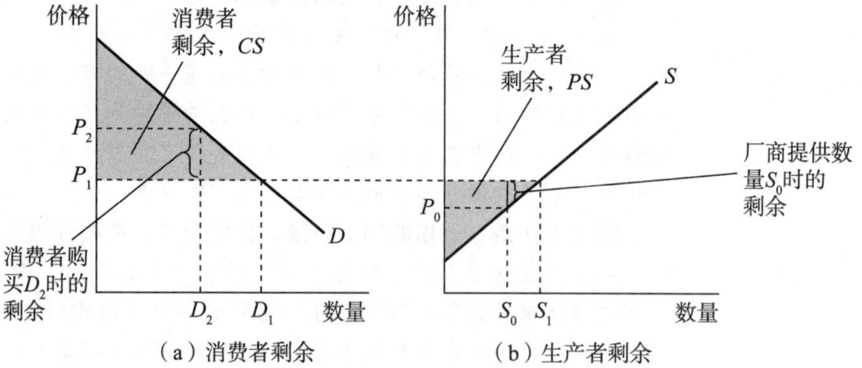

图 8-1　消费者剩余与生产者剩余

在（a）图中，当价格为 P_1、购买数量为 D_1 时，消费者剩余为需求曲线下方与该价格之间的面积。当消费者购买数量为 D_2 时，愿意支付的价格为 P_2，但他只需按价格 P_1 支付。两者之间的差额便是消费者剩余，表示消费者对以上支付的满意程度。在（b）图中，当价格为 P_1、供给数量为 S_1 时，生产者剩余为供给曲线上方与该价格之间的面积。当生产者供给数量为 S_0 单位时，边际成本为 P_0，但他是按价格 P_1 销售其产品。两者之间的差额便是生产者剩余，表示该产业中固定生产要素的回报。

图 8-1（b）说明的是生产者剩余。该图显示了某产业的供给曲线。该曲线的高代表在某一产量水平时厂商的边际成本。当价格为 P_1 时，该产业供给数量为 S_1。对于所供给的最后一单位产品，其价格等于厂商供给该单位产品的边际生产成本。但对于以前供给的所有单位（从 0 到 S_1 单位）产品，厂商能按低于价格 P_1 的边际成本生产它们。例如，厂商供给 S_0 单位产品能以边际成本 P_0 生产它，这个价格便是供给该数量产品时供给曲线的高。因此，厂商能从按价格 P_1 销售产品中获得生产者剩余（$P_1 - P_0$）。

对于在 S_1 以前售出的每一单位产品，厂商的边际成本都低于销售价格 P_1，将从 0 到 S_1 卖出的每一单位产品获得的生产者剩余加在一起，我们便获得了如 (b) 图中供给曲线上方与价格 P_1 下方之间的阴影区域的生产者剩余（PS）。有意思的是，生产者剩余也可看作是厂商的利润，因为在 S_1 之前所有单位产品的边际生产成本都低于销售价格 P_1。不过，生产者剩余的更准确的定义是，生产者剩余等于产业中固定生产要素的报酬，即生产者剩余是销售收入 $P_1 \times S_1$ 与可变生产总成本（即支付给劳动的工资和中间投入成本）的差额。如同我们在第 3 章学过的特定要素模型一样，假定产业中拥有诸如资本或土地这样的固定生产要素，那么，生产者剩余便等于上述固定生产要素的报酬。我们也可将这种报酬泛指产业赚取的“利润”。不过，认识到生产者剩余并不等于垄断利润这一点很重要。因为我们在整个这一章中都假设产业是完全竞争的（即垄断利润为零）。①

母国福利

为了研究贸易对一国国民福利产生的影响，我们还是假定世界由两个国家（母国与外国）、每个国家由生产商和消费者组成。母国总福利可以用消费者剩余与生产者剩余之和衡量。正如你们所预料的那样，母国总福利水平越高，消费者和生产商在经济中的总体处境越好。为了衡量贸易利得，我们将对无贸易时与自由贸易时的母国国民福利进行对比。

无贸易状态 在图 8-2（a）中，我们将母国需求曲线与供给曲线画在了一起。当自给自足价格为 P^A 时，达到了无贸易均衡，此时，需求量等于供给量 Q_0。消费者剩余是位于价格 P^A 上方与需求曲线下方之间那部分区域，在（a）图中用面积 CS 表示，在（b）图中用面积 a 表示；生产者剩余是位于价格 P^A 下方与供给曲线上方之间的区域，在（a）图中用面积 PS 表示，在（b）图中则用面积（$b+c$）表示。因此，将消费者剩余与生产者剩余加起来就等于需求曲线与供给曲线之间的区域面积，或者为 $CS+PS=$ 面积（$a+b+c$）。该面积等于在没有国际贸易的条件下，该产品市场的母国福利。

小国自由贸易 现假定母国能就该产品开展国际贸易。正如我们在前几章已经探讨过的那样，该产品的世界价格 P^W 由国际市场的供求均衡点决定。一般来说，在国际市场上有许多国家是卖家，也有许多国家是买家。我们假定母国是个**小国**（small country），意思是说它与买卖该产品的所有其他国家相比显得无足轻重。所以，母国只是国际市场上的价格接受者：它面对的是固定的世界价格 P^W，母国对该产品的供求状况不会影响世界价格。

在图 8-2（b）中，我们假定世界价格 P^W 低于母国无贸易价格 P^A，在低价情形下，母国对产品的需求将从无贸易时的 Q_0 增加到 D_1，进口国的供给将由无贸易时的 Q_0 减少到 S_1，D_1 与 S_1 之间的差额是该产品的进口量，或表示为 $M_1=D_1-S_1$。由于世界价格 P^W 低于无贸易价格 P^A，母国便成为按世界价格进口该产

① 回忆一下在第 6 章，在不完全竞争条件下，厂商能影响其产品的价格，从而获得正的垄断利润。

品的国家，反之，如果 P^W 高于 P^A，母国将是按世界价格出口该产品的国家。

贸易利得 既然我们已经确定了当价格为 P^W 时的自由贸易均衡，那么，利用自由贸易获得的消费者剩余与生产者剩余总和测度母国的福利水平，并将自由贸易与无贸易两种情形加以对比，就变得非常容易。一方面，如图 8-2（b）所示，当价格为 P^W 时，母国消费者剩余为位于需求曲线下方与该价格上方之间的面积（$a+b+d$）。在无贸易条件下，消费者剩余为面积 a，所以当价格从 P^A 降至 P^W 后，消费者剩余增加了（$b+d$）。母国消费者显然从价格下降中获得了好处。

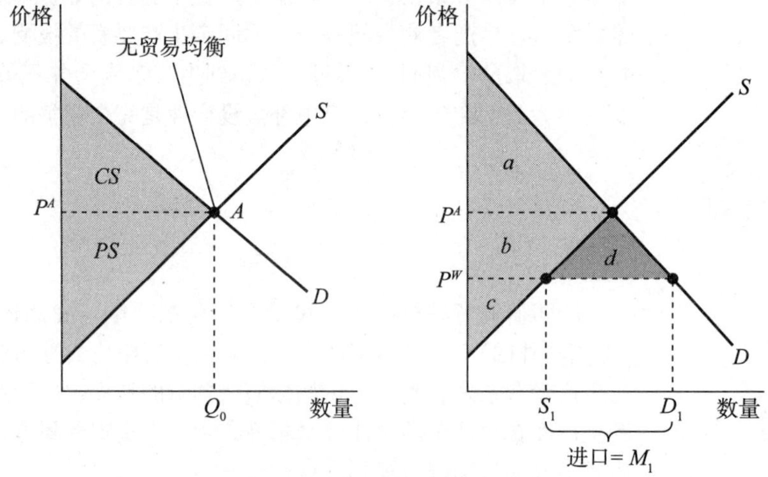

（a）无贸易　　（b）自由贸易

图 8-2　母国的自由贸易利得

D 和 S 分别为母国的需求曲线和供给曲线，A 点为无贸易时的均衡点，当价格为 P^A 时，产量为 Q_0。开展自由贸易时，世界价格为 P^W，于是，需求量增加至 D_1，供给量减少至 S_1。由于需求量大于供给量，母国进口数量为 D_1-S_1。消费者剩余增加了面积（$b+d$），生产者剩余减少了面积 b，面积 d 为贸易利得。

另一方面，母国厂商则因产品价格下降而导致生产者剩余减少。如（b）图所示，当价格为 P^W 时，母国生产者剩余为面积 c，它位于供给曲线上方与价格 P^W 下方之间。在无贸易条件下，生产者剩余为（$b+c$），当价格从 P^A 下降到 P^W 后，生产者剩余减少了 b 数量，母国厂商明显因价格下降而受损。

将消费者获得的（$b+d$）与生产者失去的 b 相比，可以发现消费者获得的利益超过了生产者遭受的损失，这说明母国福利总水平（消费者剩余与生产者剩余之和）提高了。我们可以根据开展贸易后引起的消费者剩余与生产者剩余变动总的结果计算出母国福利总水平的变化：

消费者剩余增加	$+(b+d)$
生产者剩余减少	$-b$
母国福利净效应	d

进口国对该产品实行自由贸易后的贸易利得用面积 d 衡量。我们发现在前几章已运用生产可能性边界和无差异曲线表示过类似的贸易利得，不过这里显得

更直观。三角形 d 的底等于自由贸易时的进口量：$M_1=D_1-S_1$，三角形的高等于降低的价格：P^A-P^W。所以，贸易利得等于该三角形的面积：$1/2\times(P^A-P^W)\times M_1$。当然，由于进口品很多，我们将每一个进口品产生的三角形面积累计起来，再考虑出口方面带来的净收益，这就决定了一个国家的总贸易利得。既然每一个进口品产生的收益都为正，当全部进出口品加在一起后，贸易利得当然也为正。

母国的进口需求曲线

在引入关税之前，我们利用图 8-3 来推导**进口需求曲线**（import demand curve）。它是表示某产品的世界价格与母国消费者所需要的进口量之间关系的曲线。我们最早推导这条曲线是在第 2 章论述李嘉图模型时。在分析进口关税对母国价格和福利的影响之前，我们简要地复习一下进口需求曲线的推导过程。

在图 8-3（a）中，我们再次显示了向下倾斜的母国需求曲线（D）和向上倾斜的母国供给曲线（S），A 点为无贸易均衡点。该点决定了母国无贸易时均衡价格为 P^A，供求均衡数量为 Q_0。由于需求量等于供给量，该产品进口数量为零，由（b）图中的 A'点表示。

现假定世界价格为 P^W，低于无贸易时的价格 P^A。当价格为 P^W 时，母国需求量为 D_1，但母国供给量只有 S_1，所以，进口量为 $M_1=D_1-S_1$，由图 8-3（b）中的 B 点表示。连接 A'点与 B 点，我们便可获得一条向下倾斜的进口需求曲线 M。

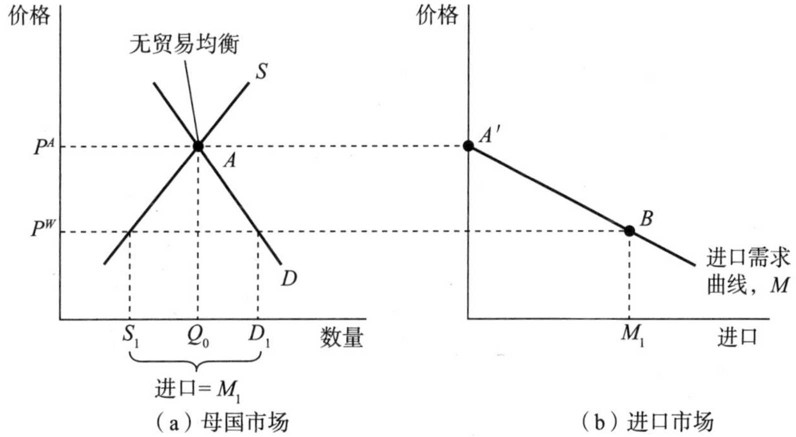

图 8-3　母国进口需求

D 和 S 分别为母国的需求曲线和供给曲线，A 点为无贸易均衡点。此时，价格为 P^A，进口量为 Q_0。当价格为 P^A 时，母国进口需求等于零，由图中 A'点表示。当该国面临较低的世界价格 P^W 时，进口需求为 $M_1=D_1-S_1$，由 B 点表示。连接 A'点和 B 点，便可获得进口需求曲线 M。

注意，在图 8-3 中，进口需求曲线适用于无贸易时价格 P^A 以下的所有价格。较低的产品价格导致更多的母国需求和更少的母国供给，结果进口为正。如果世界价格高于无贸易时的价格，情况又将会怎样呢？在这种情况下，较高的世界价格将导致母国更多的供给和更少的需求，于是母国将成为该产品的出口国。

8.3 小国的进口关税

现在我们可用这种供求框架说明当一个小国征收关税时将会出现什么情况。正如我们已阐明过的那样，一个“小”进口国对某种产品征收关税，不会对该产品的世界价格产生任何影响，正如我们将看到的，关税只会提高该产品的母国价格。因为关税是在边境征收的一个税种，所以对母国消费者索要的价格提高了税收额。

小国的自由贸易

在图 8-4 中，我们再次显示了母国的自由贸易均衡。如（b）图所示，当世界价格为 P^W 时，外国出口供给曲线 X^* 是一条水平线。水平的出口供给曲线表示母国按价格 P^W 进口任何数量产品都不会对该价格产生影响。当世界价格为 P^W 时，自由贸易均衡由外国出口供给曲线与母国进口需求曲线的交点确定，即（b）图中的 B 点。（a）图显示，在这个价位，母国需求为 D_1，供给为 S_1，所以，当世界价格为 P^W 时，母国进口量正好等于母国需求量与供给量之间的差额：$M_1=D_1-S_1$。

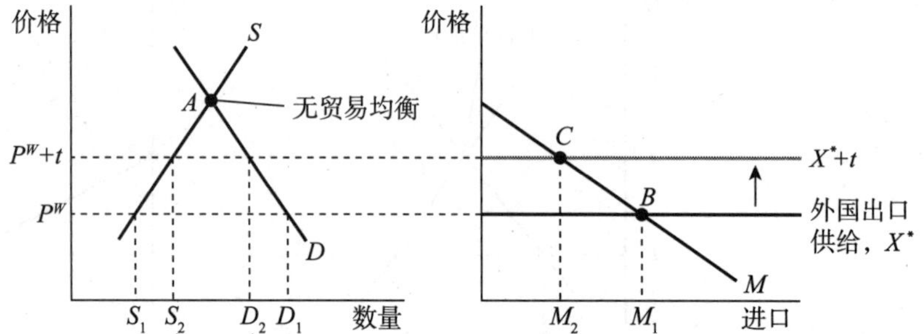

图 8-4 小国关税

对进口品征收关税 t 美元，会使该产品的进口价格从 P^W 提高到 P^W+t，该产品的国内价格也提高到 P^W+t 。(a) 图显示，产品价格上涨导致母国供应量从 S_1 增加至 S_2，母国需求则从 D_1 减少至 D_2。(b) 图显示，关税使该产品的进口量从 M_1 减少至 M_2，于是，供求均衡点从 B 点上移至 C 点。

关税效应

由于征收进口关税 t 美元，母国面对的外国出口供给曲线出现等额上移，表示母国进口该产品必须支付更高的价格。外国出口供给曲线上移与销售税引起国内供给曲线上移的道理一样，也许你们在以前学过的经济学课程中已经了解，它反映了厂商成本的实际增加。在图 8－4（b）中，出口供给曲线平移至 X^*+t，税后的出口供给曲线与进口需求曲线现在相交于价格 P^W+t 处，此时进口量为 M_2。由于关税提高了产品价格，母国的进口量从自由贸易时的 M_1 减少到征收关税后的 M_2。

我们假定进口品与国内提供的替代品一模一样。譬如进口品是女式旅行自行车，那么，（a）图中母国需求曲线 D 是女式旅行自行车的需求曲线，母国供给曲线便是女式旅行自行车的供给曲线。当进口价格上升至 P^W+t 时，我们可以预料国产自行车的母国价格也会提高同样的幅度，这是因为当进口价格为较高的 P^W+t 时，母国对女式旅行自行车的需求量从自由贸易时的 D_1 减少至 D_2。同时，更高的价格会刺激母国厂商增加女式旅行自行车的产量，供给量从自由贸易时的 S_1 增加到 S_2。然而，随着产量的增长，边际生产成本也在不断增加。因为母国供给曲线（S）反映了上述边际成本，所以母国价格将沿着供给曲线上升，直至母国厂商的供给量达到 S_2 为止，此时，边际成本正好等于进口价格 P^W+t。因为边际成本为 P^W+t，母国厂商的定价也一定是 P^W+t，从而使国内价格与进口价格拉平。

总之，在新价格条件下，母国需求为 D_2，供给为 S_2，两者差额为母国进口量 $M_2=D_2-S_2$，外国出口商仍接受“除税”价格 P^W（即母国价格减去关税），但母国消费者却要按更高的价格 P^W+t 支付。现在我们来研究母国价格从 P^W 提高到 P^W+t 后是怎样影响消费者剩余、生产者剩余和母国国民总福利的。

关税的消费者剩余效应 我们利用图 8－5 再次说明在征收 t 美元关税后，进口品和母国产品的价格都从 P^W 提高至 P^W+t 所产生的影响。在自由贸易条件下，（a）图中消费者剩余是位于需求曲线以下与价格 P^W 以上之间的面积。由于关税，现在消费者支付了更高的价格 P^W+t，其剩余变成了位于需求曲线下方与价格 P^W+t 上方之间的面积。关税使得消费者剩余减少了征收关税前后两种价格之差与国内需求曲线 D 左方之间的面积，即图 8－5（a）中的（$a+b+c+d$），这部分面积便是关税造成产品价格提高而产生的消费者损失数额。

关税的生产者剩余效应 我们还可以探究关税对生产者剩余产生的影响。在自由贸易条件下，生产者剩余表示为图 8－5（a）中位于供给曲线上方与价格 P^W 下方之间的面积。关税使得生产者剩余增加到供给曲线上方与价格 P^W+t 之间的面积。因为关税提高了母国价格，厂商能以更高的价格销售产品，因而增加了其剩余。我们可将增加后的生产者剩余表示为两种价格的差额与母国供给曲线左方之间的面积，它在（a）图中表示为 a。该面积等于母国厂商因关税造成产品价格提高而获得的收益数额。

正如我们已解释过的那样，生产者剩余应被看成是产业中固定生产要素（资本或土地）的报酬。有时我们在某种程度上甚至将劳动也视为固定生产要素，因为某种行业所需要的劳动技能很难在其他行业中派得上用场。在这种情况下，完全有理由认为，除了资本和土地外，母国生产者剩余增加还对那些同进口品存在着竞争关系的行业工人有好处，不过这种好处是牺牲了消费者剩余才获得的。

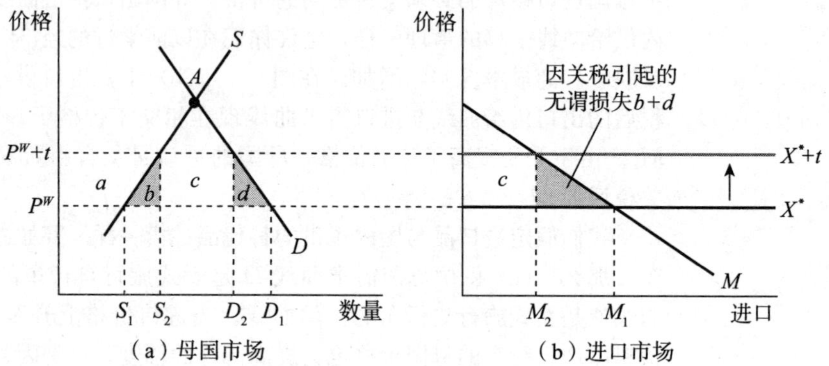

图 8－5　关税的福利效应

关税使产品的国内价格从 P^W 提高到 P^W+t，结果，母国消费者剩余减少了（$a+b+c+d$），生产者剩余增加了 a，政府收入增加了 c。因此，母国福利净损失（无谓损失）为（$b+d$）。它由（a）图中三角形 b 和三角形 d 表示，或在（b）图中由三角形 b 和 d 合在一起的单个大三角形表示。

关税的政府收入效应　关税除了对消费者和生产商产生影响外，还影响到政府收入。政府所征得的关税收入等于关税 t 乘以进口数量（D_2-S_2）。在图 8－5（a）中，政府收入表示为面积 c，所得收入是进口国政府的收益。

关税的福利总效应　现在我们能够将生产者剩余、消费者剩余以及政府收入结合起来总结关税对作为进口国的母国福利产生的影响。因而，我们采用的方法是将上述效应加在一起，这样便获得了净效应。在将消费者损失与生产者收益相加时，1 美元消费者剩余与 1 美元生产者剩余或政府收入是等价的。换句话说，我们不关心面临更高物价的消费者是穷人还是富翁，也不关心产业中的特定生产要素（资本、土地以及可能的劳动）收益多或寡。根据这种观点，将 1 美元从消费者剩余转为生产者剩余，对总福利不会产生任何影响。所减少的消费者剩余将由所增加的生产者剩余抵消。

你们也许反对这样的评价总福利的方式，认为从贫穷的消费者身上拿走的美元却给了富有的生产者，表示这是总福利的净损失，而不像我们理论上所说的那样。我们应当关注关税对社会不同收入群体产生的影响，尤其要关注对穷国或收入两极分化严重的国家的影响。不过我们暂不考虑这个问题，只是将消费者剩余、生产者剩余和政府收入进行简单加总。请记住，按照现在所讲的理论，我们只评价关税的效率，而不评价它对公平的影响（即关税怎样才能做到公平对待不同利益群体）。

小国关税的总效应可总结如下：

消费者剩余减少	$-(a+b+c+d)$
生产者剩余增加	$+a$
政府收入增加	$+c$
母国国民福利净效应	**$-(b+d)$**

在图 8－5（b）中，关税使进口小国福利净损失三角形（$b+d$）。有时，我们将这个面积称为**无谓损失**（deadweight loss），它表示这部分损失没有被经济中其他

方面的收益所抵补。注意，(a) 图中的生产者剩余获得的面积 a 恰好抵消了消费者剩余损失的部分。这是因为关税引起的国内价格升高使得面积 a 实际上从消费者那里转移给了生产者。同理，政府收入中所获得的面积 c，也抵消了消费者剩余损失的部分，只不过是从消费者那里转移到政府手中而已。这样，只有消费者损失中的 $(b+d)$ 面积没能从其他方面的收益得到补偿，该无谓损失可由 (a) 图中的两个三角形 b 和 d 加以衡量，或可由 (b) 图中合在一起的三角形 $(b+d)$ 表示。构成无谓损失的两个三角形 b 和 d，每一个都能做出以下准确解释。

生产损失 注意，关税使得母国供给从 S_1 增加到 S_2，三角形 b 的底是净增加的供给量。该三角形的高表示随供给增加而提高的边际成本。当边际成本等于自由贸易价格 P^W 时，产量为 S_1 单位，但超过该产量所生产的每单位产品，边际成本会更高。当边际成本大于世界价格时，意味着该国生产这种产品时毫无效率可言，与其母国超量生产不如进口更划算。三角形 b 的面积等于因额外生产所增加的边际成本，而且由于厂商是在边际成本高于世界价格的状态下生产的，所以三角形 b 的面积在经济意义上可以被解释为**生产损失**（production loss）（或效率损失）。注意，生产损失仅仅是图 8-5 中全部无谓损失 $(b+d)$ 中的一部分。

消费损失 对 (a) 图中三角形 d（无谓损失的另外部分）也可给予很好的说明。关税使母国价格从 P^W 增至 P^W+t，消费量则从 D_1 减至 D_2，三角形 d 的面积可解释为由于产品价格提高而无力购买 D_1 与 D_2 之间产品的消费者们的剩余减少。我们将这种消费者剩余减少在经济上称为**消费损失**（consumption loss）。

为何使用关税

我们已经证明关税总是给进口小国带来净损失，这就是为什么大多数经济学家反对使用关税的原因。既然小国征收关税会遭受损失，那么，为什么还有那么多国家将关税作为其贸易政策的组成部分呢？原因之一便是发展中国家政府缺乏其他收入来源。由于每个国家在一些主要港口都设置了检查出入境货物的海关机构，这使得进口关税非常“易于征收”。正因对进口品征税容易，所以，尽管使用关税带来的无谓损失一般大于“难于征收”的所得税或增值税等带来的无谓损失，各国仍热衷于对进口品课征税收。所得税和增值税之所以征收起来困难，在于它们要求个人和厂商能如实申报其收入，但政府不可能做到对每项申报进行核实（像它们在边境上检查进口货物一样）。不过，发展中国家在某种程度上已认识到关税会带来较大的无谓损失。随着时间的推移，我们可以预期，发展中国家会转变对这种易征税种的依赖。根据一项调查研究①，发展中国家的确出现了这样的趋势。20 世纪 80 年代和 90 年代，关税等“易于征收”税种占税收总金额的比例不断下降，特别是发展中国家；而“难于征收”税种的占比不断增长。

---

① Joshua Aizenman and Yothin Jinjarak, January 2016, “Globalization and Developing Countries—A Shrinking Tax Base?” National Bureau of Economic Research (NBER) Working Paper No. 11933.

尽管关税会产生无谓损失，但它仍被使用的第二个原因则与政治有关。正如我们所知，关税有利于母国生产商，因此，如果政府重视生产者剩余甚于消费者剩余，它就有可能决定使用关税，即使带来无谓损失也在所不惜。其实，在一些特定的行业和州，政府对生产者（及其工人）的利益明显比对消费者的损失更加重视，这种现象正向全国蔓延。这就说明了为什么小布什总统在2002年同意了钢铁业对进口钢铁产品征收关税的要求：受益者主要是宾夕法尼亚、西弗吉尼亚及俄亥俄等钢铁生产大州，而为此付出代价的消费者——这里是指以钢铁为原料的行业——分布则要广泛得多。① 但是，对于奥巴马总统授予的2009—2012年轮胎关税，背景有所不同。该关税由美国钢铁工人工会请求征收。美国钢铁工人工会代表美国轮胎行业工人，希望开征轮胎关税，使轮胎工人受益。但是，美国轮胎企业并不支持这样的关税，这是因为大部分美国轮胎企业早已在其他国家，特别是中国，生产轮胎，关税反而增加了它们的成本。

在钢铁和轮胎关税案例中，总统不能随随便便开征任何关税，而必须遵守《关税及贸易总协定》的规则。回顾前文的《关税及贸易总协定》第十九条，该条款被称为“保障条款”或“免责条款”。根据该条款，美国政府可以征收临时性关税，以应对某些特殊情况。《关税及贸易总协定》第十九条也在美国贸易法中得以体现。**专栏“保障性关税”**摘录了1974年《美国贸易法》的两个条款。这两个条款都是关于保障性关税的。

专　栏

保障性关税

1974年《美国贸易法》描述了美国实施关税的具体情况，反映了关税及贸易总协定和世界贸易组织的规则条款。关于“保障性关税”的两个条款如下：

201条款

经总统或贸易代表要求，或者参议院财政委员会或众议院筹款委员会决议，或国际贸易委员会自主决定而提出关税征收申请，国际贸易委员会应该立刻着手调查，裁决美国大量增加的进口商品是否为对美国国内相关竞争产业产生严重损害或损害威胁的实质原因。

……所谓“实质原因”被定义为“重要的、不比任何其他原因次要的原因”。

421条款

接到关税征收申请……美国国际贸易委员会……应该立刻着手调查，裁决中国向美国出口大量增加的商品是否对美国国内相关竞争企业或产品的市场产生市

---

① 钢铁关税不仅被用于获取钢铁生产大州的选票，而且为另一个政治目的服务。2002年，小布什总统正面临投票表决是否授权总统与其他国家进行贸易协定谈判的“快速审批贸易协定权”，快速审批贸易协定权允许总统向国会递交一个新的贸易协定，国会在90天内就赞成或反对进行表决，而不能对该贸易协定的条件进行修改。该项权力的有效期为5年。2002年，钢铁关税促使一些国会议员投了赞成票，该项表决仅以多2票而获得通过。最近，延长快速审批贸易协定权（又称“贸易促进权”）的表决未能在国会获得通过，该权力到2007年7月1日就告终止。

场扰乱或扰乱威胁。

（1）市场扰乱实质，中国向美国出口的商品绝对或相对迅速增加，是对美国国内相关竞争产业产生严重损害或损害威胁的实质原因。

（2）在（1）中提到的所谓“实质原因”是指对美国国内相关产业产生严重损害，但并不一定是最主要原因。

资料来源：http：//www. law. cornell. edu/uscode/text/19/2252 and http：//www. law. cornell. edu/uscode/text/19/2451.

第一个条款是 201 条款：总统、众议院、参议院或者其他任何实体（比如企业和工会）都可以向美国国际贸易委员会提请，请求征收关税。国际贸易委员会裁决美国大量增加的进口商品是否为对美国国内相关竞争产业产生严重损害或损害威胁的实质原因。之后，该机构向美国总统提出建议，总统拥有最终决策权。201 条款还定义了“实质原因”，即“重要的、不比任何其他原因次要的原因”。虽然这样的法律言辞拗口晦涩，其基本意思是：不断增加的进口是损害的最主要原因，因而实施进口保护关税。小布什总统授权的钢铁关税符合这个标准，但是许多其他关税申请请求都不满足这个标准，因而没有实施。

第二个条款是 421 条款。该条款包含在 1974 年《美国贸易法》修正案中。[①]美国担心中国加入世界贸易组织之后进口商品急剧增加，因而实施了这一条款，当出现中国商品进口急剧增加时，征收进口关税。根据 421 条款，多个实体可以向美国国际贸易委员会提出关税征收申请。该委员会裁决中国进口商品的增加是否构成“市场扰乱”，即决定是否为对“美国某一行业产生严重损害或损害威胁的实质原因”。而这里的“实质原因”是指“对美国国内相关产业产生严重损害，但并不一定是最主要原因”。这些法律语言比较晦涩，基本意思是：即使中国出口品不是美国国内相关产业受损的最主要原因，美国也可以对中国出口品开征关税。从上面的内容可以看出，421 条款适用的限制比 201 条款更加宽松。奥巴马总统利用这个条款，对中国轮胎征收进口关税。

案　例

☞ 美国的钢铁和轮胎关税

美国钢铁关税强调了征收关税的政治动机，尽管由此会带来无谓损失。之前，我们已用小国模型大致估算了关税的福利损失。虽然美国不是一个小国，其关税会影响到进出口价格，这只不过是为了方便我们的分析而已，下一节我们再来研究大国的情况。至于现在，我们还是研究小国模型，并用它来说明 2002 年 3 月至 2003 年 12 月美国钢铁关税实施期间产生的无谓福利损失。计算完成后，我

① 421 条款被写进美国贸易法已经 12 年了，已于 2013 年 12 月 11 日到期。

们将比较钢铁关税及新近的轮胎关税。

为了履行竞选时做出的保护钢铁产业的承诺，小布什总统要求美国国际贸易委员会（ITC）发起对钢铁产业的201条款调查，这是总统发起的极少数201条款调查行动之一。在一般情况下，都是由厂商或行业工会组织向ITC提出保护申请。通过调查，ITC确认它符合201条款和GATT第十九条条件，建议在适当时候采用关税保护美国的钢铁产业。ITC建议，第一年对不同钢铁产品征收的税率为10%到20%不等（参见表8-1），随后逐年降低，直至三年后完全取消。

表8-1　美国国际贸易委员会对钢铁的建议关税和实际关税

本表给出了美国国际贸易委员会对进口钢铁第一年的建议关税和实际关税。

产品种类	美国国际贸易委员会建议关税（第一年，%）	实际关税（第一年，%）
碳钢与平板合金钢		
扁锭	20	30
扁钢产品	20	30
镀锌轧钢产品	U※	30
碳钢与平条材合金钢		
热轧条材	20	30
冷精整条材	20	30
螺纹钢筋	10	15
碳钢与合金管		
合金管	?※※	15
合金配件、翼缘	13	13
不锈钢、工具钢		
不锈钢条材	15	15
不锈钢棒材	?※※	15
不锈钢线材	U※	8

※ U表示不确定。美国国际贸易委员会还没有决定是否征收关税。

※※？表示美国国际贸易委员会没有给出特定的建议。

资料来源：Robert Read，2005，"The Political Economy of Trade Protection：The Determinants and Welfare Impact of the 2002 U.S. Emergency Steel Safeguard Measures，" *The World Economy*，1119-1137.

ITC的决定基于以下几个原因。[①] 首先，1998年至2001年初，由于钢铁产品进口增加及钢铁产业价格下跌，美国厂商蒙受了巨大损失，再加上投资和就业下降等造成的损失，完全符合"严重损害"的条件。ITC给出的解释是，钢铁进口价格下跌是2001年前美元大幅度升值引起的。在这期间，由于美元升值，造

① 现在我们只关注ITC对平板轧制碳钢的结论，引自U.S. International Trade Commission，2001，Steel：Investigation No. TA-201-73，Vol. Ⅰ，Publication 3479，Washington，D.C.。

成外币贬值，从而像钢铁这样的进口品也变得十分便宜。要符合 201 条款和 GATT 第十九条标准，不断增加的进口量必须作为严重损害的主要原因，即“是重要的而非次于任何其他原因”。有时，国内经济衰退也可能是损害美国厂商的另外原因，不过在 2001 年之前不存在这个问题，当时对钢铁产品的需求十分旺盛。①

小布什总统接受了 ITC 的建议，甚至将关税定得更高。如表 8-1 所示，税率为 8%～30%，对最常用的钢铁产品（如平板轧制钢板、厚钢板）实施 30% 的税率。起初该关税措施的有效期设定为 3 年，税率逐年降低。众所周知，由于遭到美国贸易伙伴的极力反对，小布什总统豁免了一些国家的钢铁关税，被豁免的国家包括加拿大、墨西哥、约旦和以色列等国，因为所有这些国家都与美国签订过自由贸易协定，而 100 个发展中国家的小国出口到美国的钢铁产品数量则十分有限。

钢铁关税引起的无谓损失 为了测度对钢铁征收关税产生的无谓损失，我们需估算图 8-5（b）中三角形（$b+d$）的面积。三角形的底是征收关税前后进口量的变化，或表示为 $\Delta M=M_1-M_2$。三角形的高是征收关税后国内价格提高的部分，或表示为 $\Delta P=t$。所以，无谓损失等于：

$$DWL=1/2\times t\times\Delta M$$

相对于进口额 $P^W\times M$ 而言，用它来测度无谓损失更方便易行。我们还可用关税税率 t/P^W 以及进口量的百分率，即 $\%\Delta M=\Delta M/M$ 测度，那么，无谓损失相对于进口额的关系可表示为：

$$\begin{aligned}DWL/(P^W\times M)&=(1/2)\times(t\times\Delta M)/(P^W\times M)\\&=(1/2)\times(t/P^W)\times\%\Delta M\end{aligned}$$

就所征的钢铁关税来看，大多数常用产品税率为 30%，因此，也就是说，进口价格提高的百分率是 $t/P^W=0.3$。其结果是，征收关税后的第一年钢铁进口量也随之下降了 30%。因而，无谓损失为：

$$DWL/(P^W\times M)=(1/2)\times(0.3\times0.3)=0.045\text{，或进口额的 }4.5\%$$

在 2002 年 3 月前的一年，受该关税影响的钢铁进口额大约为 47 亿美元，2002 年 3 月后的一年为 35 亿美元，两年的年均进口额为(1/2)×(47+35)=41 亿美元(不含关税)。②

如果我们将 4.5%的无谓损失结合 41 亿美元的进口额考虑，无谓损失的美元价值达 0.045×41 亿=1.85 亿美元。正如我们前面讨论过的那样，这种无谓损失反映了美国因征收关税而产生的年度损失。一方面，如果你是个钢铁工人，也许认为花费 1.85 亿美元至少暂时保住了你的工作，这笔钱花得值。但另一方面，如果你是个钢铁产品消费者，那么，也许你就会反对由此引起的涨价和无谓

① 美国经济一次短暂的衰退开始于 2001 年 3 月，但 8 个月后，即 2001 年 11 月就结束了。

② 进口下降 30%与进口额下降 12 亿美元（因为 12/41≈0.30 或 30%）相一致。

损失。实际上许多需要购买钢铁的美国厂商——比如汽车制造商——就反对该关税，并敦促小布什总统尽早取消它，不过，对该关税反对最厉害的是钢铁出口国，因为这些国家尤其是欧洲国家的厂商受该关税影响最大。

欧洲国家的反应 对钢铁征收关税受害最大的是欧洲、日本、韩国以及某些发展中国家（巴西、印度、土耳其、摩尔多瓦、罗马尼亚、泰国和委内瑞拉），因为上述国家对美国的钢铁出口量很大，所以极力反对这种限制它们向美国销售钢铁能力的做法。

于是，欧盟国家采取行动将此案向WTO投诉，巴西、中国、日本、韩国、新西兰、挪威和瑞士也纷纷加入这个行动。WTO有着正式的**争端解决程序**(dispute settlement procedure)，根据该程序，凡是认为WTO规则没有得到遵守的国家，都可以向WTO提起诉讼，让WTO做出评判。2003年11月初，WTO对此案做出了裁决，认为美国不能证明其钢铁产业是因进口数量激增而受到损害的，所以，美国无权实施保障性关税。

WTO做出这项裁决的法律依据是：美国未能为本案提供有力证据（即符合GATT第十九条的保护条件）。[①] 而且人们从经济上怀疑将保障性关税置于首位的明智性。即使我们可以接受当某一产业面临进口竞争时实行临时保护是出于维护公平或公正的观点，也不能认为因为汇率变化就应该实行保护。包括ITC强调的2001年之前这个期间在内，早在20世纪90年代导致进口钢铁价格骤降的美元升值就发生了。美元升值同样也降低了所有其他进口品的价格，美国许多产业同样面临进口品的竞争，从公平角度讲，没有任何特殊理由单单挑出钢铁产业加以保护。

WTO授权欧盟及其他经济体对美国出口品征收关税以报复美国。欧洲国家迅速着手开列出一份对总价值大约22亿美元的美国出口品征收关税的产品清单。欧洲国家理所当然地挑选那些能对美国产生最大负面影响的产品，如佛罗里达州的橙子，因为美国总统小布什的兄弟杰布·布什就是该州的州长。

对这些产品征收关税的威胁，迫使小布什总统重新考虑钢铁关税问题。2003年12月5日，在实施了仅19个月后，他宣布将中止这项关税，而不是起先计划的3年时间。这一连串的事件表明，进口国使用关税会怎样容易遭到出口国的报复，从而引发**关税战**（tariff war）。小布什总统取消钢铁关税之举避免了这样的报复性关税战。

轮胎关税 应美国钢铁工人工会的请求，奥巴马总统2009年9月11日宣布对中国轮胎征收高关税。2009年4月20日，美国钢铁工人工会代表轮胎行业工人，根据美国贸易法421条款向美国国际贸易委员会提出针对中国轮胎征收关税的请求。如**专栏“保障性关税”**所述，根据421条款，如果中国商品是美国相关行业“实质损害的重要原因”，美国就可以对中国商品征收进口关税。国际贸易委员会中的大多数委员认为，中国轮胎的进口激增符合421条款的描述，应该征收为期三年的进口关税：第一年关税税率为55%，第二年为45%，第三年为35%（不包括原有的4%轮胎关税税率）。

---

① WTO裁决的合法理由之一是，1998—2001年美国进口的平轧钢材减少了，因此，该产品并不符合进口必须持续增加以获得第十九条保护的要求。即使其他钢铁产品的进口是增加的，但平轧钢材被认为是最重要的进口钢铁产品之一。

奥巴马总统决定采纳国际贸易委员会的建议。实际上，这是美国总统第一次依据 421 条款接受国际贸易委员会的建议。2000—2009 年这样的情形还出现过六次，其中四次，国际贸易委员会委员赞成征收关税。但是，小布什总统全部都没有采纳。奥巴马总统接受了国际贸易委员会的提议，但是没有完全采纳，降低了建议的关税税率：关税自 2009 年 9 月 26 日开始征缴，第一年税率为 35%，第二年为 30%，第三年为 25%，到 2012 年 9 月 27 日终止。

我们注意到，前述的钢铁关税和现在所谈的轮胎关税有一个关键不同点：依据 421 条款征收的轮胎关税仅仅针对中国一个国家，但是钢铁关税适用于许多国家。因而，我们称仅仅针对中国的轮胎关税是**歧视性关税**（discriminatory tariff），即仅仅针对某一个国家。注意，歧视性关税违反 WTO 和 GATT 的最惠国待遇原则（参见**专栏"GATT 的核心条款"**）：所有 WTO 成员都应受到同等对待。

钢铁关税和轮胎关税案例的另一个不同点是：钢铁关税得到了美国钢铁生产企业的支持，但是轮胎关税却遭到了大多数美国轮胎生产企业的反对。美国 10 个轮胎企业中，7 个已经在中国和其他国家生产轮胎，包括固铂、固特异、米其林、普利司通等知名企业。这些企业自然不希望美国征收轮胎关税，因为对它们而言轮胎关税弊大于利。

这两个案例也有一些共同点。首先，美国都招致了贸易国的报复。中国开始对鸡腿（当地美食）、汽车零部件、某些尼龙制品和客车等美国进口商品征收报复性关税。美国又继续对中国的钢管征收新关税，并且启动了对几种从中国进口的商品的调查。另一个共同点是贸易国（钢铁案例中的欧洲国家，轮胎案例中的中国）依据纠纷解决机制向 WTO 提出申诉。中国表示，并不符合 421 条款中"实质损害的重要原因"这一描述。中国还质疑美国歧视性关税违背了 WTO 规定。与钢铁案例不同，WTO 最终裁决美国征收轮胎关税属于正当行为。

这两个案例的最后一个比较点是无谓损失的计算。由于轮胎关税仅仅针对中国一个国家，钢铁关税针对许多国家，我们或许想当然地认为轮胎关税的无谓损失较小。但是，事实并非如此：轮胎关税的无谓损失较高，原因恰恰就是因为其是针对特定一个国家的歧视性关税。我们利用图 8-6 来解释这一令人意外的结果。

歧视性关税　如图 8-6 所示，我们假设中国以价格 P^W 向美国出口任意数量的轮胎。与图 8-5 相比，图 8-6 需要添加新的变量：除中国之外的其他出口国家。假设这些国家的供给曲线是向上倾斜的供给曲线 X^*，再加上美国国内供给曲线 S，得到除中国之外所有国家的供给曲线 $S+X^*$。

在自由贸易条件下，轮胎价格为 P^W，美国供给为 S_1，美国国内以及其他出口国（不包括中国）供给 $S_1+X_1^*$，则中国的出口量是 $S_1+X_1^*$ 和需求量 D_1 之间的差。然而，当对中国出口轮胎征收关税 t 之后，轮胎价格升至 P^W+t，美国国内供给量增加至 S_2，美国及其他出口国家（不包括中国）供给量增加至 $S_2+X_2^*$，则中国的出口量变为 $S_2+X_2^*$ 和需求量 D_2 之间的差。由于价格已经升至 P^W+t，美国国内以及其他出口国（不包括中国）的轮胎生产商向美国出售的轮胎增加，而中国轮胎生产商向美国的出口量减少（因为其他国家的出口增加，总需求却在下降)。

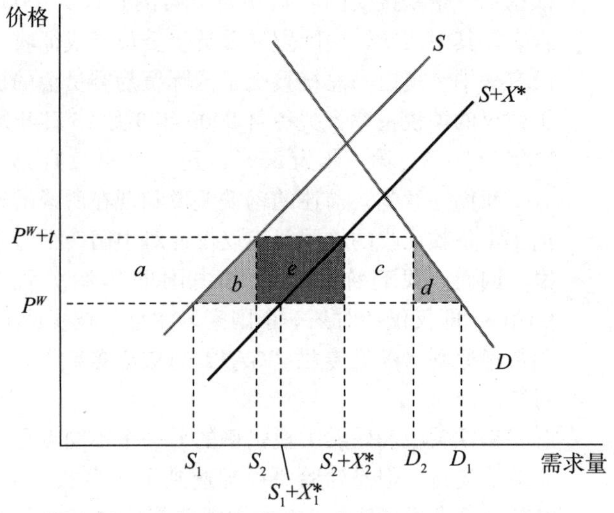

图 8-6　轮胎关税的影响

轮胎关税使轮胎价格从 P^W 增至 P^W+t。美国供给曲线为 S，其他出口国家（不包括中国）的供给为 X^*。由于关税的影响，美国及其他出口国家（不包括中国）的供给量从 $S_1+X_1^*$ 增加至 $S_2+X_2^*$，则中国的出口量为 $S_2+X_2^*$ 和需求量 D_2 之间的差。由于其他出口国家没有关税，它们从价格更高的好处中获得区域 e。因而轮胎关税的无谓损失是 $b+d+e$。

现在，我们看到图 8-6 与图 8-5 的分析差异不大。但是，当计算关税对美国福利的影响时，我们就会发现大相径庭的结果。在此，我们不再一步一步计算生产者剩余和消费者剩余的变化，而把分析重点放在关税收入以及与图 8-5 的不同点上。最关键的一点，我们要记住：这里的歧视性关税只针对中国一个国家，而没有针对其他出口国家。随着价格从 P^W 增至 P^W+t，其他国家可以以更高的价格出售给美国：美国没有从这些国家的出口中获得关税收入。关税收入只是中国的出口量乘以关税 t，即图 8-6 的区域 c。相比之下，区域 e 是其他国家的价格增加量乘以 X_2^*，并没有成为美国政府的关税收入，因而成为美国无谓损失的一部分。美国的总无谓损失为（$b+d+e$），超过图 8-5 中的无谓损失（$b+d$）。无谓损失增加的原因在于：其他出口国家以更高的价格出口商品，而美国政府无法从中获得关税收入。

轮胎关税的无谓损失　图 8-6 显示，仅仅对一个国家征收的歧视性关税造成的无谓损失更大。为了观察理论结果是否与现实相吻合，我们在此比较轮胎关税和钢铁关税的差异。最后，我们发现，轮胎关税对美国造成的代价更大，因为其他出口国家（特别是墨西哥和亚洲的其他国家）能够以更高的价格向美国出售更多的轮胎。

图 8-7 显示了关税对于美国轮胎进口的影响。在 2009 年 9 月征收进口关税之前，美国进口被平均分成三份：三分之一来自中国，三分之一来自其他亚洲国家，三分之一来自加拿大、墨西哥以及其他国家。最下面的区域代表来自中国进口的比重。我们可以看到，9 月开征关税之后，来自中国的进口比重从 2009 年第四季度开始下降；关税 2012 年第四季度到期之后，来自中国的进口比重又开

始上升。开征关税之后，来自中国的进口比重从大约33%下降到15%；关税结束之后，来自中国的进口比重从大约12%上升到22%。但是，这18个百分点的下降幅度迅速被亚洲其他国家补上。我们可以从图8-7的中间区域的变化看到这种情况。中国和其他亚洲国家加在一起的比重大约为60%，在开征关税前后，这一比例变化都不大。换言之，其他亚洲国家在中国轮胎出口比重下滑之后，增加了向美国的出口，获得了中国减少的进口份额。同样地，墨西哥（包含在图中最上面的区域）在征收关税期间也提高了向美国的轮胎出口。

其他亚洲国家以及墨西哥出口的增加与图8-6的分析一致：由于中国出口轮胎必须支付关税，其他出口国家的销售从 X_1^* 增加到 X_2^*。证据也显示，这些国家向美国出口的轮胎价格变高。对于小汽车轮胎，其他出口国家的平均价格从54美元增加到64美元；对于轻型卡车轮胎，其他出口国家的平均价格从76美元增加到90美元。与2009—2012年的通胀相比，这些国家轮胎出口价格的增幅比较大。如图8-6所示，其他国家出口轮胎的价格之所以能够提高，是因为它们的竞争对手中国出口轮胎必须支付关税。

e 部分（其他国家出口金额的增加幅度）包括小汽车每年进口增加额7.16亿美元以及轻型客车进口增加额1.01亿美元，总额达到8.17亿美元。[①] 这部分是增加的无谓损失，大幅超过轮胎关税造成的1.85亿美元无谓损失。从此分析中我们可以看出，与普通关税相比，仅仅针对一个国家的歧视性关税造成的代价更大。

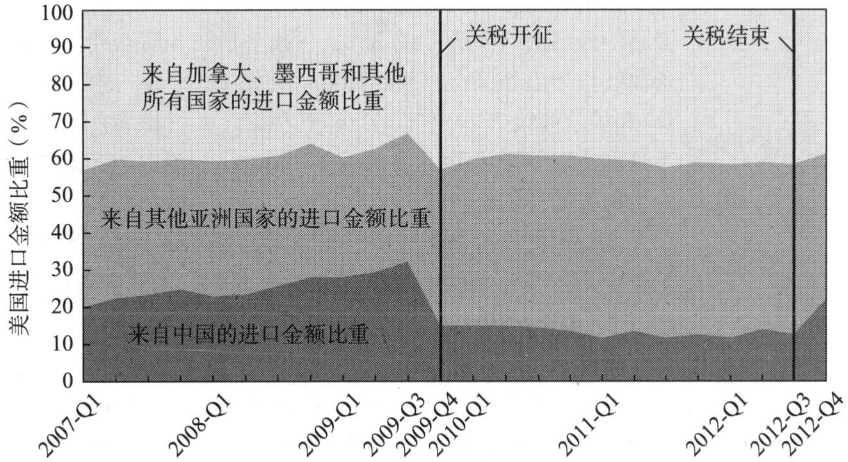

图8-7 美国轮胎进口

轮胎关税于2009年第四季度开征，到2012年第三季度结束。开征关税之后，来自中国的进口比重从大约33%下降到15%；关税结束之后，来自中国的进口比重从大约12%上升到22%。开征关税之后来自中国的进口比重的下降迅速被亚洲其他国家以及墨西哥补上。

本章开篇援引了奥巴马总统2012年国情咨文的一句话：由于我们遏制中国轮胎进口剧增，现在1 000多人又得以就业。虽然这个行业挽救了1 000多个就

① Gary Clyde Hufbauer and Sean Lowry, 2012, "U. S. Tire Tariffs: Saving Few Jobs at High Cost," Peterson Institute for International Economics, Policy Brief No. PB12-9.

业岗位，但是我们看到，由于关税是歧视性的，为挽救这些就业岗位所付出的代价也很大。①

在之后的章节中，我们还将探讨一个类似的案例。与向所有国家开放贸易相比，仅仅向一个国家开放的负面影响出乎意料地大。

8.4 大国的进口关税

迄今，在我们所假设的小国条件下，可以肯定关税会产生正的无谓损失。也就是说，进口国总是因关税而受到损害。小国假设意味着进口国征收关税不会使世界价格 P^W 发生变化。然而，如果我们考虑的是一个足够大的进口国或**大国**（large country），那么我们完全可以预料其关税将使世界价格发生变化。在这种情况下，正如我们现在要证明的，一个进口大国的福利可以因关税而得到改善。

外国的出口供给

如果母国是个大国，当世界价格 P^W 给定时，那么，我们绝无可能假定它所面临的外国出口供给曲线 X^* 是一条水平线，而需要运用外国市场需求曲线和供给曲线推导出外国出口供给曲线。在图 8－8（a）中，我们显示了外国需求曲线 D^* 和供给曲线 S^*，它们在 A^* 点相交，无贸易均衡价格为 P^{A*}。因为在该价位下外国需求等于供给，出口为零。在（b）图中，我们用 $A^{*\prime}$ 表示，并标明在相应价格下的外国出口量。

现假定世界价格 P^W 高于外国无贸易价格 P^{A*}，当价格为 P^W 时，外国需求量较少，在（a）图中的 D_1^* 点上，但外国厂商供给量较大，位于 S_1^*。当价格为 P^W 时，由于供大于求，外国出口量为 $X_1^*=S_1^*-D_1^*$，由（b）图中的 B^* 点表示，连接 $A^{*\prime}$ 点与 B^* 点，我们便获得一条向上倾斜的外国出口供给曲线 X^*。

然后，我们可在（b）图中将外国出口供给曲线 X^* 与母国进口需求曲线 M 结合在一起，两条曲线交点的价格即为世界均衡价格 P^W。注意，母国进口需求曲线是以价格轴上的无贸易价格 P^A 为起点，而外国出口供给曲线则是以价格 P^{A*} 为起点。正如我们所画的那样，外国无贸易价格较低：$P^{A*}<P^A$。本书第 2 章至第 5 章讲过，在某种产品上具有比较优势的国家，无贸易相对价格也较低。当开展贸易后，便成了出口国。同样，在（b）图中，因为外国无贸易价格 P^{A*} 低于世界价格，它便出口商品；而母国无贸易价格 P^A 高于世界价格，则进口商品。所以，（b）图表示的世界均衡与前几章我们讨论过的某些贸易模型很相似。

---

① 根据盖里·克莱德·哈夫鲍尔（Gary Clyde Hufbauer）和肖恩·罗瑞（Sean Lowry）2012 年的著述，轮胎行业大致挽救了 1 200 个就业机会。但是区域 *e* 的成本为 8.17 亿美元，除以挽救的就业岗位数量 1 200，每个就业岗位的成本大致是 68.1 万美元，这一数字是轮胎行业工人每年工资的很多倍。因而，通过歧视性关税挽救就业的做法代价极大。

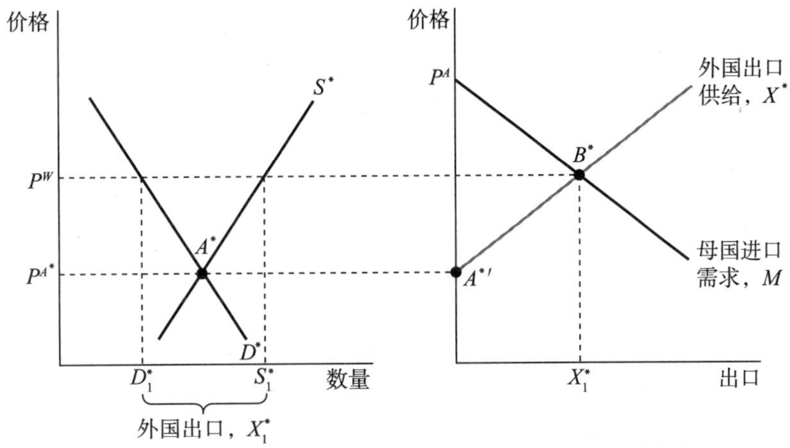

（a）外国市场　　（b）世界市场

图 8-8　外国出口供给

(a) 图中外国需求曲线为 D^*，供给曲线为 S^*，A^* 点是无贸易均衡点，此时，价格为 P^{A^*}。在该价格下，外国市场处于均衡状态，出口数量为零，分别由 (a) 图和 (b) 图中的 A^* 和 $A^{*\prime}$ 表示。当世界价格 P^W 高于外国无贸易状态下的价格时，外国供给量为 S_1^*，超过了外国需求量 D_1^*，于是，外国出口量为 $X_1^*=S_1^*-D_1^*$。(b) 图中将 $A^{*\prime}$ 点与 B^* 点连起来，便获得了一条向上倾斜的出口供给曲线 X^*，它与母国进口需求曲线 M 相交于 B^* 点，该点便是世界均衡点，其对应的价格为 P^W。

关税效应

在图 8-9（b）中，我们仍然用 M 和 X^* 分别表示母国进口需求曲线和外国出口供给曲线，B^* 为世界均衡点。当母国征收 t 美元关税时，供给母国市场的外国生产商成本比以前增加了与关税相同的额度 t。鉴于成本增加，外国出口供给曲线按关税额等量上移，如（b）图所示，由 X^* 移至 X^*+t。X^*+t 曲线与进口需求曲线相交于 C 点，该点确定了消费者支付的母国价格（含关税）。另外，外国出口商得到的是扣除关税后的价格，它正好在 C 点的正下方，为比 C 点低 t 数量的 C^* 点。让我们将 C^* 点时的外国出口商得到的价格用 P^* 表示，它是新的世界价格。

新的均衡的一个重要特点是，母国对进口品所支付的价格为 P^*+t，提高的幅度比原来的世界价格 P^W 加上关税税额要低。母国价格提高的幅度小于关税额的原因是外国出口商得到的价格是 P^*，与原先的世界价格 P^W 相比，出现了下降。所以，外国出口商将价格从 P^W（原先自由贸易均衡时）降至 P^*（征收关税后），实际上“吸收”了部分关税。

总之，我们可将关税解释为在母国消费者所支付的价格与外国生产商所得到的价格之间嵌入的一个楔子，其关税的差额部分进了母国政府的腰包。与许多其他税种一样，关税额（t）由消费者和生产商双方承担。

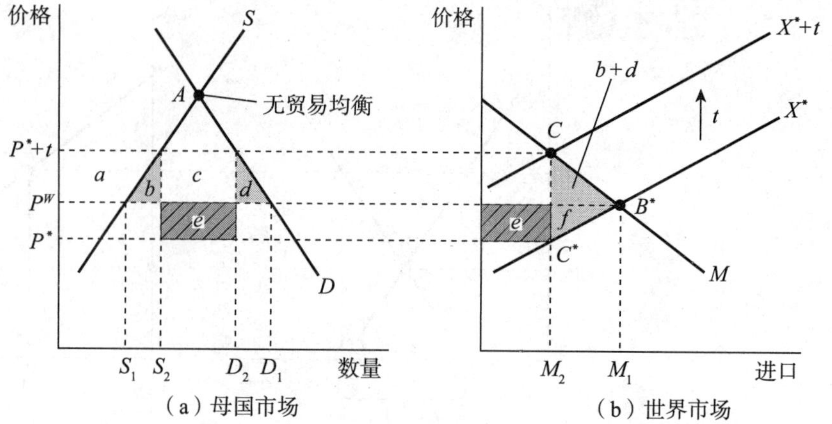

图 8-9 大国关税

关税使出口供给曲线从 X^* 上移至 X^*+t，于是母国价格也从 P^W 提高到 P^*+t，外国出口价格从 P^W 降至 P^*。母国无谓损失为三角形（$b+d$）的面积。母国还获得了因贸易条件改善而获益的面积 e。外国损失为面积（$e+f$）。因此，世界福利净损失为三角形（$b+d+f$）的面积。

贸易条件 在第 2 章，我们将一个国家的**贸易条件**（terms of trade）定义为出口价格与进口价格的比率。一般来说，贸易条件改善表示一个国家从贸易中受益，因为它使这个国家不是从出口中获得多就是对进口支付得少。为了衡量母国的贸易条件，我们要采用扣除关税后的净进口价格 P^*（外国厂商所获得的价格），因为这是进口每个产品由母国转移给外国的总额。由于进口价格下降（从原先的世界价格 P^W），结果母国的贸易条件改善了。因此，我们可预期，就福利而言，母国从关税中获得了收益。为了确定是否真的是这种情况，我们需分析关税对母国消费者、生产商的福利及政府收入的影响。我们用图 8-9 来进行这样的分析。

母国福利 如（a）图所示，母国消费价格从 P^W 升至 P^*+t，使消费者利益严重受损。减少的消费者剩余由上述两种价格的差额与需求曲线 D 左方之间的（$a+b+c+d$）表示。与此同时，母国厂商面临的价格也从 P^W 升至 P^*+t，从而改善了母国厂商的经营状况。所增加的生产者剩余等于上述两种价格差与供给曲线左方的面积，数额为 a。最后，我们还需关注政府收入的变化。关税收入等于关税额 t 乘以最新进口量 $M_2=D_2-S_2$，所以，政府收入为（a）图中的面积（$c+e$）。

将消费者剩余、生产者剩余和政府收入的变化加总，我们便得出大国关税的总体影响：

消费者剩余减少	$-(a+b+c+d)$
生产者剩余增加	$+a$
政府收入增加	$+(c+e)$
母国福利净效应	$+e-(b+d)$

三角形（$b+d$）是关税产生的无谓损失（这与小国情形完全一样）。但作为一个大国，则多了一个利得来源——面积 e，从而抵消了无谓损失。如果 $e>(b+d)$，母

国则因关税而改善了福利；如果 $e<(b+d)$，母国则因关税导致福利恶化。

注意，e 是个矩形，它的高是外国出口商得到的价格降幅，即价格 P^W 与价格 P^* 之间的差额。矩形的底为进口量 M_2。将进口的差价与进口量相乘，得到面积 e，这样我们便可准确地测度进口国的**贸易条件利得**（terms-of-trade gain）。如果贸易条件利得大于关税的净损失（$b+d$），那么，母国便从关税中获得了收益。

因而，我们发现一个进口大国可能从实施关税中获益。除了开辟政府收入来源或充当政治工具外，我们也可将这一点添加为各国使用关税的理由之一。然而，就大国而言，任何来自关税的净收益都是以牺牲外国出口商利益为代价的，如我们在下面所述。

外国福利与世界福利 虽然母国有可能从关税中获益，但外国即出口国的利益则肯定会因关税而受损。外国的损失由图 8-9（b）中的面积（$e+f$）衡量。我们应将（$e+f$）看成是以较低价格向母国销售较少的产品引起的外国生产者剩余损失。注意，面积 e 是母国贸易条件利得，但它是等额的外国贸易条件损失；母国的收益是以外国的损失为代价的。此外，大国关税还使外国产生额外的无谓损失 f。所以外国的这两个损失之和大于母国获得的收益。由于这个原因，有时我们将大国征收的关税称作“以邻为壑”关税。

将母国福利变化与外国福利变化加在一起，面积 e 被抵消，还余下世界福利净损失（$b+d+f$），即（b）图中的阴影三角形。该面积为世界无谓损失。母国利用关税从外国获取的贸易条件利得不仅牺牲了外国出口商的利益，还增加了世界无谓损失。大国关税导致世界无谓损失是大多数经济学家反对使用关税的另一原因。

进口大国的最优关税 我们已发现进口大国可从征收关税中获益，但必须确定最大化福利的关税水平。我们发现了一种评估关税对进口大国的福利影响的简捷方法。该简捷方法用到**最优关税**（optimal tariff）的概念。

最优关税可定义为使进口国福利得到最大改善的关税。对于一个进口大国来说，征收低关税起初会提高其福利，因为贸易条件利得大于无谓损失。也就是说，当关税足够低时，图 8-9（a）中的矩形 e 的面积大于图 8-9（b）中的三角形（$b+d$）的面积。原因是，当关税很低时，三角形（$b+d$）的高和底都趋向于零，于是该三角形的面积实际上很小；但对矩形 e 来说，当关税很低时，只有高趋近于零，所以矩形面积大于三角形面积。按照这种数学推理，当母国关税充分低时，所获收益为正：$e>(b+d)$。

在图 8-10 中我们画出了与不同关税水平相对应的母国福利水平。B 点为自由贸易，该点关税为零。刚才我们已经注意到，关税的微小增加会增进母国福利（因为贸易条件利得大于无谓损失）。因此，从 B 点起，母国福利曲线必定是向上倾斜的。但如果关税很高，将会怎样呢？假定关税过高，那么母国福利将会降到自由贸易时的福利水平之下。譬如，当征收贸易禁止性关税时，母国完全不购买任何进口品，那么进口国的福利将回到无贸易时的水平，如图中 A 点所示。所以，从 B 点开始，当关税不高时，母国福利曲线必定会呈上升趋势，但随着关税的不断提高，母国福利最终降到自由贸易时的水平 B'点下方，直至 A 点无贸易时的福利水平。

图中显示的 B 点和 A 点都位于进口国福利曲线上（分别表示自由贸易和无贸易时的福利水平），从 B 点起，福利开始提升，随后福利必定会有一个最高点，由 C 点表示。在这一点上进口国福利之所以最高，是因为贸易条件利得与无谓损失之间的差额达到最大。我们将该点的关税称作“最优关税”。当关税继续提高到超过最优关税水平时（即 C 点与 A 点之间），进口国福利会因关税太高造成的无谓损失大于贸易条件利得而下降。不过，只要所征关税在最优关税下方的 B 点与 C 点之间，母国福利总是高于其自由贸易时的福利水平，因为在这个范围内，贸易条件利得大于无谓损失。

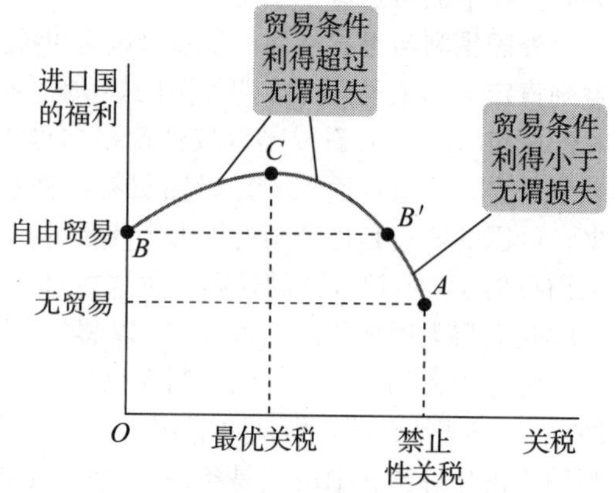

图 8-10　大国关税与福利

对一个进口大国而言，征收关税起初能增加其福利，因为贸易条件利得大于无谓损失，所以，进口国福利从 B 点起逐步提高。福利继续提高至最优关税水平（C 点），然后开始下降。如果关税过高（超过 B'点），进口国福利将降至自由贸易水平以下。当出现禁止性关税时，进口将不复存在，进口国福利将重新回到无贸易时的 A 点水平。

最优关税公式　实际上有个简单公式可以测算最优关税。该公式建立在外国出口供给弹性 E_X^* 的基础之上。我们知道，任何供给曲线弹性都是由一种物品价格变动的百分比引起的供给量变动的百分比。同样，外国出口供给曲线弹性是由出口品的世界价格变动的百分比引起的外国产品出口供给量变动的百分比。如果出口供给曲线很陡，那么，出口供给量变动不大，即外国出口供给弹性 E_X^* 很小。反之，如果出口供给曲线很平缓，则出口供给量受世界价格变动的影响就很大，即 E_X^* 很大。我们还记得，进口小国面对的是一条水平的或完全弹性的外国出口供给曲线，意味着外国出口供给弹性是无限的。

用外国出口供给弹性表示的最优关税为：

$$\text{最优关税}=1/E_X^*$$

也就是说，最优关税（按百分比衡量）等于外国出口供给弹性的倒数。对于一个进口小国来说，外国出口供给弹性无限大，因此，最优关税为零。这个结论使人们认识到，既然一个进口小国征收关税肯定会产生无谓损失（即不存在贸易条件利得），最好的选择是零关税，或实行自由贸易。

而对一个大国来说，外国出口供给不是无限的，我们可用上面的公式计算出最优关税。随着外国出口供给弹性的减小（意味着外国出口供给曲线变陡），最优关税也变得更高。出现这种结果的原因是，较陡的外国出口供给曲线表示外国出口商只好调低其价格来应对关税。① 例如，出口供给弹性 E_X^* 从 3 减少至 2，那么，最优关税则从 1/3=33%增至 1/2=50%，意味着外国出口商愿意将价格降到更低，从而承担了更多的关税份额。在这种情况下，母国贸易条件得到了更大的改善，因而，关税的最优程度也更高。

案　例

对美国征收钢铁关税案例的再讨论

让我们再次回到美国对钢铁征收关税问题上来，按大国情形重新评估它对美国福利产生的影响。我们在前一个案例中计算无谓损失时，假设美国是个小国，它面对的是固定不变的世界钢铁价格。在这种情况下，30%的钢铁关税税率完全反映在美国的钢铁价格上，价格也提高了 30%。如果美国的钢铁进口价格不按关税税额一样的幅度提高，情况将会怎样呢？假定美国是个钢铁进口大国，那么，外国出口价格便会下降，美国的进口价格上升幅度将小于关税税额，那么美国完全可能从关税中获益。

最优关税　要确定美国是否真的从对进口钢铁产品征收关税中获益，我们可以计算出每次所进口的钢铁产品的无谓损失（面积 $b+d$）和贸易条件利得（面积 e）。不过，与其用这种烦琐的计算方法，还不如采用一种更简便的方法来评估关税对美国福利的影响，该简单方法要用到最优关税公式。

钢铁的最优关税　让我们将上面这个公式用在美国钢铁关税上，看看所征关税与理论上的最优关税相比有什么不同。表 8-2 列出了各种钢铁产品以及它们分别对美国的出口供给弹性，通过计算出每种产品出口供给弹性的倒数，便可得出最优关税。譬如，合金平板轧钢产品（第一项）的出口供给弹性较小，为 0.27，于是其最优关税高达 1/0.27=3.7=370%。相反，生铁和非合金平板轧钢产品（最后一项）的出口供给弹性很大，达 750，于是最优关税为 $1/750 \approx 0$，位于两者之间的产品，最优关税为 1%到 125%不等。

在表 8-2 的最后一列，我们列出了对这些产品征收的实际关税。合金平板轧钢产品的实际关税为 30%，远低于最优关税，表明该产品关税的贸易条件利得大于无谓损失：该产品关税位于图 8-10 中 B 点与 C 点之间的福利曲线上，所以，美国福利高于自由贸易时的水平。同样，钢筋、钢条、角钢、型材等实际关税为 15%～30%，也低于最优关税水平。所以，美国获得的贸易条件利得大于无谓损失。然而，铁管和钢管、管材、配件的美国实际关税为 13%～15%，但该产品的最优关税仅为 1%。因为具有很大的出口供给弹性，美国实际上对世界价格毫无影响，这些产品的无谓损失大于贸易条件利得。

① 见本章后面的习题 3，在那道题中你将表明一条较陡峭的出口供给曲线会导致外国吸收更多的关税。

总的来说，表 8-2 列出的美国征收关税的三类产品中，其中两类产品的贸易条件利得大于无谓损失，美国福利因关税而增进。但第三类产品的无谓损失较大，所以，美国福利因关税而下降。前两类产品说明了大国关税效应，即征收关税可增进进口国的福利。第三类产品说明了小国关税效应，关税使进口国受损。

从表 8-2 提供的信息中，我们并不知道美国从钢铁关税中总体上是获益还是受损。因为是对所有进口钢铁征税，最终结论只有对所有产品的损益进行加总后才能得出，这一点我们尚未做到。但不管怎样，我们应当记住，美国福利的任何一点增进都源于出口国付出的代价。对所有产品的损益加总后，即使美国存在总的贸易条件利得，其所获利益也是以牺牲欧洲国家以及其他钢铁出口国为代价的。正如我们已经讲过的，WTO 成员方的钢铁出口商都反对美国征收钢铁关税，并被授权对美国产品征收报复性关税。一旦这样的关税开始实施，它们将会消除和逆转美国现有的收益。不到两年，该关税就被取消，美国从而避免了一场代价高昂的关税战。其实，这是 WTO 的主要目的之一：通过允许出口国进行关税报复，防止进口国利用最优关税谋取私利。在第 11 章，我们将更具体地证明这样的贸易战最终会给所有相关国家带来多大的代价。

表 8-2　　钢铁产品的最优关税

本表列出了根据供给弹性公式计算出的钢铁产品最优关税。

产品种类	出口供给弹性	最优关税（%）	实际关税（%）
合金平板轧钢产品	0.27	370	30
铁路钢轨	0.80	125	0
钢筋、钢条、角钢、型材	0.80	125	15 ～30
废旧钢铁	17	6	0
铁管和钢管、管材、配件	90	1	13 ～15
生铁和非合金平板轧钢产品	750	0	0

资料来源：出口供给弹性由下文提供：Christian Broda and David Weinstein，2006，“Globalization and the Gains from Variety，” *Quarterly Journal of Economics*，121（2），May，541-585。

8.5　进口配额

2005 年 1 月 1 日，中国顿时成为世界上最大的纺织品和服装出口国。这一天，众所周知的世界性配额制度**《多种纤维协定》**（Multifibre Arrangement，MFA）被取消了。进口配额是指对一个国家从其他国家进口的某种特定产品实行数量限制。按照 1974 年生效的《多种纤维协定》，加拿大、欧洲国家和美国几乎对所有进口的纺织品和服装都实施限制数量的进口配额。上述国家限制纺织品进口，目的是为了保护它们自己生产这些产品的国内厂商。随着《多种纤维协定》期满，中国打算尽量增加出口——不过这种情况未能发生。来自中国的竞争威胁促使美国和欧洲同中国就新的进口配额举行谈判，我们在这一节中将讨论这个问题。

除《多种纤维协定》外，还有许多其他进口配额的例子。例如，欧洲曾对香蕉进口实施过配额，允许从其前非洲殖民地国家进口香蕉的数量比从拉丁美洲进口的多。2005 年，香蕉配额被简化，改为关税，不过在其前殖民地国家与其他国家之间仍存在着关税歧视现象。2009 年，欧盟同意削减拉丁美洲香蕉关税，结束了持续超过 15 年的"香蕉战争"（见**新闻提要"香蕉战争"**）。另一个案例是美国食糖进口配额，尽管人们不断呼吁取消这一配额，但是它仍旧存在（见**新闻提要"美国和澳大利亚'甜蜜'的贸易谈判"**）。在本章这一部分，我们将解释配额如何影响进出口国家，分析关税和配额的不同之处。如关税一样，进口关税也致使进口国福利受损，但是进口配额导致的福利损失比关税更大。

小国的进口配额

小国实施进口配额的效果类似于征收关税，我们也可运用本章前面所绘图形来分析配额。

自由贸易均衡 如图 8-11（a）所示，母国需求曲线为 D，母国供给曲线为 S。当自由贸易条件下的世界价格为 P^W 时，母国需求量为 D_1，供给量为 S_1。所以，进口量为 $M_1=D_1-S_1$。（b）图显示的 $M=D-S$ 为母国进口需求曲线。母国是个小国的假定条件，意味着固定的世界价格 P^W 不受进口配额影响，所以，在自由贸易条件下，当世界价格为 P^W 时，外国出口供给曲线 X^* 是一条水平线。母国进口需求曲线 M 与外国出口供给曲线 X^* 相交于 B 点，M_1 为自由贸易时的进口量。

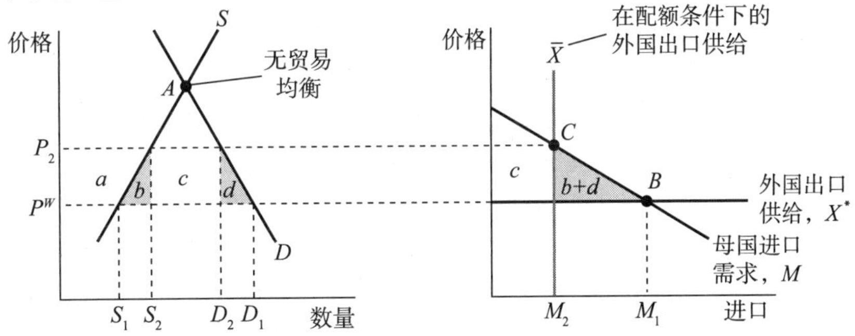

（a）母国市场　（b）进口市场

图 8-11　小国配额

在自由贸易条件下，当世界价格为 P^W 时，外国出口供给曲线为一条水平线，B 点为自由贸易均衡点，进口量为 M_1。所实施的进口配额 $M_2<M_1$，导致垂直的出口供给曲线 $\overline{X}$ 在 C 点达到均衡。配额使得进口价格从 P^W 上升至 P_2。如果用关税 $t=P_2-P^W$ 代替配额，对母国价格和进口量产生的影响相同。

新闻提要

“香蕉战争”

本篇文章探讨一个关于欧洲对拉丁美洲香蕉实行进口配额的著名案例。拉丁美洲香蕉配额和歧视性关税最终在2009年末结束。

我几乎不敢相信“香蕉战争”已经结束。这起贸易纠纷可以追溯到1993年。当时，欧盟为了保护非洲科特迪瓦、向风群岛和其他前殖民地的香蕉进口，对拉丁美洲地区香蕉实施进口配额。美国香蕉企业和拉丁美洲国家控诉欧盟，指责其违反GATT和WTO的规则。

这起诉讼拖了数年之久。中间有几次几乎引发了欧洲和美国之间全面的贸易战。1999年，在香蕉危机弥漫的科索沃会议之后，时任国务卿马德琳·奥尔布赖特（Madeleine Albright）绝望地表示：“我一生都没有想到，会在香蕉事务上耗费这么长时间。”

欧盟最后表示，继续对前殖民地香蕉进口免关税，在接下来的七年中把拉丁美洲香蕉关税减少35%。这标志着“香蕉战争”的落幕。美国和拉丁美洲同意撤销诉讼。纷纷扰扰之后，令我感到震惊的是，人们基本上不再关心这些贸易事件。这说明，人们对贸易的态度已经发生了很大的变化。

当这次贸易战开始时，贸易被宣扬为唯一且最重要的经济发展工具。欧洲坚持认为，对其前殖民地提供特殊待遇是最为负责任的表现。美国和拉丁美洲表示为贸易自由（至少香蕉贸易自由）坚持到底，把贸易作为所有国家或地区发展的工具。

现在，没有人讨论香蕉贸易。停滞的全球谈判（记得多哈谈判吗?）也鲜有人提及。全球贸易出现了很多问题，包括全球金融危机之后全球贸易锐减，保护主义可能卷土重来。但是，我们现在也再次思考贸易是否真正能对经济发展起决定作用。

中国的崛起是贸易力量强大的象征。但是，其他国家也高举贸易的经济发展旗帜，比如墨西哥，却最终发现经济的繁荣是虚幻的。尽管香蕉出口一直增长，但是拉丁美洲香蕉种植国以及欧洲前殖民地仍旧贫穷。

过去15年中，我们认识到一点：贸易是发展的必要工具，但是单单贸易并不一定能够成功促进经济繁荣。国家还需要完善基础设施建设、加强发展科技以及培养人才，还需要资金，需要完善的法律体系（比如需要清廉的法院以遏制垄断）。单单建立或者拆掉一些贸易障碍还远远不够。

资料来源：Eduardo Porter，*The New York Times*，December 29，2009，p. A30.

新闻提要

美国和澳大利亚“甜蜜”的贸易谈判

本篇文章探讨美国实施食糖进口配额背后的原因，该进口配额从第二次世界大战之前起就一直存在。在跨太平洋伙伴关系（TPP）贸易谈判中，澳大利亚要求美国再次考虑取消对澳大利亚出口商品的食糖配额，允许澳大利亚向美国出口更多食糖。

随着美国被要求取消食糖进口配额的呼声愈来愈高，澳大利亚甘蔗种植者和投资者最终可能在TPP谈判中获得一份“甜蜜”的条款。美国在全球范围内率先展开区域贸易谈判，目的是消除与一些发展迅速的经济体存在的贸易壁垒。和美国展开区域贸易谈判的11个国家（包括澳大利亚）与美国的贸易量占美国总贸易量的三分之一……美国可能最终会考虑取消第二次世界大战之前就一直存在的食糖进口配额。

确实，食糖在美国是一个棘手的问题。这是因为，美国不仅是世界最大的食糖进口国、世界最大的食糖市场，从40多个国家进口食糖，同时也是食糖的重要出产国之一，每年产量超800万短吨。食糖行业（根据美国食糖联盟的数据，雇员大约为14.2万人，每年产生200亿美元产出）政治势力强大，掌握着重要摇摆州的选票。因而，该行业一直能够保持进口配额完好无损，数十年来，一直到5年前，美国国内食糖价格大致是国际价格的两倍。

……作为世界第三大食糖出口国，澳大利亚希望从美国放松贸易政策中获得好处。Agralytica咨询公司副总裁表示，实际需求估计超过配额100多万吨，如果贸易政策有变，食糖出口国竞相获得这个份额。他说，“澳大利亚谈判者表示每项事宜都要摆到台面上，这在我看来合情合理。最终所有事宜都摆到了台面上”……澳大利亚农业部发言人表示，美国是澳大利亚“食糖行业重要的市场，尽管出口数量受限”。他还表示，“尽管食糖问题对于双方都很棘手”，但澳大利亚政府将“继续施加压力，增加对美国的出口”。

资料来源：Caroline Henshaw, *The Wall Street Journal*, October 18, 2012.

配额效应 现假定实施的进口配额为$M_2<M_1$，表明配额的进口数量小于自由贸易时的进口数量。在（b）图中实际上建立了一条标为$\overline{X}$的垂直出口供给曲线，表示进口量在M_2处固定不变。垂直的出口供给曲线现与进口需求曲线相交于C点，该交点确定了母国价格为P_2。在（a）图中，P_2的价格使母国厂商的供给量从S_1增加到S_2，消费者的需求量则从D_1减少到D_2。

因此，进口配额会抬高母国价格和减少母国进口数量，在这一点上，它与关税没有什么区别。还应注意，如果政府用配额代替征收的进口关税$t=P_2-P^W$，那么它对进口价格和进口数量的影响相同。也就是说，征收关税 $t=P_2-P^W$ 同样会使母国价格提高到 P_2，进口量则减少到 M_2。我们可以得出这样一个结论：对于每个水平的进口配额，都有某一**等效进口关税**（equivalent import tariff），导致相同的国内价格和进口量。①

福利效应 一方面，如前所述，配额会导致母国价格升高，而消费价格升高又会导致消费者剩余减少。减少的部分可用 P_2 和 P^W 的价差与需求曲线左方之间的面积衡量，它就是图 8-11（a）中的（$a+b+c+d$）面积。另一方面，母国生产商因产品价格提高而增加了生产者剩余。其增加的收益可由图 8-11（a）中的 P_2 和 P^W 的价差与供给曲线左方的面积 a 衡量。上述两种福利效应与征收关税时完全一样。

然而，若以面积 c 衡量，则配额与关税不同，在征收关税时，面积 c 作为政府收入所得。在实施配额时，该面积等于国内价格 P_2 与世界价格 P^W 的差额乘以进口量 M_2。因此，实际上无论是谁进口该产品都能够通过在国内市场销售进口品赚取世界价格 P^W 与较高的母国价格 P_2 之间的差额。我们将这两种价格间的差额称为配额产生的租金。因此，面积 c 代表总**配额租**（quota rents）。该配额租有四种分配方式。

一是将配额分配给母国厂商。首先，可将**配额许可证**（quota licenses）（即在配额制条件下，允许进口既定的产品数量的许可）分配给母国厂商，然后，它们可按世界价格 P^W 进口，再按当地价格 P_2 出售，赚取作为租金的价差。美国的乳制品行业便是一个这样的例子，美国乳酪生产商必须有许可证才能从国外进口原料。由于母国厂商获得了租金 c，配额对母国的净福利效应为：

消费者剩余减少	$-(a+b+c+d)$
生产者剩余增加	$+a$
母国获得的配额租	$+c$
母国福利净效应	$\boldsymbol{-(b+d)}$

根据上面计算的结果我们发现，母国福利净效应是损失了（$b+d$）面积。该损失与本章前面所讲的小国征收关税造成的损失一样，我们仍将（$b+d$）称为无谓损失。

二是寻租。简单地将有价值的配额许可证分给母国厂商所产生的一个复杂问题是，这些厂商也许会为了获得许可证而从事某种无效率的活动。譬如，假定母国厂商生产电池需要进口化工原料作为中间投入品。如果将进口化工原料的许可证按每个厂商前几年的电池产量的一定比例进行分配，那么，这些母国厂商很可能仅仅为了获得下一年度的进口许可证而生产多于其销售的电池数量（以及降低质量）。另外，厂商还可能采取行贿或其他游说活动以获得许可证。这些为获取配额许可证所进行的无效率活动被称为**寻租**（rent seeking）。有人认为，寻租活动所造成的资源浪费可能与租金本身的价值相当，因此，面积 c 被耗费殆尽而不为母国厂商所得。如果出现寻租现象，配额引起的福利损失为：

① 如我们在下一章所示，该结论取决于我们的完全竞争假设，没有该假设则不能成立。

消费者剩余减少	$-(a+b+c+d)$
生产者剩余增加	$+a$
母国福利净效应	$\mathbf{-(b+c+d)}$

寻租产生的资源浪费使得母国福利减少了（$b+c+d$），远大于关税造成的损失。普遍认为在一些发展中国家，寻租现象十分严重。这些国家往往不严格照章办事，政府官员热衷于拿许可证做交易，从中收受贿赂。

三是拍卖配额。分配配额租的第三种可能性是进口国政府对配额许可证进行拍卖。在 20 世纪 80 年代期间，澳大利亚和新西兰就这样做过，澳大利亚的拍卖范围覆盖纺织品、服装、鞋制品和机动车等进口商品。澳大利亚对服装和纺织品采取进口拍卖的形式，是对《多种纤维协定》的补偿措施。在美国有人也曾建议对进口配额进行拍卖，不过从没真正实施过。[①] 在组织完善的竞争性拍卖中，拍卖收入应该恰好等于租金的价值，于是，面积 c 被母国政府所得。如果采用拍卖方式分配配额租，配额产生的国内福利净损失将变为：

消费者剩余减少	$-(a+b+c+d)$
生产者剩余增加	$+a$
母国获得的拍卖收入	$+c$
母国福利净效应	$\mathbf{-(b+d)}$

倘若这样，母国福利净效应为无谓损失（$b+d$），仍然与关税产生的无谓损失相等。

四是"自愿"出口限制。分配配额租的最后一种可能性是，进口国政府将实施配额的权限让给出口国政府。由于是出口国将配额分配给自己国家的生产商，所以，有时它又被称为**"自愿"出口限制**（"voluntary" export restraint，VER）或**"自愿"限制协议**（"voluntary" restraint agreement，VRA）。20 世纪 80 年代，美国用这种安排限制日本汽车进口数量。这时，由负责执行日本贸易政策的政府机构——通产省（MITI）告知日本每个汽车制造商它们所能出口到美国的汽车数量。在这种情况下，配额租就被外国生产商获取，于是，母国福利损失等于：

消费者剩余减少	$-(a+b+c+d)$
生产者剩余增加	$+a$
母国福利净效应	$\mathbf{-(b+c+d)}$

由于配额租被外国所获得，所以，"自愿"限制协议使得进口国比征收关税时遭受更大的无谓损失：（$b+c+d$）。这种结果不禁使人产生既然这样为什么最终还要实行"自愿"限制协议的疑问。一种回答是，将配额租让给出口国厂商可大大减少出口国同样采用进口关税或配额手段实施报复的可能性。换句话说，将配额租转让给出口国是避免关税战或配额战的一种途径。

---

① 20 世纪 80 年代美国提议拍卖进口配额，参见 C. Fred Bergsten，1987，*Auction Quotas and United States Trade Policy*（Washington，D. C.：Peterson Institute for International Economics）。美国在无线电频率的波段和近海石油钻探方面采用过政府拍卖方式。

美国的进口配额成本 表8-3显示了1985年度美国某些主要配额产品的无谓损失和配额租的估计数值。除乳制品外，几乎所有产品的配额租都被外国出口商获得。在下一章讨论的汽车案例中，外国出口商从汽车出口中获得的配额租从20亿美元到80亿美元不等。在《多种纤维协定》框架下，纺织品和服装具有很高的配额租，给美国带来的无谓损失也很大（每项大约为50亿美元）。此外，由于外国出口商为获得配额许可而进行的寻租活动，《多种纤维协定》也给外国出口商造成严重损失。表8-3显示了损失总和，20世纪80年代中期，美国每年由配额带来的无谓损失总计约为80亿美元至120亿美元，而每年转让给外国的配额租约为70亿美元至170亿美元。

表8-3　美国进口保护的年度成本　单位：十亿美元

表中列出了美国在20世纪80年代（1985年前后）因实施进口配额而产生的无谓损失及配额租的估计值。许多配额租如今已不复存在。

	美国的无谓损失（面积 $b+d$）	配额租（面积 c）
汽车	0.2～1.2	2.2～7.9
乳制品	1.4	0.25*
钢铁	0.1～0.3	0.7～2.0
食糖	0.1	0.4～1.3
纺织品与服装	4.9～5.9	4.0～6.1
进口关税	1.2～3.4	0
总计	7.9～12.3	7.3～17.3

*乳制品的配额租被美国进口商获取，故未计入总计中。

资料来源：Robert Feenstra，1992，"How Costly Is Protectionism?" *Journal of Economic Perspectives*，Summer，159-178.

美国承担的其中一部分损失（而不是全部）现已不再存在。1987年后，汽车进口配额被取消，因为日本汽车制造商开始在美国设厂，从而减少了美国的直接进口量。钢铁产业中的配额被小布什总统于2002—2003年临时实施的保障性关税所取代，但对食糖的配额仍保留。《多种纤维协定》于2005年1月1日废止，代之以同中国签订的一系列新的配额协议。鉴于上述行业仍受配额限制，我们预期美国会继续遭受损失，正如我们在下面的纺织品与服装案例中所探讨的那样。

案　例

中国与《多种纤维协定》

GATT的基本原则之一是，缔约成员不应使用配额限制进口（参见**专栏**

“GATT 的核心条款”中的第十一条)。1974 年在 GATT 主持下形成的《多种纤维协定》是这一原则的重要例外,它允许工业化国家对来自发展中国家的纺织品和服装产品的进口数量进行限制。进口国可以加入《多种纤维协定》,并可安排双边配额(即与出口国谈判后)或单边配额(由它们自行决定)。其实,在《多种纤维协定》框架下确立的进口配额非常具体,详细规定了各发展中国家可以销往加拿大、欧洲国家和美国等国的每种纺织品和服装产品的数量。

虽然配额数量偶尔也会上调,但远远赶不上新增出口国的出口能力提升。在1986—1994 年的 WTO 乌拉圭回合谈判中,发展中国家就取消这一进口配额制度与发达国家举行了谈判,从而使《多种纤维协定》于 2005 年 1 月 1 日终止。中国是纺织品和服装产品的最大潜在供应国,所以,《多种纤维协定》期满意味着中国有可能向其他国家尽量多出口——或许它正是这么想的。中国的巨大出口增长潜力给许多其他国家带来了麻烦。一些发展中国家担心,中国不断增长的出口量会对它们自己的服装类产品的出口形成竞争压力,而在这些国家,许多工人却靠此赖以为生。进口国的大生产商也对中国出口的潜在增长忧心忡忡,因为这会导致其纺织品和服装行业中的工人失去工作。

中国的出口增长 2005 年 1 月 1 日刚过,中国纺织品和服装的出口量就出现迅猛增长。譬如,与一年前相比,1 月和 2 月中国出口到欧洲的紧身衣和运动裤增长了 2 000%;从中国进口的套衫和针织衫几乎激增了 1 000%;裤子的进口量增长了 3 倍多。如图 8-12 所示,2005 年全年,美国从中国进口的纺织品和服装比上一年增长了 40%以上。在该图中,我们列出了在美国市场上位居前 20 名的出口国或地区。[①] (a) 图显示了来自各个国家或地区的纺织品和服装进口额的变化。来自中国的进口激增是以牺牲某些高成本出口国或地区为代价的,如韩国、中国香港、中国台湾等,这些国家或地区向美国的出口下降了10%~20%。

在图 8-12 (b) 中我们列出了各个国家(地区)纺织品和服装产品价格变化的百分比,其变化程度取决于这些产品在 2005 年 1 月 1 日以前是否属于《多种纤维协定》配额的“受限产品”。从 2004 年至 2005 年,中国的价格下降幅度最大,“受限产品”类别的降价达 38%。其他许多国家或地区也因《多种纤维协定》配额期满而价格大幅下降:巴基斯坦为 18%,柬埔寨为 16%,菲律宾、孟加拉国、印度、印度尼西亚和斯里兰卡下降了 8%到 9%不等。取消配额引起的价格下降与理论上所预见的情况完全一致,就如同图 8-11 中价格从 P_2 移向自由贸易时的 P^W 一样。令人惊异的是,如图 8-12 所示,墨西哥等少数国家的价格却上升了。不过,只有不到 1%的墨西哥输往美国的纺织品和服装受配额限制,因此,该国价格上升似乎与《多种纤维协定》期满没有什么关系。

① 图 8-12 以及下面几段的福利估计值都来自 James Harrigan and Geoffrey Barrows,2009,“Testing the Theory of Trade Policy:Evidence from the Abrupt End of the Multifibre Arrangement,” *The Review of Economics and Statistics*,91 (2),282-294。

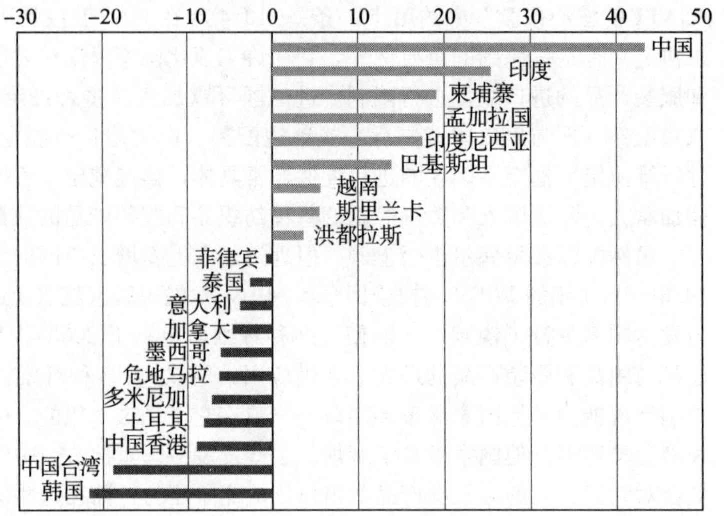

（a）出口额变化（%）

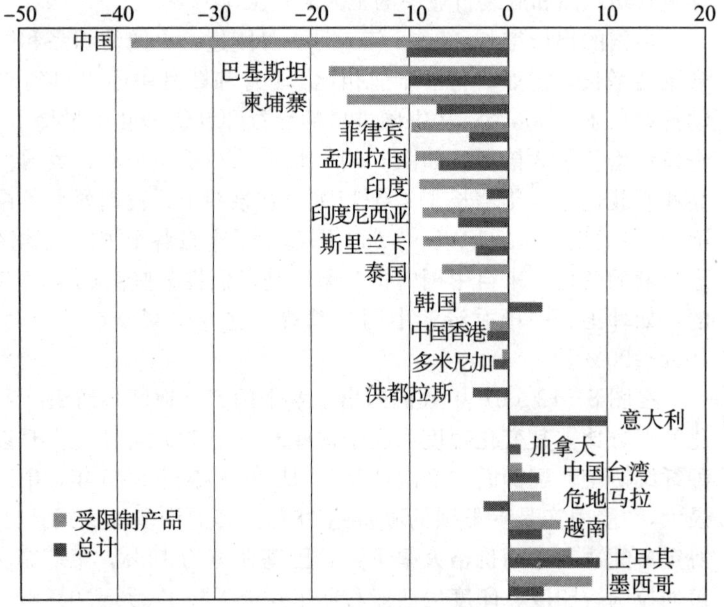

（b）出口价格变化（%）

图 8-12　《多种纤维协定》到期后出口到美国的服装与纺织品变化（2004—2005）

（a）图显示，《多种纤维协定》到期后，中国服装与纺织品的出口额猛增。这既反映了以往受《多种纤维协定》遏制的中国的出口数量激增，同时也反映了出口由高成本的中国香港、中国台湾和韩国向中国转移。从（b）图中我们发现，原先受《多种纤维协定》限制的产品的出口价格在《多种纤维协定》到期后的降幅往往超过平均出口价格的降幅。这恰好是配额理论所预见的：取消配额会降低消费者的进口品价格。

资料来源：James Harrigan and Geoffrey Barrows，2009，“Testing the Theory of Trade Policy：Evidence from the Abrupt End of the Multifibre Arrangement，” *The Review of Economics and Statistics*，91（2），282-294.

《多种纤维协定》的福利成本　给定 2005 年上述国家或地区输往美国的纺织品和服装价格的下跌，我们就有可能估算《多种纤维协定》造成的损失。美国没有像20世纪80年代澳大利亚那样对纺织品和服装配额许可证进行拍卖，所以配额租便被外国出口商获取。这表明《多种纤维协定》对美国造成的福利损失为图8-11中的面积（$b+c+d$）。利用2004—2005年价格下降的资料，2005年该面积估计在65亿美元至162亿美元之间。[①] 这些估计数的简单平均数是114亿美元，它可被当成美国付出的总成本。为了合理地计算福利损失，还可以从另外一个角度看待这个福利损失。2005年美国总共有1.11亿个家庭，每个家庭花费在服装上的支出大约为1 400美元。114亿美元损失除以1.11亿个家庭，每个家庭一年大约摊到100美元，或占年服装消费额的7%，这是为《多种纤维协定》付出的福利成本。[②]

进口品品质 除价格呈总体下降外，价格下降的结构也很有意思：低价类纺织品和服装的价格降幅最大（按百分比计）。像从中国进口的原价1美元的廉价T恤衫，跌幅超过了38%（38美分以上）；而价格10美元的较贵类产品，跌幅小于38%（不到3.8美元）。于是，美国市场需求转向从中国进口的低价纺织品和服装：出现了中国出口品“品质降级”的情况。

为了弄清为什么会出现品质降级的现象，最简单的办法是逆向思考这个问题：当实施像《多种纤维协定》之类的配额时，对产品品质会产生什么影响？像其他大多数配额一样，《多种纤维协定》限制的是每个国家的进口数量：它限制布匹的码数，或衬衫的件数，或袜子的打数，等等。面对这种配额方式，出口商往往更愿意输出高品质的棉布、衬衫或袜子，因为同样数量的高价值并不违反配额限制。所以，当《多种纤维协定》开始生效时，我们预期会发现各国出口品出现“品质升级”的现象。同样的道理，当《多种纤维协定》被废止后，中国以及其他国家或地区出口到美国的产品便会出现“品质降级”的情况。

美国和欧洲的反应 然而，中国向美国和欧洲出口激增的好景不长。欧盟扬言要对中国出口实施新的配额，中国对此做出了回应，答应在2005年6月11日至2008年底这个期间实行“自愿”出口限制，将每年纺织品出口增长控制在大约10%范围内。至于美国，它与中国就实行新的配额制进行谈判的能力在2001年中国加入WTO时的中国入世协议中得到了保证。根据该协议，中国出口到美国的纺织品年增长率将被限制在7.5%之内。美国的新配额制设定为3年，从2005年到2008年。临时性配额到2008年末到期。我们可以预见到，美国纺织品和非洲行业在到期后必将再次请求施加配额。但是，由于全球性的金融危机，中国2009年纺织品和服装出口与前几年相比大幅下降。因而，中国已经表示，不接受美国和欧盟再对纺织品和服装出口设置进口壁垒。美国和欧盟的纺织品和服装进口配额目前都已经到期了。

---

① 注意，2005年的这个估计值范围可以与表8-3中纺织品和服装的福利成本估计值范围相比较（只是范围更大），表8-3中的范围为1985年89亿美元至120亿美元，通过加总无谓损失与配额租获得。

② 与此相比较，2004年美国纺织服装业有737 000个工人，其年均工资为31 500美元。如果我们用114亿美元总损失除以所有这些工人，我们得到在美国该产业每个受保护工作岗位的成本约为15 500美元，即每个工人年工资的约一半。

8.6 结论

进口关税是最常用的贸易政策工具。本章我们研究了关税对进口国与出口国的消费者和生产商产生的影响，我们还研究了一些不同的案例。首先，我们假定进口国很小，不能影响进口品的世界价格。在这种情形下，进口国的消费者和生产商面对的价格涨幅与关税额完全一致。由于消费价格上升，消费者剩余出现减少；而生产商因销售价格提高，生产者剩余则出现了增加。此外，政府从征收关税中获得了收入。若我们将所有上述效应——消费者剩余减少、生产者剩余增加以及政府收入增加——加在一起，进口国仍呈现净损失，我们将这种损失称为关税引起的无谓损失。

进口小国征收关税总会引起福利净损失的事实，解释了大多数经济学家反对使用关税的原因。此外，这还产生了既然如此为什么还要使用关税的问题。使用关税的一个理由是，尽管会产生无谓损失，但征收关税是政府增加收入的捷径，发展中国家尤其如此。第二个理由是出于政治上的考虑：比起对避免消费者损失的关心程度，政府可能更加关心对厂商的保护。第三个理由是，小国假设也许在现实中根本不成立：许多国家也许是某产品的进口大国，足以对世界价格产生影响。在大国情形下，关税导致进口需求减少，迫使外国出口商下调其产品价格。当然，进口国的消费价格和销售价格则照涨不误，因为上述价格中包含了关税，不过涨幅小于关税增幅。我们已经表明，如果将减少的消费者剩余、增加的生产者剩余和增加的政府收入加在一起，低关税可能会给进口国带来福利增加。

可是，在大国情形下，进口国的任何收益都是以牺牲出口国利益为代价的。因此，我们有时将大国情形下实施关税的做法称为“以邻为壑”政策。我们还证明了关税引起的出口国福利减少大于进口国福利所得。所以，关税会造成世界总福利损失，这是大多数经济学家反对使用关税的又一原因。

除了进口关税外，我们还研究了对一国进口数量实行限制的进口配额问题。WTO试图限制使用进口配额，但只取得了部分成功。譬如，《多种纤维协定》就是工业化国家用来限制纺织品和服装进口数量的一种复杂的配额体系。它于2005年1月1日期满，但美国和欧盟针对从中国进口的纺织品和服装制定了新的配额。就在不久以前，美国还对食糖进口实施过配额，欧盟也曾对香蕉进口实施过配额(现已改为关税)。以上只是众所周知的部分进口配额案例，还有许多其他例子。

在完全竞争市场条件下，实施进口配额与征收进口关税的效应一样：两者都会使进口国国内价格上升，令消费者受损、生产商获益。然而不同的是，关税能给进口国政府带来收入，而实施配额的话，谁能进口产品谁就赚取国内价格与世界价格的差额，或被称为“配额租”。例如，假定进口国厂商拿到了进口许可证，那么它们就赚取了配额租。另外还有一种情况，如果厂商为了争夺配额租而造成资源的浪费，那么就会产生额外的无谓损失。不过，外国出口商获得配额租的现象更普遍，在实施由外国政府管理的“自愿”出口限制时，这种情况便会发生。

第四种可能性是，进口国政府将配额许可证拿来拍卖，这时，它获得的拍卖收入等于配额租；这种情形类似于征收关税时的福利结果。

要点

1. 一国政府能够用被称为贸易政策的法律规定影响国际贸易流动。进口关税，一种在边境上征收的税种，是最常用的贸易政策。

2. 大多数国家治理贸易政策的规则是由 GATT 确立的。GATT 是第二次世界大战后为了促进国际贸易发展而采取的一项国际法公约。从 1995 年起，GATT 有了一个新的名称，即世界贸易组织（WTO）。

3. 在一个小国，它所需进口的产品数量与整个世界市场相比假定很少。因此该进口国面对的是一成不变的世界价格。在这种情形下，进口国的消费者和生产商所面对的价格将会增加与所征关税相同的数额。

4. 进口小国实施关税总是导致福利净损失，我们把这种损失称为无谓损失。

5. 仅仅针对一个国家的歧视性关税（比如针对中国的轮胎进口关税）与针对所有国家的关税相比，无谓损失更大。

6. 在大国，由关税引起的进口需求减少会导致出口商降低价格。由于价格中包含关税，进口国消费者和生产商的价格仍然提高，但其提高幅度小于关税（因为出口商价格下降）。

7. 大国实施关税会导致母国福利净增加，因为出口商的要价降低了；这就是进口国的贸易条件利得。

8. 最优关税是指使进口国福利最大化的关税。对小国来说，最优关税是零，因为关税总是导致净损失。然而，对大国来说，最优关税是正的。

9. 最优关税公式表明，它取决于外国出口供给弹性的倒数。如果外国出口供给弹性大，那么，最优关税就低；但如果外国出口供给弹性小，则最优关税就高。

10. 进口配额限制了特定产品的进口数量，由此引起国内市场价格上升、产量增加以及为那些被准予按分配数量进口的厂商创造了利益。该利益被称为配额租。

11. 假定产品处于完全竞争市场条件下，因进口数量受到限制而导致国内价格更高，因此，配额的作用类似于关税。然而，配额对福利的影响却不同于关税，取决于谁获得了配额租。这些租金可能被进口国厂商获得（如果它们拥有进口产品的许可证），或者被出口国厂商获得（如果由外国政府配置配额），也可能被进口国政府获得（如果它将配额许可证拍卖）。最后一种情形与关税最为相似，因为进口国政府获得了收入。

关键术语

贸易政策	进口配额	倾销
进口关税	出口补贴	保障条款

免责条款	无谓损失	最优关税
区域贸易协定	生产损失	《多种纤维协定》
自由贸易区	消费损失	等效进口关税
关税同盟	争端解决程序	配额租
消费者剩余	关税战	配额许可证
生产者剩余	大国	寻租
小国	贸易条件	"自愿"出口限制
进口需求曲线	贸易条件利得	"自愿"限制协议

习　题

1. 参照专栏**"GATT 的核心条款"**回答下列问题：

a. 如果美国对从某国进口的特定产品（如钢铁）征收关税，根据"最惠国待遇原则"，该钢铁关税适用于所有其他成员意味着什么？

b. GATT 第二十四条是"最惠国待遇原则"的一个例外吗？给出原因。

c. 根据 GATT 条款，除了关税，一国可对产品的进口数量实施配额（数量限制）吗？在现实中，该规则有个什么例外？

2. 如图 8-5 所示，考虑小国对一种进口品征收关税 t：

a. 假定该国决定将关税降至 t'，重新画出母国市场与进口市场图，并说明其变化。母国生产产品的产量和价格有何变化？进口量有何变化？

b. 由于关税下降，国内消费者剩余增加了还是减少了？由于关税下降，国内生产者剩余增加了还是减少了？政策的变化对政府收入有何影响？在你的图上加以说明。

c. 政策变化引起的总的福利所得或损失是多少？

3. 如图 8-9 所示，考虑大国对某一进口品征收关税 t：

a. 与小国情形相比，（b）图中的出口供给曲线有何不同？解释为什么会有这些区别。

b. 解释关税是如何影响进口国消费者支付的价格和出口国生产商得到的价格的。用图说明下列情形对价格产生的影响：（1）出口供给曲线非常富有弹性（平的）；（2）出口供给曲线缺乏弹性（陡峭的）。

4. 如图 8-9 所示，考虑大国对某一进口品征收关税 t。试比较在下列情形下的贸易条件利得与无谓损失的大小：（1）当关税很低时；（2）当关税很高时。用图表示你的答案。

5. a. 如果外国出口供给曲线具有完全弹性，母国应如何用最优关税增进福利？请给出解释。

b. 如果外国出口供给曲线小于完全弹性，母国用来增进福利的最优关税公式是什么？

c. 如果征收的关税高于最优关税，母国的福利有何变化？

6. 将下列情形根据母国福利按升序排列，并说明你的理由。如果有两项相等，做出相应说明。

a. 小国征收关税 t，相应的进口量为 M。

b. 大国征收关税 t，相应的进口量为 M。

c. 大国征收关税 t'，相应的进口量为 $M' > M$。

7. 将下列情形根据母国福利按升序排列，并说明你的理由。如果有两项相等，做出相应说明。

a. 小国征收关税 t，相应的进口量为 M。

b. 小国实施与进口量 M 相等的配额，配额许可证被分配给母国厂商，无寻租行为。

c. 小国将配额数为 M 的配额许可证向母国厂商拍卖。

d. 小国将配额数为 M 的配额许可证给予出口商。

e. 小国将配额数为 M 的配额许可证分配给寻租的母国厂商。

8. 为何小布什总统比原计划提前 17 个月终止了关税措施?

9. 奥巴马总统向中国轮胎征收进口关税时适用了美国贸易法的哪一个条款?这一条款比 201 条款更容易还是更难适用于关税?

10. 2009 年并没有美国轮胎生产商加入请求对中国轮胎征收关税的行列。相反，对从中国进口的轮胎征收关税的请求来自美国轮胎工人以及代表轮胎工人的工会。为何美国的大型轮胎生产商如固特异、米其林、固铂和普利司通不支持对中国轮胎征收关税?

11. 假定母国是个小国，根据第 11 题图回答问题。

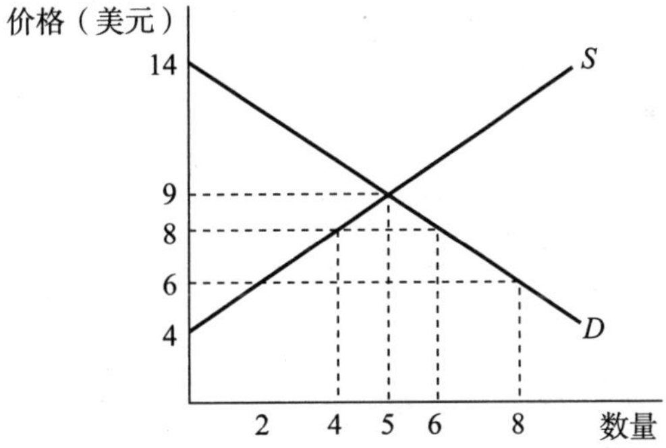

（a）母国市场

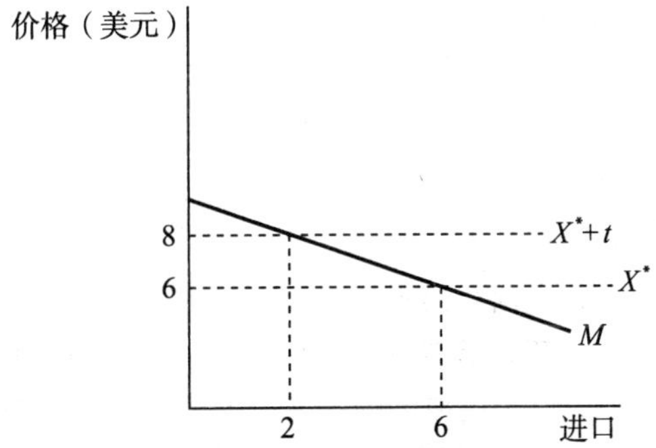

（b）进口市场

第 11 题图

a. 计算无贸易情形下的母国消费者剩余和生产者剩余。

b. 现假定母国开展贸易，面对的世界价格为 $P^*=6$ 美元。确定在自由贸易时的消费者剩余和生产者剩余。母国从贸易中获益了吗？请加以解释。

c. 考虑到当地生产商的福利，母国政府征收 2 美元的关税（即 $t=2$ 美元），确定关税对母国经济体的净效应。

12. 参照第 11 题图。假定母国不征收关税，而采用进口配额限制外国只能销售 2 单位产品。

a. 如果配额许可证被分配给本地生产商，确定进口配额对母国经济体的净效应。

b. 如果配额租由外国出口商获得，计算进口配额对母国福利的净效应。

c. 将你对 a、b 的答案与第 11 题 c 的答案进行比较，有何不同？

13. 如图 8-5 所示，考虑小国征收关税 t。不过，并非对进口的所有单位产品征收关税。我们假定只对超过配额数 M'（少于总进口量）的进口品征收关税。这被称为"关税率配额"（TRQ），一般用在农产品上。

a. 重画图 8-5，将配额数 M' 加进去。记住，只对超过配额数的进口品征收关税。请指出，哪个是关税收入矩形？哪个是配额租矩形？简要解释本题中配额租的含义。

b. 按同样税率，不使用关税，而采用关税率配额，对母国福利有何影响？与相同税率的关税相比较，关税率配额对外国福利的影响有何不同？它取决于谁获得配额租吗？

c. 根据你对 b 的回答，你为什么认为关税率配额经常被采用？

14. 第 14 题表中是关于某国在取消《多种纤维协定》配额后的 T 恤衫进口、消费和生产的假想信息。

第 14 题表

	《多种纤维协定》存在期间	取消《多种纤维协定》后（自由贸易）
世界价格（美元/件）	2.00	2.00
国内价格（美元/件）	2.50	2.00
国内消费（百万件/年）	100	125
国内生产（百万件/年）	75	50
进口（百万件/年）	25	75

a. 用图画出取消配额对国内消费和生产的影响。

b. 确定从取消配额获得的消费者剩余所得。

c. 确定由取消配额带来的生产者剩余损失。

d. 计算配额条件下赚取的配额租。

e. 确定该国从取消配额中的获益。

15. 假定某中国生产商在《多种纤维协定》的限制下销售某一数量的衬衫，而对衬衫品种没有规定。

在自由贸易条件下，每件T恤衫售价为2美元，《多种纤维协定》配额使其价格上升至2.5美元；一件女式衬衫售价为10美元，《多种纤维协定》也将导致其价格提高（见第15题表）。

第15题表

	存在《多种纤维协定》期间	取消《多种纤维协定》后（自由贸易）
T恤衫国内价格（美元/件）	2.50	2.00
女式衬衫国内价格（美元/件）	?	10.00

a. 假定《多种纤维协定》使女式衬衫价格从10美元提高至11美元，该生产商还愿意出口T恤衫和女式衬衫两种产品吗？（记住，不论什么衬衫，都只能出口固定的数量。）请说明理由。

b. 如果生产商愿意出口T恤衫和女式衬衫，在《多种纤维协定》条件下，女式衬衫的价格必须是多少？

c. 根据你对b的答案，计算《多种纤维协定》存在前后女式衬衫相对于T恤衫的价格。《多种纤维协定》使相对价格有何变化？

d. 根据你对c的答案，《多种纤维协定》会使美国对来自该生产商的女式衬衫相对于T恤衫的相对需求发生什么变化？

e. 现在考虑一下该生产商总的出口组合，《多种纤维协定》使产品品质提升了还是降低了？取消《多种纤维协定》后又会怎样？

网络练习

登录网站 http://www.wto.org/。查找出世界贸易组织有多少个成员，以及哪些国家最近才加入。

登录网站 http://www.usitc.gov/trade_remedy/about_global_safeguard_inv.htm。阅读1974年《美国贸易法》201条款和421条款，这两个条款有什么不同？最近有什么案例？

第 9 章 不完全竞争条件下的进口关税与配额

本章内容提要

9.1 母国垄断条件下的关税与配额
9.2 外国垄断条件下的关税
9.3 倾销
9.4 对倾销的政策反应
9.5 幼稚产业保护
9.6 结论

我们提起贸易案件的数量接近上届政府的两倍，这发挥了很大的作用……但是，我们还要做得更多……今天晚上，我宣布组建贸易执行小组，负责调查中国等国家或地区的不正当贸易行为。

——奥巴马总统，国情咨文，2012 年 1 月 24 日

如果认为重型摩托车案例是免责条款（关税）唯一成功的范例，这是因为它几乎没有产生任何负面影响，还有助于哈雷-戴维森公司（以下简称“哈雷公司”）取得银行贷款，从而实现多元化发展。

——美国国际贸易委员会首席经济学家约翰·索米拉，1993 年[1]

① 引自 Douglas A. Irwin，2002，*Free Trade under Fire*（Princeton，NJ：Princeton University Press），136－137。

最近对经济学家的一项调查显示，有87%的经济学家赞同“进口关税和配额通常减少总经济福利”的观点。① 毫不夸张地说，这个观点是第二次世界大战之后国际组织成立的指导准则，特别是世界贸易组织。该观点也正是前几章分析所传达的信息：对小国而言，征收关税造成其经济损失；而对大国而言，尽管可能从关税中获益，但是以牺牲贸易伙伴的利益为代价，从全球来看，还是损失经济福利。因而，进口关税和配额在经济学上似乎找不到依据。

但是，我们可能想知道进口关税是否在某些情况下可以使征收国家获益。我们可以观察前几章所举的例子，如果观察国家发展的早期，我们更会看到这样的案例。比如，美国19世纪的关税税率在10%到50%之间波动。这样的关税税率比美国大萧条时期推行的高达25%的斯穆特-霍利关税税率还高。同样，第二次世界大战之后的发达国家或地区如日本、韩国和中国台湾刚起步时的关税税率很高，之后慢慢地一步一步削减。最近的就是中国，在2001年加入世界贸易组织之前，中国的关税税率也非常高。

这些事实不免让我们产生是否在前面假设市场完全竞争的分析中漏掉了一些支持征收关税的贸易理论的疑问。当市场不完全竞争时，贸易政策工具的影响是否会不同？本章及以后的章节将探讨这个问题的答案。

对上面这些问题的研究在20世纪80年代引发了经济学家的极大关注。这一时期对于这一问题的研究就是我们所知的**“战略贸易政策”**（strategic trade policies）理论。战略贸易政策理论认为，在不完全竞争条件下，政府贸易政策将给予母国公司竞争优势，使之在同外国公司的竞争中更有竞争力。在开始时，这个领域的经济学家本来以为，他们的研究将挑战传统自由贸易理论。随着研究的深入，战略贸易政策理论的支持者意识到了局限性：在一些情况下，进口关税或配额将对母国构成伤害；但是，在另外一些情况下，产生的效果类似于前面大国的关税分析。我们将以案例说明这两种结果。

当一国政府使用战略贸易政策来提升本国公司的竞争力时，其他贸易国通常视这种行为“不公平”，从而采取措施进行应对。在本章开篇的第一个引语中，奥巴马总统2012年宣布“组建贸易执行小组，负责调查中国等国家或地区的不正当贸易行为”。奥巴马总统这段表述的逻辑就是应对“不公平”贸易行为。在前面的章节中我们引述了近年发生的中美贸易纠纷案例：美国针对中国出口的轮胎征收关税（2009年9月到2012年9月有效）。本章将列举更多案例，包括美国对中国太阳能面板开征关税。为了探讨战略贸易政策理论，我们需要摈弃市场完全竞争的假设，这个假设是前面章节分析的基础。本书第6章探讨过市场不完全竞争状态：企业能够影响价格，并且可以以高于边际成本的价格销售产品，包括垄断、寡头垄断和垄断竞争，市场中只有一个或少数几个生产者，或者产品差异化严重。本章使用一个极端的假设只有一个企业（垄断）的案例，这样可以让我们更清晰地看到贸易政策在不完全竞争条件下和完全竞争条件下如何不同。

在本章中，首先我们在母国垄断假设条件下分析关税和配额的效应。在上一

① Robert Whaples and Jac C. Heckelman, 2005, “Public Choice Economics: Where Is There Consensus?” *American Economist*, 49 (1), 66-78.

章的完全竞争框架内，配额与关税对母国价格的影响完全相同。然而，在不完全竞争市场条件下，上述两种贸易政策工具对母国价格有着不同的影响，所以，当存在上述两种政策工具可供选择时，执行何种贸易政策，必须考虑其不同效果。

我们要分析的第二种情形是向母国市场出口的外国垄断。我们通过分析母国实施进口关税的效应，会发现它与在完全竞争条件下大国情形时的关税效应类似(参见第8章)，此时，母国从关税中有潜在获益的可能性。第6章讨论过外国**歧视性垄断**（discriminating monopoly)，它是外国垄断厂商的一个特例，垄断者在母国索要的价格低于自己国内市场，所以，这属于一种向母国市场**倾销**(dumping）其产品的行为。针对外国歧视性垄断征收的关税被称为**反倾销税**(antidumping duty)。因为反倾销税征收的方式特殊，所以它们不可能使母国获益，相反，却会招致损失。

我们要分析的第二种情形是母国的**幼稚产业**（infant industry)。所谓幼稚产业是指那些过于弱小以致无法实现最低成本的产业。通常，幼稚产业由少数厂商构成。在我们的分析中，假定只有一个厂商。因此，这也是一种母国垄断状况。这类母国厂商的特点是：没有能力在自由贸易中进行竞争，世界价格低于其最低生产成本，企业经营亏损。但是，随着产出的增加，厂商学习提高效率，未来可能以较低的成本生产，能够在自由贸易中和其他企业竞争，还能保持盈利。实现这一结果的一种方法便是政府介入（比如征收进口关税)，帮助厂商生存下来，最终把成本降低到能在世界市场竞争的较低水平。这个政策被称为“幼稚产业保护关税”。

虽然本章把幼稚产业理论包含进战略贸易政策理论之内，但是幼稚产业理论很早就已经提出，可以追溯至约翰·斯图亚特·穆勒（1806—1873)。本章将列举数个幼稚产业案例，包括中国汽车产业（2001年加入世界贸易组织之前，该产业关税税率很高)。我们还将利用这个理论分析美国20世纪80年代保护哈雷摩托的进口关税。幼稚产业理论分析的关键问题是政府如何权衡利弊、是否应该开征临时性进口关税来保护未来能够在世界上竞争的本国产业。

9.1 母国垄断条件下的关税与配额

为了阐明在不完全竞争市场条件下关税与配额的效应，我们先分析母国垄断——单个厂商销售某种均质产品。在这种情形下，自由贸易会引来更多的外国厂商在母国市场销售该同类产品，这就消除了母国厂商按高于边际成本定价的可能性（自由贸易均衡导致了完全竞争的母国市场)。正如我们将看到的那样，由于关税和配额会影响母国垄断厂商的**市场势力**（market power）（即一个厂商选择其价格的程度)，因此，它们对这种贸易均衡有不同的影响。一方面，在关税情形下，母国垄断厂商仍需与大量进口商展开竞争，所以，其市场势力受到了限制；另一方面，在进口配额情形下，一旦达到配额限定数量，垄断厂商就是母国市场上销售产品的唯一生产商，因此，母国垄断厂商还可再次施加市场势力。本节描述了存在贸易和无贸易时的母国均衡，并解释了关税与配额之间的上述区别。

无贸易均衡

我们首先用图 9－1 来说明母国垄断条件下的无贸易均衡。D 代表母国的需求曲线，由于它向下倾斜，因此，垄断厂商卖得越多，价格就随之下降。这种价格下降意味着垄断厂商从每多销售一单位产品中赚取的额外收益都低于价格：额外收益等于销售该单位产品所得的收益减去降价幅度乘以之前销售的所有单位产品。多销售一单位产品赚取的额外收益，即**边际收益**（marginal revenue），以图 9－1 中的 MR 曲线表示。

为了使利润最大化，垄断厂商的生产点位于多销售一单位所获得的边际收益 MR 等于多生产一单位所付出的边际成本 MC 这一点上。如图 9－1 所示，垄断厂商的生产量为 Q^M。从 Q^M 往上追踪到需求曲线上的 A 点，然后跨到价格轴，垄断厂商的定价是 P^M。该价格能使垄断厂商获得最大利润，这就是在没有国际贸易条件下的垄断均衡。

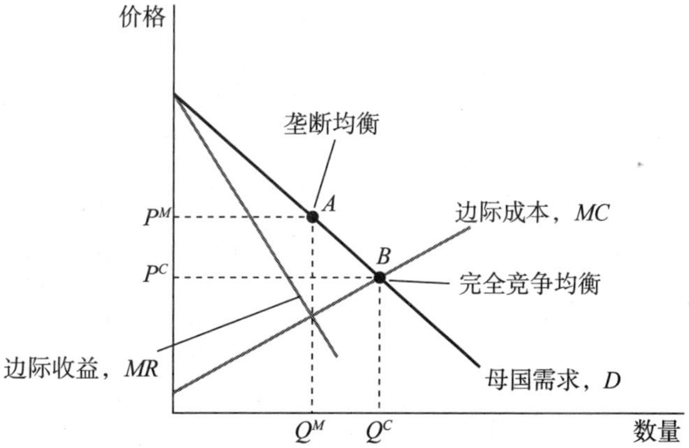

图 9－1　无贸易均衡

在没有国际贸易时，母国垄断均衡位于产量 Q^M 处，在此处，边际收益等于边际成本。从该数量出发，我们上溯到需求曲线上的 A 点，定价为 P^M。在完全竞争条件下，产业供给曲线为 MC，于是，当需求等于供给时，便达到了无贸易均衡（B 点），其对应的产量为 Q^C，价格为 P^C。

与完全竞争相比较　我们可将无贸易时的垄断均衡与完全竞争均衡做一比较。假定该产业存在许多厂商，而不是只有一家厂商。我们还假定所有这些厂商组成的联合体具有与一家垄断厂商相同的成本条件。于是，该产业的边际成本曲线与垄断厂商的边际成本曲线 MC 完全一致。由于一个完全竞争的产业将在价格等于边际成本处生产，所以，MC 曲线也是该产业的供给曲线。当供给与需求相等时（产量为 Q^C，价格为 P^C），便达到了在完全竞争条件下的无贸易均衡。竞争价格 P^C 低于垄断价格 P^M；竞争产量 Q^C 大于垄断产量 Q^M。这个对比表明，在无贸易时垄断厂商可通过限制产品销售数量达到哄抬市场价格的目的。然而，在自由贸易条件下，垄断厂商则无法用限制产量的手段来抬高价格，我们下面研究的就是这种情形。

自由贸易均衡

现假定母国实行自由贸易。我们将母国看作是一个“小国”，这表示母国面对的是固定不变的世界价格 P^W。在图 9－2 中，我们在该价位上画出了一条标为 X^* 的水平线，它就是外国出口供给曲线。在该价位，外国可提供任何数量的进口品（因为母国是个小国，外国出口供给具有完全弹性）。同样，母国垄断厂商也可以以 P^W 的价格销售任意数量的产品（因为它能按世界价格出口），但却不能在母国索要比这高的价格。如果它索要更高的价格，母国消费者就会转而购买进口品。因此，外国供给曲线 X^* 也是母国垄断厂商面对的新的需求曲线，原来无贸易时的国内需求曲线 D 就不再适用。

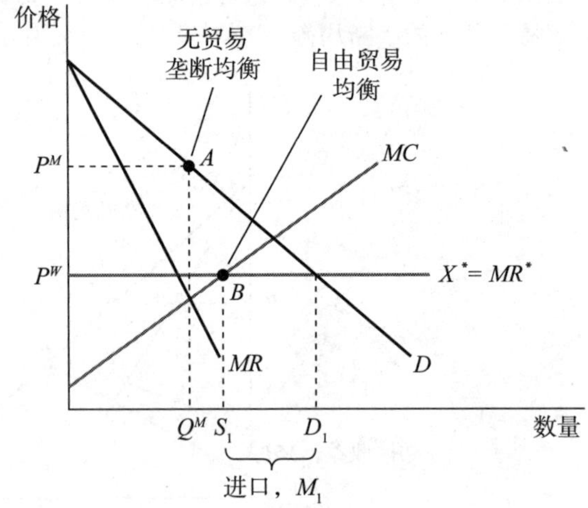

图 9－2　母国垄断时的自由贸易均衡

自由贸易条件下的世界价格为 P^W 不变。在该价格下，母国面临外国出口供给曲线 X^*。由于母国厂商不能将自己的产品价格定得比 P^W 高，否则将促使所有顾客都去购买进口品，因此，X^* 又是母国垄断厂商现在面临的需求曲线。由于价格固定不变，边际收益曲线 MR^* 也是需求曲线。在边际收益等于边际成本的 B 点利润达到最大化。母国厂商的供给为 S_1，母国消费者的需求为 D_1。它们之间的差额便是需要进口的数量：$M_1=D_1-S_1$。由于现在母国垄断厂商是按边际成本定价，这与在完全竞争条件下的自由贸易均衡完全相同。

由于母国垄断厂商面临的这条新需求曲线是一条水平线，母国厂商新的边际收益曲线也就是这条需求曲线，即 $X^*=MR^*$。为了理解为何会如此，记得边际收益等于多销售一单位产品所得收益减去降价幅度乘以之前销售的所有单位数量。而对于一条水平需求曲线来说，要多销售也用不着降价，因为所有额外单位产品都是按价格 P^W 销售的，即与之前售出的所有单位产品的价格完全一样。因而，边际收益等于多销售一单位产品时的价格 P^W。所以，母国垄断厂商面对的

需求曲线 X^* 等同于边际收益曲线；无贸易时的边际收益曲线 MR 也不再适用。

在新的自由贸易市场条件下，为了追求利润最大化，垄断厂商会使得边际收益等于边际成本（图 9-2 中的 B 点），以价格 P^W 供给 S_1。当价格为 P^W 时，母国消费者的需求量为 D_1，大于母国的供给量 S_1。在自由贸易条件下，供求之间的缺口便是母国的进口量，即 $M_1=D_1-S_1$。

与完全竞争相比较 让我们再次将垄断均衡与完全竞争均衡做一对比，只不过现在是在自由贸易条件下。像以往一样，我们假定竞争厂商与垄断厂商面对的成本条件相同，于是，在完全竞争条件下的产业供给曲线等于垄断厂商的边际成本曲线 MC。由于实行自由贸易和完全竞争，产业供给量为 S_1。此时，世界价格 P^W 等于边际成本，当价格为 P^W 时，消费者的需求量为 D_1。在自由贸易条件下，对于一个小国来说，母国垄断厂商在产量、定价方面与完全竞争产业一样。造成这个结果的原因是，小国的自由贸易消除了垄断厂商对价格的控制，即市场势力。它在世界价格 P^W 上面对着一条水平的需求曲线（等于边际收益曲线）。由于该垄断厂商对市场价格没有任何控制权，因此，只能像竞争性产业（具有相同的边际成本）一样行事。

自由贸易消除了母国垄断厂商对价格的控制，这个发现对母国消费者来说是贸易所得的一个额外来源，因为垄断厂商的市场势力被削弱了。我们在第 6 章首次讨论垄断竞争时已发现了这种额外收益。在那一章，我们表明了，在自由贸易条件下一个垄断竞争厂商生产的差异化产品面临着更富有弹性的需求曲线，致使它增加产量和降低价格。除了我们现在假定的是母国垄断厂商生产的产品与进口品是均质产品这一点外，同样的结论在图 9-2 中也成立，因此，它们按完全相同的价格销售。由于母国产品与进口品是均质产品，因此，图 9-2 中母国垄断厂商面对的需求曲线 X^* 具有完全弹性，使得垄断厂商在自由贸易条件下的行事方式与竞争性产业没有区别。

母国关税效应

现假定母国对进口品征收 t 美元关税，母国价格便从 P^W 提高至 P^W+t。如图 9-3 所示，其关税效应使外国出口供给曲线从 X^* 上移至 X^*+t。当价格为 P^W+t 时，母国厂商可销售任何数量产品，但定价绝不能高于这个价格。如果高于这个价格，母国消费者便会转而购买进口品。因而，这条外国供给曲线 X^*+t 也是母国垄断厂商面临的新的需求曲线。

因为这条新的需求曲线是一条水平线，所以，新的边际收益曲线再次与这条需求曲线一致，即 $MR^*=X^*+t$。其原因与自由贸易时相同：水平的需求曲线不存在为增加销售量而降低价格的问题，所以，母国厂商可按价格 P^W+t 销售任何数量的产品。因而，母国垄断厂商面对的需求曲线 X^*+t 就是它的边际收益曲线。

为了追求利润最大化，垄断厂商再次使边际收益等于边际成本，即图 9-3 中的 C 点。在该点，价格为 P^W+t，供给量为 S_2。当价格为 P^W+t 时，母国消费者

的需求量为 D_2，大于母国供给量 S_2。供需之间的差额为母国进口量：$M_2=D_2-S_2$。相对于自由贸易均衡，关税对母国垄断厂商的影响是，产量从 S_1 增加到了 S_2，价格从 P^W 提高到了 P^W+t。供给增加再加上母国需求减少，从而使进口量从 M_1 减少到 M_2。

与完全竞争相比较 让我们将关税条件下的垄断均衡与完全竞争条件下的结果做一比较。一个完全竞争产业面对的含关税价格是 P^W+t，这与垄断厂商面对的价格完全一样。假定在完全竞争条件下，该产业的供给曲线等于垄断厂商的边际成本曲线 MC，竞争性均衡位于价格与边际成本相等处，其产量还是 S_2，价格为 P^W+t。所以，当征收关税时母国垄断厂商的产量和定价与完全竞争产业相同。这个结果类似于我们在自由贸易条件下发现的结果。之所以出现这种相似性，是因为关税仍对垄断厂商提价的能力起到了限制作用：它只能将价格提高到 P^W+t，但绝不能高于这个价格，否则，消费者将购买进口品。鉴于垄断者对价格的操纵能力有限，当面对关税时，它只能按与竞争性产业相同的方式行事。

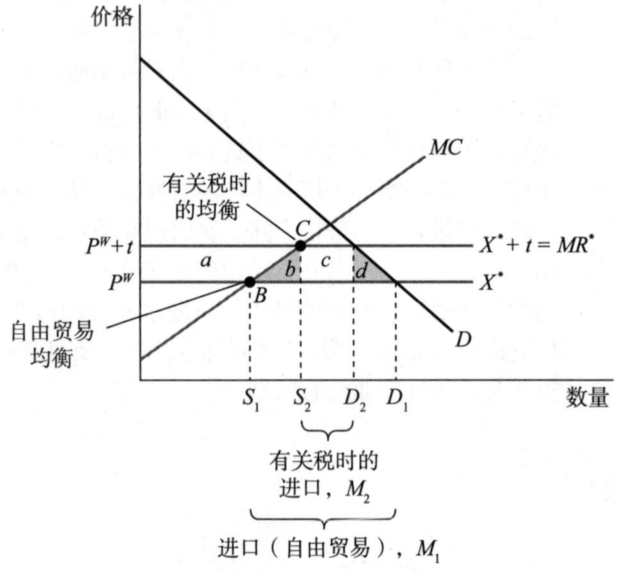

图 9-3 母国垄断时的关税

在自由贸易条件下，当世界价格为固定的 P^W 时，起初母国垄断厂商面对的是一条水平的需求曲线（也是边际收益曲线）X^*，在 B 点利润达到最大化。当征收关税 t 后，出口供给曲线上移，因为外国厂商必须在母国市场要价 P^W+t 才能赚到 P^W。这就使母国垄断厂商可趁机将其产品的国内价格提高到 P^W+t，但不能高于这个价格，否则将促使所有顾客都去购买进口品。鉴于母国供应量 S 增加、需求量 D 减少，因此，进口量下降到 M_2。关税的无谓损失由面积（$b+d$）衡量。由于母国垄断厂商仍将价格定在等于边际成本处，因此，这个结果同在完全竞争条件下获得的结果一样。

关税引起的母国损失 由于关税均衡和自由贸易均衡对于母国垄断厂商和完全竞争产业没有什么区别，关税产生的无谓损失也相同。我们在第 8 章讨论过，将价格从 P^W 提高至 P^W+t 引起的消费者剩余减少总额加上价格上涨获得的生产者剩余，再加上征收关税带来的政府收入，我们得到了完全竞争条件下的无谓损失。将所有上述几项加在一起，母国福利净损失为 $(b+d)$：

消费者剩余减少	$-(a+b+c+d)$
生产者剩余增加	$+a$
政府收入增加	$+c$
母国福利净损失	$-(b+d)$

在母国垄断条件下，关税产生的无谓损失也一样。因价格上升，母国消费者的损失仍为 $(a+b+c+d)$，而母国垄断厂商从价格上涨中获得的利润为数额 a。政府所得关税收入为面积 c，无谓损失仍是面积 $(b+d)$。

母国配额效应

现在让我们将关税与母国政府实施进口配额加以比较。正如我们现已表明的那样，比起对同样的均衡数量进口品征收关税，配额使母国消费者面临的价格更高，因此，母国福利损失也更大。导致更大损失的原因是，配额为母国厂商创造了一个“受庇护”的市场，任它施加其垄断势力，这就使得母国价格比在关税条件下还要高。经济学家和政策制定者深知配额的这一固有弊端，这正是为什么 WTO 鼓励各国用关税取代形形色色配额的原因所在。

为了阐明存在母国垄断时配额与关税间的区别，我们利用图 9－4 进行分析。图中，自由贸易均衡点为 B，关税均衡点为 C（与图 9－3 显示的点相同）。现假定用配额取代关税。我们所选的配额数量正好等于征收关税时的进口量 M_2。由于进口量不变，母国垄断厂商面对的有效需求曲线应是需求曲线 D 减去配额数量 M_2。我们将这条有效需求曲线表示为 $D-M_2$。与征收关税时的情形不同，现在垄断厂商有能力对其价格施加影响：它可以沿着 $D-M_2$ 曲线选择最优的价格和产量。我们根据有效需求曲线 $D-M_2$ 可画出边际收益曲线 MR。垄断厂商在边际收益与边际成本相等的 E 点实现利润最大化，此时，价格为 P_3，供给量为 S_3。

现在我们将关税均衡点 C 与配额均衡点 E 做一比较。毫无疑问，在配额条件下定价更高，即 $P_3>P^W+t$。在配额条件下价格更高，反映了一旦配额规定的数量得以进口后垄断厂商抬高其价格的能力。即使配额均衡时的进口数量与关税均衡时一样，价格也会变得更高。因此，关税效应和配额效应不再像它们在完全竞争时那样完全相同：配额能使垄断厂商施加其市场势力，从而抬高价格。

垄断厂商的产量情况又将怎样呢？由于实施配额时的价格更高，因此，此时垄断厂商无疑会减少产量：$S_3<S_2$。然而，更令人惊奇的是，配额甚至可能导致产量低于自由贸易时：在图 9－4 中，我们已经表明 $S_3<S_1$。但这并非必然的结果，我们也可以另画一条 MR 曲线使 $S_3>S_1$。令人惊讶的是甚至可能出现 $S_3<S_1$ 的情形，因为这表明该产业的工人未能受到配额的保护；也就是说，由于在配额条件下产量减少，从而造成就业人数的下降。于是，我们发现，当母国产业是垄断的时，与关税相比，配额往往会产生不合意的影响。

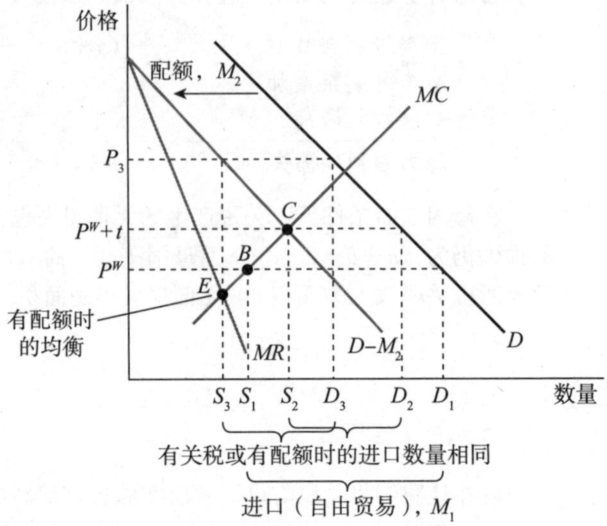

图 9-4　母国垄断时的配额效应

在自由贸易条件下，母国垄断厂商在 B 点生产，索要世界价格 P^W。由于征收关税 t，垄断厂商便在 C 点生产，定价为 P^W+t。征收关税条件下的进口量为 $M_2=D_2-S_2$。在配额为 M_2 的条件下，需求曲线按配额数量向左平移，母国垄断厂商面对的需求曲线为 $D-M_2$。也就是说，当 M_2 单位配额数量被进口后，母国垄断厂商是在母国销售产品的唯一厂商，因此，它能在需求曲线 $D-M_2$ 上的任何一点定价。与需求曲线 $D-M_2$ 对应的边际收益曲线是 MR，于是，在存在配额时，母国垄断厂商在 E 点生产，此处 $MR=MC$。当在 E 点生产时，所定的价格为 $P_3>P^W+t$，所以，配额使母国市场价格比征收关税时更高。

配额引起的母国损失　一方面，实施配额时的母国价格高于征收关税时的价格，这一发现意味着配额给母国消费者造成了更大的剩余损失。而另一方面，由于母国垄断厂商可将其价格定得更高，因而从实施配额中获得了更多的利润。鉴于计算比较复杂，我们就不再细算母国垄断时配额产生的无谓损失。不过，我们可以断言，因为母国垄断厂商总是想把价格定得更高，所以，配额产生的无谓损失始终大于关税产生的无谓损失。更高的价格有利于垄断厂商，却损害了母国消费者，且产生了由于施行市场势力带来的额外无谓损失。

此外，母国垄断厂商索要更高的价格还增加了配额租。在第 8 章中，我们将配额租定义为产品按世界价格进口，然后再按更高的母国价格销售所获取的收益（在我们所举的例子中，它等于母国价格 P_3 与世界价格 P^W 之间的差额乘以进口量 M_2）。在母国垄断的情形下，配额租大于征收关税时的政府收入。大家记得，在“自愿”出口限制（VER，即出口国政府实施配额时）的情形下，配额租往往是给外国的，而当出现寻租活动时，配额租甚至会被完全浪费掉。在任何一种情形中，无论配额租是给了外国还是被浪费掉，配额租的增加都扩大了母国的损失。

在下面这个案例中，我们要研究 20 世纪 80 年代期间美国利用配额限制进口日本汽车的情况。由于汽车产业的生产商数量有限，它属于不完全竞争产业，因此，从前面讨论的垄断情形得出的结论对于我们在母国寡头垄断情形下所做的预期有一定的指导意义。

案　例

美国从日本进口汽车

在 20 世纪 80 年代期间，当时美国为了限制日本汽车进口，发生了众所周知的“自愿”出口限制（VER）事件。要了解“自愿”出口限制政策出台的背景，需联想到在 20 世纪 80 年代初美国遭遇到的严重经济衰退。那次经济衰退导致耐用商品（如汽车）的消费出现了下降，从而造成汽车产业失业人数陡增。

1980 年，汽车工人联合会（UAW）和福特汽车公司向国际贸易委员会（ITC）提出申请，要求按 GATT 第十九条和《美国贸易法》201 条款给予保护。第 8 章讲过，当进口品数量增长成为严重损害国内产业的主要原因时，201 条款就可予以施行。这里讲的“主要原因”必须是“不亚于任何其他原因”。事实上，国际贸易委员会确认美国经济衰退比进口量增加对汽车产业的损害更大，因此，它不建议汽车产业受到保护。

尽管有了这个不利的决定，一些来自汽车制造大州的国会议员仍不懈地通过其他途径想方设法要求限制进口。1981 年 4 月，分别来自密苏里州和得克萨斯州的参议员约翰·丹福思和劳埃德·本特森在美国参议院提出限制日本汽车进口数量的议案。日本政府清醒地意识到这个拟议中的立法，于是在当年 5 月 1 日宣布，对日本出口到美国市场的汽车数量实行“自愿”限制。1981 年 4 月至 1982 年 3 月期间，出口量限定为 183 万辆。1984 年 3 月限量提高到每年 202 万辆，再提高到每年 251 万辆。到 1988 年，美国从日本进口的汽车已经低于日本“自愿”出口限制规定的数量，这是因为日本公司已开始在美国组装汽车了。

我们感兴趣的是，在配额限制下，美国生产商是否仍能施加垄断势力和抬高价格。我们还对进口价格提高了多少感兴趣。为了衡量进口价格的提高幅度，我们还需将 20 世纪 80 年代实施配额产生的副作用考虑在内：它导致销往美国的日本汽车在诸如车身大小、重量和马力等方面提升了档次，或者我们所说的提升了品质。[①] 20 世纪 80 年代期间，进口汽车价格的全面上扬可归结为以下几个原因：(1) 日本汽车的品质升级了；(2) 配额导致了价格的“净”提高，提高的数额等于配额租；(3) 即使汽车产业没有受到保护，价格上涨也是大势所趋。

进口汽车的价格与品质档次　图 9-5 显示了“自愿”出口限制对日本汽车价格的影响。在对日本汽车进口实行“自愿”出口限制的情形下，1980—1985 年间美国从日本进口的汽车的平均价格从 5 150 美元上升至 8 050 美元。在所增加的 2 900 美元中，1 100 美元在 1984—1985 年间作为配额租被日本生产商获得；另外 1 650 美元是因日本汽车通过增大马力、改进传动系统使车体变得更宽大而提升了品质的结果；余下的 150 美元则是在自由贸易条件下进口品的涨价。

配额租　如果我们将每辆汽车的配额租 1 100 美元与大约 200 万辆的进口汽

① 第 8 章讨论了美国进口配额对出口到美国的中国纺织品和服装的质量的影响。

车数量相乘，便可获得租金的估计数 22 亿美元。它低于对汽车配额租年损失的估计数。上限估计数 79 亿美元中还包括了欧洲销往美国的汽车所提高的价格，虽然欧洲汽车并未受配额限制，但是在实施配额期间，欧洲汽车的价格也出现了大幅上扬，这是日本汽车生产商对它们的竞争压力减轻所致。

日本厂商获得了配额租的利益。事实上，在实施“自愿”出口限制期间，它们的股价上扬了，尽管只是在明确了日本通产省将对每个生产商进行配额管理后才出现的（从而日本厂商获取了配额租）。而且，因为每个生产商只是分得了规定向美国出口的汽车数量，并没有对汽车价值做出限制，从而极大地刺激了生产商出口价格昂贵的车型。这就解释了为什么在配额期间出现了品质升级的原因，即出现日本生产商开始向美国出口更豪华的汽车的原因。

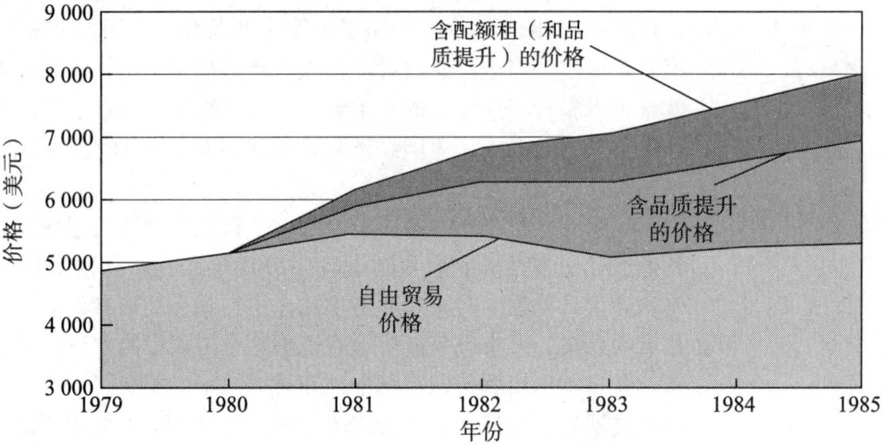

图 9-5　进口的日本汽车价格

在对日本汽车实施“自愿”出口限制的情形下，1980—1985 年间美国从日本进口的汽车的平均价格从 5 150 美元涨到 8 050 美元。在所增加的 2 900 美元中，1 100 美元是由日本汽车制造商获得的配额租，另外 1 650 美元是日本汽车通过增大马力、改进传动系统使车体变得更宽大而提升了品质的结果。还有 150 美元是在自由贸易条件下进口品的涨价。

美国汽车价格　在这期间，美国汽车价格发生了什么变化呢？在对进口的日本汽车实行“自愿”出口限制的情形下，在刚刚实施配额时，美国汽车均价上涨速度很快：从 1979 年的 4 200 美元涨至 1981 年的 6 000 美元，两年间涨幅达 43%。这次价格上涨主要是由于对日本竞争者实施配额而受到庇护的美国生产商施加市场势力造成的。美国汽车品质档次提高只是引起价格上涨的次要因素，因为美国汽车品质档次提高没有像进口的日本汽车那样明显，这可从图 9-6 中看出。所以，美国生产商能通过提价从配额中受益，而日本厂商也从汽车品质改进和提高的售价中获利。日本和美国两国厂商都能够大幅度提高价格这一事实表明，该政策使美国消费者付出了巨大代价。

关税及贸易总协定与世界贸易组织　美国和日本就汽车贸易谈判达成的“自愿”出口限制，完全游离于 GATT 框架之外：因为这样的出口限制是由日本而不是美国实施的，并不一定违反 GATT 第十一条。该条款规定，成员方不应使用配额限制进口数量。在 20 世纪 80 年代和 90 年代初期，还有其他一些国家采用“自愿”出口限制对诸如汽车和钢铁等产品进口加以数量限制，所有这些都是利用了 GATT 有关协议中的漏洞，认为由出口商实施的配额不算是违反 GATT 的规则。这个漏洞在 1995 年 WTO 成立时已被堵上了。WTO 的部分协议规定：一成员方不得谋求、采用或维持针对出口方或进口方的任何自动出口限制、有序市场营销安排或任何其他类似措施。这些措施包括由某一成员单方面采取的行动，以及由两个或多个成员根据达成的协议、安排和谅解而采取的行动。① 由于有上述规则，除非 WTO 其他协议另有规定，“自愿”出口限制不再允许使用。②

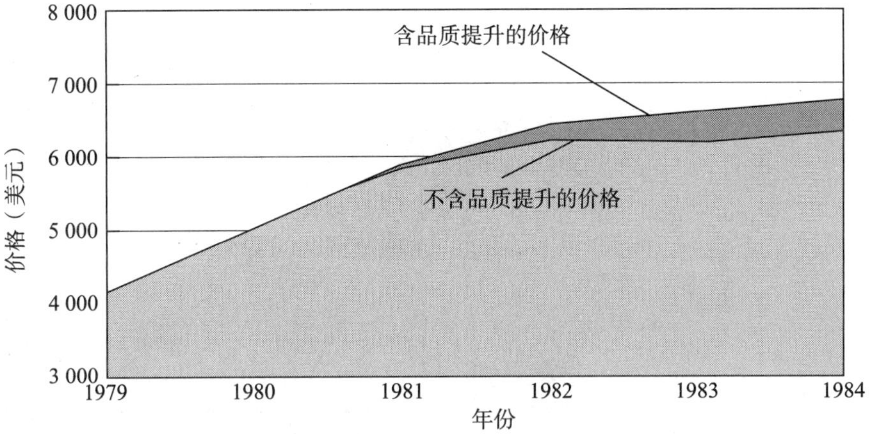

图 9-6　美国汽车价格

在对日本汽车实行“自愿”出口限制的情形下，刚开始实施配额时美国汽车平均价格上涨很快：从 1979 年的 4 200 美元涨到 1981 年的 6 000 美元，两年多时间涨幅达 43%。其中只有极少部分可以用品质档次的提升来解释，在实施配额的后几年，美国汽车质量没有日本进口汽车提升得多。

9.2　外国垄断条件下的关税

迄今为止，本章研究了在母国垄断条件下的关税和配额效应。为了简便起见，我们集中分析了母国是个小国的情形，即世界价格保持不变的情形。现在让我们考察与此不同的情形，即把外国出口商看作是垄断厂商。我们将发现，在外国垄断条件下，征收关税会产生与第 8 章大国情形时类似的结果；也就是说，关税将使外国出口商调低定价。与小国情形相反，现在关税也许对母国有利。

① 引自 Article 11, “Prohibition and Elimination of Certain Measures,” of the WTO Agreement on Safeguards。

② 一个例子是美国与中国于 2005 年谈判达成的纺织品配额，如前一章所述，根据中国加入世界贸易组织的协议，这是允许的。

外国垄断

为了集中关注向母国市场销售产品的外国垄断厂商，我们假设不存在与之竞争的母国厂商，所以，图 9－7 中的母国需求 D 全部由外国垄断厂商的出口供给。这个假设很不现实，因为通常只有当还存在母国厂商时才会考虑关税。不过，不考虑母国厂商会简化我们的分析，同时还有助于我们理解一个不完全竞争外国出口商带来的影响。

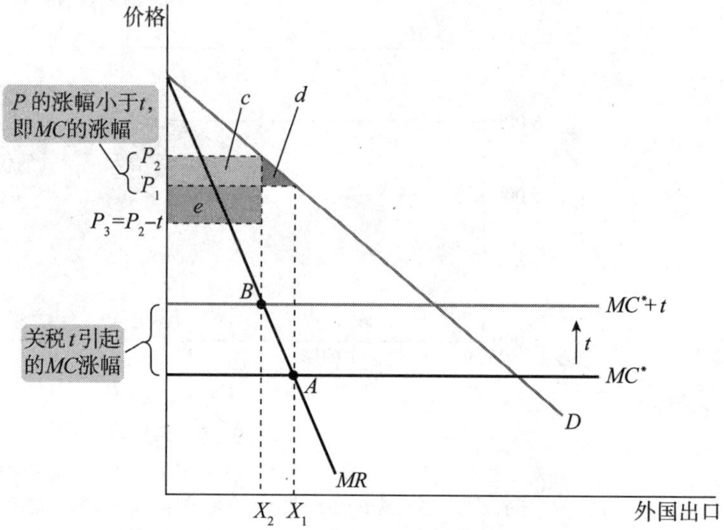

图 9－7　外国垄断条件下的关税

在自由贸易条件下，外国垄断厂商在边际收益 MR 等于边际成本 MC^* 时，将产品的价格定为 P_1，出口量为 X_1。当母国征收反倾销税 t 后，该厂商的边际成本提高至 MC^*+t，于是，出口量减少为 X_2，母国市场价格上升至 P_2。消费者剩余减少部分在图中用面积 $c+d$ 表示，其中面积 c 转化为关税收入的一部分。外国出口商所得到的除税价格降为 $P_3=P_2-t$。由于除税价格下降，母国有了面积为 e 的贸易条件利得。因而，母国总福利的变化取决于贸易条件利得 e 相对于无谓损失 d 的大小。

自由贸易均衡　在图 9－7 中，除了母国需求曲线 D 外，我们还显示了母国边际收益曲线 MR。在自由贸易条件下，当母国边际收益 MR 等于外国边际成本 MC^* 时，即位于图 9－7 中的 A 点时，外国垄断厂商在其出口市场的利润达到了最大化。此时，它向母国市场的出口数量为 X_1，价格为 P_1。

关税对母国价格的影响　如果母国征收进口关税 t 美元，那么，出口商在母国市场销售的边际成本增至 MC^*+t。由于边际成本增加，图 9－7 显示，新的边际成本曲线与边际收益曲线在 B 点相交，进口价格上升至 P_2。

在图 9－7 中所画的这种情形下，MR 曲线比需求曲线 D 更陡峭，价格从 P_1 增至 P_2，其涨幅小于关税 t。换句话说，相对于由关税引起沿着 MR 曲线的垂直增加量（A 点到 B 点的垂直距离，也就是关税）而言，沿着需求曲线的垂直增加量（P_1 与 P_2 之差）要少。在这种情形下，由于价格提高的幅度低于关税，外国出口商得到的除税价格为 $P_3=P_2-t$，低于原先的 P_1 水平。由于母国对进口品按较低的除税价格 P_3 支付，所以，关税给母国带来了贸易条件利得。

对外国垄断厂商征收关税产生的效应与（第 8 章分析的）大国征收关税时产生的效应类似。在那一章，我们发现由于出口数量减少，关税会降低外国厂商的要价，于是外国边际成本也随之下降。既然我们已假定为外国垄断，所得结果当然也就相同了，只不过产生的原因有所区别而已。在图 9－7 中，垄断厂商的边际成本是不变的，为 MC^*，或包含关税时的 MC^*+t。关税造成的边际成本增加导致含关税的母国价格上扬，因为母国进口量下降了。不过，垄断厂商选择了以低于全额关税的幅度提高母国的价格。这样，外国厂商出口到母国的产品数量就不会像按全额关税的涨幅提高价格时那样下降得那么多了。因此，外国厂商做出了由自己吸收部分关税的战略决策（将出口价格从 P_1 降至 P_3），只将关税额的其余部分转嫁到母国价格上（价格从 P_1 上升至 P_2）。

小结　为了维持在母国的销售水平，外国垄断厂商选择以低于关税的增幅提高母国价格。这个结果取决于边际收益曲线 MR 比需求曲线 D 更陡峭，如图 9－7 所示。情形并非一定是 MR 会比所有的需求曲线 D 陡峭，只不过我们一般是这样画的。例如，在需求曲线为如图 9－7 中所画的那样一条直线的情形中，边际收益曲线的陡峭度恰好是需求曲线的两倍。[①] 此时，母国进口价格的上涨幅度正好为关税的一半，外国进口价格的下降幅度也正好是关税的一半。

关税对母国福利的影响　由于母国价格从 P_1 上升至 P_2，消费者境况恶化了。消费者剩余减少的数量等于上述两种价格之间到需求曲线左侧的面积，即图 9－7 中的（$c+d$）。母国价格上涨主要对母国生产商有利，不过，为便于分析我们已经假定不存在母国生产商，于是，就无须考虑母国生产者剩余的变化，然而，我们需要考虑母国政府的关税收入。关税收入等于关税 t 乘以外国出口数量 X_2，即面积（$c+e$）。因此，关税对母国福利的影响为：

母国消费者剩余减少	$-(c+d)$
母国政府剩余增加	$+(c+e)$
母国福利净变化	$+(e-d)$

我们可将面积 e 看作是母国的贸易条件利得，而面积 d 则是关税的无谓损失。如果贸易条件利得大于无谓损失，$e>d$，那么，母国征收关税总体上是获益的，这与我们在第 8 章所讲的大国情形的结论类似。与我们在那里所讨论的一样，我们预期低关税时贸易条件利得大于无谓损失，因而，母国福利起初因低关税而提高。接着母国福利达到某一极大值，然后随着关税提高直到超过最优水平时就开始下降。倘若如同我们所假设的那样边际收益曲线比需求曲线陡峭，同样的结果也适用于对外国垄断厂商征收关税的情形。

为了说明在现实中关税是怎样对外国垄断厂商定价施加影响的，我们还是用

① 在第 6 章的习题 6 中要求你表示出这个结果。

汽车产业的例子。由于该产业的厂商数目很少，预期这些厂商会以与外国垄断厂商相同的方式对关税做出反应是切合实际的。

案　例

对日本卡车的进口关税

我们发现，在外国垄断情形下，母国可从低关税中获得贸易条件利得。其原因是，外国厂商为了防止进口国消费者所支付的价格涨得太高，只好降低其除税价格。实际上外国出口商在多大程度上是这样做的呢？

要回答这个问题，我们可考察一下从20世纪80年代初一直延续至今的美国对进口的日本微型卡车征收25%关税所产生的影响。讲到开征这个关税的来历，还有一段趣事。大家还记得本章前面提起过的案例，1980年美国汽车工人联合会和福特汽车公司曾要求按GATT第十九条和《美国贸易法》201条款实施关税。然而，它们的关税申请被驳回，因为国际贸易委员会认为，美国经济衰退是损害汽车产业更重要的原因，而不是进口量的持续增加。日本已对轿车实行了“自愿”出口限制，但对从日本进口的小型卡车，则可以采用其他方式保护。

当时，从日本进口的大多数微型卡车是作为还有待完成某些最后组装的驾驶室/底盘进口的，这些属于卡车的零部件，只能征收4%的关税。而其他类别的卡车——整车或未完工卡车，面对的是25%的税率。奇高的关税引发了美国和德国之间1962年的“鸡肉贸易战”。当时，德国加入欧洲经济共同体，不得不调整进口关税，与其他成员国的关税一致。关税的调整导致美国鸡肉关税提高。作为报复，美国提高了卡车以及其他产品的关税。自此，25%的卡车关税成为美国一个永久关税品种。

这一关税为重新定义从日本进口的产品提供了一个不可多得的机会，大幅提高了对日本产品的关税，这正是美国海关在美国国会的敦促下所做的。自1980年8月21日起，进口的驾驶室/底盘被重新归类为“整车或未完工卡车”。这一重新归类将对日本卡车的关税由4%提高到25%，今天依然如此。

日本出口商对调整后的关税做何反应呢？根据一项估计，美国卡车市场的价格只是部分地反映了卡车的进口关税：价格上涨了21%，其中12%（或价格增长中的60%）转嫁到消费者支付的价格上，其余9%（或价格增长中的40%）则由日本生产商吸收。[①] 因此，这次关税调整使得美国贸易条件得到了改善，正如我们的理论所预示的那样：作为一条直线型的需求曲线（如图9-7所示），边际收益曲线的陡峭度是它的两倍，关税将导致母国进口价格的上升幅度与外国出口价格的下降幅度完全相等。日本卡车的例证与需求曲线为一条直线时我们所预示的情形毫无二致。

---

① Robert Feenstra，1989，“Symmetric Pass-Through of Tariffs and Exchange Rates under Imperfect Competition：An Empirical Test，” *Journal of International Economics*，27（1/2），25-45.

注意，因外国垄断者关税而产生的贸易条件改善类似于前面我们对于“大”国的分析。在这两个案例中，外国企业和行业降低出口价格，抵消关税的影响。换言之，母国价格的上升幅度低于关税税额。如果贸易条件改善，即图 9－7 的面积 e 大于无谓损失 d，母国从关税中得利。

理论上讲，美国可以从卡车关税中获益。然而，一些经济学家认为，该关税政策产生了许多不利影响，致使美国汽车企业集中生产卡车。这是因为，进口卡车因为关税的影响竞争力下降。[①] 美国汽车的生产策略在汽油价格较低时奏效，但是一旦油价大幅攀升，消费者就更喜欢购买油耗低的汽车，美国汽车企业的主要产品将备受冷落。油价的攀升致使进口汽车猛增，美国企业销售锐减。这正是 1979 年和 2008 年油价大幅升高之后发生的情形。一些行业专家认为，这些因素致使美国汽车行业在经济危机之后陷入困境（见**新闻提要“自食其果”**）。

新闻提要

自食其果

本篇文章探讨美国进口轻型卡车 25%关税的由来。作者认为，该关税是今天美国汽车行业陷入困境的一个原因。

虽然我们言称三大汽车企业，但是这三大汽车企业基本上专业化生产卡车。这样的策略致使这些企业无法应对油价上涨之后的变化：高油价改变了消费者偏好，消费者转而更喜欢省油的混动等汽车车型。

事实上，美国人喜欢开 SUV、小型货车和卡车的原因是油价不贵，每升 1.5～2 美元。美国汽车企业之所以生产这类汽车，是因为卡车和货车的边际收益更高。美国卡车的关税高达 25%。相比之下，普通汽车的关税只有 2.5%，美国关税总额占进口品总额的比值只有 1%。组装卡车的投入品的关税远远低于 25%（美国进口品平均关税税率是 3.5%）。由此可见，美国该关税政策的保护和补贴效应非常大。

难怪，日本当初涌入美国开设卡车组装厂，美国汽车企业生产满足货车标准的三门 SUV。难怪，底特律反对《韩美自由贸易协定》。该协定最终让韩国卡车免关税地进入美国市场。

为什么卡车的关税待遇如此特殊？偶然的历史事件让我们明白，让政府取消“有甜头”但无正当理由的政策多么困难。

所有这一切可以追溯至 20 世纪 60 年代的“鸡肉贸易战”。1962 年，欧洲共同市场建立，同意禁止美国鸡肉进入市场。由于不能通过外交手段解决贸易争

① 进口的大型卡车和 SUV 无须缴纳这种关税，但是美国转而生产紧凑型卡车还有另一个原因：燃油节约规定。该规定适用于小汽车，不覆盖卡车和 SUV。燃油节约规定要求，美国的小汽车和轻卡必须达到一定燃油标准。美国企业要达到标准必须提高生产成本，而大型卡车和 SUV 由于无须达到同样的标准，因而生产成本更低。

端，美国实施贸易报复手段，对卡车征收关税。该政策主要针对美国畅销的德国大众斯柯达车型。

由于关税及贸易总协定要求贸易报复不带有歧视性质，关税的对象成为所有国家卡车类型的汽车。自实施之日起，该关税从没有被取消。随着时间的推移，德国已经不再建造这样的汽车，现在主要是亚洲国家在建造。该关税滋生了美国企业的“坏习惯”，从制造高质量汽车转而生产卡车以及类似卡车的汽车。这些车型忽然之间失去了人们的宠爱。

如果国会希望得到美国汽车企业陷入如此困境的原因，它不妨回首往事，看一下这些所谓的“大企业”。花费了很长时间，接近 47 年，我们才最终明白，当初的报复性关税政策最终“搬起石头砸了自己的脚”。

资料来源：Robert Lawrence，guest blogger on Dani Rodrik's weblog，posted May 4，2009. http://www.rodrik.typepad.com/dani_rodriks_weblog/2009/05/the-chickens-have-come-home-to-roost.html.

9.3 倾 销

在不完全竞争市场中，企业可以在不同的国家制定不同的价格。如果这样的定价策略能够使企业盈利，企业就可能采用这样的定价策略。回顾不完全竞争的定义：企业能够影响市场价格。我们把这个定义引申到国际贸易之中：企业不仅能够以高于边际成本的价格在本地市场销售产品，而且能够以不同的价格在出口市场销售产品。由于针对不同的消费群体制定不同的价格，这样的定价策略被称为**价格歧视**（price discrimination）。企业之所以能够在国际市场中制定不同价格，背后一定有各种原因，比如交通成本或者关税。

倾销是指，国外企业以低于本地市场价格或者低于平均成本的价格出口产品。尽管世界贸易组织的规则禁止企业的倾销，但是倾销在国际贸易中仍旧常见。根据世界贸易组织的规定，进口国可以对倾销产品征收反倾销税。我们将在下一小节详细探讨反倾销税的有关内容。现在，我们在此解答更加宽泛性的问题：为什么企业要倾销产品？乍一看，企业在国际市场以低于国内价格或平均成本的价格进行销售是不能盈利的。真的如此吗？当然不是这样，即使销售价格低于平均成本，企业仍能够盈利。

歧视性垄断　为了说明倾销仍能够盈利，我们以国外垄断企业为例，假设该企业既能够在本地销售产品，又能够在出口市场销售产品。如前所述，我们假定：垄断企业能够在本地市场和出口市场制定不同价格。这样的市场结构有时被称为歧视性垄断。如图 9－8 所示，垄断企业的本地市场曲线为 D^*，边际收入曲线为 MR^*。这两条曲线之所以向下倾斜，是因为：为了让更多的消费者购买产品，企业需要不断降低售价（D^* 曲线向下倾斜），企业的边际收入也不断降低（MR^* 曲线向下倾斜）。

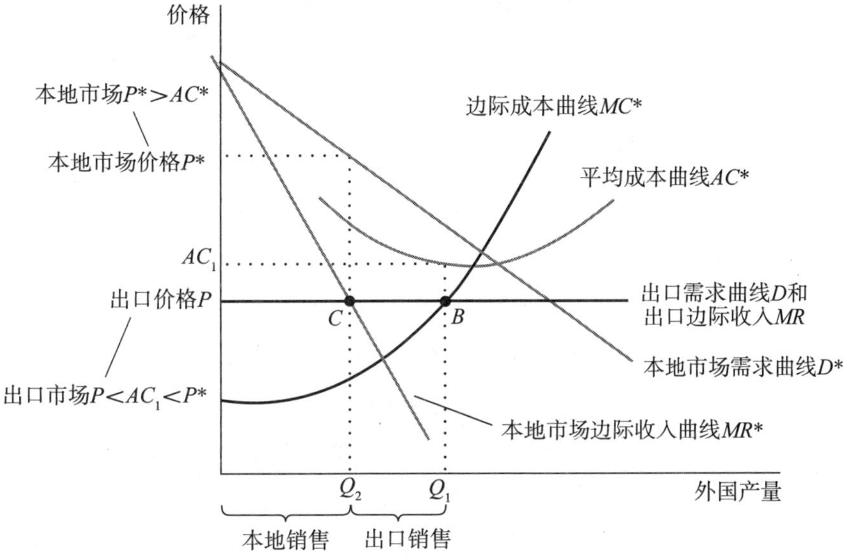

图 9-8　外国歧视性垄断企业

外国垄断企业在国外市场和本地市场定价不同，两个市场的需求曲线也不相同。在本地市场中，需求曲线为 D^*，边际收入曲线为 MR^*。在外国市场中，需求曲线为价格 P 处的水平直线，边际收入曲线为 MR。为了使利润最大化，企业选择销售量 Q_1，本地市场边际成本等于出口市场边际收入，即 $MC^*=MR$。本地市场销售量 Q_2（点 C）由 $MR^*=MR$ 确定。外国垄断企业以价格 P^* 在本地销售 Q_2，以价格 P 在出口市场销售 Q_1-Q_2。由于 $P<P^*$（或 $P<AC_1$），该企业存在倾销行为。

然而，在出口市场中，外国企业面临着出口市场其他销售企业的竞争。由于竞争，企业的出口市场曲线更有弹性，即与本地市场相比，提高价格导致失去的消费者更多。如果出口市场完全竞争，外国企业的出口市场曲线是一条价格为 P 的水平直线。换言之，外国企业的出口市场价格不能高于完全竞争市场价格。如果价格固定为 P，那么销售更多的产品也不能压低价格或者导致边际收入减少。因而，如图 9-8 所示，出口边际收入等于价格 P。

均衡状态　我们现在来确定外国垄断企业的盈利最优化状态以及两个市场的价格。歧视性垄断企业盈利最大化的前提是：

$$MR=MR^*=MC^*$$

这个前提条件与单一市场垄断企业利润最大化的前提类似：边际收入等于边际成本。在考虑国际市场之后，本地市场边际收入应该等于国外市场边际收入。

我们以图 9-8 来说明这种均衡状态。如果外国企业产量为 Q_1（点 B），边际成本应该等于出口边际收入。但是，产量不仅在国外销售，还要在本地市场销售一部分。本地市场销售量 Q_2（点 C）由 $MR^*=MR=MC^*$ 确定。这三个变量都等于 P，但是本地市场销售价格为 P^*。这样就满足了盈利最大化等式，外国垄断企业在两个市场的销售实现利润最大化。

倾销盈利　外国企业以价格 P^* 在本地市场销售 Q_2（从 Q_2 沿着本地市场需求曲线移动，得到本地市场价格 P^*）。本地市场价格 P^* 高于出口价格 P。由于以低于本国市场价格出口，外国企业构成倾销。

出口价格和平均成本的比较呢？由总产量 Q_1 和高于 B 点的平均成本曲线 AC^* 可知平均成本 AC^1，且 AC^1 大于价格 P，低于价格 P^*。根据这个比较，外国企业仍旧存在倾销。但是，外国企业以低于平均成本的价格出口产品也可能获利。为了阐释这一点，我们以具体数字说明。

倾销具体数字举例

假设外国企业的成本和需求数据如下：

固定成本＝100 美元
边际成本＝10 美元/单位产品
本地价格＝25 美元
本地销量＝10
出口价格＝15 美元
出口数量＝10

本地市场盈利如下计算：

$$\underbrace{(25\text{ 美元}\times 10)}_{\text{收入}}-\underbrace{10\text{ 美元}\times 10}_{\text{可变成本}}-\underbrace{100\text{ 美元}}_{\text{固定成本}}=\underbrace{50\text{ 美元}}_{\text{利润}}$$

注意，公司的平均成本为：

平均成本＝200 美元/10＝20 美元

现在假定企业增加出口销售量 10，出口价格为 15 美元，低于平均成本。企业盈利为：

$$\underbrace{(25\text{ 美元}\times 10+15\text{ 美元}\times 10)}_{\text{收入}}-\underbrace{10\text{ 美元}\times 20}_{\text{可变成本}}-\underbrace{100\text{ 美元}}_{\text{固定成本}}=\underbrace{100\text{ 美元}}_{\text{利润}}$$

由于以高于边际成本（10 美元）的价格（15 美元）增加销售 10 单位，企业能够盈利。因而，每单位出口量增加的盈利是价格和边际成本之差。即使出口价格低于平均成本，企业仍然能够从倾销中获利。

9.4 对倾销的政策反应

我们从前文已了解到，倾销这种现象并不鲜见：在当地市场与出口市场之间采取分别定价方式实行价格歧视的外国垄断厂商，最终能够在其出口市场索要较低的价格。并且，它在出口市场索要的价格可能低于其平均生产成本，但仍然有利可图。现在，我们的兴趣在于了解作为进口国的母国的政策反应。

反倾销税

根据 WTO 规则，当外国厂商倾销其产品时，进口国有权随时征收反倾销税。如果进口品的价格低于出口商在其当地市场上的定价，出口商就在倾销产品；如果不存在出口商的当地价格，那么，确定倾销有两种途径：(1) 将进口价格与该产品在第三国市场上的价格进行比较；(2) 将进口价格与该出口商的平均生产成本进行比较。[①] 只要满足其中一个条件，那么出口商就是在倾销，进口国可以相应地征收一种被称为反倾销税的关税。

反倾销税的幅度为出口商当地价格与进口国“倾销”价格之间的差额。反倾销税的现实案例有很多。2006 年，欧盟曾对中国鞋制品征收 10%～16.5%的反倾销税，对越南鞋制品征收 10%的反倾销税。欧盟征收反倾销税的理由是：中国和越南企业向欧盟销售的鞋制品价格太低，存在倾销行为。该鞋制品反倾销税于 2011 年到期。另一起反倾销税的案例是美国针对中国太阳能电池板征收进口关税，如**案例“美国对中国太阳能电池板征收进口关税”**所述。

案 例

美国对中国太阳能电池板征收进口关税

自 2012 年 11 月以来，美国对中国太阳能电池板征收反倾销税。除了反倾销税，中国太阳能电池板还要缴纳**反补贴税**（countervailing duty）。如果外国政府补贴本国企业，以使本国企业以更低价格出口，母国政府则可能使用反补贴税。下一章将讨论出口补贴的相关内容。在此，我们只是列出中国政府对本国太阳能企业的补贴金额，本章前面内容也介绍了美国政府对美国太阳能企业的各类补贴政策。

2011 年 10 月，以太阳能世界工业公司为首的七家美国企业对中国光伏电池或太阳能电池板企业提起贸易申诉。这些美国企业表示，中国企业向美国倾销太阳能电池板（即以低于生产成本的价格在美国销售产品），并从中国政府获得出口补贴。这起倾销和出口补贴的申诉引致美国商务部和国际贸易委员会发起数起调查，以决定如何应对。

2011 年 12 月，国际贸易委员会完成了第一起调查，初步判定：对中国太阳能电池板的大量进口对美国企业产生了“实质性损害”。从 2009 年到 2011 年，美国从中国进口的太阳能电池板增加了四倍，进口金额从 6.4 亿美元增加到超过 30 亿美元。在此期间，数家美国太阳能企业倒闭破产。因而，美国国际贸易委员会得出中国太阳能电池板的出口对美国企业造成实质性损害的判断也不奇怪。

---

① 见第 8 章**专栏“GATT 的核心条款”**中的 GATT 第六条。

国际贸易委员会调查之后，美国商务部在2012年举行了两次听证会，决定中国倾销和补贴的程度。由于难以判断中国的生产成本，美国参考其他出口国家（泰国）的生产成本。[1] 在2012年5月的初步裁决以及2012年10月的裁决中，美国商务部判定：无锡尚德太阳能电力有限公司以低于成本32%的价格出口美国，另外一组企业以低于成本18%的价格出口。32%和18%的差距包含出口补贴大约11%。由于中国政府还有4%～6%的补贴，因而美国商务部提议对无锡尚德太阳能电力有限公司征收35%的关税，对另一组企业征收24%的关税。

2012年11月，国际贸易委员会最终裁定对中国太阳能电池板的大量进口对美国太阳能电池板行业造成了实质性损害，关税生效实施。然而，并不是所有的美国企业都支持这样的关税，比如关税提高了如太阳城公司等下游企业的采购成本。尽管征收了这样的关税，价格太高，但是太阳能行业在美国仍旧是一个欣欣向荣的行业，更高的价格保护了美国太阳能电池板行业幸存下来的企业。

战略贸易政策？ 反倾销税的目的是提高倾销商品在母国的售价，进而保护母国相关竞争企业。母国之所以采取反倾销税的措施，主要是出于两个原因。第一，外国企业类似于前面所述的歧视性定价的垄断企业。我们可以预期，通过反倾销税，母国贸易条件可以改善。即如图9－7所示，外国企业降低价格，抵消关税带来的一部分影响，进口国终端售价的增加幅度小于关税金额，如前面美国有关日本卡车的案例所述。

改善贸易条件的反倾销税一定是有益于母国的战略贸易政策吗？在接下来的分析中，我们可以得知答案：不一定有益于母国。美国贸易法中的反倾销条款被过度使用，消费者承担了巨大的成本，无谓损失也比不太常用的GATT第十九条中的保障性关税大。

第二，**掠夺性倾销**（predatory dumping）。掠夺性倾销是指，外国企业为了将出口市场的企业挤出市场，让这些企业倒闭，蓄意以低于平均成本的价格销售产品。掠夺性定价的行为也可以发生在国内市场（国内企业之间的竞争），但是如果跨越国界，在国际贸易中，实际上是倾销行为。经济学家认为掠夺性定价的行为不常见：实施掠夺性定价的企业必须确定其承担亏损的能力比竞争企业更强；竞争企业别无选择，只能退出市场。如果倾销涉及掠夺性定价，下面关于反倾销税影响的分析将不再适用。涉及掠夺性倾销，我们需要参考一个更为复杂的模型，把企业是否退出市场的选择纳入其中考虑。下一章出口补贴的内容将分析这样的模型。本章主要介绍歧视性国外垄断企业的倾销以及反倾销税的影响。

与保障性关税相比较 案例中讨论的微型卡车关税不是反倾销税，认识到这一点很重要。相反，它是根据《美国贸易法》201条款或GATT第十九条实施的**保障性关税**（safeguard tariff）。由于卡车关税在20世纪80年代初提高后再没有变过，因此这符合我们关于外国厂商将关税视为固定不变的假设。然而，这样的

[1] 中国企业希望能够参考印度的生产成本。由于印度的生产成本比泰国更低，如果以印度的生产成本为标准，中国企业存在倾销的可能性变得更小。

假设并不适用于反倾销税，因为外国出口商能够通过自己对价格的选择影响反倾销税的幅度。事实上，有证据表明，外国厂商经常改变其出口价格，往往就在反倾销税实施之前，提高其在进口国的定价。为了弄清其中缘由，让我们复习一下反倾销税是怎样计算的。

反倾销税的计算　反倾销税幅度的计算是建立在外国厂商的当地价格基础之上的。如果某种产品的当地价格为10美元（把外国货币兑换成美元后），向母国市场出口的价格为6美元，那么，在我们这个例子中计算出来的反倾销税便是上述两种价格的差额4美元。这种反倾销税的计算方法，促使外国厂商在进口国实施反倾销税之前，就提高其出口价格，以便降低反倾销税。譬如，外国厂商将出口品的定价由6美元改为8美元，当地市场价格仍保持10美元不变，那么，反倾销税就只有2美元了。还有一种办法，外国厂商可将出口市场的价格定为10美元（与当地市场价格相同），这样就可以完全避免反倾销税。

因而，反倾销税的计算方法极大地鼓励了外国厂商以提高其出口价格来减轻或避免反倾销税。而进口价格的提高，又导致母国贸易条件恶化。在图9-9中，这种进口价格的提高表示为价格从 P_1 上升至 P_2。价格提高使母国厂商获益为面积 a，可是，母国消费者损失却为面积（$a+b+c+d$）。当不征收关税时，政府没有收入。所以，母国福利净损失为面积（$b+c+d$）。这个损失大于关税的无谓损失（即面积 $b+d$），说明实施反倾销税的威胁会产生额外的损失。

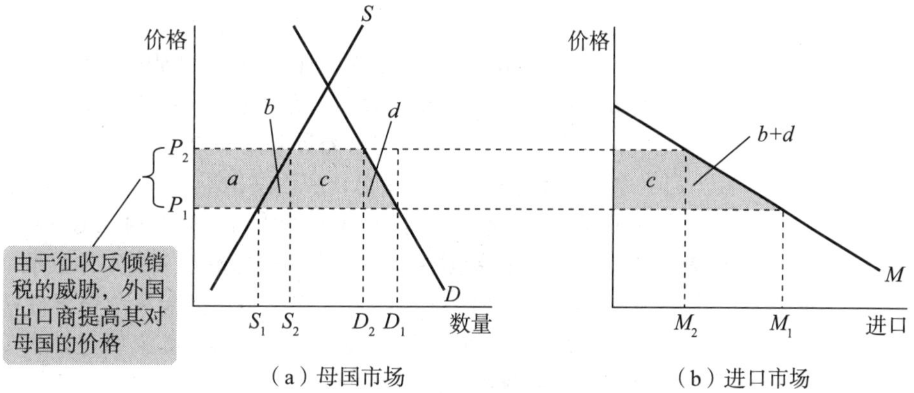

图9-9　母国反倾销税威胁引起的损失

母国即使不征收反倾销税，而只是指控倾销，也会使外国厂商提高其产品的出口价格。在这种情形下，母国消费者剩余损失的面积为（$a+b+c+d$），母国生产者剩余增加的面积为 a，母国净损失为（$b+c+d$）。

并且，外国厂商会提高其价格以降低潜在的反倾销税，这个事实怂恿了母国厂商对外国厂商倾销的指控，即使什么也没发生：只要威胁说将实施反倾销税，就足以让外国厂商提高其价格，从而减轻这种产品在母国市场上的竞争压力。如以下案例所示，这样的怂恿使得申请实施反倾销税和反补贴税的案件激增。

案　例

反倾销税与保障性关税

我们在第 8 章讨论过 GATT 的保障条款（**专栏"GATT 的核心条款"**中的第十九条）和《美国贸易法》201 条款。上述允许征收临时性关税的条款并不常用。如表 9-1 所示，从 1980 年到 1989 年，美国只提起了 19 起保障性关税（也称"免责条款"）申诉；接下来的 10 年中，只有 9 起；从 2000 年到 2011 年，仅有 3 起。在每起申诉案件中，美国国际贸易委员会必须确定不断增加的进口是不是"严重损害或由此威胁到国内产业的最重要原因"。在 1980—2011 年的 31 起申诉案件中，国际贸易委员会否决了其中的 16 起（不批准征收关税的请求），大约占一半。其中之一就是前面案例中讨论过的日本微型卡车关税问题：1980 年，国际贸易委员会还否决了对轿车和卡车征收保障性关税的申请，不过，用其他方式提高了卡车关税（即对进口卡车进行重新分类）。

国际贸易委员会批准保护的 12 起案件最后由总统裁断，只有 9 起被总统批准通过。[①] 保障性关税案件包括如前面内容所述的钢铁进口关税和重型摩托保障性关税。在过去的三十年中，在仅有的 31 起保障性关税申诉中，仅有 9 起被最终通过，这表明这项贸易条款的使用率非常低。

从表 9-1 中我们可以看到特别针对中国的保障性关税申诉。如上一章所述，这一新贸易条款于 2001 年生效。自那时起，7 起申诉被提起，其中 2 起被国际贸易委员会否决。余下被国际贸易委员会批准的 5 起申诉中，总统最终通过的只有 1 起：中国轮胎进口关税，由总统奥巴马批准，2009 年起生效，2012 年到期。

保障条款的使用率非常低与反倾销税的频繁使用形成鲜明对比。如表 9-1 所示，反倾销案件数量大大超过保障性关税案件数量。从 1980 年到 1989 年以及从 1990 年到 1999 年，美国共有 400 多起反倾销案件；在接下来的 12 年中，即从 2000 年到 2011 年，共有 300 多起。综上所述，从 1980 年到 2011 年，美国反倾销案件数量超过 1 200 起！

若要征收反倾销税，案件必须首先提交到美国商务部，由它裁定在国内销售的进口品是否"低于公平价值"，即低于出口商本国市场价格，或低于平均生产成本。在此期间，获得通过的诉讼申请占 93%。然后，再将通过的诉讼上报国际贸易委员会，它必须就进口数量是否对国内产业造成了"实质性损害"（定义为"非非后果性的、非非实质性的或非无关紧要的损害"）进行裁决。上述标准比保障性关税中的"造成严重损害的重要原因"条款更容易满足，所以国际贸易委员会总是做出支持实施反倾销税的裁决。并且，征税不再需要总统另外批准。1980—2011 年，在约 1 200 起反倾销诉讼中，有约 450 起被否决，另外有约 550 起被批准征税。

① 除了 12 起国际贸易委员会批准的申诉之外，有 2 起申诉所获赞同票和否决票的数目相同，还有 1 起得到解决。

其余 150 起（确切的数字为 148 起，见表 9－1 末行）反倾销诉讼出人意料地被归入了第三类：在国际贸易委员会做出裁决之前就被撤回了。这说明美国的反倾销法事实上允许美国厂商撤销其反倾销投诉，然后通过商务部居间调解，与外国厂商就价格水平及市场占有份额达成共识！正如我们所预料的那样，这些被撤回和私下和解的诉讼都导致了进口国市场价格大幅上扬。

表 9－1　　1980—2011 年美国进口保护案件数量

本表对保障性关税和反倾销税的使用数量进行了比较。保障性关税采用的频率很低。

保障性关税或免责条款案件

1980—1989 年	1990—1999 年	2000—2011 年	1980—2011 年总和		
			国际贸易委员会否决	国际贸易委员会批准※	美国总统最终批准
19	9	3	16	12	9

特别针对中国的保障性关税案件

1980—1989 年	1990—1999 年	2000—2011 年	1980—2011 年总和		
			国际贸易委员会否决	国际贸易委员会批准	美国总统最终批准
NA※※	NA	7	2	5	1

反倾销案件

1980—1989 年	1990—1999 年	2000—2011 年	1980—2011 年总和		
			被批准征税	被否决	被撤回
468	428	332	548	456	148

※除了 12 起国际贸易委员会批准的申诉之外，有 2 起申诉所获赞同票和否决票的数目相同，还有 1 起得到解决。

※※ NA 是因为这一新贸易条款于 2001 年才生效。

资料来源：Wendy Hansen and Thomas J. Prusa，1995，"The Road Most Taken：The Rise of Title Ⅶ Protection，" *The World Economy*，295－313. Updated from 1989 to 1994 from I. M. Destler，2005，*American Trade Politics*，Washington，D. C.：Peterson Institute for International Economics，149，165. Updated for 1995 to 2011 from Chad P. Bown，2011，"Global Antidumping Database，" available at www. brandeis. edu/～cbown/global _ ad/.

为什么母国厂商会频繁地指控倾销呢？这是因为：如果倾销诉讼成功了，便会对外国竞争对手征收反倾销税，进口价格将会提高；如果诉讼被撤回或私下和解，那么，外国竞争者也会提高其价格；即使诉讼没有成功，在商务部或国际贸易委员会进行调查期间，进口量通常也会减少，而进口品数量的减少同样会使其价格提高。所以，不论反倾销诉讼案的最终结果如何，进口的外国产品价格提高总是有助于母国厂商将自己的产品价格定得更高。因而，母国厂商都有要求受倾销保护的强烈动机，不管是否真的发生了倾销。

由于反倾销税案件如此之多，以及出口企业为避免反倾销税提高价格，因而反倾销税这一贸易政策造成的成本代价非常之大。一项研究显示，美国每年反倾销税造成的无谓损失大约相当于美国每年关税总额的 6%。①

9.5 幼稚产业保护

注意，本章这部分内容研究保护没有能力在国际上竞争的“幼稚产业”。在自由贸易条件下面对世界价格时，幼稚产业由于过于幼小，难以与外国竞争对手相抗衡而会蒙受损失。如果假以时日让幼稚产业发展壮大，这些产业将来就会变得具有竞争力。幼稚产业现在挨过亏损的唯一方式是借贷、透支未来的利润。但是，如果银行不愿意出借资金（或许是因为幼稚产业中的企业成立时间短、规模小），幼稚产业中的企业就会破产倒闭，除非政府介入，提供帮助，比如开征进口关税。这就是政府保护幼稚产业的理论依据。虽然本章把幼稚产业理论包含进战略贸易政策理论之内，但是幼稚产业理论很早就已经提出，可以追溯至约翰·斯图亚特·穆勒（1806—1873）。

为了分析这一理论和运用前面章节的结论，我们假定只存在一个母国厂商，所以，这仍然属于一种母国垄断情形。该母国厂商具有的特点是，增加现在的产出可以通过不断学习来降低未来的成本。但问题是，母国政府是否应该为了能在将来达到降低成本、提高利润的目的，而在当前采取临时性保护关税或配额的措施进行干预。

有两种情形认为幼稚产业保护是具有内在合理性的。首先，如果现今的关税促进了母国产出增长，它反过来又有助于母国企业学会更先进的生产技术，从而在未来降低成本，这样的保护也许是正当的。但它不同于第 6 章所讨论的规模收益递增。对于规模收益递增来说，成本降低是由生产不断沿着递减的平均成本曲线向下移动造成的。虽然关税也可能增加母国产量和降低成本，但关税一旦被取消，产量便会降至原先的水平，厂商面对世界价格仍毫无竞争力可言。要使幼稚产业保护具备合理性，企业的学习效应必须能将整条平均成本曲线下移到某一位置，在那里当面对未来的世界价格时，企业在成本上具有竞争力，而且即便脱离了关税保护也是如此。

不过，如果厂商的成本未来会下降，那么，为什么不可以简单地从未来利润回报中借用一些来填补现今的亏损和还债呢？为什么需要用进口保护消除其当下的亏损呢？答案之前已经提及：由于无法确定这个企业未来能够成功偿还贷款，银行不愿意出借资金。在这种情况下，进口关税或配额抵消了市场资金流动（资本市场）的不完备性。幼稚产业保护理论的依据不是不完全竞争（母国只有一个企业），而是母国资本市场的不完备性。

① Kim Ruhl, “Antidumping in the Aggregate,” New York University Stern School of Business, 2012.

认为进口保护具有内在合理性的第二种情形是，某一阶段的关税能导致该产业中其他厂商，甚至是其他产业的厂商，在未来增加产出和降低成本。当厂商相互学习成功经验时，这种**外部性**（externality）就会发生。以高科技的半导体产业为例，每个厂商在其产品创新上的进展各不相同，当某一厂商出现技术突破时，其他厂商便能从分享新开发的技术知识中受益。譬如，在半导体产业，厂商相互之间模仿其他厂商的成功创新十分平常。我们称这种现象为**知识外溢**（knowledge spillover）。在出现知识外溢时，对幼稚产业实施关税保护就会提升正外部性：一个厂商产出的增加会使所有厂商成本降低。由于厂商之间相互学习模仿，每个厂商都不再有动力通过致力于增加当前产量来学习知识。在这种情形下，需要用关税来增加产量，产生厂商之间的外溢以降低成本，从而补偿这种外部性。

正如上述两种情形所表明的，支持关税或配额的幼稚产业论，其依据是存在着某种**市场失灵**（market failure）现象。在我们所讲的第一种情形中，市场无法向厂商提供贷款让它免于破产。在第二种情形中，厂商不能像通过申请专利那样保护其智力知识，而专利能使它从向其他厂商的外溢知识中得到补偿。上述市场失灵为政府政策发挥潜在作用创造了条件。然而，在现实中，政府很难矫正市场失灵。如果资本市场并不认为某厂商将来会盈利，从而不向它提供贷款，那么，凭什么政府就更了解该厂商未来的发展前景呢？同样，在知识向其他厂商外溢的情形中，我们也不可能指望政府知道知识外溢的程度。因而，我们应对政府区分不值得保护的产业与值得保护的幼稚产业的能力表示怀疑。

况且，即使我们所讨论的认为幼稚产业保护论具有内在合理性的这两种情形都成立，上述市场失灵也不能肯定这种保护就一定是值得的——我们仍需要将未来的保护收益（正收益）与其当前的成本（无谓损失）进行比较。请记住这些忠告，当我们有充分的信息来计算成本和收益时，再关注幼稚产业保护的运行结果吧。

自由贸易均衡

在图 9-10（a）中，我们显示的是母国厂商当前面临的状况，图 9-10（b）显示的是未来的状况。我们假定母国是个小国，面对的是固定的世界价格。本章前面讨论过，假定它们的边际成本相同，在自由贸易条件下，即使是母国垄断厂商也会按完全竞争产业的方式行事。我们还假定，厂商当前产出的任何一点增加，都会导致未来成本下降（即厂商平均成本曲线下移）。

当前均衡　在当前实行自由贸易的情况下，母国厂商面对的是世界价格 P^W（它也是其边际收益曲线，你可回顾一下本章前面的内容），并在生产边际成本等于价格 P^W 处生产，此时，母国厂商的供给量为 S_1。然而，为了验证 S_1 是母国的实际供给，我们需要查实在该供给量处厂商利润不为负。为了做到这一点，我们将厂商的平均成本与价格进行对照。平均成本曲线由（a）图中的 AC 表示，当供给量为 S_1 时，平均成本远高于价格 P^W。这意味着母国厂商正处于亏损状态，眼下将面临倒闭，而不是生产 S_1。

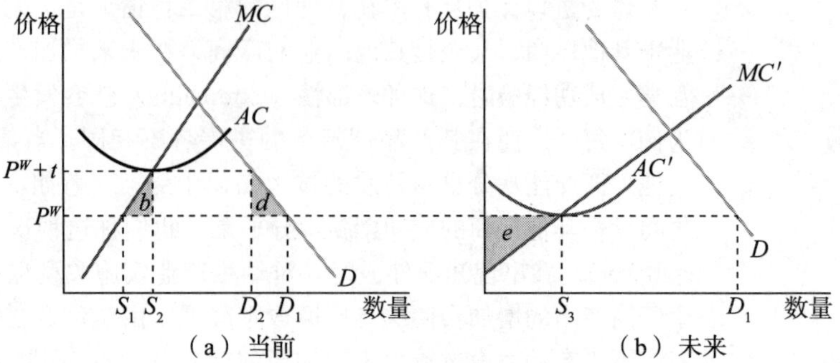

图 9-10　幼稚产业保护

如（a）图所示，在当前市场条件下，该产业产量为 S_1，此时，$MC=P^W$。由于价格 P^W 低于产量为 S_1 时的平均成本，该产业如按世界价格 P^W 销售产品必将会因亏损而倒闭。关税使价格从 P^W 提高到 P^W+t，从而该产业产量可达到 S_2（可维持生存），福利净损失为 $(b+d)$。如（b）图所示，通过学习，当前生产使平均成本曲线降低到 AC'。未来在没有关税保护的条件下，厂商也能够按世界价格 P^W 生产 S_3 数量的产品，获得生产者剩余 e。

关税均衡

为了防止厂商倒闭，母国政府可能会利用进口关税或配额来提高母国价格。倘若母国厂商对这个更高的价格做出反应，增加其产出，并假定所增产的规模能让厂商学习更先进的生产技术，以便未来降低成本。为了达到这个目标，当有进口关税或配额两种措施可供选择时，母国政府无疑应选择关税。原因在于当母国垄断厂商面对的是配额而不是关税时，将会减少产出，以便进一步抬高价格。本章前面已讨论过，产出减少会产生当前额外的无谓损失。并且，由于我们已假定厂商的学习成效取决于其产出数量多少，并假定配额条件下的产出更低，因此，与关税条件下的情形相比，配额条件下的学习效应会较少，未来成本降低的幅度也会较小。鉴于以上两个因素，当政策的目标是要培育幼稚产业时，关税是个比配额更好的政策选择。

当前均衡　在当前，如果政府征收 t 美元进口关税，母国价格就会从 P^W 提高到 P^W+t。我们假定政府将关税定得足够高，以便在母国内新价格 P^W+t 正好弥补幼稚产业的平均生产成本。在这个新价格水平上，厂商的产量为（a）图中的 S_2。如图所示，当产量为 S_2 时，价格 P^W+t 恰好等于平均成本 AC。于是，该厂商的利润为零。零利润意味着母国厂商仍可继续经营。

未来均衡　由于厂商在当前的产量为 S_2 而不是 S_1，于是它就能学到更先进的生产方法，从而也就能在未来降低其成本。学习对生产成本的影响可以用（a）图中平均成本曲线 AC 下移至（b）图中的 AC'来表示。① 如（b）图所示，未来更低的平均成本意味着厂商在没有关税保护时也能按世界价格 P^W 生产 S_3，仍能弥补平均成本。我们这里假设，平均成本曲线向下倾斜的幅度足够大，企业在价

① 边际成本曲线也可从（a）图中的 MC 下移到（b）图中的 MC'，尽管这种移动对我们的讨论无关紧要。

格为 P^W 时可以避免亏损。如果不是这样［如果（b）图中平均成本曲线 AC' 在世界价格 P^W 之上］，企业未来就不能避免亏损，幼稚产业保护政策就将失败。但是，如果现在的临时性关税能够保证企业未来在国际市场竞争中盈利，那么就满足了判定幼稚产业保护政策成功的第一个标准。

关税的福利效应 当前实施关税会导致无谓损失，如（a）图所示，该无谓损失以三角形（$b+d$）衡量。不过，我们还需估算来自厂商未来经营的收益。在图 9-10（b）中，未来厂商获得的生产者剩余由区域 e 表示。我们应将区域 e 理解成厂商未来生产者剩余的现值（即折现值）；如果厂商在当前倒闭了，这些生产者剩余也就付诸东流了。判定幼稚产业保护政策成功的第二个标准是：进口关税造成的无谓损失（$b+d$）小于企业未来增加的生产者剩余区域 e。

关税政策的成功，取决于两个标准：企业未来在关税被取消之后持续盈利；生产者剩余增幅大于关税造成的无谓损失。为了检验第二个标准，我们需要将未来的收益 e 与现今的净损失（$b+d$）加以对比。如果 $e>(b+d)$，那么，幼稚产业保护便值得一试；但如果 $e<(b+d)$，那么，当前的保护成本就不能从未来的收益中得到合理补偿。政府政策面临的挑战是，尽可能地将那些值得保护的情形（未来收益大于当代成本的情形）从那些不值得保护的情形中区分开来。在下面的案例中，我们来观察一下中国、巴西和美国等政府是否已经成功地区分了上述情形。

案　例

幼稚产业保护的例子

在现实中，有许多幼稚产业保护的例子。我们考虑选择四个：（1）美国、欧洲和中国扶持太阳能电池板行业的政策；（2）20 世纪 80 年代美国为保护哈雷-戴维森摩托车而提高进口关税；（3）巴西 1977 年到 20 世纪 90 年代初为保护本国计算机行业完全禁止进口；（4）中国为保护本国汽车行业施加进口配额和关税，2001 年进入世界贸易组织之后开始削减汽车行业贸易壁垒。

太阳能电池板行业政策

许多国家的政府对光伏电池（太阳能电池板）的生产和安装进行补助。美国对安装太阳能电池板的用户实施减税的优惠政策。这样的优惠政策在其他国家也非常普遍，这是因为：太阳能发电清洁无污染，相比之下，利用化石燃料（比如煤炭、天然气和石油）发电会释放二氧化碳以及其他污染物。本章前面内容介绍了外部性的定义：一个经济活动对于其他企业或消费者施加的成本。污染是可以非常好地说明外部性的案例，如果政府不进行管制，污染将非常大。补贴太阳能电池板的用户是限制发电污染的一种方式，因为这些家庭和企业用户减少了通过化石燃料燃烧方式产生的电的使用量。

因而，补贴太阳能电池板是纠正外部性的一种有效方式，本身不应被看作幼稚产业保护的手段。但是，政府还使用其他政策手段鼓励本国太阳能电池板的生产（不仅仅是使用）。美国政府给予太阳能电池板企业以减税、低息贷款或者担保贷款等优惠政策。比如，美国企业索林佐公司（Solyndra）2009 年获得美国能源部 5.35 亿美元的担保贷款。这意味着，如果未来索林佐公司没有能力偿还，美国政府就得偿付这笔贷款，因而向索林佐公司发放贷款的银行没有任何风险。这个政策可以被视为政府的幼稚产业保护手段：给予该公司担保贷款，希望未来该公司能够持续盈利。但是索林佐公司最终在 2011 年破产，奥巴马总统因为授权发放这笔贷款而备受批评。这个案例也说明，判断受政策保护的幼稚产业最终能否持续盈利是多么困难的一件事情。未来能够持续盈利是判断幼稚产业保护政策成功的第一个标准。

中国政策也鼓励太阳能电池板的生产，特别是鼓励太阳能电池板的出口。我们在前面的案例中看到中国对出口到美国的电池板进行补贴。我们将在下一章更加详细地探讨出口补贴，但是在此暂且认为出口补贴类似于进口关税：出口补贴提高了企业收到的价格，如关税一样，造成无谓损失。因而，判定出口补贴作为政府政策成功的标准与幼稚产业保护政策类似：（1）出口补贴被取消之后，这个行业保持盈利；（2）补贴的无谓损失小于未来企业的盈利。

如前面提到的美国政府担保贷款一样，出口补贴也可能不如我们的预期。比如，中国大量的补贴造成这个行业产能严重过剩，致使一些著名企业倒闭破产，譬如无锡尚德太阳能电力有限公司，其位于北京的主要子公司于 2013 年 3 月破产。无锡尚德太阳能电力有限公司的一些关联公司上了美国企业 2011 年反倾销和反补贴案件的名单，理由是它们在美国的售价最低。中国一些太阳能公司的倒闭表明，中国这个行业的扶持政策并没有成功地使这些企业保持盈利。虽然其他一些企业幸存下来，仍然在中国生产太阳能电池板，但是受到美国反补贴和反倾销税的制约。此外，欧盟也正考虑对中国太阳能企业进行反倾销惩罚，见**新闻提要“太阳火焰”**。具有讽刺意味的是，提出反倾销的竟是太阳能世界公司，其美国子公司在美国提起针对中国出口商的贸易诉讼。如果欧盟实施进口关税，中国的更多太阳能企业将会破产。由于各种原因，中国对太阳能电池板的补贴政策似乎没有成功。

尽管这样，我们应该认识到，这个行业还是新兴行业，未来将会出现很多变革。一些行业专家认为，该行业很有可能向中国台湾转移，以逃避仅仅针对中国大陆的进口关税。另外，中国大陆自身也在补贴太阳能电池板的安装使用，而不单单依赖出口。美国和欧洲仍旧拥有一些太阳能电池板生产企业，并且行业发展强劲，为本地以及亚洲继续创造市场需求。鉴于太阳能电池板目前发展的状况，判断美国、欧盟和中国这个行业的政策到底会产生什么影响，还为时过早。

新闻提要

☞ “太阳火焰”

本篇文章讨论欧洲的太阳能行业，以及欧盟针对中国的反倾销税提议。

四年之前，正值太阳能行业繁荣的时期，德国瓦克化学公司（Wacker Chemie）

在巴伐利亚州布格豪森市开办了一家多晶硅工厂，超纯硅铸锭加热到1 000摄氏度之后在铸件反应炉中成形。但是，现在，繁荣已尽，有2 400名工人的工厂看起来了无生气。瓦克公司深陷欧盟和中国之间的贸易纠纷，命运攸关。瓦克公司担心会出现灾难性的结果。

2012年9月，欧盟发起有史以来最大的贸易调查，对数十亿欧元的中国出口太阳能设备进行彻查。本周，欧盟贸易委员会委员卡雷尔·德·古赫特（Karel De Gucht）紧急宣布，将对中国以低于成本价在欧洲倾销的太阳能电池板征收47%的关税。瓦克公司担心，这个举措将产生反作用，导致消费价格上升，进一步削弱本就孱弱的太阳能行业。瓦克公司还担心它可能成为中国贸易报复的第一个对象。2012年末（仅仅在欧盟宣布调查数周之后），中国政府也发起了对欧洲多晶硅生产商的调查。瓦克公司首席执行官鲁道夫·斯塔迪哥（Rudolf Staudigl）请求欧盟不要采取行动："如果提高关税，欧盟受到的损害比中国还大。"

这起贸易纠纷上升到了最高的政治层面。德国总理默克尔呼吁协商解决，他担心中国和欧盟之间可能会爆发全面贸易战。

资料来源："Solar Flares," Main Paper, May 10, 2013, p. 7. From The Financial Times © The Financial Times Limited 2013. All Rights Reserved.

美国关税对重型摩托车行业的保护

哈雷公司并不完全符合我们前面提到的"幼稚产业"的描述。早在1903年，哈雷公司在威斯康星州密尔沃基市开办了第一家工厂，由威廉·哈雷（William Harley）和戴维森三兄弟所有与经营。20世纪70年代末之前，这家公司并没有感受到日本进口品的竞争，但是，到20世纪80年代初便濒临破产。尽管创建时间早在1903年，但哈雷公司符合幼稚产业的许多特征：现在不能够以国际价格竞争，未来可能降低成本。因此，把哈雷公司作为一个幼稚产业来分析，我们能够精确地计算出关税对生产者和消费者的影响，确定这个进口政策是否成功。

1983年，美国具有传奇色彩的本土摩托车生产企业哈雷公司陷入困境。由于长期以来生产率低下，加上来自日本生产商的激烈竞争，哈雷公司亏损严重。日本的两个摩托车生产厂商本田和川崎重工不仅向美国出口摩托车，而且在美国设厂。另外两家厂商铃木和雅马哈在日本生产，向美国出口。20世纪80年代初期，这些摩托车生产企业在全球掀起价格战，并将战火蔓延到了美国，造成美国进口重型摩托车数量激增。面对这么激烈的竞争，哈雷公司向美国国际贸易委员会提出申请，要求根据201条款提供保护。

根据法律规定，国际贸易委员会着手调查，并确定损害重型摩托车（排气量大于700毫升）产业的原因。此外，该机构还调查了日本生产商在美国市场的库存量。国际贸易委员会确认，日本企业重型摩托车在美国的库存量超过9个月销量，必将压低重型摩托车的售价，致使哈雷公司面临破产威胁。于是，国际贸易委员会向总统里根建议对美国本土重型摩托车行业提供保护。这个案例之所以引起人们的极大关注，是因为它是《美国贸易法》201条款以进口产生损害为由对进口品征收高额关税的极少数案例之一。

里根总统批准了国际贸易委员会的建议，开始对进口重型摩托车征收进口关税。该关税的起征点很高，在5年内逐步降低。1983年4月16日起征时的关税税率达到45%，接下来逐年下降为35%、20%、15%和10%，到1988年4月终止。事实上，到了1987年，哈雷公司就向美国国际贸易委员会提出提前终止进口关税的申请。这一年哈雷公司的生产成本已经降了下来，并推出了新的畅销产品，恢复了盈利。当视察哈雷公司位于威斯康星州的工厂时，里根总统在一片欢呼声中宣布，这次进口关税是保护本国产业的一个成功范例。

计算无谓损失 对进口重型摩托车征收关税的政策真的取得了成功吗？要回答这个问题，我们首先需要比较关税造成的无谓损失和未来获取的生产者剩余。我们在前面章节探讨钢铁关税时，推导出了测算关税无谓损失的公式，用无谓损失相当于进口额的比值来计量：

$$DWL/(P\times M)=1/2\times(t/P^{W})\times\%\Delta M$$
$$=1/2\times(0.45\times0.17)=0.038 \text{ 或 } 3.8\%$$

我们可以计算出1982年到1983年的平均进口销售额为（4.52亿美元+4.1亿美元）/2=4.31亿美元，再乘以损失百分比，可得1983年无谓损失为3.8%×4.31亿美元=1 630万美元，该无谓损失由表9-2最后一行显示。该表还列示了之后每一年的无谓损失。将这些数据相加，可得出征收关税四年多的损失总额，为1.125亿美元①。

表9-2　美国重型摩托车进口

本表反映了重型摩托车行业进口关税产生的影响。

年份	进口额（百万美元）	进口数量	进口量减少百分比（自1982年起，%）	关税（%）	净损失/平均进口销售额（%）	无谓损失（百万美元）
1982	452	164 000				
1983	410	139 000	17	45	3.8	16.3
1984	179	80 000	69	35	12.1	38.4
1985	191	72 000	78	20	7.8	25.2
1986	152	43 000	116	15	8.7	26.4
1987（1—3月）	59	14 000	98	15	7.3	6.3
1983—1987年合计						112.5

资料来源：*Heavy Weight Motorcycles*. Report to the President on Investigation No. TA-203-17, under Section 203 of the Trade Act of 1974. U. S. International Trade Commission, June 1987, and author's calculations.

① 这个计算数字不是十分精确，因为我们在这里使用的数据是日历年1983年到1986年的数据，而不是关税生效的每年4月到次年3月。

生产者剩余的未来收益 为了判断关税是否有效，我们需要将 1.125 亿美元的无谓损失与生产者剩余的未来收益（图 9－10 中区域 e 的面积）相比较。怎样才能得出未来收益呢？我们可采用经济学家通常所用的方法：我们可以通过考察关税被取消后企业股票市值的变化，判断生产者剩余的未来收益。

在关税实施期间，哈雷公司的管理层采取了一系列降本增效措施：推行“即时”库存管理制度，即按需生产、控制库存；裁员降薪；推行“质量控制圈”活动，即一组组装配工人自愿聚在一起讨论改进工厂效率，以及让雇员对产品做自我评价的“统计操作控制系统”。上述许多生产管理手段都是从日本企业厂商那里学来的。哈雷公司还开发了新型发动机。这些变革使哈雷公司从 1981—1982 年的亏损转变为 1983 年以后的盈利。

1986 年 7 月，哈雷公司上市，在美国股票交易所发行股票：以每股 11 美元的价格发行 200 万股，募集资金 2 200 万美元。此外，这家公司还发行了 7 000 万美元的债券，以利润偿付债券利息。1987 年 6 月，哈雷公司增发股票：以每股 16.50 美元的价格增发了 123 万股，又筹集资金 2 030 万美元。它发行的股票和债券总额达到 1.123 亿美元，这可以被看成消费者剩余的折现值。在表 9－2 中，区域 e 的面积几乎等于消费者剩余损失 1.125 亿美元。而且，在第二次发行股票的 1 个月内，股价从每股 16.50 美元涨到了 19 美元。按这个价格计算哈雷公司的 323 万股股票的价格，哈雷公司总市值达到 6 100 万美元，再加上已经偿还的 7 000 万美元债券，未来生产者剩余多达 1.31 亿美元。

通过计算，这家公司从关税保护中获得的生产者剩余（1.31 亿美元）超过了关税产生的无谓损失（1.125 亿美元）。并且，自 1987 年以来，哈雷公司甚至成为一家更加成功的公司，销售额和利润逐年增长，产品不断更新换代。于是，哈雷公司反而成了当今日本公司学习的榜样。到 2005 年 3 月，哈雷公司的股票市值已达 177 亿美元，超过了通用汽车 162 亿美元的市值。这两家公司 2008—2009 年经济危机期间都曾出现亏损，但是哈雷公司继续照常经营（2009 年年中市值 43 亿美元），而通用汽车宣布破产，要求政府救助（其市值降到不足 5 亿美元）。尽管两家公司都将从危机中复苏，通用汽车（曾是世界上股票市值最大的公司）明显已经被哈雷公司超越。

进口保护政策成功了吗？ 这样的计算结果能说明上述的进口保护政策成功了吗？要完全回答这个问题，我们首先应该弄清楚如果不实行这个政策将会怎样。依据未来生产者剩余的面积 e（1.31 亿美元）超过了无谓损失（1.125 亿美元）的标准，该关税政策是成功的，但是我们假设的前提是：如果不实行这个政策，这家公司将会破产消亡。这个假定对哈雷公司而言可能是千真万确的。大量资料显示，哈雷公司 1982—1983 年已经处于破产边缘。花旗银行已经决定不再对哈雷公司的债务展期。1985 年 12 月 31 日，它只能另寻资金来源，这时离其破产申请只有一个星期的时间。[①] 如果说关税拯救了这家公司，这个案例明显是幼稚产业保护政策成功的一个范例。

---

① Peter C. Reid，1990，*Made Well in America*：*Lessons from Harley-Davidson on Being the Best*（New York：McGraw-Hill）.

从另一方面看，即使不能受到关税保护，哈雷公司也有可能起死回生。破产重整不等于这家公司停产，只是表明其公司资产将被用于偿还所有债务。即使因没有关税的保护而破产了，公司仍然能够兑现未来生产者剩余。因而，我们无法确定关税是哈雷公司起死回生的必要条件。①

尽管有这些不确定性，但是重型摩托车进口关税的确为哈雷公司赢得了喘息的空间。在本章开篇引语中，国际贸易委员会首席经济学家当时就表达了这样的观点："如果认为重型摩托车案例是免责条款（关税）唯一成功的范例，这是因为它几乎没有产生任何负面影响，还有助于哈雷公司取得银行贷款，从而实现多元化发展。"② 我们同意这个观点，进口关税造成的伤害与避免破产获得的收益相比很小。正是这样，哈雷公司现在才成为一家非常成功的企业。

巴西的计算机业

有许多例子可以证明幼稚产业保护是不成功的。其中一个著名的案例便是巴西的计算机业。1977 年，巴西政府出台了保护生产个人计算机的国内厂商的计划。人们认为掌握计算机业的国际自主权对战略性军事发展至关重要。巴西不仅禁止进口个人计算机，而且国内厂商要尽可能购买本国产品，外国个人计算机生产商不允许在巴西从事生产经营活动。

巴西的进口禁令从 1977 年一直延续到 20 世纪 90 年代初。当时正值世界范围内个人计算机生产不断创新、计算机能力成本大幅下降的时期。图 9－11 向我们展示了 1982—1992 年间美国、巴西计算机的实际价格在这两个国家都迅速下降。我们在图中将价格表示为"实际价格"，是因为它并非新型个人计算机的零售价，而是反映了个人计算机在计算速度、存储容量等方面随着时间推移不断改进的价格指数。

巴西的计算机价格　巴西厂商擅长对美国售出的 IBM 个人计算机实施逆向工程。但逆向工程很费时间，加上要求巴西厂商对计算机内部的许多零部件必须采用当地供应商的货，这种情况增加了生产成本。我们可从图 9－11 中发现，巴西的计算机从未有过像美国那样的低价。例如，1992 年，巴西计算机的实际价格只相当于美国四五年前的价格。巴西和美国在计算机价格上的持续差距，意味着如果没有关税保护，巴西绝无可能以竞争性价格生产出计算机。仅此一点就足以说明，幼稚产业保护是不成功的。

消费者剩余与生产者剩余　表 9－3 列出了巴西的福利测算值以及计算机业的其他详细数据。1986 年，当地销售额最高，约为 7.5 亿美元。次年，巴西的计算机价格比美国高出不到 20%，不过，这是巴西计算机业最接近世界价格的一次。1984 年，巴西的价格几乎是美国的 2 倍，使巴西的生产者剩余多获得 2 900 万美

---

① 哈雷公司董事长曾于 1987 年表示，关税并没有给予哈雷公司那么大的帮助，因为日本生产企业能够把它们的摩托车发动机排量降低到 699 毫升，绕开关税（*The Wall Street Journal*，March 20，1987，p. 39）。

② John Suomela，Chief economist at the U. S. International Trade Commission，as cited in Douglas A. Irwin，2002，*Free Trade under Fire*（Princeton，NJ：Princeton University Press），136－137.

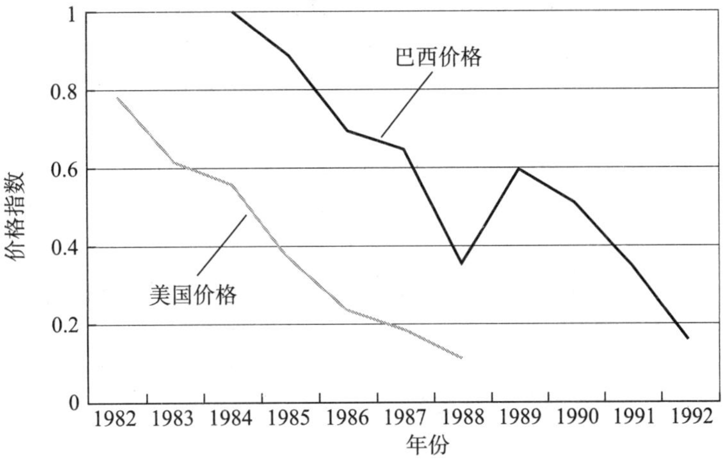

图 9-11　1982—1992 年美国和巴西的计算机价格

本图显示了美国和巴西计算机的有效价格。由于技术进步，两国的价格下降都很迅速，但美国的价格下降速度比巴西更快。美国和巴西计算机价格的差别，其实是两国个人计算机生产技术差距的反映。

资料来源：Eduardo Luzio and Shane Greenstein，1995，"Measuring the Performance of a Protected Infant Industry：The Case of Brazilian Microcomputers，" *Review of Economics and Statistics*，77（4），November，622-633.

元，而消费者剩余则损失了 8 000 万美元，因此，净损失为 8 000 万美元－2 900 万美元＝5 100 万美元，占当年巴西 GDP 的 0.02%。到 1986 年，净损失增加到 1.64 亿美元，或占 GDP 的 0.06%。这个净损失是关税存在的那几年里产生的无谓损失，如果没有关税，该产业的生产将难以为继，所以，不存在可用于补偿上述损失的未来收益（如图 9-10 中的面积 e）。

表 9-3　巴西的计算机业

本表反映了巴西政府禁止个人计算机进口所产生的影响。

年份	销售额（百万美元）	巴西价格/美国价格（%）	生产者剩余所得（百万美元）	消费者剩余损失（百万美元）	净损失（百万美元）	净损失占 GDP 的百分比（%）
1984	126	189	29	80	51	0.02
1985	384	159	70	179	109	0.04
1986	746	143	113	277	164	0.06
1987	644	119	50	112	62	0.02
1988	279	127	29	68	39	0.01

资料来源：Eduardo Luzio and Shane Greenstein，1995，"Measuring the Performance of a Protected Infant Industry：The Case of Brazilian Microcomputers，" *Review of Economics and Statistics*，77（4），November，622-633.

其他损失 巴西计算机较高的价格给生产过程中依赖计算机的行业及个人用户增加了成本，从而引起他们对政府政策的日益不满。1990 年，费尔南多·科洛尔·德梅洛总统在大选期间承诺要取消对个人计算机实行幼稚产业保护。他当选后，立即兑现了他的承诺。

导致巴西发展高效的计算机业政策失败的原因有很多：芯片等进口材料要花大价钱才能买到，这与当地要求厂商使用国产零部件一样；此外，地方法规还对新厂商进入该产业实行限制。但不管什么原因，这个案例表明，要成功地培育一个幼稚产业是多么的困难，政府要知晓暂时的保护是否能使一个产业在未来生存下来又是多么的困难。

中国保护汽车行业

幼稚产业保护理论的最后一个案例是中国汽车行业。2009 年，中国超过美国，成为世界第一大汽车市场（以进口量和本土销售量计算）。中国当地汽车外企、本土汽车生产企业和进口汽车企业之间竞争激烈，新车型层出不穷，售价不断下滑，现在的中国中产阶级家庭也能买得起汽车。2009 年，中国市场销售 1 300多万辆汽车，相比之下，美国销售小汽车和轻卡 1 040 万辆。四年之后的 2013 年，中国又迎来了一个里程碑，当地生产汽车数量超过欧洲（参见**新闻提要“中国汽车业的里程碑”**）。

新闻提要

中国汽车业的里程碑

2013 年，中国生产的汽车数量将首次超过欧洲。这是中国汽车行业崛起的里程碑，同时也反映出欧洲汽车行业过去一年中面临的困难。中国 2013 年将生产 1 960 万辆小汽车以及其他小型车，比如小型卡车，而欧洲的产量是 1 830 万辆……2012 年，根据汽车行业估计，欧洲汽车产量为 1 890 万辆，比中国 1 780 万辆的数据更高……全球汽车销售额达到 1.3 万亿美元，是全球经济中一道靓丽的风景线。

据统计，欧洲 2013 年造车数量刚刚超过世界总数的 1/5，低于 2011 年的 35%。1970 年，两辆汽车中有一辆就来自欧洲的工厂。汽车行业首先在欧洲拉开序幕，德国发明家卡尔·本茨于 1885 年发明了三轮汽车。然而，2013 年中国汽车生产量已经超过 2000 年 10 倍之多。2000 年，中国汽车产量占世界的份额只有 3.5%，而 2013 年可能将上升到 23.8%。

资料来源：“Milestone for China Car Output,” *Financial Times*, January 2, 2013, p. 11. From the Financial Times

自2001年中国加入世界贸易组织以来，中国汽车的生产量和销售量数据表现十分强劲。加入世界贸易组织时，中国承诺将降低汽车进口关税。在此之前，20世纪80年代初期，中国汽车进口关税税率高达260%，到1996年调整为80%～100%，2006年7月降至25%。汽车零部件的关税也大幅下降，2009年从25%降到10%。同时，中国也放松了进口配额。这些关税和配额政策，再加上各省市级政府汽车销售限制政策，既阻止了汽车进口，同时也妨碍了中国汽车行业的发展。汽车价格高企，外国企业不愿意在中国销售最新车型。然而，这样的情况已经大为改观。现在，外国企业千方百计以最新的车型在中国市场竞争，甚至计划从中国出口汽车到其他国家。中国汽车行业是幼稚产业保护政策成功的范例吗？目前生产和汽车出口的收益超过了关税和配额付出的代价吗？

中国汽车产量 从20世纪80年代初开始，中国准许外国厂商与本土生产厂商建立合资企业。第一家中国汽车合资企业是建于1983年的北京吉普，为美国汽车公司（AMC，后被克莱斯勒收购）与北京当地一家企业组建而成。第二年，德国大众签订了一份为期25年的在上海制造小汽车的合同，法国标致也承诺一个在广州制造汽车的项目。

虽然合资企业协议为外国汽车厂商打开了一扇敲开中国市场的窗户，但是它们的参与度仍然受到限制。外国厂商在合资企业中不能成为大股东，德国大众在其合资企业中占有最大50%的股份。而且中国掌控合资汽车的销售网络。上述种种规定，再加上高额关税，至少可以帮助一部分新建合资企业取得成功。在这些规章制度的保护下，上海大众汽车工厂无疑是一个赢家。到20世纪90年代末，其产量超过20万辆，是其他任何厂家的两倍。大众公司的成功也得益于上海市政府的支持。对汽车排量的限制，以及向购置大众汽车的城市出租车公司提供补贴等措施，都确保只有大众的车型才能在上海市销售。可以说，上海大众工厂在上海当地是一家垄断企业。

然而，上海大众的地方垄断性受到新进入者的侵蚀。最近的一个例子就是2009年初，通用汽车在上海开办了两家工厂，分别投资15亿美元和25亿美元。通用汽车成为中国汽车行业的领头羊，2009年中国1 300万辆汽车的市场中180万辆由通用汽车制造。其实，中国汽车市场的利润是当年该家公司报表中唯一的亮点，抵消了美国市场的一部分亏损（见**新闻提要“上海合资公司提高通用汽车盈利”**）。

新闻提要

上海合资公司提高通用汽车盈利

本篇文章讨论合资公司如何提高通用汽车公司的利润。

如果通用汽车相信上帝，它此时一定在因为中国而感谢他。

中国市场是通用汽车2009年最大的亮点：中国市场销售额上升66%，美国销售额下降30%。通用汽车产量的25%来自中国。甚至在底特律制造的汽车一部分也是在中国设计的。通用汽车也计划将不良资产甩卖给一个不知名的中国企业四川腾中重工（但是，2010 年 2 月在中国政府的阻止下没有成功），北京汽车公司接手了萨博汽车的一些技术。或许最重要的是，中国政府 2009 年承诺将资助通用汽车在亚洲的扩张。

为了换取在印度销售中国小型商务车的合约，通用汽车放弃合资企业 50%对 50%的股份安排，将 51%的控股权让给上汽集团。通用汽车和上汽集团的合资企业表示，这只是许多交易中的第一个。观察人士有一天会不会在回顾这一天时说通用汽车把自己的未来押在了中国？是中国拯救了通用汽车，还是要把通用汽车吞掉？上海特恩斯汽车咨询的包亦农（Klaus Paur）在谈到 2009 年中国汽车非常好的销售量时表示："毋庸置疑，中国消费者已经拯救了通用汽车。"

资料来源："Shanghai Tie-up Drives Profits for GM," by Patti Waldmeir, *Financial Times*, January 21, 2010. From the Financial Times © The Financial Times Limited 2010. All Rights Reserved.

消费者成本 整个 20 世纪 90 年代，中国利用进口关税和配额将汽车进口数量控制在相当低的水平，1993 年进口量为 22.2 万辆，而 1998 年进口量降到 2.75 万辆，到 2005 年回升到 16 万辆。由于 1996 年的汽车关税税率为 80%～100%，进口汽车售价基本上要翻一番。但是，如果对进口汽车实施配额，进口汽车和国内汽车的价格受到的影响将更大。我们在本章前面的分析表明，当母国厂商处于垄断地位时，进口配额对国内价格的影响尤其大。上海大众合资公司的销售就属于这种情况，它在销售其汽车产品时享有地方垄断地位。

这种地方垄断的后果是，它大大地提高了上海市场的汽车售价。图 9－12 列出了 1995—2001 年各汽车厂商在中国市场销售的汽车价格与边际成本之比，即预计加成率。上海大众的加成率最高，1998 年达 54%，2001 年才回落到 28%，1995—2001 年期间，年均为 42%。与此相对照，天津汽车制造厂的加成率为 19%，而上海通用的加成率为 14%。图 9－12 中展示的其他汽车厂商的加成率甚至更低。

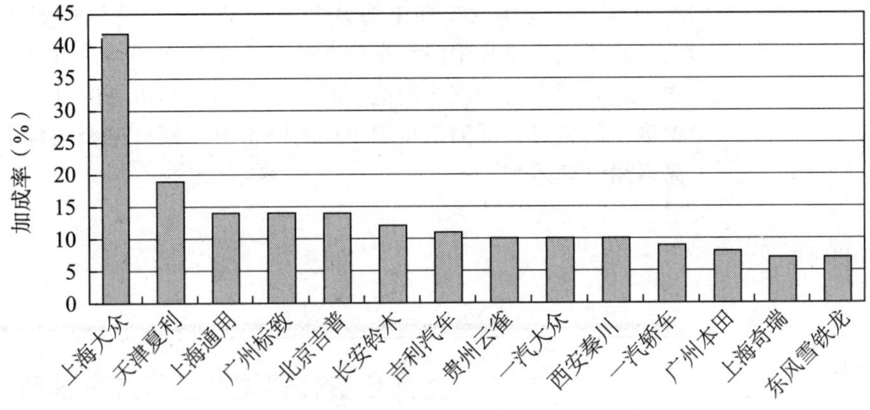

图 9－12 1995—2001 年中国汽车厂商加成率

本图显示了 1995—2001 年各个汽车厂商在中国销售的加成率（价格与边际成本之比）。加成率最高的是上海大众，其在上海具有地方垄断性。

资料来源：Haiyan Deng, 2006, "Market Structure and Pricing Strategy of China's Automobile Industry."

上述事实清楚地表明，上海大众之所以能够大幅度提高价格，是因为地方政府赋予它的垄断地位。况且，在 20 世纪 90 年代，上海大众生产的捷达和奥迪车型都已经过时。尽管价格不菲、车型陈旧，可是该厂商 2001 年全年产量还是达到了最高峰，因而，上海及其周边地区的许多消费者承担了地方保护成本。这个例子说明了母国垄断厂商是如何以牺牲消费者利益为代价从保护中获利的。该例子还说明了实行保护是如何抑制厂商引进最新车型和生产技术的积极性的。

生产者收益 中国以幼稚产业保护为由实施进口关税和配额政策，这些幼稚产业本应该在未来大幅削减成本，最终不需要进口保护政策。但是，中国还没有完全做到这一点，因为它对汽车仍然征收 25%的关税，对汽车零部件征收 10%的关税。这些关税税率与从前相比虽然已经低了很多，但是在很大程度上仍然保护本土市场。因而，判断中国汽车行业保护政策是否成功还为时过早。尽管这样，我们可以从中受到一些启发。第一，毋庸置疑，过往的保护促使外资企业流入中国国内市场。在 2001 年中国加入世界贸易组织之前进入中国的所有外资企业不得不找到当地合伙企业，这是实现当地销售的唯一途径：因为关税太高，进口量少。结果由于中国合伙企业受益于外方转移过来的技术，使当地生产成本下降。我们可以说，得益于关税保护政策和所有权限制，中国合资企业迅速学习，降低成本。

第二，至少与关税保护一样重要的是中国居民收入的提高，促使中国汽车销售一片繁荣景象。正是中国居民收入的快速增长使中国 2009 年超过美国成为最大的汽车市场，2013 年超过欧洲成为汽车生产量最大的经济体。关税引导外资流入中国进行投资，但现在是中国的消费者迫使汽车企业引入最新的车型以及使用最新技术。我们现在必须问一个开放式的问题：高关税和配额是中国汽车行业成功的主要原因吗？还是其致使中国汽车行业因为售价高企、车型落后而发展滞后？或许数年之后，研究人员才能通过对行业发展的分析，确定中国汽车行业成功的具体原因。

9.6 结　论

在上一章，我们讨论了在完全竞争市场条件下进口关税和配额的使用，特别强调了它们在大国与小国情形之间的区别。在完全竞争条件下，一个进口小国会因关税而受损（因为它不能影响世界价格），而一个进口大国则可能会因关税而获益（因为关税能降低世界价格）。在完全竞争条件下，进口配额具有与进口关税类似的效应，所以，我们经常将配额与关税看成是“等效的”。

我们可以将在完全竞争条件下的结果与本章的结果进行对比。在本章我们假设了不完全竞争——存在母国垄断或外国垄断。在母国垄断条件下，关税和配额的作用完全不同。在关税情形下，母国垄断厂商能够按关税的幅度提高产品价格（如同竞争性产业那样），但不能施加垄断势力。而在进口配额情形下，母国厂商能够制定比关税情形下更高的价格，因为它享有一个“受庇护”的市场。所以，进口配额带给母国消费者的损失比关税大。与在完全竞争情形下不同，现在这两种政策不再是“等效的”。

在外国垄断条件下，其结果与上一章分析的大国情形类似：关税使外国垄断厂商降低其出口价格，于是母国消费者支付的价格上涨幅度小于关税。关税由母国价格提高部分与外国出口价格下降部分共同分摊，母国进口商获得了贸易条件利得。就低关税而言，贸易条件利得超过了无谓损失，母国因关税而受益，但是以外国企业的损失为代价。

当外国厂商是个歧视性垄断厂商，且将销往进口国的产品价格定得比当地市场低时，它就在倾销，此时，就会产生针对该外国垄断厂商的特定关税。当出现倾销时，WTO 规则允许进口国征收被称为反倾销税的关税以做出回应。原则上，我们可望母国从该税中获益，因为外国厂商降低了出口价格（就像在对外国垄断厂商征收关税时发生的情形一样）。但是，我们也曾表明，由于反倾销税的实施方式具有特别之处，母国从反倾销税获益的潜在可能性也许并不存在。相反，反倾销税的预期结果是，即使不征收该税，外国出口商也会提高出口价格，从而使母国利益受损。由于这些损失，反倾销税作为一种战略贸易策略是无效的。

本章讨论的另一主题是关于幼稚产业保护问题。我们研究了幼稚产业保护理论的四个案例：美国和中国的太阳能电池板行业、美国哈雷摩托、巴西计算机行业和中国的汽车行业。中美两国都对太阳能电池板行业提供多种补贴，美国对中国太阳能电池板进口征收反倾销税和反补贴税。太阳能电池板行业全球性产能过剩，中美两国企业纷纷倒闭破产。因而，中美两国的政策都未能使本国企业实现持续性盈利。美国 20 世纪 80 年代对哈雷摩托进行保护，对重型摩托的进口征收关税。这一政策看起来取得了成功。哈雷公司不仅生存了下来，还实现了持续性盈利。对于巴西的计算机行业，20 世纪 80 年代的禁令反而使巴西本国的计算机跟不上世界技术突飞猛进的脚步，效率和价格与美国相比都没有竞争力。最后，中国的汽车行业发展迅速，产量已经超过欧洲，但是仍然受到 25%关税的保护，因而现在很难判断中国汽车行业是否为成功的幼稚产业保护案例。此外，至于汽车行业发展迅速的原因，中国消费者收入的大幅增加至少与保障性关税一样重要。

要　点

1. 自由贸易会使小国中的母国垄断厂商以像完全竞争产业一样的方式行事，产品的定价等于边际成本。因而，来自进口品的竞争消除了母国厂商的垄断势力。

2. 当母国厂商是个垄断者时，配额的作用不同于关税。因为配额限制了进口的数量，母国垄断厂商就能将产品价格定得比征收关税时更高，它使消费者承担了更大的损失。

3. 当对外国垄断厂商征收关税时，其结果类似于第 8 章分析过的大国情形：外国垄断厂商以低于关税的幅度提高其出口品在进口国的价格，使其除税价格下降。因此，关税由母国价格提高部分和外国价格下降部分共同分摊，母国获得了贸易条件利得。

4. 倾销是一种以低于厂商国内价格或平均生产成本的价格在国外销售产品的行为。如果出口品价格高于企业的边际成本，倾销仍然带来盈利。我们主要考察国外企业歧视性垄断假定下的倾销行为。各国通过向进口品征收反倾销税对倾销行为做出反应。

5. 国家对倾销的反应是实施反倾销税。反倾销税是按外国垄断厂商的当地价格（或平均成本）与它的出口价格之间的差额计算的。为了减少或避免反倾销税，外国厂商可以提高其出口价格。价格的提高对进口国而言是贸易条件损失，而价格之所以会提高是因为外国厂商能影响反倾销税。

6. 美国及其他一些国家采用反倾销税的次数远多于保障性关税。国内厂商指控别国倾销已成家常便饭。在很多情况下，反复进行这样的指控会使外国提高其产品出口价格，从而减轻了国内厂商的竞争压力。过度采用反倾销的做法，也会招致他国指控自己倾销以作为反击。

7. 幼稚产业是指在当今按世界价格进行竞争时需要加以保护的厂商。当政府征收临时性关税时，它期望该厂商或产业通过学习在总体上能降低成本，从而将来能按世界价格进行竞争。

关键术语

战略贸易政策	市场势力	保障性关税
歧视性垄断	边际收益	外部性
倾销	价格歧视	知识外溢
反倾销税	反补贴税	市场失灵
幼稚产业	掠夺性倾销	

习　题

1. 图 9-1 显示了母国在完全竞争条件下（价格为 P^C）和垄断条件下（价格为 P^M）的无贸易均衡。在本题我们要比较在上述两种情形下的母国消费者福利。

a. 在完全竞争条件下，当价格为 P^C 时，标明消费者剩余和生产者剩余三角形。指出母国总剩余的面积（消费者剩余和生产者剩余之和）。

b. 在垄断条件下，当价格为 P^M 时，标明消费者剩余三角形。

c. 生产者剩余与垄断厂商所获利润相等。为了测度它，在图 9-1 中用 B'点标明了 MR 曲线与 MC 曲线的交点。为销售 $0\sim Q^M$ 单位产品，边际成本沿着 MC 曲线向上移动，直至 B'点。垄断厂商每销售 1 单位产品就赚取了价格 P^M 与 MC 之间的差额。在图中标明作为生产者剩余或利润的该价格与 MC 曲线之间的差额。

d. 指出母国垄断时的总剩余面积。

e. 将你的 a、d 答案进行比较，指出上述两个面积的差额。该差额被称为什么？为什么？

2. 图 9－2 显示了在完全竞争以及在垄断条件下的自由贸易均衡（两种情形的价格都为 P^W）。在本题中，我们要对无贸易时和自由贸易时的母国消费者福利进行对比。

a. 在完全竞争条件下，价格为 P^W。在图中标明消费者剩余和生产者剩余三角形。指出母国总剩余的面积（消费者剩余和生产者剩余之和）。

b. 根据你对本题 a 的答案以及上题 a 的答案，指出在完全竞争条件下从自由贸易中获益的面积。

c. 在垄断条件下，价格仍为 P^W，再次在图中标明消费者剩余和生产者剩余三角形。

d. 根据你对本题 c 以及上题 d 的答案，指出在母国垄断条件下从自由贸易中获益的面积。

e. 将你的 b 与 d 答案进行对比，哪一个贸易利得的面积更大？为什么？

3. 将下列母国福利按升序排列，并验证你的答案。如果有两项相等，做出相应说明。

a. 在完全竞争条件下，小国征收关税 t。

b. 在母国垄断条件下，小国征收关税 t。

c. 在母国垄断条件下，小国对相同的进口量 M 实施配额。

d. 一国面对外国垄断时征收关税 t。

4. 参照"自愿"出口限制条件下的进口日本汽车价格（见图 9－5），回答下列问题：

a. 在 1980—1985 年，促使从日本进口的汽车价格提高得最快的是什么因素？

b. 如果美国对进口日本汽车用关税代替"自愿"出口限制（进口量相同），画出的图 9－5 和图 9－6 看上去将会怎样？试比较在关税和"自愿"出口限制条件下的进口价格与美国市场价格。

c. 哪一种政策——关税还是"自愿"出口限制——对美国消费者造成的损失最小？

5. 在本题我们分析一国面对外国垄断厂商时实施进口配额的影响。如图 9－7 所示，假定母国采用的进口配额数量为 X_2，表示外国厂商的出口量不得多于该数量。

a. 为了达到 X_2 的出口销量，外国厂商的最高定价是多少？

b. 按照你在 a 中得到的价格，母国消费者剩余是多少？

c. 将你在 b 中得出的消费者剩余与自由贸易条件下的消费者剩余进行比较，并依此在图 9－7 中指出配额引起的母国损失。提示：记住，因为不存在母国厂商，所以，你不需要考虑母国的生产者剩余或关税收入，并假定配额租让给了外国厂商。

d. 根据你对 c 的答案，令外国厂商出口数量都为 X_2 的关税或配额，哪一种对母国造成的损失更大？

6. 假定需求曲线是一条直线，等式如下：

$P=10-Q$

根据以上等式，填充第 6 题表。

第 6 题表

需求量	价格	总收入	边际收入
0			无
1			
2			
3			
4			
5			
6			
7			
8			
9			
10			

a. 画出需求曲线和边际收入曲线图。

b. 边际收入曲线是一条直线吗？边际收入曲线的斜率是多少？比较边际收入曲线和需求曲线的斜率。

c. 边际收入曲线有负值吗？为什么？

7. 如图 9-7 所示，思考母国不生产某种产品时的外国垄断情形。从自由贸易时的 A 点出发，考虑母国政府征收 10 美元关税的情形。

a. 假定需求曲线像习题 6 那样是线性的，那么，边际收益曲线的形状如何？

b. 由此，关税使母国的含税价格提高了多少？外国厂商得到的除税价格降低了多少？

c. 讨论实施关税的福利效应。如果母国福利有所增进，用图说明应具备什么条件。

8. 假设母国企业正在考虑是否要出口其产品，其需求和成本数据如下：

固定成本＝140 美元
边际成本＝10 美元/单位产品
本地价格＝25 美元
本地销量＝20
出口价格＝15 美元
出口数量＝10

a. 计算企业本国市场总成本。

b. 企业本国市场平均成本是多少？

c. 计算本国市场的盈利。

d. 母国企业应该进入外国市场吗？简单解释。

e. 计算企业两个市场的总盈利。

f. 母国企业存在倾销行为吗？简单解释。

9. 假设为了应对威胁性反倾销税 t，外国垄断企业将价格提高 t。

a. 画出母国的损失。

b. 这一损失与母国为应对外国垄断企业而实施的保障性关税 t 相比如何？

c. 依据你对 a 和 b 的答案，为何反倾销案件如此频繁？

10. 为什么要用市场失灵论来证明幼稚产业保护具有合理性？

11. 什么叫正外部性？解释作为幼稚产业保护潜在原因的知识外溢论。

12. 如果认为幼稚产业保护有其合理性，母国使用关税好还是配额好？为什么？

13. 第 13 题图 A、B 和 C 摘自 Chad P. Bown，2009，“The Pattern of Antidumping and Other Types of Contingent Protection”（World Bank，PREM Notes No. 144，October 21），并更新自 Chad P. Bown，2012，“Global Antidumping Database,” available at http：//econ. worldbank. org/ttbd/。

a. 图 A 显示了新发起贸易救助调查数量，包括保障性关税、中国保障性关税、反倾销和反补贴案件。每个柱代表 2007 年第一季度到 2012 年第一季度之间每个季度的数据。图 A 还分别列示了发展中经济体和发达经济体发起的案件数量。解读图 A 的数据，并解释背后的原因。

b. 图 B 显示了由 WTO 成员发起的保障性关税的调查数量。自 1995 年以来，哪三年保障性关税案件数量最多？为什么？（提示：回顾美国的经济周期。）

c. 根据图 B，2002 年，世界贸易组织成员的保障性政策行动最多。那一年发起了多少起保障性关税案件？本章讨论过这一年的哪一个案例？

d. 图 C 显示了 2007 年第一季度到 2012 年第一季度每个季度新发起的反倾销调查数量。与图 A 中的数据进行比较。把反倾销案件数量和保障性关税、中国保障性关税以及反补贴案件的总数进行比较，结论是什么？

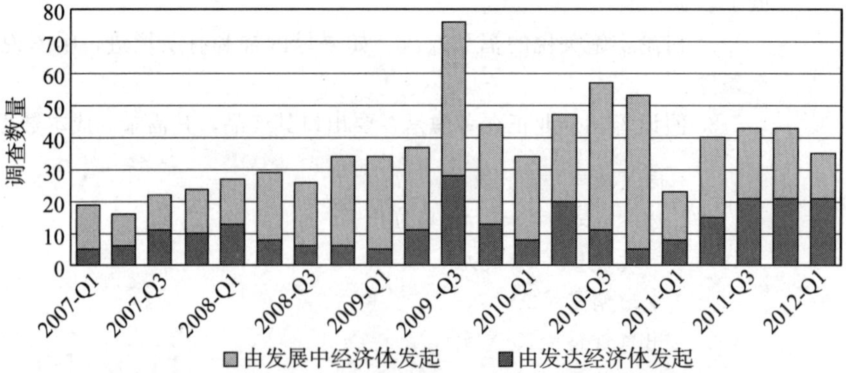

第 13 题图 A　2007 年第一季度到 2012 年第一季度的贸易救助调查
（包括保障性关税、中国保障性关税、反倾销和反补贴案件）

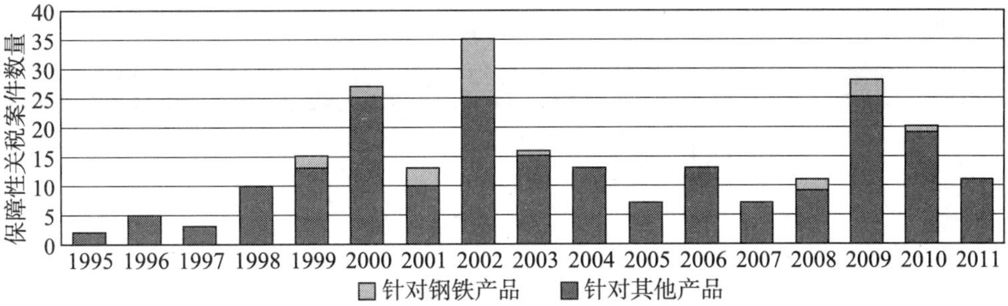

第 13 题图 B　1995—2011 年由 WTO 成员发起的保障性关税案件

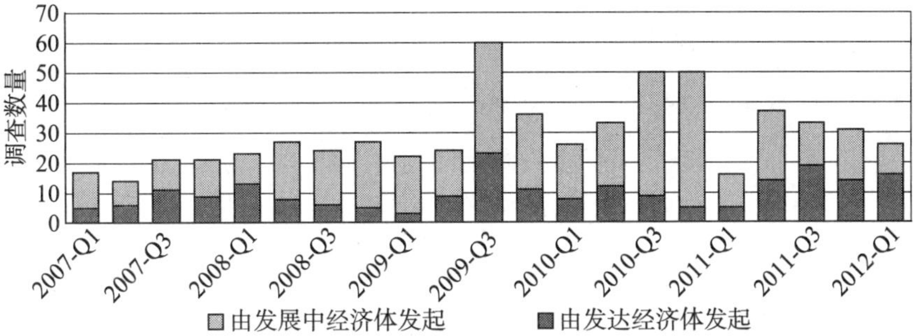

第 13 题图 C　2007 年第一季度到 2012 年第一季度的反倾销调查

资料来源：Chad P. Bown，2009，“ The Pattern of Antidumping and Other Types of Contingent Protection，” World Bank，PREM Notes No. 144，October 21. Updated from Chad P. Bown，2012，“Global Antidumping Database，” available at http://econ. worldbank. org/ttbd/.

第 10 章　资源与高科技产业的出口政策

本章内容提要

10.1　WTO关于农产品出口补贴的目的
10.2　母国为小国时的出口补贴
10.3　母国为大国时的出口补贴
10.4　生产补贴
10.5　出口关税
10.6　出口配额
10.7　高科技产品的出口补贴
10.8　结论

中东有石油，中国有稀土。

——邓小平，中国改革开放总设计师，1992 年南方谈话

10 多年之后，多哈回合谈判终于达成一个协议。多哈回合谈判巴厘岛会议（2013 年 12 月 7 日）达成的协议与谈判代表 2010 年多哈会议的蓝图相比，小得多……发展中国家和发达国家在农业关税等敏感问题方面分歧很大，世界贸易组织最终达成了易于协商的“贸易便利化”协议。

——《金融时报》社论，2013 年 12 月 9 日，第 10 页

2008 年 7 月 21 日，世界贸易组织的 152 个成员齐聚瑞士日内瓦，商讨世界

贸易体制改革事宜。与此前的西雅图（1999）、坎昆（2003）和香港（2005）会议相同，这次会议也伴随着大规模抗议。韩国农民、菲律宾渔民等群体反对降低食品价格的贸易改革。他们担心，贸易改革使农产品价格降低，从而威胁到他们的生计。韩国以及日本、欧洲、美国的农民从复杂的关税系统（进口税）和补贴（对出口商的奖励）中获得好处，由此保持他们自己的农作物的高价格，有时还降低其他国家的农作物的价格。但较低的世界价格损害了那些土地丰裕的发展中国家（诸如巴西、印度、中国和一些非洲国家）农民的利益，使他们很难出口自己的农产品。可在另一方面，较低的世界价格使那些土地稀少的、必须进口农产品的发展中国家受益。但如果世界贸易组织进行的农业改革最终导致农作物价格上涨，那么那些国家的消费者的利益将受到损害。

本章的第一个目标在于解释补贴政策对资源性行业（比如农业、采矿业和燃料提炼业）和高科技行业的影响。国家补贴农业出口品的主要原因是出于政治考虑。农业补贴有利于政府想要支持的社会团体（农民）。美国、欧洲、日本、韩国和其他许多国家都有这种支持。但这些补贴对这些国家的政府而言是昂贵的，并且它们损害了土地资源丰富国家的出口企业，参加 WTO 多哈回合谈判（2001年至今）的许多国家呼吁取消农业补贴。同时，许多国家也期望，土地贫弱的发展中国家降低农产品关税，来换取农业补贴的取消。这个错综复杂的谈判（涉及许多国家的农业）最终失败了。2008 年多哈回合谈判日内瓦会议最终没有达成任何协议。2013 年 12 月，印度尼西亚巴厘岛会议最终达成一个关于关税标准化的涉及面更小的协议，关于农业补贴的协议无果而终，如本章开篇第二个引语所述。[①] 本章将分析 2005 年 WTO 中国香港会议达成的关于降低农业补贴的初步协议。这次会议悬而未决的问题导致后来 2008 年日内瓦会议谈判破裂。

出口补贴并不是仅有的影响资源性行业（农业、采矿业和燃料提炼业）的贸易政策。本章的第二个目标是解释出口关税和出口配额的影响。一些国家为了提高政府收入，对出口品征收关税。[②] 比如，阿根廷对许多农产品和资源的出口征收关税。2011 年，阿根廷大豆出口关税税率高达 35%，向日葵籽和油关税税率为 30%，小麦为 23%，玉米为 20%，生物燃料（植物油调和的燃料油）为 20%。另一有时有利于出口国的贸易政策是出口配额，对出口数量进行限制。比如，2011 年和 2012 年，中国对稀土出口实施配额，导致相关矿产品价格大涨。

本章的第三个目标是考察政府如何战略性地使用出口补贴来提升公司和产业。并非用于支持特定产业或提高政府收入，一些补贴旨在赋予某个产业在国际竞争中的战略优势。一些高科技企业，如欧洲的空客和美国的波音，获得了政府的慷慨补贴，从而引致了政治上的冲突。立法者通常认为对高科技产业的补贴会提高该产业的利润并有利于出口国。

本章将通过考察出口政策对价格、贸易量和福利的影响，评估出口政策相关论点。

---

① “贸易便利化”措施是指，关税程序流程化，提高国际贸易流动的速率。

② 《美国宪法》第五条禁止政府征收出口关税。

10.1 WTO关于农产品出口补贴的目的

在表10-1中，我们描述了世界贸易组织于2005年12月在中国香港会议上所达成的协议。然而，这些协议尚未为相关国家的立法机关正式批准，因此，最好将它们当作目标而不是确定的结果。其中四个协议涉及农业补贴与关税的处理问题，这是这次会议的焦点。

表10-1　　2005年12月WTO中国香港会议达成的协议

本表展示了2005年WTO中国香港会议的结果。其重点集中于农产品补贴。这次会议是尚未完成的世界贸易组织多哈回合谈判的一部分。

问题	在中国香港所做的决定	在中国香港未解决的问题
农产品出口补贴	在2011年前“大部分”废止，2013年年底彻底废除，平行取消间接补贴	必须同意间接补贴额度和具体的分阶段取消方案
国内农业支持	同意根据国内农业支持水平将WTO成员分成3层（顶层——欧洲联盟，中层——美国和日本，底层——其他成员）	必须同意补贴减少的规模以及防止各个成员把贸易扭曲性补贴转换为免受大幅削减关税的类别的规定
农产品关税	同意四个层次（对贫富国家各有不同）以及允许贫穷国家提高关税以应对进口激增的机制	必须确定降低关税的规模和数量以及对“敏感性”和“特殊”产品的处理
棉花	同意于2006年消除出口补贴，允许西非和其他不发达国家生产者的棉花出口的无限制准入	美国将以进一步削减对棉花种植者的40亿美元补贴以及对国内农业支持的削减快于待商定的总削减量为目标
工业产品	同意农业和工业产品关税削减公式和“削减关税的相当高水平”从而富裕国家不要求高于其付出的关税减让	必须同意公式的关键要素、关税削减量、对发展中国家的灵活性，以及部门谈判的作用
服务	就……达成一致的服务贸易谈判指导方针	欧盟迫切要求启动为发展中国家所反对的服务自由化时间表；贫穷国家希望富裕国家接受更多的临时性服务工人
发展	到2008年，免税、免配额准入扩大到最不发达国家产品的97%，允许有重大的例外（如美国纺织品进口）。更多的贸易救济承诺	必须同意其他措施来强化对贫困国家的特惠条款

资料来源：Guy de Jonquières, “Tentative Steps Forward Seen as Better Than None at All,” *Financial Times*, December 19, 2005, p. 2.

农产品出口补贴

出口补贴（export subsidy）是对公司出口的每单位产品所给予的支付（或者是固定的金额，或者是售价的一小部分）。政府发给补贴是为了鼓励本国公司加大特定行业的生产量。如表 10-1 所示，WTO 的成员都同意到 2013 年年底为止，废除所有的农产品出口补贴。一些农产品出口国，如巴西、印度和中国，曾推动更早地废除补贴的提议，但是遭到了欧洲国家的强烈反对。欧洲保持一个名为**共同农业政策**（Common Agricultural Policy，CAP）的农业补贴系统。例如，为了帮助它的食糖生产者，按照共同农业政策，它将付给农民每吨甜菜高达 50 欧元的补贴，是世界市场价格的 5 倍。由于高额的补贴，欧洲农民才能够承受以远低于世界市场价的价格出售用他们的甜菜生产的食糖。结果，欧洲成为世界上主要的食糖供应者，尽管处在更温暖或热带气候的国家拥有天然的比较优势。其他国家把农业补贴保持在尽量高的水平。例如，美国给棉花种植者补贴以鼓励他们种植更多的棉花，然后又对购买美国棉花的农业企业和制造商进行补贴，所以棉花生产和销售都得到了补贴。日本允许它每年消耗的 700 万吨白米中的 10%从外国进口并免除进口关税，但是对超出 10%的部分却要征收 500%的关税。世界上像这样的农业保护政策例子还有很多。

间接补贴　中国香港出口补贴协议中要求平行消除农业上的**间接补贴**（indirect subsidies），包括发达国家对贫穷国家的食物援助和由发达国家国有贸易公司出口的其他产品。欧洲已经废除直接的食物援助补贴，并且认为对贫穷国家的资金援助更加有效。美国继续以出口农产品作为援助。在接下来的章节中，我们将探讨欧盟的观点：对发展中国家进行资金援助比食物援助更为有效。

国内农业支持　中国香港协议提到的另一个项目是**国内农业支持**（domestic farm supports），它指对农民的任何资助，即使它跟出口没有直接关系。这样的国内资助项目仍然能通过降低国内农产品的成本（由此增强竞争力）对出口产生间接的影响。中国香港协议仅仅是在对各国资助项目的资助程度进行分类方面迈出了第一步，并没有对何时会消除这些资助做出任何可靠的承诺。

棉花补贴　最后，棉花出口补贴受到了特别的关注，因为许多低收入的非洲国家出口该作物，美国给予棉花出口高额补贴。美国虽然同意削减这些出口补贴，但是由于中国香港协议从没有获得通过，因而美国也没有削减这些关税。棉花补贴仍旧是美国和巴西等棉花出口国争议的话题。

WTO 中国香港会议的其他议题

除了取消补贴之外，中国香港会议还讨论了许多跟出口补贴相关的其他问题。其中之一就是作为对其他国家采用补贴的回应而采取的关税。这些问题非常棘手，导致2008年日内瓦会议谈判破裂，也可能影响多哈回合谈判的整个议程。

农产品关税 大国出口补贴压低了全球市场价格，因此贸易的进口国可能对大国补贴的产品征收关税。主要农业出口发展中国家极力推动大幅削减农产品关税，特别是发达国家的农产品关税，但是在中国香港会议中没有取得任何进展。

三年之后，农产品贸易问题继续成为日内瓦会议的主要议题。在日内瓦会议上，主要进口农产品的发展中国家希望通过两项特殊条款，允许其限制关税削减幅度。第一条，这些国家希望建立一个完全免于削减关税的"特殊产品"清单。第二条，这些国家希望建立"特殊保障机制"。根据这个机制，当进口在短时间内暴增或者价格大幅下挫时，这些国家可以暂时性提高关税。

回顾第8章GATT第十九条"保障性关税"的相关内容，GATT中还有"保障性关税"主要适用于制造业产品的特殊规定（见第8章专栏**"GATT的核心条款"**）。同样，农产品"特殊保障机制"的通过需要各国一致同意在什么条件下使用这个保障机制。中国香港会议的问题在于与会成员难以达成一致。同样，参加日内瓦会议的代表也没有就哪些农产品应该列入"特殊商品"达成一致。这些问题导致2008年日内瓦会议无果而终，但是必须在多哈回合谈判完全结束之前解决。

涉及工业品和服务贸易的问题 在中国香港还讨论了其他问题，见表10-1。为了进一步削减工业品关税，原则上有一个使用一些公式来计算削减幅度的协议，但这些公式的确切性质尚有待未来谈判来解决。还有一个讨论关于开放服务贸易部门的协议，它将有利于工业化国家及其大规模的服务业。人们期望发展中国家能在未来做出一些承诺，开放其服务贸易市场，但是相反，发展中国家期望富裕国家的服务部门能接收更多的临时移民工人。最后，还有一个关于允许从世界上50个最不发达国家（LDC）进口的97%的产品免税进入WTO成员市场的协议。美国已经允许从这50个国家进口的83%的产品免税和免关税进入其市场，并且根据该协议，美国将把这种免税准入进一步扩展到这些国家的几乎所有产品。然而，该协议排除了美国从最不发达国家进口的纺织品，因为美国要保护其国内纺织品生产商免受来自诸如孟加拉国和柬埔寨等国的廉价进口品的影响。从我们关于美国对低成本的进口服装和纺织品高度敏感的讨论来看，这毫不奇怪，正如美国对从中国进口的服装实施配额的案例所示（见第8章）。

10.2 母国为小国时的出口补贴

为了搞明白出口补贴对价格、出口和福利的影响，我们将从一个面对固定不变的世界出口价格的小母国开始。随后，我们将考察当母国足够大并能影响世界价格时，结果会有何不同。

假设一个小国出口食糖。母国无贸易均衡点是在图10-1中的A点。在自由贸易条件下，母国面对着食糖的世界价格P^W。在图10-1（a）中，当价格为P^W时，母国供给量为S_1吨食糖，需求量为D_1吨食糖。由于需求量比供给量少，在自由贸易条件下，母国出口 $X_1=S_1-D_1$ 吨食糖。该出口量如（b）图中的 B 点所示，与自由贸易价格 P^W 相对应。通过确定在其他价格下的出口水平，我们可以得出母国出口供给曲线 X。

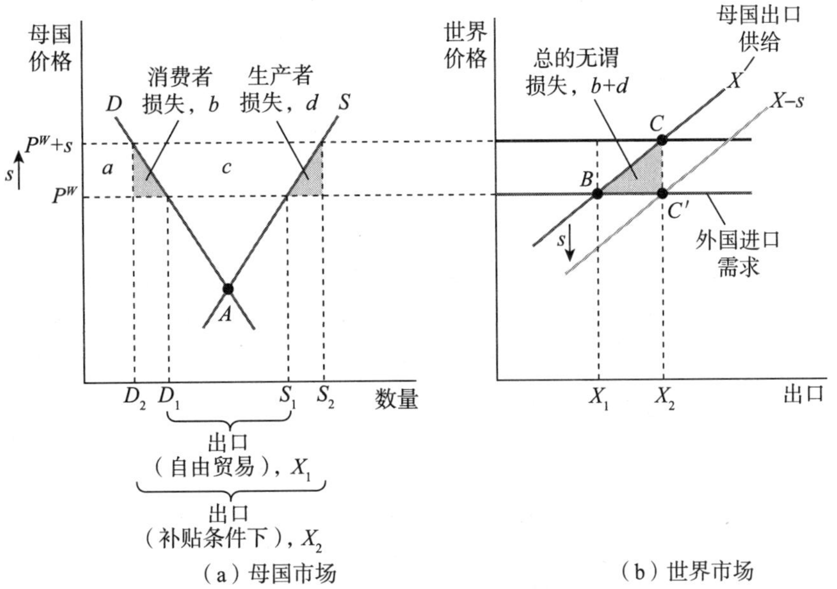

图 10-1　小国出口补贴

每出口一单位给予 s 美元的补贴会提高价格，母国出口商收到的价格从 P^W 提高到 P^W+s。结果，类似产品的母国价格也将上涨这一数额。这一价格上涨导致母国供应量从 S_1 增加到 S_2，母国需求量从 D_1 减少为 D_2，如（a）图所示。补贴引发的出口从 X_1 增长到 X_2，如（b）图所示。由于一单位出口的边际成本恰好减少 s，母国出口供给曲线正好下移出口补贴的数量。与在关税例子中一样，补贴造成的无谓损失是三角形 $b+d$，即消费者损失 b 和生产者损失 d 的总和。

出口补贴的影响

现在假设，由于政府希望促进母国食糖生产者多出口，每出口一吨食糖生产者得到 s 美元的政府补贴。图 10-1（a）展示了该补贴对母国经济的影响。由于每吨 s 美元的出口补贴，出口商每出口一吨食糖会得到 P^W+s，而不是较低的自由贸易价格 P^W。由于允许它们以补贴价格出口任何数量，母国厂商对于国内销售不会接受低于 P^W+s 的价格：如果国内价格低于 P^W+s，厂商只会以更高的价格出口所有的食糖。因此，母国的食糖价格必然上升到 P^W+s，从而等于母国企业得到的出口价格。

请注意，随着母国食糖价格上升到 P^W+s，原则上母国消费者可以以 P^W 的价格进口食糖而不从当地企业购买。为了避免该国的进口，我们假设母国政府实施等于（或高于）出口补贴金额的进口关税。这是一个现实的假设。许多供出口的受补贴农产品也受到进口关税的保护，以防止消费者以较低的世界市场价格购买这些产品。我们发现出口补贴和进口关税的组合效应是提高了母国消费者所支付的和企业所得到的价格。

一方面，在（a）图中，随着价格上升至 P^W+s，母国供给量增大到 S_2，同时需求量下降到 D_2。因此，母国出口增长至 $X_2=S_2-D_2$。这种出口量的变化可以从两方面来考察，分别由（b）图中的 C 点和 C' 点表示。一方面，如果我们用纵轴上的 P^W+s 来衡量母国价格，C 点位于原来的母国出口供给曲线 X 上：也就是说，母国价格上升导致沿着母国原来的供给曲线从 B 点移动到 C 点，因为出口数量随着母国价格而提高。

另一方面，如果用（b）图的纵轴来衡量世界价格，并且给定小国假设，即世界价格固定为 P^W，因补贴引起的出口从 X_1 增长到 X_2 可以理解为母国出口供给曲线移动到 $X-s$，$X-s$ 包含了 C' 点。回想一下在第 8 章，出口供给曲线恰好移动了关税的数额。在这里，因为出口补贴如同负关税，母国出口供给曲线恰好下移 s 的数额。换句话说，补贴使企业在出口供给曲线上的任何一点都以低 s 美元的价格将其产品出售到世界市场，因此，出口供给曲线下移。根据我们的小国假设，母国是世界市场价格的接受者，因此总是以 P^W 价格把产品销售到外国；唯一不同的是，由于补贴，母国出口的量更大。

小结 从母国的角度来看，出口补贴提高了价格和出口数量，即沿着母国出口供给曲线移动。从世界的角度来看，出口补贴导致出口供给增加，并在世界价格不变的条件下（由于小国假设），出口供给曲线下移补贴金额 s。如同关税的情形一样，补贴使母国出口商得到的价格（在 C 点的 P^W+s）和外国进口商支付的价格（在 C' 点的 P^W）之间产生差价。

补贴对母国福利的影响 我们下一步是要确定补贴对出口国福利的影响。一方面，在（a）图中，母国价格上涨使消费者剩余减少了 $a+b$。这是介于两个价格（P^W 和 P^W+s）之间和需求曲线 D 下方的区域。另一方面，价格上升使生产者剩余增加了（$a+b+c$），即介于两个价格（P^W 和 P^W+s）之间和供给曲线上方的区域。最后，我们需要确定对政府收入的影响。出口补贴使政府花费了 s 美元/单位出口，或总的花费为 $s \cdot X_2$。该成本如面积（$b+c+d$）所示。

将对消费者、生产者和政府收入的影响相加，得到出口补贴的总体影响为

消费者剩余减少	$-(a+b)$
生产者剩余增加	$+(a+b+c)$
政府收入减少	$-(b+c+d)$
母国福利的净效应	$\boldsymbol{-(b+d)}$

（b）图中的三角形（$b+d$）为由小国补贴引起的净损失或**无谓损失**（deadweight loss）。出口补贴给出口国导致无谓损失的结果与关税给进口国导致无谓损失的结果类似。与关税一样，区域 b 和 d 可以得到准确的解释。三角形 d 等于因补贴而多生产产品所增加的边际成本，可以理解为对该经济体的**生产损失**（production loss）或效率损失。三角形 b 这个区域可以理解为那些不再消费 D_1 和 D_2 之间数量的个人所遭受的消费者剩余减少，我们称之为该经济体的**消费损失**（consumption loss）。生产损失和消费损失之和为出口国的无谓损失。

10.3 母国为大国时的出口补贴

现在假设母国是国际市场上一个足够大的销售者，以至其补贴会影响食糖的世界价格（例如，这种情形发生在欧洲食糖补贴和美国棉花补贴中）。这种大国情形如图 10-2 所示。在（b）图中，我们画出了向下倾斜的外国进口需求曲线 M^*，因为母国给予补贴时引起的出口数量变化现在会影响世界价格。

在自由贸易条件下，母国和世界价格为 P^W。在这个价格水平下，母国出口 $S_1-D_1=X_1$，世界出口市场在母国出口供给曲线 X 和外国进口需求曲线 M^* 的交点处于均衡状态。母国和外国消费者为产品支付相同的价格 P^W，它等于世界市场价格。

补贴效应

假设母国对每吨食糖出口补贴 s 美元。正如我们在小国的例子中所发现的，母国出口生产补贴表现为（b）图中的母国出口供给曲线向下移动 s；原出口供给曲线 X 和新出口供给曲线 $X-s$ 之间的垂直距离恰好是补贴金额 s；母国出口供给曲线 $X-s$ 和外国进口需求曲线 M^* 的新交点，与新的世界市场价格 P^*（比自由贸易时的世界价格 P^W 下降了）和母国价格 P^*+s（比自由贸易时的世界价格 P^W 提高了）相对应。此外，补贴条件下的均衡现在位于（b）图中的出口量 X_2 处，比 X_1 增加了。

在第 2 章中，我们把一个国家的贸易条件定义为出口价格与进口价格的比率。一般来说，贸易条件下降意味着一个国家的损失，因为它要么获得了较少的出口收入，要么支付了较多的进口支出。我们已经发现，在出口补贴条件下，外国消费者为母国出口品支付了较低的价格，因而母国贸易条件下降，但外国获得了贸易条件利得。因此，我们应当预期母国会因出口补贴而受损，而外国消费者会受益。为了证实这些影响，我们将探讨补贴对母国和外国福利的影响。

母国福利 在图 10-2（a）中，母国价格从 P^W 提高到 P^*+s 使消费者剩余减少了 $(a+b)$。而且，价格提高使母国企业受益，生产者剩余增加了 $(a+b+c)$。我们还需要考虑补贴的成本。由于补贴的金额为 s，母国的出口数量（补贴后）为 $X_2=S_2-D_2$，随之得到政府补贴的成本为 $(b+c+d+e)$ 区域，它等于 $s\cdot X_2$（政府为每单位出口支付了 s）。因此，在大国情形下补贴的总体影响可归纳如下：

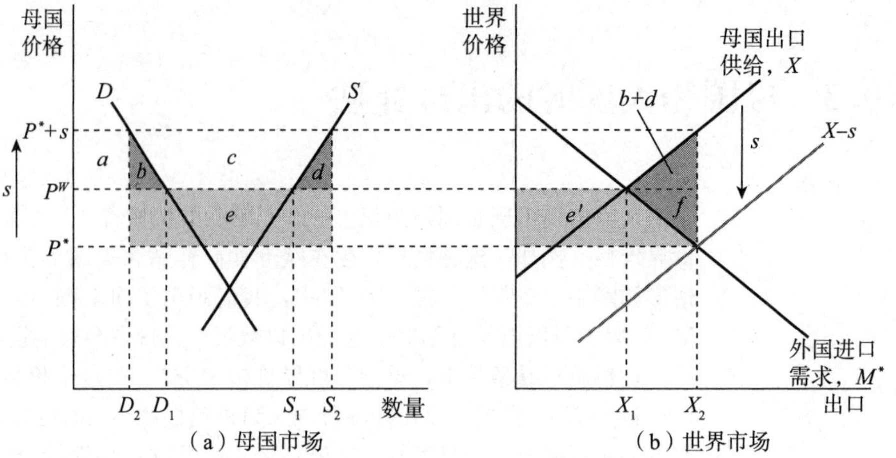

图 10－2　大国出口补贴

（a）图展示了母国的补贴效应。母国价格从 P^W 上涨到 P^*+s，母国需求量从 D_1 减少到 D_2，母国供给量从 S_1 增加到 S_2。母国的无谓损失为三角形（$b+d$）区域，但是母国还有 e 区域的贸易条件损失。在世界市场上，母国补贴使出口供给曲线从（b）图中的 X 移动到 $X-s$。如同小国情形那样，出口供给曲线下移了补贴数额，这反映了较低的出口品边际成本。因此，世界价格从 P^W 下降到 P^*。外国获得消费者剩余 e'，因此补贴产生的世界无谓损失为（$b+d+f$）区域。额外的无谓损失 f 之所以产生，是因为只有一部分母国贸易条件损失是外国获得的收益。

消费者剩余减少	$-(a+b)$
生产者剩余增加	$+(a+b+c)$
政府收入减少	$-(b+c+d+e)$
母国福利的净效应	$-(b+d+e)$

在（b）图的世界市场上，三角形（$b+d$）是补贴引起的无谓损失，就像在小国情形中一样。然而，对于大国来说，还有一个额外的损失来源，即 e 区域，这是母国的贸易条件损失：$e=$（b）图中的 $e'+f$。当我们分析外国和世界福利时，把母国的贸易条件损失分成 e' 和 f 两个部分是有用的，但从母国的角度来看，母国的贸易条件损失只是它们的总和，即 e 区域。这一损失是出口收入的减少，因为世界价格下降到了 P^*；对于所出口的 X_2 中的每一单位产品，母国损失了 P^W 和 P^* 之间的差额。因此，由于出口品的世界市场价格下降，出口补贴给一个大国造成的损失甚至大于给小国造成的损失。

外国和世界福利　当母国因补贴而必定遭受损失时，外国这个进口国必定受益。图 10－2（b）说明了因母国补贴而使外国受益的消费者剩余；外国进口品的价格下降，外国的贸易条件得到改善。外国的消费者剩余变化为 e' 区域，该区域位于进口需求曲线 M^* 的下方并处于自由贸易时的世界价格 P^W 和新的世界价格（含补贴）P^* 之间。

将母国的消费损失和生产损失（$b+d$）加上母国的贸易条件损失 e，减去外国的贸易条件利得 e'，得到世界总的无谓损失，它由（b）图中的（$b+d+f$）区域加以衡量。f 区域是由补贴引起的额外的世界无谓损失，它之所以会产生，是因为母国的贸易条件损失没有完全被外国的贸易条件利得抵消。

由于存在着贸易条件从母国向外国的转移，因此，出口补贴对于那些寻求对贫穷国家提供援助的富裕大国来说似乎是一种很好的政策工具。然而，情形并非如此。无谓损失 f 意味着使用出口补贴以增加母国生产并把多余的出口品卖到海外（比如食品援助的例子，前面将之作为一个间接补贴的例子进行讨论）是一种在各国间转移贸易所得的无效方法。把母国的贸易条件损失以现金援助的形式给予贫困的国家会更为有效。由于它不会改变任何一个国家在自由贸易条件下的生产和消费水平，因此，该政策方针会避免与补贴有关的无谓损失（$b+d+f$）。这个论断是由欧洲国家得出的，早在几年前，它们就取消了作为援助方式之一的食品转移，转而改用现金支付。现在美国已同意做出同样的政策调整，详见下面的案例。

案　例

谁受益？谁受损？

既然我们已经在理论上研究了出口补贴对世界价格和贸易数量的影响，那么我们回到 2005 年 12 月世界贸易组织中国香港会议所达成的协议并提出如下问题：当出口补贴（包括像食品补贴这样的“间接”补贴）于 2013 年被取消之时，哪些国家会受益？又有哪些国家会受损？

受益　这个行动的显著受益者就是发展中国家的现行农产品出口国，比如巴西、阿根廷、印度尼西亚和泰国，以及潜在的出口国，比如印度和中国。当工业化国家——尤其是欧洲国家和美国——取消农业生产补贴时，这些国家会从世界价格的上涨中受益。一旦就取消工业化国家（包括日本和韩国）用以保护大米等谷物的农产品关税达成协议，那么这些国家就会获益更多。这些措施同时也会有利于工业化国家自身，这些国家同时遭受农业出口补贴和进口关税所引起的无谓损失和贸易条件损失。在工业化国家中，那些失去补贴的农场主的处境将趋于恶化，政府也许会选择采用某种调整救助措施来补偿其损失。然而，在欧美，总是那些最大的农场主从补贴项目中获益最多，同时他们也能比小型农场主更好地适应补贴被取消后的状况（通过转向种植其他农作物）。

受损　哪些国家会从取消出口补贴中遭受损失呢？就取消出口补贴会提高世界价格而言，如同我们在分析中所预期的那样（在图 10 - 2 中，价格将会从 P^* 上升到 P^W），那些粮食进口国家，尤其是那些贫穷的非产粮国将会受损。若干经验性研究已经证实了这个理论性结论。一项研究发现，现行的农业支持模式（补贴和反补贴税）提高了 77 个发展中国家中的三分之二国家的人均收入，包括像布隆迪和赞比亚这样最贫穷的国家。[①] 这个结论如图 10 - 3 所示。图 10 - 3（a）展现了

① Margaret McMillan, Alix Peterson Zwane, and Nava Ashraf, 2007, “My Policies or Yours: Have OECD Agricultural Policies Affected Incomes in Developing Countries?” in Ann Harrison, *Globalization and Poverty*, Chicago: University of Chicago Press and National Bureau of Economic Research (NBER), 183 - 232.

1990—2000 年期间农产品净出口与各国的人均收入的对比。那些较贫穷的国家（即那些横轴上的收入标准较低的国家）出口较多的农产品从而可以从价格上涨中获利。但是对于（b）图中的食品出口而非总的农产品出口来说，是那些中等收入国家出口最多。（c）图表明，贫穷国家是玉米、大米和小麦这样的粮食必需品（总称为“谷物出口品”）的净进口者，它们将会在世界价格上涨中受损。许多世界上最穷的人口以谷物为主食，他们会因这些产品价格上涨而遭受特别沉重的打击。

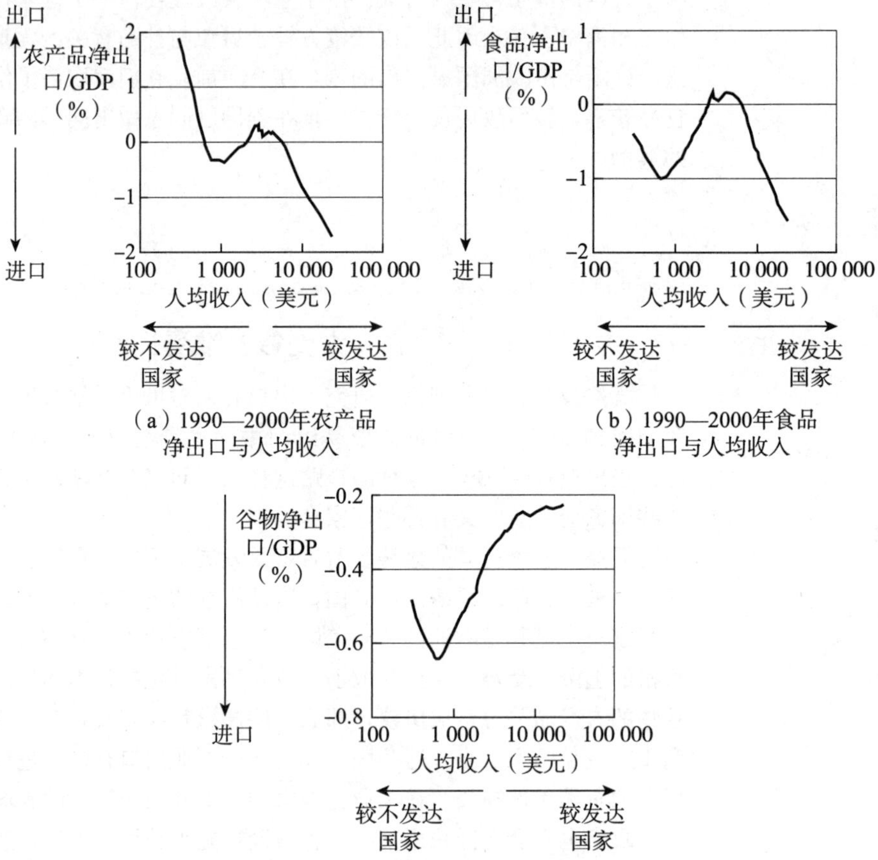

（a）1990—2000年农产品净出口与人均收入

（b）1990—2000年食品净出口与人均收入

（c）1990—2000年谷物净出口与人均收入（%）

图 10-3　农业、食品和谷物出口

（a）图表明农产品净出口与各国人均收入的对比。总的来说较不发达国家出口较多的农产品，由此可以从消除补贴引起的价格上涨中受益。（b）图表明出口食品最多的是那些中等收入国家。（c）图表明那些不发达国家是玉米、大米和小麦等必需食品（谷物）的净进口者，它们会因世界谷物价格的上涨而受损。

资料来源：Margaret McMillan，Alix Peterson Zwane，and Nava Ashraf，2007，“My Policies or Yours：Have OECD Agricultural Policies Affected Incomes in Developing Countries?” in Ann Harrison，*Globalization and Poverty*，Chicago：University of Chicago Press and NBER，183 - 232.

食品援助　像食品援助这样的间接补贴又如何呢？美国仍然是食品援助的主要提供者，它把食品援助作为实现人道主义目的和处理国内商品过剩的手段。面对饥饿，没有一个国家会对救助需要提出质疑，就像近期发生在苏丹达尔富尔地区和1984年埃塞俄比亚的饥荒，但是美国也向不存在食品短缺的地区提供大量食品，这样的举动会压低当地价格，并损害当地生产者的利益。若干年前欧洲国家就停止了这种做法，认为联合国救助机构代之以从贫困地区的当地农民手中购买粮食发放给一国最贫困人员会更好。以这种方式行事，欧洲国家可以促进该国的粮食生产，有助于填饱最贫困人民的肚子。在中国香港的对话中，欧盟坚持到2013年取消对食品不短缺地区的间接补贴以及直接出口补贴，美国对这一目标表示认同。但是，就像在中国香港的对话中提出的所有其他建议一样，由于多哈回合谈判尚未结束，该目标尚未付诸实施。

尽管中国香港会议的提议从没有实施，农业的关税和补贴也没有取消，多哈回合谈判仍在继续，在以增加农业生产取代食物援助的目标方面仍然取得了一些进步。2009年，八国[1]集团会议承诺每年增加120亿美元用于支持农业发展，如**新闻提要“八国集团的援助重点从食品援助转向农业生产”**所示。这个承诺表明，对发展中国家食品援助的重点已经转移到农业可持续发展。如该新闻提要所述，这也表明美国援助方法的改变。现在，美国用于食品援助的资金是帮助农业发展项目的20多倍。

尽管八国集团会议有这样的承诺，但是许多分析人士并不看好：贫穷国家的农业发展并不一定能得到这批援助资金。八国集团会议之后，许多社论便开始催促这些国家践行承诺。我们收录了其中一篇**新闻提要“饥饿和食品保障问题重回政治议程”**。这篇文章的作者是由40个非政府组织组成的欧洲食品保障机构的主席。

新闻提要

八国集团的援助重点从食品援助转向农业生产

本篇文章阐述八国集团会议新的“食品保障倡议”。八国集团承诺借助于“食品保障倡议”，出资数十亿美元，帮助发展中国家的农民。如下一篇新闻提要所述，并不是所有的观察人士都看好八国集团的承诺，尽管发展中国家农民急需这样的援助。

八国集团会议本周宣布“食品保障倡议”，承诺接下来三年用120亿美元来支持农业发展。此举旨在传递食品援助转向长期投资发展中国家农业发展的信号。

根据联合国官员和八国集团“拉奎拉食品保障倡议”外交官简报，美国和日本提供了大部分资金，两个国家各自拿出30亿美元到40亿美元，其他资金来自欧洲和加拿大。官员表示，资金开支增加了三倍多……

① 八国集团包括加拿大、法国、德国、意大利、日本、俄罗斯、英国和美国。除此之外，欧盟作为一个整体也参加八国集团会议。

八国集团的倡议也反映出，美国将采用抗击全球饥饿的新方法，一反过去二十年只做食品援助的工作。美国国务卿希拉里·克林顿和农业部部长汤姆·维尔萨克（Tom Vilsack）都在自己的演讲中提及这一重心的改变。

克林顿上月表示："我们抗击饥饿的重心一直是危机最严重的时候送去食物，这样做已经太长时间了。这样做可以挽救生命，但是至多是救急，治标不治本。"

美国政府的这一改变在美国国内备受争议，因为美国农民是大豆和玉米等农作物的最大出口者。美国也是世界上粮食捐赠最多的国家（捐赠的粮食主要是美国农民生产的）。2008 年，粮食捐赠金额约为 20 亿美元。

一家智库组织芝加哥全球事务委员会估计，美国政府用于食品援助的资金是帮助非洲当地农业发展项目的 20 多倍。该智库今年在一篇报告中指出，整个 20 世纪 80 年代，美国支援非洲农业项目的支出每年多达 4 亿美元，但是到 2006 年下降到 6 000 万美元。

资料来源：Javier Blas, "G8 Shifts Focus from Food Aid to Farming," *Financial Times*, July 6, 2009, p. 1. From the Financial Times © The Financial Times Limited 2009. All Rights Reserved.

新闻提要

☞ 饥饿和食品保障问题重回政治议程

本篇文章质疑八国集团的承诺：发展中国家的农民可能得不到这些国家承诺的 120 亿美元农业发展帮扶资金。

自 20 世纪 70 年代早期以来，全球食品安全问题第一次作为总要议题列入政治和经济日程。这就是八国集团会议本周在意大利发布"食品保障倡议"所传达的信息。但是，如果要解决接下来几十年人口的食品保障问题，这个备受欢迎的倡议要继续配套国家和国际政策改革……

据报道，"食品保障倡议"包含接下来三年 120 亿美元资金援助的承诺。但是，在为八国集团会议鼓掌称赞之前，我们需要回答两个问题。120 亿美元是新增加的资金，还是包含现在已有的项目？该倡议如何促成旨在增加家庭、国家和全球食品安全保障的持续政策改革？

政策改革在许多现有食品没有保障的国家是必要的。农业和农村发展投资在过去三十年中一直遭到忽视。捐助主体，包括世界银行，也对此负有一定责任。现在，被分配给农业发展的财政预算必须持续增加……回顾类似峰会的历史，这方面的表现难以让人称道：承诺和之后的实践有天壤之别。在 1974 年第一次这样的峰会上，基辛格承诺"在 10 年内，没有一个儿童将饿着肚子睡觉"。

"食品保障倡议"至少传达了八国集团峰会的一个积极信号。该倡议将会为承诺进行政策改革的发展中国家提供保障食品安全的机遇。世界上多达十亿人口还在挨饿，世界的人口总数还在增长，全球气候变化威胁着农业生产。在这样的大背景下，八国集团的承诺既非常重要，也是急需的。践行承诺无论从政治方面还是从经济方面讲都是好事。

资料来源：Tom Arnold，2009，"Hunger and Food Security Back on Political Agenda，" *The Irish Times*，July 8，electronic edition.

10.4 生产补贴

在中国香港达成的协议对农业出口补贴——将加以取消——和所有其他形式的旨在提高产量的国内农业支持措施（比如税收刺激和其他一些形式的补贴）加以区别对待。进行这种区别的理由是预计其他形式的农业支持对出口的影响要比直接补贴小。因此，相对于出口补贴，国内支持计划对其他国家的影响相对较小。为了阐明这一思想，我们将考察在大国和小国情形下的农业生产补贴影响。

假设政府为一家母国厂商生产的每一单位产品（比如，在我们例子中的一吨食糖）提供 s 美元的补贴。由于它是对所生产的每一单位产品而不仅仅是对出口品的补贴，因此这是一种**生产补贴**（production subsidy）。政府可以运用好几种方法来实施这样的补贴。例如，政府可以对农民确保一个最低价格，对最低价格与农民卖出的任何更低的价格之间的差价予以补偿。此外，它还可以给购买该农产品的用户以补贴，以此来增加需求和提高市场价格；此举就如同给所生产的每一单位产品提供补贴。如前所述，美国已运用这两种方法来支持其棉花种植者。

这些政策都归属于 GATT 第十六条（见第 8 章的**专栏"GATT 的核心条款"**）。GATT 第十六条指出，应告知伙伴国这些补贴的程度，如若可能，应对之加以限制。在中国香港，世界贸易组织成员就根据补贴程度将各国进行分类事宜进一步达成了一致意见，将欧盟归入高水平生产补贴行列，将美国和日本归入中等水平行列，将其他国家归入低水平行列（详见表 10－1）。未来要讨论的是削减这些生产补贴的时间表和幅度。

母国为小国时的生产补贴效应

为了阐明生产补贴的影响，我们从一个面对固定世界价格 P^W 的小国开始。在图 10－4（a）中，生产补贴 s 使母国生产者获得的价格提高到了 P^W+s，母国的供给量也从 S_1 增加到了 S_2。然而，母国的需求量没有改变，因为生产者在母国继续索要世界价格。之所以如此（与出口补贴相对比）是因为母国生产者无论将产品卖给谁（母国消费者或者通过出口卖给外国消费者）都会收到一定的补贴。因此，在生产补贴情形下，母国生产者对外国消费者收取世界价格，并从政府手中获得额外补贴，同样地，它们对母国消费者收取世界价格并再次获得额外补贴。相反，对于出口补贴而言，母国公司只在出口销售时获得补贴，而在国内销售时则没有补贴。

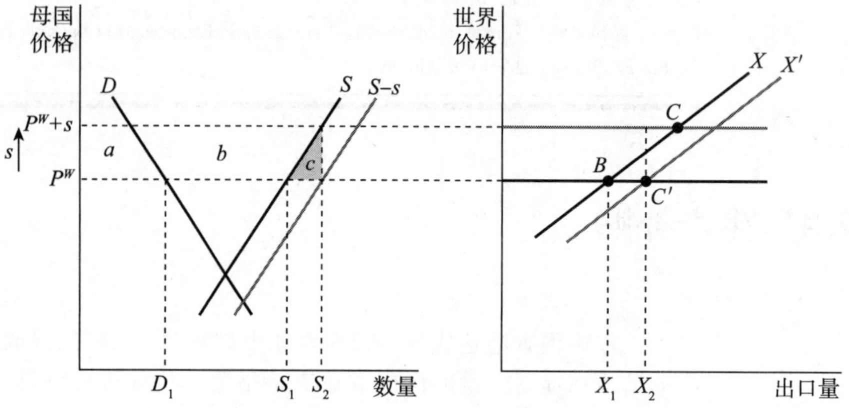

（a）母国市场　　（b）世界市场

图 10-4　小国的生产补贴

在（a）图中，给予所生产的每一单位产品 s 美元生产补贴会使母国厂商获得的价格从 P^W 提高到 P^W+s。价格上涨导致母国供给量从 S_1 增长到 S_2。母国的消费者价格不受影响，因为生产补贴并不区分产品是供母国销售还是出口（因而厂商继续在母国收取世界价格），因此，需求量仍为 D_1。对于小国而言，补贴的无谓损失为 c 区域。在（b）图中，生产补贴所导致出口量从 X_1 增加到 X_2，虽然此时的出口增长小于出口补贴时，因为在生产补贴情形下母国的需求量不变。

对母国消费者而言，由于其含生产补贴的价格仍为 P^W，因此，母国的需求量不变，仍为 D_1。在（b）图中，我们看到生产补贴使出口数量从 $X_1=S_1-D_1$ 增长到了 $X_2=S_2-D_1$。由于需求不受影响，生产补贴引起的出口增长要少于出口补贴所引起的出口增长。其结果之所以如此，是因为在出口补贴情形下，母国价格提高导致需求数量减少，从而导致母国出口增加。与之相反，在生产补贴情形下，母国的需求数量不变，因此，出口没有增长这么多。

母国福利　由于母国生产者所获得的价格从 P^W 上涨到 P^W+s，生产者剩余也相应增加了（a）图中的 $(a+b)$ 数量。该补贴的政府收入成本为整个 $(a+b+c)$ 面积，它等于补贴额 s 乘以母国产量 S_2。因此，生产补贴的总体影响为：

消费者剩余变化	没有（因为需求不受影响）
生产者剩余增加	$+(a+b)$
政府收入下降	$-(a+b+c)$
母国福利净效应	$\boldsymbol{-c}$

在一个小国中，生产补贴所导致的无谓损失为 c 区域，小于由出口补贴导致的无谓损失，即图 10-1 中的 $(b+d)$ 区域。生产补贴所造成的无谓损失小于出口补贴所造成的无谓损失的原因是，消费者的决策没有受到任何影响：母国消费者仍然面对价格 P^W。就像出口补贴一样，生产补贴使母国生产者的供给数量增加，但是，生产补贴是在不提高母国消费者价格的情况下增加供给量的。唯一的无谓损失是生产无效率：较高的补贴价格鼓励了母国生产者以高于没有补贴情形下处于市场均衡状态时的边际成本（即沿着供给曲线向右上方移动）增加产量。

瞄准原理 生产补贴造成的无谓损失较低，这一发现使生产补贴成为比出口补贴更好地实现增加母国供给目标的政策工具。该发现是**瞄准原理**（targeting principle）的一个例子：为达成某个目标，最好使用最直接地达成该目标的政策工具。例如，如果母国政府的目标是增加棉花供给，并因此使棉花种植者受益，则运用生产补贴比运用出口补贴更好。当然，棉花种植者的受益是以政府收入减少为代价的。

在经济学上有很多瞄准原理的例子。为了限制香烟消费和改善公众健康，最佳政策是对购买香烟征税，许多国家正是这样做的。为了减少汽车的污染，最好的政策是征收汽油税，在欧洲汽油税远远高于美国。另外，用一个本书中的例子，为了补偿人们因国际贸易而遭受的损失，对受影响的人们直接提供贸易调整救济（见第 3 章）要优于征收进口关税或实施进口配额。

母国为大国时的生产补贴效应

我们不会描绘大国情形的细枝末节，而是用图 10－4 来简洁地说明生产补贴对价格、出口和福利的影响。当母国生产者的价格从 P^W 提高到 P^W+s 时，出口品的供给数量从 S_1 提高到 S_2。由于需求不变，出口增长的数量完全与母国生产者供给的数量相同。我们用出口供给曲线外移来表示出口增长，即在（b）图中从 X 外移到 X'。如前所述，由生产补贴引起的出口数量增长（在图 10－4 中从 B 点到 C' 点），少于由出口补贴引起的出口数量增长（在图 10－1 中从 B 点到 C' 点）。当实施出口补贴时，母国生产者和消费者的价格提升到 P^W+s，由于供给数量增加和需求数量减少，所以出口数量增长。结果，出口补贴使母国出口供给曲线下移，下移幅度恰好为图 10－1 中的 s。与之相反，在实施生产补贴时，出口增长仅仅是因为母国供给数量增加，因此，在图 10－4 中出口供给曲线下移幅度小于 s。

如果我们在图 10－4（b）中画一条向下倾斜的外国进口需求曲线，那么由生产补贴引起的供给增加会降低世界价格。但是这个世界价格的降幅会小于由出口补贴引起的世界价格下降，因为在生产补贴情形下出口增长较少。

小结 农业生产补贴仍然会降低世界价格，但是比出口补贴引起的降幅要小。因此，WTO 较少关心消除生产补贴和其他各种形式的国内农业支持政策。正如我们所知，与出口补贴相比较，这些政策对世界价格影响较小，无谓损失也较小。

10.5 出口关税

除了出口补贴和生产补贴之外，一些国家还使用**出口关税**（export tariff）政策影响国际贸易。出口关税是指出口国政府主动在其产品出口时征收的关税。如本章开篇所述，阿根廷对许多农产品征收出口关税。莫桑比克对珠宝征收出口关税，而泰国对柚木征收出口关税。这些国家征收出口关税的主要原因是增加政府收入；农民及相关企业缴纳这些税收，并不能从中受益。

本章这部分内容从生产者、消费者和政府收入等方面考量，分析出口关税对出口国家的总影响。我们首先分析无法影响世界市场价格的小国，之后阐述出口关税对大国的影响。

出口关税对小国的影响

以出口大豆的小国（比如阿根廷）为例，如图 10-5（a）所示，母国无国际贸易时的均衡处于 A 点。假设有国际贸易之后，大豆世界市场价格为 P^W 比索（我们在分析时采用阿根廷货币单位）。以此价格，母国供给量为 S_1，需求量为 D_1，母国供给量大于需求量，因而母国出口大豆。出口量为 $X_1 = S_1 - D_1$，如（b）图中的 B 点所示。到此为止，图 10-5 的自由贸易均衡分析与图 10-1 的出口补贴分析相同。如果考虑到出口关税，接下来的分析将出现很大变化。

假设政府对大豆征收出口关税 t 比索，生产者获得的价格不再是 P^W，而是 $P^W - t$。如果生产者能够在国内卖出高于 $P^W - t$ 的价格，那么生产者将仅在国内销售，不再出口，从而使国内供过于求，价格下滑。因而，母国价格一定下滑到 $P^W - t$，此时处于均衡。

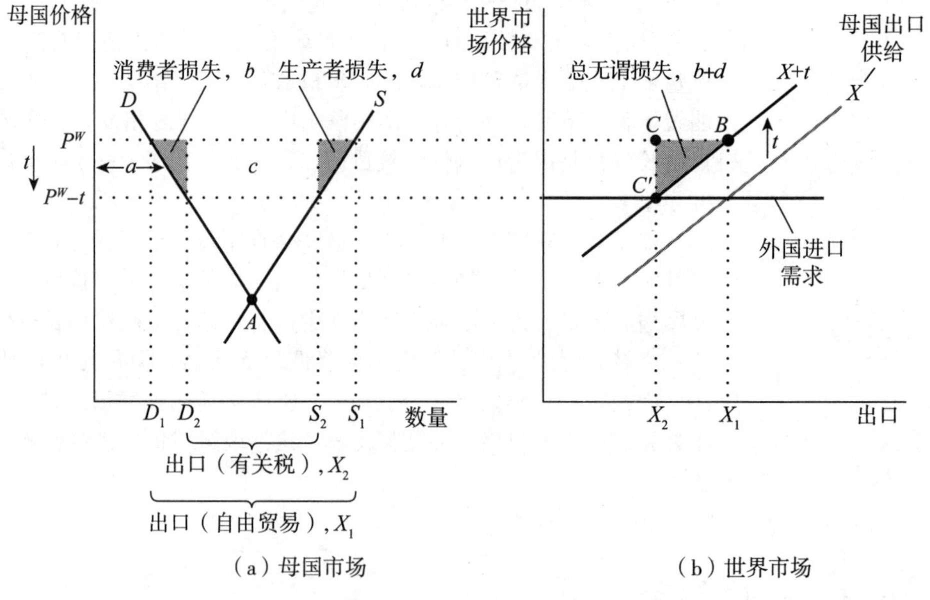

图 10-5　小国出口关税

（a）图：出口关税 t 使大豆价格从 P^W 下降到 $P^W - t$。国内市场价格也下降相同的幅度。母国的供给量从 S_1 下降到 S_2，需求量从 D_1 上升到 D_2，出口量从 X_1 下降到 X_2。图（b）：征收关税之后，由于出口商边际成本增加，母国出口供给曲线上移 t。无谓损失是三角形（$b+d$）的面积，即消费损失 b 和生产损失 d 的总和。

价格下降到 P^W-t 之后，母国供给量下降到 S_2，需求量上升到 D_2。因而出口量下降到 $X_2=S_2-D_2$。如（b）图所示，出口供给曲线向左上方移动，移动幅度为关税 t。这个分析结果与图 10－1 类似，在图 10－1 中，出口供给曲线下移补贴 s。

如（b）图所示，出口量为 X_2 时，世界供给和需求新的均衡点为 C 点。出口量 X_2 与国内市场价格 P^W-t 相交于 C' 点。

出口关税对小国福利的影响 我们现在可以确定出口关税对小国福利的影响，由于母国价格下降，母国消费者将受益。如（a）图所示，消费者剩余增加区域 a。但是，生产者受损，生产者剩余下降（$a+b+c+d$）。政府收入增加，增加幅度等于 X_2 乘以 t，即长方形 c 的面积。

综合考虑生产者、消费者和政府收入，出口关税对小国总的影响如下：

消费者剩余增加	$+a$
生产者剩余减少	$-(a+b+c+d)$
政府收入增加	$+c$
母国福利净效应	$\mathbf{-(b+d)}$

总之，出口关税造成小国无谓损失（$b+d$）（与第 8 章进口关税和本章出口补贴的分析结果类似）。该无谓损失分为两个部分。三角形 b 的面积为消费损失。这是因为需求量从 D_1 上升到 D_2，而增加的这部分需求量的价格下降到 P^W-t，但实际上对市场而言真正价值一直为 P^W。因而，需求增加部分的价格小于经济价值表明出现了无谓损失。

三角形 d 的面积为生产损失。生产者供给量从 S_1 下降到 S_2，边际成本从 P^W 下降到 P^W-t，但是实际上对市场而言真正价值一直为 P^W。供给量减少部分的价值大于边际成本表明出现了无谓损失。

出口关税对大国的影响

本章前面已经介绍了出口关税导致小国福利下降的不良后果。但是，一些国家政府（特别是发展中国家）认为，出口关税是增加政府收入的简易方法。出口关税造成无谓损失的影响并未阻止这些政府开征出口关税。

如果出口国是大国，出口关税又会产生什么样的影响？仍然会造成净损失吗？回顾第 8 章的叙述，如果进口关税不是很高，征收进口关税对大国而言会产生净收益。这是因为进口关税会降低进口品需求，进而降低进口品价格，引起贸易条件改善。通过下面的分析，我们可以看到：出口关税也可以导致大国贸易条件改善。这是因为出口关税会降低世界市场供给，进而提高出口品价格，从而引起贸易条件改善。

我们通过图 10－6 分析出口关税对大国的影响。如图 10－6（b）所示，在自由贸易条件下，大豆价格为 P^W，即母国出口供给曲线 X 和外国进口需求曲线 M^* 的交点。当政府对大豆征收出口关税 t 时，母国出口供给曲线从 X 上移到 $X+t$，新的出口供给曲线与外国进口需求曲线 M^* 相交于 C 点，世界市场价格从 P^W 上升到 P^*。

价格 P^* 由外国进口商支付，包含了关税 t。与图 10－5 小国分析中的水平曲线不同，外国进口需求曲线 M^* 向右下方倾斜。因此 P^* 大于 P^W，但是幅度小于 t。受出口关税的影响，母国价格为 P^*-t。如（a）图所示，由于 P^* 大于 P^W 的幅度小于 t，P^*-t 在 P^W 的下方，如（a）图所示。

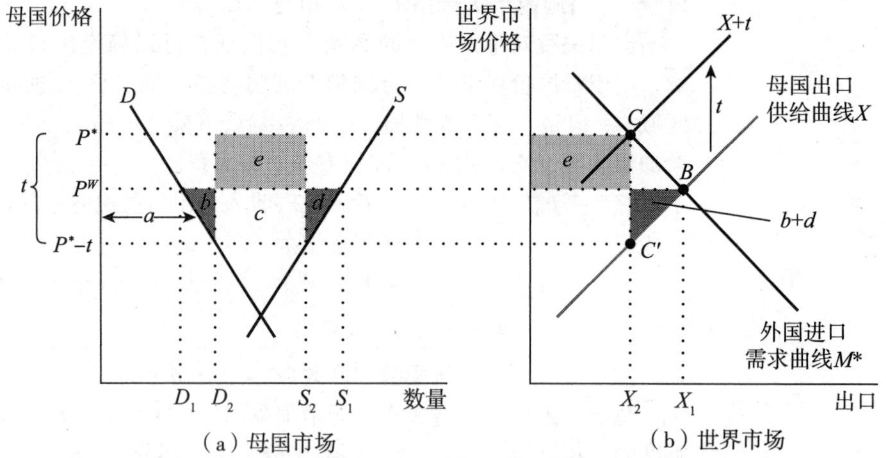

图 10－6　大国出口关税

如（b）图所示，出口关税 t 使出口供给曲线从 X 上移到 $X+t$，世界市场价格从 P^W 上升到 P^*，增加的幅度小于 t。如（a）图所示，母国价格从 P^W 下降到 P^*-t。母国需求量从 D_1 上升到 D_2，母国供给量从 S_1 下降到 S_2。母国的无谓损失为（$b+d$），母国的贸易条件改善，产生的收益是长方形 e 的面积。

出口关税对大国福利的影响　我们现在可以确定出口关税对大国福利的影响。在自由贸易条件下，母国消费者和生产者的价格是 P^W。但是征收出口关税之后，价格下降到 P^*-t。如（a）图所示，消费者剩余增加 a，消费者剩余下降（$a+b+c+d$）。政府收入增加，增加幅度等于 X_2 乘以 t，即（$c+e$）。

综合考虑生产者、消费者和政府收入，出口关税对大国总的影响如下：

消费者剩余增加	$+a$
生产者剩余减少	$-(a+b+c+d)$
政府收入增加	$+(c+e)$
母国福利净效应	$\boldsymbol{e-(b+d)}$

与前面小国分析的影响相比较，我们发现，如果 $e<$（$b+d$），出口关税对大国有利。由于出口关税，（$b+d$）是无谓损失，e 为贸易条件利得。如图 10－6 所示，出口关税产生的收益是 P^W 上升到 P^* 的幅度乘以出口量 X_2，即贸易条件利得是因为出口大豆价格的提高。如果产生的收益大于无谓损失，那么母国会从出口关税中受益。

总之，出口关税对大国的影响和进口关税一致，因为都可能对大国产生净收益。如第 8 章所述，如果关税不是太高，收益 e 将大于无谓损失（$b+d$）。这个结论在分析出口关税的时候也适用。在第 8 章中，我们强调，贸易条件的改善是以牺牲其他贸易国的利益为代价的。同样地，由于外国进口商付出的价格更高，出口关税也牺牲了外国的利益。与进口关税一样，我们称出口关税是“以邻为壑”的政策。这些分析结果与出口补贴不同，出口补贴对母国造成损失，但是外国买家受益。

10.6 出口配额

除了增加政府收入之外，大国可以从征收出口关税中受益的观点让国家更有理由征收出口关税。同样地，另一个贸易政策也可能使大国受益：**出口配额**(export quota)。出口配额是指对出口国的出口品设定一个限额。关于出口配额的一个最耳熟能详的案例是石油输出国组织（OPEC）。OPEC 包含中东六个国家、非洲四个国家和南美两个国家。OPEC 通过对各个成员国设定石油出口额度，限制石油出口，从而抬高世界石油价格。高油价不仅使 OPEC 成员国受益，其他非 OPEC 产油国也因此受益。(但是，石油进口国受损。）由于石油产品价格升高带来了更高的收入，石油生产企业也会受益。由此可以看出，出口配额和出口关税（实际上，对企业征税会降低生产者剩余）不同。

我们通过图 10－7 分析出口配额对于大国的影响。由于研究对象是大国，图 10－7 看起来和图 10－6 相似。首先看自由贸易条件下，世界贸易价格形成于母国出口供给曲线与外国进口需求曲线之间的交点 B，此时的出口量为 X_1。假定出口国设定出口配额 $\overline{X}$，$X_1>\overline{X}$。出口供给曲线现在变成了一条垂直直线，与外国进口需求曲线相交于 C 点，世界市场价格从 P^W 上升到 P_2^*。

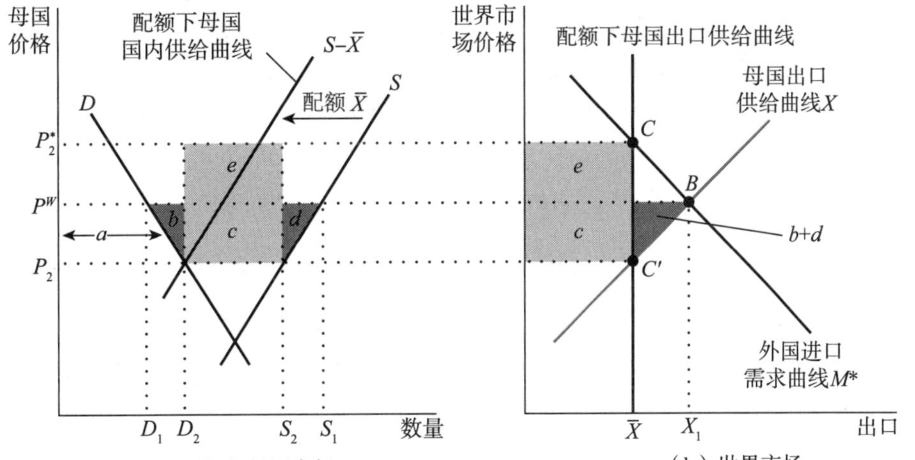

图 10－7　大国出口配额

如 (b) 图所示，出口配额使出口供给曲线成为出口量为 $\overline{X}$ 的垂直直线，世界市场价格从 P^W 上升到 P_2^*。由于出口量仅为 $\overline{X}$，母国供给曲线 S 向左移动，得到新的供给曲线 $S-\overline{X}$，母国市场价格从 P^W 下降到 P_2，世界市场价格增加的幅度小于出口供给曲线上移的幅度。母国的无谓损失为 $(b+d)$，而母国企业获得配额租 $(c+e)$。

母国生产者获得了更高的世界市场价格。但是由于出口减少（出口量是 $\overline{X}$，而不是 X_1），母国企业的国内销量相应增加。母国供给曲线 S 向左移动，得到新的供给曲线 $S-\overline{X}$，母国企业国内的销量从 D_1 上升到 D_2，母国市场价格从 P^W 下降到 P_2。母国企业的总供给量 $S_2=D_2+\overline{X}$，但 $S_2<S_1$。从而，我们可以看到出口配额的负作用，即限制了母国企业的总销量。

现在，我们可以看一下出口配额的影响。由于国内价格下调，母国消费者增加了消费者剩余 a。生产者剩余的变化更加复杂。如果生产者所有产品售价为较低的 P_2，那么生产者剩余损失（$a+b+c+d$），但是生产者同时获得了配额租（$c+e$），抵消了一部分损失。配额租等于母国价格与世界价格之间的差（$P_2^*-P_2$）乘以出口量 $\overline{X}$。由于配额租由生产者获取，政府并没有从出口配额中获得收入。

出口配额的影响如下：

消费者剩余增加	$+a$
生产者剩余减少	$-(a+b+c+d)$
生产者配额租增加	$+(c+e)$
政府收入增加	0
母国福利净效应	$\boldsymbol{e-(b+d)}$

总之，母国出口配额的影响与出口关税一样，即 $e-(b+d)$。如果 $e-(b+d)>0$，则母国从出口配额中受益。与出口关税不同，出口配额对政府的收入没有影响。如果征收出口关税，政府收入增加（$c+e$）。但是如果实行出口配额，政府的收入没有增加，这部分配额租（$c+e$）归属于生产者。

这个结论与第 8 章分析进口配额时的结果相同。“自愿”出口限制政策与出口配额含义相同，只是称呼不同。出口限制提高了世界市场价格，出口国家企业能够以更高的价格向国外销售产品，获得配额租，但是政府收入不受影响。在下面的案例中，我们看一下中国如何利用出口配额政策限制出口。

案　例

中国矿产品出口政策

与其他发展中国家相同，中国实行多种出口政策。比如，钢铁产品出口关税从 10%到 40%不等，为政府提供了一种收入来源。除此之外，中国还对矿产品的出口征收关税和设置配额。由于一些矿产品是其他国家生产的重要原材料，中国的矿产品出口限制政策引起了全球各国的关注。如图 10 - 6 和图 10 - 7 所示，出口关税和配额都将提高世界市场的价格，进口国家不得不以更高的价格进口，使出口国家受益。

2009 年，美国、欧盟和墨西哥一起针对中国向世界贸易组织提起申诉，控诉中国对铝土矿、锌、黄磷和其他矿产品实行出口关税和配额，扭曲了国际贸易模式。[1] 这样的出口限制政策受到 GATT 第十一条（参阅第 8 章**专栏"GATT 的核心条款"**）的禁止。中国 2001 年加入世界贸易组织时，被要求取消出口限制政策，包括对矿产品出口的限制。但是 GATT 第十一条有一个例外条款：该条款不适用于"出口方阻止或者缓解食品或其他重要产品短缺的出口禁令或限制政策"。比如，一个面临食品短缺危机的国家可以限制食品出口，以把食品留在国内。针对 2009 年的控诉，中国表示，中国的出口限制政策符合例外条款，中国之所以限制矿产品的出口，是因为中国工业急需这些原料（比如中国太阳能电池板行业），出口配额可以有效加强对这些稀有资源的保护，把更多的资源留在地下，以备将来之需。但是 2011 年 7 月，世界贸易组织裁决，例外条款不适用于中国矿产品出口限制政策，中国必须取消这些政策。中国提出上诉，世界贸易组织 2012 年 1 月最终维持原有裁决。

这场诉讼之争受到了世界各国的密切关注。2009 年申诉不久，中国又开始对其他矿产品实行出口配额："稀土"矿，比如镧（被用于锂电池和照明设备）和钕（被用于制造永磁体，手机、风力机、混动汽车等的制造不可或缺的原料）。[2] 当时，中国控制着全球稀土矿生产和出口 95%以上的份额。中国的出口配额导致稀土矿产品价格飙升。比如，2009 年镧的价格为 6 美元/千克，2010 年涨到 60 美元/千克，2011 年暴涨到 151 美元/千克，2012 年价格又下降到 36 美元/千克。高企的市场价格使更多的国家能够从生产镧中获利：澳大利亚新开了一个矿，美国重开 10 年前因为环境原因关闭的位于莫哈韦沙漠中的矿。美国矿藏有钕等轻稀土元素，也有铽、钇和镝（被用于制造风力机和太阳能电池）等重稀土元素。[3] 这些新供给来源导致 2012 年价格暴跌。

2012 年 3 月，美国、欧盟和日本再次对中国稀土出口限制政策提出申诉，控诉中国不正当使用出口限制政策。这类申诉的第一步是世界贸易组织内部组织协商解决，但是协商没有成功，2012 年 9 月该案交由世界贸易组织纠纷解决委员会处理。中国表示，中国稀土限制出口政策适用于例外条款，事关"枯竭自然资源保护"。但是，世界贸易组织裁决中国败诉，中国可能还将上诉。

不管最终结果如何，中国现在已经在改变稀土政策。2012 年末，中国认识到，稀土政策没有达到抬高市场价格的预想结果。因而，中国改变严格依赖出口配额的政策，转而补贴亏损的生产企业。这些新政策见**新闻提要"中国表态支持稀土产业发展"**。新补贴政策有可能招致美国的反对，但是如前面内容所述，相比于出口配额，世界贸易组织更难管制补贴（农业经常使用）。

稀土的国际贸易还牵涉一个重要问题：稀土矿的生产和加工都可能带来环境

---

① 其他六种矿产包括焦炭、萤石、镁、锰、碳化硅和金属硅。本段材料摘自：Keith Bradsher, "In Victory for the West, W. T. O. Orders China to Stop Export Taxes on Minerals," *The New York Times*, January 30, 2012, and "Rare Earth Trade Case Against China May Be Too Late," *The New York Times*, March 13, 2012。

② 稀土矿有 17 种，包括 15 种镧系元素以及钪和钇。本段相关材料摘自：Jacob Marder, "The Rare Earth Metal Industry," University of California, Davis。

③ Kyle Wiens, 2012, "A Visit to the Only American Mine for Rare Earth Metals," *The Atlantic*, February 21, electronic edition.

风险，稀土矿常常伴有钍和铀等放射性矿。加工这些矿还会产生低级别放射性废物，因而招致人们对新矿开采的抗议。澳大利亚莱纳斯公司（Lynas Corporation）在马来西亚建稀土矿厂，但是当地由退休数学教师谭先生（Tan Bun Teet）领导发起了对建厂的抗议。虽然抗议没能阻止建厂，但是建厂日期被延迟，并且施加压力，该公司必须确保放射性废物按照法律被运出马来西亚。但是，这些废物将运到什么地方？高科技产品的爆发性需求引起了环境问题，蕴藏着极大的环境风险。这个案例揭示了国际贸易和环境的相互关系，这一话题将在下一章阐述。

10.7 高科技产品的出口补贴

现在我们转向考察高科技产品。这个经济部门也获得大量的政府资助，比如在美国和欧洲对飞机制造业的补贴。在美国，补贴以低息贷款的形式提供，由进出口银行（一家为出口相关项目提供融资的美国政府机构）向计划向西雅图波音公司购买飞机的外国公司或政府提供低息贷款。在欧洲，政府向空中客车公司提供研发支持和其他补贴。空中客车公司在许多欧洲国家生产部件和组装整机。在日本和韩国，许多达到出口增长目标的高科技制造公司获得了直接补贴。其他许多国家也给予高科技产品以补贴。

各国政府为何要支持其高科技产业？在农产品的例子中，设立补贴主要考虑到这些行业的政治影响。政治在高科技产业补贴中也起到一定的作用，同时，政府对这些产业提供补贴是出于另一方面考虑，即这些产业可以对经济体中的其他产业产生外溢效应从而创造利润。也就是说，各国政府相信高科技产业会产生正的**外部性**（externality）。除了补贴是为保护出口产业而非进口替代产业这一点之外，补贴论与试图为保障性关税辩护的幼稚产业保护论（见第 9 章）非常相似。

新闻提要

☞ **中国表态支持稀土产业发展**

由于担心对生产企业的高压政策导致失去 17 种关键原料（导弹和手机等的制造都需要用到）市场的控制权，中国已经开始改变稀土政策。为了促进“有序发展”，中国对处于财务困境的生产企业进行直接补贴。这表明中国战略性地重视这个行业。同时，补贴也表明中国政策在过去两年的重大转变。中国过去着重限制稀土的生产，关闭非法矿，严格控制出口。这些政策导致世界市场价格大幅波动，全球需求增长因此减缓。

中国稀土学会的陈占恒表示，中国的补贴政策将帮助国有大型稀土矿企业，中国将大力扶持这些企业；补贴的目的是支持技术升级、能源保护和环境保护。

……中国对于这个战略行业近乎垄断的地位引发了美国和日本的担忧，特别是2010年中日关系紧张期间中国暂停稀土矿出口日本。这个事件，再加上边界纠纷，引发了对中国之外的稀土矿的大幅投资，其中几个矿将在下一年开始投产。澳大利亚莱纳斯公司昨天宣布，第一批稀土矿已经运抵马来西亚，2013年上半年将开始在马来西亚工厂提炼。

资料来源："China Signals Support for Rare Earths," *Financial Times*, Nov. 23, 2012, p. 14.

高科技产品出口补贴的"策略性"运用

除了对出口补贴的外溢论之外，各国政府和产业还认为出口补贴可以为在国际市场上与少数对手进行竞争的出口企业提供**战略优势**（strategic advantage）。所谓战略优势，我们认为就是获得补贴的产业在世界市场上能更有效地与其对手竞争。拿飞机制造业来说，目前只有美国波音公司和欧洲空中客车公司能生产大型宽体飞机。这两家公司都从政府获得某种补贴。如果高科技产品补贴能使公司在国际市场上更有效地竞争和赚取更多的利润，如果额外的利润大于补贴的数量，那么出口国会从出口补贴中获得全部利润，和国家实施关税获得的收益是一个道理。

为了考察各国能否策略性地使用补贴，我们将使用**不完全竞争**（imperfect competition）的假设。我们在第9章中使用过这个假设，当时考虑的是母国垄断和外国垄断的情形。现在我们假设市场上有两家公司，即**双头垄断**（duopoly）的情形。在这种情形下，每家公司都可以根据另一公司的价格与产量决策制定其价格和产量（并由此最大化其利润）。当一国政府使用补贴来影响两家公司的相互作用并增加本国公司的利润时，我们就说该政府正在实施策略性行动。在这一节，我们考察战略性出口补贴的影响以确定出口公司的利润增长是否足以补偿政府补贴的成本。

由于我们现在假设一定数量的高科技产业是在不完全竞争市场中运作的，因此，我们需要使用不同于本章迄今所用的一组工具来建立供给决策模型。为了抓住两家公司策略性决策的本质，我们使用**博弈论**（game theory），即将两家公司在选择其行动以最大化收益时彼此间的策略互动（博弈）模型化。本节的主要目的是构建母国和外国高科技企业的策略互动模型，然后考察出口补贴分别对其决策和支付的影响。

为了考察出口补贴的影响，我们从没有实施任何补贴前的自由贸易情形开始。假设有两家公司竞争销售一种新型号的飞机。比如，空中客车最近开始销售双层A380，波音正在研发较小的飞机，叫787梦幻客机（将在本章后面加以讨论）。为了方便起见，我们集中关注每家公司为研发一种新的飞机与另一家公司在世界其他市场抢占市场份额的决策。忽略在其本国的销售，我们就不用计算在美国或欧洲的消费者剩余。相反，对这些国家的福利测度只依赖于波音或空中客车在世界其他市场所取得的销售利润。

支付矩阵 在图 10－8 中，我们展现了一个波音公司和空中客车公司的**支付矩阵**（payoff matrix），它们中的每一家都必须决定是否生产新的飞机。该矩阵的每一个象限展示了两家公司赚取的利润，波音的在左下方，空中客车的在右上方。当两家公司都生产新飞机时（左上角象限），它们的价格因为竞争而下降，两家公司都以负利润（即损失）500 万美元而告终。①

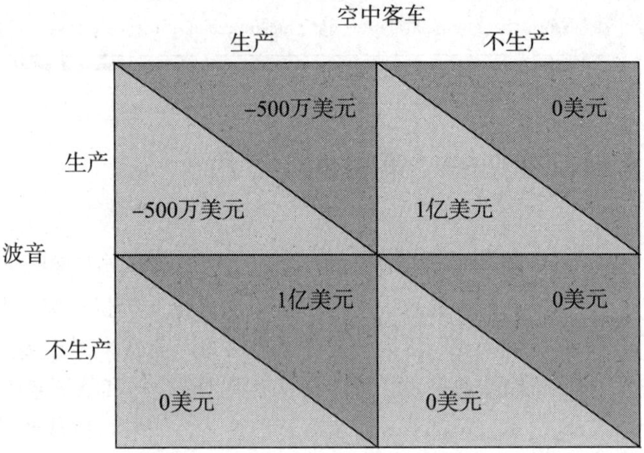

图 10－8 两家公司间的支付矩阵

每个象限的左下方数字表示波音的利润，右上方数字表示空中客车的利润。每一家公司都必须决定是否生产新型号的飞机。当每家公司在给定另一家公司的行动时都做出了最佳决策时，纳什均衡就出现了。对于这个支付模式，有两个纳什均衡，即位于右上角象限和左下角象限，此时一家公司生产而另一家公司不生产。

如果空中客车生产新的飞机而波音不生产（左下角象限），那么波音一无所得，空中客车这个唯一的供应商赚取高额利润 1 亿美元。相反，如果波音生产而空中客车不生产（右上角象限），空中客车一无所获，波音这个唯一的供应商赚取 1 亿美元。最后，如果两家公司都选择不生产（右下角象限），那么它们都一无所得。

纳什均衡 有了图 10－8 所示的支付模式，我们需要确定这两家公司间的博弈结果。粗略一看，这似乎是个难题。对于每家公司而言，在不知道另一家公司是否生产前要决定怎么做是一件困难的事情。为了解决这个问题，我们需要用到纳什均衡的概念，这是以诺贝尔经济学奖得主约翰·纳什的名字命名的。②

纳什均衡（Nash equilibrium）的思想是指每一家公司在把竞争对手的每一个可能的行动视为既定的情况下都必须做出其自身最佳的决策。当每一家公司都这样做时，该博弈的结果就是一个纳什均衡。也就是说，每个参与人的行动都是对另一个参与人的行动所做出的可能的最佳反应。

波音的最佳战略 要确定纳什均衡，我们需要从检查支付矩阵的每个象限着手。让我们看一下波音的可能战略，从其竞争对手空中客车选择生产的情形开始。如果波音知道空中客车会生产，那么波音需要决定它是否生产。如果波音生

① 我们在支付矩阵中所使用的数字都是为方便起见而假设的，但它们表达了两家公司为销售新飞机而进行竞争的思想。

② 图书和电影《美丽心灵》描写了约翰·纳什的传奇生涯。

产，损失 500 万美元（在左上角象限）；如果波音不生产，则它赚取 0 美元。因此，如果空中客车生产，波音最好不生产。这个发现证明两家公司都生产不是纳什均衡。波音永远都不会生产，因为只要空中客车生产，它就宁可放弃市场。

空中客车的最佳战略 让我们继续讨论波音不生产而空中客车生产的情形（图 10－8 中的左下角象限）。这是空中客车的最佳策略吗？为了验证这一点，我们假设空中客车选择不生产。这会使我们从图 10－8 的左下角象限移动到右下角象限，意味着空中客车的利润从 1 亿美元降到 0 美元。这个结果对空中客车来说更糟，所以它不会改变其决定：它仍将选择生产。我们可以得出结论：在左下角象限所表示的决策，即空中客车生产而波音不生产，是一个纳什均衡，因为在给定另一家公司的行动的情况下每一家公司都做出了最佳决策。当空中客车生产时，波音的最佳反应是不生产，而当波音不生产时，空中客车的最佳反应是生产。因此，任何一家公司都没有理由从纳什均衡改变其行为。

多重均衡 有可能找出不止一个纳什均衡吗？为了检验这个问题，我们需要检查图 10－8 中的其他象限。先让我们尝试一下右上角象限的情形，即波音生产而空中客车不生产。考虑一下在给定波音生产的情况下空中客车决定是否生产，或者在给定空中客车不生产的情况下波音决定是否生产。运用我们之前用过的相同逻辑，你可以证实任何一家公司都不想改变其做出的如右上角象限所示的决定：如果任何一家公司改变了其选择，则其利润就会下降。如果波音决定不生产，那么它的利润会降到 0 美元（从右上角象限到右下角象限），而假定空中客车决定生产，它的利润会降低到－500 万美元（从右上角象限到左上角象限）。由此我们得出结论：右上角象限，即波音生产而空中客车不生产，也是一个纳什均衡。当波音生产时，空中客车的最佳反应是不生产，而当空中客车不生产时，波音的最佳反应是生产。最后，将相同的逻辑应用于其他象限，我们可以证实不存在更多的纳什均衡。

当存在两个纳什均衡时，必定在模型外存在某种力量决定我们处于哪一个均衡。这种力量的一个例子是**先动者优势**（first mover advantage），这是指一家公司能先于其他公司决定是否生产。如果波音有这种优势，它就会选择生产，空中客车作为第二个行动者不会生产，因此，我们会处于右上角象限。让我们假设这是我们开始的那一个纳什均衡。因为空中客车不生产，获得 0 美元利润。在这种情况下，欧洲政府会尝试着改变这个纳什均衡，以便空中客车获得正的利润。也就是说，通过给空中客车提供补贴，我们要确定矩阵中的支付变化是否会导致纳什均衡也发生变化。

在我们的模型中所考虑的补贴类型是对空中客车进行现金补贴。然而，在现实中，补贴有多种形式：波音从美国军购合同中获益，为这些合同所做的 R&D 也用于民用飞机生产。另外，空中客车也从直接 R&D 补贴中获益来支付使新飞机起飞的“发射成本”。两家公司都得益于其政府向飞机采购者提供的低成本贷款。在本章后面，我们会更详细地考察飞机制造业中所使用的实际出口补贴。

对空中客车的补贴效应

假定欧洲政府给空中客车提供了 2 500 万美元的补贴。有了这个补贴，如果空中客车生产，其利润将增加 2 500 万美元。在图 10－9 中，我们把这笔钱加到空中客车的支付值中，然后来看一看纳什均衡是否改变了。回忆一下，自由贸易的纳什均衡为当一家公司生产时另一家不生产。

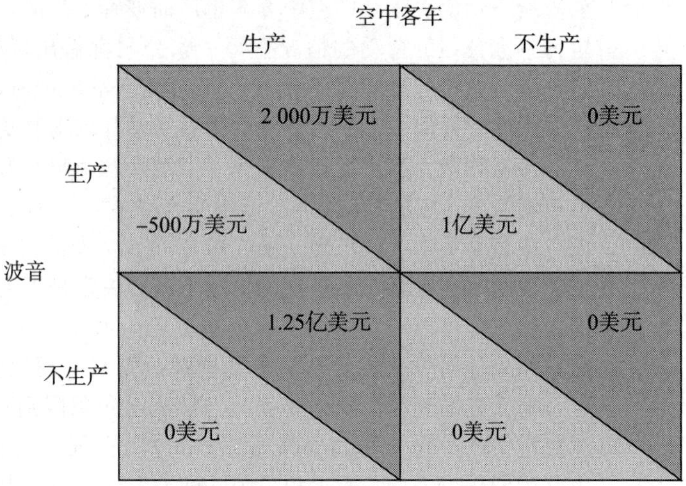

图 10－9　外国补贴情形下的支付矩阵

当欧洲政府给空中客车公司提供 2 500 万美元补贴时，如果空中客车生产一种新的飞机，其利润就增加那么多。现在只有一个纳什均衡（左下角象限），即空中客车生产而波音不生产。空中客车的利润从 0 美元增加到了 1.25 亿美元，然而补贴成本只有 2 500 万美元，因此欧洲福利净赚 1 亿美元。

空中客车的最佳战略　我们从自由贸易的纳什均衡开始，即波音生产而空中客车不生产的情形（右上角象限），然后看看当空中客车获得政府补贴时，均衡是否改变。在获得补贴后，该选项已经不再是一个纳什均衡了：如果波音生产，则空中客车现在通过选择生产而福利得到改善，因为现在它从政府获得了 2 500 万美元的补贴。有了这个补贴，即使在波音生产的情况下，它现在也会挣得 2 000 万美元（500 万美元的亏损加上 2 500 万美元的补贴）。回想一下，在原来的情形下，如果波音生产，则空中客车不会选择生产，因为否则它会损失 500 万美元。在补贴情形下，空中客车选择生产现在可以获得 2 000 万美元，而不是亏损 500 万美元。

波音的最佳战略　这种新情况是一个纳什均衡吗？为了回答这个问题，我们需要看看在给定空中客车生产的情况下波音公司是否仍旧做出正确的决定。当空中客车生产时，若波音也生产，它将损失 500 万美元（左上角象限）；但是如果波音不生产，它将不会受损（左下角象限）。因此，波音会想退出市场。一旦波音公司做出不生产的决定，空中客车公司就不会改变它的决定。空中客车仍旧选择生产，但其支付值会从2 000万美元大幅度地增加到1.25亿美元，我们移动到了左下角象限，即空中客车生产而波音不生产。

纳什均衡 你能轻易地看出左下角象限是一个独特的纳什均衡：在给定其他公司行动的情形下每家公司都做出了最佳抉择。而且，它是唯一的纳什均衡。欧洲各国政府补贴的效应使均衡从波音公司为唯一生产者（我们开始时的情形，右上角象限）变成空中客车公司为唯一生产者（左下角象限）。

欧洲福利 欧洲的补贴对这两家公司之间的博弈均衡产生了重大影响，但是我们一定能得出欧洲的福利会得到改善的结论吗？为了判断这个问题，我们需要加总有关各方的福利，正如我们在本章前面所做的那样。

然而，由于我们假定产品是出口到世界其他地方的，因此，欧洲福利的计算是加以简化的。从欧洲的视角来看，我们不必考虑补贴对其自身市场的消费者剩余的影响。那么，有待评估的其余两项是空中客车向世界其他地方销售产品获得的利润和欧洲政府的补贴成本。

空中客车公司的利润从0美元（当空中客车不生产而波音生产时）增长到了1.25亿美元（现在是空中客车生产而波音不生产）。欧洲补贴的财政成本是2 500万美元。因此，补贴对欧洲福利的净效应是

生产者利润增加	＋125(百万美元)
政府收入减少	－25(百万美元)
欧洲福利的净效应	**＋100(百万美元)**

在这种情况下，由于空中客车公司的利润增长远高于补贴的成本，补贴为欧洲福利带来了净所得。①

波音公司具有成本优势条件下的补贴

然而，补贴能够提高欧洲福利的这一发现取决于我们迄今所假定的数字。现在我们考虑另一种情况，即波音比空中客车更有成本优势。在这种情况下，我们假定成本优势不是美国补贴的结果而是美国在飞机生产中具有比较优势的结果。

当波音公司在飞机制造上具有成本优势时，支付矩阵如图10－10所示。当两家公司都生产时，波音赚得500万美元利润，而当空中客车不生产时，波音能赚1.25亿美元利润。现在只有一个纳什均衡，它位于右上角象限，即波音生产而空中客车不生产。图10－8中的另一个自由贸易纳什均衡（空中客车生产而波音不生产）不再是一个纳什均衡，因为在我们现在假定波音公司有成本优势的情形下，即使空中客车公司选择生产，对波音来说，选择生产而赚取500万美元也优于选择不生产而无利可获。

---

① 注意，如果最初的均衡是空中客车生产而波音不生产，则补贴的唯一效应是使得该均衡具有唯一性；它不会改变任何公司的决定。此外，对总的欧洲福利的影响将会变成0，因为补贴仅仅是一种从欧洲政府向空中客车公司的转移。

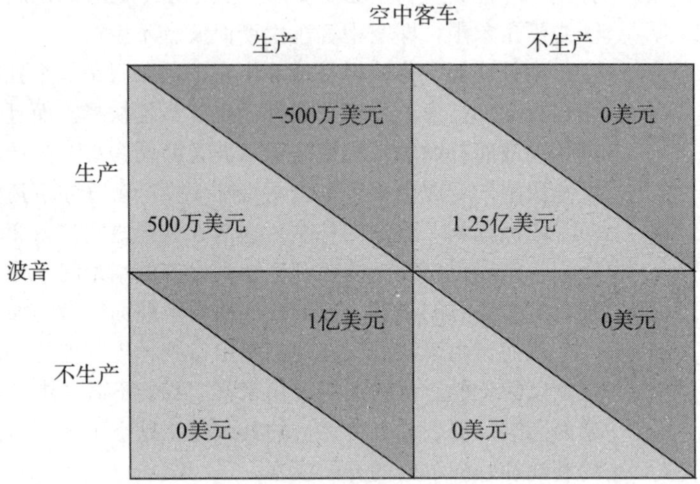

图 10-10　另一个支付矩阵，波音有成本优势

如果波音在飞机制造上有成本优势，支付值如本图所示。当两家公司都生产时，波音赚得 500 万美元利润；而当空中客车不生产时，波音能赚 1.25 亿美元。现在只有一个纳什均衡，在右上角象限，即波音生产而空中客车不生产。

现在再次假定，欧洲政府给空中客车公司提供 2 500 万美元补贴。我们把这个数字加到空中客车选择生产时的支付值中（仍旧假定波音比空中客车有成本优势），如图 10-11 所示。

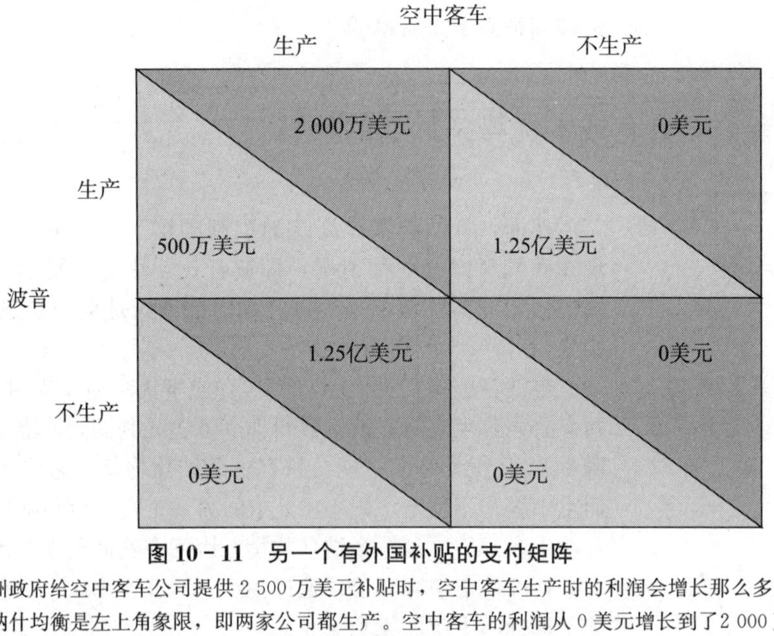

图 10-11　另一个有外国补贴的支付矩阵

当欧洲政府给空中客车公司提供 2 500 万美元补贴时，空中客车生产时的利润会增长那么多。现在唯一的纳什均衡是左上角象限，即两家公司都生产。空中客车的利润从 0 美元增长到了 2 000 万美元，但是补贴成本为 2 500 万美元，因此欧洲福利净损失为 500 万美元。

空中客车的最佳战略　让我们看看这个补贴是如何影响先前的纳什均衡的，即波音生产而空中客车不生产（右上角象限）。在给定波音生产的情况下，不生产的决定不再是空中客车的最佳选择：在现在实施补贴和波音生产的情况下，空中客车的最佳选择是生产并赚取 2 000 万美元（左上角象限）而不是 0 美元。

波音的最佳战略 这种新情况是一个纳什均衡吗？我们需要再一次检查，看看在给定空中客车获得补贴后选择生产这一新决定的情形下，波音是否仍旧做出正确的决定。给定空中客车生产，如果波音也生产，它会获得 500 万美元利润，如果不生产，它将没有利润。因此，波音将仍旧留在市场，我们证明了两家公司都选择生产是一个纳什均衡。

再次计算欧洲福利 当波音公司具有成本优势时，欧洲补贴使得空中客车进入这个市场，但是它没有像前面无成本优势情形下那样导致波音退出市场。让我们计算在这些情形下的欧洲福利效应。

空中客车的利润从 0 美元（当空中客车不生产而波音生产时）增长到2 000 万美元（现在两家公司都生产）。欧洲补贴的财政成本仍旧是 2 500 万美元。因此，补贴对欧洲福利的净效应是

生产者利润增加	+2 000（万美元）
政府收入减少	−2 500（万美元）
欧洲福利的净效应	**−500（万美元）**

当波音有成本优势时，则补贴导致欧洲福利的净损失，因为空中客车的利润增长小于补贴的成本。

小结 我们从这些不同的例子中得出这样的结论，即在不完全竞争条件下，一国政府对其出口企业补贴可能会增加国家福利，但也可能不会，而出口企业的利润肯定会增加。只有在利润增加超过补贴成本时，福利才会提高。如果补贴导致另一家公司从市场上退出，则该条件更可能得到满足。在这种情况下，单家公司所赚取的利润很可能远远超过补贴成本。然而，当实施补贴后两家公司都留在市场时，受补贴公司的利润增长超过补贴成本是不可能的。在下面的案例中，我们对飞机制造业的补贴是否使一家公司退出另一家公司正在生产的某个细分市场特别感兴趣。

案　例

商用客机补贴

在大型客机产业，只有三个竞争者：美国的波音公司和麦克唐纳-道格拉斯公司（简称麦道）以及欧洲的空中客车公司。前两家公司于 1997 年 8 月 1 日合并，因此，该产业事实上变成了双头垄断。美国和欧洲使用各种补贴以支持其各自的公司。首先，存在间接补贴，因为在民用和军用飞机的生产中，军用飞机的研发（R&D）有效地补贴了民用飞机的研发。这些间接补贴使美国的麦道和波音都受益。其次，政府可能直接补贴新飞机的研发成本，正如欧洲补贴空中客车的 R&D 那样。最后，当飞机买主借款买飞机时，政府可以补贴买主支付的利

率。欧洲和美国都提供这种低息贷款，例如，在美国通过前面提到过的进出口银行提供这类贷款。

1992年协议 认识到这些补贴极为昂贵，美国和欧盟于1992年达成一项协议以对补贴加以限制。这项协议的主要特点在表10-2中进行了概括。开发补贴不超过新飞机总开发成本的33%，并预期飞机制造商以政府贷款利率方式偿还这些补贴。此外，该协议限定间接（军事）补贴不超过任何公司年销售额的4%，禁止生产补贴，并限制政府机构对飞机采购给予利率补贴的能力。根据一项估计，这项协议减少的补贴额为生产成本的7.5%～12.5%。补贴减少的结果是，飞机价格上升了3.1%～8.8%。美国与欧洲之间的这项协议使这些国家的政府受益，因为它们不再非得把钱花费在补贴上，而且很可能因价格上涨而有利于飞机制造公司，但对于购买国而言，价格上涨导致了福利损失。

超大型客机 最近，有人声称空中客车公司在销售一种新型飞机时违反了1992年协议的条款。这种新型飞机就是双层A380，它甚至比波音747更大，在长途飞行上将与波音747形成直接竞争。这种超大型飞机可以运载555个乘客，从头至尾由两层乘客舱组成。A380于2005年4月在欧洲进行第一次试飞，2007年3月第一次商业飞行飞往美国。

A380的开发费用预计达到120亿美元，其中三分之一预计由法国、德国、荷兰、比利时、西班牙、芬兰和英国等国家的政府支付。欧洲政府提供约35亿美元的低息贷款以弥补开发成本。2005年，美国和欧盟都向WTO提起了反诉，指控对方向各自的飞机制造商提供了非法补贴。欧盟被指控向A380提供"非法"补贴，而美国则被指控补贴波音787商用飞机的开发。这些诉状指责这些补贴违背了1992年协议，美国甚至以欧盟不遵从协议为由要求终止这项协议。自2004年以来，这样的诉讼没有中断过，见**新闻提要"针对波音补助，欧盟寻求向美国征收120亿美元惩罚性关税"**。

表10-2　　1992年美国与欧洲共同体民用飞机贸易协定条款

本表展示了1992年美国和欧洲关于限制对民用飞机开发与生产提供补贴协议的主要条款。

所涵盖的飞机

- 所有100座及以上的飞机均受该协议条款的约束

直接支持水平

- 政府对飞机开发所预付的资金不得超过总开发成本的33%，且只能提供给那些在17年内具有合理的回收预期的项目

利率

- 在首次拨款的17年内，空中客车公司将以政府借款方式首先偿还总开发成本的25%；余下的8%将在首次拨款的17年内以政府借款外加1%的方式偿还

间接支持

- 双方一致认为，间接（即军事）支持既不应赋予民用飞机制造商以不公平的优势，也不应导致这种飞机在国际贸易中的扭曲

● 可识别的间接支持得益限于各签字国全行业成交额的 3%和各企业年销售额的 4%。得益将主要计算为民用飞机开发项目中通过政府研发项目获得技术而实现的开发成本降低

紧急救助免责条款

● 如果飞机制造商的生存和财务能力受到威胁，任何一方皆可以暂时不遵守该协议，但开发支持条款除外。任何此种退出都需要与另一方代表磋商，充分披露信息以证明退出的正当性，并对补救方法做出充分解释

生产支持

● 不再允许生产补贴

争端解决机制

● 双方每年至少磋商两次以确保该协议的运作。任何一方可在任何时间就本协议有关事宜提出磋商。此类磋商必须在接到请求后的 30 天内举行

资料来源：Laura D'Andrea Tyson，1992，*Who's Bashing Whom? Trade Conflict in High Technology Industries* (Washington，D. C.：Peterson Institute for International Economics).

新闻提要

针对波音补助，欧盟寻求向美国征收 120 亿美元惩罚性关税

鉴于美国政府对波音公司提供非法补助，欧盟向世界贸易组织提出请求，要求采取反制措施，对美国进口商品征收 120 亿美元的惩罚性关税。这是欧盟有史以来提出的牵涉金额最高的一次贸易诉讼，标志着美国和欧盟之间长达 8 年的客机制造企业贸易争端又推向了新的高点……

美国政府也不甘示弱，以欧盟未解除对空中客车公司的补助为由，向世界贸易组织请求向欧盟进口商品征收 100 亿美元的惩罚性关税。根据世界贸易组织规则，反制措施允许一国政府向贸易伤害来源国提高关税。欧盟和美国以往也曾经因为政治敏感事件大打贸易战，比如佛罗里达州果汁和法国奶酪。

波音和空中客车的贸易争端可以追溯至 2004 年。当时，欧盟和美国都向本地区飞机制造企业提供大额补助，补助形式包括融资利息补助、减税、提供国防订单合同以及研发补助。诉讼持续数年之后，双方都被裁决不合法，但是空中客车被裁决接受非法补助大约 180 亿美元，是波音的 4 倍多。

美国贸易代表发言人哈蒙（Nkenge Harmon）称"很难理解为什么欧盟称裁决为'最严重的失利'"。他还表示，"世界贸易组织裁决欧盟向空中客车提供了 180 亿美元非法补助，致使美国损失 342 笔订单。世界贸易组织还裁决美国向波音公司提供了 20 亿美元到 40 亿美元主要以研发补助为形式的补助，致使欧盟损失 118 笔订单。"

空中客车公司对欧盟委员会的各种应对举措表示感激，并且敦促波音公司尽

快回到谈判桌上。空中客车公司还表示："对于波音公司不断的本应该早已解决的诉讼，我们感到十分遗憾。我们已经数次提出解决方案。但是如果对方仍然持续诉讼，我们将奉陪到底。"

资料来源：Joshua Chaffin，Andrew Parker，and Alan Beattie，"EU seeks ＄12bn from US over Boeing aid，" Global Economy，September 27，2012. From the Financial Times © The Financial Times Limited 2012. All Rights Reserved.

波音公司和空中客车公司都向世界贸易组织提出了诉讼，称对方空客 A380 和波音 787 客机接受了非法补贴，违反了 1992 年《民用飞机贸易协议》。2004 年双方刚刚出现争端时，美国曾经表示，美国将不再遵守 1992 年《民用飞机贸易协议》，该协议已经过时、没有用处。数年之后，世界贸易组织裁定双方都胜诉，裁决认为欧盟向空中客车公司补贴了 180 亿美元，而美国向波音公司补贴了 40 亿美元。双方政府都希望向对方采取贸易反制措施，向对方进口品征收惩罚性关税。对于惩罚性关税是否被世界贸易组织批准，我们拭目以待，这样复杂的贸易争端的解决可能需要数年。

国民福利 欧洲政府给空中客车 A380 提供的开发补贴会提高其国民福利吗？根据前面阐述的理论，如果空中客车是在该市场进行生产的唯一公司，那么增加国民福利的结果就更有可能发生。而且迄今为止，情形也是如此。波音已经声明它不会试图生产双层飞机与 A380 进行竞争。相反，它将调整现有的 747 机型，集中科研力量开发新的 787 梦幻客机。梦幻客机是可以承载 250 个乘客的中型宽体飞机。

由于波音没有生产自己的双层飞机以进入该市场，那么空中客车的盈利很有可能足以弥补补贴成本，这是增加国民福利的条件。但是，这个结果并不一定能得到保证。空中客车在 A380 上的盈利取决于有多少飞机能够卖出去以及卖了什么价格。空中客车公司声称，它至少需要生产 250 架飞机才能弥补研发成本，并预期在今后 20 年中将卖出 1 500 架 A380。2013 年 4 月，空中客车公司已经交付 262 架订单中的 101 架，但是由于机翼位置出现毛病，新订单数量不断下滑。机翼毛病可能是因为连接机翼和机身的支架出现了问题。所有的 A380 客机都必须修复这个问题。另外，波音公司认为，市场对于这种超大型飞机的需求在今后 20 年不会超过 700 架。欧盟对 A380 的补贴是否最终能得到回报，我们拭目以待。

波音公司也不太平，同样遇到了问题。原定于 2008 年开始交付的波音 787 梦幻客机不得不推迟到 2009 年 12 月 15 日。波音公司把许多零部件外包给了其他国家的企业，等所有零部件运到美国之后，才发现难以组装，不得不延迟客机交付时间。此外，2013 年 1 月，日本航空和美国航空公司各一架波音 787 客机出现电池起火事故。所有运营的客机不得不停止飞行，之后 2013 年 6 月才被允许继续投入运营。最后，空客 A350 宽体客机于 2013 年 6 月 14 日完成处女航。两家公司的新机型又展开了激烈竞争。法国、德国和英国对 A350 承诺提供资金补助 41 亿美元。对于这次资金补助是否会引发双方贸易争端，我们拭目以待。欧盟和美国都很难从双方公司的中型宽体客机的制造中收回补贴，也很难凭此增加本国国民福利。

10.8 结 论

各国在很多产业中都应用了出口补贴，包括农业和高科技产业。对农业来说，出口补贴的背后动机在于支撑粮食价格，从而增加农民的实际收入。这种动机也在第3章的最后用特定要素模型进行过讨论。在本章，我们用供求曲线分析了出口补贴的效应，但得到了与特定要素模型一样的结论：出口补贴提高了生产者价格，从而增加了其实际收入（在特定要素模型中）及其生产者剩余（运用供给曲线）。

然而，由于出口国粮食价格的提高，农民收入的增加意味着消费者的损失。如果把消费者剩余损失、生产者剩余所得和补贴成本相加，我们会得到出口国家因补贴而遭受净损失的结果。对小国来说，这种无谓损失与小国关税造成的无谓损失类似。另外，对大国来说，进口关税和出口补贴具有不同的福利含义。两种政策都会导致（进口品或出口品的）国内价格上涨以及世界价格下跌。然而，对出口补贴来说，世界价格下跌是出口国的贸易条件损失。这意味着，在一个出口大国实行出口补贴会比在一个小国实行出口补贴带来更大的损失：正如我们在大国进口关税情形中所发现的那样，不可能获益。

不管是对大国还是小国来说，如果我们考虑采取生产补贴，则损失会小于出口补贴。生产补贴给农民生产的每单位产品都提供了一个额外的支付，而不论产品是在母国还是在外国销售。因此，消费者价格不会偏离世界价格水平。既然消费者价格不受影响，出口增长就只能是由国内供给增长引起的了。换句话说，生产补贴导致的超额供给会间接地传递到国际市场，但生产补贴不像出口补贴那样是专门补贴出口品的。鉴于上述原因，对出口国来说，生产补贴导致的损失会小于出口补贴造成的损失。在2005年12月举行的世界贸易组织中国香港会议上，各个国家都同意于2013年消除农产品出口补贴，但在生产补贴和其他国内农业支持问题上则存在较大的分歧。

如果大国征收出口关税，比如对一些自然资源征收出口关税，这个国家就不会出现补贴造成的损失，反而通过控制供给、提高世界市场价格获得贸易条件利得。当然，贸易条件的改善是以其他国家的损失为代价的。因而，同进口关税的效果一样，出口关税是“以邻为壑”的贸易政策。

当我们探讨高科技产业时，出口国因补贴而产生的损失很有可能会发生变化。在这一章，我们考察了生产一种产品并销往世界其他地方的国际双头垄断（两家公司）情形：为销售一种新型飞机而进行竞争的波音公司和空中客车公司。我们发现，如果出口公司的利润增长大于补贴成本，出口补贴就有可能使出口国受益。但是，这个结果往往要求补贴能迫使另一家公司退出该市场，而这种情形并不一定会发生。如果两家公司都留在这个市场并都获得各自政府的补贴，则补贴不可能使美国获益，也不可能使欧盟获益；相反，购买飞机的国家会因为价格降低而获益，而美国和欧盟则会因补贴成本而受损。

要 点

1. 对于面对固定的世界价格的出口小国来说，出口补贴会导致福利的下降。福利下降是一种无谓损失，它由消费损失和生产损失构成，与小国进口关税的效果相似。

2. 在大国的情形中，出口补贴降低了该产品在世界其他地方的价格。出口价格的下降对出口国来说是一种贸易条件损失。因此，由于补贴的无谓损失和贸易条件损失，出口国的福利下降了。这与大国情形中的进口关税效应相反，大国征收进口关税会为进口国带来贸易条件利得。

3. 一个大国实施出口补贴会降低进口国的进口价格，从而为世界其他地方的进口国带来利益。因此，取消补贴项目会对这些国家产生相反的作用。事实上，许多最不发达国家都是粮食净进口国，随着欧盟和美国取消农产品补贴，这些国家将面临更高的粮食价格。

4. 对国内生产者进行生产补贴也会具有增加国内产出的作用。但是，消费者不会受这些补贴的影响。结果，生产补贴引起的无谓损失会比同等的出口补贴带来的无谓损失少，贸易条件损失也较少。

5. 各国给其高科技产业提供补贴的现象比较普遍，因为各国政府相信补贴会为其公司在国际市场上创造战略优势。由于这些产业往往只有少数几个竞争者，我们运用博弈论（策略互动理论）来确定公司是如何在不完全竞争条件下做出决策的。

6. 由于提高了出口品的价格，实行出口关税的国家获得关税贸易条件利得。但是，出口关税也会产生无谓损失。如果贸易条件利得超过无谓损失，那么出口国家获得净收益。

7. 一个博弈的纳什均衡是指每个参与人针对其他参与人的策略做出最佳反应的情形。在存在多重纳什均衡的博弈中，博弈的结果取决于外部因素，比如参与人首先采取行动的能力。

8. 出口补贴能够通过改变公司的利润来影响一个博弈的纳什均衡。如果补贴能使一家公司的利润增长大于补贴成本，则一国政府就值得实施这种补贴。然而我们发现补贴并非总是值得的，除非补贴能引致竞争公司退出市场，但这种情形或许不会发生。

关键术语

出口补贴	间接补贴	无谓损失
共同农业政策	国内农业支持	生产损失

消费员失	外部性	博弈论
生产补贴	战略优势	支付矩阵
瞄准原理	不完全竞争	纳什均衡
出口关税	双头垄断	先动者优势
出口配额		

习　题

1. 阐述世界贸易组织中国香港会议的下列目标对以下方面的影响：(1) 对采取这种行动的国家的国内价格和福利的影响；(2) 对世界价格和伙伴国福利的影响。

a. 取消农产品出口补贴。

b. 减让农产品关税。

c. 对原产于世界最不发达国家的97%的产品实行免关税、无配额准入。

2. 考虑一个大国正对其农业实施出口补贴。假设这个国家改变其政策，决定削减一半补贴。

a. 这个大国会受益、受损还是不确定？对农产品的国内价格和世界价格有何影响？

b. 假设一个国外的粮食进口小国对减少补贴做出回应，降低了同等数量的农产品关税。该小国会受益、受损还是不一定？试说明理由。

c. 假设一个国外的粮食进口大国以降低同等数量的农产品关税作为回应。该大国会受益、受损还是不一定？请说明理由。

3. 假设母国是一个小麦出口小国。当世界价格为每吨100美元时，母国小麦种植者出口20吨小麦。现在假设母国政府决定给予国内生产者每吨40美元的出口补贴。利用第3题图来回答以下问题。

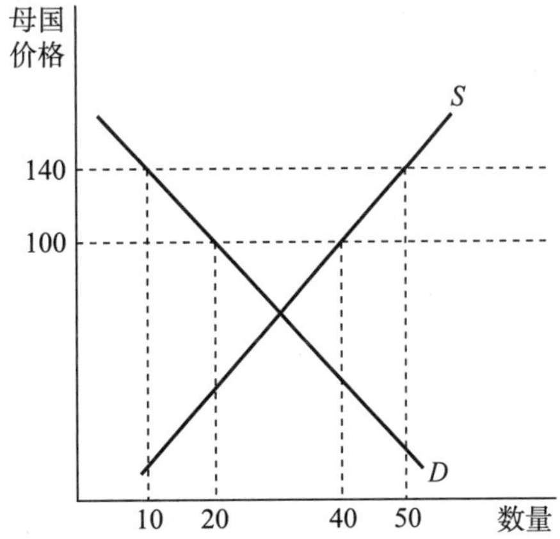

第3题图

a. 自由贸易和出口补贴下的出口数量各为多少？

b. 计算出口补贴对消费者剩余、生产者剩余和政府收入的影响。

c. 计算出口补贴对母国福利的总体净影响。

4. 参考第 3 题。假设母国是一个小麦出口大国，而不是一个小国。依旧假设自由贸易下的世界价格为每吨 100 美元，母国政府为国内生产者提供每吨 40 美元的出口补贴。由于这个出口补贴，当地价格上升到了每吨 120 美元，而外国市场的价格下降到了每吨 80 美元。利用第 4 题图来回答以下问题。

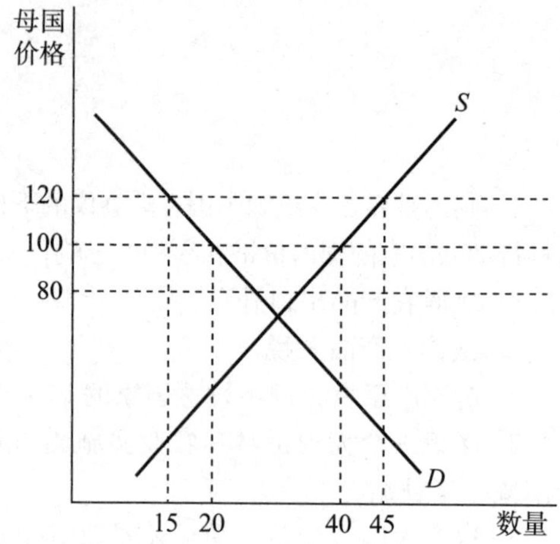

第 4 题图

a. 相对于小国情形而言，为什么新的国内价格上涨幅度小于补贴额？

b. 计算出口补贴对消费者剩余、生产者剩余和政府收入的影响。

c. 计算出口补贴对母国福利的总体净影响。与小国出口补贴相比较，大国的境况是改善了还是恶化了？试说明理由。

5. 参考第 3 题。假设母国是一个小麦出口小国。当世界价格为每吨 100 美元时，母国种植者出口 20 吨小麦。但母国政府不是提供出口补贴，而是为国内生产者提供每吨 40 美元的生产补贴。利用第 5 题图来回答以下问题。

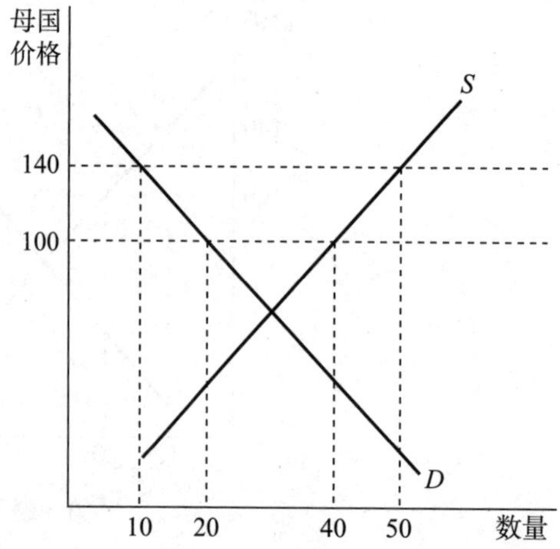

第 5 题图

a. 生产补贴下的出口数量为多少？

b. 计算生产补贴对消费者剩余、生产者剩余和政府收入的影响。

c. 计算生产补贴对母国福利的总体净影响。对小国来说，生产补贴成本是大于还是小于出口补贴成本？试说明理由。

6. 在获得同等国内支持水平条件下，为何 WTO 对使用直接出口补贴的关切要甚于对使用生产补贴的关切？

7. 波音公司和空中客车公司是世界上仅有的大型宽体飞机的主要生产者，但是随着燃料成本的上涨和航空业需求的变化，较小型区域性客机的需求上升了。假设这两家公司都必须决定是否生产较小型的飞机。我们假设波音公司在大型和小型飞机生产上相对于空中客车公司都有微小的成本优势，如第 7 题图中的支付矩阵所示（以百万美元为单位）。

假设每个生产商都选择只生产大型客机、只生产小型客机或两者都不生产。

a. 这个博弈的纳什均衡是什么？

b. 存在多重纳什均衡吗？如果存在，解释原因。提示：猜想处于某个均衡，然后检查在给定另一家公司的行动的情形下，任何一家公司是否会改变自己的行动。记住，波音公司改变自己的行动只能在一列中向上或向下移动；同样地，空中客车公司改变自己的行动也只能在一行中向前或向后移动。

		空中客车 大型客机	空中客车 小型客机	空中客车 不生产
波音	大型客机	-5 10	125 115	0 115
波音	小型客机	100 150	0 15	0 150
波音	不生产	100 0	125 0	0 0

第 7 题图

8. 参考第 7 题。现在假设欧洲政府希望空中客车成为有利可图的小型飞机市场上唯一的生产商。回答下列问题：

a. 当空中客车生产小型飞机并确保该结果成为唯一的纳什均衡时，空中客车必须得到多少最小补贴额？

b. 欧洲政府实施这个补贴值得吗？

9. 作为“瞄准原理”的一个例子，现在我们考察国内销售税对出口市场的影响。例如，在国内市场对购买香烟课以重税。同时，美国有几家非常大的烟草公司向国外出口其产品。

a. 这种销售税对于美国的香烟出口数量有何影响？提示：你的答案应当与生产补贴而非消费税的例子类似。

b. 与出口补贴对香烟出口的影响相比较，如果有销售税，销售税引起的出口量有何变化？

10. 参考第9题。根据你在第9题的答案，外国有理由反对美国对香烟征收消费税吗？根据你对GATT/WTO条款的了解（见第8章专栏**"GATT的核心条款"**），外国有权反对使用这种税吗？

11. 为了改善国民福利，一个大国与其采用进口关税不如采用出口补贴。这种说法是对还是错？说明理由。

12. 当欧洲和美国政府都对空中客车和波音提供补贴时，谁受益？谁受损？

13. 试提供使用出口补贴的动机。你的答案取决于企业是在完全竞争还是不完全竞争条件下进行竞争吗？

第 11 章　国际协定：贸易、劳工与环境

本章内容提要

11.1　国际贸易协定
11.2　关于劳工问题的国际协定
11.3　关于环境问题的国际协定
11.4　结论

西雅图事件是一场暴乱，他们试图这样归罪于我们。
然而，我们并没有带着毒气和警棍出现，
成千上万手无寸铁的人们，只是想让他们的声音能够被听到，
但是没有世界领导人愿意倾听。

——朋客摇滚乐队“反旗”，《西雅图事件是一场暴乱》的歌词，1999 年

我们现在已经签订了《哥本哈根协议》，其中许多条款意义重大……但是，该协议不具有法律强制性，既没有为发达国家制定具体目标，也没有规定当前阶段主要发展中国家应该采取什么样的举措。

——伊夫·德·波尔（Yvo de Boer），《联合国气候变化框架公约》执行秘书，2009 年 12 月 9 日

1999 年，来自世界各地的政策制定者齐聚华盛顿州西雅图，讨论世界贸易

组织（WTO）的下一回合贸易谈判，但这次会议因被聚集街头的大批抗议者打断而没有达到该目标。当时那次抗议最后演变成了暴力行动（正如引语中的歌曲《西雅图事件是一场暴乱》所唱的）。这次抗议的规模之大令许多人惊讶；自关税及贸易总协定（GATT）1947 年成立以来已进行过多次关于贸易改革的讨论，但此前还未发生过如此有组织的抗议。怎么解释这一反对 WTO 的草根抗议活动呢？

在过去的几轮谈判中，GATT 与 WTO 成功地降低了其成员方大多数行业的关税。但现在留待 WTO 解决的贸易壁垒已经超出了关税而涉及与贸易间接相关的国家利益问题。环境就是其中的问题之一。大多数国家都有治理环境问题的法律，例如针对杀虫剂或者转基因有机体的使用、保护濒危物种、大气污染物排放量、可再生和不可再生资源的开采等。不可避免的是，部分法规也会影响国际贸易，而这恰恰是需要 WTO 介入的地方。在乌拉圭回合谈判中（1986—1994），WTO 强化了其自身法规以控制成员方法律对国际贸易的影响程度。那些认为被外国市场以不合理的环境标准加以排斥的国家可以将争端提交给 WTO，由设在日内瓦的裁决委员会进行裁决。从原则上说，该委员会的裁决对相关国家具有约束力。

然而，WTO 新的有关环境的规则激怒了美国及其他国家的草根环保组织。就在西雅图会议不久前，这些环保组织与工会领袖、宗教团体、第三世界活动家以及其他一些认为 WTO 可能威胁其利益的人士组成了一个反 WTO 联盟。不仅如此，一大批政治团体，包括保守派和无政府主义者，认为由日内瓦的 WTO 委员会做出会影响美国规则的裁决是不合适的。这些集团的成员齐聚西雅图以表达对 WTO 的不满。环境保护主义者装扮成海豚、海龟以及其他一些受到 WTO 最新裁决影响的濒危物种，这些装扮的动物形象与钢铁工人一起手挽手地游行，这个场景形成了一个全新的反 WTO 形象。

十年之后的 2009 年 12 月，环保人士在丹麦哥本哈根举行抗议活动。此时，各国正在丹麦召开哥本哈根气候峰会。本次国际环境会议本应该设定具有法律约束力的温室气体削减目标。数百抗议人士被逮捕，数千名环保人士参加了集会。一些环保人士装扮成北极熊和大熊猫，彰显全球气候变暖对这些动物栖息地所受到的威胁。尽管人们对这次峰会期待很高，但是这次峰会没有达成具有法律约束力的温室气体排放减少目标，如当时的《联合国气候变化框架公约》执行秘书伊夫·德·波尔所述。[①]

本章的目的在于考察为什么通过 WTO 谈判形成的这些国际协定是必要的，以及这些协定是怎样影响劳工和环境问题的。首先，我们将回顾需要国际关税协定的理由。正如在前文所讨论的，大国可以通过进口关税影响其支付的进口价格：进口关税抬高了大国消费者的进口价格但降低了国外出口商获得的价格。出口商获得的价格降低是进口国的**贸易条件利得**（terms-of-trade gain）。本章将显示当两个或多个国家试图为获取贸易条件利得而彼此施加关税时，它们都将以受损而告终。一国的贸易条件利得会因另一国家实施关税而丧失，因此，实施关税

① 哥本哈根气候峰会召开两个月之后，伊夫·德·波尔辞职。

的最终结果是双方都受损。

为避免出现这种双输的局面，降低关税、提倡自由贸易的国际协定是必需的。这种国际协定有多种形式。WTO是一种涉及众多国家的**多边协定**（multilateral agreement），旨在降低所有成员方之间的关税。同时，还有一些范围较小的、涉及几个相邻国家的**区域贸易协定**（regional trade agreements）。《北美自由贸易协定》（NAFTA）和欧盟就是区域贸易协定的范例，它们推进了协定成员国之间的自由贸易。最近的一个案例是中国和东盟国家为建立中国—东盟自由贸易区签订的贸易协定。根据该协定，中国和东盟六个成员国（文莱、马来西亚、印度尼西亚、菲律宾、新加坡和泰国）在2010年1月1日削减了90%贸易货品的关税，2015年东盟剩下的四个国家（柬埔寨、老挝、越南和缅甸）也加入了该协定。这个亚洲区域自由贸易协定覆盖了19亿人，覆盖人数超过世界人口的四分之一。按照经济统计数据，这一自由贸易区仅次于欧盟（覆盖5亿人）和北美自由贸易区（覆盖4.44亿人）。

许多覆盖广大国家的区域贸易协定正在协商中。比如，《跨太平洋伙伴关系协定》（TPP）就正在拟定协商中，拟定的覆盖国家包括澳大利亚、文莱、智利、加拿大、日本、马来西亚、墨西哥、新西兰、秘鲁、新加坡、美国、越南和韩国。《跨大西洋贸易和投资伙伴关系协定》以及《日本—欧洲自由贸易协定》也正在协商中。所有这些自由贸易协定都是多哈谈判失败的余波。如上一章所述，多哈谈判触及了农业关税和补贴等政治敏感性议题，谈判陷入停滞。尽管跨大西洋、跨太平洋和日本—欧洲自由贸易谈判也难以取消农业补贴和关税，但是世界贸易组织有159个成员，涉及成员太多，而这些谈判涉及成员相对较少，谈判难度相对减小。

除了取消贸易关税之外，地方性以及多边贸易协定通常还处理更广泛的问题。比如，《北美自由贸易协定》还有两项“附属协定”：一项涉及各国劳工权利，另一项涉及环境问题。在本章中，我们将讨论《北美自由贸易协定》以及其他劳工协定在多大程度上可以保护劳工权益，之后还将阐述国际环境协定相关内容。国际贸易组织的裁决对环境有间接影响，环境问题正是西雅图的众多抗议者所关心的。但是，其他一些国际协定，比如《联合国气候变化框架公约》以及《京都议定书》对环境有更直接的影响。这两个协定旨在减少全球温室气体的排放，以此遏制全球气候变暖。我们认为，对于诸如二氧化碳等全球污染物，有关国家并没有认识到其经济活动的环境代价，我们需要国际协定来确保这些国家认识到这样的环境代价，这样的国际协定也符合国际社会的利益。

11.1 国际贸易协定

当各国都寻求减少彼此间的贸易壁垒时，它们就达成了一项**贸易协定**（trade agreement）——一份旨在削减或消除贸易限制的合约。多边贸易协定是由众多国家（比如WTO成员）就贸易协定进行多轮谈判后共同签署的。根据

WTO 的**最惠国待遇原则**（most-favored-nation treatment principle），在多边谈判中达成的低关税必须同等地延伸到所有 WTO 成员（见第 8 章**专栏“GATT 的核心条款”**的第一条）。加入 WTO 的国家享受延伸到所有成员的低关税，但也必须同意降低自己的关税。

WTO 是一个多边贸易协定的范例，是我们在本节中首先要分析的。为了说明多边协定的逻辑，我们先简单地假设世界上只有两个国家参加了协定。我们所获得的理论上的结论也将同样适用于多个国家。多边协定的一个重要特征就是没有成员被排斥在协定之外。

在讨论了多边贸易协定之后，我们将分析由较小的国家群体所参与的区域贸易协定，并会发现区域贸易协定的含义与多边贸易协定的含义有较大的差别。当加入一个区域贸易协定时，成员同意消除彼此之间的关税壁垒，但不会降低针对协定以外的国家的关税。例如，美国有许多区域贸易协定，包括与以色列、约旦、智利组成的协定，与中美洲国家和多米尼加共和国组成的协定［即所谓的《中美洲—多米尼加共和国自由贸易协定》（CAFTA-DR）］，以及与韩国、巴拿马和哥伦比亚的新协定。[①] 在南美洲，阿根廷、巴西、巴拉圭和乌拉圭等国共同组成了一个叫作南方共同市场（Mercosur）的自由贸易区（该自由贸易区将很快扩展并会将委内瑞拉包括在内）。事实上，全世界有 200 多个自由贸易协定，一些经济学家认为这些区域贸易协定将威胁到作为多边贸易自由化主要论坛的 WTO。

多边贸易协定的逻辑

在我们分析多边贸易协定的影响之前，让我们先回顾一下在完全竞争条件下贸易大国征收关税的效应。

大国关税 在图 11-1 中，我们再现图 8-7 的大国关税效应。在第 8 章中我们发现关税会造成母国的无谓损失，它等于消费损失与生产损失之和，即图 11-1 中的（$b+d$）区域。此外，关税还会导致母国贸易条件利得，即区域 e，等于由关税导致的外国价格降低（P^W-P^*），乘以在关税条件下母国进口的数量（D_2-S_2）。如果母国采用的是最优关税，那么它的贸易条件利得将超过无谓损失，即 $e>(b+d)$。(b) 图显示对于世界其他国家（在两国模型中就是指外国）而言，关税导致由相对于自由贸易条件下的低出口水平引起的无谓损失 f，以及由其出口价格降低引起的贸易条件损失 e。也就是说，母国贸易条件利得是以外国等额的贸易条件损失 e 再加上外国的无谓损失 f 为代价的。

支付矩阵 对完全竞争条件下的大国关税福利效应的简要回顾可用于推导出一些新的结果。我们前面的分析表明，大国征收小额的正关税是最优的选择，这

① 与这些国家的贸易协定由布什总统在卸任之前于 2009 年 1 月协商决定，但没有获得国会批准。2010 年 1 月 27 日，奥巴马总统在国情咨文中提及这些协定时表示：“我们将强化与韩国等亚洲国家以及哥伦比亚和巴拿马等主要伙伴国家的贸易关系。”

一原理忽略了多个大国之间可能做出的策略性反应。如果每个国家都征收小额的正关税，那么对每个国家个体而言还是最优的行为吗？正如我们在第 10 章有关出口补贴的分析一样，我们可以应用博弈论来创建是否选择征收关税的模型，并用支付矩阵来决定每个国家关税水平的纳什均衡结果。回忆一下，当每个参与人都针对其他参与人的行动做出了最优反应的行动时，纳什均衡就实现了。

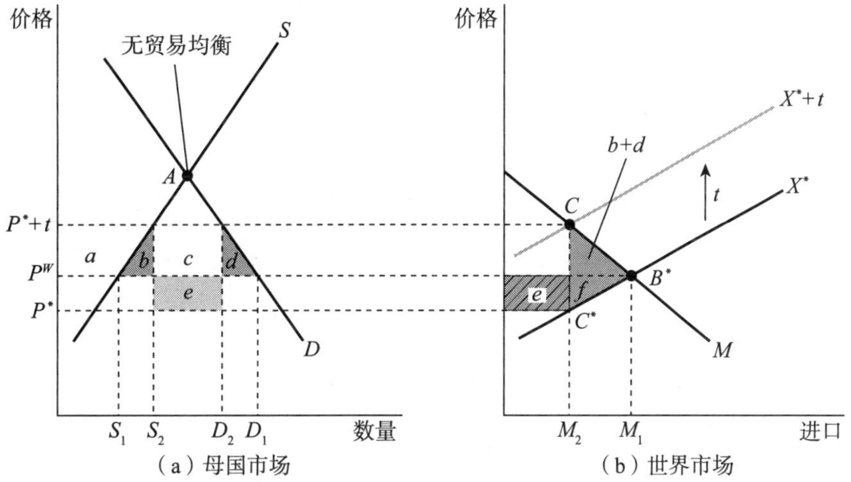

图 11-1 大国关税

关税使得出口供给曲线从 X^* 上移到 X^*+t。结果，母国的价格从 P^W 增加至 P^*+t，而外国的价格从 P^W 降低至 P^*。母国的无谓损失是三角形区域（$b+d$），母国还有区域 e 的贸易条件利得。外国的损失是区域（$e+f$），因此世界福利的净损失是三角形（$b+d+f$）。

在图 11-2 中，我们展示了一个母国与外国（两国都是大国）的支付矩阵，每个国家都必须决定是否对对方征收关税。矩阵的每个象限都包括了左下角母国的支付值和右上角外国的支付值。我们首先从自由贸易情形开始，然后测度母国或者外国征收关税后的福利变化。为了方便起见，我们还假设这两国的规模完全相同，所以它们的支付值是对称的。

自由贸易 当两国都不征收关税时，我们就处在自由贸易状态，如矩阵的左上角象限所示。为方便起见，我们将自由贸易条件下两国的支付值记为 0，这就意味着我们测算其他情形下的支付都是相对于自由贸易情形而言的。

关税 首先，假设母国征收关税而外国不征收关税，那么母国的支付值与自由贸易时相比较为 $e-(b+d)$（当征收最优关税时这个支付值是正数），外国的支付值为 $-(e+f)$，即前面所述的贸易条件损失与无谓损失。这些支付值如矩阵的左下角象限所示。其次，假设外国征收关税而母国不征收关税。由于我们曾假设两国的规模大小相同，因此它们在征收关税时的潜在支付值相同。在这些条件下，外国因自己征收关税而产生的支付值为 $e-(b+d)>0$，而母国的支付值为 $-(e+f)$。这两个支付值如矩阵的右上角象限所示。

最后，假设两国都征收同样大小的最优关税。这样各国来自本国关税的贸易条件利得都被对方关税所造成的贸易条件损失抵消了。在这种情况下，没有一国获得任何贸易条件利得，相反，两国都遭受了无谓损失。这个无谓损失是由各国自身关税造成的（$b+d$）再加上由对方关税造成的无谓损失即区域 f。各国总的无谓损失为 $-(b+d+f)$，如矩阵的右下角象限所示。

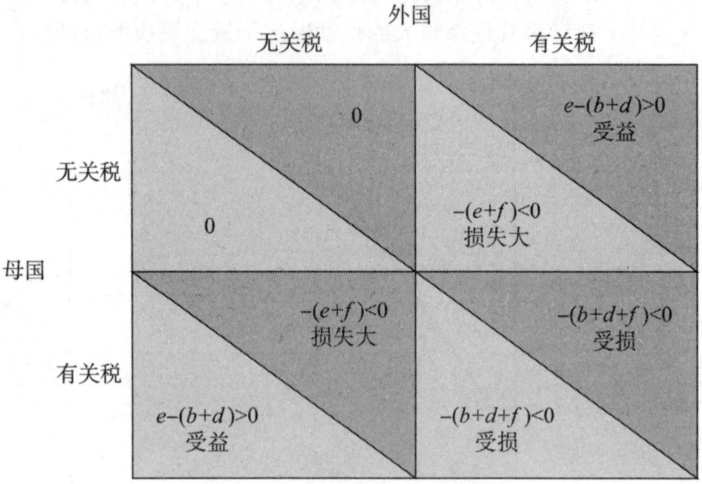

图 11-2　关税博弈中的支付

这一支付矩阵显示了与自由贸易状况（两国都无关税时的左上角象限）相比时母国与外国的福利水平。福利取决于是一国征收关税还是两国都征收关税。支付的结构类似于"囚徒困境"博弈，因为当两国都征收关税时两国都遭受了损失，但这却是唯一的纳什均衡。

囚徒困境　图 11-2 的支付模式有个特殊的结构叫**"囚徒困境"**（prisoner's dilemma）。囚徒困境是指这样一个博弈，即两个犯罪同伙因犯罪被抓获，每个囚犯必须决定是否坦白认罪。他们分别被关在独立的囚室里，因此不能相互沟通。如果一方坦白而另一方不坦白，那么坦白的一方就会轻判，且境遇要比在审判中被发现有罪时好。但如果他们都坦白，那么两人都不会获得减刑。就像图 11-2 的模式所示，每个独立行事的国家都具有征收关税的激励，但如果双方都征收关税，则双方的境遇都恶化了。

纳什均衡　图 11-2 中唯一的纳什均衡是两个国家都征收关税（右下角象限）。从这个点出发，如果任何一个国家取消关税，则它与自由贸易时相比损失（$e+f$），而不是损失（$b+d+f$）。由于我们已知在征收最优关税时 $e>(b+d)$，因此，每个独立行事的国家一旦实行自由贸易（即取消关税），境遇就会恶化。也就是说，（$e+f$）的损失要大于（$b+d+f$）的损失。结果，纳什均衡是两个国家都征收关税。

但是，就像两个囚犯都坦白一样，当每个国家都征收关税时两个国家的结果都很差。它们都要遭受由其自身关税和贸易伙伴关税造成的无谓损失，却没有任何贸易条件利得。在这种情形下，尽管这是各国在给定他国征收关税条件下的最优结果，但纳什均衡导致了对两国都不合意的结果。

贸易协定　如果双方都加入某个贸易协定，则上述糟糕的结果就可得到避免。例如，在第 8 章，我们看到当美国的贸易伙伴因小布什总统征收钢铁关税而陷入麻烦时，WTO的争端解决机制是如何发挥作用的。欧盟向WTO申诉反对这一关税，认为这一关税不符合保障性关税的原则。结果，WTO裁决欧洲国家可以向美国出口品征收关税作为报复。这些报复性关税迫使小布什总统提前取消钢铁关税，最终双方从都可能征收关税转化为都实现零关税。

这样，WTO机制通过提供取消关税的激励而消除了囚徒困境；该结果即为图11-2中支付矩阵的左上角象限，而不再是原来右下角象限的纳什均衡。如果各国都同意加入WTO，则同样的逻辑也可以发挥作用。WTO要求其成员减少关税，作为回报，它们也可确保享受WTO其他成员的较低关税。这就能使得成员相互减少关税并逐步实现自由贸易。

区域贸易协定

在区域贸易协定下，几个成员取消彼此间的关税但仍保留对区域以外国家的关税。GATT第二十四条允许这样的区域贸易协定（见第8章**专栏"GATT的核心条款"**）。这一条款规定成员可以加入这样的区域协定，只要它们不共同提高对区域外国家的关税。

虽然区域贸易协定得到了GATT的允许，但违背了最惠国待遇原则，该原则规定GATT或者WTO的每个成员都应享受平等的待遇。然而参与区域贸易协定的成员却能够享受到比区域以外的其他成员更好的待遇（因为它们享受零关税待遇）。因此，区域贸易协定有时又被称为**特惠贸易协定**（preferential trade agreements），以强调其成员优惠于他国。尽管违背了最惠国待遇原则，但区域贸易协定仍然得到允许，因为有人认为能在更多的国家消除关税壁垒，是实现全世界自由贸易的一个途径。

区域贸易协定可分为两种基本类型：自由贸易区和关税同盟。

自由贸易区　**自由贸易区**（free-trade area）是指一组国家同意取消彼此间的关税（以及其他贸易壁垒），对世界其他国家和地区依然保持原有的关税。1989年加拿大签署了与美国的自由贸易协定，规定在十年内逐步取消两国之间的关税。这就是著名的《美加自由贸易协定》。在该协定签署五年后的1994年，墨西哥也加入了该协定，在《北美自由贸易协定》（NAFTA）的框架下实现了三个国家之间的自由贸易。这几个国家依旧保持着各自对世界其他国家的关税。

关税同盟　**关税同盟**（customs union）类似自由贸易区，但同盟国之间不仅要取消关税，还要同意建立对同盟外各国的统一关税表。关税同盟的例子包括欧盟各国以及南美洲的南方共同市场签约国。所有欧盟国家对外实施统一的关税，南方共同市场的国家也是这样做的。[①]

---

① 当新成员国加入欧盟或南方共同市场时，它们必须调整外部关税至关税同盟水平。有时这意味着对联盟以外的国家征收更高的关税，1962年联邦德国加入欧洲经济共同体就是如此。为了与欧洲经济共同体对来自美国的进口品所征关税保持一致，德国提高了对从美国进口的禽类关税，而美国则以提高从德国进口的卡车和其他产品的关税作为报复。这一幕就是著名的"鸡肉战"。美国对卡车征收的25%关税后来成为美国税法中的一个永久性条款，至今仍适用于从日本进口的卡车（见第9章**案例"对日本卡车的进口关税"**）。

原产地规则　自由贸易区的国家没有像关税同盟国那样实行统一的对外关税，而这就使自由贸易区产生了一个显著的问题：比如中国要出口一件商品到加拿大，如何才能阻止它先出口到关税较低的美国或墨西哥，然后再运输到加拿大呢？答案就是自由贸易区有复杂的**原产地规则**（rules of origin），该规定明确了什么类型的货物才能在自由贸易区内免税流动。

例如，一件由中国进入墨西哥的产品是不允许免税进入美国或加拿大的，除非该产品在墨西哥被重新组装成另一件产品，而这件新产品还要达到足够的“北美本地成分”才能被允许免税进入。这样，中国或其他外部国家就不能通过选择低关税国家进入北美了。只有当产品大部分是在北美洲生产时，该产品才能在NAFTA的国家间免税流动。为了确定是否达到标准，原产地规则必须规定——对每一种或每一件产品——有多少生产（以增加值或关键要素投入确定）是在北美洲完成的。你可以想象，要用多少页纸才能明确每一种或每一件产品的原产地标准。据说，NAFTA的原产地规则在协定中所占的内容超过了所有其他规则的总和。

请注意，在关税同盟里是不需要这些规则的，因为所有关税同盟的缔约国对外部国家的关税都是一样的：不存在向较低关税的国家出口商品的激励。那么为什么各国不创建一个关税同盟，这样就不需要原产地规则了呢？答案就是，要调整对同盟外国家的关税是一个敏感的政治问题。例如，美国可能希望对纺织品征收比加拿大或墨西哥更高的关税，而墨西哥可能希望对玉米征收更高的关税。NAFTA允许其三个成员国对外部国家的不同商品征收各自不同的关税。因此，尽管原产地规则很复杂，但可以使成员国在加入自由贸易协定的同时，又不必调整对外部国家的关税。

既然我们已了解了自由贸易区与关税同盟的差异，就让我们搁置这些差异，关注区域贸易协定的经济效应，即自由贸易区或关税同盟的经济效应。

贸易创造与贸易转移

区域贸易协定建立后，成员国之间的贸易量会增加。这种贸易量增加可分为两种类型。第一种类型是**贸易创造**（trade creation）。当一个成员国从另一成员国进口原本自己生产的某产品时，贸易创造就发生了。在这种情形下，进口国获得了消费者剩余（以更低的价格进口更多的商品），而出口国获得了生产者剩余（由于销量增加）。这种贸易所得类似于李嘉图模型或赫克歇尔-俄林模型中来自贸易开放的贸易所得。由于该产品过去不发生贸易，因而对贸易协定中的其他成员国或外部非成员国不产生影响。因此，贸易创造给交易的双方国家都带来了福利所得。

区域贸易协定内部贸易量增加的第二个原因是**贸易转移**（trade diversion）。当一个成员国从另一成员国进口原本从该新贸易区以外的国家进口的某产品时，贸易转移就发生了。**新闻提要“《中国—东盟自由贸易协定》对印度出口商的影响”**就给出了关于贸易转移的例子。《中国—东盟自由贸易协定》自2010年1月1日起施行。

新闻提要

☞ 《中国—东盟自由贸易协定》对印度出口商的影响

本文讨论自2010年1月1日起生效的《中国—东盟自由贸易协定》。通过削减中国和东盟国家之间的关税，该自由贸易协定将阻碍印度向这个贸易区的出口。本文以该协定阐述贸易转移。

印度出口企业将面临一个新的挑战：中国和东盟国家签订的贸易协定将在周五生效。根据这个协定，这些国家之间的关税将趋于零。但是，印度企业的一些商品出口将出现困难。

印度正准备扩大贸易篮子，把一些东盟国家向中国的出口商品包含进来，比如水果、蔬菜和粮食。印度产品的出口将被征收10%～12%的关税，因而很难与东盟国家的出口商品进行竞争。中国已经将东盟出口商品的关税从平均9.8%降到0.1%左右。东盟国家的第一批成员国（文莱、印度尼西亚、马来西亚、菲律宾、新加坡和泰国）也同意大幅降低中国商品的关税，从平均12.8%降到仅有0.6%。这个新的自由贸易区包括11个国家，总人口19亿，国内生产总值一共6万亿美元。

该自由贸易协定的成功将迫使印度同中国签订类似的贸易协定。印度正在与包括中国在内的几个国家商讨贸易协定，也已经同中国签订了关于水果、蔬菜和粮食的贸易协定，但是还没有正式生效。目前，印度向中国出口的商品中58%是低附加值商品，包括铁矿石，正努力扩大贸易篮子，把工业品以及水果、蔬菜和粮食包含进来。由于东南亚国家出口到中国的商品比印度更具成本优势，印度在这方面的贸易努力将受到很大的打击……

资料来源：Saibal Dasgupta，2010，"China-ASEAN Treaty Threatens Indian Exporters，" January 3. *The Times of India*. © Bennett，Coleman & Co. Ltd. All Rights Reserved.

贸易创造与贸易转移的数字例子

为了说明贸易转移的潜在可能性，我们举一个NAFTA的例子，在NAFTA下美国可能从墨西哥进口原先从亚洲进口的汽车零部件。[①] 让我们先来弄清楚相关国家的收益和损失。亚洲的出口产业因为失去了对北美的出口而遭受了生产者剩余的损失，墨西哥因为销售汽车零部件而获得了生产者剩余的收益。但问题是

① 向美国出口汽车零部件最多的三个国家是加拿大、墨西哥和日本，所以这里的亚洲国家可以看作是日本。将来，中国有望成为汽车零部件的主要出口国，尤其是在劳动密集型汽车零部件上会取代墨西哥成为主要出口国。

墨西哥并非最有效率（成本最低）的汽车零部件生产者：亚洲的效率最高，因为美国原来就是从亚洲购买汽车零部件的。由于美国现在从一个效率较低的生产者进口，美国就可能遭受贸易转移所导致的潜在损失。通过对贸易创造与贸易转移例子进行数字分析，我们可以验证情形是否真是如此。

假设美国从墨西哥或者从亚洲进口一个汽车零部件的成本如表 11－1 所示。表格的右边分别显示了在自由贸易（零关税）条件下、关税为 10%的条件下以及关税为 20%的条件下，某个汽车零部件的总成本。如表 11－1 所示，在自由贸易条件下，该汽车零部件在墨西哥和亚洲的生产成本分别是 20 美元和 19 美元。因此，亚洲是效率最高的生产者。如果美国向国内供应商购买，成本就是 22 美元（见该表最后一行）。当关税为 10%时，从墨西哥或亚洲进口的成本分别上升至 22 美元和 20.90 美元。类似地，当关税为 20%时，从墨西哥或亚洲进口的成本分别上升至 24 美元和 22.80 美元。然而，在成立 NAFTA 后，不论关税是多少，从墨西哥进口的成本都是 20 美元。

我们可以运用表 11－1 中的数字来考察 NAFTA 对每个国家福利水平的影响。首先，假设美国采用的关税是 20%（如最后一列所示）。在 NAFTA 成立之前，从墨西哥进口该汽车零部件的成本是 24 美元，从亚洲进口的成本是 22.80 美元，而美国当地的生产成本是 22 美元。因此在 NAFTA 成立之前，美国生产该零部件的成本 22 美元就是最便宜的选择。所以，当关税为 20%时，美国不会进口该汽车零部件。

表 11－1　　进口汽车零部件的成本　　单位：美元

本表显示了在有关税和无关税的条件下美国从不同国家购买汽车零部件的成本。如果对所有国家的关税为 20%，则美国从国内购买汽车零部件是最便宜的（22 美元）。在 NAFTA 成立之前，美国从亚洲购买汽车零部件（在 10%的关税下成本为 20.90 美元）；在 NAFTA 成立之后，美国转而从墨西哥购买零部件（在零关税下成本为 20 美元）。美国因支付较低的价格而获得了每单位 90 美分的收益，同时因不从亚洲购买零部件而遭受了 1.90 美元的关税损失。

	美国关税		
	0%	10%	20%
NAFTA 成立前，从墨西哥进口	20	22	24
NAFTA 成立前，从亚洲进口	19	20.90	22.80
NAFTA 成立后，从墨西哥进口	20	20	20
NAFTA 成立后，从亚洲进口	19	20.90	22.80
美国当地生产	22	22	22

贸易创造　墨西哥加入 NAFTA 后就不用再支付关税了，而亚洲仍然要面临 20%的关税。因此，美国会以 20 美元的价格从墨西哥进口零部件，因为这个价格比美国当地的成本 22 美元更低。因此，该汽车零部件都要从墨西哥进口，这

就是贸易创造的例子。美国显然从更低成本的汽车零部件中得到收益；墨西哥因能够对美国出口而得到收益；而亚洲既没有收益也没有损失，因为它从开始就未对美国销售过汽车零部件。

贸易转移 现在假设美国的汽车零部件关税为10%（如表11-1中中间一列所示）。在NAFTA成立前，美国可以以22美元的成本从墨西哥进口，也可以以20.90美元的成本从亚洲进口，还可以以22美元的成本在国内生产。在这种情况下，从亚洲进口零部件就是美国成本最低的选择。然而，当墨西哥加入NAFTA后，结果就改变了。从墨西哥进口的免税成本为20美元，从亚洲进口的含10%关税的成本为20.90美元，而美国国内生产的成本是22美元。这样，美国从墨西哥进口就是成本最低的选择。由于NAFTA的建立，美国将进口品的来源从亚洲转移到了墨西哥，这就是一个贸易转移的例子。

亚洲的生产者剩余因失去了对美国的出口而下降了，而墨西哥的生产者剩余上升了。那么美国呢？在NAFTA成立前，美国以20.90美元的价格从亚洲进口，其中含10%的关税（每单位关税为1.90美元）。从亚洲进口零部件的不含关税净价为19美元。在NAFTA成立后，美国转而以20美元的价格从墨西哥进口，但没有获得任何关税收入。因此，美国虽然以较低的进口价格获得了每单位90美分的收益，但却损失了从亚洲进口可获得的1.90美元的关税收入。从这个例子可见，从墨西哥进口汽车零部件并非一个好主意，因为美国无法获得关税收入。要确定对美国福利水平的整体影响，我们还可以用图表来分析这个例子。

贸易转移图解

在图11-3中，我们将从亚洲进口汽车零部件的自由贸易价格设为P_{Asia}，在自由贸易条件下亚洲的出口供给曲线是一条标为S_{Asia}的水平线。假定价格固定不变，且假定相对于亚洲的潜在供给，美国是个小国。在含关税的条件下，从亚洲进口零部件的成本变为$P_{\text{Asia}}+t$，供给曲线变为$S_{\text{Asia}}+t$。在自由贸易条件下从墨西哥进口的供给曲线是一条标为S_{Mex}的向上倾斜的曲线；在含关税的条件下，供给曲线变为$S_{\text{Mex}}+t$。

在NAFTA成立前，墨西哥和亚洲面临相同的关税t。因此，均衡进口数量位于A点，这时总进口量是Q_1，美国的含税价格是$P_{\text{Asia}}+t$。在总进口数量Q_1中，从墨西哥进口的数量是位于B点的Q_2，因为在完全竞争的条件下，这些进口品的含税价格和来自亚洲的进口品价格是一样的。这样，关税收入来自墨西哥和亚洲的进口品，总关税收入为图11-3中的$(a+b+c+d)$。

在墨西哥加入NAFTA后，它销售到美国的商品就能免税。在这种情况下，相应的供给曲线是S_{Mex}，来自墨西哥的进口数量增加到了C点的Q_3。请注意，尽管从墨西哥进口不征关税，但位于C点的墨西哥要价与从亚洲进口的含税价格一样，仍然是$P_{\text{Asia}}+t$。墨西哥收取这样的价格是因其边际成本沿着供给曲线上升了，因此即使关税被取消了，墨西哥出口到美国的价格也仍然不变。

由于从墨西哥进口是免税的，美国损失了关税收入$t \cdot Q_3$，它等于图11-3

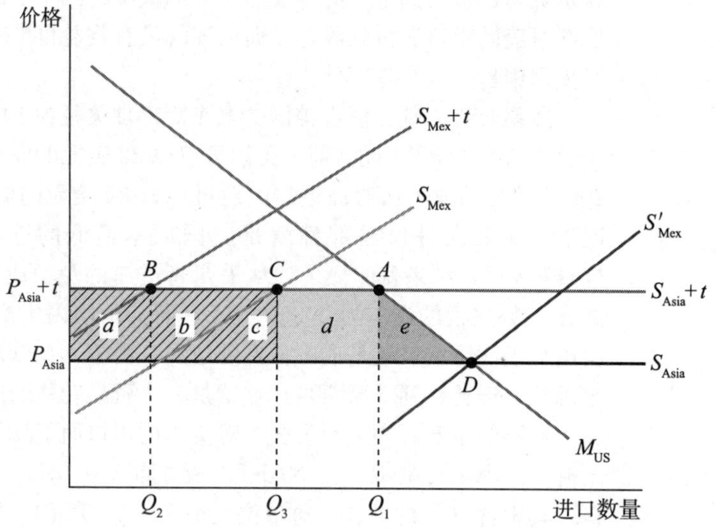

图 11-3 贸易转移

当墨西哥和亚洲对美国面临相同的关税 t 时，均衡点为 A，墨西哥的出口数量是 Q_2，其余由亚洲出口，价格为 $P_{Asia}+t$。美国的关税收入为 $(a+b+c+d)$。在 NAFTA 成立后取消了对墨西哥的关税，墨西哥的出口增加至 Q_3。美国损失了关税收入 $(a+b+c)$，这就是贸易从亚洲转移到墨西哥所导致的美国的损失。

中的 $(a+b+c)$。由于美国进口的价格不变，因此，美国的福利水平因 NAFTA 导致其关税收入损失而恶化了。墨西哥改善了福利水平，因为按 $P_{Asia}+t$ 的价格出口可增加生产者剩余，且增加的出口不需缴纳任何关税。墨西哥的生产者剩余增加了 $(a+b)$，即供给曲线 S_{Mex} 左边的区域。如果我们把美国和墨西哥的福利变化进行加总，其福利水平的总变化为：

美国的关税收入损失	$-(a+b+c)$
墨西哥生产者剩余的收益	$+(a+b)$
NAFTA 的总效应	$\mathbf{-c}$

由此我们看到，NAFTA 成立的结果是美国和墨西哥的总福利水平实际上下降了。这个结果与我们的直觉相背离，因为我们通常预期实现自由贸易可改善国家福利。然而在这个例子中，我们看到了区域贸易协定中的某个国家（美国）的福利水平恶化了，而且其损失甚至超过了墨西哥的所得，以致它们的总福利水平下降了！

对损失的解释 这是本书中少有的自由贸易恶化国家福利的一个例子。是什么原因导致了这样的结果呢？亚洲才是这个例子中 Q_3-Q_2 个单位的汽车零部件最有效率的生产者：其边际成本为 P_{Asia}（不含税）。通过把生产向墨西哥转移，墨西哥对美国增加的出口品的边际成本从 P_{Asia}（不含税且数量为 Q_2 时的边际成本）上升至 $P_{Asia}+t$（数量为 Q_3 时的墨西哥边际成本）。这样，美国必然因贸易转移而遭受损失，并且损失超过了墨西哥的收益。

美国和墨西哥的净损失 c 可被解释为墨西哥边际成本（从 P_{Asia} 上升至 $P_{Asia}+t$）与亚洲边际成本（P_{Asia}）之间的差额，乘以墨西哥额外增加的出口量。对净

损失 c 的这一解释类似小国情形中关税引起的“生产损失”或“效率损失”（见第 8 章）。然而，本例中的净损失来自取消区域贸易协定成员国之间的关税而非增加关税。

从贸易转移会产生消极效应这个例子我们应该牢记，虽然美国与墨西哥之间的关税被取消了，但针对从亚洲进口的汽车零部件的关税依然存在。所以这仅仅是自由贸易进程中的半途而废之举。我们已经阐明这种半途而废之举对于相关国家可能是弊大于利的。这种贸易转移效应解释了为什么有些经济学家会反对区域贸易协定而支持 WTO 框架下的多边协定。

不是所有的贸易转移都会造成损失 我们要强调本例中区域贸易协定会造成损失不是个必然的结果，而只是个可能的结果，这将取决于我们对墨西哥边际成本的假设。进口国也可能会获得收益。比如，在图 11－3 中，假定墨西哥在加入 NAFTA 后，大力投资汽车零部件行业，其供给曲线移动到 S'_{Mex} 而非 S_{Mex}。这样美国的均衡进口量仍然会在 D 点，价格仍然为 P_{Asia}，而墨西哥会完全取代亚洲成为汽车零部件的供应商。与有关税的情况相比，美国会损失所有的关税收入 $(a+b+c+d)$。但由于进口价格降至 P_{Asia}，其消费者剩余所得为 $(a+b+c+d+e)$，这样，美国福利的净效应为：

消费者剩余的收益	$+(a+b+c+d+e)$
关税收入的损失	$-(a+b+c+d)$
美国福利的净效应	$+e$

在这个例子中，美国获得了消费者剩余的净收益，而墨西哥由于出口得更多，其生产者剩余也增加了。

这个例子综合了贸易转移（墨西哥取代亚洲）与贸易创造（墨西哥对美国的出口增加了，超过了 NAFTA 成立前美国的总进口）的因素。由此我们可得出结论：只有当贸易创造效应超过贸易转移效应时，NAFTA 以及其他区域贸易协定才能增加其成员国的收益。我们现在来看看当加拿大和美国之间开放自由贸易时发生了什么，来判断对加拿大的贸易创造效应是否超过贸易转移效应。

案　例

加拿大的贸易创造与贸易转移

1989 年加拿大与美国达成了一个自由贸易协定，五年后，又与美国和墨西哥达成了《北美自由贸易协定》。多伦多大学的丹尼尔·特里夫勒教授研究并分析了这些自由贸易协定对加拿大制造业的影响。如第 6 章所总结的，加拿大原来存在失业，但这只是短期的结果。与美国达成自由贸易协定十年后，加拿大制造业的就业就得到了恢复，制造业部门的生产力也得到了大幅提升。

特里夫勒在研究中估算了在与美国的贸易中加拿大的贸易创造量与贸易转移量。他发现加拿大减少对美国商品的关税使这些商品的进口增加了 54%。这就是贸易创造。然而，由于现在加拿大从美国进口了更多的免税商品，这种关税降低使得加拿大从世界其他地方的进口减少了 40%（贸易转移）。要比较这些数额，请先记住来自美国的进口占加拿大全部进口的 80%，而来自世界其他地方的进口只占加拿大全部进口的 20%。所以要计算贸易创造额应把来自美国的进口增加的 54%乘以加拿大全部进口的 80%。同样地，要计算贸易转移额，也应把来自世界其他地方的进口减少的 40%乘以其在加拿大进口中所占的 20%的比重。计算贸易创造与贸易转移之间的差额，我们得到：

$$\underbrace{80\%}_{\substack{\text{来自美国}\\ \text{进口的比重}}} \times \underbrace{54\%}_{\substack{\text{来自美国}\\ \text{进口的增长}}} - \underbrace{20\%}_{\substack{\text{来自其他地}\\ \text{方进口的比重}}} \times \underbrace{40\%}_{\substack{\text{来自其他地}\\ \text{方进口的减少}}} = 35\% > 0$$

由于计算的结果是个正数，特里夫勒认为加拿大与美国加入自由贸易协定后，对加拿大的贸易创造超过了贸易转移。因此，加拿大在与美国的自由贸易协定中肯定获得了收益。

11.2 关于劳工问题的国际协定

区域贸易协定通常会包含关税与贸易以外的其他问题。例如，NAFTA 协定中就包括两个附加协定，这两个附加协定是克林顿总统为确保美国国会顺利通过 NAFTA 而谈判达成的。一个附加协定涉及环境问题（这将在本章后面讨论），另一个附加协定涉及劳工问题。

我们用**劳工标准**（labor standards）这个术语特指所有直接影响工人的问题，包括职业健康、安全、童工、最低工资等。NAFTA 所包含的劳工标准是为了满足几个社会集团的利益。首先，消费者和政策制定者常常会关注海外工厂的劳动条件，并希望能避免“血汗工厂”对工人的剥削。其次，工业国的工会也很关注这些条件，有部分原因是因为与海外工人的团结，也有部分原因是因为海外恶劣的劳动条件会给美国工人制造更多竞争（由于制造企业不必为安全工作条件和其他劳工标准支付很多成本，这使得进口品更加便宜）。

然而，经济学家有时会怀疑这种对海外工人的关心，并将加强最低劳工标准的企图看作是工业国某种形式的“虚伪的保护”。例如，耶鲁大学的印度经济学家斯里尼瓦桑（T. N. Srinivasan）声称，“将贸易权利与遵守环境与劳工标准联系起来的需求似乎大多都是出于贸易保护主义的动机”①。同样地，世界银行报告称，

① T. N. Srinivasan, 1994, “International Labor Standards Once Again,” in U. S. Department of Labor, Bureau of International Affairs, *International Labor Standards and Global Economic Integration: Proceedings of a Symposium* (Washington, D. C.), p. 36. 该段中所有引用均引自 Richard B. Freeman, 1996, “International Labor Standards and World Trade: Friends or Foes?” in Jeffrey J. Schott, ed., *The World Trading System: Challenges Ahead* (Washington, D. C.: Peterson Institute for International Economics), Chapter 5。

"以贸易制裁作为促进基本权利的工具的真正危险在于，将贸易与标准相挂钩可能为意在保护缺乏竞争力的生产活动免受廉价进口品的冲击的保护主义利益集团所绑架。"[①] 马来西亚前总理马哈蒂尔进一步指出："西方国家公开提出消除东亚的竞争优势……所谓对工人福利的关心其实是出于一种自私的目的……是为试图赶超或与西方国家竞争的所有国家设置尽可能多的障碍。"[②] 无论你是否赞同这种情绪，经济学已经告诉我们在国外执行劳工标准时必须非常小心，以免执行劳工标准时加剧工人失业，恶化其境况。下面我们将讨论一些已经出现这种情况的例子。

NAFTA 劳工附加协定

NAFTA 劳工附加协定并没有改变这些国家现有的劳工法律，只是想改进这些法律的执行。如果一个成员国认为另外一国在这方面执行不力，可以向制定了《北美劳工合作协定》(NAALC) 的北美劳工合作委员会投诉，该委员会由各国代表组成，旨在通过咨询和合作方式解决争端。例如，有很多案例是投诉墨西哥—美国边界以南地区的墨西哥马奎拉多拉工厂恶劣的工作条件的，部分投诉已开始将矛头指向美国。其中一个案例是与 1998 年在华盛顿州采摘苹果的农场工人有关的。[③] 在该案例中，墨西哥的请愿者指控美国疏于保护劳工权利，尤其是那些移民劳工。该案于 2000 年达成解决方案，要求"有计划地举行广泛参与的会议与移民劳工讨论这些问题，并创建一个供工人、工会、雇主和政府官员讨论问题的公共论坛"[④]。

NAALC 的评论家认为该争端解决程序过于缓慢，而且有大量例外情况使得条文无效。例如，加州大学洛杉矶分校最近的一项研究得出如下结论："NAALC 疏于保护劳工的工作安全，处于逐渐被遗忘的危险中。"[⑤] 也有评论认为在协定所建立的制度性论坛中，三个国家的工会与劳工活跃分子可以借此加强团结，即便是案例评论也能促进企业改进其做法。

其他劳工协定

除 NAFTA 劳工附加协定外，很多其他国际协定同样关注在外国的工人权利。工会以及其他组织对诸如工作安全、组建工会权、休息权和不超时工作权等

---

① World Bank, *World Development Report*, 1995, p. 79.

② *International Herald Tribune*, May 17, 1994, p. 6.

③ 可以在 http://www.naalc.org 网站选择"Publications"，然后选择"Annual Reports"，获得北美劳工合作委员会的年度报告。

④ 本案例的结论以及 NAALC 的其他案例参见 http://www.hrw.org, Joel Solomon, 2001, "Trading Away Rights: The Unfulfilled Promise of NAFTA's Labor Side Agreement"。

⑤ "NAFTA's Labor Side Agreement: Fading into Oblivion? An Assessment of Workplace Health and Safety Cases," March 2004, UCLA Center for Labor Research and Education.

问题相当关注。在某些情况下，工会和草根组织的压力可以改进他国工人的工作境遇。消费者也可以通过其购买力对此施加影响：如果消费者倾向于购买采用尊重工人权利的方式生产的产品，那么企业将很快施行这些方法。

消费者责任 消费者对他们购买的服装是否在不剥削外国工人的条件下生产的在意度有多少？国家经济研究局的调查要求被调查者回答这个问题，结果如表 11－2 所示。[①]

表 11－2　调查结果

国家经济研究局就人们对产品是否在良好的生产条件下生产出来的态度做了一个调查，本表概括了这项调查的结果。

样本 A：

消费者对生产其购买的服装的工人的工作条件的关注度：

非常关注：46%

比较关注：38%

稍微关注：8%

毫不关注（或不回答）：8%

消费者愿意为保证在良好工作条件下生产出来的产品支付更高的价格：81%

对价值 10 美元的产品愿意支付的额外加价：2.8 美元

对价值 100 美元的产品愿意支付的额外加价：15 美元

样本 B：

如果价钱一样，愿意选择一件“有个好牌子”但本地学生说是在恶劣工作条件下生产出来的 T 恤衫的替代品：84%

根本不愿意购买一件在恶劣生产条件下生产出来的 T 恤衫：65%

平均折扣为多少时将选择在恶劣生产条件下生产出来的 T 恤衫：4.3 美元

愿意接受确保在良好生产条件下生产出来的 T 恤衫的额外加价：78%

愿意支付的平均加价（不愿支付额外加价或前后选择不一致的调查对象的数值按 0 计算）：1.83 美元

资料来源：Kimberly Ann Elliott and Richard B. Freeman，2003，*Can Labor Standards Improve under Globalization*？（Washington，D. C.：Peterson Institute for International Economics），Chap. 2，Table 2.1，Sample A.

当样本 A 即第一组的被调查者被问及是否在意“生产其所购买服装的工人的工作条件”时，其中 84%的人回答说非常在意或比较在意。接着问他们对价

① See Kimberly Ann Elliott and Richard B. Freeman，2003，“White Hats or Don Quixotes：Human Rights Vigilantes in the Global Economy，” in Richard B. Freeman，Joni Hersch，and Lawrence Mishel，eds.，*Emerging Labor Market Institutions for the 21st Century* ［Chicago：University of Chicago Press for the National Bureau of Economic Research（NBER）］；and Kimberly Ann Elliott and Richard B. Freeman，2003，*Can Labor Standards Improve under Globalization*？（Washington，D. C.：Peterson Institute for International Economics），Chap. 2.

值 10 美元和价值 100 美元“在良好工作条件下生产出来的产品愿意支付多少额外加价”，他们愿意支付的额外加价分别是价值 10 美元的产品为 2.8 美元，价值 100 美元的产品为 15 美元。

在调查样本 B 即第二组的被调查者时，不仅询问他们愿意为一件在“良好”生产条件下生产出来的 T 恤衫支付多少额外加价，而且询问当折扣为多少时他们会选择一件在“恶劣”的生产条件下生产出来的 T 恤衫。在这组被调查者中，84%的人回答说如果价钱一样，他们愿意选择一件“有个好牌子”但本地学生告诉他们是在恶劣工作条件下生产出来的 T 恤衫的替代品。而且，65%的被调查者说他们根本不打算购买在恶劣生产条件下生产出来的 T 恤衫。在愿意考虑购买这种 T 恤衫的其余 35%被调查者中，其平均折扣为 4.3 美元，而他们愿意为购买一件保证在良好生产条件下生产出来的 T 恤衫所支付的额外加价是 1.83 美元。

调查结果突出了关于人们对待劳工标准态度的几个有趣的现象。其中一个现象是，消费者对劳工标准有一条向下倾斜的需求曲线，即虽然很少有消费者愿意为劳工标准支付很多，但许多人至少愿意支付一笔小钱来确保良好的劳工标准(或者简单地转向购买相同价位的替代品)。例如，对价格较高的商品，消费者愿意按其价格的很小一个比例支付额外加价来确保良好的劳动条件。第二个现象是，人们购买一件在恶劣的生产条件下生产的 T 恤衫所要求获得的折扣，必须高于其为购买一件在良好的生产条件下生产的 T 恤衫所愿意支付的额外加价。这一发现说明，消费者对潜在损失（更多支出）的关注超过对潜在收益（折扣）的关注。这是消费者行为的常见特征。对美国和英国消费者进行大规模调查的结果也与表 11－2 相似。我们由此可得出结论：相当数量的消费者愿意根据外国劳工的工作条件调整他们的购买模式。

企业责任 由于来自消费者和工会的压力，企业已着手监督和汇报其海外工厂及其海外分包商的工厂的工作条件。下文的**新闻提要“沃尔玛命令供应商提升标准”**就是这方面的一个例子。沃尔玛强烈要求其在 A 国的供应商严格满足工作环境和劳工标准，否则就不要再和沃尔玛做生意了。

企业监督不充分以及工人劳动条件恶劣可能导致灾难性的事件。比如，2012 年孟加拉国和巴基斯坦的制衣公司火灾事故造成数百工人伤亡，2013 年孟加拉国一座制衣工厂倒塌造成 1 000 多名工人死亡。这些事故都是当地最严重的伤亡事故，招致国际社会一片哗然，它们指责这些国家的工厂安全生产条件恶劣。据新闻报道，由于逃生通道被锁，工人不能跑出工厂大门，工厂主和管理人员因而受到法律严惩。但是，在这些事故发生前，工厂刚刚通过安全检查，没有重大违法情况。因而，单单依靠政府和企业监督并不能完全阻止这些灾难的发生。

新闻提要

☞ 沃尔玛命令供应商提升标准

由于美国相关人士的强烈指责，沃尔玛建立了供 A 国供应商遵守的严格工作环境标准。这篇文章将介绍相关情况。

全球最大的零售商沃尔玛昨日通知A国的供应商，让它们必须遵守严格的环境和社会标准。如果供货商不遵守标准，它们可能失去供应商的资格。沃尔玛首席执行官李·斯科特（Lee Scott）在A国有1 000多个A国供应商参加的大会上表示："加班时间和劳工年龄上存在欺诈行为、把废物和化学物质倒入河流、不交税或者不遵守合同的企业最终也可能在产品质量上出现欺诈行为。"

沃尔玛近三年来一直致力于提升环境和社会事务的声誉，希望凭此平息美国民众针对A国供应商工厂工作条件恶劣的批评……沃尔玛要求：A国供应商必须遵守环境法律，A国前200大供应商的能源使用效率必须提升20%，必须披露每一家工厂的地址和名称。沃尔玛还要求，到2011年能源密集型产品的效率必须提升25%，比如平板电视。

国家责任 为了阻止孟加拉国和巴基斯坦工厂惨剧的发生，除了加强监督外，还能采取什么样的措施？加利福尼亚大学的桑奇塔·萨克西纳（Sanchita Saxena）提出一个观点，即降低这些国家的关税，如**新闻提要"美国的关税，孟加拉国工人的死亡"**所述。她指出，孟加拉国向美国出口的服装关税很高（15.3%），孟加拉国服装向美国的出口大约占其向美国的出口额的90%。这么高的关税降低了孟加拉国制衣工厂的利润，同时也降低了企业提高工人工资和工作条件的能力。具有讽刺意味的是，美国对孟加拉国服装进口征收关税，但是对该国其他进口商品则基本上免征关税。欧盟对孟加拉国的服装和纺织品出口免征关税。美国人道主义地取消孟加拉国服装关税，再加上对工厂的监督，能够改善孟加拉国工人的工作条件。

新闻提要

☞ 美国的关税，孟加拉国工人的死亡

2013年孟加拉国工厂厂房坍塌事故造成了1 100多名工人丧生。为此，加利福尼亚大学的桑奇塔·萨克西纳提出：美国应该降低孟加拉国和其他亚洲国家服装的进口关税。

上个月，孟加拉国首都郊区的一家制衣工厂发生火灾，造成112名工人死亡。这样惨痛的事件为廉价服装的生产和消费敲响了警钟。除了谴责及批判工厂生产条件恶劣、敦促孟加拉国政府提高工人工资和改善工作条件之外，美国还可以采取更多的措施：降低孟加拉国和其他亚洲国家商品的进口关税。高额关税迫使这些国家的承包商为了保持竞争力，千方百计不遵守劳工标准。

去年，美国从孟加拉国进口40亿美元服装和纺织品。通过降低关税，美国可以给孟加拉国制衣企业更大的财务空间，以使它们更有能力改善孟加拉国300

万名工人的劳动条件，这些工人大部分都是女性。从某种层面讲，监督体系已经使孟加拉国制衣行业取得了进步。但是，许多分包商的工厂生产条件恶劣，监管松懈，致使11月24日塔姿琳时尚成衣厂（Tazreen Fashions factory）发生了骇人听闻的火灾悲剧。

2009年，华盛顿民主党议员吉姆·麦克德莫特（Jim McDermott）向国会提交了一个议案，这项议案建议不要向柬埔寨、孟加拉国、老挝、尼泊尔、巴基斯坦、斯里兰卡和墨西哥等发展中国家征收进口关税。但是，这项议案早早地被束之高阁。在生产链条最底端的孟加拉国对于成本压缩极为敏感，特别是支付最低工资的分包商：腐败横行，工人付出了惨痛代价。

美国贸易政策造成的市场扭曲极为令人震惊。在截至2011年9月的财政年度中，美国从孟加拉国进口51亿美元商品，其中免于征收关税的商品不足10%，剩下的商品需缴纳至少15.3%的关税。这项关税相当于向每个孟加拉国公民征收4.61美元的税收，而这个国家人均年收入只有770美元。

据新闻报道，今年，尽管美国国际开发署表示向孟加拉国提供了2亿美元的援助，但是孟加拉国支付美国进口关税的金额高达6亿美元。当然，任何贸易立法都有争议。有人士反对向孟加拉国放松进口政策。他们认为，这样做将损害更为贫穷的国家或地区，比如撒哈拉以南非洲地区。这个地区的进口商品根据2000年《非洲发展机遇法案》免于征收关税。但是，研究显示：将零关税延伸至南亚国家商品产生的成本很小，但是对于孟加拉国将产生巨大的经济收益，同时对非洲出口品的负面影响也很小。

孟加拉国政府和行业有义务阻止11月那样的火灾事故再次发生。它们必须确保执行严格的安全生产标准，强令工厂遵守这些标准。同时，公平竞争的国际市场也可以促进安全生产目标的实现。汤米·希尔费格（美国服装品牌，Tommy Hilfiger）、盖普（Gap）、塔吉特（Target）和沃尔玛等国际企业要求商品价格低廉、流转速度很快，而高关税正与此背道而驰，不利于实现劳工标准公平和工厂安全生产的目标。

火灾事故之后，人们往往只关注当地政府的腐败和劳工标准的松懈。但是，近些年，这方面情况已经有所改观。劳工团体、企业和非政府组织团结一致，努力改善工厂的劳动条件。在我所做的针对制衣工人的调研中，62%的工人表示：工厂条件已经得到了改善。但是为了使这种改善的状态持续下去，全球最大的消费品市场美国必须放松关税政策。

资料来源：Sanchita B. Saxena, "American Tariffs, Bangladeshi Deaths," *The New York Times*, December 12, 2012, p. A39.

但是，2013年孟加拉国工厂厂房坍塌事故发生之后不久，美国政府采取的措施背道而驰：提升孟加拉国除服装之外进口商品的关税。美国此举是为了迫使孟加拉国加强对工厂的监督。如**新闻提要“美国暂停孟加拉国最惠国待遇”**所述，奥巴马总统把孟加拉国从普惠制国家（Generalized System of Preferences,

发达国家给予发展中国家制成品和半制成品的一种普遍的、非歧视的和非互惠的关税优惠制度）之列剔除。同时，奥巴马总统指出，此举针对孟加拉国政府在改善工人工作条件方面的不作为。美国此举如新闻提要所述只是“象征性的”，只影响孟加拉国一小部分出口商品，服装是孟加拉国最重要的出口商品，但是服装进出口并不适用于普惠制。美国政府的这个措施发送了一个强烈的信号，仍然可以起到敦促孟加拉国政府改善工人生产安全条件的效果。

新闻提要

☞ **美国暂停孟加拉国最惠国待遇**

不但不降低孟加拉国的进口关税，奥巴马总统反而增加了一些商品的进口关税，暂停了孟加拉国的最惠国待遇。但是，这对于服装的进口没有影响。美国向孟加拉国进口的服装本就征收很高的关税。

周四（2013 年 6 月 27 日），美国宣布暂停孟加拉国最惠国待遇。此举“象征性地”因为孟加拉国发生的工厂厂房坍塌事故而惩罚孟加拉国。4 月一家制衣工厂厂房坍塌造成 1 100 多名工人丧命的事件发生之后，孟加拉国制衣工厂恶劣的劳动条件引发了国际舆论一致的指责。

奥巴马决定暂停孟加拉国一些商品的零关税待遇。此决策将在大约 60 天之后执行，将会增加孟加拉国高尔夫装备和陶瓷的关税，但是对服装没有影响。服装是孟加拉国最主要的国际贸易商品。奥巴马的决策对于劳工领导人而言是一场胜利。他们一直在指责孟加拉国劳动法和安全生产标准。美国劳工联合会—产业工会联合会（AFL-CIO）主席理查德·特拉姆卡（Richard Trumka）认为，暂停孟加拉国最惠国待遇的决策“向我们的贸易伙伴传递了一个重要的信号”。参议员外交关系委员会就孟加拉国劳工事务举行了一次会议。该委员会主席罗伯特·梅内德斯（Robert Menendez）对奥巴马的决策大为赞扬，表示“当工人遭遇不安全的工作条件时，我们不能、也不会置之不理”。

资料来源：William Mauldin，“U. S. Suspends Bangladesh's Preferential Trade Status，” *The Wall Street Journal*，June 27，2013，p. A10. Reprinted with permission of The Wall Street Journal，Copyright © 2013 Dow Jones & Company，Inc. All Rights Reserved.

美国提高关税的举动究竟能不能改善当地工人的生产条件呢？为了回答这个问题，我们可以看一看前面提到的美国提高关税的案例。美国的几部贸易法赋予总统取消那些没有保障工人和工会组织的基本权利的国家的贸易特权的权力。从 1985 年到 1994 年，这些法律条款被美国总统用过 32 次，但其中只有一半对改善工人权利起到了作用。[1]

① Kimberly Ann Elliott and Richard B. Freeman，2003，*Can Labor Standards Improve under Globalization*？（Washington，D. C.：Peterson Institute for International Economics），p. 79.

在取消贸易特权时有两个问题。首先，劳工问题往往只发生在特定的企业里，而取消某国所有行业的优惠待遇则牵涉面太广。其次，这些法律将美国劳工标准与国外劳工标准进行比较，然后做出外国执行力度不够的裁决。许多人认为每个国家应该选择自己的国内政策，即使这些政策与外国既有的规范相悖，各国也不应将自身的偏好强加给其他国家。①

政府制裁的另一个途径是通过非政府组织（NGO）采取行动限制血汗工厂的活动。根据一项主要针对印度尼西亚的研究，非政府组织的行动实际上比政府行为更有效。② 这一研究表明，当美国政府威胁说要取消印度尼西亚的关税优惠待遇时，印度尼西亚的实际最低工资提高了一倍。工资的增加使得非熟练工人的就业减少了 10%，所以他们受到了伤害。非政府组织针对纺织品、服装和鞋类工厂的反血汗工厂活动也提高了实际工资，要求工厂保证支付不低于最低标准的工资。但这一活动没有导致那么多的就业减少。劳工权益人士所针对的工厂极有可能关门，但由此造成的就业岗位的损失会被那些幸存工厂的就业增加所抵消，因为这些企业得益于其行业出口的增长。所以非政府组织的压力不会导致就业的明显减少。

该研究表明，美国政府旨在提高工资的压力是一个过于唐突的手段，从而不太有效，而非政府组织的行动能更好地针对特定的企业，在提高工资的同时又不会造成太多的就业损失，甚至没有就业损失。此外，来自劳工权益人士的压力有时能使许多美国公司像耐克那样，更愿意披露其海外工厂的情况，从而使其接受公开监督。

最低生活工资　关于劳工问题我们要问的最后一个问题是要求外国公司向工人支付最低生活工资是否公平。所谓**最低生活工资**（living wage）是指高于发展中国家基准的工资。这个问题可能是劳工标准中最具争议性的一个问题了，因为它涉及一个艰难的判断：外国工资究竟要多高才能被工业国的劳工权益人士接受？经济学家的答案是：工资应等于市场接受的水平，不应更高。将工资提至均衡水平以上就很可能导致失业。在极端情况下，发展中国家的工人一旦从制造业的岗位上失业，就可能被迫去卖淫或者从事其他非法活动。这比在低工资工厂工作要糟糕得多。

以上各种关切使得经济学家和政策制定者反对实施“最低生活工资”，但反对并不意味着我们可以放弃其他劳工标准。所有国家的工人都有权在安全整洁的环境里工作，获得诚信的工资待遇，有加入工会组织的权利，等等。消费者、公司和工会都为在国外倡导这样的工作条件而发挥重要的作用，这一努力必须坚持下去。实施劳工标准可以确保工人既能从贸易中获益，又不会在工作中被剥削。

---

① 童工问题就是个典型的例子。许多工业国都避免雇用童工，但这对一些发展中国家家庭的生存来说或许是必要的。

② Ann Harrison and Jason Scorse, 2004, “Moving Up or Moving Out? Anti-Sweatshop Activists and Labor Market Outcomes,” NBER Working Paper No. 10492, May.

11.3 关于环境问题的国际协定

如本章开头所述，在1999年WTO西雅图会议期间，许多抗议者都对WTO规则会如何影响环境表示关切。WTO并不直接处理环境问题；而其他国际协定，即所谓的**多边环境协定**（multilateral environmental agreements）专门负责处理环境问题。共有200个多边环境协定，其中包括《国际濒危物种贸易公约》（CITES）和《关于消耗臭氧层物质的蒙特利尔议定书》（取消使用氯氟烃，该物质会破坏臭氧层）。但是正如西雅图的抗议者所说，WTO仍会间接地影响环境。我们先从厘清GATT和WTO在环境问题上的作用开始吧。

GATT与WTO中的环境问题

在第8章**专栏"GATT的核心条款"**中，我们概括了GATT的一些基本条款。我们没有提到其中的第二十条，即"绿色条款"。第二十条允许成员在环境问题上适用自身的法律，只要这些法律统一地适用于国内和国外的生产者，从而不歧视进口品。

根据其完整的表述，GATT第二十条规定："在遵守关于此类措施的实施不构成……对国际贸易的变相限制的要求前提下，本协定的任何规定不得解释为阻止任何缔约方采取或实施以下措施……（b）款：为保障人民、动植物的生命或健康所必需的措施……（g）款：与保护可能耗竭的自然资源有关的措施，如此类措施与限制国内生产或消费一同实施。"

如果GATT和WTO条款允许成员适用其自身的环境法规，那么在1999年WTO西雅图会议期间人们为什么还要装扮成海龟和海豚抗议WTO的规则呢？要理解这些抗议者的关切，我们需要深入研究一些特定的GATT/WTO案例的细节，见表11-3的概述。①

金枪鱼—海豚案 WTO成立前的1991年，墨西哥向GATT起诉美国。案件的起因是美国禁止从墨西哥进口金枪鱼，因为墨西哥渔民在捕捉金枪鱼的过程中采用拖网围捕，造成了海豚的大量死伤。《美国海洋哺乳动物保护法》要求美国渔民在捕捉金枪鱼时应使用对海豚安全的渔网，而根据GATT第二十条（g）款的规定，美国推断可将这一法律适用于墨西哥渔民，但美国禁止从墨西哥进口金枪鱼却与GATT的规则相冲突。

---

① 这些案例引自Jeffrey A. Frankel，2003，"The Environment and Globalization，" NBER Working Paper No. 10090，November。环境问题的案例概述参见WTO网站http：//www. wto. org/English/tratop _ e/envir _ e/edis00 _ e. htm，有关细节由美洲大学贸易与环境数据库提供，http：//www. american. edu/TED/ted. htm。

表 11-3　　GATT 和 WTO 的环保案件

本表展示了 GATT 和 WTO 对环境案例的裁决结果。

案件	问题	结果
金枪鱼—海豚案 1991 年墨西哥向 GATT 起诉美国禁止进口墨西哥金枪鱼	美国禁止从墨西哥进口用影响海豚安全的渔网捕获的金枪鱼（根据《美国海洋哺乳动物保护法》）	1992 年 GATT 裁决墨西哥胜诉，美国的进口禁令违反了 GATT 规则，但消费者的激烈反应导致进口金枪鱼必须贴有“海豚友好”的标签
小虾—海龟案 1996 年印度、马来西亚、巴基斯坦以及泰国向 WTO 起诉美国禁止虾的进口	美国禁止从印度、马来西亚、巴基斯坦以及泰国进口用影响海龟安全的渔网捕获的虾（根据《美国濒危物种法》）	1998 年 WTO 裁决印度、马来西亚、巴基斯坦以及泰国胜诉，美国的进口禁令违反了 WTO 规则。但如果给予充分的告知和协商，美国仍可要求这些国家使用对海龟安全的渔网
汽油案 1994 年委内瑞拉和巴西向 GATT 起诉美国禁止汽油进口	美国禁止从委内瑞拉和巴西进口汽油，原因是汽油中引起烟雾的化学物质超过标准（根据《美国空气净化法》）	1996 年 WTO 裁决委内瑞拉和巴西胜诉，美国的进口限制违反了国民待遇。美国调整了法规以适应 WTO 规则，但仍追求空气净化的目标
转基因食品案 2003 年美国向 WTO 起诉欧洲禁止进口转基因食品和谷物	1998 年以来，欧盟禁止转基因食品和谷物的进口	2006 年 WTO 裁决欧洲的行为违规，因为进口限制必须基于“科学的风险评估”。标签以及欧洲消费者的关注仍会限制此类产品的进口

资料来源：根据下列资料整理：Jeffrey A. Frankel，2005，“The Environment and Globalization,” in Michael Weinstein, ed.，*Globalization*：*What's New*（New York：Columbia University Press），129-169。重印于 R. Stavins, ed.，2005，*Economics of the Environment*（New York：W. W. Norton），361-398。

GATT 裁决美国不能禁止金枪鱼的进口，因为美国设置的进口限制是针对产品生产方法而非产品本身。根据 GATT 的规则，一个国家不能以产品的生产方法作为对他国产品实行贸易限制的基础，这一法理适用于该案。此外，GATT 专家组判决“GATT 规则并不允许一个国家为了企图要求其他国家也遵守其国内法规而采取贸易限制行动，即便是为了保护动物健康或者可用尽的自然资源也不允许”。这些判词对热衷保护海豚的环保主义者是个打击，也正因为如此，西雅图的抗议者才会打扮成海豚进行抗议。

尽管 GATT 专家组对该案的裁决有利于墨西哥而不利于美国，但消费者激烈的反应最终使海豚得到了保护。美国和墨西哥的各方通过努力达成了一个标签系统，即在美国市场上销售的金枪鱼罐头盒上必须贴上声明“海豚安全”的标签。由于自1990年开始，美国的大公司只销售来自墨西哥的“海豚友好”的产品，因此标签程序符合GATT规则。尽管这一裁决不利于美国，但案件的最终结果实现了在墨西哥海域保护海豚的初衷（海豚在美国海域已得到了保护）。

小虾—海龟案 1996年WTO刚成立时，第二个相关案件发生了，这是一个关于虾和海龟的案件。在这个案件中，印度、马来西亚、巴基斯坦以及泰国向WTO起诉美国禁止虾的进口。美国禁止从这些国家进口虾是因为这些国家在捕虾过程中没有按照1987年《美国濒危物种法》的要求使用对海龟安全的渔网。同样，根据GATT第二十条（g）款的规定，美国认为可将这一要求适用于这些亚洲国家的渔民。

尽管这一案件与早年的金枪鱼—海豚案有许多相似之处，但WTO的裁决结果却不同。WTO仍裁决美国败诉，但在这个案件中，并没有裁决美国违反一国可根据另一国生产方法而限制进口的原则。相反，WTO裁决美国可将使用对海龟安全的渔网的要求统一适用于美国和亚洲的生产者。美国发布进口禁令的问题是没有事先告知有关出口国并经过充分的协商，没有给这些国家足够的时间采用对海龟安全的装备。换句话说，WTO判决美国败诉是由于单纯的技术层面的问题，而不是由于在外国海域保护濒危物种的原则问题。

在许多方面，这次WTO的裁决比早年金枪鱼—海豚案中GATT的裁决更有利于环保人士。WTO专家组清楚地意识到，第二十条（g）款所指的“保护可能枯竭的自然资源”规定适用于活的资源，尤其是在它们遭遇灭绝危险的时候。在美国允许增加其法规灵活性并本着良好诚信与亚洲生产者达成协议后，要求出口国使用对海龟安全的渔网的法律就与WTO在2001年的一项裁决相符。

委内瑞拉与巴西的汽油案 经常被引用的GATT/WTO的第三个案件是1994年委内瑞拉和巴西起诉美国。美国禁止从这些国家进口汽油，因为它们的汽油达不到《美国空气净化法》的要求（该法律对汽油中导致烟雾的化学成分设置了上限）。在这个案件中，WTO于1996年裁决美国违反了国民待遇原则。问题在于美国的炼油厂有三年宽限期来达到空气净化的目标，而外国的炼油厂却没有这样的宽限期，因此美国的进口限制歧视了委内瑞拉和巴西的炼油厂。

汽油案经常被看作是环保主义者的一次失败，但经济学家们却争论说美国的法规事实上更像是针对委内瑞拉汽油进口的“变相的贸易保护”。从促进自由贸易和公平对待外国生产者的角度来看，WTO判美国败诉的裁决是正确的。WTO并没有阻挠美国追求空气净化的目标，但美国必须调整自己的要求使之同样地适用于美国和外国生产者。

欧洲的转基因食品案 最后一个仍在审理的案件是关于转基因食品能否被欧洲进口的问题。2003年，美国（后来阿根廷和加拿大也加入了）向WTO起诉欧盟拒绝转基因食品的进口。尽管欧盟否认“暂停”转基因食品的进口，但实际上自1998年以来，转基因食品的进口从未得到过批准。欧洲声称它需要更多的时间研究转基因生物对健康的影响，因而出于谨慎而暂不批准此类食品的进口。

2006年WTO裁决欧洲的行为违反了进口限制必须基于“科学的风险评估”

的原则。就是说成员国不能出于预防性的原因而限制进口，必须有科学的证据的支持。尽管有这样的裁决，但欧洲可使用消费者标签让买方自行决定是否购买转基因食品。就像我们前面所讨论的美国从墨西哥进口金枪鱼要贴标签一样，人们预期欧洲给转基因食品贴上标签会赋予消费者权利，通过其自身的选择来限制这些食品的购买。自2006年以来，欧盟已经批准进口大约50种转基因食品，其中大部分供禽畜饲用。

GATT/WTO案件的总结 表11-3中的这些案例表明，WTO的裁决并未对环境产生不利的影响：在金枪鱼—海豚案中，美国消费者的反应足以保证在墨西哥使用对海豚安全的渔网；在小虾—海龟案中，WTO并未反对美国像要求母国公司那样要求外国使用对海龟安全的渔网的原则；在汽油案中，在经过与美国公司一样长的宽限期后，委内瑞拉和巴西出口到美国的汽油也必须达到《美国空气净化法》的要求；在转基因食品案中，在欧洲给转基因食品贴上标签，有望通过消费者的选择来限制此类食品的进口。

这些结果使观察家们认为，即使环保主义者在WTO的某些特定案件中败诉了，他们至少在引起公众对环境问题的关注上占据了上风：环保主义者可能输掉了一些战役，但他们打赢了整场战争！这一结论并不意味着现在已经可以放弃关注环保了。相反，包括西雅图会议上化装抗议者在内的环保组织的游说行动，对于把公众意见和WTO裁决引向支持环保的方向是十分重要的，因而这样的游说活动应该继续下去。

贸易改善还是危害了环境?

我们已厘清了WTO在解决特定国家之间特定案件中的作用，现在让我们转到一个更一般性的问题上：贸易究竟改善还是危害了环境？在1999年WTO西雅图会议期间，一些抗议者认为贸易对环境是有害的，我们在上文讨论过的案例表明，这些抗议使得WTO在裁决中越来越考虑环境保护问题。但是，案例并没解答自由贸易对环境有害还是有利的问题。为了解答这个问题，我们引入外部性的概念。

外部性 一方的生产或消费行为影响到另一方时，就产生了**外部性**（externality）。外部性可以是正面的，比如一家企业的研发成果可能被另一家企业使用。外部性也可能是负面的，比如有些产品的生产导致环境污染。**市场失灵**（market failure）是与外部性密切相关的一个概念，即没有为产生的正面或负面的外部性“买单”。比如，上文中的第二家企业没有因为使用研发成果而向第一家企业支付相应费用；产生污染的企业没有因为对环境产生的负面影响而受到惩罚，或者清理污染。

在中级微观经济学课程中我们学到：外部性可能导致出现不符合社会利益的后果。比如，如果研发成果被肆意盗用，研发企业将不愿意投入资金进行研发；如果污染企业没有受到惩罚，污染将愈演愈烈。这两种情况的解决方案就是加入政府管制，“创造一个外部性成本或收益的市场”。比如，为了鼓励研发活动，基本上全球各国政府都建立了知识产权保护制度，为企业的研发成果提供保护，企业为自己的研发成果申请专利，从而造福整个社会。为了遏制污染，大多数国家政府监督企业的污染物排放，如果企业违反环保法，将受到惩罚。环保法律法规减少了污染，使整个社会受益。上面这些例子说明了政府如何能够解决外部性问题。

外部性和贸易　本书这部分主要介绍外部性对贸易有什么影响：国际贸易会产生负面的外部性还是正面的外部性呢？直接控制国家间的外部性很难，需要各国协同，因而有些人认为应该控制相应的贸易量。一些案例显示，国际贸易减少了外部性，提升了福利。但是另一些案例则显示了相反的效果。上面两种情况都是有可能的，需要具体问题具体分析。

为了表述上述观点，我们以图 11-4 进行说明。在图 11-4 中，D 和 S 分别为母国需求曲线和供给曲线（暂且不用理睬曲线 *SMC* 和 *SMB*）。如果不存在国际贸易，自给自足（无国际贸易）价格为 P^A，需求量和供给量相等，为 Q_0。如果把国际贸易加进来，假设世界市场价格固定，为 P^W，低于自给自足价格。需求量升到 D_1，供给量下降到 S_1，二者之差就是进口量，即 $M_1 = D_1 - S_1$。

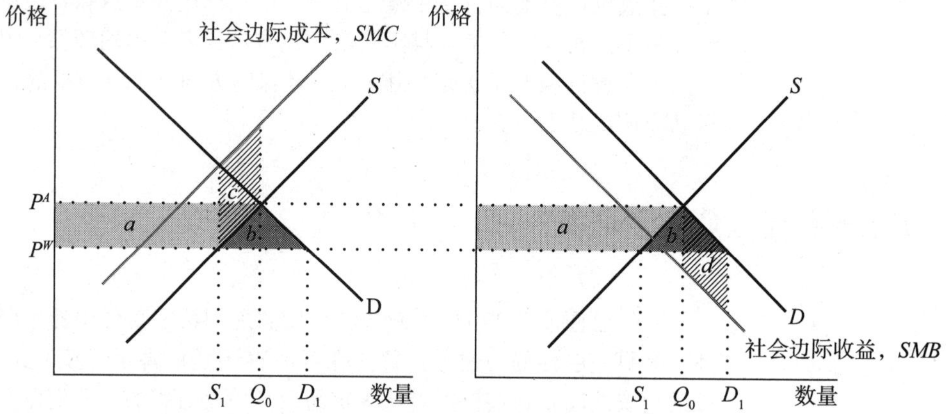

（a）负生产外部性　　（b）负消费外部性

图 11-4　贸易外部性和收益

（a）图阐述了负生产外部性，即社会边际成本曲线 *SMC* 在个人边际成本（供给）曲线 S 之上。如果把国际贸易加进来，价格从 P^A 下降到 P^W，供给量从 Q_0 下降到 S_1，社会外部性成本下降了区域 c，这是除个人从贸易获得的收益 b 之外的另一项收益。（b）图阐述了负消费外部性，社会边际收益曲线 *SMB* 处于个人边际收益（需求）曲线之下，曲线 *SMB* 和曲线 D 之间的垂直距离乘以消费量就是社会外部性成本。如果把国际贸易考虑进来，母国需求量从 Q_0 增加到 D_1。社会外部性成本增加了区域 d，这部分增加的成本抵消了个人贸易收益区域 b。

我们很容易判断出国家从国际贸易中获得的好处。价格从 P^A 下降到 P^W，消费者剩余增加区域 a 和 b，而生产者剩余减少区域 a。两者综合起来产生的净效果是 b，这与图 8-2 分析的结果一致。但是，如果把外部性考虑进来，这个结论就可能发生变化。

负生产外部性　在图 11-4 中，供给曲线 S 相当于企业边际生产成本，或者称"个体"边际成本。如果把外部性考虑在内，真正的"社会"边际成本就不同于个体边际成本。当存在诸如污染等负外部性时，社会边际成本高于个体边际成本，这是因为污染增加了社会的成本。每单位污染成本在（a）图中以社会边际成本曲线 *SMC* 和个体边际成本曲线之间的垂直距离来表示。

如前所述，如果考虑国际贸易，母国供给量从 Q_0 下降到 S_1。这样供给量的下降当然带来污染的减少。减少幅度以生产下降幅度乘以曲线 *SMC* 和曲线 S 之间的距离来衡量。换言之，（a）图中的阴影面积 c 就是污染成本的下降幅度。社会成本下降产生的收益加上贸易产生的个体收益（阴影区域 b），国际贸易产生的总收益便是（$b+c$）。当存在负生产外部性时，母国通过国际贸易可以降低负生产外部性，获得额外收益。

然而，如果改变假设条件，国际贸易就不一定能够产生额外收益。比如，假设生产外部性是正的，而不是负外部性，如前所述，研发的溢出效应就是正外部性。如果由于进口竞争激烈而致使研发企业产出下降，这些企业的溢出效应就会减少，造成社会损失，而不是带来社会收益。正如第 9 章所述，这是支撑幼稚产业理论的一个因素。

如（a）图所示，即使母国生产外部性为负的产品的产量减少了，从整个世界而言，贸易收益也不一定为正。母国的产量虽然减少了，但是贸易国的产量增加了，社会成本也增加了，两者抵消了。我们还是以污染为例，母国生产的产品减少了，污染随之降低，带来社会收益，但是贸易国出口增加，社会成本增加，整体而言，国际贸易并没有带来好处。我们将在之后结合现实案例进一步讨论。

负消费外部性 除了生产能产生外部性之外，产品的消费也可能产生外部溢出效应。比如，消费者购买的消耗汽油的汽车排放氮氧化物，造成雾霾污染和全球气候变暖。这样的负消费外部性意味着：产品消费的真正社会收益（曲线 *SMB*）小于个体消费收益（曲线 D，即消费者愿意支付的价格）。如图 11－4（b）所示，消费者购买数量 D_1 愿意支付的价格是 P^W。曲线 *SMB* 在需求曲线 D 之下意味着：消费数量 D_1 的社会价值低于 P^W。曲线 *SMB* 和曲线 D 之间的垂直距离乘以消费量即是外部性社会成本。

如果考虑国际贸易，需求量从 Q_0 上升到 D_1，随着消费需求的增长，污染的社会成本增加。我们以曲线 *SMB* 和曲线 D 之间的垂直距离乘以消费量计算得到社会成本增幅，即阴影部分 d。社会成本的增加是一种损失。我们应该比较阴影部分 b 和 d 的大小。如果 $b>d$，该国仍旧可以从国际贸易中获益；但是如果 $b<d$，社会成本的增幅大于个体收益，该国将因国际贸易受损。

本书接下来将结合案例阐述生产和消费外部性，并阐明国际贸易是否有利于环境保护。

国际贸易影响环境的案例

美国食糖和乙醇限制进口政策 美国政府一直对进口食糖实行配额限制。进口配额使得美国的买家和消费者需要支付更高的价格。无论是美国的普通消费者还是相关企业，它们在国内所支付的价格相当于世界价格的两倍。甘蔗进口需求之一来自生产乙醇的企业，乙醇是一种可以从甘蔗或玉米中提炼出来的汽油替代品。然而，由于进口甘蔗价格一直高居不下，这些企业只能从美国农民那儿购买玉米来生产乙醇，而美国种植的玉米一直接受政府补贴，价格优势凸显。由于进口甘蔗配额以及玉米种植补贴，玉米因而比甘蔗更多地被用于生产乙醇。

这种政策安排的问题在于：用玉米制造乙醇的能源效率远低于用甘蔗。种植玉米耗竭地力，需要撒施肥料，而生产肥料本身就要消耗能源。由于用玉米生产乙醇比用甘蔗节约的能源少得可怜，以世界市场价格购买甘蔗并用甘蔗来制造乙醇就合算多了。换言之，美国将从直接进口巴西乙醇获益。但是在 2012 年之前，美国对每加仑进口乙醇征收 54 美分的关税，限制美国企业从国外进口乙醇。

我们结合图 11－4（a）分析这个案例，即美国乙醇行业供给曲线为 S。美国以玉米而不以甘蔗生产乙醇（耗费了更多能源）就出现了负生产外部性。乙醇关税更是使负外部性火上浇油，限制了进口使美国生产更多乙醇。因而，自由的乙醇国际贸易是更为妥当的政策：获得国际贸易收益（阴影部分 b）加上外部性成本下降的幅度（阴影部分 c）。

事实上，美国政府于 2012 年 1 月 1 日降低了进口关税。美国从巴西进口的乙醇大幅增加，美国于 2012 年从巴西进口 960 万桶乙醇。同时，美国以玉米生产的乙醇减少，降低了环境成本。这些正与图 11－4 的叙述相符，乙醇的自由国际贸易降低了负外部性，提升了社会收益。

然而，美国和巴西之间的乙醇贸易还有更多改善的空间。《金融时报》曾报道，2012 年，美国虽然从巴西进口了 960 万桶乙醇，但也向巴西出口了 200 万桶。[①] 尽管制造原料（玉米和甘蔗）不同，但是这些乙醇对于使用者而言没有区别。双方运输这些乙醇也要浪费燃料。之所以会出现这样的乙醇“双向”贸易，是因为美国政府规定必须混合使用玉米乙醇和其他原料（也就是巴西的甘蔗）生产的乙醇。这样的规定造成美国玉米乙醇生产过剩，只能折价卖回巴西。这样的双向贸易明显是一种社会浪费，需要美国政府改变规定。

美国的汽车“自愿”出口限制　美国的甘蔗进口配额案并非美国贸易限制政策危害环境的唯一例子。在第 9 章中，我们讨论了美国于 1981 年开始对日本进口汽车实施“自愿”出口限制（VER）的案例。“自愿”出口限制限制了日本汽车公司每年对美国出口的汽车数量，但不限制汽车价值，这样就激励了日本汽车公司出口更大、更豪华的汽车。随着日本汽车质量的提升，发动机的功率以及汽车自重都提高了，结果进口汽车的平均单位油耗行驶里程下降了。

“自愿”出口限制对单位油耗行驶里程的影响见图 11－5，我们用了该政策出台前后 1979—1982 年的进口日本汽车的数据。横轴代表的是这些年进口日本汽车的销售数量（以百分比表示），纵轴代表的是不同型号汽车的单位油耗行驶里程。这个数据说明那些单位油耗行驶里程数最低的豪华型车——例如“千里马”“克雷西达”“马自达 626”——这些年来销售增长幅度最大。这些豪华车型尽管数量受限制但销售依然增长，原因是这些豪华型车不像经济型车的价格上涨那么

① Greg Meyer, “Ethanol: Logic of circular biofuel trade comes into question,” *Financial Times*, May 16, 2013, electronic edition.

多。由于美国消费者转而购买豪华型车以及这些豪华型车的单位油耗里程较低，“自愿”出口限制增加了能源的消耗，并导致汽车排放更多的二氧化碳，从而危害了环境。

我们结合图 11-4（b）进行分析，即假设美国消费者的需求曲线为 D。汽车的使用产生负外部性，排放氮氧化物，造成空气污染和全球气候变暖。从日本进口汽车可以减少负外部性（相较于本国生产汽车，从日本进口产生正外部性）。因而，自由贸易可以降低美国的污染成本，从而为美国带来社会收益。相比之下，“自愿”出口限制政策增加了负外部性。

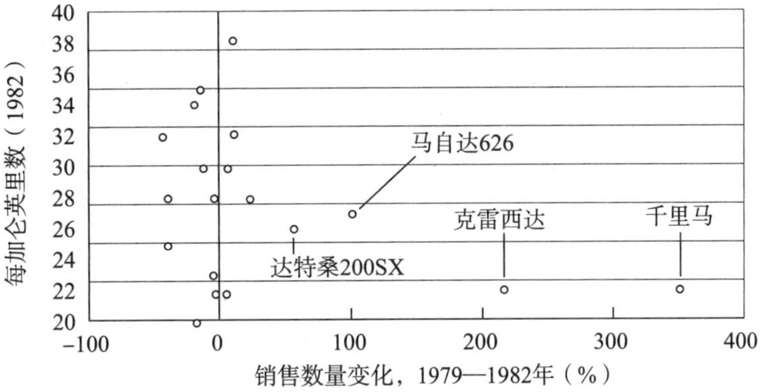

图 11-5　美国的日本汽车进口

本图运用了 1979—1982 年对日本实施“自愿”出口限制政策前后从日本进口的汽车数据。横轴代表的是这些年进口日本汽车的销售数量（以百分比表示），纵轴代表的是不同型号汽车的单位油耗行驶里程。单位油耗里程数最低的车型——例如“千里马”“克雷西达”“马自达 626”——这些年来销售增长幅度最大。

公地悲剧

上面两个关于乙醇和汽车的贸易案例说明了自由贸易是如何对环境有好处的。我们现在来看另外两个案例。在这两个案例中，自由贸易对濒危物种造成了威胁，危害了环境。经济学家认为，只要大家争抢一个公共存量资源（比如鱼类资源），就会出现这样的恶果，并把这种现象称为**“公地悲剧”**（tragedy of the commons）。当某种资源被看作人人都可以去获取的**公共财产**（common property）时，每个人都会去抢占尽可能多的份额，造成存量急剧减少。国际贸易可能把全球需求都集中导向某个国家或某个地区，不免进一步加剧公地悲剧。

从图 11-4 可以看出，公地悲剧实际上是一种负消费外部性。资源是有限的，国际贸易增加了对这种资源的需求，加剧了负外部性。如果不能通过限制消费量直接控制负外部性，政府应该采取措施，限制相应行业的国际贸易。

鱼类贸易　由于过度捕捞，很多种类的鱼都无法继续进行贸易了，在极端的情况下甚至濒临灭绝。比如大西洋鳕鱼、地中海金枪鱼、欧洲和亚洲水域的鲟鱼。根据一项科学研究，29%的鱼类和海味数量急剧减少，捕捞数量在 1950—

2003 年期间下降了 90%以上。上述研究的实施者还在 2009 年发现：一些物种的“过度利用率”已经下降，但是“63%过度捕捞的鱼类仍然需要修复，逆转濒危物种的境况需要更进一步降低过度利用率”①。

鱼类资源过度捕捞的根本原因不在于其是国际贸易的资源，而是因为其被当作可以捕捞的公共资源。如果搭建一套国际体系，划清鱼类资源的产权，限制每个国家的捕捞量，我们就可以解决鱼类过度捕捞的问题。如果其他国家不实施管控，单单一个国家就没有动力去限制自己的捕捞量。若没有各国政府共同采取限制过度捕捞的措施，国际贸易将使公地悲剧雪上加霜。

为此，各国政府共同签署了《国际濒危物种贸易公约》，用以保护鱼类和其他濒危物种。根据该公约网站（www. cites. org）的信息，该国际协定已经对 5 000 多种动物和 29 000 种植物予以保护，防止人类对其过度开发利用。譬如，2013 年，5 种鲨鱼被加入公约保护清单。

野牛贸易 鱼类贸易的例子不是有关国际贸易与公地悲剧相互作用导致物种灭绝的唯一例子。另一案例是发生在美国历史上的 1870—1880 年间对大平原野牛长达 10 年的大屠杀。野牛灭绝的原因有许多：铁路的修建让猎人们能更容易到达大平原；野牛在美国白人拓居者和当地土著人的战斗中被大量屠杀；由于大平原的气候发生了变化，在 19 世纪 50 年代以前很湿润，而此后的 30 年连续干旱，再加上当地土著人的过度捕猎。但最近的研究揭露了一个野牛被屠杀的更具决定性的新原因：大约在 1871 年伦敦有一项发明，即将野牛皮经鞣制加工用于工业用途（如制作皮带）。这项发明使欧洲对野牛皮产生了巨大的需求。② 结果，美国野牛皮的价格上涨，大多数未经鞣制加工的野牛皮出口到欧洲用于工业用途。

图 11 - 6 显示了估计的英国和法国从美国进口的未经鞣制加工的野牛皮数量。这些估计数量是通过比较英国、法国与加拿大的需求而得出的，当时在加拿大将野牛皮经鞣制加工用于工业的发明尚且不为人知。由此我们可以看到在该项发明诞生后英国和法国的额外需求。我们从图 11 - 6 中可以看出，在 1871 年之前这些国家的进口数量（超过加拿大的进口数量）很少甚至是负的，但此后就迅速增长并在 1875 年达到顶峰。那一年，英国和法国总共进口了超过 100 万张野牛皮，1871—1887 年间，进口了约 350 万张野牛皮。这个数字可以合理地解释大平原野牛被屠杀的原因。③ 在 19 世纪 80 年代，进口数量还有小幅增长，这可能是来自美国北部牛群的野牛皮。

图 11 - 6 令人信服地说明了，国际贸易、伦敦鞣制加工技术的发明以及野牛产权的缺失，是导致野牛被屠杀的原因。这是一个市场力量造成的不幸结果，也是我们今天通过诸如《国际濒危物种贸易公约》这样的协定希望能避免的结果。我们需要通过多边环境协定来防止国际贸易加剧公地悲剧。现在我们再来看最后

---

① Juliet Eilperin, 2006, “World's Fish Supply Running Out, Researchers Warn,” *Washington Post*, November 3, p. A01, citing an article from *Science*; and Boris Worm, et al., 2009, “Rebuilding Global Fisheries,” *Science*, 325, 578 - 585.

② See M. Scott Taylor, 2007, “Buffalo Hunt: International Trade and the Virtual Extinction of the North American Bison,” NBER Working Paper No. 12969, March.

③ 英国和法国的进口数据是以磅为单位的，所以这些进口量的估算是假定每四张皮重 112 磅。

一个关于贸易加剧公地悲剧和造成全球环境污染的案例。

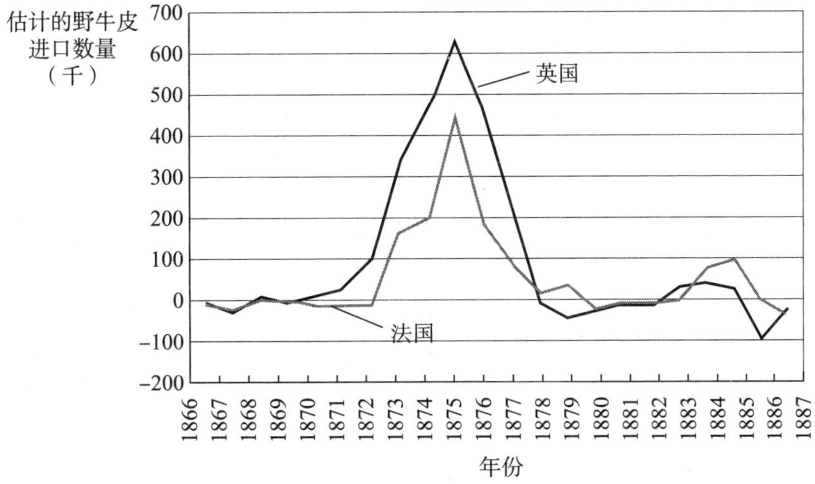

图 11－6　野牛皮进口

本图显示了估计的英国和法国从美国进口的野牛皮数量。在 1871 年之前这些国家的进口数量（超过加拿大的进口数量）很少甚至是负的，但此后就迅速增长并在 1875 年达到顶峰。那一年，英国和法国总共进口了超过 100 万张野牛皮，1871—1887 年间，进口了约 350 万张野牛皮。野牛皮贸易的一大部分要归因于 1871 年伦敦的一项将野牛皮经鞣制加工用于工业的发明。

资料来源：M. Scott Taylor，2007，“Buffalo Hunt：International Trade and the Virtual Extinction of the North American Bison，” NBER Working Paper No. 12969，March.

太阳能面板贸易　我们在第 9 章探讨过太阳能面板的生产和出口。消费者安装太阳能面板产生的电力无须燃烧石化燃料，因而产生正消费外部性。如用图 11－4 (b) 来表示，*SMB* 曲线应该位于需求曲线之上，而不是之下。太阳能面板的国际贸易提高了母国消费量，从而增加了社会收益，即提高了正消费外部性。太阳能面板国际贸易的社会收益来自以下两个方面：贸易的个体收益（阴影部分 b）以及增加的社会收益（类似阴影部分 d，但是 *SMB* 曲线在 D 曲线之上）。

从理论上而言，当一个国家补贴太阳能面板的生产，以更低的价格出口更多数量时，自由国际贸易产生的社会收益增幅将扩大。这正是中国政府所做的。但是，美国和欧盟却不愿意接受低价太阳能面板，反而对中国进口征收关税。为什么这些国家或地区不愿意如环保人士所愿以尽可能低的价格进口太阳能面板呢?

我们从两个角度回答这个问题。第一，这里所说的正外部性是全球的正外部性：利用太阳能而不是化石燃料发电，减少二氧化碳排放量，降低全球变暖风险。由于这部分收益属于全球每一个人，而不是仅仅一个国家的人口，进口国家可能不愿意因为这么少的分摊到自己的社会收益而进口太阳能面板，况且进口还威胁到本国相关产业。

第二，低价进口竞争威胁本国同行业的生产企业。除了本国生产企业的政治压力之外，欧盟和美国也认为，保留太阳能面板行业对本国的其他行业也有溢出效应。换言之，欧盟和美国政府可能相信，太阳能面板制造将产生正生产外部性。但是，它们难以判断会产生多大的正外部性，也难以确定制造与进口带来的收益相比孰大孰小。简而言之，保护本国同行业企业和进口低价产品两者之间哪一个更重要？这正是美国和欧盟政府面临的两难选择。

稀土矿贸易 我们在第10章探讨过中国稀土矿出口政策。2009—2011年间，中国实施出口配额，限制稀土矿的出口，进而导致产品世界市场价格走高。伴随着价格的走高，澳大利亚和美国的莫哈韦沙漠的稀土矿被重新开采。美国的这座稀土矿床曾经在2002年因为管道放射性液体泄漏而被关停。稀土矿的开采经常面临钍和铀等放射性物质问题，稀土矿的处理加工产生低放射性废物，从而引起民众对环境污染的担忧。澳大利亚稀土矿加工地址在马来西亚，从而导致马来西亚民众的极大关注：见第10章**新闻提要“中国表态支持稀土产业发展”**。此外，格陵兰岛和非洲一些国家同样拥有稀土矿藏。

不管在哪个国家，稀土矿的加工处理一定将产生负生产外部性。我们结合图11-4（a）进行分析，由于高科技产品的生产都要用到稀土金属，因而难以限制稀土矿的需求。从环保的角度看，正确处理放射性副产品最为重要。

如第10章新闻提要所述，中国开始朝这个方向努力。中国作为一个新兴工业化国家，环境保护水平不及美国和澳大利亚。我们希望美国稀土矿加工被政府严格监管，特别是放射性废物处理。澳大利亚稀土矿开采公司选择在马来西亚加工，导致麻烦不断。由于担忧环境污染，马来西亚民众走上街头，对此事进行抗议。同矿产开发过程中保护工人人身安全一样，放射性废物的监管需要社会民众、企业和政府共同努力。

国际污染协定

污染是许多制造活动的副产品。公地悲剧也适用于污染，因为企业和国家可以把空气和水看作公共财产资源，任由污染物排放，而不在乎这些污染物的最终去向。污染是个国际问题，因为它能随着大气和水而跨越国界。我们将用“全球污染物”这个词来指代那些跨越国界的污染物，比如会破坏大气中的臭氧层的氯氟烃（CFC），造成全球变暖的二氧化碳（CO_2）。反过来，我们用“本地污染物”这个词来指代一国之内的污染物，比如由工厂和汽车排放的一氧化碳（CO）造成的烟雾。

全球污染物 对于全球污染物，类似图11-2所示的关税囚徒困境可再次适用。因为污染是跨越国界的，每个国家就不必为自己排放的污染承担全部成本。这样每个国家就没有动力去规制全球污染。然而，在缺乏规制的情况下，各个国家都会排放过多的全球污染物而导致最坏的结果。因此，有必要通过国际协定来控制全球污染的数量。

支付矩阵 为了更仔细地讨论该问题，我们在图11-7中显示了两个国家的支付矩阵，每个国家都要决定是否要管制污染物排放。管制污染可以采取限制某个行业污染物排放数量的形式，这就意味着这个行业必须自负成本安装特殊的设备来减少污染物排放。矩阵的每个象限都包括左下角母国的支付值和右上角外国的支付值。我们首先从管制污染物排放的情况开始，然后测算在不加管制情况下的母国或者外国福利水平变化。

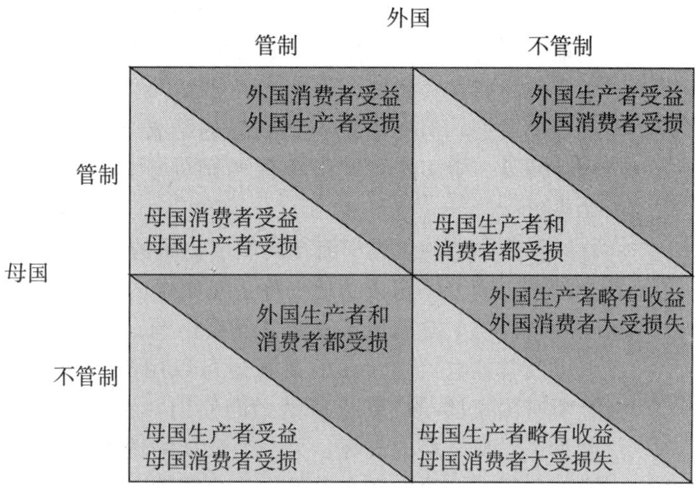

图 11－7　环境博弈中的支付

这一支付矩阵显示了母国与外国的收益和损失，取决于它们是否采取环境管制措施。如果政府认为生产者剩余比消费者剩余重要，那么支付结构类似于囚徒困境，因为纳什均衡是两国都不控制污染。这样的结果就造成了“全球”污染。

从矩阵的左上角象限开始，当两国都对污染物排放进行管制时，与不加管制的情况相比，消费者福利得到改善，而生产者的境况由于管制成本而恶化了。如果其中一国——比如母国——决定不管制污染，那么母国的生产者将受益，因为他们不需要再安装额外的设备来减少污染物排放了，但母国和外国的消费者将受损，因为如果不管制污染物排放将产生更多的污染。同样，如果外国决定不管制污染，结果也是类似的：外国的生产者受益，两国的消费者受损。最后，如果两国都不管制污染，那么消费者将因为更多的污染而遭受更大的损失，而生产者因为不用安装额外的设备而获得很少的收益（收益之所以少，是因为两国生产者都不受管制，竞争将抵消绝大部分的收益）。

纳什均衡　让我们根据图 11－7 的支付结构来决定纳什均衡。从左上角象限开始，即两国都控制污染物排放。假如某一国偏离了这个位置，不控制污染物排放，其生产者将受益而消费者将受损。如果污染是当地的，那么这个国家或许会意识到消费者的损失超过生产者的收益。这就是为什么美国环境保护署会控制工厂与汽车的污染物排放，因为减少污染带给消费者的收益将超过生产者的损失。

然而在全球污染的情况下，这种计算结果就发生了变化。如果一国的污染能跨越国界，比如二氧化碳的排放，那么一国自己的消费者从控制污染中所得的收益可能会少于生产者成本。这样，两国都不会停留在有管制的图 11－7 左上角象限，而具有选择不管制全球污染的激励。如果一国不管制全球污染，那么另一国就更不会去管制了：如图 11－7 所示，母国如果不管制污染，我们就处在矩阵的底部一行，那么外国的最优选择可能是也不管制污染，因为其消费者的额外损失将被生产者的收益抵消。①

① 在本章后面的习题里，要求你将图 11－7 显示的收益和损失用数字表示，并确定纳什均衡。

这样，图 11 - 7 所示的支付值会使我们处于任何一个国家都不控制污染的境地，即处于右下角象限，尽管两国消费者都将遭受巨大的损失。这个结果非常类似我们在关税博弈（图 11 - 2）中讨论的囚徒困境：即使两国都做了各自最优的决策，但两国都将得到坏的结果（高关税或严重污染）。像关税博弈一样，需要一个多边协定来确保两国处于矩阵左上角象限，即两国都管制全球污染。

多边协定　《关于消耗臭氧层物质的蒙特利尔议定书》就是国际协定的一个例子。这个协定成功地消除了氯氟烃的使用。科学证据表明氯氟烃在澳大利亚和新西兰上空制造了一个臭氧层巨洞。这个证据是确凿的。而且，冰箱、空调以及其他电器中使用的氯氟烃可以用其他低成本的化学物质来代替。因此，让所有国家都同意禁止氯氟烃的使用并不困难，该行动始于 1989 年，且已经减少了对臭氧层的破坏。另一个艰难的例子是关于《京都议定书》所要管制的全球变暖，见我们在本书最后一个案例中的讨论。

案　例

《京都议定书》

1997 年 12 月，多国代表聚集在日本京都，讨论减少温室气体排放的无约束性目标。温室气体主要是二氧化碳（CO_2）。汽车、工厂、家庭取暖、火力发电厂发电以及几乎所有的燃烧都会排放二氧化碳。二氧化碳会产生“温室”效应，热量积聚在大气层下不能散发，造成地球温度小幅上升。温度即使上升幅度很小也会令冰川融化而产生非常严重的后果：冰盖融化，海平面上升；改变气候模式；影响农业、旅游以及其他经济活动；威胁物种的生存；还可能导致更糟的结果。

《京都议定书》（Kyoto Protocol）的基础是《联合国气候变化框架公约》，该公约是 1992 年由包括美国在内的 189 个国家共同签署的。五年后的 1997 年，《京都议定书》确定了减少温室气体排放的具体目标：到 2010 年，工业化国家要在 1990 年的基础上集体减少 5.2%的温室气体排放。对各国的目标是：欧盟减排 8%、美国减排 7%、日本减排 6%、俄罗斯减排 0，澳大利亚和冰岛可增加。此外，还要建立一个排放目标市场，这样比如俄罗斯如果温室气体排放少于 1990 年水平，就能将排放额度出售给其他国家。

包括 40 个工业化国家在内的 160 多个国家签署了该议定书。俄罗斯于 2004 年 11 月 18 日签署《京都议定书》后，使签署该议定书的国家的温室气体排放量占全球温室气体排放量的份额达到了 55%。三个月后的 2005 年 2 月 16 日，《京都议定书》正式生效。然而美国没有签署《京都议定书》，它是唯一没有签署该议定书的工业大国。为什么美国拒绝加入？除了减少全球排放外，还能采取什么措施？

通常有四个原因来解释为什么美国不加入《京都议定书》[①]：（1）虽然全球变暖的证据确凿，但我们仍无法了解政策行动引发的所有后果；（2）虽然美国是温室气体的最大排放国，但要达到《京都议定书》的目标会对美国经济造成负面影响；（3）《京都议定书》没有把发展中国家包括进去，尤其是中国和印度；（4）还有其他的方法可实现温室气体减排。

随着全球变暖的原因和结果越来越清晰，第一点已经变得越来越站不住脚了。第二点是真的：美国是最大的温室气体排放国（因为其经济规模很大），因此达到《京都议定书》的要求在经济上当然要付出很大的代价。例如，美国所付出的代价可能要比德国大，因为1990年民主德国拥有的高污染工厂现在已经关闭了。德国的污染减少百分数是按包括这些高污染工厂的基数计算的，而美国的污染减少百分数是以包括那些依据国内法规在1990年已经减少污染量的工厂为基数计算的。

不过，代价巨大的现实不应该阻止各国减排温室气体的努力。最近，英国的斯特恩（Stern）委员会的一项报告认为，不减排温室气体的代价高到难以接受：与“20世纪前半叶的世界大战和经济萧条”相当，而且气候变化引起的破坏可能是不可逆的。[②]

第三点——《京都议定书》未包括如中国和印度在内的发展中国家，这可能是美国未加入的主要原因。正如图11－7所描述的囚徒困境博弈，如果一方不管制排放行为，那么另一方也就没有动力去管制排放行为。因而，于2009年12月举行的哥本哈根气候峰会把相关利益国家（一共119个国家）聚在了一起，商定一个新协议。不幸的是，该峰会只是以一些温和的目标结束，达成**《哥本哈根协议》**（Copenhagen Accord）：各国认识到，全球平均气温增长幅度应保持在2摄氏度以下；各国一致同意，发达国家提交温室气体减排目标，发展中国家也应做一些努力；建立一个基金，为发展中国家减排提供融资。但是，如**新闻提要“哥本哈根谈判的暗淡前景”**所述，这些目标并没有任何强制执行措施。

上述新闻提要文章指出，应对全球气候变化需要各国协同努力。但是，多边协议并不是唯一出路。各国可以、也应该在国内实行限制温室气体排放的政策措施。欧洲国家已经建立了一个运行高效的碳排放交易市场，企业可以在这样一个市场买卖碳排放指标。此外，美国也在考虑类似的市场，即“上限和交易”体系：为每一家企业设定碳排放上限，允许企业相互交易。虽然没有设立这样的市场，但是中国也做出了自己的贡献，发展替代能源，成为世界最大的太阳能电池和风力涡轮机生产国和出口国。此外，如美国和其他100多个国家一样，2010年3月，中国和印度加入了《哥本哈根协议》。这些减排的措施表明，与之前的具有强制性的《京都议定书》不同，《哥本哈根协议》温和的目标更容易实现。虽然这个协议没有强制性措施，却为未来国际合作奠定了根基。

① 这些原因在美国总统乔治·W. 布什于2001年在联合国的一次演讲中提到过。见“In the President's Words: ‘A Leadership Role on the Issue of Climate Change,’” *The New York Times*, June 12, 2001, electronic edition。

② “The Economics of Climate Change,” 见 http://www.hm-treasury.gov.uk，引自 Martin Wolf, “A Compelling Case for Action to Avoid a Climatic Catastrophe,” *Financial Times*, November 1, 2006, p. 13。

新闻提要

哥本哈根谈判的暗淡前景

在本章开篇，我们已经谈论过2009年12月举行的哥本哈根气候峰会。该峰会旨在建立温室气体减排的纲领，但不幸的是，没有达成这个目标。本篇文章将讨论未来可能发展的几个方向。

美国、中国、印度、巴西和南非等主要国家参加的哥本哈根气候峰会仅仅达成了一个关于目标的象征性文件，即《哥本哈根协议》。该协议指出，根据科学证据，未来每年全球气温增长幅度应该限制在2摄氏度以内。同时，该协议呼吁发达国家到2020年每年向发展中国家提供1 000亿美元的资金帮助，但是未指明哪些国家应该提供资金、哪些国家应该接受这些资金。看起来，这个协议没有什么实质性的意义。

……毕竟气候变化问题牵涉到每个国家，因而该问题的解决需要全球各国通力合作。但是，“搭便车”现象在气候变化问题上显而易见，必须予以应对。然而，最有效的措施，即全球性限定碳排放上限，极难达成。即使各国有此意愿，强制性执行也是不可能的。如果下一年（2010年）12月在墨西哥举行的峰会能够达成碳排放上限，当然最好：但是，最关键的是要取得进展，而不一定非要达成碳排放上限的强制性协议。我们需要的是更大的实用性和灵活性。

美国和中国可以发挥领导性作用。在哥本哈根峰会上，美中两国之间的嫌隙显而易见：美国呼吁各国不偏不倚地核实减排目标，而中国反对主权侵犯。实际上，两国在这方面并没有那么多分歧：和中国一样，美国国会也在主权问题上态度慎重，不愿承担国际责任。这两国应该起到示范带头作用，单方面采取减排举措：美国建立“上限和交易”体系，中国采取降低碳排放强度的措施。国际框架不一定需要各国共同制定限定步调一致的协议。毕竟，国际框架协议不应该阻挡各国正确政策的执行……

发展中国家接受发达国家的资助得到了各国赞同，但应该分开独自协商。此外，各国需要把问题分解成小问题，逐个解决。国际合作至关重要，但现在最好不要强求难以达成的目标。

资料来源：Lex Team, 2009, “Dismal outcome at Copenhagen fiasco,” *Financial Times*, December 20. From the Financial Times

11.4 结　论

从本书第1章到第10章，我们考察了国际贸易协定，包括如GATT和

WTO这样的多边协定以及如NAFTA这样的区域贸易协定。在这一章中，我们仔细探究了建立这些协定的理由，并讨论了这些协定所涵盖的贸易之外的领域——如劳工标准和环境等。

我们阐述的第一个问题是为什么需要建立国际协定。答案就是采用关税维护自己利益对很多国家都有着强烈的吸引力，或者是当各个国家没有直接面对自身产生的全球污染物所产生的成本时，避免采用环境规制同样有着强烈的吸引力。在这些情况下，各个国家具有采用关税或不实行环境规制的激励。但是，当所有国家都这样做时，大家都是受损者：结果只能是高关税或高污染物排放。之所以会产生这样的结果，是因为所有国家都在玩一个"囚徒困境"式的博弈，博弈的纳什均衡导致各方都采取在他们自己看来貌似正确的行动，但最终却导致一个糟糕的结果（也就是采用关税或高污染）。因此，需要缔结国际协定以避免这种不合意的均衡，并恢复贸易自由或低污染的本来面目。

我们阐述的第二个问题是采取与完全自由贸易相比的折中自由贸易方案也可能导致不合意的结果。我们发现，在区域贸易协定（也叫作特惠贸易协定）的框架下，如果贸易转移量大于贸易创造量，这种不合意的结果就可能产生。由于特惠贸易协定只是针对成员国实行零关税，而对非成员国仍保留了关税，因此特惠贸易协定相对于自由贸易来说是一种折中方案。对于非成员国来说，由于遭到排斥，情况变得更糟了。我们还表明，由于生产成本最低的国家可能被排除在协定之外，这些协定也可能使成员国的处境更糟。

半途而废的自由贸易方案导致各国处境更糟的另一种情形是导致对资源的过度开采。我们已经表明，在鱼类这样的可耗竭资源没有明晰的产权界定情况下，各国完全开放自由贸易可能导致更为严重的过度捕猎，甚至会导致其灭绝。这种结果至少对于出口国是糟糕的。所以，在产权没有很好界定的情况下进行自由贸易可能会导致损失。经济学家把这种状况称为在不具有良好运作的资源市场（无所有权）条件下开放市场（也就是国家之间的自由贸易）。从这个角度来看，对可耗竭资源的过度开采与区域贸易协定中的贸易转移十分相似，因为区域贸易协定也是在不具备完全自由贸易（即对非成员国征收关税）条件下开放市场（成员国之间的自由贸易）的。过度开采和贸易转移都是在市场不能良好运作的情况下产生的不良结果。

最后，我们也已表明，消费者、工会和企业为改进劳工标准和环境条件而采取的行动是重要的。包括1999年WTO会议期间的抗议活动在内的这些行动，已经改变了WTO在环境案中的裁决：虽然环保主义者在与WTO的较量中输掉了一些战役，但一些观察家相信他们打赢了整场战争。我们也可以期待这些行动会使劳工标准做出有利于劳工的改变，并改进企业的环境保护措施。

要 点

1. 有两种主要的自由贸易协定：多边的和区域的。多边贸易协定是大量国家通过谈判建立的（如WTO），旨在减少相互之间的贸易壁垒；而区域贸易协定则是在为数不多的国家间实施的，通常是处于同一地区的国家。

2. 在完全竞争条件下，我们可以用一个两国博弈的纳什均衡来分析多边协定的好处。在两国博弈中，各国要决定是否实施关税。对于两个大国而言，唯一的纳什均衡是相互实施关税，这是一个典型的“囚徒困境”例子。通过协定取消关税，两国都可以避免关税引起的无谓损失，改善双方的境况。

3. 区域贸易协定又称特惠贸易协定，这是由于协定给成员国特惠待遇（自由贸易），而对非成员国保留关税。区域贸易协定有两种：自由贸易区（如NAFTA）和关税同盟（如欧盟）。

4. 由于成员国之间实行零关税而对非成员国仍保留关税，区域贸易协定的福利得失远比多边贸易复杂。在自由贸易区中，各成员国对非成员国采用各自的关税税率；而在关税同盟中，各成员国对非成员国采用相同的关税税率。

5. 在区域贸易协定中，当一个成员国由原先自己生产某种产品转而从另一成员国进口该产品时，贸易创造就发生了。这时，买卖双方均获得福利收益。

6. 在区域贸易协定中，当一个成员国由原先从某非成员国进口某种产品转而从另一成员国进口该产品时，贸易转移就发生了。这时，原来的非成员出口国利益受损，进口国乃至整个贸易区也可能出现利益受损的情况。

7. 劳工标准指所有直接影响劳工的问题，包括职业健康和安全、童工、最低工资以及组织工会权等。劳工标准的执行有时会包含在贸易协定中，同时，这也是一个消费者团体和工会经常要求采取行动的问题。

8. WTO不直接处理环境问题，但当需要WTO对某些特定案例做出裁决时它就遇到了环境问题。对案例的回顾显示WTO的裁决已经变得对环境更为友好。

9. 把外部性考虑进来，一方面，国际贸易有可能使负外部性雪上加霜，增加社会成本，减小国际贸易带来的个体收益。另一方面，国际贸易也可能减少负外部性，增加社会收益。按照各个逻辑和现实案例，我们得出结论：国际贸易可能有利于环境保护，也有可能有害于环境。

10. 急需全球性环境协议的原因同需要国际关税协议的道理是一样的：避免出现使全球所有国家都受害的囚徒困境。2005年的《京都议定书》成果有限，这是因为美国不愿参加，中国和印度也被排除在外。2009年的《哥本哈根协议》也没有强制性执行措施，但至少美国、中国、印度和其他100多个国家都愿意加入。

关键术语

贸易条件利得	自由贸易区	多边环境协定
多边协定	关税同盟	外部性
区域贸易协定	原产地规则	市场失灵
贸易协定	贸易创造	公地悲剧
最惠国待遇原则	贸易转移	公共财产
囚徒困境	劳工标准	《京都议定书》
特惠贸易协定	最低生活工资	《哥本哈根协议》

习 题

1. a. 关税同盟与自由贸易区有何不同？各举一个例子。

b. 为什么有些经济学家认为多边贸易协定比区域贸易协定更好？

2. 图 11－2 展现了大国之间的关税博弈。

a. 请重画一个大国与一个小国之间的支付矩阵。

b. 如果假设大国采用了最优关税，那么其纳什均衡是什么？

c. 依据你对 b 的答案，WTO 在类似情况下起到了什么作用？

3. 考虑表 11－1 的变体（见第 3 题表）中有关美国半导体市场的情况。

第 3 题表

	美国关税（美元）		
	0	10%	20%
NAFTA 成立前，从加拿大进口	46	W	55.2
NAFTA 成立前，从亚洲国家进口	42	X	Y
NAFTA 成立后，从加拿大进口	46	Z	Z
NAFTA 成立后，从亚洲国家进口	42	X	Y
在美国采购	47	47	47

a. 填入 W、X、Y 和 Z 的值。

b. 假设 NAFTA 成立前美国对进口半导体征收 20%的关税。哪个国家将供应美国市场？是价格最低的国家吗？

c. 在 NAFTA 成立后，谁将供应美国市场？NAFTA 导致了贸易创造或贸易转移现象吗？请解释。

d. 现在假设 NAFTA 成立前美国对半导体进口征收 10%的关税。请在此前提下重做 b 和 c。

e. 在 d 的假设前提下，考虑加拿大由于 NAFTA 增加了高科技投资，使得加拿大企业改进了技术。结果在 NAFTA 成立三年之后，加拿大企业可以以 46 美元的价格向美国销售产品。那么在 NAFTA 成立三年之后，美国贸易格局有何变化？NAFTA 导致了贸易创造或贸易转移现象吗？请解释。

4. 假设泰国和印度是中国潜在的贸易伙伴。泰国加入了东南亚国家联盟，但印度没有加入该联盟。假设在自由贸易条件下从印度进口纺织品的单价（P_{India}）是 50，缴纳 20%的关税。2010 年中国和泰国加入中国—东盟自由贸易区，免除了泰国进口品的关税。按照第 4 题图，回答问题：

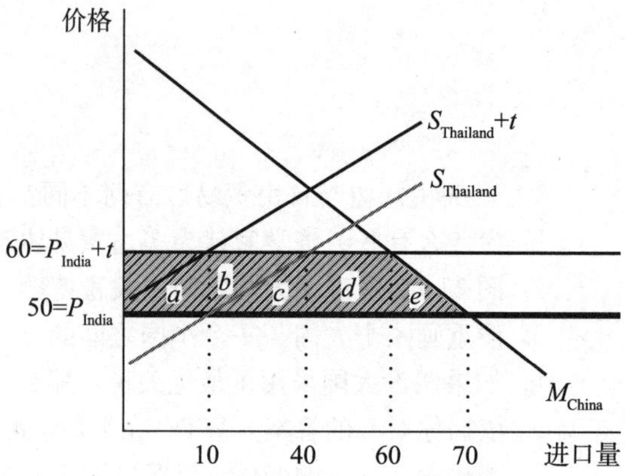

第 4 题图

a. 中国—东盟自由贸易区成立之前，中国从泰国和印度各进口多少？进口价格是多少？中国关税收入是多少？

b. 中国—东盟自由贸易区成立之后，中国从泰国和印度各进口多少？进口价格是多少？中国关税收入是多少？

c. 在上面 b 问题的基础上，中国—东盟自由贸易区为中国带来了什么有利影响？

d. 中国—东盟自由贸易区为泰国和印度带来了什么有利影响？

e. 如前文**新闻提要“《中国—东盟自由贸易协定》对印度出口商的影响”**所述，《中国—东盟自由贸易协定》将促使中国和印度也签订相似的自由贸易协定。如果签订了这样的协定，将对来自各个国家的进口品带来什么影响？将对中国、印度和中国的经济福利带来什么影响？

5. 请重画图 11－3 的贸易转移图，使 S'_{Mex} 曲线与 M_{US} 曲线相交于 A 到 D 之间。

a. 美国与墨西哥加入 NAFTA 后，谁将供应美国的汽车零部件？NAFTA 成立后美国会进口更多的零部件（也就是有贸易创造）吗？

b. 政府收入与 NAFTA 之前相比有何变化？

c. 加入 NAFTA 之后，美国变富了吗？

6. 参考表 11－2 中消费者对工作条件的态度：

a. 给出你自己和至少五位朋友的答案。

b. 求出平均值，并与表中结果相比较。你朋友的答案与表中结果相比，有一致的差别吗？

c. 你朋友的答案显示出了以下两个特征吗？

(1) 尽管很少有人愿意多付很大的金额，但大多数人至少愿意多支付一小笔钱以保证良好的劳工标准（或是选购同样价格的替代品）。

(2) 人们在购买在恶劣条件下生产的衬衫时要求得到的折扣大于在购买在良好条件下生产的衬衫时愿意多支付的金额。

请解释这些特征是否适用于你的朋友。

7. 用表 11－3 解释为什么虽然环保主义者在与 WTO 的较量中“输掉了一些战役，但他们打赢了整场战争”。请举出具体的 WTO 案例。

8. 参考图 11－4，回答下列问题：

a. 假设生产外部性为正，曲线 *SMC* 在供给曲线下方，重画图 11－4（a）。标出阴影部分 c，反映国际贸易开放之后外部性成本的变化。国际贸易是增加了成本还是增加了收益？你可以在现实中找到这样的案例吗？

b. 假设消费外部性为正，曲线 *SMB* 在需求曲线上方，重画图 11－4（b）。标出国际贸易开放之后的阴影部分 d，解释为什么国际贸易增加了社会收益。（你可以参考前文所述的太阳能面板的案例。）

9. 参考图 11－7 所示的环境博弈中支付矩阵的下列变化。本题中的数字分别表示母国和外国在每个博弈结果中的福利水平。

a. 首先，考虑这样一种全球污染的情形，即政府在计算福利时认为生产商的利润比消费者的福利更重要（之所以如此是因为部分消费者成本是由其他国家承担的）。你如何从第 9 题图 A 的支付矩阵中看出政府更看重生产商而不是消费者？该环境博弈的纳什均衡是什么？这是个囚徒困境吗？请简单解释。

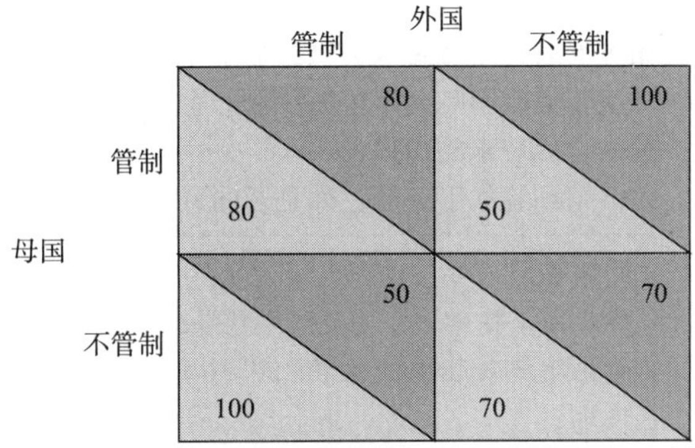

第 9 题图 A

b. 其次，考虑这样一种地区性污染情形，即政府认为消费者的福利比生产商的利润更重要。你怎样从第 9 题图 B 的支付矩阵中看出政府更看重消费者而不是生产商？该环境博弈的纳什均衡是什么？这是个囚徒困境吗？请简单解释。

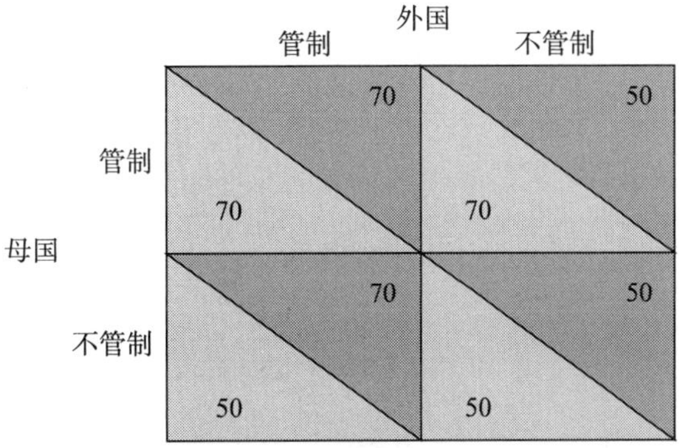

第 9 题图 B

思考题：以下几个问题请考虑实际生活中涉及国际贸易协定中与贸易、劳工和环境问题有关的情形。请就各种情形对每个问题做出“同意”或“不同意”的回答。这些情形来自最近的一些新闻报道。请通过网络和教材上其他任何可能的信息研究这些问题。授课教师可以用个人、双人或小组课堂演示的方式请你回答这些问题。

10. 2007 年，美国数位国会议员提议未来的国际贸易谈判都应包含劳工标准的“一揽子谈判”。他们之所以如此提议，是因为美国的劳工现状有时与国际劳工组织的指导纲领背道而驰，这让美国备受指责，并可能受到国际劳工组织的制裁。《为什么劳工“一揽子谈判”将终结美国未来的贸易谈判?》这篇文章指出议员的提议大错特错。上述文章全文可见网址：http://www.iie.com/publications/opeds/oped.cfm?ResearchID=716。

回答下列问题：你赞同美国国会议员把本国的法律与国际劳工组织的指导纲领看齐的提议吗?

11. 2007 年 3 月，大旧金山地区的几家餐馆宣布不再向顾客提供瓶装水以减少运输瓶装水带来的环境成本。网上搜索“反对瓶装水运动”（“bottled water backlash”），找到旧金山餐馆和其他组织不提供瓶装水的相关文章。他们将在餐馆里安装过滤装置以提供当地水作为替代。尽管这一行动的本意在于更好地保护环境，但将影响到出售瓶装水的企业和国家。比如斐济，其出口收入中很大一部分来自瓶装水的出口。

请回答如下问题：你是否同意旧金山餐馆的这一行动?

网络练习

网上搜索“企业责任”（“corporate responsibility”），找到企业或者企业组织团体采取措施保护工人权利和环境的案例。简要阐述它们采取了哪些措施。

译后记

本书作者之一芬斯特拉，著名经济学家，现任美国加州大学戴维斯分校Bryan Cameron杰出国际经济学讲座教授，美国国家经济研究局（NBER）国际贸易与投资项目主任，顶级经济学杂志《国际经济学杂志》主编，广泛涉猎技术进步与贸易、贸易与收入、贸易政策、汇率传递等领域，20世纪80年代以来出版专著与教材多部，发表学术论文100多篇。

本书的另一位作者泰勒，现任美国加州大学戴维斯分校经济学教授，全球经济演化研究中心主任，NBER研究员，主攻国际金融，对金融危机、汇率政策、经济史等有深入研究，自20世纪90年代以来，出版专著与教材多部，发表学术论文几十篇。

本书的两位作者引领理论的发展，捕捉时代的热点议题，运用现代的科学方法，创立新颖的观点，与时俱进，共领风骚，系当今国际经济学领域的风流人物。这样的“潮人”写的教科书自然更具“新潮”之意，个中滋味还是留待读者自行体验。

本书第一版由张友仁、杨森林、杜华俊、谢杰、童慧汇、胡安荣等翻译。第三版由张友仁、侯锦慎、杨森林、顾晓波、马牧野、冯丽君等翻译并整理。

译　者

经济科学译丛						
序号	书名	作者	Author	单价	出版年份	ISBN
1	国际贸易(第三版)	罗伯特·C. 芬斯特拉	Robert C. Feenstra	73.00	2018	978-7-300-25327-5
2	产业组织理论	让·梯若尔	Jean Tirole	110.00	2018	978-7-300-25170-7
3	经济学精要(第六版)	巴德,帕金	Bade, Parkin	89.00	2018	978-7-300-24749-6
4	空间计量经济学——空间数据的分位数回归	丹尼尔·P. 麦克米伦	Daniel P. McMillen	30.00	2018	978-7-300-23949-1
5	高级宏观经济学基础(第二版)	本·J. 海德拉	Ben J. Heijdra	88.00	2018	978-7-300-25147-9
6	税收经济学(第二版)	伯纳德·萨拉尼耶	Bernard Salanié	42.00	2018	978-7-300-23866-1
7	国际宏观经济学(第三版)	罗伯特·C. 芬斯特拉	Robert C. Feenstra	79.00	2017	978-7-300-25326-8
8	公司治理(第五版)	罗伯特·A. G. 蒙克斯	Robert A. G. Monks	69.80	2017	978-7-300-24972-8
9	国际经济学(第15版)	罗伯特·J. 凯伯	Robert J. Carbaugh	78.00	2017	978-7-300-24844-8
10	经济理论和方法史(第五版)	小罗伯特·B. 埃克伦德等	Robert B. Ekelund. Jr.	88.00	2017	978-7-300-22497-8
11	经济地理学	威廉·P. 安德森	William P. Anderson	59.80	2017	978-7-300-24544-7
12	博弈与信息:博弈论概论(第四版)	艾里克·拉斯穆森	Eric Rasmusen	79.80	2017	978-7-300-24546-1
13	MBA宏观经济学	莫里斯·A. 戴维斯	Morris A. Davis	38.00	2017	978-7-300-24268-2
14	经济学基础(第十六版)	弗兰克·V. 马斯切纳	Frank V. Mastrianna	42.00	2017	978-7-300-22607-1
15	高级微观经济学:选择与竞争性市场	戴维·M. 克雷普斯	David M. Kreps	79.80	2017	978-7-300-23674-2
16	博弈论与机制设计	Y. 内拉哈里	Y. Narahari	69.80	2017	978-7-300-24209-5
17	宏观经济学精要:理解新闻中的经济学(第三版)	彼得·肯尼迪	Peter Kennedy	45.00	2017	978-7-300-21617-1
18	宏观经济学(第十二版)	鲁迪格·多恩布什等	Rudiger Dornbusch	69.00	2017	978-7-300-23772-5
19	国际金融与开放宏观经济学:理论、历史与政策	亨德里克·范登伯格	Hendrik Van den Berg	68.00	2016	978-7-300-23380-2
20	经济学(微观部分)	达龙·阿西莫格鲁等	Daron Acemoglu	59.00	2016	978-7-300-21786-4
21	经济学(宏观部分)	达龙·阿西莫格鲁等	Daron Acemoglu	45.00	2016	978-7-300-21886-1
22	发展经济学	热若尔·罗兰	Gérard Roland	79.00	2016	978-7-300-23379-6
23	中级微观经济学——直觉思维与数理方法(上下册)	托马斯·J·内契巴	Thomas J. Nechyba	128.00	2016	978-7-300-22363-6
24	环境与自然资源经济学(第十版)	汤姆·蒂坦伯格等	Tom Tietenberg	72.00	2016	978-7-300-22900-3
25	劳动经济学基础(第二版)	托马斯·海克拉克等	Thomas Hyclak	65.00	2016	978-7-300-23146-4
26	货币金融学(第十一版)	弗雷德里克·S·米什金	Frederic S. Mishkin	85.00	2016	978-7-300-23001-6
27	动态优化——经济学和管理学中的变分法和最优控制(第二版)	莫顿·I·凯曼等	Morton I. Kamien	48.00	2016	978-7-300-23167-9
28	用Excel学习中级微观经济学	温贝托·巴雷托	Humberto Barreto	65.00	2016	978-7-300-21628-7
29	宏观经济学(第九版)	N·格里高利·曼昆	N. Gregory Mankiw	72.00	2016	978-7-300-23038-2
30	国际经济学:理论与政策(第十版)	保罗·R·克鲁格曼等	Paul R. Krugman	89.00	2016	978-7-300-22710-8
31	国际金融(第十版)	保罗·R·克鲁格曼等	Paul R. Krugman	55.00	2016	978-7-300-22089-5
32	国际贸易(第十版)	保罗·R·克鲁格曼等	Paul R. Krugman	42.00	2016	978-7-300-22088-8
33	经济学精要(第3版)	斯坦利·L·布鲁伊等	Stanley L. Brue	58.00	2016	978-7-300-22301-8
34	经济分析史(第七版)	英格里德·H·里马	Ingrid H. Rima	72.00	2016	978-7-300-22294-3
35	投资学精要(第九版)	兹维·博迪等	Zvi Bodie	108.00	2016	978-7-300-22236-3
36	环境经济学(第二版)	查尔斯·D·科尔斯塔德	Charles D. Kolstad	68.00	2016	978-7-300-22255-4
37	MWG《微观经济理论》习题解答	原千晶等	Chiaki Hara	75.00	2016	978-7-300-22306-3
38	现代战略分析(第七版)	罗伯特·M·格兰特	Robert M. Grant	68.00	2016	978-7-300-17123-4
39	横截面与面板数据的计量经济分析(第二版)	杰弗里·M·伍德里奇	Jeffrey M. Wooldridge	128.00	2016	978-7-300-21938-7
40	宏观经济学(第十二版)	罗伯特·J·戈登	Robert J. Gordon	75.00	2016	978-7-300-21978-3
41	动态最优化基础	蒋中一	Alpha C. Chiang	42.00	2015	978-7-300-22068-0
42	城市经济学	布伦丹·奥弗莱厄蒂	Brendan O'Flaherty	69.80	2015	978-7-300-22067-3
43	管理经济学:理论、应用与案例(第八版)	布鲁斯·艾伦等	Bruce Allen	79.80	2015	978-7-300-21991-2
44	经济政策:理论与实践	阿格尼丝·贝纳西-奎里等	Agnès Bénassy-Quéré	79.80	2015	978-7-300-21921-9
45	微观经济分析(第三版)	哈尔·R·范里安	Hal R. Varian	68.00	2015	978-7-300-21536-5
46	财政学(第十版)	哈维·S·罗森等	Harvey S. Rosen	68.00	2015	978-7-300-21754-3
47	经济数学(第三版)	迈克尔·霍伊等	Michael Hoy	88.00	2015	978-7-300-21674-4
48	发展经济学(第九版)	A. P. 瑟尔沃	A. P. Thirlwall	69.80	2015	978-7-300-21193-0
49	宏观经济学(第五版)	斯蒂芬·D·威廉森	Stephen D. Williamson	69.00	2015	978-7-300-21169-5
50	资源经济学(第三版)	约翰·C·伯格斯特罗姆等	John C. Bergstrom	58.00	2015	978-7-300-20742-1
51	应用中级宏观经济学	凯文·D·胡佛	Kevin D. Hoover	78.00	2015	978-7-300-21000-1
52	计量经济学导论:现代观点(第五版)	杰弗里·M·伍德里奇	Jeffrey M. Wooldridge	99.00	2015	978-7-300-20815-2
53	现代时间序列分析导论(第二版)	约根·沃特斯等	Jürgen Wolters	39.80	2015	978-7-300-20625-7
54	空间计量经济学——从横截面数据到空间面板	J·保罗·埃尔霍斯特	J. Paul Elhorst	32.00	2015	978-7-300-21024-7

经济科学译丛						
序号	书名	作者	Author	单价	出版年份	ISBN
55	国际经济学原理	肯尼思·A·赖纳特	Kenneth A. Reinert	58.00	2015	978-7-300-20830-5
56	经济写作(第二版)	迪尔德丽·N·麦克洛斯基	Deirdre N. McCloskey	39.80	2015	978-7-300-20914-2
57	计量经济学方法与应用(第五版)	巴蒂·H·巴尔塔基	Badi H. Baltagi	58.00	2015	978-7-300-20584-7
58	战略经济学(第五版)	戴维·贝赞可等	David Besanko	78.00	2015	978-7-300-20679-0
59	博弈论导论	史蒂文·泰迪里斯	Steven Tadelis	58.00	2015	978-7-300-19993-1
60	社会问题经济学(第二十版)	安塞尔·M·夏普等	Ansel M.Sharp	49.00	2015	978-7-300-20279-2
61	博弈论:矛盾冲突分析	罗杰·B·迈尔森	Roger B. Myerson	58.00	2015	978-7-300-20212-9
62	时间序列分析	詹姆斯·D·汉密尔顿	James D. Hamilton	118.00	2015	978-7-300-20213-6
63	经济问题与政策(第五版)	杰奎琳·默里·布鲁克斯	Jacqueline Murray Brux	58.00	2014	978-7-300-17799-1
64	微观经济理论	安德鲁·马斯-克莱尔等	Andreu Mas-Collel	148.00	2014	978-7-300-19986-3
65	产业组织:理论与实践(第四版)	唐·E·瓦尔德曼等	Don E. Waldman	75.00	2014	978-7-300-19722-7
66	公司金融理论	让·梯若尔	Jean Tirole	128.00	2014	978-7-300-20178-8
67	经济学精要(第三版)	R·格伦·哈伯德等	R. Glenn Hubbard	85.00	2014	978-7-300-19362-5
68	公共部门经济学	理查德·W·特里西	Richard W. Tresch	49.00	2014	978-7-300-18442-5
69	计量经济学原理(第六版)	彼得·肯尼迪	Peter Kennedy	69.80	2014	978-7-300-19342-7
70	统计学:在经济中的应用	玛格丽特·刘易斯	Margaret Lewis	45.00	2014	978-7-300-19082-2
71	产业组织:现代理论与实践(第四版)	林恩·佩波尔等	Lynne Pepall	88.00	2014	978-7-300-19166-9
72	计量经济学导论(第三版)	詹姆斯·H·斯托克等	James H. Stock	69.00	2014	978-7-300-18467-8
73	发展经济学导论(第四版)	秋山裕	秋山裕	39.80	2014	978-7-300-19127-0
74	中级微观经济学(第六版)	杰弗里·M·佩罗夫	Jeffrey M. Perloff	89.00	2014	978-7-300-18441-8
75	平狄克《微观经济学》(第八版)学习指导	乔纳森·汉密尔顿等	Jonathan Hamilton	32.00	2014	978-7-300-18970-3
76	微观经济学(第八版)	罗伯特·S·平狄克等	Robert S.Pindyck	79.00	2013	978-7-300-17133-3
77	微观银行经济学(第二版)	哈维尔·弗雷克斯等	Xavier Freixas	48.00	2014	978-7-300-18940-6
78	施米托夫论出口贸易——国际贸易法律与实务(第11版)	克利夫·M·施米托夫等	Clive M. Schmitthoff	168.00	2014	978-7-300-18425-8
79	微观经济学思维	玛莎·L·奥尔尼	Martha L. Olney	29.80	2013	978-7-300-17280-4
80	宏观经济学思维	玛莎·L·奥尔尼	Martha L. Olney	39.80	2013	978-7-300-17279-8
81	计量经济学原理与实践	达摩达尔·N·古扎拉蒂	Damodar N.Gujarati	49.80	2013	978-7-300-18169-1
82	现代战略分析案例集	罗伯特·M·格兰特	Robert M. Grant	48.00	2013	978-7-300-16038-2
83	高级国际贸易:理论与实证	罗伯特·C·芬斯特拉	Robert C. Feenstra	59.00	2013	978-7-300-17157-9
84	经济学简史——处理沉闷科学的巧妙方法(第二版)	E·雷·坎特伯里	E. Ray Canterbery	58.00	2013	978-7-300-17571-3
85	管理经济学(第四版)	方博亮等	Ivan Png	80.00	2013	978-7-300-17000-8
86	微观经济学原理(第五版)	巴德、帕金	Bade, Parkin	65.00	2013	978-7-300-16930-9
87	宏观经济学原理(第五版)	巴德、帕金	Bade, Parkin	63.00	2013	978-7-300-16929-3
88	环境经济学	彼得·伯克等	Peter Berck	55.00	2013	978-7-300-16538-7
89	高级微观经济理论	杰弗里·杰里	Geoffrey A. Jehle	69.00	2012	978-7-300-16613-1
90	多恩布什《宏观经济学(第十版)》学习指导	鲁迪格·多恩布什等	Rudiger Dornbusch	29.00	2012	978-7-300-16030-6
91	高级宏观经济学导论:增长与经济周期(第二版)	彼得·伯奇·索伦森等	Peter Birch Sørensen	95.00	2012	978-7-300-15871-6
92	宏观经济学:政策与实践	弗雷德里克·S·米什金	Frederic S. Mishkin	69.00	2012	978-7-300-16443-4
93	宏观经济学(第二版)	保罗·克鲁格曼	Paul Krugman	45.00	2012	978-7-300-15029-1
94	微观经济学(第二版)	保罗·克鲁格曼	Paul Krugman	69.80	2012	978-7-300-14835-9
95	克鲁格曼《微观经济学(第二版)》学习手册	伊丽莎白·索耶·凯利	Elizabeth Sawyer Kelly	58.00	2013	978-7-300-17002-2
96	克鲁格曼《宏观经济学(第二版)》学习手册	伊丽莎白·索耶·凯利	Elizabeth Sawyer Kelly	36.00	2013	978-7-300-17024-4
97	微观经济学(第十一版)	埃德温·曼斯费尔德	Edwin Mansfield	88.00	2012	978-7-300-15050-5
98	国际宏观经济学	罗伯特·C·芬斯特拉等	Feenstra, Taylor	64.00	2011	978-7-300-14795-6
99	卫生经济学(第六版)	舍曼·富兰德等	Sherman Folland	79.00	2011	978-7-300-14645-4
100	宏观经济学(第七版)	安德鲁·B·亚伯等	Andrew B. Abel	78.00	2011	978-7-300-14223-4
101	现代劳动经济学:理论与公共政策(第十版)	罗纳德·G·伊兰伯格等	Ronald G. Ehrenberg	69.00	2011	978-7-300-14482-5
102	宏观经济学(第七版)	N·格里高利·曼昆	N. Gregory Mankiw	65.00	2011	978-7-300-14018-6
103	宏观经济学:理论与政策(第九版)	理查德·T·弗罗恩	Richard T. Froyen	55.00	2011	978-7-300-14108-4
104	经济学原理(第四版)	威廉·博伊斯等	William Boyes	59.00	2011	978-7-300-13518-2
105	计量经济学基础(第五版)(上下册)	达摩达尔·N·古扎拉蒂	Damodar N.Gujarati	99.00	2011	978-7-300-13693-6
106	《计量经济学基础》(第五版)学生习题解答手册	达摩达尔·N·古扎拉蒂等	Damodar N. Gujarati	23.00	2012	978-7-300-15080-8

经济科学译丛

序号	书名	作者	Author	单价	出版年份	ISBN
107	计量经济分析(第六版)(上下册)	威廉·H·格林	William H.Greene	128.00	2011	978-7-300-12779-8
108	国际贸易	罗伯特·C·芬斯特拉等	Robert C.Feenstra	49.00	2011	978-7-300-13704-9
109	经济增长(第二版)	戴维·N·韦尔	David N.Weil	63.00	2011	978-7-300-12778-1
110	投资科学	戴维·G·卢恩伯格	David G. Luenberger	58.00	2011	978-7-300-14747-5
111	宏观经济学(第十版)	鲁迪格·多恩布什等	Rudiger Dornbusch	60.00	2010	978-7-300-11528-3
112	金融学(第二版)	兹维·博迪等	Zvi Bodie	59.00	2010	978-7-300-11134-6
113	博弈论	朱·弗登博格等	Drew Fudenberg	68.00	2010	978-7-300-11785-0

金融学译丛

序号	书名	作者	Author	单价	出版年份	ISBN
1	利率互换及其他衍生品	霍华德·科伯	Howard Corb	69.00	2018	978-7-300-25294-0
2	固定收益证券手册(第八版)	弗兰克·J.法博齐	Frank J. Fabozzi	228.00	2017	978-7-300-24227-9
3	金融市场与金融机构(第8版)	弗雷德里克·S.米什金等	Frederic S. Mishkin	86.00	2017	978-7-300-24731-1
4	兼并、收购和公司重组(第六版)	帕特里克·A.高根	Patrick A. Gaughan	79.00	2017	978-7-300-24231-6
5	债券市场:分析与策略(第九版)	弗兰克·J·法博齐	Frank J. Fabozzi	98.00	2016	978-7-300-23495-3
6	财务报表分析(第四版)	马丁·弗里德森	Martin Fridson	46.00	2016	978-7-300-23037-5
7	国际金融学	约瑟夫·P·丹尼尔斯等	Joseph P. Daniels	65.00	2016	978-7-300-23037-1
8	国际金融	阿德里安·巴克利	Adrian Buckley	88.00	2016	978-7-300-22668-2
9	个人理财(第六版)	阿瑟·J·基翁	Arthur J. Keown	85.00	2016	978-7-300-22711-5
10	投资学基础(第三版)	戈登·J·亚历山大等	Gordon J. Alexander	79.00	2015	978-7-300-20274-7
11	金融风险管理(第二版)	彼德·F·克里斯托弗森	Peter F. Christoffersen	46.00	2015	978-7-300-21210-4
12	风险管理与保险管理(第十二版)	乔治·E·瑞达等	George E. Rejda	95.00	2015	978-7-300-21486-3
13	个人理财(第五版)	杰夫·马杜拉	Jeff Madura	69.00	2015	978-7-300-20583-0
14	企业价值评估	罗伯特·A·G·蒙克斯等	Robert A. G. Monks	58.00	2015	978-7-300-20582-3
15	基于Excel的金融学原理(第二版)	西蒙·本尼卡	Simon Benninga	79.00	2014	978-7-300-18899-7
16	金融工程学原理(第二版)	萨利赫·N·内夫特奇	Salih N. Neftci	88.00	2014	978-7-300-19348-9
17	投资学导论(第十版)	赫伯特·B·梅奥	Herbert B. Mayo	69.00	2014	978-7-300-18971-0
18	国际金融市场导论(第六版)	斯蒂芬·瓦尔德斯等	Stephen Valdez	59.80	2014	978-7-300-18896-6
19	金融数学:金融工程引论(第二版)	马雷克·凯宾斯基等	Marek Capinski	42.00	2014	978-7-300-17650-5
20	财务管理(第二版)	雷蒙德·布鲁克斯	Raymond Brooks	69.00	2014	978-7-300-19085-3
21	期货与期权市场导论(第七版)	约翰·C·赫尔	John C. Hull	69.00	2014	978-7-300-18994-2
22	固定收益证券手册(第七版)	弗兰克·J·法博齐	Frank J. Fabozzi	188.00	2014	978-7-300-17001-5
23	国际金融:理论与实务	皮特·塞尔居	Piet Sercu	88.00	2014	978-7-300-18413-5
24	金融市场与金融机构(第7版)	弗雷德里克·S·米什金 斯坦利·G·埃金斯	Frederic S. Mishkin Stanley G. Eakins	79.00	2013	978-7-300-18129-5
25	货币、银行和金融体系	R·格伦·哈伯德等	R.Glenn Hubbard	75.00	2013	978-7-300-17856-1
26	并购创造价值(第二版)	萨德·苏达斯纳	Sudi Sudarsanam	89.00	2013	978-7-300-17473-0
27	个人理财——理财技能培养方法(第三版)	杰克·R·卡普尔等	Jack R. Kapoor	66.00	2013	978-7-300-16687-2
28	国际财务管理	吉尔特·贝克特	Geert Bekaert	95.00	2012	978-7-300-16031-3
29	金融理论与公司政策(第四版)	托马斯·科普兰等	Thomas Copeland	69.00	2012	978-7-300-15822-8
30	应用公司财务(第三版)	阿斯沃思·达摩达兰	Aswath Damodaran	88.00	2012	978-7-300-16034-4
31	资本市场:机构与工具(第四版)	弗兰克·J·法博齐	Frank J.Fabozzi	85.00	2011	978-7-300-13828-2
32	衍生品市场(第二版)	罗伯特·L·麦克唐纳	Robert L. McDonald	98.00	2011	978-7-300-13130-6
33	跨国金融原理(第三版)	迈克尔·H·莫菲特等	Michael H. Moffett	78.00	2011	978-7-300-12781-1
34	统计与金融	戴维·鲁珀特	David Ruppert	48.00	2010	978-7-300-11547-4
35	国际投资(第六版)	布鲁诺·索尔尼克等	Bruno Solnik	62.00	2010	978-7-300-11289-3

图书在版编目(CIP)数据

国际贸易：第三版/（ ）罗伯特·C. 芬斯特拉（Robert C. Feenstra），（ ）艾伦·M. 泰勒（Alan M. Taylor）著；张友仁等译.—北京：中国人民大学出版社，2017.11
（经济科学译丛）
书名原文：International Trade（Third Edition）
ISBN 978-7-300-25327-5

Ⅰ.①国… Ⅱ.①罗… ②艾… ③张… Ⅲ.①国际贸易 Ⅳ.①F74

中国版本图书馆 CIP 数据核字（2017）第 316596 号

"十三五"国家重点出版物出版规划项目
经济科学译丛
国际贸易（第三版）
罗伯特·C. 芬斯特拉
艾伦·M. 泰勒 著
张友仁 侯锦慎 杨森林 等 译
Guoji Maoyi

出版发行	中国人民大学出版社		
社　　址	北京中关村大街 31 号	**邮政编码**	100080
电　　话	010－62511242（总编室）		010－62511770（质管部）
	010－82501766（邮购部）		010－62514148（门市部）
	010－62515195（发行公司）		010－62515275（盗版举报）
网　　址	http://www.crup.com.cn		
经　　销	新华书店		
印　　刷	北京昌联印刷有限公司		
规　　格	185 mm×260 mm　16 开本	**版　　次**	2017 年 11 月第 1 版
印　　张	26.5　插页 2	**印　　次**	2021 年 12 月第 3 次印刷
字　　数	588 000	**定　　价**	73.00 元